北京西城年鉴

BEIJING XICHENG NIANJIAN

2021

北京市西城区地方志编纂委员会办公室 编

中華書局

图书在版编目（CIP）数据

北京西城年鉴．2021／北京市西城区地方志编纂委员会办公室编．—北京：中华书局，2021.11
ISBN 978-7-101-15444-3

Ⅰ．①北…　Ⅱ．①北…　Ⅲ．①西城区-2021-年鉴
Ⅳ．①Z521.3

中国版本图书馆CIP数据核字（2021）第229650号

责任编辑　李晓燕
版式设计　贺艳锋
封面设计　郇延珍

北京西城年鉴2021
北京市西城区地方志编纂委员会办公室　编
*
中 华 书 局 出 版
（北京市丰台区太平桥西里38号　100073）
http://www.zhbc.com.cn
E-mail:zhbc@zhbc.com.cn
北京中弘印刷服务有限公司印刷
*
889 × 1194毫米　1/16　38.75印张　16插页　926千字
2021年12月第1版　2021年12月第1次印刷
印数:1200册　定价:260.00元

ISBN 978-7-101-15444-3

《北京西城年鉴》编辑部

编 辑 说 明

一、《北京西城年鉴》是一部综合性资料性工具书，在中共北京市西城区委和西城区人民政府的领导下，由区地方志编纂委员会办公室主持编纂。

二、《北京西城年鉴》以马克思列宁主义、毛泽东思想、邓小平理论、“三个代表”重要思想、科学发展观、习近平新时代中国特色社会主义思想为指导，坚持辩证唯物主义和历史唯物主义的立场、观点、方法，遵循实事求是的原则，科学、客观地反映实际情况，为领导决策提供可资参考的依据，为各行各业提供有价值的资料，为各方面人士了解西城、研究西城提供最新信息。

三、《北京西城年鉴》从2000年开始，逐年编纂出版。当年出版的年鉴，全面记述上一年度西城区在各条战线、各个方面所发生的重大事件和新的情况，系统汇集重要的文献。以记述西城区属各系统、各单位情况为主，对境域内中央、市属有关单位适当记述。

四、《北京西城年鉴》以条目体为主，用语体文记叙，直陈其事，文字力求言简意赅。文内一般直书月、日，不再书写上一年度年份。

五、《北京西城年鉴（2021）》记述2020年1月1日至12月31日期间情况，设有区情概述、特载、专文、大事记、中国共产党西城区委员会、西城区人民代表大会、西城区人民政府、中国人民政治协商会议西城区委员会、纪检监察、民主党派、人民团体、法治、军事、功能区建设、经济管理、工业 信息化、商贸服务业、金融、城市规划与建设、建筑业 房地产业、交通 邮电、城市管理、科技、教育、文化、旅游、卫生、体育、社会生活、街道、人物 荣誉、统计资料、附录共33个一级栏目。一级栏目下设二级栏目，二级栏目下设分目，分目下设条目。

六、《北京西城年鉴(2021)》收有西城区党、政、军、各民主党派、各人民团体、街道、部分企业负责人名录，驻区部分单位负责人名录，以及获国家、中央部委、北京市奖励与荣誉称号的单位和个人名单。所列均以2020年内为限。

七、《北京西城年鉴（2021）》所选文章和条目，均由各部门、各单位确定专人撰写，并经主管负责人审核。统计资料由区统计局提供，照片由各单位及区新闻中心提供。

八、《北京西城年鉴（2021）》由《北京西城年鉴》编辑部负责编辑，进行文字加工和版式设计。编辑部设在西城区地方志编纂委员会办公室。

北京市西城区第十六届人民代表大会第八次会议（区人大 供图）

中共北京市西城区第十二届纪律检查委员会第六次全体会议（区纪委 供图）

2月1日，天桥街道社区开展楼道消杀工作（区委组织部 供图）

2月3日，返京人员在社区登记站登记信息（闻昭 摄）

2月5日，西城区在公共场所设置1米线，引导居民安全有序购物（于志强 摄）

疫情期间，展览路街道开展无接触配送（展览路街道 供图）

2月5日，党员干部和社区工作者坚持卡口值守（陶然亭街道 供图）

2月11日（北京市复工第二天），进入英蓝大厦的员工在入口处接受体温检测，领取出入证（于志强 摄）

2月，白塔寺药店销售平价口罩（西城报 供图）

3月24日，核桃园社区党委书记潘瑞凤在中国—中东欧国家、中国—拉美和加勒比国家新冠肺炎疫情防控交流会上分享社区防控经验（广安门内街道 供图）

6月24日，金融街街道组织辖区单位、企业、居民进行核酸检测（金融街街道 供图）

疫情期间，区领导调研民生保障和社区防疫工作（月坛街道 供图）

7月，区市场疫情防控工作组组织开展“防疫有我党员先行”非公企业党组织群防群控主题活动（区市场监管局 供图）

7月1日，天桥街道“两新”组织党建工作培训班开班（天桥街道供图）

7月13日，区法院“开放式党建”入选全国基层党建创新典型案例评选最佳案例（西城法院 供图）

8月26日，新街口街道国英一号党群服务中心创建文明示范楼宇启动仪式举行（新街口街道 供图）

9月5日，西城区校外少先队建设工作在新街口街道试点启动（姜真 摄）

2020西城区“共产党员献爱心”活动采取分散捐赠，并扩大了活动的覆盖面（西城报 供图）

6月6日，2020年“北京消费季 时尚西城”启动（大栅栏街道 供图）

7月6日，金融街物业港交所“云敲锣”线下仪式在北京金融街威斯汀大酒店举行（金融街服务局 供图）

9月4至9日，西城区金融、文博、旅博相关展台亮相2020中国国际服务贸易交易会（于志强 摄）

9月19日，金科新区三年行动计划正式发布（西城园 供图）

4月，钟书阁西单老佛爷店试营业（于志强 摄）

8月8日，纪晓岚纪念馆举行“阅微草堂读城空间”启动仪式（于志强 摄）

8月20日，第十九届什刹海文化旅游节吉祥物“龙宝”在开幕式上亮相（区文旅局 供图）

9月2日，“京韵剧源·西城2020京剧发祥地艺术季”开幕（闻昭 摄）

10月8日，西城区举办“白塔夜话”活动（闻昭 摄）

12月23日，北京历代帝王庙博物馆恢复对社会开放（于志强 摄）

3月，金融街街道接诉即办，第一时间为居民排忧解难（金融街街道 供图）

7月30日，椿树街道主题党日暨椿树“幸福小院”项目在线上发布（于志强 摄）

七夕期间，西城区广泛开展社区联欢、文艺演出、公益交友等主题活动（新街口街道 供图）

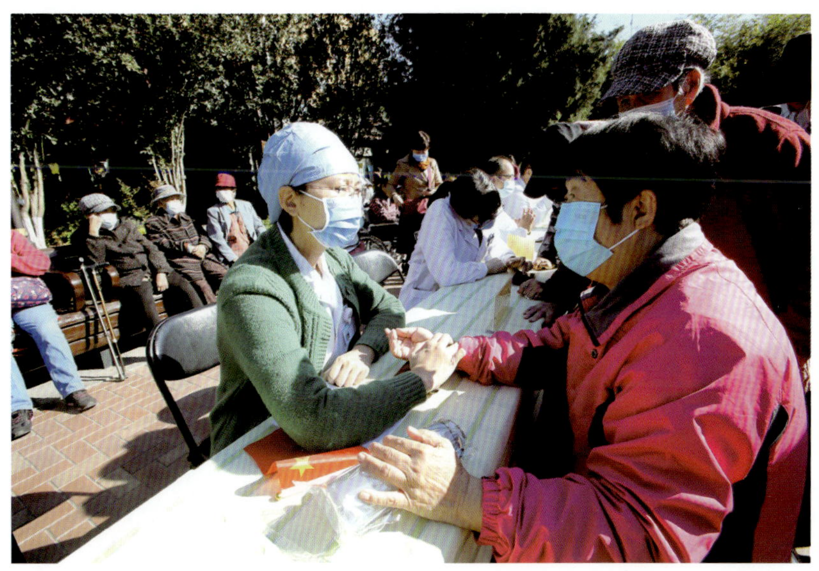

10月23日，西城区举办2020年“敬老月”主题宣传活动（刘骜 摄）

10月，西城区425名抗美援朝老战士获“中国人民志愿军抗美援朝出国作战70周年”纪念章（区退役军人事务局 供图）

11月1日，西城区第七次全国人口普查正式入户登记（于志强 摄）

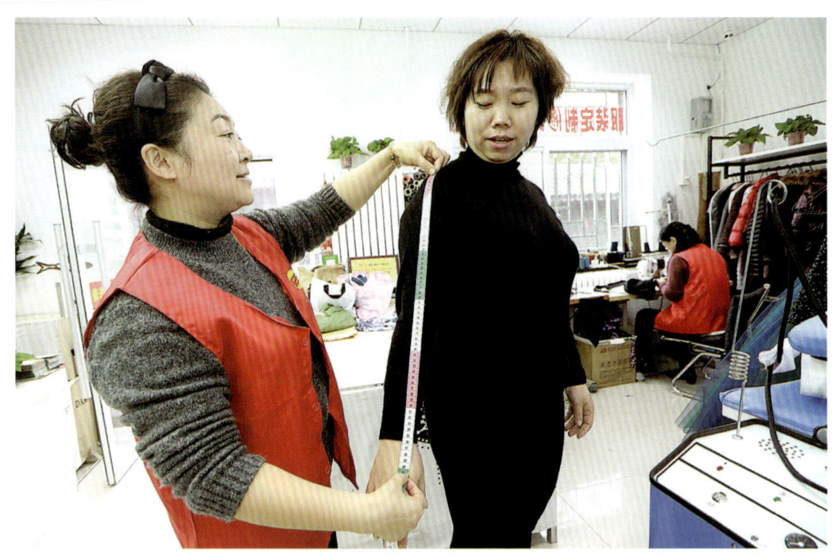

11月，西城区首家纯服务型百姓生活中心——金融街街道百姓生活服务中心开业（姜真 摄）

年内，广外街道市民服务中心推广手机APP线上办理，减少出行（西城报 供图）

年内，新街口街道开展小巷管家套餐式物业服务（新街口街道 供图）

年内，区生态环境局联合西城交通支队，利用新型检测仪器开展机动车尾气排放道路抽检执法行动（姜真 摄）

年内，西城区工地推出创新性防尘降噪管理模式（于志强 摄）

5月，德胜街道“预约回收服务+定点投放计量返现”再生资源回收服务启动（德胜街道 供图）

6月1日，莲花河畔广安荷香景区开放（广外街道 供图）

8月，红莲北里口袋公园（融乐园）建成开放（马连道指挥部 供图）

“十一”前，广外滨水绿道（荷香园）建成开放（马连道指挥部 供图）

“十一”前，广外地区口袋公园康乐苑开放（刘骜 摄）

11月，百安居南侧绿地面向公众开放（刘骜 摄）

11月20日，社村级“互联网+全民义务植树”基地在西城区的双秀公园落地（于志强 摄）

目 录

区情概述

特 载

专 文

大事记

中国共产党西城区委员会

西城区人民代表大会常务委员会

西城区人民政府

中国人民政治协商会议
北京市西城区委员会

纪检监察

民主党派

人民团体

法　治

军　事

功能街区建设

经济管理

工业 信息化

商贸服务业

金　融

城市规划与建设

建筑业　房地产业

交通　邮电

城市管理

科 技

教 育

文 化

旅 游

卫 生

体 育

社会生活

街 道

人　物

统计资料

附　录

索　引

CONTENTS

区情概述

基本地情

中国首都北京的中心城区之一，位于市中心的西部，东以鼓楼外大街、人定湖北巷、旧鼓楼大街、地安门外大街、地安门内大街、景山东街、南长街、北长街、天安门广场西侧为界与东城区相连；北以南长河、西直门北大街、德胜门西大街、新街口外大街、北三环中路、裕民路为界与海淀区、朝阳区毗邻；西以三里河路、莲花池东路、马连道北路为界，与海淀区、丰台区接壤；南以永定门西滨河路、右安门东城根、右安门西城根为界，与丰台区相连。地理坐标东经116°19′~116°23′，北纬39°52′~39°58′。全区东西宽7.1千米，南北长11.2千米，总面积50.70平方千米。

西城区处于平原区中的“北京缓倾斜冲积平原区”内，地貌单元由古永定河、清水河、温榆河联合冲积而成，全区处于该地貌单元的中部。地面高程30至50米之间，由西北向东南缓倾，平均坡度为1.2‰至1.3‰。景山为原北京城区的制高点。

西城区气候属于典型的大陆性暖温带季风气候，四季分明，春季干旱多风，夏季炎热多雨，秋季凉爽湿润，冬季寒冷干燥。年平均气温为12℃左右，最高气温38℃，最低气温-15.4℃，年平均降水量626毫米。

西城区历史悠久，元、明、清三代均为都城西半部。元大都五十坊，今西城境内有十九坊。清八旗中有四旗驻防今西城境内。清光绪末年废除内八旗、外五城旧制以后，五十多年间行政区划多次变动。

1949年，治安区改行政区。1950年5月，内城并为5区，外城并为4区，辖区属第二、第四、第八3区全部，第五、第六、第九3区西半部。1952年7月，撤第五区，西部分别划归二区和四区；9月，第二区改名西单区，第四区改名西四区，第八区改名宣武区，第六区改名前门区，撤第九区，西部划归宣武区。1958年5月16日，西单、西四2区合并为西城区，辖二龙路、厂桥、月坛、丰盛、西长安街、展览路、福绥境、新街口、德胜门外9街道；6月，撤前门区，前门大街以西部分并入宣武区，宣武区辖白纸坊、牛街、广安门外、广安门内、椿树、天桥、陶然亭、大栅栏8街道。1980年6月，西城区增设阜外街道。1987年9月北京市将朝阳区马甸0.6平方千米划给西城。2002年9月，将丰台区菜户营桥东北角处的三角绿地划归宣武区。2004年9月，西城区街道调整为西长安街、什刹海、新街口、金融街、月坛、展览路、德胜7个。2010年6月，经国务院批准，撤销宣武区、西城区，设立新的北京市西城区。

辖德胜、什刹海、西长安街、大栅栏、天桥、新街口、金融街、椿树、陶然亭、展览路、月坛、广内、牛街、白纸坊、广外15个街道。

西城区是党和国家首脑机关所在地，党中央、全国人大常委会、国务院、中央军委、中纪委、全国政协等党政军最高领导机关都设在西城区。境内还有丰富的历史文化遗产和人文景观，全区有各级文物保护单位189处，著名名胜古迹和旅游景点有什刹海、北京动物园、北海公园、恭王府、首都博物馆、妙应寺白塔、宋庆龄故居、先农坛、郭沫若故居、历代帝王庙、湖广会馆等。西城区有昆曲、北京评书等国家级非物质文化遗产项目36项，北京仿古瓷、北京鬃人等市级非物质文化遗产项目67项，天桥拉洋片、泥塑等区级非物质文化遗产项目208项。

截至2020年底，西城区共有户籍人口148.6万人，常住人口110.6万人。以汉族为主，少数民族主要有回族、满族、蒙古族等。全区户籍出生人口10879人，出生率7.32‰；死亡20297人，死亡率13.67‰；自然增长率-6.34‰。

国民经济和社会发展

疫情防控和复工复产

快速有力阻断疫情传播。面对突如其来的新冠肺炎疫情，成立区疫情防控领导小组，组建专项工作组和应急专班，实施风险人群、风险地图和风险态势管理，第一时间开展“敲门行动”，完成全覆盖兜底社区排查，构建形成动态监测的全社会防控网络。严格有序、分类分级实施小区封闭式管理，全力做好患者救治，严格开展集中隔离医学观察。妥善处置复兴医院、广外医院聚集性病例，成功阻断疫情向街道、社区扩散。加强信息发布和舆情引导，及时回应社会关切。全面落实高风险地区人员入境进京闭环转运，实现境外输入零感染。加强发热门诊和社区卫生中心筛查哨点建设，推动形成细致高效的流调体系。多方挖掘潜力筹集防控物资，建立“应急保供储备库”，启动生活必需品“点对点”应急补货机制，实现社区生活必需品“无接触配送”全覆盖，保持市场有效供应。特别是新发地疫情发生后，西城区连夜流调、迅速排查确诊首例病例“西城大爷”，为全市发现暴发点、感染源争取了先机。

安全有序推动复工复产。严格落实“三防”“四早”“九严格”要求，建立公共场所疫情防控制度，严密抓好商务楼宇、商市场、施工工地等重点场所管控。实施“双楼长”制，“一楼一策”指导商务楼宇复工复产，金融街重点金融机构、“金科新区”金融科技企业、中关村西城园规模以上企业提前实现100%复工。率先出台稳经济增活力促发展政策措施，援企稳岗政策资金达到117亿元，惠及近3万家企业、101万人。落实社会保险“减免缓”政策，减免规模109亿元。落实减免房租政策，为企业减免房租6.6亿元。多措并举着力缓解企业融资难融资贵问题，创新建立银企对接“四专机制”服务模式，帮助驻区中小微企业快速获得授信288亿元，信用贷款占95%。

扎实有效做好常态化疫情防控。制定公共卫生应急管理体系建设三年行动计划，改革完善疾病预防控制、应急医疗救治、保障支撑和突发公共卫生事件应急指挥体系，全面提升公共卫生应急能力。加强核酸检测能力建设，累计检测160万余人次，最大核酸检测能力达到10.4万份/天，“应检尽检”“愿检尽检”需要充分满足。探索社区技防新模式，在全市首推智能门禁系统建设。严密排查市场冷库冷链疫情传播风险，启动全区冷链及餐饮食品单位从业人员七日一轮核酸检测，开展高频次、全方位的常态化监督检查，确保全部进口冷链食品安全、包装安全、全程可追溯。冯亿、俞芃、程子夏和区疾控中心第四党支部受到国家级表彰，孙锐等45名个人和月坛社区等20个集体受到市级表彰。

经济建设

金融街国家金融管理中心地位更加巩固。推动金融街论坛升级为国家级论坛和国际性专业论坛。成功举办2020金融街论坛年会，聚焦“全球变局下的金融合作与变革”主题，集中发声、交流互动，线上点击量超13亿人次，金融街国际影响力进一步提升。举办第三届北京金融法治环境建设研讨会。服务金融业新生板块落地，新引进银河资产、锋裕汇理、中储粮财务等重点金融机构45家，注册资本金规模1177亿元。举办第二届企业上市主题交流活动。推动奇安信、金融街物业成功上市，国源科技成为首批新三板精选层企业。全年金融业实现生产总值2653.8亿元，占地区生产总值的52.4%，金融业支柱地位更加显著。

国家级“金科新区”建设步伐加快。“金科新区”核心区基础设施建设取得重大进展，中心广场和新动力金融科技中心即将精彩亮相，“动批”实现“腾笼换鸟”“凤凰涅槃”。与海淀区共同发布并推动实施国家级“金科新区”三年行动计划。用好服贸会、进博会等平台，举办金融科技专题展和成方金融科技论坛，组织中关村“番钛客”金融科技国际创新大赛。服务中国人民银行开展“监管沙箱”试点项目，西城区14个项目入箱测试，占全市项目总数的64%。建立金融科技企业及专业服务机构评价体系，兑现“金科十条”政策资金6400余万元。共引进成方金科、成方金信等重点企业120家，注册资本金规模超930亿元。中关村西城园高新技术企业达970家，预计实现总收入3400亿元。

政策创新实现赋能增力。出台18项经济政策，对冲经济下行影响。“两区”建设快速推进，制定《建设国家服务业扩大开放综合示范区工作方案》，发布“金开十条”、《西城区服务业扩大开放政策白皮书》（中英文版），建立“两区”建设项目库，62个项目已落地24个。吸收合同外资9.6亿美元，同比增长219.6%。实施走出去战略，赴上海等地推介金融街和“金科新区”。强化转型布局，出台加快推进数字经济发展若干措施，统筹推进“五新”政策落地，“新基建”“新场景”入库项目25个。全球首发西城区“5G+华为河图”智慧商圈。开展专题消费活动500余场，搭建“西城消费”服务平台，注册用户超过56万人、注册企业和商户3000余家，发放消费券636万张，撬动消费17.28亿元。创新“线上菜”“网上餐”“云逛街”等消费新业态。“两展一节”新设“线上展览+直播带货”。“新华1949”和中国北京出版创意园被评为市级示范园区。天桥演艺区被评为市级版权保护示范区。

国资国企转型发展成效显著。开展国有资本投资公司试点，以市场化方式布局战略性新兴领域，出资95.1亿元，撬动社会资本582.3亿元。成功参股并引入星际荣耀等独角兽企业、大和证券等外资金融机构。菜百公司上市获证监会受理。金融保险业利润总额同比增长177%。推动事业单位转企改制，蓟城山水、环雅丽都实现市场化运行。引入资本、转变机制、注重创新，鼓励老字号企业跨界融合发展。区属国资国企资产总额5347.7亿元，实现营业收入411.1亿元，呈现良好发展势头。

营商环境更加优化。24个政务服务大厅实现延时服务全覆盖。实施“好差评”“政务服务议事厅”等机制，精简行政审批事项，推出47项告知承诺审批事项，清理各类证明34项。深化“指尖行动”，79个街道事项、647个区级事项实现移动端办理。推行“9+1”区块链应用场景，建成全市首家全生命周期“微信办照”平台。加强对重点税源企业走访联系，发放服务卡2085张。兑现产业政策资金16.3亿元。减税降费54.4亿元，惠及企业6万家次，有力支持了企业发展。

城市建设与管理

制定落实核心区控规实施意见和三年行动计划，细化重点地区、重要专项、规划编制与机制探索3方面44项任务。深入落实“双控”“四降”要求，年度人口调控目标全面完成，“疏整促”专项行动持续推进。拆除违建11万余平方米，关停或转型小旅馆12家，完成9个片区架空线入地工程，拔除电线杆755根。34个老旧小区综合整治稳步推进，小马厂南里等5个小区全部完成。增设电梯19部。237个院落雨污水管线和24个小区老旧供暖管网改造顺利完成。新建和提升便民商业服务网点42个、百姓生活服务中心5个，基本便民商业服务功能实现社区全覆盖。551条背街小巷通过市级验收，人定湖北巷和文华胡同获评北京市最美街巷。

围绕431项行政执法权力下放向街道赋权赋能，安监、食药、流管3类1480名区级职能部门协管员下沉街道管理使用。创新推进垃圾分类，增设大件垃圾转运点15个，组织各类宣传活动2616场，机关干部、社会力量3.8万人次参与“桶前值守”。推进“两网融合”，703个小区实现再生资源预约上门回收。居民家庭厨余垃圾日均分出量225吨、分出率21%，其他垃圾日均产生量681吨，生活垃圾减量率38.5%。4312组垃圾桶站实现规范化建设、桶站值守率100%。11个小区获评全市垃圾分类示范小区，垃圾分类专项工作排名全市前列。建立“数图合一”智慧物业管理系统。948个小区实施物业管理，覆盖率97.6%。组建业委会（物管会）854个。物业管理“三率”保持城六区领先位置。全区95个“三无小区”建立物业管理长效机制，有效解决了困扰群众的小区脱管失管问题。

开展打赢蓝天保卫战年度行动计划和秋冬季大气污染综合治理攻坚行动，深化“每一天每一微克”行动。开展餐饮油烟专项治理，有效降低餐饮企业油烟污染排放。完善空气重污染过程应对措施，细颗粒物（PM2.5）年均浓度40微克/立方米、同比下降9.1%。狠抓扬尘污染管控，构建“绿色施工西城标准”体系，在施工地试点安装防尘“天幕”，实现“全密闭”管理。新增248个TSP（总悬浮颗粒物）监测点位。截至11月，降尘量平均值5.5吨/平方公里·月，同比下降1.4吨/平方公里·月。积极打好碧水、净土保卫战，4个水体考核断面年均达标，无疑似污染地块和污染地块，土壤安全利用率达到90%以上。持续压实河湖长制，各级河湖长巡河4.6万公里，6处河湖入选北京市“优美河湖”。新建6处口袋公园和4处小微绿地，新增城市绿地8200平方米，完成屋顶绿化1万余平方米、垂直绿化1148延长米。创建花园式社区1个、花园式单位1个。编制实施道路林荫计划，建成槐柏树街等24条慢行林荫示范路，更好满足市民“林下行”需求。

完成30条道路大中修、5条道路疏堵、16公里慢行系统改造。实施37条市政道路建设和征收，大吉巷西段等3条道路建成通车。完成19处乱点堵点整治。建成牛街莲花胡同等5处停车设施，增加泊位320个。11个街道、84条道路实施居住停车管理，15个街道开展停车设施有偿错时共享。124条道路、近8000个电子停车泊位上线运营，基本实现道路停车电子收费全覆盖。

科技　教育　文化　卫生　体育

发挥科技、信息化和大数据在经济社会发展，疫情防控、复工复产、社会治理等方面支撑作用，推进区委、区政府决策部署落实到位。在全市首推疫情防控社区智能门禁系统建设，作为西城经验向全市推广；打通市级“健康宝”与区级“技防系统”的数据桥梁，成为全市首个“健康宝”应用示范区。开通5G基站1083个，实现重点地区5G信号全覆盖；完成全区各疫苗接种点政务网络通讯畅通，视频图像全部回传；率先落实国务院要求，开展老年人出行便利化试点，努力破解老年人运用智能技术出行难问题；率先实现市区目录链对接，建成北京首个区县政务服务区块链平台；全区高新技术企业870家，技术合同成交额230亿元；软件信息服务业收入586亿元，利润增幅13.5%；科技服务业收入1110亿元，利润增幅77.9%；首次开展“云上”科技周，130余场线上科普活动，让群众足不出户体验科学魅力。

坚持停课不停学，搭建“中小学线上学习平台”，创建“西城校长讲家教”网上课堂和中小学家长学校云课堂。制定教育人才引进管理办法。全区合力挖掘资源，千方百计破解“入园难”“入校难”问题，实施79个学位保障工程项目，涉及中小学校66个校址、幼儿园8个校址，扩班466个，新增学前学位2000个、义务教育学位12500个。获批普通高中新课程新教材实施国家级示范区。规范社会教育，坚决取缔无证园和无资质办学机构。中小学平安校园建设全部达标。获第40届北京青少年科技创新大赛一等奖32项、第20届北京市中小学生金鹏科技论坛一等奖27项，均位列全市第一。西城区教委获“第六届全国未成年人思想道德建设工作先进单位”称号。

积极推动中轴线申遗保护，制定出台西城区实施方案，明确时间表、路线图，建立目标项目化、项目台账化、监督管理考核闭环化工作体系，全力推动、定期调度、加快落地。深入落实区人大决议，统筹推动文物腾退修缮和活化利用、重点区域综合整治等各项工作。完成北海医院、东天意市场降层拆除和粤东新馆、宜兴会馆文物腾退。历代帝王庙以新面貌对外开放。京报馆、庆云寺等修缮工程加速推进。砖塔胡同、西板桥、观音寺片区申请式退租工作和灵境胡同33、35号居民房屋腾退工作全部完成。打造“步行优先、林荫覆盖、留住记忆”的“稳静街区”，鼓楼西大街保护更新实现精彩亮相。第一批15处区级文保单位建控地带向社会公布。率先采用社会化、市场化手段，推动歙县会馆等7处文物建筑活化利用。召开西城区名城委2020年会。深化“四名汇智”计划。创新开展西城非遗购物之旅直播活动，扩大非遗影响、带动文化消费。

群众文化生活更加丰富多彩。新建14家阅读空间和实体书店，33家书店获评北京特色书店，3家书店获评北京最美书店。区级注册博物馆实行预约参观。扶持文艺精品创作，推出首部群众自创抗击疫情主题话剧《北街南院》，原创剧《武学宗师》赴上海等地交流演出，电视剧《幸福里的故事》实现首播。举办“京韵剧源”、百姓戏剧展演、什刹海文化旅游节、老舍戏剧节、中国童书博览会和第十五届中国国际合唱节等品牌活动。开展线上线下文化活动6282场次，线上观看点击量779.7万次，线下活动覆盖55.2万人次。

申报创建国家全民运动健身模范区，实现全民健身示范街道全覆盖，推动篮球联赛、徒步大会等群众体育赛事活动深入发展。发布实施群众身边体育健身设施建设三年行动计划，铺设健走步道5公里，新建社会足球场10个、多功能运动场7个、仿真冰场7块。全面开展新时代爱国卫生运动。推进“复兴医院—月坛社区卫生服务中心”和“宣武医院—回民医院—牛街社区卫生服务中心”两个国家级紧密型医联体试点工作，探索建设全方位、全人群、全生命周期的健康服务联合体。“健康西城”升级版正式上线。持续推进家庭医生签约“一键式”服务，重点人群签约率97.3%。西城区获“2018—2019年度全国平安医院工作表现突出地区”称号。

社会服务管理和社会保障

坚持党建引领深化改革创新。不断完善“吹哨报到”机制，推动40项改革任务落地。制定“七有”“五性”指标保障工作方案和专项行动计划，不断提升服务群众水平。落实“接诉即办”改革各项要求，建立健全高位推动、每日调度、统筹推进机制，全力抓好和科学规范12345市民热线办理各项工作，相继出台《西城区“接诉即办”工作办法》《西城区“接诉即办”协同案件办理实施办法》等制度。率先开展“最美”系列征集活动，树立示范典型、推广优秀经验，先后推出30个优秀案例、30个最美办件人、10个最美办件集体。全年共受理群众诉求15.94万件，综合年平均成绩由2019年78.15分提升至2020年的93.27分。万人诉求量始终处于全市低位行列，“未诉先办”工作成效突显。

社区服务效能显著提升。大力推进社区服务站转型升级，便民利民事项纳入“全科社工”综窗服务，实现“四务合一”一站式办理。持续推进社区减负增效，社区填报区级表格事项由95项压减至5项。成功申请国家级基层民主协商标准化试点，搭建7373个四级协商议事厅，建成16个社区级示范厅和26个楼门院治理示范点。依托“西城家园”打造线上社会治理平台，81.25万居民实名入驻，8.5万名党员在线亮身份，畅通服务群众“最后一米”。

社会事业实现新发展。持续加强退役军人服务保障体系建设，培育4个特色街道服务站和11个社区服务站标杆。扎实做好抚恤优待和褒扬纪念工作，多渠道促进退役军人和随军家属就业创业。西城区以全市第一名成绩获得全国双拥模范城“十连冠”，赵蓬欣获全国爱国拥军模范个人称号。落实《北京市民族团结进步创建三年行动计划（2018—2020）》，推进民族团结进步创建与和谐寺观教堂创建，全区民族团结、宗教和睦。外事外联、妇女儿童、档案史志、公益慈善等工作取得新成效。15个街道大力开展第七次全国人口普查工作，6800余名普查员辛勤付出，调动204.8万人次社会力量积极参与，西城区业务考核通过率全市排名第一。

出台困难家庭关爱扶助行动计划，发放各类救助金2.2亿元，向1.4万名困难群众发放“消费暖心券”423.6万元。保障困境家庭服务对象入住社会福利机构的基本服务需求，发放入住补贴562万元。助力1万余名失业人员就业，连续六年获评“北京市充分就业区”。创新推动科技赋能医保基金监管改革，医保基金更加安全。社区卫生服务中心与驻区养老机构加强服务对接，医养结合率100%。实现养老服务机构和老年餐桌覆盖率100%。新增家庭养老照护床位1500张。实施无障碍设施建设三年行动计划，整改点位1573个。积极推进社会心理服务体系建设试点工作，建成16家社会心理服务中心站点。在施政策性住房项目有序推进，菜园街、光源里棚户区改造安置房项目全部实现开工建设，群众居住条件持续改善。

区域协作和对口帮扶

扶贫协作取得重大成果。投入区级财政资金4.13亿元，实施帮扶项目56个，惠及贫困群众8.5万人。打造“双网联动”消费扶贫西城模式，销售农副产品7.6亿元。帮助1.1万余名贫困人员实现就业。动员社会各界捐款捐物7155万元。街道、企业、学校、医疗机构、社会组织开展多种形式结对帮扶。助力“三省五地”圆满完成脱贫攻坚任务。深化与门头沟区结对协作，合力打造“一村一品”田园综合体，3个精品民宿项目投入使用，实现多领域、多层次优势资源共享。

精神文明　民主法治建设

区域文明水平不断提升。落实《北京市文明行为促进条例》，推动文明规范融入市民生活。围绕“共抗疫情　决胜小康”主题，线上线下开展百姓宣讲活动，讴歌伟大抗疫精神。组织新时代文明实践活动5000余场，惠及近30万人。开展光盘行动。刘云军获首都道德模范称号。区财政局获得全国文明单位称号。西城区连续六届获得“全国文明城区”称号。

深入落实全面从严治党主体责任，夯实政府系统管党治党责任，严格落实中央八项规定及其实施细则精神，持续反“四风”。积极配合市委第二巡视组对西城区开展巡视工作，以此为契机进行全面的政治体检，进一步查找不足、立行立改。“四不两直”调研检查成为常态。大力推动压文减会。强化审计监督和行政问责，加大反腐倡廉力度，开展警示教育，党风政风持续向好。更加注重强化政府自身建设，巩固拓展“不忘初心　牢记使命”主题教育成果，出台关于进一步推动“转作风、强创新、提效能”的若干措施，从制度、机制、作风等多方面，全面提升核心区干部的政治素质，增强攻坚克难的斗争本领，强化廉洁高效的务实作风，为推动区域发展提供有力保障。更加注重依法行政，全面落实区人大各项决议，向人大及其常委会报告工作，自觉接受人大及其常委会法律监督、政协民主监督。办理人大议案1项、代表建议67件、政协提案189件。通过多种形式向公众报告工作，行政权力透明度进一步提升。西城区获评第一批全国法治政府建设示范区。

实施“长安计划”升级措施，推进“雪亮工程”，通过科技手段加快完善立体化、信息化社会治安防控体系。提升涉恐“软目标”防控水平，全面筑牢校园、幼儿园、医院等场所安全防线。依法严厉打击违法犯罪，推动扫黑除恶常态化，破获涉恶因素案件526起。全区刑事、治安、秩序警情分别下降35%、62%、25%，群众安全感达到99%以上。有力保障群众合法权益。源头处置涉稳风险，深化领导包案、“诉源治理直通车”等多元预防调处化解机制。

（责任编辑　郝慧芳）

特　载

在区委十二届十五次全会上的工作报告

中共北京市西城区委书记　孙军民

（2020年12月31日）

各位委员、同志们：

现在，我受区委常委会委托，向全会报告工作。

一、2020年工作情况

我们即将走过极不平凡的2020年。在市委坚强领导下，区委常委会坚持以习近平新时代中国特色社会主义思想为指导，深入贯彻习近平总书记对北京重要讲话精神，认真落实蔡奇书记调研指示要求和市委决策部署，深刻把握全力服务保障首都功能这一全部要义，大力践行“红墙意识”，统筹推进疫情防控和经济社会发展，扎实做好“六稳”工作、落实“六保”任务，“十三五”目标实现收官，率先全面建成小康社会目标即将如期实现，全区各项事业都取得了新的进展和成效。一年来，区委常委会统筹把握年度特点和任务要求，集中抓了以下几方面工作：

一是坚持把疫情防控作为压倒一切的头等大事，全力以赴打赢这场人民战争、总体战、阻击战。面对突如其来的疫情，常委会坚决落实党中央决策部署和市委要求，有力有序推进各项防控工作，坚决守护好人民群众生命健康。抓组织指挥。第一时间建立高效运行的区级指挥体系，实施风险人群、风险地图和风险态势管理，制定实施中央政务办公区和集中生活区防控专项方案，坚决为党中央站好岗、放好哨。抓重点措施任务落实。认真执行“三防”“四早”“九严格”，率先启动集中隔离医学观察，积极展开“敲门行动”，分级分类实施小区封闭式管理，全面落实入境进京人员前端转运和隔离管控，构建全闭环防控体系。有效处置复兴医院聚集性病例，由区领导带队组成专班进驻，坚决控制疫情扩散。及时发现并高效处置新发地首发病例，坚决果断处置广外天陶红莲菜市场关联病例，累计完成核酸检测170万余人次。抓社会广泛动员。组织党员干部群众4万余人参与社区防控，党员自愿捐款1009.7万元。抓检视分析改进。组织召开区委十二届十二次全会，研究推出加强公共卫生应急管理体系建设三年行动计划，着力提高预防预警、应急响应和处置能力，全面启动应急预案动态修订更新。抓常态化精准防控。坚持未雨绸缪、精准施策，制定实施秋冬季疫情风险防控方案，推进重点场所、机构、领域日常预防管理制度化规范化，率先采取技防手段加强社区防控。全力推进今冬明春常态化防控措施落实，始终保持监测预警机制高度敏感，扎实开展进口冷链食品检查和从业人员常态化核酸检测，统筹提高核酸检测能力，增强工作的主动性和针对性。抓复工达产。研究制定促恢复保稳定稳经济增活力促发展等一揽子政策措施，加大重点保障企业支持力度，落实援企稳岗政策资金79.2亿元，累计减税降费54.4亿元。稳定和促进居民消费，推出提振消费行动方案，撬动消费近15.6亿元，以扎实举措确保经济平稳有序运行，预计全区地区生产总值实现正增长。

二是深入学习宣传贯彻党的十九届五中全会和市委十二届十五次、十六次全会精神，精心谋划“十四五”发展。常委会坚持把学习宣传贯彻党的十九届五中全会精神作为重要政治任务，迅速召开会议对学习贯彻作出安排、制定宣传宣讲方案。坚持示范引领，带头抓好学习。及时组织区委理论学习中心组学习，深入开展集中交流研讨，深刻领会党的十九届五中全会的重大意义、精神实质和实践要求。坚持以上率下，迅速掀起学习宣传热潮。区四套班子深入所联系单位、分管领域带头开展宣讲，立足群众视角、用好百姓语言全面推开宣讲“十进”活动，边宣讲全会精神、边听取民意、边交流互动、边解决实际问题。坚持全面贯彻，系统谋划“十四五”经济社会发展。深入开展重大课题前期调研，区委常委会会议、区委财经委会议多次专题研究，组织召开区四套班子务虚会深入研讨重大问题，有力指导和把握规划方向。坚持集思广益，广泛凝聚谋发展促发展共识。召开政党协商会、议政会、专家座谈咨询会，充分听取各民主党派、人大代表、政协委员、基层党代表、专家学者、居民群众与社会各界意见，引领全区上下把思想行动统一到“十四五”发展美好蓝图上来。

三是大力推动新总规和核心区控规落地实施，抓好“三件大事”取得扎实成效。常委会紧抓核心区控规颁布实施历史机遇，深入谋划推动城市发展重塑再造。着力加强控规落地谋划。组织召开区委十二届十四次全会，制定贯彻落实核心区控规三年行动计划和进一步推进街区保护更新实施意见，发挥城工委牵头统筹作用，完善指挥部、前端公司、属地街道职能协作，有序谋划任务落实并加强定期专题调度，制定长安街纵深一公里环境提升方案，打造菜西片区新型共生院，鼓楼西大街“稳静街区”实现精彩亮相。着力推动协同发展取得新进展。全面完成“疏整促”各专项行动目标任务，实现常住人口调控年度目标，砖塔胡同等申请式退租项目取得阶段性进展，协同发展体制机制进一步健全，产业链对接协作和专业领域合作逐步深化，面向副中心、雄安新区的优质公共服务资源供给进一步加大。着力抓好冬奥会筹办任务落实和冰雪运动普及推广。完成7块仿真冰场铺设，举办2020全民健身冰雪季，在全社会营造良好的冬奥氛围。

四是着力防范化解重大风险、精准脱贫、污染防治，打好“三大攻坚战”取得显著成果。常委会将三大攻坚战作为一个整体，加强统筹谋划、精准发力、务求实效。坚持底线思维，推进重点领域风险标本兼治。立足有效防控金融风险，建立风险评估和防控管理长效机制，加强金融风险监测预警和监管防范，强化金融风险处置专班作用，有序推动网贷平台转型退出和风险化解工作。贯彻扶贫方略，毫不松懈打好脱贫攻坚收官之战。投入区级财政资金4.13亿元，支持北京市扶贫协作和支援合作，派出挂职干部13名、教育医疗专业人才145名，打造“线上线下、双网联动”消费扶贫方式，实施帮扶项目56个，推动1.1万名贫困人口就业，实现建档立卡贫困人口全部清零、受援地全部脱贫摘帽。坚持严管严控，强化污染防治。扎实展开“一微克”行动，PM2.5平均浓度降至40微克/立方米，同比下降9.1%，降尘量同比下降1.1吨/平方公里·月，国家和市级水质考核监测断面全部稳定达标，6处入选北京“优美河湖”。大力“留白增绿”，发布实施道路林荫计划，建成24条慢行林荫示范路，新建荷香园等6处口袋公园和4处微绿地，公园绿地500米服务半径覆盖率达97.18%。

同时，区委常委会认真履行“把方向、谋大

事、抓党建、保平安”职责，加强统筹协调，全面推进全区各项事业发展。

我们坚持把全力服务保障首都功能作为核心区工作的全部要义，着力营造安全、整洁、有序的政务环境，推动“四个服务”效能进一步提升。深入抓好“长安计划”升级措施实施，全面加强政治中心区一体化防控，圆满完成了疫情防控期间全国两会、服贸会、党的十九届五中全会等重大服务保障任务。组织开展服务中央事项进大厅试点，制定服务事项清单，持续固化提升常态化服务保障机制。加强城市管理理念和手段创新，加快住宿业转型升级，推动新三年背街小巷精细化整治提升行动计划实施，483条背街小巷通过市级验收，人定湖北巷、文华胡同上榜十大北京最美街巷。深入抓好安全生产专项整治，提升“秒级响应、分钟处置”能力，深化城市部件应急维护更新、老旧小区应急维护运行机制，推进“城市大脑”建设，初步构建形成视频、物联、人工、业务四个维度的城市感知体系。深化扫黑除恶专项斗争，深入开展“六清”行动，践行新时代“枫桥经验”，发挥“西城大妈”等群防群治力量作用，完善矛盾纠纷源头治理和多元矛盾化解机制，开展涉疫矛盾排查化解专项行动，61件信访积案实现办结，区域和谐稳定局面进一步巩固。

我们严格落实“老城不能再拆了”要求，着力加强老城整体保护与复兴，推动全国文化中心功能建设和文化软实力进一步提升。建立中轴线申遗工作领导小组，坚持定期调度，推动中轴线申遗保护任务不断取得实效，北海医院、天意商城完成降层，地安门外大街品质提升方案通过市级评审，贤良祠文物腾退、大高玄殿南侧牌楼维护等重点项目稳步实施。发布首批文物建筑活化利用计划，完成粤东新馆、宜兴会馆腾退工作，历代帝王庙重新开放，精心设计中轴西翼、北京城的时间轴、一街看尽七百年等主题线路，文化探访逐步连点成线。积极打造“书香西城”，组建完成西城区阅读推广中心，新建公共阅读空间和实体书店14处，36家书店获评北京市最美书店和特色书店，电视剧《幸福里的故事》实现首播，公共文化服务体系示范区建设迈出新步伐。积极做好各类主题宣传和群众性精神文明创建活动，开展新时代文明实践活动5000余场，近30万人受益，志愿服务更加普遍，连续六届获得“全国文明城区”称号，城市文明氛围更加浓厚。

我们聚焦减量、创新和高质量发展，着力巩固完善“高精尖”经济结构，推动经济发展质量效益进一步提升。突出服务国家金融管理中心建设，持续推动金融街街区品质提升，抓住2020金融街论坛年会升格为国家级论坛契机，高标准做好保障工作，助力打造国家金融政策权威发布平台、中国金融业改革开放宣传展示平台、服务全球金融治理的对话交流平台。积极服务企业挂牌上市，国源科技成为首批进入新三板精选层企业，金融街物业、奇安信分别在港交所、科创板挂牌。着力打造国际一流的“金科新区”，联合海淀区发布三年行动计划，奇安信总部大楼、北矿金融科技大厦投入使用，“金科新区”核心区中心广场实现亮相。完善金融科技发展政策制度安排，制定实施服务金融业扩大开放的若干意见，推出加强新装备新技术应用、推进精细化治理和高质量发展赋能计划。注重打造一流营商环境，积极推进“一网通办”改革，成立全市首个注销专区，让居民和企业办事更加便利。

我们紧扣“七有”目标和“五性”需求，着力加大保障改善民生工作力度，推动群众家门口的事精心精细办好、生活品质进一步提升。持续抓好便利生活与服务提升、学区提升、老旧小区综合整治等系列民生行动计划实施，新建百姓生活服务中心5个、便民网点42个，新增学前教育学位2000个、义务教育学位12500个，基本公共服务更加均等便利。完成如意里等4个老旧小区改造和22部电梯增设，“拔钉子”专项行动成效显著，光源里、菜园街棚改项目扎实推进。全力保障就业稳定，连续6年被评为市级充分就业区。建立家庭医生签约服务工作规范和激励机制，重点人群家庭医生签约率达97.3%。优化提升养老服务，家庭养老床位服务对象签约1500人，500人享受异地康养补贴。加强政策托底，制定实施困难家庭扶助计划。全力守护百姓“舌尖上的安全”，“阳光餐饮”工程实现率达到100%。完成4条道路疏堵、17条道路大中修和13.6公里慢行系统改造，基本实现道路停车电子收费全覆盖，84条道路实施居住停车管理，探索开展全域停车设施有偿错时共享，群众出行难、停车难持续缓解。

我们持续深化党建引领基层治理作用发挥，着力贯通抓落实的“最后一公里”，推动城市基层治理体系和治理能力进一步提升。紧盯重点领域关键环节，组织召开3次区委深改委会议，从“微改革”“小切口”入手，推动基层治理难题破解。制定“吹哨报到”改革40项重点任务清单，进一步推动赋权、下沉、增效。坚持“民有所呼、我有所应”，持续深化“接诉即办”改革，推出“新十条”工作措施，全面推行领导干部亲自办、见面办，建立区委区政府主要领导热线诉求周调度机制，创新条块协同模式，提升共情能力，推动重点难点问题解决，实现综合成绩提升、全市排名进步。打造政策发布和群众诉求受理网上平台，108万居民实名入驻“西城家园”，在线亮身份党员近8.5万人。坚持抓好两件“关键小事”，积极推动党建引领物业管理，物业管理“三率”提前实现目标值，发动3.8万人参与“桶前值守”，厨余垃圾日均分出率达到21%。深入落实爱国卫生运动三年行动计划，广泛开展“周末卫生大扫除”。推进共建共治共享，设立民生工作民意立项项目37个，完成一批社区协商议事厅和楼门院治理示范点建设，成功申请国家级基层民主协商标准化示范点。

我们认真践行新时代党的建设总要求，着力落实全面从严治党战略，推动管党治党水平和党的建设质量进一步提升。深化创新理论武装，及时跟进学习习近平总书记最新重要讲话和重要指示批示精神，开展理论学习中心组学习24次，“不忘初心　牢记使命”主题教育成果进一步巩固。严肃党内政治生活，开展领导干部集体谈心谈话，围绕热线诉求办理组织各党（工）委、党组开展专题组织生活。认真履行意识形态责任，扎实开展扫黄打非专项行动，建立网络舆情预警、应急响应和协同处置机制，有力维护网络意识形态安全。进一步完善党（工）委、党组书记抓基层党建工作述职评议考核等工作制度，抓好各领域党建任务落实，稳步推进党委领导下的校长负责制试点，完成9家区属企业党委书记、董事长“一肩挑”。注重在疫情防控一线考察识别领导班子和干部，系统谋划推进职务职级并行工作，干部教育管理进一步加强。制定实施高质量发展人才行动计划，出台公租房和人才公寓保障实施办法，启动第四届“百名英才”评选，人才发展环境持续优化。坚定不移破除形式主义、官僚主义和治理群众身边的不正之风，集中督办核查弄虚作假、漠视群众利益问题，持续深入开展“进千门走万户”“减会、压文、少说、多走、深谈、严管”行动，督查检查考核数量进一步缩减到18项。持之以恒正风肃纪反腐，开展4轮巡察，移交问题线索33件，立案9件，加强疫情防控、“接诉即办”、脱贫攻坚等重点任务监督检查，主动核查群众诉求1876件。在市委坚强领导下，坚决果断严肃查处任志强严重违纪违法案件。全年共立案117件，给予党政纪处分74人。结合党（工）委、党组书记工作点评会，建立常态化教育机制，召开警示教育大会，点名道姓通报典型案例，以案明纪、敲响警钟。

区委常委会高度重视自身建设，带头增强“四个意识”、坚定“四个自信”、做到“两个维护”，身体力行靠前指挥、狠抓落实。严格执行区委常委会议事规则，带头坚持和落实民主集中制，发挥重大决策第三方评估作用，不断提高议事决策水平和抓落实能力。建立定期工作协商通报机制，积极推进区委、区人大、区政府、区政协凝聚工作合力。人大持续开展对历史文化名城保护等决议落实跟踪问效，深化对重点支出与重大投资项目执行情况监督，加大对“四个条例”等法律法规检查力度，不断增强监督刚性。政府坚持依法行政、依法治区，获评第一批全国法治政府建设示范区。政协推动民主协商常态化制度化，聚焦公共卫生应急管理体系建设提出协商意见，协商议政质量进一步提高。法检两院围绕推动历史遗留问题解决、涉疫矛盾等治理难题，主动向前一步，为区域发展提供有力法治支撑，荣获全国“一站式建设示范法院”。统一战线积极推进工作制度和治理能力建设，推出参政党建设工作新措施，上线新阶层人士“西城新心”平台。工会、共青团、妇联等群团组织积极建功疫情防控、脱贫攻坚一线，广泛开展关心关爱、典型选树等活动，桥梁纽带作用进一步发挥。密切军地协作，民兵预备役部队积极参与服务保障重大任务，军政军民团结局面持续巩固，荣获全国双拥模范城（区）“十连冠”。

回首这一年，我们经受住了前所未有复杂局面的考验，疫情防控取得重大战略成果，人民生命健康安全得到切实保障，经济运行总体平稳、稳中有进，北京新总规和核心区控规有序落地，城市面貌有了更多新变化，居民群众的获得感有了新提高，发展治理能力水平有了新提升，在推动全区高质量发展上迈出了坚实稳健的一步。成绩来之不易，这是全区上下团结一心、不辞辛劳、共同拼搏、不懈奋斗的结果。在此，我代表常委会，向大家一年来的辛勤付出致以崇高敬意和感谢！

与此同时，我们也要清醒看到前进中面临的困难和挑战，工作中仍然存在的问题与不足：城市规划建设管理系统思维不够、统筹推进力度不强、衔接不够紧密；精细化管理仍需持续用力，背街小巷、平房院落、地下空间等各类城市角落问题治理常态长效机制还需进一步完善深化；教育、养老等基本公共服务供给与居民群众的“七有”“五性”新期待还有差距；突破老旧小区改造、物业规范管理、停车治理等难题还需要下大力气；巩固市民热线办理成效、解决群众多元化诉求还要持续深入；消费潜力还没能充分激发，消费能级还需系统提升；用改革思维破解历史遗留问题的思路办法还不多；全面从严治党各项措施还需进一步落细落地。我们要高度重视这些问题，采取有力措施加以解决。

二、2021年工作安排

2021年是“十四五”规划开局起步的第一年，是核心区控规全面展开落地实施之年，我们将迎来建党100周年这个伟大历史时刻，西城发展与党和国家的历史使命、与新时代首都发展更加紧密地联系在一起。

区委常委会认为，面对经济社会发展和城市治理繁重任务，面对外部挑战复杂、不确定性因素增多等情况，我们要始终把区域发展放在党中央、市委对首都功能核心区的统筹谋划之中来审视把握，坚持把核心区控规作为发展的法定蓝图和重要遵循，有序推动城市功能布局优化和品质提升，展现出国家重大战略实施的新成效。要主动对标对表全面建设社会主义现代化国家新征程时序安排和任务部署，实现目标任务化、任务项目化、项目台账化，把握好重点任务推进的层次和节奏，把“十四五”规划擘画的美好蓝图转化为生动实践。要准确识变、科学应变、主动求变，努力释放“四个中心”“四个服务”巨大潜能，抓好用好“两区”“三平台”政策红利，引导推动数字经济发展，打造国际一流消费环境，在率先探索构建新发展格局路径进程中找准定位、发挥优势，更好地为高质量发展赋能。要保持定力、持续用力、精准发力，在全面建成小康社会基础上，进一步提升民生保障水平，更好满足群众“七有”“五性”新期待。要始终胸怀“两个大局”，牢牢把握进入新发展阶段、开启全面建设社会主义现代化国家新征程的丰富内涵和实践要求，强化问题导向，增强机遇意识和风险意识，以首善标准谱写好首都高质量发展的西城篇章。

常委会建议，明年工作总体要求是：坚持以习近平新时代中国特色社会主义思想为指导，以习近平总书记对北京重要讲话精神为根本遵循，全面贯彻党的十九大、十九届二中、三中、四中、五中全会和中央经济工作会议精神，认真落实市委十二届十五次、十六次全会精神，坚持以首都发展为统领，以推动高质量发展为主题，立足首都城市战略定位和核心区战略定位，牢牢抓住疏解非首都功能的“牛鼻子”，用好“两区”“三平台”契机，在率先探索构建新发展格局的有效路径上体现应有担当，努力在建设政务环境优良、文化魅力彰显、人居环境一流的首都功能核心区上取得新进展、展现新实效，实现“十四五”发展稳健起步、良好开局，以优异成绩庆祝中国共产党成立100周年。重点抓好以下几个方面工作：

（一）牢固树立抓好党建是最大政绩的理念，推进全面从严治党向纵深发展。作为“红墙意识”发源地，我们要带头增强“四个意识”、坚定“四个自信”、做到“两个维护”，坚持不懈用习近平新时代中国特色社会主义思想武装头脑、指导实践、推动工作，更加自觉地坚持和加强党的全面领导，不断提高党的建设质量。

始终以党的政治建设为统领，持续巩固深化“不忘初心　牢记使命”主题教育成果。严格落实“看北京首先要从政治上看”要求，坚持站在首都大局谋划推进西城区工作，自觉与党中央决策部署和市委要求对标对表，牢牢把握正确政治方向。坚持站在意识形态斗争第一线，深化完善工作细则，持续加强阵地管理，健全完善网络信息预警机制，旗帜鲜明抵制错误思潮、错误言论。巩固主题教育成果，继续在学懂弄通做实上下功夫，进一步完善学习制度，认真开展理论学习中心组学习，办好各类读书班、培训班，坚持集中培训与日常教育相结合、组织教育与自我提高相结合，推动习近平新时代中国特色社会主义思想作为必修课、案头卷、工具书，使党的创新理论成为推进工作、促进发展的强大思想武器。不折不扣落实习近平总书记重要指示批示精神、党中央重大决策部署和市委要求，完善“回头看”制度，推进政治监督具体化常态化，全面加强政治生态分析研判，坚持党中央、市委重大决策部署到哪里、监督检查就跟进到哪里。严明政治纪律和政治规矩，严格执行重大问题、重大事项向市委请示报告制度，做到“三个一”和“四个决不允许”。坚决把市委巡视作为检验工作成效、健全工作机制、提升治理能力的政治体检，认真做好整改“后半篇文章”。

坚持以加强自身建设为引领，进一步发挥好统揽全局、协调各方作用。坚持更高标准、更严要求抓好区委班子自身建设。认真贯彻地方党委工作条例，进一步发挥“头雁效应”、当好“施工队长”。健全完善区委常委会议事规则和自身建设意见，严格执行民主集中制、“三重一大”决策制度，不断提高决策的科学化、规范化水平。持续深化四套班子协调联动。加强党对人大、政协工作的领导，充分发挥人大、政协职能作用，健全定期听取人大常委会党组、政协党组工作汇报制度，支持人大及其常委会依法行使监督权，推动新时代人大工作与时俱进、完善发展。支持政协加强民主监督，完善年度协商计划制定和实施制度，推动开展生动多样有效的协商活动，提高建言资政和凝聚共识水平。深入落实全面依法治区。落实重大行政决策程序，完善法治政府建设“双报告、双评审、双调查”制度机制，提高依法行政水平，推动阳光信访、责任信访、法治信访，持续深化司法体制综合配套改革，引导促进全民尊法学法守法用法。巩固发展最广泛的爱国统一战线。坚持和完善政党协商的保障机制，发挥民主党派、工商联和无党派人士积极作用，引导“两新”组织、留学人员等新的社会阶层人士为区域发展治理积极贡献力量。深化群团组织建设。扎实做好社区“两委”换届工作，换出好状态、换出新气象，推动群团组织的政治性、先进性和群众性不断增强，促进政党关系、民族关系、宗教关系、阶层关系、海内外同胞关系更加和谐。全面加强党管武装。扎实推进军民融合深度发展，抓好国防动员工作，做好新形势下的双拥共建工作，解决好“三后”问题，加强退役军人和优抚对象服务力度。

全面贯彻新时代党的组织路线，打造忠诚干净担当的高素质专业化干部队伍。进一步健全抓党建工作机制。深化完善党组汇报工作制度、健全党组工作规则和运行机制，落实好党（工）委、党组工作点评机制，促进党建考核与绩效考核有机融合，做到述职述党建、考核考党建、任用干部看党建。进一步强化重点领域党建。扩大基层党的组织覆盖和工作覆盖，统筹推进机关、国企、学校、医院、“两新”组织等各领域党建工作，突出抓好楼宇党建、园区党建，高标准完成社区

“两委”换届，加强党支部规范化建设，优化党组织组织力评价标准，推动基层党组织全面进步、全面过硬。进一步树立鲜明选人用人导向。注重在关键岗位、艰苦环境、重大任务和基层一线发现、培养、使用干部，强化对国资、卫生系统选人用人工作的领导和监督，实施教育、卫生系统选人用人报告机制，研究出台区管企业领导人员管理办法。进一步统筹抓好干部队伍建设。加强对青年干部培育锻炼，制定实施优秀青年干部队伍建设五年发展规划，健全干部成长选育管用全链条机制，加强领导干部教育培训的统筹安排，不断提升各级领导班子和领导干部适应新时代的能力素养和专业化水平。

压紧压实全面从严治党主体责任，营造风清气正的政治生态。完善上下贯通的责任链条。健全全面从严治党制度，落实党委（党组）主体责任、党委（党组）书记第一责任人责任、纪委监委监督责任和班子成员“一岗双责”，切实增强履行主体责任的政治自觉。锲而不舍纠治“四风”。严格执行中央八项规定精神，坚持把“四风”问题作为巡察重点内容、日常监督重要方面，对歪风陋习露头就打、对隐形变异新动向时刻防范，巩固深化漠视群众利益问题专项整治成果，严肃处理“慵懒散”、不担当不作为，着力构建标本兼治长效机制，以徙木立信的精神推动作风建设走向深入。坚持纠“四风”、树新风并举，把亲和清、勤和廉统一起来，尚俭戒奢过“紧日子”，在艰苦奋斗中提升工作质效，形成真抓实干、求真务实、清正廉洁的新风正气。一体构建不敢腐、不能腐、不想腐的有效机制。持续推进监督机制改革和制度建设，强化监督执纪“四种形态”运用，进一步加大依规依纪依法查办腐败案件力度，深化常态化警示教育，强化以案为鉴、以案促改，推动党员领导干部自重自省自警自励、慎独慎初慎微慎友。

（二）始终把服务保障中央政务功能摆在首位，进一步提高“四个服务”水平。抓好“四个中心”功能建设、提升“四个服务”水平，是我们肩负的重大职责使命。在健全完善重大活动常态化服务保障机制上下功夫。深入落实总体国家安全观，深化“长安计划”升级措施实施和政治中心区一体化防控，持续推进感知预警、预案管理实战、重点区域防控等能力提升，全力做好全国两会等重大服务保障任务。在营造安全、整洁、有序的中央政务环境上下功夫。严谨细致落实好“城市体检”制度，加强重点区域动态诊断评估，抓实抓好服务中央事项进大厅试点，深化联系走访对接和情况通报，精准对接服务需求，提升服务水平，以更加坚决的态度、更加自觉的行动、更加有力的举措为中央党政机关高效开展工作做好各项服务保障。在深化“平安西城”建设上下功夫。健全扫黑除恶专项斗争长效机制，践行新时代“枫桥经验”，深入细致开展矛盾纠纷排查化解，进一步完善领导包案、诉源治理直通车等多元矛盾化解机制，持续加强基层调解体系建设，充分发挥“西城大妈”等群防群治力量作用，建设更高水平的“平安西城”。

（三）强化规划统筹，以首善标准推进核心区控规全面展开落地。核心区控规全面规划了未来一个时期核心区发展的美好蓝图，集中体现了党中央对核心区工作的重要要求，具有特殊重要性。注重规划、建设与管理一体推进。把阶段性成效与建立长效机制结合起来，高标准贯彻落实好街区保护更新实施意见和落实核心区控规三年行动计划。注重把握重点、集中用力。精心抓好什刹海、大栅栏、西单等街区更新的组织实施和效果呈现，系统推进铁树斜街、樱桃斜街申请式改善和街区提升，努力再造一条“杨梅竹斜街”。注重发挥城市设计引领作用。紧扣“两轴、一城、一环”格局，加强长安街沿线及纵深一公里、中轴线沿线景观优化和风貌塑造，加强建筑高度、城市天际线、第五立面、城市色彩等管控，以高水平的城市设计强化老城历史格局与传统风貌。

（四）坚定有序疏解非首都功能，深入落实京津冀协同发展战略。坚持把推进京津冀协同发展作为政治任务、作为发展机遇，在促疏解中提品质、促协同中谋发展。持续抓好疏解整治促提升专项行动。扎实推动各专项任务落实，加大交通枢纽集散功能调整、医院学校布局优化、商业旅游规范管理等各项工作力度，推进分区域建筑总量调控方案有序实施，让“四个密度”降下来、城市运行“静”下来。更加注重腾退空间提质增效。提前做好驻区企事业单位搬迁等腾退空间需求利用方案，加强对腾退空间的统筹谋划和精细利用，注重“留白增绿”、服务配套完善，补齐公共服务短板，进一步规范提升业态标准，打好政策措施、实施方式、改革创新组合拳，推动“腾笼换鸟”，实现功能、业态、风貌的全面提升。以更大视野融入和推动协同发展。自觉从首都发展和京津冀发展大局出发，把握规律与阶段性特征，完善体制机制和政策体系，加强与津冀地区对接，增强产业、空间、人才领域互联互动互通，进一步提升协同发展的力度、广度和深度。坚决把副中心、雄安新区建设当作自己的事，在经济和社会事业发展领域开展全方位、多层次合作，进一步推进项目落地见效。完善对口支援长效机制，助力受援地区巩固拓展脱贫成果，做好与乡村振兴战略衔接。深化与门头沟区结对协作，进一步加强产业梯次合作，努力开创新渠道、新模式。

（五）积极探索构建新发展格局有效路径，不断增强高质量发展活力和韧性。紧抓“两区”“三平台”政策机遇，牢牢把握区域资源优势，找准着力点、结合点，推动构建新发展格局迈出第一步、见到新气象。进一步巩固提升金融业核心竞争力。深入实施金融街品质提升专项行动，办好金融街论坛，优化金融业态结构，加快推动企业上市步伐，加强金融风险监测预警与防范，强化国家金融管理中心服务保障能力。加快“金科新区”基础设施建设和楼宇改造，建设专业服务配套平台，加大重点企业和项目的引进力度。统筹用好“金开十条”“金服十条”“金科十条”政策措施，聚焦消费金融、外贸金融服务等领域，培育新兴金融服务业态。进一步增强发展新优势。积极培育发展商贸、教育、医疗、科技、专业服务领域新业态新模式，大力发展数字经济，加紧推进5G、大数据平台等新型基础设施建设，推动传统基础设施数字化赋能改造。着力提升消费能级，推进西单、大栅栏等传统商圈改造，发展首店经济、繁荣夜间经济、推进免税经济、振兴老字号经济，推动消费向体验化、品质化和数字化方向提档升级，更好建设国际消费中心城市。进一步优化发展新环境。加强经济运行精准调度，精细涵养税源，充分发挥财政激励效应，落实好综合贡献奖励，精准实施减税降费、援企稳岗、融资纾困等系列政策措施，落实好企业管家和服务包政策，加大中小微企业帮扶力度。全面推进政务服务下沉到社区，推行社区服务站“一窗办”“一人办”，实现政务服务就近办、马上办、网上办，提高标准化、规范化水平。

（六）着力提高精细化治理水平，以“绣花”功夫推动城市品质优化升级。城市治理进入纵深推进的新阶段，需要进一步聚焦精细化，发扬“工匠精神”，不断提高工作标准、增强系统性精准性，让城市更有秩序、更具温度、更添品质。着力筑牢城市安全保障之底。进一步增强风险感知能力，不断巩固强化“秒级响应、分钟处置”机制，形成合理的多层级应急设施分布网络，着力提高城市韧性，有序推动公共卫生应急管理体系建设，全面提升公共卫生监测预警、风险评估和应急处置能力，牢固树立安全生产红线意识，做到常抓不懈、警钟长鸣。系统健全城市高效运行之基。推动城市基础设施提档升级，加强道路路网建设和停车综合治理，下大力气治理交通拥堵，打造“安宁交通”，建设海绵城市，增强城市防洪排涝能力，推动建设数字孪生城市，抓好城市新装备新技术应用赋能计划实施，高标准构建“城市大脑”和网格化管理体系，提升城市管理智慧化水平。持续创建城市生态环境之美。坚持绿色发展理念，强化大气污染防治攻坚，坚定深化“一微克”行动，打赢打好蓝天保卫战，扎实做好水环境治理，注重大尺度绿化，坚持拆违还绿、“留白增绿”、宜绿则绿、见缝插绿，大力倡导绿色生产生活方式，努力让天更蓝、地更绿、水更净。

（七）大力弘扬城市精神品格，更好展现古都风韵和城市文化风采。丰厚的文化底蕴是城市的根和魂，要精心做好文化这篇大文章，为建设全国文化中心、增强人民精神文化力量、丰富群众精神文化生活作出新的贡献。坚持以社会主义核心价值观引领人。加强党史、新中国史、改革开放史、社会主义发展史宣传学习教育，推进京报馆、李大钊故居等中国共产党早期北京革命活动旧址的保护传承利用，绘制好西城“红色地图”，积极传承弘扬“红色文化”。坚持以新时代文明风尚塑造人。深入落实北京市新时代公民道德建设实施方案、爱国主义教育实施纲要和文明行为促进条例，建强用好新时代文明实践中心，丰富新时代爱国卫生运动内涵，广泛开展志愿服务和公共文明引导行动，巩固扩大全国文明城区创建成果。坚持以正面舆论引导人。聚焦“十四五”规划开局、全面建成小康社会、建党100周年，抓好选题策划和内容谋划，精心开展各类主题宣传活动，巩固扩大主流思想舆论。坚持以优秀传统文化滋养人。紧抓中轴线申遗年度任务和重点项目实施，统筹做好文物保护、腾退开放和综合利用，加强胡同、老字号原址原貌和非物质文化遗产保护，讲好历史文化故事，为后人留下追慕先贤、认识城市、感悟历史的宝贵财富。坚持以丰富公共文化服务人。着眼建设公共文化服务示范区，优化公共文化资源配置，持续推进“书香西城”建设，促进文化产业提升发展三年行动计划实施和文化创意产业园区健康发展，激励高质量文化文艺产品创作传播，让群众文化获得感更充实、精神向心力不断增强。

（八）持续提升“七有”“五性”服务保障水平，不断改善人民群众生活品质。全面建成小康社会后，居民群众对美好生活有了更高期待，要紧紧抓住群众最关心最直接最现实的利益问题，统筹做好民生领域各项工作。强化系统推进，继续谋划推出民生改善系列新行动。抓好便利生活与服务提升等系列行动计划实施，加快推进简易楼、筒子楼腾退整治更新，加大平房区申请式退租、改善力度，推广“共生院”模式，切实改善人居环境。强化重点托底，抓好关键民生保障。出台新一轮促进就业政策，增加城市基层公共服务岗位供给，多途径扩展义务教育和学前教育学位，加强家庭养老、社区养老驿站、养老机构床位建设。深化“健康西城”建设。巩固发展紧密型医联体，全面推进健康联合体试点，进一步提高家庭医生签约覆盖率和服务水平，加强群众身边文体设施建设，打造“一刻钟健身圈”，争创国家全民运动健身模范区，满足大众冰雪运动需求，营造良好冬奥氛围。坚持不懈抓好常态化疫情防控，压紧压实“四方责任”，努力在冬春季疫情防控新的大考中交出合格答卷。

（九）深化党建引领基层治理创新，着力打造社会治理共同体。坚持和加强党建引领基层治理，是完善基层治理新格局、构建更加有效的基层治理体系的有力抓手。持续推进大抓基层导向落实落地。巩固深化街道管理体制改革，完善街道职责清单，落实下抓两级要求，坚持领导包街道社区等机制措施，推动各方面资源力量进一步向基层倾斜。深化“吹哨报到”“接诉即办”机制改革，坚持条块联动、协同共治，及时高效响应群众诉求，用真心真情办好群众家门口的事，不断提升群众工作能力，进一步密切干群关系。紧盯两件“关键小事”。健全完善党建引领下的社区居民委员会、业委会（物管会）、物业服务企业的协调运行机制，推动物业管理“三率”和物业服务水平提升，推广借鉴“劲松模式”，有效破解老旧小区、失管弃管小区物管难题。加强生活垃圾分类管理，推动市民文明习惯养成，科学实施“撤桶并站”，持续开展党员干部值桶守桶，不断提升分类成效和减量化水平。鼓励多元主体参与社会治理。完善区域化党建工作机制，充分发挥各级党建协调委员会作用，不断提升“双报到”实效，更加充分调动辖区各类单位、各种力量参与基层治理，加强小院议事厅等公共沟通互动和协商共治机制建设，进一步提高“西城家园”粘合度，让广大居民更好了解党委政府决策和工作，以“共情”带“共建”促“共治”。

以上报告，请同志们审议。

政府工作报告

——2021年1月12日在北京市西城区第十六届人民代表大会第八次会议上

北京市西城区人民政府区长 孙 硕

各位代表：

现在，我代表西城区人民政府向大会报告工作，请予审议，并请各位政协委员提出意见。

一、2020年工作回顾

2020年是极不平凡的一年。在市委、市政府和区委的坚强领导下，在区人大及其常委会监督支持下，全区人民共同努力，面对疫情大考，克服重重困难，完成了区十六届人大七次会议确定的目标任务，地区生产总值预计实现正增长，居民人均可支配收入预计增长2%左右。在极为艰难的情况下，我们抓好财政组收工作，区级一般公共预算收入完成调整任务的100%，达到413.84亿元；地方级收入完成925.34亿元，实现正增长，为全市财政组收作出积极贡献。

我们实现“十三五”规划和全面建成小康社会的全面收官，首都功能不断强化，“三大攻坚战”取得丰硕成果，经济发展质量持续提升，城市品质显著提高，基层社会治理不断创新，文化中心功能全面升级，民生福祉大幅提高，全面深化改革取得重大突破。以“动批”为代表的区域性批发商市场全部疏解，累计疏解面积178万平方米，常住人口由2015年的129.8万人降至110.4万人。细颗粒物（PM2.5）平均浓度较“十二五”末下降51.8%。地区生产总值突破5000亿元大关，人均地区生产总值达到6.3万美元。金融业增加值年均增速达到9.1%，占地区生产总值比重为49.9%，较“十二五”末提升4.1个百分点，区域发展向前迈出了新的一大步。

一年来，我们坚持以习近平新时代中国特色社会主义思想为指导，统筹推进疫情防控和经济社会发展，扎实做好“六稳”工作，全面落实“六保”任务，主要做了以下工作。

（一）扎实有序推进疫情防控和复工复产

快速有力阻断疫情传播。面对突如其来的新冠肺炎疫情，成立区疫情防控领导小组，组建专项工作组和应急专班，实施风险人群、风险地图和风险态势管理，第一时间开展“敲门行动”，完成全覆盖兜底社区排查，构建形成动态监测的全社会防控网络。严格有序、分类分级实施小区封闭式管理，全力做好患者救治，严格开展集中隔离医学观察。妥善处置复兴医院、广外医院聚集性病例，成功阻断疫情向街道、社区扩散。加强信息发布和舆情引导，及时回应社会关切。全面落实高风险地区人员入境进京闭环转运，实现境外输入零感染。加强发热门诊和社区卫生中心筛查哨点建设，推动形成细致高效的流调体系。多方挖掘潜力筹集防控物资，建立“应急保供储备库”，启动生活必需品“点对点”应急补货机制，实现社区生活必需品“无接触配送”全覆盖，保持市场有效供应。特别是新发地疫情发生后，我们连夜流调、迅速排查确诊首例病例“西城大爷”，为全市发现暴发点、感染源争取了先机。

安全有序推动复工复产。严格落实“三防”“四早”“九严格”要求，建立公共场所疫情防控程序制度，严密抓好商务楼宇、商市场、施工工地等重点场所管控。实施“双楼长”制，“一楼一策”指导商务楼宇复工复产，金融街重点金融机构、“金科新区”金融科技企业、中关村西城园规模以上企业提前实现100%复工。率先出台稳经济增活力促发展政策措施，援企稳岗政策资金达到117亿元，惠及近3万家企业、101万人。落实社会保险“减免缓”政策，减免规模109亿元。落实减免房租政策，为企业减免房租6.6亿元。多措并举着力缓解企业融资难融资贵问题，创新建立银企对接“四专机制”服务模式，帮助驻区中小微企业快速获得授信288亿元，信用贷款占95%。

扎实有效做好常态化疫情防控。制定公共卫生应急管理体系建设三年行动计划，改革完善疾病预防控制、应急医疗救治、保障支撑和突发公共卫生事件应急指挥体系，全面提升公共卫生应急能力。加强核酸检测能力建设，累计检测160万余人次，最大核酸检测能力达到10.4万份/天，“应检尽检”“愿检尽检”需要充分满足。探索社区技防新模式，在全市首推智能门禁系统建设。严密排查市场冷库冷链疫情传播风险，启动全区冷链及餐饮食品单位从业人员七日一轮核酸检测，开展高频次、全方位的常态化监督检查，确保全部进口冷链食品安全、包装安全、全程可追溯。冯亿、俞芃、程子夏和区疾控中心第四党支部受到国家级表彰，孙锐等45名个人和月坛社区等20个集体受到市级表彰。

（二）“平安西城”建设成效显著

重大活动服务保障更加有力。实施“长安计划”，推进市域社会治理现代化试点，全面排查化解社会矛盾纠纷，调动群防群治力量积极参与，保障重要节点、重点区域绝对安全。圆满完成全国“两会”、党的十九届五中全会等服务保障任务，常态化保障机制更加健全。持续开展扫黑除恶专项斗争，破获涉恶因素案件526起。全区刑事、治安、秩序警情分别下降35%、62%、25%，群众安全感达到99%以上。

城市运行安全高效。研究制定加强信息化项目统筹建设实施意见，推进关键数据联通共用、城市运行高效协同。开展安全生产专项整治，监督检查单位19万家次，发现并整改隐患9万项。安责险工作保持全市领先。在222栋大屋脊筒子楼加装简易喷淋系统，物联网远程监控系统联网率达到90%以上，实现“最快响应、就近干预”。巩固食品安全示范区创建成果，落实《食品安全法》，推动“四个最严”要求落地，有力保障群众舌尖上的安全。

（三）依法科学治理迈出新步伐

“疏整促”和街区保护更新持续发力。制定落实核心区控规实施意见和三年行动计划，细化重点地区、重要专项、规划编制与机制探索3方面44项任务。深入落实“双控”“四降”要求，年度人口调控目标全面完成，“疏整促”专项行动持续推进。拆除违建11万余平方米，关停或转型小旅馆12家，完成9个片区架空线入地工程，拔除电线杆755根。34个老旧小区综合整治稳步推进，小马厂南里等5个小区全部完成。增设电梯19部。237个院落雨污水管线和24个小区老旧供暖管网改造顺利完成。新建和提升便民商业服务网点42个、百姓生活服务中心5个，基本便民商业服务功能实现社区全覆盖。551条背街小巷通过市级验收，人定湖北巷和文华胡同获评北京市最美街巷。

统筹推动“四个条例”落地。围绕431项行政执法权力下放向街道赋权赋能，安监、食药、流管3类1480名区级职能部门协管员下沉街道管理使用。创新推进垃圾分类，增设大件垃圾转运点15个，组织各类宣传活动2616场，机关干部、社会力量3.8万人次参与“桶前值守”。推进“两网融合”，703个小区实现再生资源预约上门回收。居民家庭厨余垃圾日均分出量225吨、分出率21%，其他垃圾日均产生量681吨，生活垃圾减量率38.5%。4312组垃圾桶站实现规范化建设、桶站值守率100%。11个小区获评全市垃圾分类示范小区，垃圾分类专项工作排名全市前列。建立“数图合一”智慧物业管理系统。948个小区实施物业管理，覆盖率97.6%。组建业委会（物管会）854个。物业管理“三率”保持城六区领先位置。全区95个“三无小区”建立物业管理长效机制，有效解决了困扰群众的小区脱管失管问题。落实《北京市文明行为促进条例》，推动文明规范融入市民生活。

区域环境品质进一步提升。深入开展打赢蓝天保卫战年度行动计划和秋冬季大气污染综合治理攻坚行动，深化“每一天每一微克”行动。开展餐饮油烟专项治理，有效降低餐饮企业油烟污染排放。完善空气重污染过程应对措施，细颗粒物（PM2.5）年均浓度40微克/立方米、同比下降9.1%。狠抓扬尘污染管控，构建“绿色施工西城标准”体系，在施工地试点安装防尘“天幕”，实现“全密闭”管理。新增248个TSP监测点位。截至11月，降尘量平均值5.5吨/平方公里·月，同比下降1.4吨/平方公里·月。积极打好碧水、净土保卫战，4个水体考核断面年均达标，无疑似污染地块和污染地块，土壤安全利用率达到90%以上。持续压实河湖长制，各级河湖长巡河4.6万公里，6处河湖入选北京市“优美河湖”。新建6处口袋公园和4处小微绿地，新增城市绿地8200平方米，完成屋顶绿化1万余平方米、垂直绿化1148延长米。创建花园式社区1个、花园式单位1个。编制实施道路林荫计划，建成槐柏树街等24条慢行林荫示范路，更好满足市民“林下行”需求。

交通综合治理取得新成效。完成30条道路大中修、5条道路疏堵、16公里慢行系统改造。实施37条市政道路建设和征收，大吉巷西段等3条道路建成通车。完成19处乱点堵点整治。建成牛街莲花胡同等5处停车设施，增加泊位320个。11个街道、84条道路实施居住停车管理，15个街道开展停车设施有偿错时共享。124条道路、近8000个电子停车泊位上线运营，基本实现道路停车电子收费全覆盖。

（四）高质量发展加快推进

金融街国家金融管理中心地位更加巩固。推动金融街论坛升级为国家级论坛和国际性专业论坛。成功举办2020金融街论坛年会，聚焦“全球变局下的金融合作与变革”主题，集中发声、交流互动，线上点击量超13亿人次，金融街国际影响力进一步提升。举办第三届北京金融法治环境建设研讨会。服务金融业新生板块落地，新引进银河资产、锋裕汇理、中储粮财务等重点金融机构45家，注册资本金规模1177亿元。举办第二届企业上市主题交流活动。推动奇安信、金融街物业成功上市，国源科技成为首批新三板精选层企业。前三季度，金融业实现增加值1930.5亿元，占地区生产总值的52.9%，金融业支柱地位更加显著。

国家级“金科新区”建设步伐加快。“金科新区”核心区基础设施建设取得重大进展，中心广场和新动力金融科技中心即将精彩亮相，“动批”实现“腾笼换鸟”“凤凰涅槃”。与海淀区共同发布并推动实施国家级“金科新区”三年行动计划。用好服贸会、进博会等平台，举办金融科技专题展和成方金融科技论坛，组织中关村“番钛客”金融科技国际创新大赛。服务中国人民银行开展“监管沙箱”试点项目，我区14个项目入箱测试，占全市项目总数的64%。建立金融科技企业及专业服务机构评价体系，兑现“金科十条”政策资金6400余万元。目前，共引进成方金科、成方金信等重点企业120家，注册资本金规模超930亿元。中关村西城园高新技术企业达970家，预计实现总收入3400亿元。

政策创新实现赋能增力。出台18项经济政策，对冲经济下行影响。“两区”建设快速推进，制定《建设国家服务业扩大开放综合示范区工作方案》，发布“金开十条”、《西城区服务业扩大开放政策白皮书》（中英文版），建立“两区”建设项目库，62个项目已落地24个。吸收合同外资9.6亿美元，同比增长219.6%。实施走出去战略，赴上海等地推介金融街和“金科新区”。强化转型布局，出台加快推进数字经济发展若干措施，统筹推进“五新”政策落地，“新基建”“新场景”入库项目25个。全球首发西城区“5G+华为河图”智慧商圈。开展专题消费活动500余场，搭建“西城消费”服务平台，注册用户超过56万人、注册企业和商户3000余家，发放消费券636万张，撬动消费17.28亿元。创新“线上菜”“网上餐”“云逛街”等消费新业态。“两展一节”新设“线上展览+直播带货”。“新华1949”和中国北京出版创意园被评为市级示范园区。天桥演艺区被评为市级版权保护示范区。

国资国企转型发展成效显著。开展国有资本投资公司试点，以市场化方式布局战略性新兴领域，出资95.1亿元，撬动社会资本582.3亿元。成功参股并引入星际荣耀等独角兽企业、大和证券等外资金融机构。菜百公司上市获证监会受理。金融保险业利润总额同比增长177%。推动事业单位转企改制，蓟城山水、环雅丽都实现市场化运行。引入资本、转变机制、注重创新，鼓励老字号企业跨界融合发展。区属国资国企资产总额5347.7亿元，实现营业收入411.1亿元，呈现良好发展势头。

营商环境更加优化。24个政务服务大厅实现延时服务全覆盖。实施“好差评”“政务服务议事厅”等机制，精简行政审批事项，推出47项告知承诺审批事项，清理各类证明34项。深化“指尖行动”，79个街道事项、647个区级事项实现移动端办理。推行“9+1”区块链应用场景，建成全市首家全生命周期“微信办照”平台。加强对重点税源企业走访联系，发放服务卡2085张。兑现产业政策资金16.3亿元。减税降费54.4亿元，惠及企业6万家次，有力支持了企业发展。

（五）服务文化中心建设成果丰硕

区域文明水平不断提升。围绕“共抗疫情决胜小康”主题，线上线下开展百姓宣讲活动，讴歌伟大抗疫精神。组织新时代文明实践活动5000余场，惠及近30万人。开展光盘行动。刘云军获“首都道德模范”称号。区财政局获得“全国文明单位”称号。西城区连续六届获得“全国文明城区”称号。

历史文化传承保护持续推进。积极推动中轴线申遗保护，制定出台西城区实施方案，明确时间表、路线图，建立目标项目化、项目台账化、监督管理考核闭环化工作体系，全力推动、定期调度、加快落地。深入落实区人大决议，统筹推动文物腾退修缮和活化利用、重点区域综合整治等各项工作。完成北海医院、东天意市场降层拆除和粤东新馆、宜兴会馆文物腾退。历代帝王庙以新面貌对外开放。京报馆、庆云寺等修缮工程加速推进。砖塔胡同、西板桥、观音寺片区申请式退租工作和灵境胡同33、35号居民房屋腾退工作全部完成。打造“步行优先、林荫覆盖、留住记忆”的“稳静街区”，鼓楼西大街保护更新实现精彩亮相。第一批15处区级文保单位建控地带向社会公布。率先采用社会化、市场化手段，推动歙县会馆等7处文物建筑活化利用。召开西城区名城委2020年会。深化“四名汇智”计划。创新开展西城非遗购物之旅直播活动，扩大非遗影响、带动文化消费。

群众文化生活更加丰富多彩。新建14家阅读空间和实体书店，33家书店获评北京特色书店，3家书店获评北京最美书店。区级注册博物馆实行预约参观。扶持文艺精品创作，推出首部群众自创抗击疫情主题话剧《北街南院》，原创剧《武学宗师》赴上海等地交流演出，电视剧《幸福里的故事》实现首播。举办了“京韵剧源”、百姓戏剧展演、什刹海文化旅游节、老舍戏剧节、中国童书博览会和第十五届中国国际合唱节等品牌活动。开展线上线下文化活动6282场次，线上观看点击量779.7万次，线下活动覆盖55.2万人次。

（六）人民生活水平持续提升

社会保障扎实有力。出台困难家庭关爱扶助行动计划，发放各类救助金2.2亿元，向1.4万名困难群众发放“消费暖心券”423.6万元。保障困境家庭服务对象入住社会福利机构的基本服务需求，发放入住补贴562万元。助力1万余名失业人员就业，连续六年获评“北京市充分就业区”。创新推动科技赋能医保基金监管改革，医保基金更加安全。社区卫生服务中心与驻区养老机构加强服务对接，医养结合率100%。实现养老服务机构和老年餐桌覆盖率100%。新增家庭养老照护床位1500张。实施无障碍设施建设三年行动计划，整改点位1573个。积极推进社会心理服务体系建设试点工作，建成16家社会心理服务中心站点。在施政策性住房项目有序推进，菜园街、光源里棚户区改造安置房项目全部实现开工建设，群众居住条件持续改善。

教育优质均衡稳步提升。坚持停课不停学，

搭建“中小学线上学习平台”，创建“西城校长讲家教”网上课堂和中小学家长学校云课堂。制定教育人才引进管理办法。全区合力挖掘资源，千方百计破解“入园难”“入校难”问题，实施79个学位保障工程项目，涉及中小学校66个校址、幼儿园8个校址，扩班466个，新增学前学位2000个、义务教育学位12500个。获批普通高中新课程新教材实施国家级示范区。规范社会教育，坚决取缔无证园和无资质办学机构。中小学平安校园建设全部达标。获第40届北京青少年科技创新大赛一等奖32项、第20届北京市中小学生金鹏科技论坛一等奖27项，均位列全市第一。西城区教委获“第六届全国未成年人思想道德建设工作先进单位”称号。

健康西城全面推进。申报创建国家全民运动健身模范区，实现全民健身示范街道全覆盖，推动篮球联赛、徒步大会等群众体育赛事活动深入发展。发布实施群众身边体育健身设施建设三年行动计划，铺设健走步道5公里，新建社会足球场10个、多功能运动场7个、仿真冰场7块。全面开展新时代爱国卫生运动。推进“复兴医院—月坛社区卫生服务中心”和“宣武医院-回民医院—牛街社区卫生服务中心”两个国家级紧密型医联体试点工作，探索建设全方位、全人群、全生命周期的健康服务联合体。“健康西城”升级版正式上线。持续推进家庭医生签约“一键式”服务，重点人群签约率97.3%。西城区获“2018—2019年度全国平安医院工作表现突出地区”称号。

扶贫协作取得重大成果。投入区级财政资金4.13亿元，实施帮扶项目56个，惠及贫困群众8.5万人。打造“双网联动”消费扶贫西城模式，销售农副产品7.6亿元。帮助1.1万余名贫困人员实现就业。动员社会各界捐款捐物7155万元。街道、企业、学校、医疗机构、社会组织开展多种形式结对帮扶。助力“三省五地”圆满完成脱贫攻坚任务。深化与门头沟区结对协作，合力打造“一村一品”田园综合体，3个精品民宿项目投入使用，实现多领域、多层次优势资源共享。

（七）基层社会治理创新实现新突破

坚持党建引领深化改革创新。不断完善“吹哨报到”机制，推动40项改革任务落地。制定“七有”“五性”指标保障工作方案和专项行动计划，不断提升服务群众水平。落实“接诉即办”改革各项要求，建立健全高位推动、每日调度、统筹推进机制，全力抓好和科学规范12345市民热线办理各项工作，相继出台《西城区“接诉即办”工作办法》《西城区“接诉即办”协同案件办理实施办法》等制度。率先开展“最美”系列征集活动，树立示范典型、推广优秀经验，先后推出30个优秀案例、30个最美办件人、10个最美办件集体。全年共受理群众诉求15.94万件，综合年平均成绩由2019年78.15分提升至2020年的93.27分。万人诉求量始终处于全市低位行列，“未诉先办”工作成效突显。

社区服务效能显著提升。大力推进社区服务站转型升级，便民利民事项纳入“全科社工”综窗服务，实现“四务合一”一站式办理。持续推进社区减负增效，社区填报区级表格事项由95项压减至5项。成功申请国家级基层民主协商标准化试点，搭建7373个四级协商议事厅，建成16个社区级示范厅和26个楼门院治理示范点。依托“西城家园”打造线上社会治理平台，81.25万居民实名入驻，8.5万名党员在线亮身份，畅通服务群众“最后一米”。

社会事业实现新发展。持续加强退役军人服务保障体系建设，培育4个特色街道服务站和11个社区服务站标杆。扎实做好抚恤优待和褒扬纪念工作，多渠道促进退役军人和随军家属就业创业。西城区以全市第一名成绩获得全国双拥模范城“十连冠”，赵蓬欣荣获全国爱国拥军模范个人称号。落实《北京市民族团结进步创建三年行动计划（2018—2020）》，推进民族团结进步创建与和谐寺观教堂创建，全区民族团结、宗教和睦。外事外联、妇女儿童、档案史志、公益慈善等工作取得新成效。15个街道大力开展第七次全国人口普查工作，6800余名普查员辛勤付出，调动204.8万人次社会力量积极参与，西城区业务考核通过率全市排名第一。

各位代表！过去一年，面对疫情防控和经济社会发展双线作战的新形势，我们更加注重坚持和加强党对政府工作的全面领导，深入落实全面从严治党主体责任，夯实政府系统管党治党责任，严格落实中央八项规定及其实施细则精神，持续反“四风”。全力支持、积极配合市委第二巡视组对西城区开展巡视工作，以此为契机进行全面的政治体检，进一步查找不足、立行立改。“四不两直”调研检查成为常态。大力推动压文减会。强化审计监督和行政问责，加大反腐倡廉力度，开展警示教育，党风政风持续向好。更加注重强化政府自身建设，巩固拓展“不忘初心　牢记使命”主题教育成果，出台关于进一步推动“转作风、强创新、提效能”的若干措施，从制度、机制、作风等多方面，全面提升核心区干部的政治素质，增强攻坚克难的斗争本领，强化廉洁高效的务实作风，为推动区域发展提供有力保障。更加注重依法行政，全面落实区人大各项决议，向人大及其常委会报告工作，自觉接受人大及其常委会法律监督、政协民主监督。办理人大议案1项、代表建议67件、政协提案189件。通过多种形式向公众报告工作，行政权力透明度进一步提升。西城区获评第一批全国法治政府建设示范区。

各位代表！疾风知劲草，烈火炼真金。回顾2020年工作，我们深刻认识到，党中央的集中统一领导，是我们打赢疫情防控人民战争、总体战、阻击战的根本保证。我们深刻认识到，强大组织动员能力和统筹协调能力，充分彰显我国集中力量办大事的制度优势。我们深刻认识到，全区人民是我们能够战胜各种艰难险阻的强大后盾和力量源泉，只要勠力同心、风雨同舟，再大的困难也压不倒我们。

平凡铸就伟大、英雄来自人民。我们不能忘记全区医护人员的奋力拼搏，他们临危不惧、不舍昼夜，生动诠释了伟大抗疫精神。我们不能忘记公安干警、消防人员、基层干部、全区社工、安保人员、环卫工人、志愿者、“西城大妈”和千千万万个坚守工作岗位的群防群治力量，大家勇于担当、无私奉献，在疫情面前筑起了一道道健康防线。我们不能忘记全区各单位、各企业的大力支持，高效响应各项防控决策部署，坚定落实“四方责任”，共同守护各行各业防控战线。我们不能忘记国内外友人友城艰难时刻伸出援手，向我区捐赠防控物资，极大缓解了一线防控物资紧缺情况。我们不能忘记全区群众的主动配合、理解信任，形成了人人尽责的良好氛围。在此，我代表西城区人民政府，向全区人民，向全体人大代表、政协委员，向各民主党派、工商联、无党派人士、各人民团体和社会各界，向中央、市属单位和驻区部队，向所有投身疫情防控、关心支持西城建设发展的同志们、朋友们，表示诚挚感谢！

前进的道路，总是越过一岭又一峰，闯过一关又一坎。在看到成绩的同时，对标人民群众对美好生活的向往，我们也清醒地看到工作中依然存在问题和不足、面临困难和挑战：城市精细化治理仍需持续用力，背街小巷、平房院落、地下空间常态化治理机制还需进一步完善；教育、养老等基本公共服务供给与居民群众“七有”“五性”新期待还有差距；破解老旧小区综合整治、物业规范管理、交通综合治理、停车管理等难题仍需下更大气力；巩固12345市民热线办理成效、解决群众多元化诉求还要持续深入；消费潜力还没能充分激发，消费能级还需加快提升；用改革思维破解历史遗留问题的思路办法还不多；政府系统党风廉政建设各项措施还要进一步抓实抓细。我们要高度重视这些问题，采取有力措施加以解决。

二、未来五年面临的形势和发展目标

“十四五”时期是我国全面建成小康社会、实现第一个百年奋斗目标之后，乘势而上开启全面建设社会主义现代化国家新征程、向第二个百年奋斗目标进军的第一个五年，是西城区深入推进高质量发展、精细化治理，全面提升城市品质，建设政务环境优良、文化魅力彰显、人居环境一流的首都功能核心区的重要阶段。

我们汇聚各方智慧谋划“十四五”发展。全

面对标国家、市级规划目标任务和人民群众对美好生活的新期待，立足核心区战略定位，紧紧围绕新阶段区域发展的形势特点，坚持开门编规划、科学编规划，组织开展公众建言献策活动，召开百余场座谈会和工作调度会，广泛听取各方意见建议，构建“1+38+44”规划编制工作体系。西城区“十四五”规划纲要共九篇、四十章，聚焦系统性完善、机构性优化、质量性提升，安排了七大战略任务，提出七大领域26项指标，全面擘画“十四五”发展蓝图。

我们秉持“七个始终坚持”推动发展。始终坚持党的全面领导、始终坚持把服务保障首都功能作为核心区工作全部要义、始终坚持把核心区安全摆在首位、始终坚持以人民为中心的发展思想、始终坚持把新发展理念贯穿发展各领域全过程、始终坚持全面深化改革和依法治理、始终坚持系统观念和全局意识，统筹发展和安全，率先探索构建新发展格局的有效路径，推进基层治理体系和治理能力现代化，将“四个中心”“四个服务”蕴含的巨大能量充分释放出来，实现经济行稳致远、社会安定和谐，为率先基本实现社会主义现代化开好局、起好步。

我们聚焦目标为之奋斗。到2025年，首都功能实现新优化、老城整体保护与复兴迈出新步伐、城市深度治理取得新成效、高质量发展再上新台阶、城市文化魅力彰显新风采、民生保障水平实现新提升、基层治理效能得到新增强。展望2035年，西城区将在北京率先基本实现社会主义现代化伟大进程中走在前列，“四个中心”功能、“四个服务”水平显著提升，核心区功能充分凸显，建成国际一流的和谐宜居之都首善之区，千年古都菁华、东方人居画卷的美好愿景将成为西城大地上的生动图景。区域综合实力大幅跃升，经济总量和居民人均收入迈上新的大台阶，成为高质量发展的引领示范。现代化治理全面实现，人人平等参与、平等发展权利得到全面保障，率先全面建成法治西城、平安西城，成为超大城市基层治理的经典样板。城市文明程度、市民文明素质实现新提升，历史文化名城魅力充分彰显，成为展示古都特色风貌、优秀传统文化、一流文明风尚的重要窗口。智慧城市、韧性城市高水平建成，城市品质全面提升，绿色生产生活方式成为广泛自觉，生态环境显著改善，成为舒适便利、绿色宜居的高品质之城。教育现代化、卫生健康现代化建设达到新高度，基本公共服务更加优质均衡，人的全面发展和共同富裕取得更为明显的实质性进展，获得感成色更足、幸福感更可持续、安全感更有保障。人人参与美好生活的创造、人人享有美好生活的精彩，建设既可安放心灵、又可承载梦想的百姓生活家园。实现这个目标，需要我们团结奋斗、砥砺前行，共克时艰、共创未来。

三、2021年主要任务

2021年是开启全面建设社会主义现代化国家新征程、实施“十四五”规划的开局之年，也将迎来建党100周年。做好今年各项工作至关重要。

2021年政府工作的总体要求是：坚持以习近平新时代中国特色社会主义思想为指导，以习近平总书记对北京重要讲话和指示批示精神为根本遵循，全面贯彻党的十九大和十九届二中、三中、四中、五中全会精神，增强“四个意识”、坚定“四个自信”、做到“两个维护”。认真贯彻中央经济工作会议精神，坚持稳中求进工作总基调，坚持常态化疫情防控不放松，立足新发展阶段，践行新发展理念，构建新发展格局。深入落实市委、市政府和区委决策部署，以首都发展为统领，以推动高质量发展为主题，以改革创新为根本动力，以满足人民群众日益增长的美好生活需要为根本目的，扎实做好“六稳”工作，全面落实“六保”任务，紧抓“两区”“三平台”战略机遇，全力推动核心区控规落地落细，让中央政务环境更加安全、整洁、有序，让老城更加庄重大气、古朴典雅，让人民群众有更多获得感、幸福感、安全感，努力在新阶段首都发展中干在实处、走在前列、作出表率。

综合考虑各方面因素，今年全区经济社会发展的主要预期目标是：地区生产总值增长6%左右；区级一般公共预算收入增长2.5%左右；居民人均可支配收入增长与经济增长基本同步；登记失业率控制在3.5%以内；万元GDP综合能耗、水耗降低率和细颗粒物（PM2.5）年均浓度完成市下达指标。

为实现上述目标，要重点做好以下工作。

（一）坚持首善标准，高水平推动“平安西城”建设

深入落实常态化疫情防控长效机制。深化疫情防控经验做法，优化完善防控策略和常态化举措，聚焦进口冷链食品、境外输入等主要病毒扩散途径，严格落实重点场景、重点环节和重点人群管控，坚决防止疫情反弹。深化疫情防控应急响应体系建设，进一步完善防控物资和生活必需品储备供应机制，提高核酸检测能力，做好疫苗接种工作，实现疫情防控平时战时状态快速转变。强化医疗机构院感防控，做实重点传染病预警监测。

扎实做好重大活动服务保障。强化总体国家安全观，坚持系统观念，树立底线思维，加强政治中心区一体化防控，确保核心区安全稳定。不断提升重大国事活动服务保障能力，高标准完成全国“两会”、庆祝建党100周年等重大活动服务保障任务。全力确保政治效果、安全效果和社会效果有机统一。

努力提升城市安全水平。实施“长安计划”升级措施，推进“雪亮工程”，通过科技手段加快完善立体化、信息化社会治安防控体系。提升涉恐“软目标”防控水平，全面筑牢校园、幼儿园、医院等场所安全防线。依法严厉打击违法犯罪，推动扫黑除恶常态化，有力保障群众合法权益。源头处置涉稳风险，深化领导包案、“诉源治理直通车”等多元预防调处化解机制。开展第一次全国自然灾害综合风险普查，摸清风险隐患底数。搭建西城智慧消防大数据监管平台，提升风险防控和“秒级响应”能力。开展食品药品安全放心工程建设，加快创建国家食品安全示范城市。

（二）坚持系统推动，全面落实核心区控规

坚定有力推动“疏整促”工作。紧扣“双控”“四降”目标，启动实施新一轮“疏整促”三年行动计划。完成不少于10万平方米拆违目标，确保新生违建零增长，保持对“开墙打洞”、占道经营、群租房整治动态清零。精细化整治提升574条背街小巷，打造50条示范达标精品街巷。扎实开展支路胡同电力路灯架空线入地工程。推进申请式退租和简易楼、筒子楼改造腾退。深化住宿业转型升级。盘活利用腾退资源，提升公共服务和基础设施建设水平。

深入落实核心区控规三年行动计划。聚焦保障中央政务环境、加强老城整体保护、推进民生改善，分层次分类型纵深推进街区保护更新，实现街区功能再造、空间重塑、人居环境改善、生态环境修复。加快推进长安街南北纵深一公里环境提升和沿二环路文化景观环线建设。发挥好责任规划师作用。严格落实“城市体检”制度，持续深化城市部件应急维护更新和老旧小区应急维护机制，不断提升“韧性城市”水平。统筹建设、积极推进物联网应用，全面增强城市感知能力。加强门店牌匾规范化管理，努力让每一块牌匾成为彰显古都文化、展现京味文化、体现时尚文化的符号。

持续攻坚提升环境品质。抓好中央生态环境保护督察问题整改，落实空气重污染过程应对措施，开展挥发性有机物治理，推进“每一天每一微克”行动，提升环境精细化治理能力，坚决打好污染防治攻坚战。深入落实河湖长制，继续开展“清河行动”和河湖“清四乱”。加大交通综合治理力度，开展3所学校、4家医院周边交通综合治理。完成新建市政道路2条。重点区域实现共享单车电子围栏全覆盖。大力推进“留白增绿”，新增城市绿地5200平方米，新建屋顶绿化5000平方米、垂直绿化1000延长米。实现西单文化广场城市森林项目精彩亮相。继续开展道路林荫计划，建成37条慢行林荫路。以人定湖公园、宣武艺园为试点，启动全龄友好型公园建设，满足群众对公园服务的多元化需求。创建花园式社区1个、花园式单位1个。推广种好“院中树、窗下花”，加快实现推窗见绿、出门看景，“绿色满西城”。

（三）坚持新发展理念，深入推动高质量发展

高水平推动北京金融街建设。发挥金融街

“四位一体”服务体制优势，增强金融街合作发展理事会交流平台作用，推动金融街研究院实体化运行，服务好国家金融管理中心安全高效运行。推进论坛年会永久会址选址筹建工作，高水平办好2021金融街论坛年会，进一步提升金融街国际影响力和论坛年会溢出效应。加快发展资产管理等新兴产业，吸引头部企业落户西城。积极服务“新三板”改革，支持企业挂牌上市和申报精选层。推动更多优质公司实现上市。持续完善金融街服务配套，提升西单商圈环境品质，构建金融街与西单联动发展新格局。推动地铁金融街站一体化建设。加强与丰台区丽泽商务区、北京城市副中心运河商务区联动发展。完善监测预警机制，防范化解金融风险。

加快国家级“金科新区”建设。开展金融科技应用场景创新案例征集评选工作。继续服务中国人民银行开展“监管沙箱”试点项目，打造“监管沙箱”北京品牌。筹办全球金融科技峰会，继续举办成方金融科技论坛和中关村论坛之金融科技分论坛，组织中关村“番钛客”金融科技国际创新大赛，持续打造“一会一赛三论坛”金融科技品牌活动，提升“金科新区”国际影响力。推动成方金融科技大厦等特色商务楼宇精彩亮相。用好“金科十条”和中关村科创金融试验区政策，大力引进重点金融科技企业与专业服务机构，注重发展智库产业，实现国家级金融标准化研究院等项目落地。全面完成国家级“金科新区”三年行动计划年度任务。

全力抓好“两区”建设。落实“两区”政策，健全“一库三清单”工作机制，实施“清单化管理+项目化推进”，深入挖掘项目储备库，动态更新政策清单、空间资源清单、目标企业清单。强化“产业+园区”开放布局，加快推动低效楼宇改造升级，加速金融业、金融科技、资产管理、现代服务业等开放发展步伐，争取更多国际性标志性项目落地。完善教育、医疗、商贸、文旅等服务配套，努力提升重点产业区域“类海外”环境品质。

积极推动数字经济发展。大力推动数字产业创新发展和数字平台建设，促进教育、医疗、养老、商务、文化、消费等数字化转型。加快5G基础设施建设，积极推进5G行业应用。推动区块链技术在医疗保障、居民服务、企业办事、城市管理等方面落地应用。出台新一轮产业政策。强化企业创新主体地位，关注数字经济“隐形冠军”，加快培育重点企业，推动“新基建”“新消费”等业态创新发展。深化国资国企改革，主动融入数字经济，不断提升产业能级、优化战略布局。

全力打造国际一流营商环境。落实优化营商环境系列新政和减税降费政策，确保改革红利直达市场主体。加强产业政策引导，优化民营经济发展环境，支持中小微企业健康发展。加大企业走访力度，实现总部企业、重点金融机构、规模以上国企和有影响力的创新型企业全部落实“服务管家”机制。推进以告知承诺为基础的行政审批制度改革，深化“不见面审批”。深入推进委托受理和授权审批工作落地。推广电子印章、电子证照应用，实现更多政务服务事项“网上办”“掌上办”，为企业和群众提供一致化、无差别的高质量政务服务。深化“双随机、一公开”监管，加快构建以信用为核心的新型监管机制。

推动文化产业实现新发展。实施文化产业提升发展三年行动计划。探索利用新技术、营造新场景、推动新体验、促进新消费的文化产业发展新路径。强化市区两级园区“一园一品”建设，吸引国际国内知名文化企业总部、文化数字企业入驻西城发展。协调推进天宁一号二期等重点项目建设，支持老旧厂房和腾退空间改造为文化产业园区，拓展文化产业发展空间和承载力。

（四）坚持以文化育文明，促进文化繁荣发展

积极传播社会正能量。认真落实《北京市新时代公民道德建设实施方案》。持续深化社会主义核心价值观教育，广泛开展理论宣讲、百姓宣讲。围绕庆祝建党100周年，组织好群众性主题宣传教育活动。大力宣传党史、新中国史、改革开放史、社会主义发展史，创排《旗帜英雄》《什刹海畔的电波》等红色大戏。整合红色资源、绘制红色地图，推出红色文化探访线路。推选先进榜样，制

作《西城好人故事》，发挥示范引领作用。广泛开展公共文明行动，推进文明城区创建常态化。

大力推动中轴线申遗保护。开展地安门外大街空间品质提升和业态调整工作，坚持“微整治、微修缮、微更新”，推进钟鼓楼紧邻地区、万宁桥周边、平安大街等环境整治，构建街道公共空间体系、恢复历史风貌，使千年古街更有韵味、更加靓丽。动员社会力量多元参与风貌保护和业态升级，“一户一策”推动统规自建。加快推进地铁8号线什刹海站织补、鼓西地块织补整治、北海医院和东天意市场降层改造项目建设。加快实施钟鼓楼周边申请式退租工作。推进正阳门至永定门景观视廊整治。实施优化中轴线区域绿化景观工程。完成京报馆等5处文物修缮。整体挖掘区域文物价值，探索建立历史文化表达系统。配合建设中轴线遗产展陈体系。打造“非遗＋”传播新模式。积极实施“四名汇智”计划，更好传承古都文化。

提供更高水平的文化服务。推进公共文化服务体系示范区建设，深化文化馆、图书馆总分馆制改革，加强区街社区三级公共文化设施建设。鼓励创作更多优秀原创文艺作品。深化文化惠民“365工程”，完善基本公共文化服务目录，提供菜单式文化服务。开展“一街一品”等群众文化活动。举办第二十届什刹海文化旅游节、第五届中国国际芭蕾演出季、第六届原创话剧邀请展等品牌活动。积极引进品牌书店入驻西城，打造社区阅读湾。筹建文化和旅游大数据管理平台，打造智慧文旅。

（五）坚持发展为民，用心用力改善人民生活品质

着力筑牢保障底线。完善区域就业政策，加大公共服务岗位供给，提升就业服务效能。改革社会保险经办服务体系，推进实施“互联网+大数据+社会保险”。加大特殊群体帮扶力度，打造分类多层救助体系。鼓励引导残疾人和低保人员实现就业。创新社会救助服务新模式，开展困难家庭救助帮扶综合评估试点。深化居家和社区养老改革试点，开展家庭养老床位和适老化设施改造，形成“一刻钟”养老服务圈。推进京津冀蒙异地康养服务，开展养老服务机构质量提升行动。持续开展无障碍设施建设。做好退役军人服务保障，健全“阳光安置”机制，广泛宣传双拥工作，推动军民融合发展。

加快推进西城教育现代化。以建设高质量教育体系为目标，坚持“办好每一所学校、教好每一名学生、成就每一位教师”，巩固“教育高原”、打造“教育高峰”、做“有温度”的教育。加快构建布局合理、学段衔接、普职融合、医教结合、康育并重的特殊教育体系。推进普通高中新课程新教材改革实施国家示范区建设，带动教育质量不断提升。加强优秀学生群体培养，创新机制推动学科建设示范基地和拔尖创新人才培养基地学校建设。把劳动教育纳入人才培养全过程。将引进优秀教育人才纳入全区高端人才工作平台，大力引进京外高水平学校管理人才和学科教师。突破学段边界选拔任用干部，加强干部贯通使用与培养。做好新一届市级、区级学科带头人和骨干教师管理工作，充分发挥47个名师工作室的辐射和带动作用。加快启动学位应急保障工程，着力解决义务教育学位缺口问题，新增学前教育学位2000个，新增义务教育学位12000个。继续推进学区提升计划，新建一批优质校。持续推进武术进校园。加强空中课堂录课基地建设，优化线上学习平台功能，打造优质数字教育资源供给体系，提高教育信息化服务水平。

纵深推进健康西城建设。完善体育设施布局，新建5公里健走步道，在每个街道新增一块体育场地。推进体育场地设施智能化改造，启动广安综合体育大厦建设，继续办好“一节两品”等群众体育赛事活动，努力争创国家全民运动健身模范区。聚焦北京2022冬奥会和冬残奥会，加快建设月坛滑冰馆，加大冰雪运动普及推广力度，营造浓厚冬奥氛围。健全突发公共卫生应急体系，抓好三年行动计划落地实施。加强院前急救站点建设。开展新时代爱国卫生运动。实施家庭医生签约服务三年行动计划。推进健康联合体和心理卫生试点建设工作。探索医疗服务国际合作。加快

智慧医院建设，加大健康西城综合服务门户网站推广力度，深化“互联网+医疗健康”便民服务。启动国家医保电子凭证项目，实现医保脱卡结算。加强中医药传承与创新，提高中医药参与突发传染病救治能力。

努力提升居民生活质量。以群众需求为导向，精准对接服务需求，制定实施《西城区生活性服务业品质提升工作方案》，引导传统商业转型社区精致生活服务中心，打造社区美好生活圈。做好中央办公区、集中生活区和金融办公区的生活服务配套提升工作。配合中央单位推进百万庄、真武庙三里、西便门外大街10号院等老旧小区综合整治试点改造。启动桦皮厂8号楼、南营房简易楼危旧楼房改建试点建设工作。加大保障性住房项目建设和房源筹集力度。按照5年完成老旧小区全部改造任务规划，探索分级分类改造模式，推动老旧小区综合整治工作全面提速。深入开展垃圾分类工作，新增80个居住小区达到示范小区标准。加强桶站管理，建立精细化管理系统，促进总量持续下降、分类率稳步提升，实现垃圾总体减量率5%。

（六）坚持共建共治共享，持续深化社会治理

扎实推动“吹哨报到”“接诉即办”改革。认真落实市委、市政府关于进一步深化“接诉即办”改革工作意见。强化党建引领，发挥政府和社会力量，着力解决群众反映诉求，用好“吹哨报到”机制，破解重点难点问题。借助大数据手段，分析诉求高频区域和点位，提前介入、未诉先办，用治理的方法解决普遍性问题。对反复难解、反映集中等突出问题，通过集中整治、专项行动等方式，逐个突破、推进解决，用整治的办法解决群众反映突出的问题。对涉及政策法规、机制制度层面相关诉求，积极协同市级部门探索有效途径，用改革的办法破解民生类难题。

深化社区治理创新。落实落细《首都社区治理20条》。建立党建引领物业管理长效机制，进一步提高业委会（物管会）组建率和覆盖率，提升服务质量，完善共治共建的物业管理模式。完成社区“两委”换届工作，加强基层带头人队伍建设。切实增强社区党组织领导核心作用，做好党建协调委员会工作，健全社区参与型分层协商工作体系。持续推进社区服务站转型升级，实现“全科社工”菜单式服务区域全覆盖。

不断增强社会治理合力。高质量推进国家级基层民主协商标准化试点创建工作，加快“社区议事厅”建设，形成居民积极参与、社区分层协调新模式。加强“三社联动”，建设社会组织孵化中心，培育发展社区社会组织，壮大基层治理力量。用好民生工作民意立项等机制，探索更多基层原创性、差异化改革，提高群众社会治理参与度。强化“西城家园”智能化建设和推广应用，扩大网上居民参与和居民议事协商。铸牢中华民族共同体意识，推进宗教中国化，构建和谐融洽的民族关系和积极健康的宗教关系。

（七）坚持党的领导，全面加强政府自身建设

严格落实全面从严治党各项要求。不断加强政治建设，严格遵守党的政治纪律和政治规矩，自觉在思想上政治上行动上同以习近平同志为核心的党中央保持高度一致。建立健全“不忘初心 牢记使命”长效机制。严格落实中央八项规定及其实施细则精神，加强廉政风险防控，推动党风廉政建设向纵深展开。持续落实好“转作风、强创新、提效能”制度要求。牢固树立过“紧日子”思想，大力压减政府一般性支出。拓展审计监督的深度和广度。坚决防止“四风”反弹。

全面加强施政能力建设。聚焦“八大本领”“七种能力”，紧紧围绕“六个更加突出”工作要求，全面提升服务首都发展大局、推动核心区高质量发展的能力。聚焦百姓困难、办事堵点，围绕“该不该、能不能、怎么办”，进一步深化改革、完善政策、创新机制、破解难题、服务群众。以落实《北京市街道党工委和办事处职责规定》为契机，向基层放权赋能。持续做好机构改革“后半篇文章”。

深入推进法治政府建设。科学编制《西城区法治建设规划（2021—2025年）》，推进落实行政复议体制改革，加强法治建设和依法行政指标体系建设。严格落实重大事项向人大报告制度，认

真办理人大议案建议和政协提案，依法接受人大及其常委会法律监督，主动接受政协民主监督。完善政府网站服务功能，加强政策宣传解读，丰富公众参与行政决策渠道，持续做好政务公开工作。开展“八五”普法宣传，积极构建良好的法治环境，提升全面依法治区的能力水平。

各位代表！“所当乘者势也，不可失者时也”。今年是我国现代化建设进程中具有特殊重要性的一年。开局关系全局，起步决定后势。让我们更加紧密团结在以习近平同志为核心的党中央周围，在市委、市政府和区委的坚强领导下，深入践行“红墙意识”，以一往无前的奋斗姿态、风雨无阻的精神状态，笃定前行、乘势而上，为北京率先基本实现社会主义现代化开好局、起好步贡献西城力量，以优异成绩庆祝建党100周年！

（责任编辑　陈　艳）

专　文

西城区新冠肺炎疫情防控工作

年内，坚持把疫情防控作为头等大事，坚决贯彻党中央、国务院决策部署和市委、市政府工作要求，坚持把服务保障党中央作为首要政治任务，严格“外防输入、内防反弹”，始终把“红墙意识”贯穿于疫情防控之中，保持高度戒备，坚持问题导向，及时查漏洞补短板，坚决维护政治中心区安全，慎终如始地将各项防控工作抓紧抓实抓细。

*建立运转有序、协同高效的疫情防控指挥组织体系。*迅速成立由区委书记、区长挂帅的区疫情防控工作领导小组，根据疫情发展变化和实际工作需要，不断健全疫情防控工作体系，逐步形成区委牵头抓总、区四套班子相互协同的指挥体系和“一办十二组一专班”高效配合的工作体系，统筹全区疫情防控工作。区级领导小组统筹指挥，加强工作调度，实行每日例会、日报告、零报告和信息统一发布等制度，推动落实落细各项防控措施，提醒提示工作薄弱环节，防范化解潜在风险问题。区领导包街道、包社区，压实各工作组、各街道、各部门疫情防控责任。各工作组、各街道、各部门督促辖区内中央单位、金融机构、社会企事业单位等落实“四方责任”，切实发挥“五有一网格”的作用，在全区构建形成“纵横交织、属地兜底、分级分类、分工负责、全面覆盖、动态监测”的全社会防控网络。

*构筑维护政治中心区安全的“护城河”。*系统绘制全区潜在风险管理地图，划定西长安街、金融街、什刹海、新街口4个街道，推动党中央办公区及其周边等敏感重要地区风险人员向外集中隔离，维护政治中心区安全。制定中央单位集中办公区和居住区防控专项方案，强化周边地区的筛查和巡查。积极主动对接驻区中央单位，及时通报防控要求，加强对内部医务室指导，及时服务保障中央单位做好疫情防控工作。建立疫情专属紧急联系人制度，明确应急处置流程，确保突发事件第一时间响应和处置。迅速对西什库顺天府超市1例无症状感染者叶某病例进行处置，以最高防护标准、最严防护措施保证重点敏感地区绝对安全。

*严格防范中高风险地区输入风险。*采取“线上+线下”工作模式，大数据落位排查当天派单、当天核查、当天落实管控和核酸检测；“敲门行动”包楼包片、责任到人。年内，排查是社区防控组数据下发的大数据密接及中高风险地区返京人员约5万余人，涉及湖北、吉林、辽宁、天津、内蒙古等多个地区。按照“属地+行业”的排查验证方法将商务楼宇、“七小门店”、商超市场、宾馆酒店、短租房、网约房等相关行业数据与社区

摸底底账比对分析，查漏补缺，做到台账清、底数明。实施“动态+闭环”机制加强动态数据的阶段性和前瞻性分析研判，提前了解返京意向、计划返京时间及具体返京方式，对未返京人员数量、分布、返京时间等动态趋势情况作出登记，制定详细计划；“全闭环”加强中高风险地区来返京人员管理，精细划分人员类型，“一人一策”构建前端排查、专人专车转运、医疗卫生评估的“全闭环”工作流程。

做好防疫物资设施精准储备。全面加强核酸检测能力储备，区域内能够开展核酸检测的医疗卫生机构25家，检测能力52874例/日；与5家第三方检测机构签订合作协议，全区可调配的核酸检测能力为76582样本/日。科学储备核酸采样力量，全区共储备临时采样场所34个，采样台300余处，储备采样人员1500人，志愿者1500人，11支共110人应急机动核酸采样检测队伍，满足24小时内完成所有重点单位采样需求。科学精细做好集中隔离点各项工作。根据疫情发展的态势和实际工作情况，不断挖掘集中隔离点储备，累计设置集中隔离点28个，共精心接待6835人。严格集中隔离点管理，制定《集中医学观察点管理办法》《集中医学观察点管理制度》，汇总完善《西城区集中隔离医学观察工作手册》，严格落实“一人一房”要求并加强全面督导检查，发现问题及时整改。发挥中医药优势，为集中隔离人员配发中药代茶饮，有效预防疾病发生。加强对集中隔离观察者的心理疗护，为存在焦虑情绪的观察者，指派心理专家进行心理疏导干预。设立物资储备库，持续优化全区医用物资应急储备保障网络，通过“核心圈层、伙伴圈层、外围圈层”强化医用物资能力储备。与10家合约储备企业签订《西城区医用物资储备框架协议书》，按照储备物资种类2周需求数量进行实物代储，包括医疗器械和药品两类共计26种物资。建立定期通报沟通机制，全覆盖开展延伸检查，确保物资充足、质量过关、管理规范。

积极筑牢院感防控防线。迅速处置复兴医院院感问题，由区领导带队组成专班进驻，及时采取果断措施，有效阻止疫情向社区蔓延。充分汲取复兴医院聚集性病例教训，推行门诊、急诊、发热门诊隔离设置，急诊分区、病房分区管理。优化医疗机构内部业务流程，全面推行预约就诊制、三级预检分诊制、严格筛查制等制度，将院感防控“关口”前移。建立专家指导和常态化督导机制，组建市、区医院专家组，91名专家分别对10家区属医院和14家社区卫生服务中心及31家卫生服务站进行指导。采取卫生监督执法检查、医疗机构结对互查、组织专项现场检查等多种方式进行院感防控常态化督导，对排查发现的问题立行立改。建立医疗机构工作人员常态化核酸检测机制，区属医疗机构全员定期开展核酸筛查检测，确保机构安全。做好重点地区来京就诊人员排查和发热病人闭环管理。严格离院病人管理，在2次核酸检测、1次环境检测阴性的基础上，要求病人出院后主动向所在社区报告并纳入社区管理。

织密扎牢社区防控防线。综合运用人防、物防、技防手段，提升社区管理质效。对常态化防控小区严格落实扫码、登记、验证“三件套”，对封闭式管理小区严格落实测温、扫码、登记、验证“四件套”。向各卡口值守人员统一制发“防疫专员”红袖标，进一步亮明身份，强化职责意识，规范值守。充分发挥三级党建工作协调委员会作用，开展“先锋行动、邻里守望”活动，充分发挥党员干部在社区疫情防控工作中的引领示范作用，最大范围发动和招募志愿者，整合驻区单位、各类组织和各种力量参与社区防控。通过安装摄像头、智能门磁等方式，对居家观察人员加强监管，确保“足不出户”。对健康监测人员，全部发放告知书，配合社区做好每日两次体温及身体状况监测。通过西城家园APP、微信公众号、社区电子屏等多种形式，广泛宣传引导社区居民科学防疫，注意个人防护，不聚餐、不聚集。

加强重点领域重点场所疫情防控力度。筑牢冷链环节防疫基础。全面推进北京市冷链食品追溯平台运行，全区821家相关企业完成平台注册，经营进口冷链食品的经营主体注册率达100%。对冷链食品、餐饮行业等从业人员每周开展全覆盖核酸检测，冷链食品从业人员的共同居住者、冷链食品运输和冷链物流从业人员及其共同居住者、外卖快递行业从业人员等每周进行核酸检测抽检。始终坚持“人物同防”，持续对冷链食品及环境开展核酸检测。筑牢“七小”市场主体防疫基础。依托212个“七小”市场主体防疫网格，有序推进建立防疫自律小组，夯实疫情防控工作。约谈问题商家，开展复查“回头看”，确保问题整改到位。加强对防疫问题商户的处理力度，对问题商户依法进行查处、通报、信用约束。向社会通报疫情防控不到位的商家，起到曝光一户、警示一片、震慑一方的作用。筑牢重点场所防疫基础。严格落实校园、养老机构封闭管理，做好环境卫生消杀、个人防护和健康监测。持续开展商务楼宇、工业企业园区、大型商圈、影剧院、培训机构、美容美发等人员密集场所防控检查工作，抓紧抓实常态化防控措施落实，严防走形式、走过场。对辖区征收拆迁工地、自持出租型保障性住房项目、在建项目施工工地、普通地下室等进行反复现场检查，要求各责任主体严格落实疫情防控措施。全面排查辖区筒子楼、简易楼等薄弱区域的人员构成和防疫实况，为困难群众提供必要防疫物资，帮助提升防疫能力；结合爱国卫生运动对筒子楼、简易楼的公共设施加强加大消杀频次。

打造舆论支持强大力量。坚持主动发布，在市委宣传部统筹指导下，做好正面宣传引导，出现复兴医院聚集性疫情、区机关干部1人感染、西什库顺天府超市1例无症状感染后，及时通过市新闻发布会主动发声，第一时间回应社会关切，并持续公开相关人员核酸检测结果，有效防止舆情热点发生。组织接待中央、市属主流媒体记者，就核酸检测、疫苗接种等选题展开集中采访，邀请媒体走进广外、新街口等疫苗接种点现场采写报道。加强舆情监测与分析研判力度，及时化解各类舆情风险。实施7*24小时全网全时舆情值守，与12345市民服务热线办理协同联动，切实做到群众诉求网上有人看、网下有人办，主动化解各类舆情风险，防止小事件酿成大舆情。

（责任编辑　晏　畅）

大 事 记

1月

2日　市委副书记、市长陈吉宁到西城区现场督查2019年全面从严治党（党建）工作。

3日　市委书记蔡奇，市委副书记、市长陈吉宁到西城区检查“四个服务”工作。

4至7日　政协北京市西城区第十四届委员会第四次会议召开。

5至7日　北京市西城区第十六届人民代表大会第七次会议开幕。

6日　蔡奇调研月坛街道街区整理展示中心。

7日　西城区向社会公开发布第一批7处文物建筑活化利用计划项目。

8至10日　西城区首次实施四年级和六年级语文、数学、英语学科以及体育健康和视力的质量监测。

10日　西城区召开“不忘初心　牢记使命”主题教育总结大会。

20日　西城区召开2020年重点工作任务交办会暨区政府全体会。

同日　西城区召开西城区新型冠状病毒感染肺炎疫情防控工作领导小组第一次会议。

21日　西城区印发《北京市西城区新型冠状病毒感染的肺炎疫情防控工作方案》。

23日　西城区印发《中共北京市西城区委办公室北京市西城区人民政府办公室关于成立西城区新型冠状病毒感染肺炎疫情防控工作领导小组的通知》。

2月

2日　市委书记蔡奇以“四不两直”方式到西城区广安门外街道广源社区检查新冠肺炎疫情防控工作。

5日　区委书记卢映川以“四不两直”方式到复兴医院门诊部、月坛社区卫生服务中心检查新冠肺炎疫情防控工作。

13日　蔡奇到西城区疾控中心、德胜社区卫生服务中心调研检查新冠肺炎疫情防控工作。

13日起，辖区二级以上医院门诊全部实行预约就诊，开设急诊的医疗机构做到门诊、急诊有效隔离。

17日　中小学微课上线。西城区教育研修学院研究制定《西城区网课录制方案》，整合区内教育资源，录制网上课程。

18日　西城区出台13条激励关爱新冠肺炎疫情防控一线工作人员措施。

23日　西城区新冠肺炎定点医院北京市回民医院首例新冠肺炎患者治愈出院。

25日　蔡奇到西城区调研检查楼宇新冠肺炎疫情防控工作。

3月

3日　西城区委生态文明建设委员会召开2020年第一次会议。

19日　中共北京市西城区十二届纪律检查委员会第五次全体会议召开。

20日　市委副书记、市长陈吉宁到西城区调研金融科技发展并主持召开北京金融科技产业推进会。

26日　西城区上线区块链应用平台，进一步优化政务服务。

27日　西城区采用视频会议形式召开2020年组织、宣传、统战工作部署会。

30日　区委书记卢映川调研垃圾分类工作，并检查重点工程项目开复工情况。

31日　西城区委2020年政法工作会议、区委平安西城建设领导小组第一次全体会议（扩大）和西城区第一次信访工作联席会召开。

4月

1日　北京市新时代文明实践中心建设座谈会在西城区召开。

同日　西城区区长孙硕、海淀区区长曾劲共同主持召开金科新区建设工作专班会议，确定“全面开放、优势互补、强力合作、一致行动”原则，明确金科新区“1+9”协同工作框架。

8日　西城区召开“北京西城稳经济增活力促发展新闻发布会”。

9日　中国人民银行党委委员、副行长范一飞到西城区调研金科新区建设情况。

11日　西城区举办爱国卫生月主题日活动。

18日　市委副书记、市长陈吉宁到基层党建联系点西城区椿树街道与居民们一起参加大扫除活动。

26日　教育部党组书记、部长陈宝生到西城区北京师范大学附属中学调研检查2020年春季学期初三、高三年级开学工作。

同日　西城区在白纸坊街道建功南里违建拆除现场点位召开2020年“疏解整治促提升”专项行动现场推进会。

30日　“同心战疫·闪耀青春”青年代表座谈会召开，纪念五四运动101周年、建团98周年。

5月

1日　市委副书记、市长陈吉宁以“四不两直”方式到西城区检查旅游景区、商业街区新冠肺炎疫情防控和经营服务情况。

6日　陈吉宁以“四不两直”方式到西城区调研检查生活垃圾分类和物业管理工作。

同日　西城区举办城市新装备新技术应用赋能计划推介会，出台《加强新装备新技术应用推进精细化治理和高质量发展赋能计划》。

8日　副市长杨晋柏带队到牛街街道南线阁社区养老服务驿站调研养老服务工作。

9日　《西城区关于在金融街落实金融业扩大开放的若干措施》（简称“金开十条”）正式印发。

11日　市人大常委会主任李伟一行以“抓好生活垃圾分类和物业管理工作，提高城市精细化管理水平”为主题到广内街道实地调研。

12日　市政协副主席程红到天桥街道开展“抓好生活垃圾分类和物业管理工作，提高城市精细化水平”主题调研。

13日　副市长亓延军以“四不两直”方式到西长安街街道检查垃圾分类及物业管理相关工作。

14日　西城区召开统筹推进《北京市街道办事处条例》《北京市生活垃圾管理条例》《北京市物业管理条例》《北京市文明行为促进条例》实施大会。会议采取视频会议形式，并首次通过“西城家园”客户端和微信公众号双平台向全社会实时视频直播，且首次全程公开工作部署会议。

同日　《西城区全面加强困难家庭关爱扶助行动计划》发布。

同日　副市长隋振江先后到新动力金融科技中心、南营房小区、百万庄小区察看“金科新区”核心区的街区综合品质提升规划、老旧小区拆违整治和改造提升情况。

18日　西城区政府与首开集团签订《深化战略合作协议》。

30日　北京市第七次全国人口普查试点工作西城区启动仪式在陶然亭街道福州馆社区举行。

6月

2日　西城区首家退役军人法律服务站在什刹海街道成立。

3日　区委书记卢映川到天桥街道调研统筹推进四个条例落实工作。

5日　民进中央副主席、最高人民法院副院长陶凯元率队赴广安门内街道开展调研和座谈。

6日　2020年“北京消费季　时尚西城”启动，大栅栏商业街分会场同步启动，区长孙硕进驻直播间为老字号直播带货。

12日　市委书记蔡奇到西城区月坛街道检查新冠肺炎疫情防控工作。

15日　蔡奇到海淀区、东城区和西城区多家农贸市场检查防疫和保供稳价工作，陈吉宁到西城区天陶红莲菜市场检查疫情防控措施落实情况。

16日　中国共产党北京市西城区第十二届委员会第十二次全体会议召开。

20日　市委常委、市教工委书记王宁，副市长张家明以“四不两直”方式巡视北京师范大学第二附属中学北京市第二次英语机考考试考点，了解考点的新冠肺炎疫情防控措施及组考工作。

23日　中共中央政治局委员、国务院副总理孙春兰到西城区广外京铁和园社区、展览馆广场采样点调研。

30日　陈吉宁以“四不两直”方式到西城区展览路街道检查社区新冠肺炎疫情防控工作，慰问社区基层党员。

7月

6日　金融街物业股份有限公司在香港联交所主板挂牌上市。

10日　首部由西城区支持拍摄的都市家庭生活剧《什刹海》在央视一套黄金时间播出。

13日　市委书记蔡奇到西城区就中轴线申遗保护工作调查研究。

15日　西城区与中国国新控股有限责任公司签署战略合作协议。双方在高精尖产业基金设立、投资项目选择方面加强协调配合，全面落实国家关于金融、科技、文化发展的战略。

17日　西城区与中国政法大学签署战略合作协议。

22日　蔡奇到西城区调研金融科技和专业服务创新示范区建设。

25日　蔡奇到西城区就老旧小区改造调查研究。

27日　新三板精选层正式开板，首批32家企业同日上市。

31日　中国共产党北京市西城区第十二届委员会第十三次全体会议召开。

8月

1日　企业全生命周期“西城微信办照”平台上线运行。

4日　市委书记蔡奇到西城区调研新冠肺炎疫情防控和经济社会发展。

6至8日　区委书记卢映川带队赴河北省张家口市张北县及内蒙古自治区赤峰市喀喇沁旗调研对口帮扶工作。

15日　西城区政务服务中心开始实行“周六不打烊”服务（非法定节假日）。

20日　第十九届什刹海文化旅游节开幕。

23至29日　西城区首次网上举办科技活动周。

9月

2日　中国共产党北京市西城区第十二届委员会第十四次全体会议召开。

2至13日　“京韵剧源·西城2020京剧发祥地艺术季”活动在天桥艺术中心举办。

5日　西城区校外少先队建设工作在新街口街道试点启动。

7日　“金融街与金融业扩大开放”外资专场活动在金融街举行，西城区发布“金开十条”、《西城区服务业扩大开放政策白皮书》等支持金融扩大开放相关政策。

11日　市委书记蔡奇到西城区调研“两新”组织党建工作。

17日　市委副书记、市长陈吉宁到西城区月坛街道接待信访群众并现场调度信访事项。

19日　西城区、海淀区联合发布《北京加快推进国家级金科新区建设三年行动计划（2020—2022年）》。

同日　蔡奇到西城区调研检查爱国卫生运动。

25日至11月30日　2020北京大栅栏琉璃厂商业文化旅游购物节活动举办。

26日　2020北京国际设计周西城分会场活动开幕，主题为“中国式新生活”。

26至27日　首届“白塔寺论谈”在新街口街道举办。

30日　市郊铁路怀密线引入北京北站。

10月

1日　市委副书记、市长陈吉宁以“四不两直”方式骑行检查二环路慢行系统和绿道建设。

4至13日　2020中国童书博览会在北京市西城区天宁1号文化科技创新园举办。

12日　西城区部署迎接国务院第七次大督查工作，组建以区委副书记、区长孙硕任组长的区迎检工作专班。

15日　西城区启动西板桥一期城市保护更新项目，是继菜西片区、砖塔胡同申请式退租项目之后的第三个申请式退租项目。

同日　第十八届“椿树杯”北京市社区京剧票友大赛在湖广会馆举办。

16日　西城区召开全区领导干部大会。会上宣布市委决定，孙军民任中共北京市西城区委员会委员、常委、书记，卢映川不再担任中共北京市西城区委员会书记、常委、委员职务。

同日　北京蓟城山水投资管理集团有限公司（蓟城山水集团）揭牌，由原西城区园林市政管理中心改制成立，隶属于西城区国资委。

同日　北京市消费扶贫双创中心西城分中心在金融街街道宏英园小区13号楼启用。

19日　西城区获“全国双拥模范城（县）”称号。

21日　财政部副部长许宏才、全国人大代表朱惠英等国务院督查组成员，到百万庄小区调研老旧小区改造工作。

21至23日　2020金融街论坛年会（第九届）在北京金融街召开，并升格为国家级重点活动。

22至25日　“2020北京国际茶业展”“2020北京马连道国际茶文化展”“2020安化黑茶（北京）文化节”（简称“两展一节”）举办。

23日　西城区教委采用视频会议形式召开西城区小学首届青年教师风采展示活动闭幕暨西城区小学第十四届“西城杯”课堂教学评优活动启动会。

25日　安徽会馆正式启用。

27日　副市长杨斌一行就核心区停车管理问题到广安门内街道接访、调研。

31日　蔡奇、陈吉宁到西城区调研中央政务区服务保障工作。

11月

1日　西城区举办第七次全国人口普查登记日启动仪式暨第七届西城区政府统计开放日活动。即日起，西城区6000余名普查员佩戴统一证件，持电子设备入户登记。

3日　中共中央政治局常委、国务院副总理、国务院第七次全国人口普查领导小组组长韩正到西城区调研人口普查登记工作。

同日　市委书记蔡奇到西城区调研传承保护历史文化遗产工作。

5日　中央全面依法治国委员会办公室副主任、司法部部长唐一军到西城区调研基层司法行政工作。

同日　中国残联副主席吕世明带队到西长安街街道检查验收“十三五”时期全国无障碍环境市县村镇创建工作。

7日　西城区委书记、总河长孙军民以“四不两直”方式到南护城河（西城段）、陶然亭湖，开展巡查河湖水环境工作。

15日　西城区政府向公众报告工作。

同日　西城区委书记孙军民、区长孙硕采用“四不两直”方式现场督察检查辖区空气重污染黄色预警措施落实情况。

16日　副市长卢映川以“四不两直”方式到广安门内街道检查垃圾分类工作。

20日　北京市第一家社村级“互联网+全民义务植树”基地在双秀公园揭牌。

同日　西城区人民政府英文版网站正式上线，添加互动交流功能。

27日　北京市学习贯彻党的十九届五中全会精神宣讲团西城区报告会举行。

12月

2日　首届北京市西城区公民科学素质大赛决赛阶段比赛在北京天文馆举办。

同日　副市长卢映川带领市生活垃圾推进工作指挥部成员到丰融园小区现场观摩小区垃圾分类工作。

4日　西城区召开学习贯彻党的十九届五中全会精神宣讲会，区委书记孙军民作宣讲报告。报告会以视频形式扩大到全区各单位。

同日　2020年十大“北京最美街巷”揭晓，西城区金融街街道文华胡同、德胜街道人定湖北巷两条街巷入选。

5日　西城区召开历史文化名城保护委员会2020年会，主题为“历史文化名城价值再审视”。

15日　国家医疗保障局党组书记、局长胡静林到西城区调研基层医疗保障工作开展情况。

22日　中服免税北京免税店新店开业典礼在北京坊劝业场举办。

23日　北京历代帝王庙博物馆经过近两年的修缮，恢复对社会开放。

31日　中国共产党北京市西城区第十二届委员会第十五次全体会议召开。

同日　原莱市口小商品批发市场升级改造转型为北京菜市口生活购物广场重新开张。

（责任编辑　陈　艳）

中国共产党西城区委员会

6月2日，由西长安街街道和区文明办共同主办的“文明西单　有我同行”西单商业区文明行为促进系列活动开启（王子雍　摄）

6月10日，区委统战部召开西城区楼宇园区新的社会阶层人士统战工作部署会（区委统战部　供图）

9月27日，2020年海峡两岸武术交流活动暨第三届《武艺天下》书画摄影交流汇以视频连线方式在西城区和高雄市同步举办（区台办　供图）

10月，区直机关举办“发扬战疫精神 践行初心使命”疫情防控工作座谈交流会（区直机关工委 供图）

10月19日，西城区启动2020年史志宣传月活动（区史志办 供图）

11月2日，区领导到金融街街道调研（金融街街道 供图）

12月16日，西城区离退休干部情况通报会召开（区老干部局 供图）

综 述

年内，统筹推进新冠肺炎疫情防控和经济社会发展，做好“六稳”工作、落实“六保”任务，“十三五”目标实现收官，率先全面建成小康社会目标即将如期实现，全区各项事业取得新的进展和成效。

面对疫情大考，克服重重困难，地区生产总值预计实现正增长，居民人均可支配收入预计增长2%左右；区级一般公共预算收入完成调整任务的100%，达到413.84亿元；地方级收入完成925.34亿元，实现正增长。

坚持把疫情防控作为压倒一切的头等大事，全力以赴打赢这场人民战争。落实党中央决策部署和市委要求，有序推进各项防控工作。抓组织指挥。第一时间建立高效运行的区级指挥体系，实施风险人群、风险地图和风险态势管理，制定实施中央政务办公区和集中生活区防控专项方案。抓重点措施任务落实。认真执行“三防”“四早”“九严格”，率先启动集中隔离医学观察，展开“敲门行动”，分级分类实施小区封闭式管理，全面落实入境进京人员前端转运和隔离管控，构建全闭环防控体系。有效处置复兴医院聚集性病例，及时发现并高效处置新发地首发病例，坚决果断处置广外天陶红莲菜市场关联病例。组织党员干部群众4万余人参与社区防控，党员自愿捐款1009.7万元。研究推出加强公共卫生应急管理体系建设3年行动计划，全面启动应急预案动态修订更新。制定实施秋冬季疫情风险防控方案，采取技防手段加强社区防控。研究制定促恢复保稳定稳经济增活力促发展等一揽子政策措施，加大重点保障企业支持力度，落实援企稳岗政策资金117亿元，累计减税降费54.4亿元。推出提振消费行动方案，撬动消费近15.6亿元。

把学习宣传贯彻党的十九届五中全会精神作为重要政治任务，坚持以上率下，掀起学习宣传热潮。系统谋划“十四五”经济社会发展。开展重大课题前期调研，区委常委会、区委财经委多次专题研究，组织召开区四套班子务虚会研讨重大问题并听取社会各界意见。

推动新总规和核心区控规落地实施。制定贯彻落实核心区控规3年行动计划和推进街区保护更新实施意见。全面完成“疏整促”各专项行动目标任务，协同发展体制机制进一步健全，产业链对接协作和专业领域合作逐步深化，面向副中心、雄安新区的优质公共服务资源供给进一步加大。抓好冬奥会筹办任务落实和冰雪运动普及推广，举办2020全民健身冰雪季。

防范化解重大风险、精准脱贫、污染防治，加强统筹谋划、精准发力、务求实效。抓好“长安计划”升级措施实施，全面加强政治中心区一体化防控，完成疫情防控期间全国“两会”、服贸会、党的十九届五中全会等重大服务保障任务。加强城市管理理念和手段创新，推动新3年背街小巷精细化整治提升行动计划实施。加强老城整体保护与复兴，推动全国文化中心功能建设和文化软实力进一步提升。

突出服务国家金融管理中心建设，持续推动金融街街区品质提升。着力打造“金科新区”，联合海淀区发布3年行动计划。完善金融科技发展政策制度安排，制定实施服务金融业扩大开放的若干意见，推出加强新装备新技术应用、推进精细化治理和高质量发展赋能计划。注重打造一流营商环境，推进“一网通办”改革，成立全市首个注销专区，让居民和企业办事更加便利。

抓好便利生活与服务提升、学区提升、老旧小区综合整治等系列民生行动计划实施。全力保障就业稳定，连续6年被评为市级充分就业区。建立家庭医生签约服务工作规范和激励机制。优化提升养老服务。制定实施困难家庭扶助计划。“阳光餐饮”工程实现率100%。完成30条道路大中修、5条道路疏堵、16公里慢行系统改造，基本实现道路停车电子收费全覆盖，84条道路实施居住停车管理，探索开展全域停车设施有偿错时共享。

持续深化党建引领基层治理作用发挥，组织召开3次区委深改委会议，从“微改革”“小切口”入手，推动基层治理难题破解。制定“吹哨报到”改革40项重点任务清单，深化接诉即办改革，推出“新十条”工作措施。打造政策发布和群众诉求受理网上平台。推动党建引领物业管理，物业管理“三率”提前实现目标值。广泛开展“周末卫生大扫除”。推进共建共治共享，设立民生工作民意立项项目37个，完成一批社区协商议事厅和楼门院治理示范点建设，成功申请国家级基层民主协商标准化示范点。

践行新时代党的建设总要求，落实全面从严治党战略，推动管党治党水平和党的建设质量进一步提升。深化创新理论武装，及时跟进学习习近平总书记最新重要讲话和重要指示批示精神，开展理论学习中心组学习24次，“不忘初心　牢记使命”主题教育成果进一步巩固。严肃党内政治生活，开展领导干部集体谈心谈话，围绕热线诉求办理组织各党（工）委、党组开展专题组织生活。履行意识形态责任，开展扫黄打非专项行动，建立网络舆情预警、应急响应和协同处置机制，维护网络意识形态安全。完善党（工）委、党组书记抓基层党建工作述职评议考核等工作制度，抓好各领域党建任务落实，推进党委领导下的校长负责制试点。完成9家区属企业党委书记、董事长“一肩挑”。注重在疫情防控一线考察识别领导班子和干部，系统谋划推进职务职级并行工作，干部教育管理进一步加强。制定实施高质量发展人才行动计划，出台公租房和人才公寓保障实施办法，启动第四届“百名英才”评选。破除形式主义、官僚主义和治理群众身边的不正之风，集中督办核查弄虚作假、漠视群众利益问题。持续深入开展“进千门走万户”行动，督查检查考核数量缩减到18项。持之以恒正风肃纪反腐，开展4轮巡察，移交问题线索33件，立案9件，加强重点任务监督检查，主动核查群众诉求1876件。严肃查处任志强严重违纪违法案件。全年立案117件，给予党政纪处分74人。结合党（工）委、党组书记工作点评会，建立常态化教育机制，召开警示教育大会，通报典型案例。

高度重视自身建设，带头增强“四个意识”、坚定“四个自信”、做到“两个维护”，身体力行靠前指挥、狠抓落实。严格执行区委常委会议事规则，带头坚持和落实民主集中制，发挥重大决策第三方评估作用，不断提高议事决策水平和抓落实能力。建立定期工作协商通报机制，推进区委、区人大、区政府、区政协凝聚工作合力。统一战线积极推进工作制度和治理能力建设，推出参政党建设工作新措施，上线新阶层人士“西城新心”平台。工会、共青团、妇联等群团组织建功疫情防控、脱贫攻坚一线，广泛开展关心关爱、典型选树等活动。

（陆　羽）

区委主要会议和活动

【国家领导人及部委领导调研西城】 4月9日，中国人民银行党委委员、副行长范一飞一行调研金科新区建设情况。6月2日，全国双拥模范城（县）创建工作检查调研组到西城区调研指导全国双拥模范城创建工作。全国双拥工作领导小组领导钱锋、肖安水、曹俊、韩江洲，市双拥工作领导小组领导与区领导、驻区部队代表座谈，到什刹海街道“老兵之家”、柳荫街“双拥展室”实地调研指导。6月23日，中共中央政治局委员、国务院副总理孙春兰到北京市调研疫情防控工作。考察京铁和园社区、展览馆广场采样点，察看火眼核酸检测实验室搭建、设备安装调试、试运行准备情况。9月16日，国家统计局2020年第10统计督察组对西城区开展延伸督察，与区委、区政府进行对接沟通。督察组第一副组长、国家统计局总统计师曾玉平通报统计督察工作安排并提出具体要求。区委书记卢映川汇报贯彻落实习近平关于统计工作重要讲话指示批示精神情况，区委副书记、区长孙硕主持会议。9月20日，国家发展改革委副主任兼国家统计局局长、党组书记宁吉喆到天宁一号文化科技创新园出席第11届中国统计开放日活动暨第七次全国人口普查宣传月启动仪式。10月8日，中国文物学会会长、故宫博物院故宫学院院长单霁翔到新街口街道出席“白塔夜话”活动，并以“让文化遗产资源活起来”为题首讲。区委副书记、区长孙硕致辞。10月20日，国务院第七次大督查第一督查组组长、财政部副部长许宏才带队到西城区督查指导北京市直达资金支出进度问题。市财政局汇报北京市直达资金管理整体情况，西城、东城、通州区财政局汇报直达资金管理情况和重点项目情况。10月21日，2020金融街论坛年会在北京金融街开幕。中共中央政治局委员、国务院副总理刘鹤致辞并宣布开幕，中共中央政治局委员、北京市委书记蔡奇致辞，中国人民银行行长易纲，中国人民银行党委书记、中国银行保险监督管理委员会主席郭树清，新华社社长、党组书记兼总编辑何平，中国证券监督管理委员会主席易会满，市委副书记、市长陈吉宁等市领导出席论坛年会。11月3日，中共中央政治局常委、国务院副总理、国务院第七次全国人口普查领导小组组长韩正到北京调研人口普查登记工作。走访金融街街道丰融园社区，听取工作汇报，并随同普查员深入两户居民家中，观看电子化个人信息采集上报全过程。

（邢晶晶）

【市区领导调研】1月3日，市委书记蔡奇，市委副书记、市长陈吉宁到西城区检查“四个服务”工作。1月6日，蔡奇到月坛街道街区整理展示中心调研核心区控规草案公示微展厅开放情况，问询街道责任规划师团队工作情况、编制团队在编制控规草案中公服设施配置等情况。1月21日，蔡奇、陈吉宁到西城区检查安全生产和市场供应。1月23日，蔡奇、陈吉宁到大栅栏街道走访慰问，了解街道政府热线、疫情防控等情况。1月29日，市防控领导小组指导组副组长、市委统战部副部长祁金利到西城指导疫情防控工作。检查酒店疫情防控措施落实情况，了解老旧小区垃圾清运、消毒、人员排查等工作。2月2日，蔡奇以“四不两直”方式到广外街道广源社区检查新冠肺炎疫情防控工作和市场供应。2月25日，蔡奇调研检查金融街楼宇疫情防控落实情况及复工复产情况。3月2日，市人大常委会主任李伟调研西城区企业安全有序复工复产工作。4月18日，陈吉宁、市人大常委会副主任李颖津、市政协副主席程红分别到椿树街道、牛街街道和广内街道与居民们一起参加周末卫生日大扫除活动，到社区卫生服务站检查防疫和便民服务工作。4月24日，蔡奇到西城区调研检查高三初三年级开学前准备工作。5月1日，陈吉宁以“四不两直”方式到大栅栏地区，对“五一”期间疫情防控及复工复产现场检查，了解北京坊复工复产及经营恢复情况。5月11日，李伟一行以抓好生活垃圾分类和物业管理工作，提高城市精细化管理水平为主题到广内街道调研。5月13日，副市长、市公安局局长亓延军以“四不两直”方式到西长安街街道检查垃圾分类及物业管理相关工作。5月14日，副市长隋振江调研“动批”及老旧小区改造提升工作。5月14日，民盟中央副主席、北京市政协副主席程红到天桥街道调研垃圾分类和物业管理工作。5月30日，市委常委、市教工委书记王宁到西城区京华实验学校调研小学复课工作，到西便门内社区居委会参加广内街道广安门北街20号院物业管理委员会成立大会。6月5日，蔡奇到西城区检查学校返校复课后疫情防控工作，察看三里河第三小学防疫设施和教室、医务室等。6月8日，蔡奇以“四不两直”方式到西城区商场、社区调研检查疫情常态化防控和复商复市情况。6月15日，陈吉宁到天陶红莲菜市场检查疫情防控措施落实情况。6月20日，王宁、副市长张家明以“四不两直”方式巡视北师大二附中北京市第二次英语机考考试考点，了解考点的疫情防控措施及组考工作。区长孙硕在西城区国家考试考务指挥中心值守，了解各考点的组考情况，指导区教委与卫健委协同做好疫情防控工作。6月30日，陈吉宁“四不两直”到展览路街道检查社区疫情防控工作，慰问社区基层党员，与大家共庆党的生日。7月13日，蔡奇、陈吉宁到西城区调研中轴线申遗保护工作。7月21日，蔡奇以“四不两直”方式到汉光百货检查疫情防控常态化背景下商场复工达产情况。7月22日，蔡奇围绕推动北京金融科技和专业服务创新示范区建设主题，到西城区调研金融科技和专业服务创新示范区建设。7月25日，蔡奇、陈吉宁到西城区就老旧小区改造调查研究。8

月4日，蔡奇到西城区开展全天调研，以“四不两直”方式检查什刹海环境整治提升工作；到白塔寺检查文物修缮工程进展情况、白塔寺街区更新项目，慰问一线文物工作者；到金融街了解街区环境品质提升情况；到莱市口西片区察看申请式退租项目及老院落修缮更新情况；到天宁1号文化科技创新园察看园区环境、工业遗存及入驻企业复工情况。8月12日，蔡奇到姚江1号低洼院检查防汛工作，慰问值守一线的抢险队员、街区干部。9月7日，市委常委、副市长殷勇到金融街出席“金融街与金融业扩大开放”外资专场活动。中国人民银行、中国银保监会、中国证监会、国家外汇管理局相关领导出席活动并致辞，亚洲基础设施投资银行、亚洲金融合作协会、英国伦敦金融城北京代表处等重要驻区国际金融组织和机构代表及部分国家地区商务参赞，西城区领导出席活动。9月11日，蔡奇到德恒律师事务所调研“两新”组织党建工作。9月17日，陈吉宁到月坛街道接待信访群众，并以“四不两直”方式到广安门北滨河路护城河畔的北京市城市河湖管理处第二管理所，就实际问题现场调度。9月19日，蔡奇、陈吉宁到西城区调研检查爱国卫生运动。9月21日，市委常委、宣传部长杜飞进调研西城区融媒体中心建设工作。10月12日，殷勇到西城区专题研究金融街论坛年会筹备工作总体情况。10月16日，市扶贫协作和支援合作工作领导小组办公室主任马新明为北京市消费扶贫双创中心西城分中心揭牌。孙硕出席。10月27日，副市长杨斌到广内街道接访、调研核心区停车管理问题。10月31日，蔡奇、陈吉宁到西城区调研中央政务区服务保障工作。11月3日，蔡奇到北海公园调研文物保护有关情况。11月11日，蔡奇、陈吉宁检查采暖季供暖保障工作。11月16日，副市长卢映川以“四不两直”方式到广内街道检查垃圾分类工作。11月23日，北京市委、北京市政府安全生产第十督察组在西城区召开安全生产督察工作见面会。区委常委、常务副区长喻华锋汇报西城区近3年安全生产工作，区委副书记、区长孙硕作表态发言。12月10日，蔡奇、陈吉宁到中国人民银行、中国银保监会、中国证监会走访并座谈。

（邢晶晶）

【主题教育总结大会】1月10日，西城区“不忘初心　牢记使命”主题教育总结大会召开，区委书记卢映川作全区主题教育工作总结讲话，市委第二巡回指导组组长张雪讲话。市委第二巡回指导组、区四套班子领导，区属各部门主要负责人，社区党组织负责人，区委“不忘初心　牢记使命”主题教育领导小组办公室全体成员、巡回指导组全体成员及教育、卫生、国资系统巡回指导组全体成员参会。卢映川主持。

（徐永吉）

【街道工委书记（扩大）会议】1月22日，西城区街道工委书记（扩大）会议召开，区委常委、区政府常务副区长喻华锋通报全区城市运行保障、安全生产、环境布置等有关工作情况，区委常委、区委政法委书记姜立光通报全区维护稳定有关工作情况，区委书记卢映川讲话。区四套班子主要领导及相关部门主要负责人参会。区委副书记、区长孙硕主持。

（徐永吉）

【专项工作部署会】3月26日，西城区深化党建引领“吹哨报到”改革和接诉即办工作部署会召开，区委副书记张立新传达市深化“吹哨报到”改革暨接诉即办工作总结部署会议精神，区委常委、区委组织部部长程昌宏总结2019年全区深化党建引领“吹哨报到”改革工作，部署2020年工作任务，副区长聂杰英总结2019年全区接诉即办工作，部署2020年工作任务，卢映川讲话。区领导及区各部门相关负责人参会。孙硕主持。

（徐永吉）

【区委组织、宣传、统战工作会议】3月27日，西城区委组织、宣传、统战工作会议召开，区委常委、区委组织部部长、区委统战部部长程昌宏分别传达全国、北京市组织部长和统战部长会议精神，总结2019年组织和统战工作，部署2020年组织和统战重点工作任务。区委常委、区委宣传部部长郁治传达全国、北京市宣传部长会议精神，总结2019年宣传思想文化工作，部署2020年工作重点任务。区委书记卢映川讲话。会议采用加密视频会议形式，设立二龙路办公区主会场和66个视频分会场。区四套班子主要领导及区各部门主要负责人、分管负责人和相关科室人员参会。孙硕主持。

（徐永吉）

【区委书记集体谈心谈话】4月21日，区委书记进行集体谈心谈话，区委书记卢映川讲话。会议采用加密视频会议形式，设立二龙路办公区主会场和66个视频分会场。区四套班子领导（含不驻会领导），区法院院长、区检察院检察长，区人大常委会、区政协各委室主要负责同志，区法院、区检察院正处职领导干部，区委区政府各部、委、办、局，双管单位，各街道，人民团体，事业单位（含学校、医院）、企业党政主要负责人参加集体谈心谈话。

（徐永吉）

【西城区领导干部会议】4月29日，西城区领导干部会议召开。区四套班子领导（含不驻会领导），区法院院长、区检察院检察长，区委委员、区委候补委员，区委区政府各部、委、办、局，各街道、人民团体党政主要负责人参加会议。卢映川主持。

（徐永吉）

【统筹推进“四个条例”实施大会】5月14日，西城区统筹推进街道办事处条例、生活垃圾管理条例、物业管理条例、文明行为促进条例实施大会召开。会议采用加密视频会议系统，通过西城家园App全程视频直播。相关街道、社区负责人现场分享工作经验，区委常委、区政府常务副区长喻华锋部署统筹推进“四个条例”实施相关工作，卢映川、杜灵欣、章冬梅讲话。区四套班子领导（含不驻会领导），区各部门主要负责人、主管负责及相关科室负责人，部分人大代表、政协委员参加会议。孙硕主持。

（徐永吉）

【专题工作推进会】5月22日，西城区街道工委书记、部门党工委（党组）书记工作点评会暨西城区接诉即办工作推进会召开。会议采用加密视频会议形式，设立二龙路办公区主会场和66个视频分会场。西长安街街道、展览路街道党工委书记，区房管局党组书记，区市场监管局党组书记依次汇报，聂杰英就全区接诉即办工作情况进行分析并做下一步工作说明。卢映川、孙硕讲话。区四套班子主要领导及区各部门主要负责人和主管负责人、各街道领导班子成员参会。区委副书记张立新主持。8月11日，西城区街道工委书记、部门党工委（党组）书记工作点评会暨西城区接诉即办工作推进会召开。会议采用加密视频会议形式，设立二龙路办公区主会场和66个视频分会场。白纸坊街道、天桥街道党工委书记，区委教育工委书记，区人力社保局党组书记依次汇报，卢映川讲话。区四套班子领导及区各单位主要负责人和主管负责人、各街道领导班子成员及相关科室负责人参会。卢映川主持。

（徐永吉）

【区委十二届十二次全体会议】6月16日，中国共产党北京市西城区第十二届委员会第十二次全体会议召开。会议深入学习贯彻习近平总书记关于新冠肺炎疫情防控工作系列重要讲话与指示精神和市委十二届十三次全会精神，区委副书记、区政府区长孙硕作关于《加强西城区公共卫生应急管理体系建设三年行动计划（2020—2022年）》的说明。会议审议通过《加强西城区公共卫生应急管理体系建设三年行动计划（2020—2022）》《中国共产党北京市西城区第十二届委员会第十二次全体会议决议》《中国共产党北京市西城区第十二届委员会第十二次全体会议关于同意辞去区委委员的决定》《中国共产党北京市西城区第十二届委员会第十二次全体会议关于递补区委委员的决定》。

（徐永吉）

【区委十二届十三次全体会议】7月31日，中国共产党北京市西城区第十二届委员会第十三次全体会议召开。孙硕传达市委十二届十四次全会精神，卢映川作区委常委会工作报告。书面报告上半年经济社会发展工作、党风廉政建设和反腐败工作、“一报告两评议”结果及干部选拔任用工作情况。会议审议通过《中国共产党北京市西城区第十二届委员会第十三次全体会议决议》。

（徐永吉）

【区委十二届十四次全体会议】9月2日，中国共产党北京市西城区第十二届委员会第十四次全体会议召开。卢映川传达中共中央国务院对首都功能核心区控制性详细规划的批复精神和首都功能核心区控制性详细规划实施动员部署大会精神，孙硕作关于《西城区贯彻落实首都功能核心区控制性详细规划进一步推进街区更新的实施意见》和《西城区街区更新三年行动计划》说明。会议审议通过《西城区贯彻落实首都功能核心区控制性详细规划进一步推进街区更新的实施意见》《中国共产党北京市西城区第十二届委员会第十四次全体会议决议》。

（徐永吉）

【区领导干部警示教育大会】11月20日，西城区领导干部警示教育大会召开。会议集体观看警示教育片，区委书记孙军民讲话。会议通过加密视频系统召开，全区在二龙路办公区设立主会场，在各相关单位设立视频分会场。区四套班子领导（含不驻会领导），区各部门领导班子成员，区委委员、候补委员，各街道社区党组织负责人、科站队所负责人参会。孙硕主持。

（徐永吉）

【工作务虚会】11月24日，西城区2021年工作务虚会议召开。区四套班子主要负责人、区委常委、区政府副区长、区法院院长、区检察院检察长围绕深入学习贯彻习近平新时代中国特色社会主义思想和党的十九届五中全会精神，结合首都功能核心区控规落地和全区“十四五”规划编制工作进行务虚发言。孙军民主持。

（徐永吉）

【市委巡视组巡视西城工作动员会】12月1日，市委第二巡视组巡视西城区工作动员会议召开。巡视组组长谷胜利讲话，通报巡视重点和工作安排，区委书记孙军民做表态讲话。会议通过加密视频系统召开，在二龙路办公区设立主会场。巡视组相关领导、区四套班子领导（含不驻会领导），区法院院长、区检察院检察长，市委管理的领导干部、享受或保留局级待遇的在职领导，近3年退休的局级领导干部，部分全国、北京市党代表、人大代表、政协委员，区各单位正处职领导干部，区纪委区监委、区委组织部领导班子成员，区纪委区监委特约监督员参会。孙军民主持。

（徐永吉）

【区委十二届十五次全体会议】12月31日，中国共产党北京市西城区第十二届委员会第十五次全体会议召开。孙硕传达市委十二届十六次全会精神，孙军民作《中国共产党北京市西城区委关于制定北京市西城区国民经济和社会发展第十四个五年规划和二〇三五年远景目标建议》的说明，代表区委常委会作工作报告。会议审议通过《中国共产党北京市西城区委关于制定北京市西城区国民经济和社会发展第十四个五年规划和二〇三五年远景目标建议》《中国共产党北京市西城区第十二届委员会第十五次全体会议决议》《中国共产党北京市西城区第十二届委员会第十五次全体会议关于同意辞去区委委员的决定》。

（徐永吉）

【区委常委会会议】年内，召开区委常委会议42次，完成议题301个。其中学习传达类议题27个，党的建设方面议题80个，重大经济发展事项及全区重点工作方面议题73个，区经济社会发展战略、重大改革方面议题36个，组织工作及人事任免方面议题39个，宣传思想文化工作方面议题12个，纪律检查工作方面议题12个，统一战线工作方面议题5个，政法工作方面议题9个，群众及人民团体方面议题5个，议军及双拥工作方面议题3个。

（徐永吉）

【区委办公室】中共北京市西城区委办公室（简称区委办公室）是区委的综合办事部门。内设综合科、会议科、文书科、秘书科、信息科、区委主体责任办公室、机要密码通讯科、党委信息化科、督查一科、督查二科、法规科、保密管理科、档案指导科、机关党委、离退休干部科。年内，区委办公室以“同心、同向、同力、同步”的工作理念不断完善“大办公室”工作体系；以“上级指示清楚、部门交流广泛、基层联系密切、内部沟通顺畅”的协调网络凝聚推动全区落实中央、市委精神的强大合力，发挥办公室参谋助手、统筹协调、出谋划策、督促检查、服务保障作用，确保各项工作高效运转。地址：北京市西城区二龙路27号。电话：88064211。

（王　成）

【综合工作】年内，区委办公室发挥“总枢纽”职能，加强全区会议活动统筹协调力度，通过每周召开四办主任会，提前制定周日程、月预安排，为区四套班子领导决策提供服务。落实新冠肺炎疫情防控各项工作要求，制定起草区委办公室疫情防控《工作方案》《应急工作预案》《疫情防控指南》，坚持健康“零报告”制度并实行动态管理，做好防疫物资的管理工作。服务保障区委各项调研检查活动，累计组织开展调研和活动313次。实现15个街道、15个社区卫生服务中心、7个区属医院全覆盖；开展两轮共计8场全区办公室系统岗位大练兵活动，不断深化“六能”办公室干部队伍建设；做好应急专班、领导备班、司机值班安排工作。

（王　成）

【会议服务与管理】年内，承办区委全会4次、区委常委会会议42次，区委书记专题会议36次、书记议事协调会议40次、区委常委会（扩大）会议26次、区委常委（扩大）会暨西城区街道工委书记工作点评会3次、区新冠肺炎疫情防控工作领导小组会议104次、领导小组专题会议24次、全区性会议18次。服务保障市委主要领导调研6次、区委书记月度工作点评会9次、市委理论中心组（扩大）学习8次、全市领导干部会议2次。组织服务保障的会议322次。修改完善《2020年区委常委会工作手册》，研究修订《中国共产党北京市西城区委员会书记专题会议议事规则》《中国共产党北京市西城区委员会常务委员会委员议事协调会议事决策规则》。

（徐永吉）

【区委主体责任办公室】年内，发挥统筹协调作用，推动全区各级党组织坚持以习近平新时代中国特色社会主义思想为指导，大力践行“红墙意识”，抓稳抓牢管党治党政治责任，营造风清气正的政治生态。服务区委发挥“头雁作用”，履行好全面从严治党主体责任，主要负责人严格履行第一责任人责任，班子成员落实“一岗双责”，检查指导分管领域推进全面从严治党。以两类清单为载体，从12项责任方面立制度定规矩，打造责任链条。规范实施手册管理，组织修订年度区委书记、区委常委工作手册，提示提醒阶段性重点工作。通过区委政治生态分析研判，培厚良好政治生态土壤。落实《2020年西城区全面从严治党（党建）考核实施方案》，通过工作推进会和系统培训等，指导全区各单位进一步掌握履责标准，协调推动全区责任传导落实。推进区级全面从严治党（党建）考核系统建设，强化日常检查和评估，实现疫情防控、基层减负和日常导向的有机统一。坚持问题导向，制定市级从严治党考核反馈问题整改方案，协调落实整改措施，督促整改有效落地。以强力问责倒逼主体责任落实，区委主要负责人亲自约谈年度考核排名靠后的单位主要负责人，失责必问、问责必严形成常态化。

（邓　悦）

【信息工作】年内，推进区委办信息科、政府办信息科融合，成立“专班信息组”，全面反映疫情防控工作进展。与市委信息工作室加强对接，提高市区工作重心的一致性。通过座谈、电话、走访等形式，与区融媒体中心、区文化和旅游委、区市场监管局、金融街服务局等专业部门加强联系，整合信息报送渠道，推动重要工作资料共享。加强与区应急局对接，保障重要紧急情况及时反馈上报。加强科室间协作，及时了解领导重要批示指示精神，跟进开展相关工作。调整《西城信息》定位，聚焦疫情防控、接诉即办、街区更新、“四个条例”落实等内容主题，实地追踪调研走访，通过点题、约报等工作方式开展专题类信息策划工作，刊登《西城区抓住传统商业“一店一策”升级推动城市商业消费实现“静美增长”转型》等调研信息。全年编发《西城信息》普刊135期、特刊98期、调研与参阅23期、专报11期，《西城防控信息》145期，获区委主要领导批示56次、区级领导批示49次。及时向中办、市委报送西城区各项服务保障工作开展情况，策划刊登“中国银河资产管理有限责任公司获批开业正式落户金融街”“西城区智慧门禁助力疫情防控”“大栅栏观音寺片区老城保护更新项目启动申请式退租工作”等重要信息，上报市委信息（含紧急信息）600余件，采用率40%。

（邢晶晶）

【文书工作】年内，做好党内法规落实工作。实行重大事项请示报告清单化管理，动态调整完善清单。落实为基层减负要求，严格发文管理，增强审核把关和指导，提高发文质量。推广全区电子政务内网协同办公平台应用，推进“无纸化”办公。建立市区领导批示政务内网办理系统、领导离京外出请假管理系统。审核制发京西发13件，京西办发16件，京西文52件，京西办文1件，京西字1件，京西办字5件，西办通报11期，情况通报1期，区领导批示摘编11期。处理各类文件1900余件，处理给区委主要领导、区委办公室主要领导来信540余件。

（周　琦）

【财务工作】年内，严格执行部门预算和财政财务会计制度，修订内控制度，规范审批程序，完善审批环节；压减非急需、非刚性和一般性支出，严控“三公”经费，压缩行政消耗性支出管控，加强绩效管理，对100万元以上项目支出实施绩效跟踪。全面推进区委账务公开，完成2019年部门决算和2020年部门预算信息公开，贯彻《政府会计准则》，提高会计账务核算水平，清晰反映单位财务收支和预算执行情况，详实填报政府财务报告。完成组织人才建设、主题教育宣传、凝聚统战共识、平安西城维稳、融媒体建设、疫情防控和复工复产等经费保障任务。落实全面从严治党主体责任，接受市级巡视1次、区委专项巡察1次、区审计1次、区纪委督查4次。完成机构改革期间各单位资金划拨、资产调拨任务，财务过渡工作平稳推进。

（黄　刚）

【督查与建议提案办理】年内，分阶段对全区重点工作任务和专项工作进行督查，完成市委、区委督查事项402项，向市委、区委报送专项办理报告75件，编辑各类督查刊物28期。持续深化拓展基层减负工作，区委、区政府、区委工作部门、区政府工作部门召开的会议与计划总量分别下降50.4%、14.1%、57.2%、26.8%，发文总量分别下降16.7%、50%、55.9%、46.7%。严控督查检查考核总量和频次，实行年度计划和审批报备制度，全年相关责任部门开展区级督查检查考核19项，比上年减少2项。办理政协提案32件，其中党派团体提案19件、界别提案1件、委员提案12件，至9月底，提案办理工作全部完成。

（南佳　徐士喆）

【保密工作】年内，召开区委保密委扩大会议，邀请市保密局领导传达市保密工作会议精神，总结2019年工作和部署2020年保密工作。完成西城区党委系统技术服务中心（事业编）报批。明确行政执法主体，保留区保密局独立组织机构代码。完善区委保密委员会议事规则，修订区委保密委员会工作职责，构建和完善保密工作的组织体系。修订完善《西城区保密工作制度》。年度市保密局自查自评现场检查被评为“优秀”。制发做好疫情防控工作保密管理相关文件，编发《西城区疫情防控工作保密管理指导手册》，实施远程无接触保密检查。编发10期疫情防控工作保密提醒。处级、科级、初任等培训班保密教育全覆盖。为单位、企业辅导授课6次。组织60名新上岗保密干部参加保密教育实训平台培训。举办各类保密培训会6次，1000余人次参加。组织216名领导干部参加市保密局“保密大讲堂”活动。开展“五个一”系列保密宣传活动（开展一次“保密大讲堂”活动，举办3场保密专题培训；开展一次“依法治密大家谈”征文活动，征集征文70余篇；开展一次保密法治常识答题活动，8000余人参加竞答活动；组织一次保密工作研讨会，对保密工作广泛征求意见建议；开展一次保密法“六进”活动，利用公共场所及各单位电子显示屏、微信公众号广泛宣传）。制作的保密宣传动画片获全市征集活动动漫类二等奖。完成《国家秘密事项范围一览表》《工作秘密事项清单》和《国家秘密集中解密审核》工作。推进“放管服”工作，规范行政审批流程等。编制《西城区保密检查工作手册》，先后对29家重点单位、33所考点学校保密检查。“双随机”检查5家区域涉密资质企业。为区属单位提供8000点位非涉密计算机网络版检查工具，形成“三级联查”机制。建设国产化保密综合管理平台，实现保密工作信息化管理转型升级。按照国产化标准，加快推进“056”平台建设，全面提升保密监管能力。

（马清营）

【档案工作】年内，加强全区档案工作监督指导，采取上门、蓝信群、电话、微信视频通话等多种方式进行针对性指导，督促各立档单位按时完成归档工作。协助区疫情防控小组编制《关于做好西城区新型冠状病毒肺炎疫情防控档案工作的通知》，编制疫情防控档案归档范围清单、疫情防控实物档案收集清单及西城区疫情档案归档工作的说明，建立区疫情领导小组专班档案工作群，对疫情防控档案管理工作进行培训。推进档案行政执法工作，检查21家单位，形成68张行政执法检查单，全年无案件、无行政复议。开展档案执法案件办理工作，梳理制定《西城区档案局档案执法工作手册》，重新梳理14项行政服务事项。推进新档案馆建设，召集区档案馆及工程建设单位多次召开联席会，对新馆建设用地进行现场调研，组织区档案馆主管领导及业务骨干赴上海、广州等地开展交流学习，做好新馆建设功能定位的顶层规划。

（辛　妍）

组织工作

【概况】中共北京市西城区委组织部（简称区委组织部）是区委主管党的组织工作、干部工作和人才工作，统一管理公务员工作的职能部门，内设办公室、调研宣传科、组织一科、组织二科（党建办秘书科）、组织三科、干部调配科、干部一科、干部二科、公务员一科、公务员二科、人才工作科、干部教育科、干部监督科。年内，区委组织部深入贯彻落实全国、全市组织工作会议及区委全会精神，紧紧围绕全区发展大局和工作重点，着眼牵头组织做好社区新冠肺炎疫情防控，加强领导班子、干部队伍和人才队伍建设，抓好基层组织和党员队伍建设，加大组织部门自身建设的工作力度，为推动全区做好疫情防控和经济社会发展提供坚强组织保证。

地址：西城区二龙路27号

电话：88064079

（雍颜嘉）

【新冠肺炎疫情防控】年内，牵头负责社区疫情防控，建立健全工作机制，及时向全区各级党组织和广大党员干部发出抗击疫情的行动倡议，把疫情防控作为巩固深化“不忘初心　牢记使命”主题教育的主战场和检验党员干部初心使命的大考场，统筹各类党员干部和群众4万余人参与社区防控，制定《关于激励关爱疫情防控一线力量的若干措施》，宣扬褒扬疫情防控涌现的先进集体16个和先进个人43名。依据火线入党相关程序和办法接收13名新党员，组织党员自愿捐款1009.74万元，划拨区管党费760万元慰问抗疫一线的党员干部群众。指导社区落实“三防”“四早”“九严格”等措施，强化对秋冬季疫情防控指导，编制防控常态化“一案两册”（《关于社区常态化防控应对秋冬季疫情工作方案》《西城区关于应对秋冬季疫情社区防控工作应急预案手册》《西城区社区常态化防控工作手册》）。开展“敲门行动”，加强社区疫情防控检查，牵头组织居民群众核酸检测，开展“常态化疫情防控示范社区”创建，推动“首都社区治理20条”落实，制定《关于进一步加强和改进社区治理工作的实施方案》，形成街道部门条块协同整体作战的社区治理格局。

（雍颜嘉）

【处级干部队伍综合分析】年内，坚持把考察识别班子和干部工夫下在平时，健全班子常态化分析研判机制，利用班子调研、干部考察、列席会议等形式，常态化考察识别干部，动态了解班子情况。在考察调研基础上，按照“一班一表”模式，全面分析班子运行状况、结构配备和干部的突出特点、现实表现。结合规划纲要落实和换届需要，结合领导班子和干部承担的重点任务完成情况，深入分析干部队伍建设实际，围绕疫情防控、接诉即办、垃圾分类等，汇集各方面信息和正反典型事例，多轮逐个班子、逐名干部分析研判，近距离全方位多角度了解干部现实表现和作用发挥。

（雍颜嘉）

【处级干部队伍建设】年内，提任处级正职领导干部20名，处级副职领导干部23名，晋升职级307名，交流调整164人次。坚持围绕中心、服务大局，组织5000余名机关、国企党员干部参与社区疫情防控。选派6名党政干部、14名一年期专业技术人才赴河北和内蒙等贫困地区扶贫攻坚，选派16名干部赴中央机关、海南自贸区等地挂职锻炼。坚持系统谋划职级晋升，优化使用职级职数激励干部担当作为。在反复测算全区各层级职级职数、科学精准分析现有人员情况的基础上，加强综合分析研究，形成一至四级调研员晋升工作方案，初步建立职务职级衔接配套晋升机制。加强选调生、选培生综合管理和跟踪培养，完成34名选调生、选培生招录工作。完成2019年度团职军转干部安置工作。

（雍颜嘉）

【干部管理监督】年内，研究制定《西城区贯彻落实〈干部选拔任用工作监督检查和责任追究办法〉有关规定（试行）》，严格开展领导干部个人有关事项集中填报、抽查核实、专项整治、查核验证等工作，开展科级干部选拔任用专项检查和“三重一大”制度建设及执行情况检查，完成区管领导班子“一报告两评议”。贯彻落实干部关爱和容错有关机制措施，推动干部管理监督“严实硬”。

（雍颜嘉）

【干部思想理论教育】年内，坚持把习近平新时代中国特色社会主义思想作为干部教育培训必修课，坚持把党性教育和理论武装作为干部教育培训首要任务，组织28名局级和783名处级领导干部参加全市领导干部学习贯彻党的十九届四中全会精神专题研讨班，完成92名处级和10名优秀科级干部基层治理能力提升专题培训班，完成网络自选课程培训2期、领导干部大讲堂1期，培训处级干部2000余人次。

（雍颜嘉）

【党建引领基层治理】年内，深化党建引领基层治理，抓好两个“关键小事”，推进党建引领物业管理，提高“三率”：物业管理覆盖率、业委会（物管会）组建率、业委会物管会物业企业党的组织覆盖率，制定实施《西城区关于党建引领物业管理提高“三率”的实施方案》，起草物管会及党组织运行规则、社区党组织开展业委会（物管会）、物业企业党建工作指引等规范文件，健全完善以党建引领为核心的物业管理组织体系。制定实施《生活垃圾分类“桶前值守”和社会动员工作指引》，加强对街道社区垃圾分类日常检查，推动桶前值守率基本全覆盖。

（雍颜嘉）

【社区治理】年内，结合社区“两委”换届选举筹备，对4000户以上社区进行规模调整，统筹推进后进社区整顿提升，4个后进社区按期全部实现转化提升。开展社区党组织书记治理能力评估，实施社区党组织书记区级备案制度，推进基层党组织负责人阶梯培养体系建设，发挥名书记联盟示范带动效应，提升书记队伍能力素质。加强社区工作者队伍调研分析，研究定员统筹机制，采取招录、管理、考核、激励等方面措施，启动社区工作者招录工作。

（雍颜嘉）

【各领域基层党建】年内，抓好各领域基层党建任务落实，推进4所中小学校党组织领导的校长负责制试点，指导二级及以上区属公立医院党组织书记、院长全部分设并修订完善医院党组织及行政领导班子工作规则和议事规则，完成9家区国资委直管企业实现党委书记、董事长“一肩挑”。结合核心区功能定位和“两新”组织特点开展大调研，提升“两个覆盖”（党的组织覆盖和工作覆盖）质量，健全完善区、街、社区三级党群服务中心（站）阵地服务体系，拨付570万元重点打造和提升各街道级、园区级党群服务中心。

（雍颜嘉）

【区域人才发展环境】年内，统筹推进人才发展体制机制改革和重点人才培养，制定《区委关于加强推进西城区高质量发展人才行动计划（2020—2022年）》。出台产业人才公共租赁住房保障和选调（培）生人才公寓保障实施办法，分别指导金融、科技等产业领域制定“金开十条”、发布金科新区3年行动计划等吸引和服务人才的政策措施，形成比较完善的“1+N”人才政策体系。总结评估“十三五”时期人才发展规划落实情况，撰写《西城区“十四五”时期人才发展规划前期研究报告》。

（雍颜嘉）

【区域人才发展平台】年内，举办以“汇聚金融人才创新引领优势　推动金融业开放变革与合作发展”为主题的金融人才发展论坛，开通“金融人才之家”网上平台，开展“激扬青春　助飞梦想”高校专场招聘。开展年度优秀人才资助培养，资助项目60个，涉及教育、卫生、金融科技、科技创新等领域，资助金额482.4万元。启动第四届西城“百名英才”遴选，做好各类人才项目奖励申报。推动实施名师名校长培育工程、推进卫生人才培养、推进区属国企人才培育，成立18个新的名师工作室、建立第二期“书记工作室”和“书记工作站”，为优秀人才拓展职业发展空间，提供坚实组织保障。

（雍颜嘉）

【公务员队伍建设】年内，坚持把提升公务员队伍建设的质量效果作为干部队伍的“基础工程”，制定《西城区科级领导干部选拔任用工作办法（试行）》和《西城区科级领导干部选拔任用工作流程》，细化《民主推荐表》《民主测评表》《考察材料模版》等工作模版，形成制度完备、程序规范、操作便捷、科学有效的干部选拔制度体系。严格落实职务职级职数管理审批，建立科级职务、职级管理的职数管理总台账和参公单位、行政执法机关、指挥部各类人员的分台账，指导全区72家单位1265人完成首批职级晋升。组织2019年度公务员考核奖励，科学设置考核奖励指标，最大化发挥考核奖励的激励促进作用。

（雍颜嘉）

【公务员考试录用和培训】年内，坚持稳慎推进公务员招录，统筹全区25家单位57个职位招录公务员117人。组织2021年公务员招录进高校宣讲，邀请区相关部门领导，赴清华大学等高等院校开展宣讲。建立“1+2+2+2”分层分类培训体系，拓展干部网络培训平台，联合清华大学和中国人民大学，邀请知名专家学者网络授课，创新多元化授课形式，打造精品课程，全年开办培训班7个班次，调训470余人次，提升公务员教育管理工作制度化科学化水平。

（雍颜嘉）

宣传工作

【概况】中共北京市西城区委宣传部（简称区委宣传部）是区委主管意识形态工作的职能部门，机构改革后，区文明办并入宣传部。负责全区党的思想理论建设；负责全区党员、干部的理论学习；负责规划、部署、协调全区性的思想政治教育工作。指导、协调全区综合宣传工作；负责全区文艺创作和文化活动等文化建设指导工作，协调文化市场管理工作。组织协调全区对外宣传报道、新闻发布和对外文化交流工作；负责全区新闻宣传队伍管理和培训工作。负责精神文明创建工作。联系、团结社会科学工作者、文艺工作者及部分专家学者工作。负责全区宣传文化发展专项资金使用管理及监督检查工作。承担区委和上级业务指导部门交办的其他事项。组织制定全区对外宣传工作总体规划；指导、协调全区新闻宣传报道工作；指导、协调新闻发言人队伍建设和新闻发布工作；研究制定、组织实施和指导协调全区对外文化交流工作。内设办公室、党建研究室、理论科、宣教科、文化科、新闻出版科、创建科。年内，贯彻落实党中央、市委和区委决策部署，围绕中心、服务大局，学习宣传贯彻习近平新时代中国特色社会主义思想和党的十九大精神。落实社会主义核心价值观。营造良好的舆论氛围，新闻舆论主题主线鲜明突出。推进全国文化中心建设，提升文化发展内生活力。

地址：西城区二龙路27号

电话：88064649

（蒋苏菲）

【意识形态责任制】年内，区委常委会听取意识形态工作专题汇报、研究涉及意识形态的议题25个。定期对区意识形态领域形势和问题会商研判。4月22日，召开全区党工委（党组）书记抓基层党建工作述职评议考核会，区委常委、区委宣传部部长郁治对全区落实意识形态主体责任情况点评，对落实意识形态工作责任制提出要求。将意识形态工作纳入区委党校主体班次培训内容，区委主管领导专题授课。围绕新修订的《党委（党组）意识形态工作责任制实施办法》专题培训。对33家单位意识形态工作责任制落实情况开展巡察，对87个党委（党组）全面从严治党检查落实情况、日常督查和半年及全年书面督查，对35个党委（党组）动态抽查，实现督查工作全覆盖。把好各类讲座、论坛、报告会等审批关，坚决防止错误思潮和言论占据主流阵地。开展系列宣传活动，加强对“扫黄打非”工作领导。开展全国“两会”期间文化市场集中清理整治活动，开展中小学校园周边文化市场专项整治行动。加强党对民族宗教工作集中统一领导，承担维护民族宗教领域稳定责任。

（蒋苏菲）

【党委（党组）理论中心组学习】年内，制定《2020年西城区委理论学习中心组学习安排》《2020年全区党委（党组）理论学习中心组专题学习重点内容安排》。区委理论学习中心组围绕《北京市生活垃圾管理条例》《北京市文明行为促进条例》等新颁布实施法规条例内容专题学习。围绕习近平总书记在“不忘初心 牢记使命”总结大会讲话及学习贯彻党的十九届全会精神等交流研讨。组织区委理论学习中心组成员赴北京市规划展览馆就《首都功能核心区控制性详细规划（街区层面）（2018—2035年）》主题调研，参观“铭记伟大胜利 捍卫和平正义——中国人民志愿军抗美援朝出国作战70周年主题展”，开展学习24次。会同区委组织部组成巡听旁听工作组，巡听旁听6家处级中心组学习。下发关于学习《习近平谈治国理政》第三卷通知。

（蒋苏菲）

【理论宣讲】年内，下发《关于做好2020年基层理论宣讲工作的通知》《关于做好党的十九届五中全会精神学习宣传的通知》《关于深入开展党的十九届五中全会精神宣讲工作的实施方案》，组成由党员领导干部和专家学者为成员的五中全会精神宣讲团，召开宣讲工作动员会，对宣讲工作提出要求。区四套班子领导到联系街道和分管领域，各单位党政主要领导在各自工作领域，开展“十进”（进机关、进社区、进企业、进学校、进军营、进“两新”组织、进街巷、进网络、进家庭、进新时代文明实践基地）宣讲活动。12月4日，区委书记孙军民作宣讲报告。全区开展全会精神宣讲300余场，受众3万余人次。调整区委讲师团队伍，提高“学习强国”学习平台使用率。

（蒋苏菲）

【思想政治工作】年内，组织第十五届北京市思想政治工作双优推荐评选工作，全区4个单位、4名个人获奖。开展中宣部基层理论宣讲内部工作表彰推荐，完成推荐1个先进集体、1个先进个人及1个优秀理论宣讲报告。申报4个优秀成果参评北京市第十六届哲学社会科学优秀成果奖，其中《红墙意识——理论与实践》一书获二等奖。组织“2020年度宣讲家杯优秀报告（党课）征集和展播活动”。编辑《西城宣传》4期。

（蒋苏菲）

【全国文化中心建设】年内，开展“十四五”规划前期课题研究，完成“十三五”终期评估报告。完成十四五时期西城区提升文化软实力和影响力思路与措施研究，完成《西城区“十四五”时期加强全国文化中心功能建设规划》编制工作，完成西城区红色文化资源开发利用研究。召开全区推进全国文化中心建设领导小组会议，确定年度重点项目，审议通过《北京市西城区推进公共文化服务体系示范区建设实施方案》《西城区文化产业提升发展三年行动计划》，发布《西城区关于落实〈北京中轴线申遗保护三年行动计划（2020年7月—2023年6月）〉工作方案》。组织中轴线主题文艺创作与文化活动，支持北京民族乐团推出民族管弦乐组曲《中轴》。推荐中轴瑞兽IP品牌孵化等4个项目，申报中轴线保护公益基金。推进《北京市推进全国文化中心建设中长期规划（2019—2035

年）》，完成“打造老城13个历史文化精华区的建议”课题研究座谈及实地调研。

（蒋苏菲）

【传统节日文化活动】年内，组织清明等传统节日文化活动，结合疫情防控要求，发挥网络资源优势，推出线上线下活动。举办“北京法源寺第十九届丁香诗会”“忆满京城　情思华夏——2020清明诗歌朗诵会”和“爱满京城　相约幸福”2020年七夕节文化活动等线上线下文化活动。开展区级、街道和社区公共文化活动1377项3975场次，参与群众约753.19万人次，其中线上活动890项3066场次，观看点击量约708.76万次；线下活动487项909场次，覆盖约17.43万人次。

（蒋苏菲）

【文艺精品】年内，完成《幸福里的故事》在北京卫视、广东卫视首播，得到好评。组织电影《金融街不相信眼泪》剧本座谈会、项目投创会，组织网络电影《税案风云之“猎鲨”》剧本座谈会。协助电影《外太空的莫扎特》拍摄工作。

（蒋苏菲）

【京剧发祥地文化品牌】年内，以纪念徽班进京230周年为主题，围绕“寻源京韵”“传承京韵”“创新京韵”三个板块，推出2020年西城区“京剧发祥地”艺术季系列活动近20项。开展“京韵剧源”西城2020京剧发祥地系列活动，举办“徽调京韵——纪念徽班进京230周年京剧专题展”、繁星戏剧村第七届当代小剧场戏曲艺术节暨纪念徽班进京230周年系列活动，在安徽会馆举办第三期“盛世华章·戏人人生”“数剧京韵”京剧数字传承与创意体验系列活动，推出京剧发祥地宣传片。

（蒋苏菲）

【文化体制改革】年内，落实网络安全工作责任制，强化网络意识形态风险评估分析。探索文物保护利用新模式，发布首批文物建筑活化利用计划。完善覆盖区、街、社区三级公共文化服务体系，制发西城区推进公共文化服务体系示范区建设实施方案。完成《西城区文化馆总分馆制建设实施方案》及建设标准、服务规范等制度编制。发布西城区文化产业提升发展3年行动计划，探索文化产业高质量发展促进机制。制发《关于加强和改进新闻舆论工作推动媒体融合向纵深发展的若干措施》，推动媒体融合纵深发展。

（蒋苏菲）

【文化交流】年内，支持喀喇沁旗原创话剧《母亲》演出，续写“京蒙情一家亲——西城区对口帮扶内蒙古自治区赤峰市喀喇沁旗文化交流专场演出”新篇章。

（蒋苏菲）

【权威发布】1月5至7日，组织3场西城区“两会”新闻发布会，协调区城管委、区文旅局等21家单位负责人或新闻发言人参加，围绕城市精细化管理、历史文化名城保护、保障和改善民生等方面问题，权威解读政策，回应关切。北京市“两会”期间，区委书记卢映川、区长孙硕就城市精细化治理、创新高质量发展、优化营商环境、保障改善民生等内容接受中国青年报等多家媒体专访。年内，参加10场“北京市新型冠状病毒肺炎疫情防控工作新闻发布会”，组织“北京西城稳经济增活力促发展”等40余场新闻发布和媒体采访。

（蒋苏菲）

【新冠肺炎疫情防控宣传】年内，调动全区宣传系统资源，加强疫情防控宣传指导。发挥宣传报道线索征集机制作用，统筹各委办局和15个街道，主动向中央、市属媒体推送全区疫情防控线索600余篇条40余万字。按照市委宣传部部署，组织媒体集中采访核酸检测采集点、密接者集中隔离点、封闭社区10余场次，接待国内外媒体记者百余人次。6月，外交部新闻司、市新冠肺炎疫情防控工作领导小组检疫检测工作组、市政府新闻办与区委宣传部共同组织来自路透社等15家境外主流媒体26名记者，采访金融街、新街口核酸集中检测点运行情况。其中《CNN终于发现了北京的“秘密”国内报道》专题报道，引起国内外赞誉。外交部、中宣部、市委宣传部对此次集体采访高度评价。按照全市统一部署，利用标语横幅等多种形式宣传疫情防控。在全区15个街道和区属医疗机构，以社区小区为重点，布置标语横幅2000余条、户外大屏、电子显示屏、宣传栏和橱窗等1000余个。在汉光百货等户外大屏播放向“最美逆行者”致敬微视频。

（蒋苏菲）

【重大主题宣传】8月，主动参与市委宣传部组织“走向我们的小康生活”集中采访活动，协助主流媒体采访西城区德胜社区卫生服务中心、大栅栏杨梅竹斜街。区融媒体中心各媒体平台开设“决战决胜脱贫攻坚”专栏，推出系列成就报道。11月，全方位宣传党的十九届五中全会精神。

（蒋苏菲）

【专项宣传】年内，围绕市区中心和重点工作，宣传报道“疏整促”“扫黑除恶”等专项行动。配合《向前一步》栏目，挖掘我区“疏整促”工作痛点、难点、堵点问题，强化公共政策解读和公众意见交流，协调相关街道完成《社区书记配送蔬菜到户避免交叉感染》《直管公房申请式退租政策》《物业新规的变与新》等6期拍摄工作。

（蒋苏菲）

【宣传干部队伍建设】年内，推动区、处两级新闻发言工作体系建设，完善局、处两级实职领导担任新闻发言人工作制度。11月4至6日，会同区委网信办组织全区宣传干部媒介素养能力培训，提升全区新闻发言人队伍、舆情员队伍发布能力和舆论引导水平。

（蒋苏菲）

【突发事件舆论引导】年内，针对“西城区政府停摆”等网传不实信息，第一时间研判、拟定发布口径，协调“北京西城”官方微信微博发布公告，及时澄清，防止不实信息和谣言传播蔓延，做好舆论引导。

（蒋苏菲）

【文明城区创建】年内，以“践行文明条例　助力文明城区创建”“做西城文明市民　创全国文明城区”为主题，提升长效创建管理力度，开展多次文明城区创建“新时代文明实践”主题月活动，发动15个街道文明实践所、259个社区文明实践站开展创城宣传发动和城市社区清洁整治活动。通过中央文明委全国文明城区复查，连续6年蝉联“全国文明城区”称号。

（蒋苏菲）

【新时代文明单位】年内，制发《关于转发中央文明委〈关于深化新时代文明单位创建工作的意见〉的通知》和《关于深化西城区新时代文明单位创建工作的安排》。完成2018至2020年度首都精神文明创建先进单位、第六届全国文明单位、第二届全国文明校园、第二届全国文明家庭复查和推荐评选，向首都文明委推荐2018至2020年度西城区首都精神文明创建先进单位候选对象374个，全国文明单位18个、文明家庭2个、文明校园1个。

（蒋苏菲）

【诚信建设制度化】年内，完成《西城区“十三五”时期诚信体系建设规划终期评估报告》，继续开展诚信安全做食品主题实践活动，践行“光盘行动”，打造诚信示范街、示范店，推进全区诚信体系建设。

（蒋苏菲）

【文明街巷和文明商户创建】年内，落实《背街小巷环境精细化整治提升三年（2020—2022年）行动方案》精神，开展文明街巷、文明商户创建，落实整治提升任务。向首都文明办推荐申报2020年度首都文明街巷60个、首都文明商户60个。

（蒋苏菲）

【文明促进条例】年内，制发《北京市西城区精神文明建设委员会关于西城区学习宣传贯彻〈北京市文明行为促进条例〉的实施方案》，以西城区“四个条例”实施大会精神为指引，将宣传贯彻《条例》与第六届全国文明城区创建、常态化疫情防控、城市精细化治理、新时代爱国卫生运动、“光盘行动”等紧密结合，助推《条例》落地落实。

（蒋苏菲）

【“光盘行动”】年内，开展一系列“光盘行动”专项宣传引导活动。组织全区“倡导文明新风　制止餐饮浪费——‘光盘行动’我们一起来”推进会，发布“光盘行动”指引和倡议。利用硬质横幅做好公益宣传。开展“爱祖国爱西城　文明节俭我们在行动”新时代文明实践主题月活动，引导群众践行“光盘行动”。8至12月，组织相关部门开展专项督导检查行动，专项督导5239家次，确保“光盘行动指引”见效。

（蒋苏菲）

【新时代文明实践活动】年内，区文明实践中心开展“崇德向善　尊老爱幼”等9个新时代文明实践主题月活动，各实践所（站）组织线上线下实践活动2300余场，志愿者参与人数近5万人次，近10万人受益。

（蒋苏菲）

【志愿服务活动】年内，组织“抗疫防控　共克时艰——西城志愿者在行动”学雷锋志愿服务活动月活动，30处点位入选第四批首都学雷锋志愿服务站（岗）名单、2处点位入选第四批首都学雷锋志愿服务示范站（岗）名单。利用“两微一站”开展网络文明传播，推动网络文明传播志愿服务。坚持每月“11日宣传”活动和日常站台宣传，持续推进公共文明引导和社会文明建设。

（蒋苏菲）

【精神文明建设调研规划】年内，完成《西城区“十三五”时期精神文明建设规划终期评估报告》和“十四五”时期精神文明规划前期研究成果转化，完成《西城区“十四五”时期精神文明建设规划（初审稿）》。

（蒋苏菲）

【百姓宣讲活动】年内，全区各系统、各单位围绕“共抗疫情决胜小康”主题，组建百姓宣讲团20余支，其中区级百姓宣讲团宣讲10余场，推出《守护》等微视频，在光明网抖音账号等6个平台直播百姓宣讲活动，观看量160余万次。

（蒋苏菲）

【爱国主义教育基地管理】年内，健全爱国主义教育基地建设管理体系，修订《西城区爱国主义教育基地管理办法》，对湖南会馆和西城区青少年科技馆两家不具备教育基地功能单位撤销命名。通过申报自评、评审小组、实地走访、评审和部务会审核确定，新命名中国钱币博物馆、沈家本故居、福州新馆、西城区红墙意识党性教育基地、育才学校、六必居博物馆、天桥印象博物馆为西城区爱国主义教育基地。组织8+名人故居联盟。在国际博物馆日开展“平等　多元　包容——文化名人的艺术世界”展览等活动。

（蒋苏菲）

【榜样人物宣传】12月16日，组织模范榜样人物迎新春座谈会。制定2020年“北京榜样”工作方案，围绕疫情防控等主题，做好“北京榜样”举荐和宣传，刘云军获第七届首都道德模范称号。组织“我推荐、我评议身边好人”等活动，王志强、赵常民登2020年中国好人榜。组织2019—2020年度“首都精神文明建设奖”评选推荐，王丽环、戎爱芳、陈新、李晓惠、郭云、郭新喜、濮存慧获“首都精神文明建设奖”。

（蒋苏菲）

【未成年人思想道德建设】年内，完成全国未成年人思想道德建设工作测评迎检任务。聚焦“扣紧人生第一粒扣子”主题，组织“争做新时代美德好少年”学习宣传和评选未成年人思想道德建设创新案例评选等活动，姚敦译、牛望博2人获首都“新时代好少年”称号。区委教工委获全国未成年人思想道德建设工作先进单位称号。

（蒋苏菲）

统一战线

【概况】中共北京市西城区委统一战线工作部（简称区委统战部）是中共西城区委主管统一战线工作的职能部门，内设办公室、民主党派工作科、综合协调科、党外干部工作科、港澳台统战工作科、新的社会阶层人士工作科，西城区社会主义学院是区委统战部的直属事业单位。年内，深入贯彻习近平新时代中国特色社会主义思想，落实党的十九大以来全会精神，贯彻中央、市区决策部署，坚持党对统战工作的领导，发挥统战部了解情况、掌握政策、协调关系、安排人事、增进共识、加强团结职责。召开区委统战工作领导小组全体会、专题会3次，区委常委会研究统战工作4次，围绕中心服务大局，推动统一战线“凝心、聚力、提质、增效、夯基”创新发展。

地址：西城区二龙路27号

电话：88064262

（郭　靖）

【新春座谈会】1月17日，举办民族宗教界代表人士新春茶话会。区领导卢映川、孙硕、章冬梅、张立新出席会议，与李光富、演觉、宗性、黄信阳、刘克杰、杨冠军、李山、杜凤英等民族宗教界代表人士欢聚一堂，共庆新春佳节。

（郭　靖）

【统一战线工作领导小组会】1

月19日，召开区委统一战线工作领导小组暨区民族宗教工作领导小组会议，区委常委、统战部长程昌宏出席会议，传达学习中央相关文件精神及区委书记卢映川讲话，全区40多家单位参加会议。3月27日，西城区召开区委统一战线工作领导小组（扩大）会议，传达全国、市统战工作相关会议精神，总结2019年统战工作，部署2020年重点任务，区四套班子领导出席会议。4月23日，西城区召开统战工作领导小组民族宗教工作专题会，部署民族宗教重点工作。区政府副区长李异出席会议并讲话。区民族宗教领导小组成员单位主管领导50多人参加会议。

（郭　靖）

【**学习宣传**】年内，区委统战部落实党的十九大以来全会精神，举办各民主党派、无党派人士专题学习培训班，组织中共十九届五中全会精神学习报告会，统战系统2000多人参加学习。印发《中共北京市西城区委关于加强中国特色社会主义参政党建设的工作措施》。

（郭　靖）

【**专项民主监督**】年内，各民主党派、无党派人士与15个街道深入对接，围绕“背街小巷环境整治提升”开展专项民主监督。民盟市委负责西城区“疏解整治促提升”专项民主监督，西城区多次邀请民盟市委列席区委常委会，听取西城区“疏解整治促提升”专项行动情况汇报。

（郭　靖）

【**民主党派工作会议**】4月21日，召开西城区民主党派工作会议，学习《各民主党派中央关于建立健全领导班子民主生活会制度座谈会纪要》，传达全国、市统战工作相关会议主要精神，协调民主党派工作和政党协商工作，表彰2019年民主党派调研和信息工作。

（郭　靖）

【**市委统战部调研**】6月10日，市委统战部副部长严卫群到西城区走访调研街道、楼宇、园区新阶层人士统战工作。7月10日，市委统战部常务副部长周开让到西城区港资企业走访调研。

（郭　靖）

【**政党协商**】年内，围绕“十四五”规划纲要编制、优化营商环境和加强公共卫生应急管理体系建设等区域发展重难点问题，召开政党协商会、双月协商会、议政会5次，党外代表人士建言献策。向市委统战部报送信息350篇，6篇被市委办公厅采用，74篇被市委统战部刊发；各民主党派、无党派人士完成调研68篇。

（郭　靖）

【**民进中央领导调研**】6月5日，民进中央副主席、最高人民法院副院长陶凯元率队到广内街道开展“提升基层治理效能　促进社会和谐稳定”调研座谈。区政府副区长李异，区人大副主任、民进西城区委主委张礼斌等陪同调研。

（郭　靖）

【**主题教育**】年内，以“奋斗新时代·同筑中国梦”为主题，组织统战各领域人士参与首都统一战线《接过父辈的旗帜》《聚力同心抗疫情》等系列节目，开展培训参观、观影座谈、参与抗击新冠肺炎疫情、助力脱贫攻坚等活动31项。

（郭　靖）

【**党外代表人士队伍建设**】年内，推进全区党外代表人士队伍建设“2325”工程。与区委组织部联合举办“西城区第二期党外处级领导干部培训班”。着眼2021年民主党派区委换届，与各民主党派区委共同开展区级代表人士人选报送工作，协助各党派区委开展基层组织换届。与区委组织部共同完成区政协委员届中调整，调整中共委员9人次。

（郭　靖）

【**民族宗教工作**】年内，开展民族团结进步创建活动，组织民族团结宣传月、周、日系列宣传活动，举办民族团结舞蹈大赛、拍摄民族团结进步创建宣传片等活动。关心关爱困难群体，申报市级少数民族经济发展专项资金（清真）项目，扶持清真企业发展。依法加强宗教事务管理，维护民族宗教界合法权益，明确宗教工作“三级网络　两级责任制”，推进以“四进”为主题的和谐寺观教堂创建工作。

（郭　靖）

【**非公经济人士统战工作**】年内，贯彻全国民营经济统战工作会议精神，落实“六保”任务，促进复工复产。开展“大调研　大服务”活动，收集300余家企业反映的543个问题，梳理对接帮扶政策所属部门，开展“主动送政策上门”服务。推进民营企业产权保护社会化服务体系建设，与全部民营框架体系单位签订合作协议，初步形成跨行业、跨部门的民营企业产权保护工作网络。规范基层商会建设，15个街道商会完成换届工作。

（郭　靖）

【新的社会阶层人士工作】年内，坚持“党建引领统战　统战服务党建”，实现楼宇园区新阶层人士统战工作全覆盖，全区建立19个街道级党群服务中心统战工作站，76个楼宇统战工作站，覆盖全区172座非公楼宇（纳税亿元以上楼宇59座），从业人员约11.05万人；成立“西城·微博大V联盟”，打造“互联网企业季度沙龙”品牌，建立网络人士统战工作专项协调机制，初步建立网络代表人士队伍，引导网络人士讲好“西城故事”，发挥舆论引导作用。

（郭　靖）

【港澳台统战工作】年内，通过线上方式深化京台基层交流，举办2020第七届京台社区发展论坛、京台社区中秋文化大舞台视频连线活动及第三届《武艺天下》交流汇活动，增进两岸同胞情谊。协助台湾媒体在西城区拍摄《大陆寻根》电视宣传片。全面走访台资、港资企业，帮助企业克服经营困难，做好在京台胞、辖区港人服务，组织联情联谊活动。

（郭　靖）

【侨务工作】年内，区委统战部、区政府侨办配合区行政服务大厅完成“全程网办”“一网通办”“电子印章”等任务，办理完成行政确认29件，侨务政策咨询近260次。办理12345市民热线涉侨投诉4个，满意率达到100%。开展侨法宣传活动，建立西城区“困侨”数据库，发放“困侨”疫情特殊补助4.6万元。开展侨界空巢老人陪伴计划，建立子女不在京60岁以上归侨侨眷花名册，为侨界空巢老人发放“小度在家”陪伴产品292台。承办中国侨联2020年华裔青少年网络夏令营活动。

（郭　靖）

【基层统战工作】年内，完善大统战工作格局，扩大统一战线组织覆盖和工作覆盖。首次将统战工作纳入区级层面的党建工作考核，明确区委统战部作为责任部门，制定细化指标检查考核，增强各级党组织履行统战工作主体责任；通过街道层面职责清单、全体会议、专项会议等，健全街道统战工作领导小组对辖区统战、对台工作议事协调机制。提升街道统战绩效考核水平，制定四大类22个绩效考核指标，夯实统战工作基础；依托社区层面党群服务中心创建统战工作站，完成15个街道党群服务中心和园区“统战工作站”挂牌工作，实现商务楼宇的统战工作全面覆盖。

（郭　靖）

【新冠肺炎疫情防控】年内，团结带领统战各领域人士积极响应中央、市委、区委号召参与疫情防控，55人次支援疫情防控一线，9人获全国、北京市抗击新冠肺炎疫情先进个人等荣誉称号；西城区委统战部获北京市扶贫协作先进集体。各领域统战人士和统战干部700余人支援社区、商务楼宇；广大统战成员捐款4156多万元，捐物价值8630多万元；向海外学子捐赠“爱心健康包”500份；广大统战成员投身复工复产，编制《新型冠状病毒肺炎疫情防控期间基层政府工作人员、公民、中小微企业法律知识手册》，成立“抗击疫情法律服务志愿团”，开展“感恩守护　传递温暖”等公益活动；动员海外侨胞为国内疫情捐赠手套、口罩等防疫物资，体现海外侨胞爱国之心。

（郭　靖）

【对口扶贫】年内，发挥大团结大联合优势作用，形成统一战线多元一体“组团式”长效帮扶模式，稳固脱贫成果。医卫系统统战成员赴喀喇沁旗、张北等地义诊，培训医护人员1800余人次；25家非公企业“万企帮万村”举措全面落实；区新联会对口支援囊谦3年“新苗计划”，发放温暖包612个，成长包60个，价值18.07万元；联合区律师新联会、区律协开展新苗计划“大手拉小手”项目，为内蒙古喀喇沁旗198名建档立卡贫困中小学生捐助30.9万元；“京侨帮扶·双百行动”募集捐款2.5万元对口帮扶阜平地区发展，向“鄂伦春自治旗宜里镇小库莫村帮扶项目”投入扶贫资金5万元，为10

名贫困村民提供公益岗位补助。

（郭　靖）

【社院培训】年内，区社会主义学院将党的理论教育和统战优良传统教育作为教学主课，注重意识形态建设培训，全年举办培训班10期，组织专题报告会4场，统战系统参与培训人员1.2万人（次）。发挥“网上社院”平台作用，开发线上课堂30余讲。优化历代帝王庙、金融集等6个区级共识教育实践教学基地课程，申报历代帝王庙为市级实践教学基地。

（郭　靖）

对台工作

【概况】中共北京市西城区委台湾工作办公室、北京市西城区人民政府台湾事务办公室（简称区台办）是西城区委、区政府负责辖区涉台事务的工作机构。主要职能是“组织、指导、管理、协调、服务”辖区的对台工作，处理日常涉台事务，动员社会各界人士做好促进祖国统一工作。年内，区台办坚持以习近平总书记对台工作重要论述和党的十九届全会精神，以巩固深化两岸关系和平发展为主要任务，贯彻落实中央及本市对台工作精神，克服疫情防控影响，通过线上方式深化京台基层交流，组织2020第七届京台社区发展论坛暨京台社区中秋文化大舞台视频连线活动、“武文同辉　两岸成城”第三届《武艺天下》交流汇系列活动、贯彻落实北京市惠台《55条措施》，协调区相关职能部门，为台资企业抗击疫情提供支持和帮助。做好对台宣传，努力为台商创造公平公正的经营环境。妥善处理涉台突发事件，确保辖区涉台发展环境的稳定。区台办被国台办评为《两岸关系》《台湾工作通讯》刊物宣传工作先进单位。

地址：西城区二龙路27号

电话：88064282

（刘　杰）

【涉台教育】年内，联合区政协、区委组织部举办西城区处级干部大讲堂暨国家安全及台海形势报告会。邀请全国政协委员、军事科学院原副政委兼纪委书记、首席专家、研究员王卫星少将作《百年大变局与我国家安全》报告，讲解百年未有之大变局的本质和现状、各国军事战略调整情况、对我周边安全环境的影响、当前台海形势等问题，全区主管对台工作领导和干部、区政协委员200余人参加。9月22日，走访慰问中央音乐学院师生，座谈了解台生基本情况，鼓励中央音乐学院组织在校台生参加活动，了解北京、了解西城，为台生求学就业搭建平台。12月15日，联合区委教育工委共同组织2020年京台基础教育交流工作座谈会。北京四中、八中、西城区育翔小学等10所涉台教育基地校参加。保持西城区中小学与台湾各地中小学姊妹校紧密联系和互访交流。各涉台教育基地校发挥自身优势，创新教育载体，探索线上交流等新形式，开创京台基础教育交流新局面。编发《西城对台工作》2期，向北京市台办报送工作信息16件。

（刘　杰）

【第七届京台社区发展论坛】9月27日，2020第七届京台社区发展论坛以视频连线方式在西城区和高雄市同步举办。活动以“京台社区同心　两岸抗疫同行”为主题，在京台两地各分设1个主会场和1个分会场，邀请两岸社区治理、规划设计领域专家学者、基层实践者和社区居民160余人，共享两岸基层疫情防控与社区营造经验和故事。北京主会场位于北京坊劝业场文化艺术中心，分会场位于德胜六铺炕南小街社区服务站；高雄主会场位于左营区果贸里活动中心，分会场位于左营区合群里活动中心。4个会场同步交流互动，播放两岸媒体团队联合策划、拍摄、出品的西城抗疫主题公益片。两岸专家围绕社区营造与防疫实务、台湾地区社区安全促进与防疫、北京参与式社区治理模式、社区自治组织培育与防疫参与主题演讲；两岸社区议事厅成为活动亮点。借助议事会两岸基层民主协商的重要形式，围绕“疫情防控常态化下的两岸社区治理”议题，京台两地10位专家和基层社区工作者同题共答、互相交流。

（刘　杰）

【京台社区中秋文化大舞台】9月27日，采用网络视频连线形式，在北京、高雄两地同步举办“明月千里寄相思——2020京台社区中秋文化大舞台”活动，京台两地社区民众100余人共度中秋佳节，共叙两岸亲情。西城区德胜街道、大栅栏街道与高雄市左营区、三民区因疫情中断交流以来，社区居民首次通过视频进行联谊。活动在《我们都是一家人》歌声中结束，京台两地居民互道祝福、送去节日问候，共祝中秋团圆美满。新华社、中国新闻网、中评社、文汇报、中国台湾网、京彩台湾、北京西城公众号等多家媒体报道，市台办致函西城区表示感谢。

（刘　杰）

【《武艺天下》交流汇系列活动】9月份，区台办与区体育局联合举办“海峡两岸武术交流活动暨第三届《武艺天下》武术　书画　摄影交流汇”活动，组织书画摄影培训4次，100余人参加。受疫情影响，台湾书画家摄影家以邮寄作品方式展示并预祝活动成功举办。5至9月，组织海峡两岸武术交流系列活动，以“文化同源　武学同宗”为理念，以传统武术文化为媒介，以居家武术健身为主题，搭建线上、线下交流平台，吸引台湾地区参赛者5000余人，设置14个专属赛场，投稿视频570个。其中年轻人投稿视频150余个，参与比例达到20%以上，最大年龄参赛者69岁，最小年龄参赛者7岁。活动特别邀请抗日爱国将领佟麟阁将军嫡孙佟晓东和三皇炮捶宗师李尧臣先生再传弟子庞连福先生，讲述抗日战争感人故事和英雄事迹。

（刘　杰）

【新冠肺炎疫情防控】年内，联系辖区台资企业，了解台商返京情况及企业经营情况。引导辖区台资企业、代表人士积极参与抗击新冠肺炎疫情，协助重点台资企业、台胞为北京、武汉等地疫情防控捐款捐物。西城区港澳台代表人士向北京市、湖北省及其他省市相关单位捐款1196万元，捐赠口罩、体温枪及防护手套等医用防护物资价值367万元。

（刘　杰）

【接待来访交流】年内，协助台湾中国电视公司到什刹海烟袋斜街、烤肉季等地拍摄《大陆寻奇》电视宣传片，宣传西城区传统文化风貌及发展变化。

（刘　杰）

【对台经济工作】年内，全面走访台资企业及在京台胞，了解疫情期间台资企业经营困难及台胞在京生活、就业中遇到的政策问题。走访台资企业、台胞代表人士35人次。围绕学习贯彻中央和市区两级关于企业复工复产系列政策要求，鼓励港澳台资企业及时发布各项疫情防控返岗指南，随时了解掌握职工健康状况，协调解决4家台资企业反映的生产、经营问题等情况，做好台资企业复工复产。调研“聚力·金融街”党群服务中心，鼓励发挥金融从业人员服务平台优势与资源优势，在服务台青方面发挥作用。

（刘　杰）

【文化交流】9月9日，中秋佳节组织邀请港澳台同胞观看两岸主题原创话剧《漂洋过海来看你》。话剧制作人、编剧、演员、制作公司由大陆和台湾共同组成，讲述两岸开放30年期间两岸同胞的情感故事，得到国台办、市台办及西城区委高度重视。国台办新闻局局长马晓光、二级巡视员刘晓晖、两岸企业家峰会副秘书长马玉萍、北京市台办二级巡视员马振生到场观看，辖区在京香港同胞、台胞、台属、台生、台商150余人观看演出。协调中央电视台《海峡两岸》节目组推荐辖区台商代表参与节目录制。

（刘　杰）

【台胞台属工作】年内，做好台胞权益保障工作，接待台胞台属相关政策咨询、来访及电话咨询反馈200余件，帮助解决辖区就读大中小学的台籍学生80余位，完成5名台胞子女入学身份认定手续。

（刘　杰）

【处理涉台突发事件】年内，区台办与公安等部门协调配合，处理涉台突发事件2件，确保区域涉台环境安全稳定。

（刘　杰）

决策服务与调查研究工作

【概况】中共北京市西城区委北京市西城区人民政府研究室（简称区委区政府研究室），是负责全区综合性调查研究工作、为区委区政府决策服务的工作部门。内设综合科、政治科、文化科、社会科、经济科、城市科、改革秘书科、改革协调科8个科室。年内，区委区政府研究室坚持以习近平新时代中国特色社会主义思想为指导，深入贯彻党的十九大和十九届二中、三中、四中、五中全会精神，落实习近平总书记对北京重要讲话精神，把握首都核心区职能定位要求，围绕全区工作大局，践行“红墙意识”，参与全区新冠肺炎疫情防控工作，当好区委区政府参谋助手，推动决策服务和调查研究水平实现新提升。

地址：西城区二龙路27号

电话：88064257

（戎庚申）

【调查研究】年内，发挥全区调研工作联席会办公室作用，完善“五个一”（一个要点指导、一套选题参考、一个培训提升、一个评选激励、一个刊载）机制，统筹全区调研工作。研究审议2019年度优秀调研课题，确定年度优秀调研成果57篇，以区调研联席会名义向全通报；编纂完成《北京市西城区2019年度重点课题汇编》《北京市西城区2019年度优秀调研成果选编》；制定下发《西城区2020年调查研究工作要点》，确定8个研究方向、57个课题选题；编发以调研成果展示、调研信息交流为宗旨的《西城调研与决策》12期。

（戎庚申）

【决策服务】年内，开展“十四五”规划建议研究，组织完成《“十四五”时期西城区发展环境重大变化影响及发展战略研究》，起草完成《中共北京市西城区委关于制定北京市西城区国民经济和社会发展第十四个五年规划和二〇三五年远景目标的建议》。牵头组织推进《西城区街区更新实施模式和政策机制研究》，参与制定《西城区街区保护更新实施意见和三年行动计划》，形成12种不同模式更新项目的实施指引。牵头完成《西城区老旧小区综合整治问题研究》，形成“四个一批”改造实施路径。刊发以荟萃精华、启迪思想、开拓视野、服务决策为定位的《西研荐文》5期。围绕决策咨询服务、解决基层治理难题的《决策小建议》印发7期。

（戎庚申）

【文稿起草】年内，完成区委十二届十二次、十三次、十四次全会等会议文稿服务工作，完成《深入践行“红墙意识”推动“四个服务”能力水平持续提升》《在全区社区“两委”换届工作动员部署会上的讲话提纲》等区主要领导讲话稿150余篇，其中《金融街多措并举打好楼宇防疫组合拳》《学习贯彻党的十九届五中全会表态发言》等文稿分别在《国家安全通讯》《北京工作》等期刊杂志刊载。

（戎庚申）

【专家工作】年内，组织顾问团专家围绕疫情防控、“十四五”规划等专题开展专家建言活动，提出各类建议138条，编辑《专家建言》19期，其中9个建议得到区主要领导批示并采纳。编印《2019年专家建言汇编》92篇。协调各专委会组织邀请边兰春、郑新业、朱祖希、谢太峰、郗志郡等专家开展培训授课和政策咨询活动。

（戎庚申）

【发挥深化改革议事协调作用】年内，加强对全区改革工作的战略研究、统筹谋划、综合协调、整体推进，召开区委全面深化改革委员会会议3次，听取9个改革专项小组对本领域改革工作汇报及市民服务热线“最美”系列征集微改革、依托科技赋能推动医保基金监督方式改革创新等情况汇报，审议通过重要改革议题20余件。

（王　冉）

【制定年度改革工作要点】年内，推出60项改革任务、10项重大改革事项。建立工作台账，每月调度工作要点推进情况。

（王　冉）

【疫情防控动态评估分析】年内，围绕全区新冠肺炎疫情防控工作中制度机制、政策措施、管理执行等方面开展预判评估，参与社区防控、院感防控、公共卫生应急管理等领域检视分析和改革方案制定，针对防疫工作中存在的重点难点和风险漏洞及时提出意见建议，编写《工作动态》60余期，为全区统筹疫情防控和经济社会发展提供决策参考。

（王　冉）

【督察评估】年内，组织开展“七有”“五性”监测评价指标体系建设和街区保护更新等7项改革任务督察工作。开展党的十八届三中全会以来西城区全面深化改革落实情况总结评估工作。对

139项378个改革成果全面整理，梳理形成主要改革成果清单，撰写《党的十八届三中全会以来西城区全面深化改革落实情况总结评估报告》。

（王　冉）

【完善改革双周会工作机制】年内，组织召开“改革双周会”21次，邀请专家学者54人参与讨论，区委区政府、街道办事处、社区等相关人员近百人参与研究工作。

（王　冉）

【重点改革取得成效】年内，建立街区保护更新机制，推动首都功能核心区控规落地实施。制定实施《贯彻落实核心区控规三年行动计划和进一步推进街区保护更新实施意见》，总结形成基于不同产权关系和城市空间类型的更新实施模式和政策机制。发布实施道路林荫计划，鼓楼西大街“稳静街区”亮相。探索申请式退租后可持续运营路径，推出高端企业人才公寓共生院模式。发布首批文物建筑活化利用计划，推进中轴线申遗保护重点任务落地。制定接诉即办“新十条”，40项重点任务落地。完善“西城家园”网上治理平台建设，打造政策发布和群众诉求受理网上平台。实施家庭适老化改造、家庭医生扩覆盖上水平、群众身边体育设施建设等民生行动计划，满足“七有”要求、“五性”需求。制定实施稳经济增活力促发展等18项政策措施，促进复工复产。联合海淀区发布“金科新区”3年行动计划，金科新区核心区亮相。紧抓“两区”建设新机遇，出台关于服务金融业扩大开放的若干意见，新增15个金融业扩大开放项目。推进“一网通办”改革，新开企业实现一日取照、一次不用跑，5大类44项变更登记即时取照，成立全市首个注销专区，实现企业注销手续“一站式”办理。推出公共卫生应急管理体系建设3年行动计划，启动应急预案全面修订并形成动态更新机制。持续优化重大活动、重点区域突发公共安全事件“秒级响应　分钟处置”机制，抓好“长安计划”2.0实施。

（王　冉）

【历史文化名城保护】年内，完成砖塔胡同申请式退租，启动西板桥一期、观音寺片区申请式退租项目，菜西片区结合“一户一策”推进申请式改善。出台《关于进一步加强西城区责任规划师工作的指导意见》和《街区责任规划师工作考评实施细则》。完善风貌管控监督审查机制。制定《生活垃圾分类、减量以奖代补资金管理办法》《党建引领物业管理提高“三率”的实施方案》和《贯彻实施〈北京市物业管理条例〉（2020—2022年）三年行动计划》。在广安门北街20号院成立全市首家物业管理委员会，全区业委会、物管会组建率达78.0%，物业管理覆盖率95.3%，党组织覆盖率98.1%。

（王　冉）

【经济体制改革】年内，落实援企稳岗政策资金79.2亿元，累计减税降费53.8亿元。打造“西城消费”服务平台，消费近11.33亿元。基本建成北京金融街合作发展理事会、北京金融街服务局、北京金融街服务中心有限公司、金融街论坛“四位一体”服务支持体系。推动区级647个事项、街道79个事项在“西城e办事”微信公众号填报办理，上线全市首个为企业登记注册服务的移动平台“西城微信办照”。出台《西城区支持低效楼宇改造提升若干措施（试行）》。金融街物业公司成为北京市第一家国有控股的物业服务上市公司。打造“线上线下　多方联动”消费扶贫西城模式，实现贫困地区农副产品销售1.6亿元。

（王　冉）

【生态文明体制改革】年内，深化“每一天每一微克”行动机制，制定实施《西城区打赢蓝天保卫战2020年行动计划》《西城区VOCS治理专项行动方案》《秋冬季大气污染综合治理攻坚行动任务细化分解方案》。制定《2020年严管房屋建筑和市政基础设施工程扬尘管控八条工作措施》《西城区建设工程全过程降尘施工管理细则》《街道扬尘精细化管控工作的指导意见》。

（王　冉）

【科技教育体制改革】年内，发布《加强信息化项目统筹建设的实施意见》，推动政务信息系统互联互通、信息共享和业务协同。编制《西城区大数据规范体系》。开展区块链试点，实现“9+1”应用场景上线运行。研究制定多维度金融科技企业评价体系，精准助力产业高质量发展。改革招生入学办法，加强义务教育户籍管理。

（王 冉）

【文化体制改革】年内，发布《北京市西城区推进公共文化服务体系示范区建设实施方案（2020—2025年）》。打造“书香西城”，设立西城区阅读推广中心，新建公共阅读空间8处，书店万人拥有量达1.23个。制定《文化馆总分馆制建设实施方案》《文化产业提升发展三年行动计划（2020—2022）》。编制《舆情管理常备口径库》。研究制定《关于加强和改进新闻舆论工作推动媒体融合向纵深发展的若干措施》。

（王 冉）

【民主协商和社会体制改革】年内，多措并举推进社会救助精细化建设，建立健全以困难家庭为单元的主动发现、动态评估、个案扶助等机制，开展“一户一策”定向扶助行动，深化社会救助审批权下放改革。在全市率先建立“医保大数据智能分析系统”，实现对辖区171家定点医疗机构数据分析及现场检查全覆盖。深化接诉即办改革，建立区级领导协办督办工作机制。制定《优化整合基层一线力量工作手册》，推动近1500名区级协管员下沉街道管理。整合508项便民利民事项纳入“全科社工”综窗服务，实现“四务合一”一站式办理。设立民生工作民意立项37个，完成16个社区协商议事厅示范点和26个楼门院治理示范点建设，成功申请国家级基层民主协商标准化示范点。

（王 冉）

【法治建设领域改革】年内，巩固领导包案、诉源治理直通车等多元矛盾化解机制。推进诉访分离和依法分类处理。建立区、街、社区三级公共法律服务实体平台，完善街道综合执法效能考评体系，优化街道办事处与行政执法部门协同协作机制。

（王 冉）

【基层党的制度建设】年内，建立健全党员领导干部定点联系党支部制度，制定实施加强党支部建设任务清单，开展党支部工作法试点。制定《关于规范街道内设机构综合内勤岗位管理，建立健全运行协调机制的意见（试行）》《关于街道机构改革后内设机构与主要区级议事协调机构、区职能部门工作关系衔接建议的通知》。

（王 冉）

【纪律检查体制改革】年内，建立区属国有企业监察监督机制。推进政治生态分析研判平台建设，初步构建数据综合、整体联动、闭环管理的政治生态状况评估体系。

（王 冉）

机构编制

【概况】中共北京市西城区委机构编制委员会办公室（简称区委编办）是区委机构编制委员会的常设办事机构，负责区机构改革、行政管理体制改革及机构编制日常管理工作。年内，区委编办落实习近平新时代中国特色社会主义思想和党的十九届以来全会精神，坚持机构编制部门是党的机关、政治机关的角色定位，把握机构编制资源是重要政治资源、执政资源的战略定位，重点做好事业单位改革、机构编制日常管理，理顺核心区体制机制，优化机构编制资源配置，服务地区发展转型、提升核心区发展品质。

地址：西城区西直门南小街20号

电话：66205928

（张戈 乔泽蕾）

【区委组织部对外保留牌子】1月14日，根据市委编办通知精神，明确区委组织部人才工作科对外以“北京市西城区人才工作局”名义开展工作。

（张戈 乔泽蕾）

【区人大法制办公室加挂牌子】3月12日，根据市委编办批复，同意西城区人大常委会法制办公室加挂“北京市西城区人大常委会社会建设办公室”牌子，社会建设办公室承担社会建设委员会相关工作。

（张戈 乔泽蕾）

【调整街道执法队机构设置】5月13日，经区委编委会研究决定，将街道综合行政执法队调整为街道管理的行政执法机构，不再保留区城管执法局街道分队牌子。

（张戈 乔泽蕾）

【调整街道平安建设办公室职责】5月13日，经区委编委会研究决定，调整街道平安建设办公室

（司法所）相关职责，增加“负责街道办事处的依法行政、执法规范和执法监督等工作，承担行政应诉、行政复议等相关法制工作”等职责。

（张戈　乔泽蕾）

【明确区医保局事业单位设置】 5月15日，根据机构改革文件精神，将原区人力社保局所属事业单位北京市西城区医疗保险事务管理中心整建制划转至区医保局，其他保持不变。

（张戈　乔泽蕾）

【成立区党委系统技术服务中心】 5月19日，经区委编委会研究决定，成立北京市西城区党委系统技术服务中心，为区委办公室所属科级财政补助公益一类事业单位。

（张戈　乔泽蕾）

【区科技和信息化局增设科室】 5月19日，经区委编委会研究决定，设立区科技和信息化局信息产业促进科。

（张戈　乔泽蕾）

【划转西直门地区管理职责】 10月13日，为落实北京市重点站区管理体制改革精神，根据《中共北京市委机构编制委员会办公室关于划转北京西直门综合交通枢纽地区管理相关职责和机构编制的通知》精神，将北京西直门综合交通枢纽地区管理委员会职责整合划入北京市重点站区管理委员会，将北京市西城区展览路街道综合行政执法三队承担的北京西直门综合交通枢纽地区城市管理综合行政执法职责整合划入北京市重点站区管理委员会，不再保留展览路街道综合行政执法三队。

（张戈　乔泽蕾）

【调整区城市管理委内设机构】 10月29日，经区委编委会研究决定，设立区城市管理委街巷管理科，承担牵头推进全区街巷长相关工作职责，划入原市容环境整治科的组织实施背街小巷物业管理职责与原环境建设协调科（区城市管理考核办公室）承担的负责城市管理分类分级标准化的推广应用工作职责，同时调整部分科室职责。

（张戈　乔泽蕾）

【调整区应急局内设机构】 11月26日，经区委编委会研究决定，设立区应急局防汛指挥科，将减灾救灾科承担的制定并组织实施本区防汛工作规划和年度计划，编制并组织实施防汛应急预案，承担区人民政府防汛指挥部办公室具体工作职责划转到防汛指挥科。

（张戈　乔泽蕾）

【调整区市场监管局内设机构】 11月26日，经区委编委会研究决定，设立区市场监管局知识产权管理科，划入公平竞争科（知识产权办公室）承担的知识产权管理相关职责，撤销加挂在公平竞争科的知识产权办公室牌子。

（张戈　乔泽蕾）

【撤销区房管局部分事业单位】 12月22日，经区委编委会研究决定，撤销区房管局所属的北京市西城区房地产测绘二所、北京市西城区房屋安全鉴定二站事业单位建制。

（张戈　乔泽蕾）

【北京护国寺中医医院更名】 12月22日，经区委编委会研究决定，将北京中医药大学附属护国寺医院（北京护国寺中医医院）名称变更为北京中医药大学附属护国寺中医医院。

（张戈　乔泽蕾）

【区委组织部加挂牌子】 12月28日，依据市委编办《关于同意西城区委组织部加挂西城区委非公有制经济组织和社会组织工作委员会牌子的函》文件精神，同意西城区委组织部加挂“中共北京市西城区委非公有制经济组织和社会组织工作委员会”牌子，其他保持不变。

（张戈　乔泽蕾）

老干部工作

【概况】 中共北京市西城区委老干部局（简称区委老干部局）是西城区委管理全区离退休干部工作的职能部门。管理服务离休干部845人（含易地安置），处级及以上退休干部2145人，离退休干部党支部164个。年内，以习近平新时代中国特色社会主义思想为指导，贯彻党的十九大以来全会精神，落实全国离退休干部“双先”表彰大会等会议要求，落实老干部政治待遇和生活待遇。突出全面从严治党主题，提升老干部管理服务水平。开展主题实践活动和示范性学习阵地建设，加强对老干部党校、老干部活动中心和老干部大学建设的指导，各项工作稳步推进，老干部工作取得实效。

地址：西城区双槐里小区23号楼

电话：83525651

（孙高升）

【老干部领导小组会】6月30日，召开老干部工作领导小组会。区委副书记、区委党校校长张立新主持会议并讲话；区委常委、常务副区长喻华锋，副区长、区委教育工委书记缪剑虹出席会议；区老干部工作领导小组27家成员单位领导参加会议。张立新通报区委老干部工作领导小组成员调整情况。区委组织部副部长、老干部局局长焦扬传达相关会议精神，总结2019年老干部工作，汇报2020年工作思路、落实市委市政府为老同志办实事任务及党建引领老干部工作向基层延伸试点方案。

（孙高升）

【老干部工作会】12月16日，召开离退休干部情况通报会，区委书记孙军民，区委副书记、区长孙硕出席，区委副书记、区委党校校长张立新主持会议。局职老领导、离退休干部党支部书记代表和老党员先锋队代表近60人参会。观看专题片《集结在红墙边　西城老党员再出发》，专题片展现区近8000名离退休干部党员居住地报到，多支老党员先锋队常态化参与垃圾分类“守桶”行动、社区疫情防控、物业管理委员会，投入基层治理和家园共建工作。孙硕向老干部通报西城区发展指标运行、疫情防控、维护安全稳定情况、落实北京新总规和核心区控规、高质量发展情况和保障改善民生情况。孙军民围绕党建引领老干部工作向基层延伸，提供精准服务、发挥离退休干部优势、引领离退休干部坚守初心使命、永葆政治本色等方面介绍情况。

（孙高升）

【老干部管理服务】年内，贯彻精准服务理念，了解老干部身体状况和困难需求，加强新冠肺炎疫情防控宣传。坚持生病住院必访、离休干部去世必访、家庭发生重大变故或有特殊困难时必访，走访慰问老干部310余人次。完善离退休干部特困帮扶机制，帮扶离退休干部51人，投入约3.94万元。完成离休及局职老干部健康体检，做好急救呼叫器服务维修、配送牛奶、安装电梯等。结合信息化建设，满足老干部不同需求，做好离休干部“一对一”精准服务。

（孙高升）

【党建引领老干部工作】年内，制定《西城区党建引领老干部工作向基层延伸试点工作实施方案》，建立老干部局、老干部原单位、试点街道三方沟通协调机制。成立由区委组织部等10个单位组成的区级工作专班，统筹推进试点工作，研究解决问题，指导基层开展试点工作。9月28日，北京市委老干部局在月坛街道召开党建引领老干部工作向基层延伸试点现场推进会。结合国有企业退休人员社会化推进，两个试点街道7645名央属、市属离退休干部党员到居住地社区报到，1963名国有企业退休干部党员将党组织关系转入居住地社区。推动区域资源共建共享，研究试点工作跨部门、跨领域、关联性、复杂性问题，联合相关单位形成老干部工作共同体，以街道党建协调委员会为平台，解决老同志生活需求和服务保障问题。

（孙高升）

【思想政治引领】年内，立足体现老干部的政治特性，以“红墙意识”为引领，坚持学习习近平新时代中国特色社会主义思想和习近平关于老干部工作重要论述。发挥老干部党校、老干部（老年）大学、老干部活动中心、老党员之家主阵地作用，通过情况通报、专题学习、座谈研讨、形势政策辅导，强化离退休干部的理论武装和思想引领；落实离退休干部党建联席会制度，完善老干部党建工作议事规则，加强探索创新，形成上下联动、多方协作的合力落实。开设“学习强国”视频会议和支部微信群、北京老干部App、西城老干部微信公众号等线上学习教育方式，成为各离退休干部党支部学习教育新常态。将党日活动场地从“线下”移到“线上”，保障老干部在线参加活动。弘扬典型事迹，做好宣传调研工作。结合抗击疫情、基层党建、社区治理等重点，开展评选党建之星、抗疫之星、环保之星、公益之星、才艺之星“五星”老干部。开展“我看脱贫攻坚新成就”专题调研，引导老同志抒发新时代幸福感和获得感。

（孙高升）

【社区基层治理】年内，引导老同志主动参与社区治理。围绕垃圾分类和物业管理，开展“我在红墙边——我为区域发展治理做贡献”老党员先锋队志愿服务月活动，通过云视频、微信群等载体，提高老同志对垃圾分类的认识，向全区258支老党员先锋队发出参与桶前值守倡议，发挥老党员先锋队引领示范作用，平均每周5207人次老党员常态化参与垃圾分类“守桶”行动；1296名老党员在业委会、物业管理委员会发挥作用。调动老干部党员支持疫情防控。近3000名老党员协助所在社区做好公共区域消毒、信息排查登记、执勤、文明劝导等。老同志采用书法、绘画、篆刻、诗词、朗诵等形式宣传中央精神、赞颂防疫英雄。全区离退休干部党员自愿捐款约7.15万元。

（孙高升）

【关心下一代委员会】年内，完成区关心下一代工作委员会换届。区关心下一代工作委员会突出西城特色，围绕立德树人、青少年成长成才，发挥“五老”优势作用，开展为青少年扣好“第一粒扣子”等系列活动。在《西城报》开设《百花园》栏目征文活动，组织西城报《百花园》座谈会，加强青少年思想道德建设。西城区关心下一代工作委员会获得“全国关心下一代工作先进集体”和全国“中华魂”（爱我中华）主题教育活动先进集体。

（孙高升）

区直机关党建

【概况】中共北京市西城区委区直属机关工作委员会（简称区直机关工委），是区委的派出机构，主要负责区直属机关党的建设和思想政治工作。内设工委办公室、工委组织部、工委宣传部、机关纪工委（内设监察科）、机关工会、机关团工委。年内，以习近平新时代中国特色社会主义思想为指导，坚持围绕中心、建设队伍、服务群众，以党建为引领，突出全力以赴打赢打好新冠肺炎疫情防控人民战争这条主线，增强“四个意识”，践行“红墙意识”，推进机关党建重点工作落地落实。

地址：西城区二龙路27号

电话：88064356

（李博洋）

【新冠肺炎疫情防控】年内，区直机关工委落实“四方责任”，在重要节日和关键节点，对系统全体人员流向情况全面摸排，确保机关系统介入早、情况清、底数明、数字准、措施实。先后四个批次组织65家机关单位，选派3099名党员干部参与15个街道801个点位的社区一线值守，开展政策宣传、入户摸排、小区路口值守和联防联控等任务。抽调精干力量，参加机场车站转运、核酸检测现场服务等。机关系统各直属党组织发挥职能特点，紧盯疫情防控前线急需，突出抓好重点部位管控、城市运行保障、市场秩序管理、信息科技支撑等功能性作用。7至8月，制定秋冬季疫情防控方案，推动疫情防控常态化。

（李博洋）

【学习贯彻全会精神】年内，坚持把学习贯彻习近平新时代中国特色社会主义思想作为重中之重，以认真学习贯彻党的十九届四中、五中全会精神为重点，开展政治忠诚教育。用好“不忘初心　牢记使命”主题教育中形成的好做法好经验，扎实推进“两学一做”学习教育常态化制度化。4月30日至7月30日，开展“学党规强党性　守初心担使命”党内法规学习竞答活动，党员干部每周点击《每周一课》进行学习答题，4万人次参加。8月17日至9月30，区委第十五轮第六专项巡察组对区直机关工委全面工作开展巡察。8月18至28日组织开展主题党日活动，开展“红墙边上话担当”主题党日活动，要求各直属党组织开展专题学习，组织党员围绕“在疫情防控斗争中认识中国共产党为什么能”座谈交流。12月17日，举办学习贯彻党的十九届五中全会精神宣讲报告会，区直机关系统、两新组织100余名党支部书记参加。

（李博洋）

【弘扬抗疫精神】4月9日至5月10日，举办线上“战疫有我书香抒情”——2020区直机关读书分享活动，在西城机关党建微信平台上推送读书分享视频优秀作品，通过网上最佳分享员投票和专家评审，最终评出一等奖12名、二等奖21名、三等奖32名、纪念奖60名。6月下旬，收集区直机关宣传思想文化工作情况报告。7月27日至8月2日，面向各直属党组织党务干部、工会干部、团干部，宣传报道员、舆情信息员，举办思想宣传教育工作线上专题培训。7月，组建区直机关“同心抗疫　决胜小康”抗疫事迹宣讲团。10月，录制《区直机关抗疫事迹宣讲报告会》光盘发至各直属党组织。8月28日，召开“发扬战疫精神　践行初心使命”疫情防控工作座谈会，播放“发扬战疫精神　践行初心使命”区直机关疫情防控纪实片，邀请直属党组织书记代表、党员代表、入党积极分子代表、老党员代表、社区党委书记代表交流发言。

（李博洋）

【机关党支部规范化】年内，夯实基层基础，贯彻落实《中国共产党党和国家机关基层组织工作条例》《中国共产党支部工作条例（试行）》。4月7日，印发《西城区直机关2020年党建工作要点》。4月16日，面向系统全体党支部启动“党支部工作法”，总结具有机关特点的党支部工作方法路径。4月30日，发布《2020年区直机关系统基层党建工作评价指标体系》。6月23日，制发《区直机关工委2020年基层党建工作重点任务清单》。7月，机关系统17项指标内容纳入区全面从严治党（党建）工作考核系统。10至11月，工委班子坚持以问题导向开展区直机关党建工作大调研，由工委书记带队，班子成员到65个直属党组织走访调研，全面了解工作情况，重点收集基层难点问题和意见建议。工委坚持用好党费交纳、主题党日情况月报制度，党组织换届、党员发展、双重组织生活季度督促机制，规范化提升党务工作质量。

（李博洋）

【服务中心】4月30日，印发《区直机关2020年基层党组织和在职党员“双报到”工作行动计划》，组织带领机关党员干部主动投身垃圾分类桶前值守、爱国卫生清洁日等，发挥机关单位优势推动社区治理。7月24日，工委强化党建引领，发动党员群众参与垃圾分类。8月14日，在区直机关系统各级党组织和广大党员中开展“垃圾分类我们一起行动”实践活动。截至年底，65个直属党组织中，248个机关党支部签订承包桶站协议，7871名党员干部职工签订垃圾分类承诺书，党员干部带头参与桶前值守，做好垃圾分类的倡导者、践行者和宣传员。9月4日起，工委及相关单位每日不间断地对桶前值守情况进行早晚检查监督，推动垃圾分类成为社会新时尚。

（李博洋）

【党员教育管理监督】6月15日至7月30日，开展纪念中国共产党建党99周年——“对党说句心里话”活动。采用文字表述、手机视频、录音等方式，表达机关党员爱党爱国爱社会主义热情。6月下旬至7月底，举办“共产党员献爱心”捐献活动。突出政治标准，严把党员发展“入口关”，9月9至11日，举办发展对象培训班，全年发展党员80人。10月21日，举办学习贯彻习近平总书记关于扶贫工作重要论述专题辅导讲座，邀请中国人民大学农业与农村发展学院教授郑风田对习近平“扶贫论述摘编”解读。10月28至30日，组织系统直属党组织参加全市基层党建业务培训班。11月11至13日，举办基层党组织书记培训班，设立一个实地培训主课堂和42个“云培训”分课堂，近1000名基层党组织书记和委员参训。

（李博洋）

【机关群团组织】年内，落实关爱劳模政策，开展劳模的休养体检、慰问和帮扶工作。夯实工会组织基础，坚持做好服务职工工作，疫情防控期间，为机关党组织、工会组织划拨防疫专款98万余元，为一线干部职工购置防疫物资。1月20日，举办《启航新征程　扬帆再出发》区直机关新春联欢会。7月20日，利用“西城机关党建”微信公众号，开设区直机关青年理论线上讲堂，打造高素质青年干部队伍。8月25日，举办“和谐杯”乒乓球比赛。9月初，将消费扶贫与职工慰问相结合，投入13万元为干部职工购买扶贫产品。9月19日，组织机关干部职工参加西城区全民健身徒步大会。9月30日、10月9至13日，为500名机关干部体能监测。10月21至22日，举办西城区直属机关工会第五届职工羽毛球赛。重视机关青年工作，完成推优入党1名。

（李博洋）

党校教育

【概况】中共北京市西城区委员会党校（简称区委党校）（西城区行政学院），是中共西城区委领导下的培养党员领导干部和理论干部的学校，是区委的重要部门，是培训轮训党员领导干部的主渠道，是党的哲学社会科学研究机构。主要负责全区处级党政干部、优秀年轻干部、企事业单位领导干部及公务员的教育培训工作，担负全区19个党校分校组织培训轮训的业务指导工作。大专体制。内设校务办公室、党群工作办公室、教务一科、教务二科、科研室、政治理论教研室、管理学教研室、社会学教研室、对外培训一科、对外培训二科、教学保障科、财务科、总务科、离退休干部管理科等14个科室。年内，区委党校发挥党建引领作用，按照中央和市委两级党校工作会议精神，组织全校党员干部参与社区新冠肺炎疫情防控。落实区委关于全区干部教育培训要求，把握党的理论教育和党性教育，加强培训力度，举办各类班次19期，培训学员总计4350人，完成干部培训计划各项任务。

地址：西城区南菜园49号

电话：83975808

（郭宗业）

【处级干部进修班】年内，区委党校举办处级干部进修班3期，区属各委、办、局、街道158名处级领导干部参加集中脱产培训，学习贯彻习近平新时代中国特色社会主义思想、对北京重要讲话精神和党的十九大以来全会精神等内容；组织“抗疫　家国　先锋”学员论坛、“革命精神”主题宣讲会、微党课、接诉即办走访调研及案例分享全班交流活动。培训形式包括开学典礼与入学教育、课堂授课、网络课程、影视教学、小组学习、现场教学和个人自学等内容。

（郭宗业）

【处级干部专题自选班】年内，区委党校与区委组织部共同举办学习习近平新时代中国特色社会主义思想专题自选班和西城区处级干部“京津冀协同发展”专题自选班，处级干部1400余人参加。邀请中央党校（国家行政学院）等院校部门专家学者开设《习近平谈治国理政》第三卷、《首都功能核心区控制性详细规划（街区层面）（2018年—2035年）》《党的十九届五中全会精神》《落实好新总规，建设京津冀世界级城市群》《从深圳到浦东，从雄安到未来——比较视野下的中国城市之路》等授课内容。

（郭宗业）

【科级干部任职培训班】年内，举办科级干部任职培训班2期，培训对象为全区近3年晋升正、副科级领导职务公务员中未参加任职培训人员。培训3周，学员99人。安排党的理论教育和党性教育、公共管理和科级干部素质与能力、国情市情区情教育3个学习单元。培训形式包括课堂授课、影视教学、谈话式教学、小组学习、分组研讨、学员论坛、拓展训练等。邀请中央党校（国家行政学院）、市委党校、中国人民大学、国防大学、北京交通大学、区政府办和区委党校专家学者和领导授课。

（郭宗业）

【线上培训】年内，适应疫情防控常态化要求，探索在线培训新课堂。组织4期党校线上大讲堂，向西城区19家区委党校分校提供教学视频。9月份，利用腾讯会议平台开设党员发展对象和党支部书记“云课堂”网络班。

（郭宗业）

【科研工作】年内，组织各级课题申报，立项12项，其中市委党校系统重点调研课题2项、市思政会基层重点研究课题1项、区委区政府研究室“一把手”调研课题1项、校内课题8项。撰写战“疫”思考理论文章多篇，在前线客户端、《西城报》、《观园》等媒介发表。发表各类理论文章31篇，其中国家级刊物2篇、省市级5篇、区级24篇。获得区委区政府研究室调研一等奖1项。在市委党校科研成果评选中，获得成果二等奖3项、管理工作者和组织奖各1项。

（郭宗业）

【宣传阵地】年内，出版发行校刊《西城论坛》4期，选编各类文章80余篇30余万字。紧贴热点设置议题，围绕疫情防控、社会治理、学习控规等专题组稿，编发《西城论坛》“抗击疫情”专刊1期，选编各类文章21篇。编印《党校工作通讯》10期约10万字。向市委党校、区“两办”和区新闻中心报送信息120余篇。评为2020年度北京市党校（行政学院）系统信息宣传工作一等奖。开通党校公众号，发布239期，推送各类信息及学习文章925篇。

（郭宗业）

【智库建设】年内，注重成果转化，加强党校智库建设，贴近区域发展新要求调查研究，提炼调研成果，形成决策咨询信息。为区委区政府报送决策咨询报告4篇，其中《社区防疫工作存在问题及改进建议》和《提炼找准西城区红色资源的“魂”和定位——以迎接中国共产党成立100周年为契机加强我区红色资源开发的建议》获得区委主要领导和主管领导批示。

（郭宗业）

党史征研

【概况】中共北京市西城区委党史工作办公室（北京市西城区地方志编纂委员会办公室），是区委、区政府主管党史、地方志工作的职能部门（简称区史志办）。内设办公室、党史科、志鉴科、宣传科。党史工作的主要职责是组织、指导全区党史工作开展，征集、整理、编纂全区党史资料，承担市委和区委部署的党史资料征研任务，开展地域党史资料编研；配合相关部门对党员、群众进行党史、新中国史、改革开放史、社会主义发展史教育，面向社会开展党史宣传。年内，西城区党史工作全面推进《中国共产党北京市西城区历史（1921—2012）》（简称《中共西城历史》）编写，召开复审会、终审会，通过复审和终审。推进大事记编写和党史资料征集工作，加强党史资料室建设。

地址：西城区南菜园街51号

电话：83975321

（董盼盼）

【《中共西城历史》编写】年内，创新机制，重点突破，完成《中共西城历史》的终审定稿工作。根据初审意见，克服疫情影响，深入挖掘资料，组建“改革开放时期攻关小组”，多次召开网络视频编写工作研讨会，全年共完成五轮修改，通过终审，进入出版程序。

（董盼盼）

【《中共西城历史》复审会】9月4日，《中共西城历史》复审会召开。会议由西城区史志办主任朱静伟主持，市委党史研究室、市地方志办一级巡视员、副主任陈志楣等参加。会议认为该稿政治观点正确，史实翔实准确，框架合理紧凑，文字表述清晰，评价公允客观，是一部比较成熟的复审稿，并就章节目标题、具体表述、配图和注释等方面提出修改意见和建议。会议决定《中国共产党北京市西城区历史》通过复审。

（董盼盼）

【专题巡展】9月，为纪念中国人民抗日战争暨世界反法西斯战争胜利75周年，举办《抗战中的西城》史料展，从“古都怒吼”“日军铁蹄”“民族抗争”3个部分，回顾在中国共产党倡导的抗日民族统一战线旗帜下，西城人民参加抗日救亡运动、反抗日伪统治、争取民族独立的斗争历史，弘扬伟大的抗战精神。9至11月，围绕“不忘初心　牢记使命”主题教育，制作《西城党史初心系列故事》专题展板，选取中国革命的“播火者”第一位中共女党员的“光明之路”“中共第一个少数民族支部的诞生”等12个西城重要革命人物和事件，重点展现革命先烈崇高的爱国主义精神、坚定的马克思主义信仰、勇于献身的革命精神和无私奉献的高尚品德。先后在天宁1号文化科技创新园、金融街控股股份有限公司、西城区军休活动中心、广外街道湾子街社区等地巡展10余场，直接受众1200余人。

（阮珍珍）

【史志宣传月】10月中旬至11月中旬，根据市委党史研究室、市地方志办统一部署，举办以“回望京华百年　传承红色基因——

庆祝中国共产党北京早期组织成立100周年”为主题的西城史志宣传月活动。通过开展“九个一”活动，即完成一部党史著作终审工作，编制一本教育读本，开展一次主题巡展，组织一系列文艺展演，录制一组短视频节目，推出一个体验项目，推送一系列史志宣传文章，参与一项展陈提升工作，组织和参与各类史志主题活动20余次，举办专题展览10余场、史志宣讲4场，宣传受众5000多人次，向基层党组织赠送史志书籍500余册，媒体报道近10次。

（阮珍珍）

【《中共西城历史》终审会】12月2日，《中共西城历史》终审会召开。市委党史研究室、市地方志办一级巡视员、副主任陈志楣主持会议并作终审决定。西城区委常委、组织部部长程昌宏，市委党史研究室、市地方志办副主任张恒彬、赵鹏，二级巡视员刘岳、运子微出席会议。西城区汇报《中共西城历史》编纂情况，会议认为书稿坚持以习近平新时代中国特色社会主义思想为指导，始终把党的两个历史问题决议和党中央关于党的历史的重要论述作为叙史论史的根本依据，坚持党性原则和科学精神的统一。书稿政治导向正确、主题鲜明、结构合理、图文并茂，具有区域特色，符合地方党史基本著作质量要求，决定通过终审验收。

（董盼盼）

【党史资料征集整理】年内，完成《中国共产党北京市宣武区大事记（1991—2000）》《中国共产党北京市西城区大事记（2010—2020）》初稿撰写，共计20万余字。完成《西城区新冠肺炎疫情防控大事记（2020）》整理编写工作，形成大事记5.5万余字。全年收集西城区政治、经济、文化、社会、生态和党的建设等方面资料300余条66余万字。根据编研任务和学习教育需要，征集购买资料图书60余册，持续建设党史资料库和数据库。

（董盼盼）

【宣传教育读本编写】年内，编写完成《北京西城区追寻民族复兴红色密码3公里体验线》教育读本。全书围绕“民族复兴”的重点，按照“初心起点”的溯源地——北京李大钊故居、“奋斗不息”的铸魂地——北京市鲁迅中学、“胜利曙光”的寻根地——北京国会旧址、“牢记使命”的实践地——西城区红墙意识党性教育基地主线，以图文形式向读者介绍马克思主义研究传播和共产党孕育诞生的起点，追忆中国共产党领导党员和进步群众英勇奋斗的历程，重温中国共产党由地下党转为执政党的历史性转折，全景展现红墙意识在西城的生动实践。全书2万余字，随文图58张，初心之旅红色地图1张。12月，编写完成《光辉岁月》党史日课教育读本。在挖掘史料，反复核准，多方求证，确保史实准确的基础上，编写完成365条日课内容，约3.5万字，随文配图365张；形成每日一课一图一小结，按日记录中国共产党历史和中国共产党北京历史的大事要事，反映西城地区党史上的重要人物、重大事件、重要活动等内容，重点突出党的十八大以来政治、经济、文化、社会、生态文明建设等方面辉煌成就；制作《光辉岁月》电子日历，筛选收录365篇与日课内容相关文章，通过扫码延伸阅读。

（阮珍珍）

【史志文艺宣传队伍建设】年内，组织西城史志文艺宣传小分队编创、排演《风雨过后是彩虹》《全民齐心抗肺炎》《逆行者》等8个抗击疫情文艺节目；围绕“早期党组织在西城”主题，编创《革命先驱李大钊》《中华之魂》等6个节目；以背街小巷提升改造为切入点，编创《天桥》《板章胡同》《九湾胡同》等反映地情文化的节目。将创编的文艺节目录制短视频，利用网络宣传平台展播，讲好党史故事，讲好历史故事，传播正能量，弘扬优秀文化。

（阮珍珍）

【红色遗址保护利用】年内，围绕北大红楼遗址群相关片区调研工作，编写北京李大钊故居、陶然亭慈悲庵、高君宇烈士墓、京报馆旧址、京师女子师范学堂旧址、国立蒙藏学校旧址、平民通讯社旧址、京师看守所旧址等8处遗址情况简介，完成北大红楼遗址群西城片区相关遗址情况报告；参与西城区关于北大红楼遗址群相关片区遗址的提升利用工作，挖掘李大钊、缪伯英等中共党史人物史料。参加研讨会，修改展陈方案，撰写《她们从这里出发——北京革命运动中的女高师》展陈大纲，补充历史图片，审校相关史实等；完成《红楼旧址群故事》《先声与火种——北京西城红色故事集萃》供稿工作，撰写《我是宝剑 我是火花》《京报的呐喊》《壮烈的牺牲》等9篇文章。

（阮珍珍）

【联合开展红色体验活动】年内，联合团区委、区少工委、区退役军人管理局，打造线上与线下相结合的红色文化、城市文化体验项目——“青春红游记”。依托西城区丰富的历史文化资源，以VR、手绘、动画等方式，立体化呈现辖区15处红色遗址、名人故居、文化场馆、地标建筑；邀请退伍老兵、文化大家、党史专家、少先队员等，系统讲述“背后的故事”；设置知识竞答、线下打卡等环节，多元化的带领青少年探访西城的红色足迹，在历史文脉中感受老城保护与复兴的魅力。

（阮珍珍）

【拓展史志宣传阵地】年内，围绕西城特色地域文化，以“北京营城建都之始”为主题，邀请专家通过实地采访介绍北京建城、建都历史过程和时代价值，展示西城作为北京建城肇始之地、建都起始之地的区位优势以及国家政治文化中心的重要载体，制作短视频，在网络媒体宣传推广；与区直机关工委合作，编写党史知识竞赛题，开展“庆七一”在线宣传教育活动；与区网信办、区融媒体中心、区档案馆合作，在北京西城微博、西城家园App、《西城追忆》等媒体和期刊分别推送和发表史志文章近20篇；邀请人民网、北京电视台、北京时间、“史志北京”、“北京西城”等媒体报道史志宣传活动20余次。

（阮珍珍）

（责任编辑 晏 畅）

西城区人民代表大会常务委员会

6月16日，区人大常委会执法检查组到德胜街道检查物业管理条例和生活垃圾管理条例落实情况（区人大常委会 供图）

8月27日，区人大财政经济委员会组织代表视察金融科技企业（区人大常委会 供图）

综　述

北京市西城区人民代表大会（简称区人大常委会）是西城区地方国家权力机关，区人大常委会是本级人民代表大会的常设机关，下设办公室、研究室、信访室、代表联络室、法制办公室、财政经济办公室、预算审查办公室、教科文卫体办公室、城建环保办公室等9个办事机构。年内，区人大常委会在区委领导下，落实中央和市委决策部署、区委工作要求，把握统筹新冠肺炎疫情防控和经济社会发展工作这条主线，立足首都核心区职责使命，践行“红墙意识”，全面履行宪法法律赋予的各项职责，人大各项工作取得新成效。全年召开常委会会议11次、主任会议18次，常委会审议议题63项，作出决议决定6项，形成审议意见书15份，补选市人大代表2名、区人大代表1名，任免国家机关工作人员74人次，接受3名区级国家机关领导人员辞去职务。

地址：西城区广安门南街68号

电话：83976304

（李　锟）

重要会议和活动

【十六届人大七次会议】1月5至7日，北京市西城区第十六届人民代表大会第七次会议在中国职工之家举行。352名代表出席会议。会议听取和审议区长孙硕所作的西城区人民政府工作报告；审议西城区2019年国民经济和社会发展计划执行情况与2020年国民经济和社会发展计划草案的书面报告；审议西城区2019年财政预算执行情况和2020年财政预算草案的书面报告；听取和审议区人大常委会主任杜灵欣所作的西城区人民代表大会常务委员会工作报告；听取和审议区法院院长刘双玉所作的西城区人民法院工作报告；听取和审议区检察院检察长李卫国所作的西城区人民检察院工作报告；会议表决通过以上报告的决议。会议依法选举陈振海为区人大常委会副主任，表决通过区人大社会建设委员会组成人员人选名单，并进行宪法宣誓。会议期间，48个政府职能部门和法院、检察院共接受代表询问1930人次，询问事项889件。会议还收到1件议案和67件建议。

（李　锟）

【十六届人大常委会第三十二次会议】西城区第十六届人大常委会第三十二次会议于1月7日召开。会议审议并表决通过关于接受姜立光辞去西城区人民政府副区长职务请求的决定；审议并表决通过关于任命聂杰英为西城区人民政府副区长；审议并表决通过区人民检察院提请的任免议案。

（李　锟）

【十六届人大常委会第三十三次会议】西城区第十六届人大常委会第三十三次会议于3月26日召开。会议传达学习北京市十五届人大三次会议精神；听取关于区十六届人大七次会议代表议案、建议情况分析的报告；修订《北京市西城区人大常委会关于讨论重大事项的规定》；审查区政府落实区人大关于加强历史文化名城保护、提升城市发展品质的决议情况报告审议意见的书面报告。

（李　锟）

【十六届人大常委会第三十四次会议】西城区第十六届人大常委会第三十四次会议于4月23日召开。会议审议通过西城区人大常委会2020年工作要点和会议议题预安排，决定印发实施并向社会公布；审议并表决通过关于接受刘国周辞去西城区人民政府副区长职务请求的决定、关于任命罗明为西城区人民政府副区长和鲁征为西城区人民政府副区长（挂职至2021年4月）的决定。

（李　锟）

【十六届人大常委会第三十五次会议】西城区第十六届人大常委会第三十五次会议于5月28日召开。会议听取和审议区政府关于市场监管工作情况的报告；审议通过《北京市西城区国家工作人员宪法宣誓组织办法》（修订案）、《区人大专门委员会工作规则》（修订案）；审议并表决通过关于接受王瑶代表辞去北京市西城区第十六届人民代表大会代表职务请求的决定、关于接受焦长锐辞去北京市西城区监察委员会委员职务请求的决定；审议并表决通过区人大常委会主任会议、区政府、区监委提请的任免议案。

（李　锟）

【十六届人大常委会第三十六次会议】西城区第十六届人大常委会第三十六次会议于7月9日召开。会议听取和审议区政府关于区十六届人大七次会议确定的“深化基层治理，进一步完善接诉即办工作机制议案”办理工作情况的报告，对接诉即办工作进行专题询问；会议决定，由区人大社会建设办公室牵头起草审议意见书，经主任会议研究后，交区政府研究处理；听取和审议区政府关于紧密型医联体建设试点工作情况的报告；会议决定，由区人大常委会教科文卫体办公室牵头起草审议意见书，经主任会议研究后，交区政府研究处理；听取和审议区法院关于深入推进诉源治理工作情况的报告；会议决定，由区人大常委会法制办公室牵头整理起草审议意见书，经主任会议研究后，交区法院研究处理；审议通过《北京市西城区国民经济和社会发展计划审查监督办法》（修订案）；审议并表决通过关于接受孙秋艳辞去北京市西城区第十六届人民代表大会代表职务请求的决定及区监委提请的人事议案。

（李　锟）

【十六届人大常委会第三十七次会议】西城区第十六届人大常委会第三十七次会议于7月30日召开。会议听取和审议区政府关于西城区2019年决算情况的报告、关于西城区2019年财政预算执行和其他财政收支情况审计工作的报告、关于西城区2020年上半年国民经济和社会发展计划执行情况的报告、关于西城区2020年上半年收支预算执行情况的报告；表决通过北京市西城区人民代表大会常务委员会关于批准西城区2019年决算及其报告的决议和关于批准西城区2019年预算执行和其他财政收支情况审计工作报告的决议。会议决定，由区人大常委会预算审查办公室牵头起草审议意见书，经主任会议研究通过后，交区政府研究处理。听取和审议区人大常委会执法检查组关于贯彻落实《北京市街道办事处条例》执法检查情况的报告；会议决定，由区人大常委会社会建设办公室牵头起草审议意见书，经主任会议研究后，交区政府研究处理；审议并表决通过区人大常委会主任会议、区政府、区法院提请的人事议案；按照区人大常委会2020年学习计划，本次会议前，区人大常委会组成人员集中学习《北京市街道办事处条例》相关内容，安排书面学习《北京市生活垃圾管理条例》《北京市物业管理条例》《北京市文明行为促进条例》。

（李　锟）

【十六届人大常委会第三十八次会议】西城区第十六届人大常委会第三十八次会议于8月27日召开。会议听取和审议区政府关于西城区2019年度国有资产管理情况的综合报告、关于行政事业性国有资产管理情况的专项报告；会议决定，由区人大常委会预算审查办公室牵头起草审议意见书，经主任会议研究后，交区政府研究处理；听取和审议区人大常委会执法检查组关于贯彻落实《北京市生活垃圾管理条例》《北京市物业管理条例》执法检查情况的报告；会议决定，由区人大常委会城建环保办公室牵头起草审议意见书，经主任会议研究后，交区政府研究处理；审议并表决通过区人大常委会主任会议、区政府提请的人事议案。

（李　锟）

【十六届人大常委会第三十九次会议】西城区第十六届人大常委会第三十九次会议于9月24日召开。会议听取和审议了区政府关于优化营商环境工作情况的报告；会议决定，由区人大常委会财政经济办公室牵头起草审议意见书，经主任会议研究后，交区政府研究处理；听取和审议区政府关于金融科技发展工作情况的报告；会议决定，由区人大常委会财政经济办公室牵头起草审议意见书，经主任会议研究后，交区政府研究处理；听取和审议区政府关于新冠肺炎疫情防控的专项工作报告；会议决定，由区人大常委会社会建设办公室牵头起草审议意见书，经主任会议研究后，交区政府研究处理；审议并表决通过关于接受申献国辞去北京市第十五届人民代表大会代表职务请求的决议，会后报北京市人民代表大会常务委员会备案；审议并表决通过区人民法院、区人民检察院提请的人事议案；按照区人大常委会2020年学习计划，本次会议前，区人大常委会组成人员集中学习《北京市优化营商环境条例》相关内容，安排书面学习《中华人民共和国突发事件应对法》《北京市实施〈中华人民共和国突发事件应对法〉办法》。

（李　锟）

【十六届人大常委会第四十次会议】西城区第十六届人大常委会第四十次会议于10月29日召开。会议听取和审议区政府关于西城区2020年1—9月国民经济、社会发展计划执行和调整情况的报告；听取和审议区政府关于西城区2020年1—9月预算执行情况和预算调整的报告；听取和审议区政府关于西城区2019年预算执行情况和其他财政收支情况审计查出问题整改情况的报告；会议表决通过区人大常委会关于批准西城区财政预算调整方案的决议；听取和审议区政府关于加强历史文化名城保护、提升城市发展品质的决议落实情况的报告；会议决定，由区人大常委会城建环保办公室牵头起草审议意见书，经主任会议研究通过后，交区政府研究处理；听取和审议区政府关于扶贫工作情况的报告；会议决定，由区人大常委会财政经济办公室牵头起草审议意见书，经主任会议研究后，交区政府研究处理；审查区法院落实区人大常委会关于深入推进诉源治理情况报告审议意见的书面报告；审查区政府落实区人大关于区十六届人大七次会议接诉即办议案办理情况报告审议意见的书面报告；审议通过区人大常委会关于补选西城区第十六届人民代表大会代表的决定。决定于年内10月下旬至12月下旬期间补选区第十六届人民大表大会代表1名；审议通过区人大常委会关于补选区第十六届人民代表大会代表工作实施方案；审议并表决通过关于接受王旭辞去北京市西城区第十六届人民代表大会代表职务的请求的决定。

（李　锟）

【十六届人大常委会第四十一次会议】西城区第十六届人大常委会第四十一次会议于11月26日召开。会议听取和审议区政府关于区十六届人大七次会议代表议案、建议办理情况的报告；听取和审议区政府关于西城区2019年环境状况和环境保护目标完成情况的报告；会议决定，由区人大常委会城建环保办公室牵头起草审议意见书，经主任会议研究通过后，交区政府研究处理；听取和审议区政府落实区人大关于扎实推进街区整理、不断提升核心区品质的决议情况的报告；会议决定，由区人大常委会城建环保办公室牵头起草审议意见书，经主任会议研究通过后，交区政府研究处理；审议通过关于举行区十六届人大八次会议的决定。会议决定，2021年1月12日，召开区十六届人大八次会议；由区人大常委会机关按规定向社会予以公布，并抓紧进行大会筹备工作；审查区政府落实区人大常委会关于西城区2019年决算报告审议意见的书面报告，区政府落实区人大常委会关于西城区2019年预算执行和其他财政收支情况审计报告审议意见的书面报告，区政府落实区人大常委会关于西城区2019年度国有资产管理情况的综合报告和西城区2019年度行政事业性国有资产管理情况的专项报告审议意见的书面报告，区政府落实区人大关于加大文物腾退项目工作力度、促进文物腾退项目尽早收官的议案办理情况报告审议意见的书面报告，区政府落实区人大常委会关于贯彻落实《北京市街道办事处条例》执法检查情况报告审议意见的书面报告等5项报告；审议并表决通过关于接受郑军辞去北京市西城区监察委员会委员职务的请求的决定；按照区人大常委会2020年学习计划，本次会议安排区人大常委会组成人员书面学习《北京市城乡规划条例》相关内容。

（李　锟）

【十六届人大常委会第四十二次会议】西城区第十六届人大常委会第四十二次会议于12月22日召开。会议听取和审议区政府关于西城区2020年国民经济和社会发展计划调整方案的报告；表决通过区人大常委会关于批准西城区国民经济和社会发展计划调整方案的决议；听取和审议区政府关于西城区2020年预算调整方案的报告；表决通过区人大常委会关于批准西城区预算调整方案的决议；初步审议区政府、区法院、区检察院工作报告，讨论区人大常委会工作报告，决定将这四项报告作适当修改后交各街道代表联组讨论；听取和审议区人大常委会关于区十六届人大七次会议代表议案、建议办理情况的报告；听取和审议区人大常委会代表资格审查委员会关于补选区第十六届人民代表大会代表资格审查情况的报告；听取和审议区人大常委会代表资格审查委员会关于代表资格审查情况的报告，依法确认412名区十六届人民代表大会代表的代表资格有效；审议通过关于举行区十六届人大八次会议的有关事项；审查区政府落实区人大关于紧密型医联体建设试点工作情况报告审议意见的书面报告、区政府落实区人大关于优化营商环境工作情况报告审议意见的书面报告、区政府落实区人大关于金融科技发展工作情况报告审议意见的书面报告、区政府落实区人大关于新冠肺炎疫情防控专项报告审议意见的书面报告；补选孙军民、韦江为北京市第十五届人民代表大会代表，会后向北京市人民代表大会常务委员会呈送书面报告；审议并表决通过关于接受虞宝才辞去北京市西城区监察委员会主任职务的请求的决定，会后报北京市西城区人民代表大会备案；审议并表决通过区政府、区法院提请的任免职事项；会议前学习习近平总书记在11月16至17日召开的中央全面依法治国工作会议上的讲话精神和全国人大常委会委员长栗战书在第二十六次全国地方立法工作座谈会上的讲话精神。

（李　锟）

【第六十四、六十五次主任会议】西城区十六届人大常委会第六十四次主任会议于1月7日召开。会议听取区委组织部、区检察院有关人事任免情况的介绍，决定提请区十六届人大常委会第三十二次会议审议。西城区十六届人大常委会第六十五次主任会议于3月18日召开。会议研究关于西城区十六届人大七次会议代表议案、建议情况分析的报告，决定提交区十六届人大常委会第三十三次会议审议；研究北京市西城区人大常委会关于讨论决定重大事项的规定（修订案），决定适当修改后提交区十六届人大常委会第三十三次会议审议；听取区十六届人大常委会第三十三次会议有关议题准备情况的报告，决定于3月26日召开西城区十六届人大常委会第三十三次会议。

（李　锟）

【第六十六次主任会议】西城区十六届人大常委会第六十六次主任会议于4月16日召开。会议听取区委组织部有关人事任免情况的介绍，决定提请区十六届人大常委会第三十四次会议审议；研究区人大常委2020年工作要点和议题预安排，决定适当修改后提交区十六届人大常委会第三十四次会议审议；听取区十六届人大常委会第三十四次会议有关议题准备情况的报告，决定于4月23日召开西城区十六届人大常委会第三十四次会议。

（李　锟）

【第六十七次主任会议】西城区十六届人大常委会第六十七次主任会议5月14日召开。会议听取区检察院关于金融犯罪检察工作情况的报告；研究确定西城区人大常委会关于检查《北京市生活垃圾管理条例》《北京市物业管理条例》贯彻实施情况的工作方案，决定适当修改后印发实施；研究确定西城区人大常委会关于检查《北京市街道办事处条例》贯彻实施情况的工作方案，决定适当修改后印发实施；研究北京市西城区人民代表大会专门委员会工作规则（修订草案），决定适当修改后提交区十六届人大常委会第三十五次会议审议；研究北京市西城区国家工作人员宪法宣誓组织办法（修订稿），决定适当修改后提交区十六届人大常委会第三十五次会议审议；研究确定西城区人大常委会2020年学习计划；研究西城区第十六届人民代表大会第七次会议期间各代表团对政府工作意见建议汇总，决定交区政府研究处理；听取区十六届人大常委会第三十五次会议有关议题准备情况的报告，决定于5月28日召开西城区十六届人大常委会第三十五次会议。

（李　锟）

【第六十八至七十次主任会议】西城区十六届人大常委会第六十八次主任会议5月21日召开。会议听取区委组织部、区监察委员会有关人事任免情况的介绍，决定提请区十六届人大常委会第三十五次会议审议。西城区十六届人大常委会第六十九次主任会议于5月27日召开。会议听取王瑶关于请求辞去北京市西城区第十六届人民代表大会代表职务的报告，决定提请区十六届人大常委会第三十五次会议审议。西城区十六届人大常委会第七十次主任会议于6月4日召开。会议研究北京市西城区国民经济和社会发展计划审查监督办法（修订稿），决定适当修改后提交区十六届人大常委会第三十六次会议审议；研究确定西城区人大常委会关于市场监管工作情况报告的审议意见，决定适当修改后交区政府研究处理；听取区十六届人大常委会第三十六次会议有关议题准备情况的报告，决定于7月9日召开西城区十六届人大常委会第三十六次会议。

（李　锟）

【第七十一、七十二次主任会议】西城区十六届人大常委会第七十一次主任会议于6月29日召开。会议听取区委组织部、区人大常委会有关人事任免情况的介绍，决定提请区十六届人大常委会第三十六次会议审议。西城区十六届人大常委会第七十二次主任会议于7月16日召开。会议听取区法院有关人事任免情况的介绍，决定提请区十六届人大常委会第三十七次会议审议；研究确定区人大常委会关于区法院深入推进诉源治理工作情况报告的审议意见，决定适当修改后交区法院研究处理；研究确定区人大常委会关于西城区紧密型医联体建设试点工作情况报告的审议意见，决定适当修改后交区政府研究处理；研究确定区人大常委会关于区政府办理区人大关于深化基层治理进一步完善“接诉即办”工作机制的议案情况报告的审议意见，决定适当修改后交区政府研究处理；听取区十六届人大常委会第三十七次会议有关议题准备情况的报告，决定于7月30日召开西城区十六届人大常委会第三十七次会议。

（李　锟）

【第七十三次主任会议】西城区十六届人大常委会第七十三次主任会议于7月23日召开。会议听取区委组织部有关人事任免情况的介绍，决定提请区十六届人大常委会第三十七次会议审议；研究西城区人大常委会执法检查组关于贯彻实施《北京市街道办事处条例》执法检查情况的报告，决定适当修改后提请区十六届人大常委会第三十七次会议审议；听取区法院部分审判员、区检察院部分检察员向区人大常委会书面述职情况的报告。

（李　锟）

【第七十四次主任会议】西城区十六届人大常委会第七十四次主任会议于8月13日召开。会议听取区委组织部有关人事任免情况的介绍，决定提请区十六届人大常委会第三十八次会议审议；听取关于西城区2020年上半年污染防治攻坚战工作进展情况和下一步工作思路的报告；听取西城区居家和社区养老服务工作情况报告；听取西城区人大常委会执法检查组关于贯彻实施《北京市生活垃圾管理条例》《北京市物业管理条例》执法检查情况的报告，决定提交区十六届人大常委会第三十八次会议审议；研究确定区人大常委会关于西城区2019年决算及其报告的审议意见，决定适当修改后交区政府研究处理；研究确定区人大常委会关于西城区2019年审计工作报告的审议意见，决定适当修改后交区政府研究处理；研究确定区人大常委会关于西城区贯彻实施《北京市街道办事处条例》执法检查情况报告的审议意见，决定适当修改后交区政府研究处理；听取区十六届人大常委会第三十八次会议有关议题准备情况的报告，决定于8月27日召开西城区十六届人大常委会第三十八次会议。

（李　锟）

【第七十五次主任会议】西城区十六届人大常委会第七十五次主任会议于9月10日召开。会议听取区委组织部、区检察院、区人大常委会有关人事任免情况的介绍，决定提请区十六届人大常委会第三十九次会议审议；听取区政府关于抗疫特别国债资金情况的汇报；听取西城区政府关于青少年体育工作的汇报；研究确定区人大常委会关于《西城区2019年度国有资产管理情况的综合报告》和《西城区2019年度行政事业性国有资产管理情况的专项报告》的审议意见，决定适当修改后交区政府研究处理；

研究确定区人大常委会关于西城区贯彻实施《北京市物业管理条例》执法检查情况报告的审议意见，决定适当修改后交区政府研究处理；研究确定区人大常委会关于西城区贯彻实施《北京市生活垃圾管理条例》执法检查情况报告的审议意见，决定适当修改后交区政府研究处理；研究区人大各专委会对口联系区委和“一府一委两院”工作机构，决定适当修改后报区委；听取区十六届人大常委会第三十九次会议有关议题准备情况的报告，决定于9月24日召开西城区十六届人大常委会第三十九次会议。

（李　锟）

【第七十六次主任会议】西城区十六届人大常委会第七十六次主任会议于10月15日召开。会议听取区人大常委会有关人事事项的介绍，决定提请区十六届人大常委会第四十次会议审议；听取区政府关于西城区教师队伍建设情况的报告、区政府关于西城区腾退文物科学合理利用工作推进情况的报告、西城区宣传贯彻《北京市文明行为促进条例》工作情况报告；审议通过西城区人大常委会关于加强对审计查出突出问题整改情况监督的工作方案；研究确定区人大常委会关于《优化营商环境工作情况的报告》的审议意见，决定适当修改后交区政府研究处；研究确定区人大常委会关于《金融科技发展工作情况的报告》的审议意见，决定适当修改后交区政府研究处理；研究确定区人大常委会关于西城区新冠肺炎疫情防控工作情况报告的审议意见，决定适当修改后交区政府研究处理；听取区十六届人大常委会第四十次会议有关议题准备情况的报告，决定于10月29日召开西城区十六届人大常委会第四十次会议。

（李　锟）

【第七十七、七十八次主任会议】西城区十六届人大常委会第七十七次主任会议于10月27日召开。会议研究补选西城区第十六届人民代表大会代表的决定（草案）和关于补选区第十六届人民代表大会代表工作实施方案（草案），决定提请区十六届人大常委会第四十次会议审议。西城区十六届人大常委会第七十八次主任会议于11月12日召开。会议听取区监察委员会有关人事任免情况的介绍，决定提请区十六届人大常委会第四十一次会议审议；听取西城区政府研究处理区十六届人大七次会议代表关于政府工作意见和建议情况的报告；听取各专委会2021年部门预算初步审查情况；研究关于召开北京市西城区第十六届人民代表大会第八次会议的决定（草案），决定提请区十六届人大常委会第四十一次会议审议；研究确定区人大常委会关于对区政府《关于落实加强历史文化名城保护提升城市发展品质的决议的工作报告》的审议意见，决定适当修改后交区政府研究处理；研究确定区人大常委会关于《扶贫工作情况的报告》的审议意见，决定适当修改后交区政府研究处理；听取区十六届人大常委会第四十一次会议有关议题准备情况的报告，决定于11月26日召开西城区十六届人大常委会第四十一次会议。

（李　锟）

【第七十九、八十次主任会议】西城区十六届人大常委会第七十九次主任会议于11月25日召开。会议听取关于在区十六届人大常委会第四十一次会议增加“北京市西城区人民政府关于2019年环境状况和环境保护目标完成情况的报告”议题有关情况汇报，决定在第四十一次常委会增加该议题。西城区十六届人大常委会第八十次主任会议于12月3日召开。会议听取区法院有关人事任免情况的介绍，决定提请区十六届人大常委会第四十二次会议审议；研究确定区人大常委会关于对《区政府落实区人大关于扎实推进街区整理不断提升核心区品质的决议的情况报告》的审议意见，决定适当修改后交区政府研究处理；研究确定区人大常委会关于对《西城区政府关于2019年环境状况和环境保护目标完成情况的报告》的审议意见，决定适当修改后交区政府研究处理；研究区人大常委会2020年工作报告；研究举行区十六届人大八次会议的有关事项；听取区十六届人大常委会第四十二次会议有关议题准备情况的报告，决定于12月22日召开西城区十六届人大常委会第四十二次会议。

（李　锟）

【第八十一次主任会议】西城区十六届人大常委会第八十一次主

任会议于12月17日召开。会议听取区委组织部、区人大常委会有关人事任免情况的介绍，决定提请区十六届人大常委会第四十二次会议审议；听取区人大常委会代表资格审查委员会关于补选区第十六届人民代表大会代表的代表资格审查报告（草案），决定提请区十六届人大常委会第四十二次会议审议；听取区人大常委会代表资格审查委员会关于区十六届人大代表的代表资格审查报告（草案），决定提请区十六届人大常委会第四十二次会议审议；研究区十六届人大八次会议有关事项，决定提请区十六届人大常委会第四十二次会议审议。

（李　锟）

【助力疫情防控和经济社会发展】年内，区人大常委会面对突如其来的新冠肺炎疫情，在区委领导下，快速响应、迅速行动，落实市委要求、市人大常委会相关决定。党组班子成员深入一线检查指导街道社区疫情防控工作，推动疫情防控“四方责任”落实，走访辖区单位，协调解决企业复工复产实际问题。市、区人大代表纷纷投身医疗救治、疫情防控、复工复产。常委会高度关注疫情防控和经济社会发展，组织代表视察德胜社区卫生服务中心、区疾控中心，听取和审议区政府关于疫情防控的专项工作报告，审查和批准抗疫特别国债资金安排的预算调整方案，推动提高西城区应对突发公共卫生事件的能力和水平。

（李　锟）

常委会和专委会工作

【助力城市品质持续提升】年内，区人大常委会组织代表视察先农坛庆成宫修缮和整体院落腾退情况，听取和审议区政府落实加强历史文化名城保护决议情况的报告，主任会议听取区政府腾退文物科学利用工作推进情况的报告；组织代表视察鼓楼西大街整理与复兴计划项目，听取和审议区政府落实街区整理决议情况的报告，推动北京城市新总规和核心区控规在西城区的实施。围绕打好污染防治攻坚战，常委会听取和审议区政府关于2019年环境状况和环境保护目标完成情况的报告，主任会议听取区政府2020年上半年污染防治攻坚战工作情况的报告，推动全区生态环境质量持续改善。

（李　锟）

【聚焦垃圾分类和物业管理】年内，区人大常委会结合市、区人大上下联动工作要求，对《北京市生活垃圾管理条例》《北京市物业管理条例》贯彻实施情况开展执法检查，组织代表先后到西长安街等7个街道和部分单位、居住小区、超市进行集中视察检查，听取和审议执法检查报告，推动物业管理规范化法治化，促进和谐宜居社区建设，城市人居环境持续优化。

（李　锟）

【关注基层治理体系和治理能力】区人大常委会把开展《北京市街道办事处条例》执法检查与督办关于深化基层治理、进一步完善“接诉即办”工作机制议案相结合，组织代表深入白纸坊等7个街道、社区进行执法检查和议案督办调研，听取和审议执法检查报告和议案办理报告，主任会议听取区政府关于《北京市文明行为促进条例》实施情况的报告，推动基层治理更加高效，促进市民文明素养不断提升，为构建更加有效的首都治理体系作出贡献。

（李　锟）

【助力经济高质量发展】年内，区人大常委会积极参与区“十四五”规划编制，依托各专委会组织54名代表参加重点调研课题和专项规划编制。促进营商环境持续优化，组织代表视察调研物美新街口店、北京国信华源科技有限公司和国网电子商务有限公司，分别听取和审议区政府关于市场监管工作情况、关于优化营商环境工作情况的报告，为进一步激发市场主体活力、推动区域经济更好发展贡献力量。聚焦国家级金科新区建设，组织代表走访调研奇安信科技集团股份有限公司和新动力金融科技中心，听取和审议区政府关于金融科技发展工作情况的报告，为优化区域产业结构、实现经济转型发展发挥积极作用。开展法定监督，常委会听取和审议区政府关于2020年上半年和1至9月计划执行情况及2020年计划调整方案的报告，并依法作出相关决议。修订计划审查监督办法，进一步规范审查内容、程序和要求。区人大财政经济委员会在全市首家以听取和审议专项报告的形式，强化对政府投资情况的监督。

（李　锟）

【深化预算审查监督】年内，区人大常委会为落实中央关于人大预算审查监督重点向支出预算和政策拓展的要求，从预算初审、“双重”项目监督、审计查出突出问题整改跟踪等方面加大工作力度。完善预算初审工作机制，规范初审内容和工作流程，5个专门委员会对区住建委等5个政府部门和金融街街道等2个街道的2021年预算编制情况进行初审，促进政府相关部门改进预算管理工作，提升监督效果。强化对“双重”项目的监督，对5个重大投资项目和9个重点支出项目中涉及的养老、教育重点项目进行实时跟踪监督，为更好贯彻落实市委、区委重大决策部署发挥重要作用。落实各级人大常委会对审计查出突出问题整改情况监督的要求，首次组织审计整改情况跟踪监督，组织部分委员代表专题听取和审议2个重点部门和4项重点监督内容审计整改情况，强化审计整改效果。履行人大国有资产监督职能，常委会听取和审议区政府2019年度国有资产管理情况的综合报告和2019年度行政事业性国有资产管理情况的专项报告，推动国有资产发挥更大效益。做好法定监督工作，听取和审议2019年决算报告、审计工作报告及审计查出问题整改情况的报告、2020年上半年和1至9月预算执行情况及2020年预算调整方案的报告，并依法作出相关决议。

（李　锟）

【助力保障和改善民生】年内，区人大常委会组织代表赴河北省张北县、阜平县调研对口帮扶工作，听取和审议区政府关于扶贫工作情况的报告，推动对口受援地区持续发展。关注紧密型医联体建设试点工作，常委会听取和审议区政府专项工作报告，推动形成合理有序就医格局，促进医疗服务体系整体效能不断提升，更好满足人民群众健康需求。关注教育事业发展，主任会议分别听取区政府关于师资队伍建设情况和青少年体育工作情况的报告，为办好人民满意的教育和促进青少年健康发展作出贡献。关注养老事业发展，主任会议听取区政府关于西城区居家和社区养老服务工作情况的报告，推动西城区养老服务能力持续提升，养老基本公共服务体系持续完善。

（李　锟）

【助力全面依法治区】年内，区人大常委会在对《北京市生活垃圾管理条例》等法规实施情况开展检查的同时，还对全国人大常委会有关决定和野生动物保护相关法律法规实施情况进行监督。开展司法工作监督，区人大常委会听取和审议区法院关于深入推进诉源治理工作情况的报告，推动矛盾化解从终端裁决向源头防控延伸，促进矛盾化解更加公正高效便捷；围绕有效防范化解重大金融风险，主任会议听取区检察院开展金融犯罪检察工作情况的报告；还对西城区实施“七五”普法情况进行监督，推动相关工作深入开展。认真执行规范性文件备案审查办法，依法对《北京市西城区促进出版创意产业园区发展办法（修订）》等2份规范性文件进行备案审查。严格执行宪法宣誓制度，组织被任命人员进行宪法宣誓。加强对司法工作人员的监督，20名审判员、15名检察员向区人大常委会进行书面述职。完成《中华人民共和国动物防疫法（修订草案）》《北京市突发公共卫生事件应急条例（草案）》等法律法规征求意见工作。

（李　锟）

代表工作

【代表联系选民月活动】年内，区人大常委会结合疫情防控有关要求，创新代表联系选民月活动方式，通过小规模座谈、调研、走访、电话访问、微信交流等多种形式，以推动《北京市生活垃圾管理条例》等4个条例贯彻实施为主题，围绕“身边路边周边”热点问题，听取选民群众意见建议。21名市人大代表和366名区人大代表参加活动，共接待选民群众1549名，征集意见建议383件，其中222件当场或事后向选民作出说明和解释，154

件由街道协调解决，4件作为代表建议交区政府部门办理，3件由市人大代表向市人大常委会反馈。落实市人大常委会要求，围绕《北京市生活垃圾管理条例》等法规的实施，组织市、区人大代表开展了三轮“身边路边周边”调研检查，市、区人大代表共1390人次参与，推动垃圾分类工作取得成效，促进了一批物业管理难题的解决。

（李　锟）

【深化代表建议督办工作】年内，区人大常委会分别听取关于区十六届人大七次会议代表议案建议分析情况的报告和办理情况的报告，67件代表建议全部办复，其中已经或部分解决、采纳的47件，列入计划的7件，作为工作参考的13件。闭会期间代表提出建议共4件，均已办复。改进代表建议办理报告评价方式，首次对办理态度和办理结果分别进行评价，推动办理效果进一步提升。坚持区人大常委会主任、副主任牵头重点督办，专门委员会分类督办，代表联络部门协调督办的工作机制，推动解决了一批人民群众关注的热点问题。坚持代表大会期间代表审议意见研究处理机制，主任会议听取区政府关于区十六届人大七次会议代表审议意见研究处理情况的报告，推动代表审议意见得到更好落实。

（李　锟）

【提高服务保障水平】年内，区人大常委会推进街道人大代表之家、社区人大代表联络站建设，15个代表之家、226个代表联络站全部建成，为密切代表与选民群众的联系搭建了新平台。完善代表自主选择列席常委会会议、参加执法检查和视察调研工作机制，更好保障代表对常委会、专委会工作的参与。服务代表知情知政，组织召开区人大代表区情通报会，通报上半年全区经济社会发展、代表议案建议办理和为群众办实事等情况。各街道人大工作机构按照疫情防控要求，采取灵活多样的方式组织代表开展活动，组织代表向选区选民报告年度履职情况。做好市人大西城团代表联络服务工作。

（李　锟）

（责任编辑　陈　艳）

西城区人民政府

3月26日，西城区率先在全市推动区块链技术在区政务服务领域落地（于志强 摄）

8月，区应急局对企业复工复产进行检查（区应急局 供图）

9月15日，西城区政务服务标准化工作现场会在金融街街道召开（金融街街道 供图）

10月16日，北京市消费扶贫双创中心西城分中心启用（刘鹜 摄）

11月15日，西城区举办以“共克时艰，共创未来”为主题的线上、线下政府向公众报告工作活动（区政务服务局 供图）

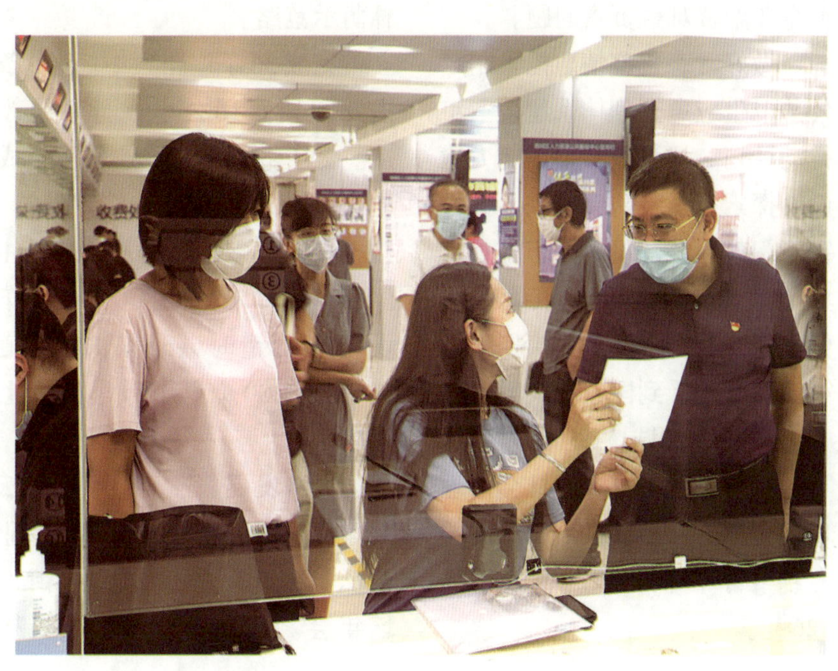

年内，西城区职能部门及各街道一把手走进各级政务服务大厅，体验群众办事流程（区政务服务局 供图）

综　述

2020年，全区统筹推进疫情防控和经济社会发展，扎实做好“六稳”工作，全面落实“六保”任务，完成区十六届人大七次会议确定的目标任务。

疫情防控和复工复产　严格有序、分类分级实施小区封闭式管理，全力做好患者救治，严格开展集中隔离医学观察。妥善处置复兴医院、广外医院聚集性病例。全面落实高风险地区人员入境进京闭环转运。加强发热门诊和社区卫生中心筛查哨点建设。

安全有序推动复工复产。建立公共场所疫情防控程序制度，严密抓好商务楼宇、商市场、施工工地等重点场所管控。实施“双楼长”制，“一楼一策”指导商务楼宇复工复产。出台稳经济增活力促发展政策措施。落实社会保险“减免缓”政策。着力缓解企业融资难融资贵问题。

做好常态化疫情防控。制定公共卫生应急管理体系建设三年行动计划。加强核酸检测能力建设。探索社区技防新模式，推行智能门禁系统建设。严密排查市场冷库冷链疫情传播风险。冯亿、俞芃、程子夏和区疾控中心第四党支部受到国家级表彰。

“平安西城”建设　实施“长安计划”，推进市域社会治理现代化试点。持续开展扫黑除恶专项斗争，破获涉恶因素案件526起。

研究制定加强信息化项目统筹建设实施意见。开展安全生产专项整治。安全生产责任保险工作保持全市领先。

城市治理　制定落实核心区控规实施意见和三年行动计划，年度人口调控目标全面完成。

统筹推动“四个条例”落地。安监、食药、流管3类1480名区级职能部门协管员下沉街道管理使用。增设大件垃圾转运点15个，推进“两网融合”（城市环卫系统与再生资源系统两个网络有效衔接），703个小区实现再生资源预约上门回收。建立“数图合一”智慧物业管理系统。全区95个“三无小区”建立物业管理长效机制。

开展打赢蓝天保卫战年度行动计划和秋冬季大气污染综合治理攻坚行动。开展餐饮油烟专项治理。构建“绿色施工西城标准”体系。新增城市绿地8200平方米。编制实施道路林荫计划，建成槐柏树街等24条慢行林荫示范路。

完成30条道路大中修、5条道路疏堵、16公里慢行系统改造。大吉巷西段等3条道路建成通车。完成19处乱点堵点整治。11个街道、84条道路实施居住停车管理，15个街道开展停车设施有偿错时共享。124条道路、近8000个电子停车泊位上线运营。

经济发展　推动金融街论坛升级为国家级论坛和国际性专业论坛。成功举办2020金融街论坛年会。新引进重点金融机构45家。举办第二届企业上市主题交流活动。推动奇安信、金融街物业成功上市，国源科技成为首批新三板精选层企业。

国家级“金科新区”建设步伐加快。深化与海淀区合作，共同制定、发布《北京加快推进国家级金科新区建设三年行动计划（2020—2022年）》。服务中国人民银行开展“监管沙箱”试点项目。建立金融科技企业及专业服务机构评价体系。

出台18项经济政策，对冲经济下行影响。北京国家服务业扩大开放综合示范区和中国（北京）自由贸易试验区建设快速推进。赴上海等地推介金融街和“金科新区”。出台加快推进数字经济发展若干措施，统筹推进“五新”（新基建、新场景、新消费、新开放、新服务）政策落地。

开展国有资本投资公司试点。成功参股并引入星际荣耀等独角兽企业、大和证券等外资金融机构。莱百公司上市获证监会受理。金融保险业利润总额同比增长177%。推动事业单位转企改制。

24个政务服务大厅实现延时服务全覆盖。实施“好差评”“政务服务议事厅”等机制。79个街道事项、647个区级事项实现移动端办理。推行“9+1”区块链应用场景，建成全生命周期“微信办照”平台。加强对重点税源企业走访联系。兑现产业政策资金16.3亿元。减税降费54.4亿元，惠及企业6万家次。

文化中心建设 线上线下开展百姓宣讲活动，讴歌伟大抗疫精神。组织新时代文明实践活动5000余场，惠及近30万人。开展光盘行动。西城区连续六届获得“全国文明城区”称号。

推动中轴线申遗保护，制定出台西城区实施方案。统筹推动文物腾退修缮和活化利用、重点区域综合整治等各项工作。推动歙县会馆等7处文物建筑活化利用。创新开展西城非遗购物之旅直播活动，带动文化消费。

新建14家阅读空间和实体书店，33家书店获评北京特色书店，3家书店获评北京最美书店。举办“京韵剧源”、什刹海文化旅游节等品牌活动。

社会民生 出台困难家庭关爱扶助行动计划，发放各类救助金2.2亿元。助力1万余名失业人员就业，连续6年获评“北京市充分就业区”。医养结合率100%。实现养老服务机构和老年餐桌覆盖率100%。新增家庭养老照护床位1500张。实施无障碍设施建设三年行动计划。建成16家社会心理服务中心站点。在施政策性住房项目有序推进。

制定教育人才引进管理办法。破解“入园难”“入校难”问题，实施79个学位保障工程项目。获批普通高中新课程新教材实施国家级示范区。西城区教委获“第六届全国未成年人思想道德建设工作先进单位”称号。

申报创建国家全民运动健身模范区。发布实施群众身边体育健身设施建设三年行动计划。推进两个国家级紧密型医联体试点工作。“健康西城”升级版正式上线。持续推进家庭医生签约“一键式”服务，重点人群签约率97.3%。

实施帮扶项目56个，惠及贫困群众8.5万人。打造“双网联动”消费扶贫西城模式。帮助1.1万余名贫困人员实现就业。助力“三省五地”圆满完成脱贫攻坚任务。深化与门头沟区结对协作，实现多领域、多层次优势资源共享。

基层社会治理创新 完善“吹哨报到”机制，推动40项改革任务落地。制定“七有”“五性”指标保障工作方案和专项行动计划。全力抓好和科学规范12345市民热线办理各项工作，率先开展“最美”系列征集活动。

便民利民事项纳入“全科社工”综窗服务，实现“四务合一”一站式办理。成功申请国家级基层民主协商标准化试点。依托“西城家园”打造线上社会治理平台。

持续加强退役军人服务保障体系建设。西城区以全市第一名成绩获得全国双拥模范城“十连冠”。开展第七次全国人口普查工作。

“四不两直”调研检查成为常态。推动压文减会。出台关于进一步推动“转作风、强创新、提效能”的若干措施。办理人大议案1项、代表建议67件、政协提案189件。通过多种形式向公众报告工作。西城区获评首批全国法治政府建设示范区。

（周圆圆）

重要会议和活动

【政府决策会议】年内，区政府召开政府常务会议37次、政府专题会议44次，共讨论并通过议题305个。1月7日，第103次会议听取关于人事任免有关情况的汇报。1月9日，第104次会议听取关于西城区2019年法治政府建设工作、信访工作有关情况的汇报。2月12日，第105次会议听取关于人事任免有关情况的汇报。2月19日，第106次会议听取关于西城区做好新一轮优化营商环境评价工作、西城区2019年“疏解整治促提升”专项行动完成情况及2020年工作安排有关情况的汇报。2月26日，第107次会议听取关于《北京市西城区污染防治攻坚战2020年行动计划》、西城区第七次全国人口普查筹备工作有关情况的汇报。3月4日，第108次会议听取关于区政府2019年重点工作落实情况及2020年重点工作目标分解、西城区2020年为群众拟办重要实事、西城区2020年人大代表议案建议和政协委员提案承办情况的汇报。3月18日，第109次会议听取关于西城区落实北京市“政务服务超越行动计划”及“一网通办工作方案”有关情况的汇报。4月7日，第110次会议听取关于人事任免有关情况的汇报。4月15

日，第111次会议听取关于西城区2019年度市、区政府绩效考评、区政府重要会议议题计划2019年执行情况及2020年编制、2020年一季度经济社会发展形势分析、区一季度“七有”“五性”监测评价指标体系保障工作进展、2020年一季度“疏解整治促提升”专项行动工作、2019年安全生产工作及2020年一季度安全生产工作、2020年一季度城市管理工作、2020年一季度大气污染防治工作、人事任免有关情况的汇报。4月22日，第112次会议听取关于起草《北京市西城区人民政府关于进一步推动“转作风、强创新、提效能”的若干措施（试行）》、西城区2020年一季度市民服务热线工作、西城区垃圾分类相关工作方案、人事任免有关情况的汇报。4月29日，第113次会议听取关于《西城区关于在金融街落实金融业扩大开放的若干意见》编制情况、人事任免有关情况的汇报。5月7日，第114次会议听取关于《西城区背街小巷环境精细化整治提升三年行动计划（2020—2022年）》《西城区体育场地设施建设三年行动计划（2020—2022年）》有关情况的汇报。5月13日，第115次会议听取关于街道办事处承接行政执法职权并实行综合执法、西城区法治政府2019年评估结果及2020年依法行政考核、《西城区促进消费市场高质量发展的实施意见》、人事任免有关情况的汇报。5月20日，第116次会议听取关于西城区紧密型医联体建设试点工作、人事任免有关情况的汇报。5月27日，第117次会议听取关于《西城区2020年市场监管工作报告》《北京加快推进国家级金科新区三年行动计划（2020—2022年）》有关情况的汇报。6月3日，第118次会议听取关于《西城区市政市容精细化综合巡查实施方案》《西城区大数据发展顶层设计方案（审议稿）》《西城区加强信息化项目统筹建设的实施意见（试行）》有关情况的汇报。6月10日，第119次会议听取关于京津冀协同发展及“疏解整治促提升”专项行动工作任务分工、《加强西城区公共卫生应急管理体系建设三年行动计划（2020—2022年）》、《西城区安全生产专项整治三年行动计划（2020—2022年）》、人事任免有关情况的汇报。6月17日，第120次会议听取关于区十六届人大七次会议接诉即办议案办理、《西城区街区更新三年行动计划》和《西城区贯彻落实核心区控规进一步推进街区更新的实施意见》有关情况的汇报。7月8日，第121次会议听取关于西城区2020年上半年城市管理工作情况和下半年工作思路、西城区2020年上半年消防安全工作情况和下半年工作思路、西城区2020年上半年信访工作情况和下半年工作思路、人事任免有关情况的汇报。7月15日，第122次会议听取关于西城区2020年上半年对口扶贫工作情况和下半年工作思路、西城区2020年上半年安全生产工作情况和下半年工作思路、《北京市西城区行政机关合同管理规定》、人事任免有关情况的汇报。7月20日，第123次会议听取关于西城区2019年财政决算和2020年上半年财政预算执行、西城区2019年财政预算执行和其他财政收支审计、西城区2020年上半年国民经济和社会发展计划执行、人事任免有关情况的汇报。7月29日，第124次会议听取关于西城区政务服务体系建设推进、西城区2020年上半年“污染防治攻坚战”工作情况和下半年工作思路、西城区2020年上半年“疏解整治促提升”专项行动工作情况和下半年工作思路、西城区2020年上半年经济社会发展形势分析、《北京市西城区关于加强和完善调解工作的意见》、人事任免有关情况的汇报。8月12日，第125次会议听取关于西城区2020年上半年“七有”“五性”监测评价指标体系保障工作进展、西城区2019年度国有资产管理、人事任免有关情况的汇报。8月19日，第126次会议听取关于西城区政府信息与政务公开、西城区2021年部门预算编制工作有关情况的汇报。9月2日，第127次会议听取关于《西城区贯彻实施北京市物业管理条例三年行动计划（2020—2022年）》、《北京市西城区法律顾问工作指导意见》、人事任免有关情况的汇报。9月9日，第128次会议听取关于西城区落实优化营商环境改革工作、《大栅栏观音寺片区老城保护更新项目实施方案》有关情况的汇报。9月16日，第129次会议听取关于《西城区道路林荫计划（2020—2022年）》、《国家级金融科技示范区建设有关情况的报告》、《西城区新冠肺炎疫情防控工作情况报告》、西城区医用物资应急储备保障网络建设工作有关情况的汇报。9月22日，第130次会议听取关于西城区街区保护更新工作有关情况的汇报。10月14日，第131次会议听取关于西城区2020年第三季度城市管理工作、西城区2020年政府投资计划调整有关情况的汇报。10月21日，第132次会议听取关于西城区扶贫协作和支援合作、《落实加强历史文化名城保护　提升城市发展品质决议的工作报告》、西城区2020年1—9月国民经济社会发展计划执行和调整、西城区2020年1—9月预算执行和预算调整、西城区2019年度预算执行和其他财政收支审计查出问题整改情况的汇报。10月28日，第133次会议听取关于西城区2020年第三季度市民服务热线工作、西城区2020—2021年冬季供暖和扫雪铲冰工作、2020年前三季度西城区“七有”“五性”监测评价指标保障工作、西城区2020年前三季度“疏解整治促提升”专项行动工作、西城区退役军人服务保障工作、《北京市西城区行政规范性文件管理办法（2020年修订版）》、《北京市西城区加强和规范事中事后监管的工作方案》、《2020年西城区部分社区规模调整工作方案》、向区属医院出借财政资金有关情况的汇报。11月11日，第134次会议听取关于西城区2020年三季度安全生产工作和安全生产督察工作、西城区2020年第三季度消防安全工作情况及四季度重点工作、西城区2020年垃圾分类工作、西城区2020年前三季度经济社会发展形势分析、人事任免有关情况的汇报。11月19日，第135次会议听取关于西城区健康服务联合体建设工作、西城区行政审批制度改革、区十六届人大七次会议代表议案和建议办理、《北京市西城区水土保持规划》、西城区2020年前三季度污染防治攻坚战工作进展和下一步工作思路有关情况的汇报。12月2日，第136次会议听取关于《西城区2020—2021年秋冬季大气污染综合治理攻坚行动任务细化分解方案》、西城区第七次全国人口普查工作进展、人事任免有关情况的汇报。12月16日，第137次会议听取关于《政府工作报告》、《西城区2020年国民经济和社会发展计划调整方案的报告》、《西城区2020年国民经济和社会发展计划执行情况与2021年国民经济和社会发展计划草案报告》、《西城区2020年预算调整方案的报告》、《西城区2020年财政预算执行情况及2021年财政预算草案报告》、西城区“十四五”规划纲要基本思路、《做好西城区社区“两委”换届工作的实施意见》、《北京市西城区加快推进数字经济发展若干措施（试行）》有关情况的汇报。12月23日，第138次会议听取关于西城区2020年河长制湖长制工作、西城区2020年法治政府建设工作、西城区2020年公共文化建设、西城区2020年政府投资计划执行及2021年政府投资计划安排、西城区2020年信访工作情况和2021年工作思路、《北京市西城区生态环境保护工作职责分工规定》、向区军休安置中心出借财政资金有关情况的汇报。12月30日，第139次会议听取关于《西城区“十四五”规划和二〇三五年远景目标纲要》、西城区2020年市民服务热线工作有关情况的汇报。

（张凯奇）

【26件区实事完成情况】1.全年对1777间平房进行翻建，对1199间平房进行修缮，对77栋楼房进行综合维修，对188个平房院落进行雨污水管线改造。2.完成禄长街头条1、2号，如意里11、12楼，小马厂南里小区，德外大街2号院4个老旧小区的整治工作。3.完成22部电梯加装的审批工作，建成19部。4.完成砖塔胡同项目、铁树斜街项目、西板桥一期项目的申请式退租工作。5.为5019户居民更新电采暖设备8948台。6.完成9.3万套独立式感烟报警器的安装工作。7.完成全区222栋大屋脊筒子楼简易喷淋系统安装工作。8.完成食品安全监督抽检4942批次，完成率103.35%，完成4.35

份/千人抽检任务。完成“放心肉菜示范超市”创建的回访查看和现场评估工作，企业主体责任平均得分95.4分。9.200家市级品质餐厅全部验收通过，所有新办餐饮单位全部实现阳光餐饮。10.新建荷香园、融乐园、逸彩园等6处口袋公园和4处小微绿地，共计0.82公顷，均于十月一日前向社会开放；完成屋顶绿化10266平方米；完成垂直绿化1148延长米；广外街道叠翠华庭社区、西城区财政局完成首都绿化美化花园式创建。11.完成8座清洁站改造。12.大吉巷西段、果子巷、龙爪槐胡同3条次支路建成通车；有序推进其余34条市政道路建设和征收工作。13.完成30条道路大中修、5条道路疏堵、16公里慢行系统建设工程。14.完成陶然亭街道北京健宫医院、德胜街道安德路110号院、牛街街道莲花胡同、烂漫胡同、广内街道宣外大街等5处立体停车楼建设任务，新建立体停车泊位320个；完成第二批道路停车改革高位视频收费设备建设，全区共有124条道路、近8000个车位实现电子收费。15.完成无障碍环境整改整治任务1781处。16.新增义务教育学位12482个，其中小学阶段学位8688个，初中阶段学位3794个；新增学前教育学位2000个，其中公办幼儿园学位1020个，民办幼儿园学位980个。17.新增家庭养老照护床位500个，完成对500户符合条件的老年人家庭的适老化改造。18.促进13337名登记失业人员实现就业。19.受疫情影响，为避免入户宣传安装等增加老年人健康风险，推进“一键式”家庭医生服务任务延期开展。20.以居民需求为导向，进一步细化北京中医药文化体验馆设计理念；积极调整市局模块的安装与功能。21.全区各级政务服务中心均实现“早晚预约办”“午间不间断”“周末不休息”延时服务。22.完成42个新建网点的工作任务，其中蔬菜零售12家、早餐5家、便利店19家、洗衣洗染1家、便民理发5家；完成新建和提升百姓生活服务中心5家，基本便民商业服务功能社区覆盖率100%。23.采取线下录制、线上播放的形式于8月20日至11月底在各网络视频平台及文化西城平台云端举办第十九届什刹海文化旅游节；举办惠民演出活动12场次；以线上线下相结合的形式开展儿童阅读周活动，为数十所西城区中小学开展互动讲座活动；建设实体书店和阅读空间14处。24.部分等级景区根据景区自身情况适当延长开放时间，其中天文馆9至11月期间举办夜间活动10余场，受众人群近1万人次；区域博物馆全部为白天预约参观，暂时不具备延时开放的条件；第一文化馆8月底恢复开放，一层小剧场和二层缤纷剧场开展文化讲座、文化演出等活动，二层缤纷剧场利用晚间或周末开展演出活动。25.颁布实施《西城区群众身边体育健身设施建设三年行动计划》，每个街道建设健身活动场地均超过1片。26.新建仿真冰场地7块，培训冰雪类社会体育指导员224人。

（谭芷晔）

政务工作

【区政府办公室】北京市西城区人民政府办公室（简称区政府办公室）是负责协助区政府领导处理区政府日常工作的区政府工作部门。主要职责是：协助区政府领导组织起草、审核以区政府和区政府办公室名义发布的公文。研究区政府各部门、各街道以及其他机构请示（商洽）区政府的事项，提出审核意见，报请区政府领导审批。承办市政府、市政府办公厅相关文件。负责区政府会议的会务组织工作。负责区委区政府总值班工作。协助安排区政府领导参加重要政务活动。负责督促检查国务院及市政府规范性文件的执行落实情况；负责区政府重大决策、重要部署、重要会议议定事项、规范性文件、领导批示指示和交办事项的督促检查、协调和反馈工作。负责统筹区政府部门绩效管理、市政府绩效任务承接工作。负责为区政府领导提供重要政务信息。负责联系区人大、区政协有关工作。完成区委、区政府交办的其他任务。地址：西城区二龙路27号。电话：88064002。

（张　宴）

【文书和档案】全年处理各级各类文件5644件。其中办理收文

3739件，以区政府、区政府办公室名义制发文件409件，群众来信145件，办理代转类文件1351件。完成2019年度文书档案归档3176件。区政府用印3852次，区政府办公室用印1097次；开具区政府办公室介绍信60件。

（王 睿）

【政务信息】编发《西城信息》（普刊）56期、（特刊）53期，区领导批示21条，其中区委区政府主要领导批示14条。上报市政府信息480条、12篇，被市政府刊物采用136条、5期，市领导批示11条。上报的“西城区利用市场机制提升安全生产综合治理水平”的信息，得到市长陈吉宁批示在全市推广。

（潘 江）

【人大建议政协提案办理】年内，西城区政府承办全国、市、区三级人大代表建议和政协委员提案共300件，其中承办全国人大建议1件，市级建议22件，市级提案16件，区人大代表议案1件，区级建议67件，区级提案189件，区级平类建议4件。所有建议提案全部按期办理完毕。

（张 晖）

应急管理

【概况】北京市西城区应急管理局（简称区应急局）是区政府工作部门。主要职责是：负责本区应急管理工作，指导各部门各街道应对安全生产类、地震灾害等突发事件和综合防灾减灾救灾工作。指导开展综合风险评估工作。负责安全生产综合监督管理和工矿商贸行业安全生产监督管理工作。拟订本区应急管理、安全生产有关政策措施，组织编制本区应急体系建设、安全生产和综合防灾减灾规划，组织落实市级相关规程和标准。组织本区应急预案体系建设，组织编制本区总体应急预案和安全生产类、地震、防汛等专项预案，综合协调应急预案衔接工作，组织开展预案演练。组织指导协调本区安全生产类、地震等突发事件应急救援。组织协调防汛工作。协助区委、区政府指定的负责人依权限组织处理突发事件和重大事故，负责区委、区政府交办的本区各类突发公共事件应急处置。统一协调指挥本区各类应急专业队伍，建立应急协调联动机制，推进指挥平台对接，衔接解放军和武警部队参与应急救援工作。指导本区综合性应急队伍建设和社会应急救援力量建设。负责本区消防管理工作。组织协调本区灾害救助工作，组织指导灾情核查、损失评估工作。负责捐赠接收、管理、分配救灾款物并监督使用。依法行使本区安全生产综合监督管理职权，指导、协调区政府有关部门和各街道办事处的安全生产工作，并组织开展安全生产督查、考核工作。依法监督检查本区工矿商贸生产经营单位贯彻执行安全生产法律法规和标准情况及其安全生产条件和有关设备（特种设备除外）、材料、劳动防护用品的安全生产管理工作。依法组织并指导监督实施安全生产准入制度。负责危险化学品安全监督管理综合工作和烟花爆竹经营单位安全监督管理工作。依权限负责非煤矿山安全生产监督管理工作。依法组织本区一般生产安全事故调查处理，监督事故查处和责任追究落实情况。指导开展本区应急物资储备和应急救援装备相关工作。负责本区应急管理、安全生产、防灾宣传教育和培训工作。组织指导应急管理、安全生产的科学技术推广应用和信息化建设工作。承担区突发事件应急委员会、区安全生产委员会、区防火安全委员会、区人民政府防汛指挥部的具体工作。完成区委、区政府交办的其他任务。内设科室有办公室、法制科、应急指挥科、应急管理科、防火管理科、减灾救灾科、安全监管科（行政审批科）、综合协调科、科技信息科、党建人事科（老干部管理科）、防汛指挥科；参公事业单位分别是执法一队、执法二队、执法三队、执法综合队。年内，区应急局围绕全区发展大局，坚持疫情防控和安全复工复产两手抓、两手硬，致力提升应急管理、救灾和安全生产能力，全区安全生产形势稳中向好。

地址：西城区二龙路27号

电话：88064623

（王佳慧）

【生产安全事故】年内，全区发生工矿商贸、火灾、道路交通死亡、铁路交通死亡事故64起，死亡16人，同比减少1起4人。其中工矿商贸事故3起3人，同比持平；生产经营性火灾事故6起0人，同比减少1起0人；非生产经营性火灾事故45起3人，同比增加5起1人；生产经营性道路交通死亡事故0起0人，同比持平；非生产经营性道路交通死亡事故10起10人，同比减少5起5人；未发生铁路交通事故，同比持平。

（孙　凯）

【安全生产督察】 年内，区应急局以区委区政府名义开展安全生产督察，区安委会办公室牵头，区委组织部、区委督查室、区政府督查室等部门抽调领导干部及相关专家组成4个督察组，采取听取汇报、个别谈话、查阅资料、延伸督察等方式，对16个重点行业部门和15个街道办事处开展督察，发现各类隐患问题352项，其中行业部门、街道相关问题85项，延伸生产经营单位发现隐患问题267项，年内整改完毕。

（郑　昊）

【“两会”应急保障】 全国“两会”期间，区应急局对会场、代表驻地周边200米范围内的生产经营单位完成两轮全覆盖执法检查工作。5月12至29日，全区应急系统出动7546人次，检查生产经营单位5900家，查处隐患7442处，下达检查记录5185份，下达限期整改文书1706份，立案1起。

（王　蕊）

【应急值守】 年内，区应急局每周组织各街道参加全市应急系统视频例会，汇报全区突发事件和应急值守情况，了解掌握市领导对西城区相关突发事件和应急管理工作的批示和要求。按时完成市应急办视频会议点名抽查，并及时联通相关街道。全年参加市应急系统例会52次，保障市应急办视频抽查街道120次。

（樊　磊）

【汛期保障】 年内，区应急局制定《西城区2020年防汛工作要点》《2020年西城区防汛隐患台账》《2020年西城区防汛工作手册》等7张风险图，全面部署全年防汛工作。组建3500人的防汛抢险队伍，落实万余件防汛物资。“8·9”和“8·12”暴雨应对有序、平稳度过。督导相关部门开展134处滞水点治理改造，实现“不死人、少伤人、少损失、少影响”的目标，手册化管理在全市作经验交流。

（陈亚斌）

【安全发展示范城区创建】 年内，西城区安全发展示范城市创建工作在全市各创建区中率先完成创建迎检材料，在北京市的复核考评中成绩位居前列，在南京市由国务院安委会组织的研讨会上代表北京市作经验发言，完成拍摄《西城区安全发展示范城区创建宣传片》，编制《西城区“十四五”时期安全发展城区建设规划》。

（王　蕾）

【安全生产执法】 年内，全区累计出动检查人员353085名，监督检查企事业单位和场所236241家，发放宣传材料339389份，发现隐患124349项，隐患整改113472项，责令改正、限期整改、停止违法行为25178起，责令停产、停业、停止建设9150家，处罚罚款件数989件，处罚罚款金额632.32万元，关闭非法违法企业0家，帮扶特殊群体50694人。

（王　蕊）

【城市风险评估】 年内，区应急局累计完成12143家企业的风险评估，覆盖率为78.3%，排查风险源29862条，其中低风险25647条、一般风险4015条、较大风险167条、重大风险33条，针对重大风险源编制了一对一应急预案。

（颜　伟）

【全国综合减灾示范社区创建】 年内，西城区开展全国综合减灾示范社区创建，西城区3个社区入选2020年度全国综合减灾示范社区，分别是西长安街街道钟声社区、新街口街道官园社区、陶然亭街道大吉巷社区。15个社区入选北京市2020年度综合减灾示范社区，37个抽检示范社区全部通过市应急局复评检查。

（高永红）

【应急宣教】 年内，受新冠肺炎疫情影响，区应急局在微信平台开展“5·12”全国防灾减灾日、“6·16”全国安全生产月宣传活动，全区1万余人参与线上“提升基层应急能力　筑牢防灾减灾救灾的人民防线”知识竞答和“消除事故隐患　筑牢安全防线”

系列活动。利用西城应急微信公众平台推送内容365期399条，总阅读量超33万，总分享量1万余次，粉丝数超2.6万人。

（邵俊菖）

【特种作业考核】年内，区应急局组织特种作业考试3次，理论考试2264人，实操考试2077人。到各考点检查巡考18次。接待群众关于特种作业方面答疑、面询10人，电话咨询76人次。

（宋志娟）

【危化品经营许可】年内，区应急局共办理危险化学品经营行政许可、颁证37家，办理国家总局和北京市局易制毒备案统计5家。

（潘海燕）

【防汛综合演练】7月7日，西城区组织开展2020年防汛综合演练，市应急局和西城区相关领导在主会场观摩演练，区各防汛专项分指、街道分指领导在分会场观摩演练。演练以暴雨橙色预警为背景，设置调度与响应、二热闸提闸、工地滑坡及疫情防控常态化下的人员疏散转移、地下通道倒灌抢险4个环节，确保在暴雨天气条件下高效指挥调度防汛工作，快速有序实施抢险救援工作，参演人数约80人，在全区各部门的通力协作下，各项演练科目顺利完成。

（田康达）

【突发事故应急演练】10月20日，西城区开展2020年突发事故应急演练，区应急局、区卫生健康委、西城消防救援支队、白纸坊街道等部门参与。此次演练模拟的是在菜园街及枣林南里棚户区改造项目施工中突发一起基坑坍塌事故，场景设计现场作业人员被掩埋、地下管线受损、天然气泄漏、居民楼楼体开裂等。事故发生后，施工单位马上启动应急预案，拉闸断电，停止所有作业，组织施工人员在第一时间撤离，并向上级报告。区卫生健康委、西城消防救援支队等部门陆续到达现场，开展紧急救援，将剩余受困人员全部安全救出，并送往医院治疗。最终，救险人员抢修水、电、燃气，妥善安置周边小区群众，危险全部排除。

（颜　伟）

【安全生产专项整治三年行动】年内，西城区开展安全生产专项整治三年行动，印发《西城区安全生产专项整治三年行动工作计划》，形成“1+3+7”的专项整治工作体系，梳理确定163项“目标任务清单”，完成率100%。建立年度“问题隐患清单”321项，其中重大隐患16项已整改完毕，验收318项，销账率99.1%，剩余3项重大隐患已做到治理责任落实、措施落实、资金落实、期限落实和应急预案落实“五落实”，同时列入三年行动计划，稳步整改。

（张　峥）

【第二次生产经营单位条件普查】7至12月，区应急局开展第二次生产经营单位安全生产条件普查工作，本次普查工作应普单位底册数49023家，入户核查单位50616家，底册普查率为103.2%；登记新增单位2279家，底册新增率4.6%，目标新增单位数1300家，新增完成率126.6%。

（佘丙华）

【接诉即办】年内，区应急局共办结“12345”市民服务热线17件，12350案件16件，协同办理案件6件。处理行政复议件1件（已退回）、信访举报件1起、电话咨询120余件，回复各类通知报表30件，组织召开接诉即办业务培训3次。接诉即办响应率、解决率、满意率均为100%。

（张志国）

政务服务

【概况】西城区政务服务管理局（简称区政务服务局）是区政府工作部门。主要职责是：负责统筹推进全区简政放权、放管结合、优化服务改革和行政审批制度改革工作。负责协调推进全区政务服务体系建设。负责区政务服务中心的建设、运行和管理。负责组织推动政务服务方式创新。推进政务服务标准化、集成化、一体化、便民化。负责协调推进本区“互联网+政务服务”工作。负责全区政务服务体系信息化建设的管理工作。负责推进、指导、监督西城区政府网站建设、发展及区政府门户网站的管理工作。负责推进、指导、协调、监督区政府信息和政务公开工作。依法协调受理公民、法人或其他组织提出获取区政府信息的申请。完成区委、区政府交办的其他任务。区政务服务管理局内设6个科室，下属科级事业单位1个。年内，区政务服务局以首善标准“建体系、强机制、优服务、促提升”，推进“放管服”改革，全面推进疫情防控、优化营商环境、区块链、一网通办、告知承诺、政务公开、网站建设等各项重点工作任务落地，提升企业和群众的获得感。

地址：西城区西直门内大街275号

电话：82141596

（赵　娜）

【新冠肺炎疫情防控】区政务服务局利用春节空档第一时间编制1+N疫情防控方案、筹备防疫物资、制定线上办公办法、开展日排查日报告，选派10名干部下沉一线。严格大厅管理，抓重点防控。建立43项防控风险点及措施清单，逐一建立台账、责任到人。签订承诺书3批次800余份，严格落实信息报告制度，进行动态行动轨迹监测，做到全流程管控。强化联防联控，抓全区指导。组织全区24个大厅制定预案开展演练，严格落实市区工作要求和常态化防控措施，实地核查11批次汇总日报表6000份。全区24个办事大厅实现“零”感染，做到“工作不断、标准不降、服务不减”。

（赵　娜）

【行政审批制度改革】年内，区政务服务局全面落实“放管服”改革：落实《北京市优化营商环境条例》《北京市政务服务事项告知承诺审批管理办法》，制定《西城区政务服务事项告知承诺审批工作方案》，推出第一批告知承诺审批事项涉及12家委办局共计47项。落实北京市人民政府行政审批制度改革办公室各项工作部署要求，开展第二批政务服务“零办件”事项清理工作，先后取消社会团体、基金会、民办非企业单位设定证明15项，取消银行系统证明19项，切实减轻企业和基层负担。在全区开展专项行动，指导全区相关委办局全面梳理、自查本部门是否存在隐性壁垒等工作情况。组织召开科技、金融、“五险一金”等不同类型企业座谈会3场，收集存在问题并推进问题整改。深化政务服务“改革体验官”制度，全年围绕“区块链”、政务公开、优化营商环境、政府网站建设等等不同主题，先后开展“政务服务议事厅”活动7期。

（赵　娜）

【营商环境优化】年内，区政务服务局全面助力营商环境新提升。组织优化营商环境条例、政务服务标准化等培训全覆盖，培训企业100余家，窗口人员培训练兵50余次，西城区在全市优化营商环境“千人千题”考试中由上年度第九升至第三。在区政府网站开设优化营商环境专栏，在“西城e办事”微信公众号开设“政务回声”专栏宣传推广优化营商环境新政。编制专题解读视频11期，编制《企业专刊》。设立政策兑现窗口，开通企业办事专区，实现企业开办1个环节、1天办结。全市首个简易低风险工程——平房院改造案例在西城落地，开通医疗器械备案等绿色通道，设立文艺创作扶持项目签约专区，开设续贷窗口、中小微企业减免房租窗口，提升政策兑现度。参加优化营商环境“政务服务”指标中国评价迎评工作，现场提供支撑材料9类171份。

（赵　娜）

【政务服务改革】年内，区政务服务局不断优化服务模式，全面提升服务大厅利企便民力度。实现24个政务服务大厅“早晚、午间、周末”延时服务全覆盖。在全区24个政务服务大厅推行“早晚弹性办”“午间不间断”和“周末不休息”。全年延时服务接待量17万人次，办件量为16万件。落实“政务服务好差评”制度，在区政务服务大厅“悉心听”窗口基础上，指导各大厅设置“悉心听”窗口，持续推进“未诉先办、接诉即办、办就办好”工作机制，明确专人、统一标识、形成台账，解决大厅内问题。“政务服务好差评”做法被国务院通报推广。开展“在线导办”工作，制定下发《西城区政务服务在线导办工作实施办法》，建立以区政务服务中心为龙头、街道政务服务中心和各部门专业分中心为基础，窗口单位均参与的工作模式，完善政务服务线上咨询服务功能，实现“在线导办、即时服务”，在线导办累积接待咨询686个。推进“政务服务体验员”工作，打造企业、居民、机关单位“一把手”全方位立体式体验模式，组织50名“一把手”或主管领导作为“政务服务体验员”开展办事体验，解决问题200多个。

（赵　娜）

【政务服务信息化建设】年内，区政务服务局聚焦“互联网+政务服务”，推进“一网通办”。一是完成北京市区块链试点任务。统筹27个部门，落地8个部门72项数据项，实现9+1区块链应用场景上线运行，减少材料15份，压缩时限20天。全年区块链9+1个应用场景及电子证照应用办理量1006件。二是深化指尖办事。“西城e办事”微信端开通“我要约、我要询、我要查、我要办”的“四要”功能。实现微信智能咨询，包括高频咨询事项16类，涉及143个高频问题。区级647个事项、街道79个事项在“西城e办事”公众号办理。开启全生命周期“微信办照”平台，平台办件139件。三是提升网办深度。推进政务服务“一张网”建设，全程网办率达76.72%。完成28个部门73枚电子印章刻制，梳理办件数据汇聚清单226项。实现涉及6个部门48个事项不再“二次录入”。“互联网+监管”实现36个部门全覆盖。区块链试点等工作在学习强国、北京信息、昨日市情等刊登。

（赵　娜）

【区政务服务大厅业务办理】年内，推进服务中央单位和驻京单位事项进入政务大厅试点工作，设立“政策兑现窗口”、服务中央和驻京部队专窗、办好一件事窗口、大宗办税专区等，提升政策兑现度。发挥“红马甲”服务管家的作用，主动向前，协调解决办事人难点问题、帮办导办、特殊事件跟进、进行大厅巡查等，用最快的速度为办事人排忧解难。完善“不见面”办理。结合疫情防控特点，加强咨询电话支撑保障，新增电话及微信平台预约受理、预约企业上门办等。加强宣传引导，推荐办事人使用手机办照、微信办事等网上服务，扩大免费证照邮寄范围，减少办事人跑动次数。年内，区政务服务大厅总接待量16万人，窗口业务受理305531件，为办事人免费邮寄12637件。收到表扬信283封、锦旗16面。

（赵　娜）

【窗口管理】年内，区政务服务局推进环境标识标准化：全区24个政务服务中心加挂北京政务服务标识；推进无障碍环境建设，组织参加手语翻译培训，在全区开展“无障碍推动日活动”。推进服务事项标准化：统筹40个部门、15个街道对全区的6000多个依申请事项的2万多条内容进行修改完善，指导街道承接、修改北京市城管执法局下沉到街道的5505个处罚类事项；通过首都之窗统一对外公示。推进事项清单主题化和联办事项套餐化：统筹对政务服务事项进行动态维护和持续优化；聚焦与企业群众生产生活密切相关的高频事项，推出“办好一件事”引导式主题服务，精选206个主题事项，编制主题事项引导式办事指南，200个主题事项上线网办。

（赵　娜）

【政府信息公开】年内，区政务服务局立足疫情防控，依法有序开展依申请公开工作。全区共受理信息公开申请1285件，代区政府受理依申请138件，申请内容主要围绕房屋征收拆迁、疏解腾退、“动批”疏解、政府的请示批复等。持续四年保持以西城区政府名义受理的信息公开类行政诉讼案件“零败诉”。做好特殊时期窗口接待工作，编制《西城区政府信息依申请公开受理指引》《西城区政府信息依申请公开受理流程》，对全区各部门的政府信息公开指南进行动态调整、检查核实，确保全区各部门受理依申请公开渠道畅通。强化多元沟通与培训模式，推出依申请公开沙龙研讨、线上线下研讨会及培训26次。强化法律思维，通过定期案例分析、拓展培训方式等手段，提高全区各部门工作水平。

（赵　娜）

【政务公开】年内，区政务服务局强化政府重点工作信息公开。规范政府信息公开专栏，编制和发布西城区政府、35家政府部门及15个街道信息公开年度报告。加强政策公开发布解读。公开西政发、西政办发文件16件，规范性文件20件，政府会议信息公开27件。公开政府工作报告、政府拟办实事等重要文件，完成文件配套政策解读31件。加强政务公开“全清单”管理。建立信息目录清单库，全区46

家单位在政府网站主动公开全清单目录4698条。清理规范对外公开僵尸电话，全区公开电话由597个减至103个。拓宽政民互动渠道。持续深化政府常务会议开放，组织各界代表列席区政府常务会4次、微博直播15次；围绕优化营商环境、疫情防控等群众关注的热点，开展政民互动直播间录播27场。举办以“共克时艰，共创未来”为主题的线上、线下西城区政府向公众报告活动，活动已连续开展4年。指导全区广泛开展“政务开放日”活动。区政务服务局在中国政务公开发展研讨会上，作为全市唯一区进行“全面推进西城区阳光透明政府建设”典型发言。年内发布的上年度政务公开评估和全国政府透明度指数西城区分别排名第一和第三。

（赵　娜）

【政府网站建设】年内，区政务服务管理局对标全市一流，开展“一区一网”集约化建设。完成区政府网站新版上线。规范网站页面设计，提供智能问答类、咨询类、投诉类、直播互动类、民意征集类等互动渠道，覆盖了公众、企业的在线互动需求。整合35个区政府部门和15个街道办事处的网上政务信息和服务资源，形成556个子栏目与35个部门和15个街道办事处相对应的“责任田”式的运维机制。编制《西城区政府网站发展规划》，全面布局“十四五”期间的政府网站建设。在全市率先上线政府英文网站，添加互动交流功能。推出“复工复产惠民利企”“优化营商环境”“疫情防控”等专题专栏。持续优化政务新媒体建设发展，围绕重点民生事项，增加在线办事服务，实现政务新媒体惠民利企的目标。年内西城区在北京市政府网站评估中一季度排名第三，二、三季度连续第一。“北京西城”获2020年度全国政务公开优秀微博第五名。

（赵　娜）

外事与港澳事务

【概况】北京市西城区人民政府外事办公室（简称区政府外办）是负责本区外事工作、港澳事务的区政府工作部门。主要负责推动西城区与外国地方政府的交流合作，牵头协调在区外籍人员管理服务，审核、申报因公出国（境）任务，推进国际语言环境建设和涉外安全稳定等。内设因公出入境管理科、国际交流科、涉外管理科。年内，区政府外办作为区委外事工作委员会办公室，将推进外事工作领导体制改革作为重要政治任务抓好，加强区委外事工作委员会的顶层设计、总体布局、统筹协调、整体推进、督促落实职能作用。严格党的政治纪律和外事纪律，严格重大事项请示报告制度，切实加强党对外事工作的集中统一领导。结合新冠肺炎疫情形势，谋划特殊时期对外工作，在区委外事工作委员会的领导下，把党管外事原则贯穿于外事工作的全过程、各方面，为推进疫情防控和经济社会发展提供涉外保障，为国际交往中心功能建设规划打下调研基础，为服务国家总体外交创新保障方式，也对疫情期间全区因公出国（境）工作和国际交流工作做出调整。西城区共有国际友好（交流）城市（区）24个，分布在4个大洲20个国家，其中亚洲9个、美洲6个、欧洲8个、大洋洲1个。

地址：西城区二龙路27号

电话：88064597

（刘姝婕）

【疫情防控涉外保障】年内，区政府外办为区内有关单位提供政策指导、外部联络等多种形式的涉外保障支持。发挥全区语言翻译支持中枢作用，与北京语言大学等高校和相关翻译机构建立联动机制，快速响应各类疫情防控告知材料笔译审校需求以及现场处置口译需求；开通区政府外办24小时英语服务热线；摸清区外语人才库人员在街道的分布情况，为各街道提供具有外语工作能力的干部储备名单。为基层提供外语防疫宣传海报和折页宣传引导材料，通过官网和微信公众号发布《致西城区外籍人士的温馨提示》，转发各类涉外防疫信息，为259个社区的涉外工作人员配发《涉外工作常识》《涉外礼仪》等书籍，向外籍人士宣传健康宝的使用等。

（刘姝婕）

【国际防疫物资采购】自全区疫情防控工作开始，区政府外办形成重大情况不过夜、全部信息不遗漏、手机24小时开机的“24小时×7天”国际联络工作机制。克服各国时差跨度大、国际市场不确定性强等困难，通过国际友城、友好机构和人士、北京市友协、驻外使领馆及商务部等渠道，在国内疫情最艰难的时刻寻求国际医疗物资采购渠道，联系各类国际组织机构及国际商贸公司共计20家。最终通过友好城市瑞士蒙特勒市市长提供的渠道，购得一定数量的额温枪和口罩，为全区防疫工作提供支持。

（刘姝婕）

【国际“抗疫”合作】在国内疫情严重期间，获得国际友城、友好机构和人士发来的慰问信和防疫物资。在疫情全球范围内爆发后，区政府外办积极联系慰问相关友城及友好组织，交流疫情防控经验。在全区疫情防控取得积极进展的情况下，根据区政府安排，建立工作台账，严格执行遵守财政制度与纪律，密切关注外交部、商务部及海关总署等部门关于进出口防疫物资的新政策、新要求，积极稳妥审慎地开展工作。向北京金融街国际合作伙伴伦敦金融城，日本、老挝友城政府及友好组织开展对外援助。

（刘姝婕）

【防疫帮扶与领事保护】年内，开展领事保护防疫宣传。与金融街教育集团共同承办由市政府外办、市欧美同学会、西城区政府联合举办的“后疫情时代如何准备留学行前工作”国家安全及预防性领事保护宣传周活动，配合市政府外办开展“平安留学，领保护航”领保月度大讲堂进校园活动，通过线上线下相结合的方式，为赴海外留学的高中生及其家长提供“领保知识互动体验课”，提高其境外安全意识和风险防范能力。通过微信群、蓝信群等通讯平台及时传达或转发领事保护相关政策、提醒。

（刘姝婕）

【国际交往中心功能建设】年内，以西城区国际交往中心功能建设“十四五”规划为主题，动员全办干部力量，形成对口负责机制，对全区23个单位和街道开展“十四五”规划前期调研。坚持规划引领，以功能和空间为抓手，探索西城区国际交往中心功能建设的定位与路径；从硬件、软件两个层面梳理整合国际交往资源，推进重点建设项目，完成“十四五”规划前期研究，推进“十四五”专项规划编制工作。按照全市国际交往中心功能建设宣传工作整体部署，制定区内宣传工作方案，成立区级工作领导小组，与区委宣传部、北京金融街服务局等成员单位沟通配合，共同完成拍摄任务，在北京电视台“北京您早”栏目播出专题新闻，宣传西城区国际交往中心功能建设进展成效。7月1日，《北京市公共场所外语标识管理规定》实施。区政府外办组织行业主管单位在全区范围内对应急避难场所、轨道交通站点、重要文化和旅游场所、重大国际活动承办及接待场所、重要国际活动场所、重要涉外公共场所等重点区域开展全面外语标识检查。对9家重点外事活动场所进行外语标识核查，共核查外语标识700余条。牵头开展全区道路路牌和交通指示牌拼写译写专项治理工作，共核查路牌和交通指示牌7300余块，进一步规范了公共服务空间外语标识。举办“金融街第三届外语风采汇演”，搭建金融街从业人员外语交流平台。创新外事人才培训方式，录制国际交往中心功能建设培训课程。继续与专业智库合作，研究编制8期《国际信息参阅》，为区委区政府对外工作决策提供参考。

（刘姝婕）

【国际交流合作】年内，推动疫情期间友城交流，探索以网络平台实时互动、录制发送视频开展交流等友城交往新模式，于12月11日、17日同国际友好（交流）城市东京都北区、中野区分别开展线上茶文化交流活动。协调相关学校在“六一”国际儿童节前夕录制双语视频，向罗马尼亚小朋友表示问候和鼓励。

（刘姝婕）

【出入境管理服务】年内，根据新冠肺炎疫情形势对全区公务出访做出调整。完成政协有关提案办理工作。完善外事管理制度及系统。制定参加线上国际会议相关制度，促进疫情防控常态化形势下对外交流合作开展，助力复工复产。推进西城区因公出入境管理系统升级改造项目，创新因公出访管理服务模式。提升外事为民服务效率。根据市政府外办新政策要求，修订并公布《西城区办理APEC商务旅行卡工作指南》，落实“放管服”精神，推动外向型企业“走出去”。全区共申办APEC商务旅行卡4批次5人次。

（刘姝婕）

【金融街论坛外事服务保障】年内，金融街论坛升级为国家级论坛、国际性专业论坛。区政府外办配合做好论坛申报、驻华使节邀请、礼宾接待和会场的外语标识检查等工作，为论坛成功举办提供外事保障。巴基斯坦和卢森堡驻华大使等参加年会。

（刘姝婕）

服务联络

【概况】北京市西城区服务联络和扶贫协作办公室（简称区服务联络办）作为区政府组成部门，负责指导、协调区属有关部门做好服务驻区中央国家机关、开展对口帮扶扶贫协作，以及与外省市友好交往交流等方面工作，主要职责是：组织、协调本区有关部门做好为驻区中央国家机关及所属事业单位、外省市驻京机构的综合服务工作。负责本区与外省市、友好城市开展合作交流和交往工作，承担外省市来访接待、区级领导赴外省市考察调研的组织协调工作。统筹本区扶贫协作和支援合作工作，研究拟订本区扶贫协作和支援合作的中长期规划、工作计划和政策措施并组织实施。组织、协调本区有关部门、单位开展扶贫协作和支援合作、对口协作、对口合作工作，落实相关工作制度标准、评估考核办法的组织实施工作。协调相关部门完成市政府下达的服务中央国家机关及所属事业单位、外省市驻京机构以及扶贫协作方面的折子工程，并督促落实。下设综合科、服务联络科、扶贫协作科3个科室。年内，区服务联络办贯彻“四个服务”工作要求及各级党委、政府关于对口帮扶工作有关决策部署，坚持首善标准、示范引领，助力首都“四个中心”建设和全面打赢脱贫攻坚战。

地址：西城区二龙路27号

电话：88064715

（韩　颖）

【沟通联络中央和国家机关】年内，区服务联络办坚持常态化走访机制，构建多层次常态化沟通交流渠道，协调安排区委区政府主要领导带队走访中办、国办、全国人大、全国政协、中纪委、中组部等6家重点单位，推进落实区领导集体或带队走访、部门领导走访和科室日常联系等制度，加大走访力度，主动上门服务。组织服务中央和国家机关座谈会、片区会2次，加强与中央和国家机关的沟通交流，及时了解服务对象的需求，寻求合作事项，积极宣传区情，围绕着力增强首都核心功能，加快疏解非首都功能，城市精细化治理及建设美丽西城等区域发展重点、难点问题听取意见建议。

（苗林林）

【落实中央单位服务需求】年内，区服务联络办发挥快速反应机制和协同落实机制作用，主动对接需求单位，协调区属部门及街道落实需求42项，涉及疫情防控、环境、交通、治安、民生、项目建设等多领域。推进入学保障工作，协调安排部委干部子女入学。

（苗林林）

【推进部委疫情防控措施落地】年内，区服务联络办通过走访对接全覆盖、分层建立微信群等方式及时通报有关政策、工作情况和集中隔离点、核酸检测机构名录，加强防疫物资和生活物资保障。快速响应妥善处置车位紧张和平房院落管道堵塞等突发情况，解决居民燃眉之急和部委机关后顾之忧。新发地疫情爆发后，协调专业人员免费为91家（含二级单位）中央部委共21147人核酸检测。

（苗林林）

【服务事项进政务大厅试点工作】年内，区服务联络办听取中央单位、区属部门意见建议，推进服务中央单位和驻京部队事项进入政务大厅试点工作。区政务服务局和西长安街、金融街、新街口等3个试点街道分别制定试点工作方案，明确工作专班，梳理工作流程，并统一设置“服务中央单位和驻京部队窗口”“会商室”，配备业务骨干，为服务对象提供优良的环境和服务，并推动试点覆盖到全区15个街道。截至年底，试点单位共接办服务事项44项，涉及民生保障、交通秩序、行政审批、防疫保障等方面，形成相关工作信息和工作通报10篇。

（苗林林）

【驻区中央单位参与共驻共建共享】年内，区服务联络办积极争取驻区中央和国家机关对区域重点工作给予政策扶持和工作支持，通过文明城区创建等活动，使驻区单位切实履行驻区单位职责并充分发挥表率作用，支持帮助西城区更好发展。自然资源部地质调查局连续3年安排5300余万元开展打井找水、勘测土地等地质帮扶，惠及3.3万建档立卡贫困人口；全国总工会、水利部、中直管理局利用闲置房产与西城区合作办幼儿园，解决区内学位紧张问题；疏整促工作得到中央单位大力支持，全年共清理集体户口416人；新冠肺炎疫情期间，国家药监局免费为属地街道提供场地，作为辖区居民核酸检测用地，全国总工会将下属培训中心作为西城区医学观察场所。

（苗林林）

【与益阳市政府签订友城协议】10月22日，湖南省益阳市市委书记瞿海率党政代表团一行6人到西城区参加“两展一节”（“2020北京国际茶业展、2020北京马连道国际茶文化展、2020安化黑茶〔北京〕文化节”）活动，并与西城区党政主要领导座谈交流。座谈会上，两市签署《缔结友好城市合作协议》，议定在经济发展、城市管理、文化旅游、金融商贸、科技合作等方面加强交流合作。

（苗林林）

【地区间合作交流】年内，接待外省市考察团组8批次，安排区领导赴天津市蓟州区、湖南省益阳市等外省市考察3批次，深入推进协同发展和友好交往。

（苗林林）

扶贫协作

【对口帮扶】截至年底，西城区对口帮扶地区贫困发生率降低到2%以下，三省五地均已脱贫摘帽。西城区在坚持项目精准、带贫益贫效果精准基础上加大资金支持力度，拨付区级帮扶资金1.04亿元，实施项目56项。市级帮扶资金投入1.9亿元，实施项目52项。与受帮扶地区共同引导企业32家到贫困地区投资兴业，实际投资15亿元。丰富人才交流帮扶形式，向受援地选派挂职干部13名、教育和医疗专业人才145名。采取线上线下结合的培训方式，为当地开展党政干部培训6期，培训党政干部2749人次。组织专业技术人才培训65期，培训专业人才6476人次。打造消费扶贫西城模式，立足受帮扶地区产业优势和华远三农的专业优势，整合96种农副产品，与各预算单位签订销售合同额千余万元。打造“线上线下、多方联动”消费扶贫方式，实现贫困地区农副产品销售1.9亿元。继续推进“扶贫有藜”特色扶贫项目，19个单位1857人参与，认养面积284亩，认养资金85.2万元。加大劳务帮扶力度，集中力量稳定就业，因地制宜、一地一策，在技能培训、实训基地建设、公益岗补贴、就业援助服务站等方面，形成33个帮扶项目清单，支持资金363.12万元。举办劳务协作培训班48期，培训贫苦人员2900余人，帮助607名贫困人口来京就业，3524人省内就业，1033人赴其他地区就业。为300余名贫困人口返乡提供服务。组织致富带头人培训班8期243人。携手奔小康行动持续深入，街道通过捐赠捐助、消费扶贫等方式投入280万元开展帮扶。36所学校结对贫困地区41所学校，24所医疗机构结对受帮扶地区76所医疗机构，10家区属国有企业结对帮扶36个贫困村，21家非公企业结对帮扶24个贫困村，捐资捐物总金额46万余元。社会组织结对较上年增加200%。自然资源部地质调查局投入1800万元，继续开展地质帮扶。大唐集团为张北县捐款30万元。统筹疫情防控和扶贫协作，西城区捐助110万元的防控物资，助力贫困地区疫情防控。受援地向西城区捐助价值220余万元的农副产品，慰问抗疫一线人员。

（叶　丹）

【区代表团赴张北县调研】8月6日，西城区委书记卢映川率代表团一行25人，赴河北省张家口市张北县考察调研。代表团先后考察水培生产扶贫基地建设项目、义合美新城规划沙盘、净菜加工帮扶项目、西瓜种植项目，慰问贫困户，与张北县主要领导座谈交流。区纪委监委、区政法委、区教委、区商务局、区卫健委、区文旅局、区国资委、区服务联络办、什刹海街道、新街口街道、展览路街道有关负责人参加。

（叶　丹）

【区代表团赴喀喇沁旗调研】8月7日，卢映川率代表团一行25人，赴内蒙古自治区赤峰市喀喇沁旗考察调研。代表团先后考察新什南扶贫协作党建联合体、南台子设施农业扶贫产业园、锦山镇标准化育苗基地项目，慰问贫困户，与喀喇沁旗主要领导座谈交流。区纪委监委、区政法委、区教委、区商务局、区卫健委、区文旅局、区国资委、区服务联络办、什刹海街道、新街口街道、展览路街道有关负责人参加。

（叶　丹）

【区代表团赴鄂伦春自治旗调研】9月10至11日，西城区委副书记、区长孙硕率代表团一行6人赴内蒙古自治区呼伦贝尔市鄂伦春自治旗考察调研。代表团先后考察扎敏乡卫生院建设项目、拓跋鲜卑历史文化园，慰问贫困户并与鄂伦春自治旗主要领导座谈交流。区服务联络办、区医保局有关负责人参加。

（叶　丹）

【区代表团赴阜平县调研】9月15日，孙硕率代表团一行18人赴河北省保定市阜平县考察调研。代表团先后考察菌棒加工厂项目、经济技术产业园区文创园项目、净菜加工车间项目，慰问贫困户。在与阜平县主要领导座谈会上，为北京市西城区青少年爱国主义教育基地、北京市西城区养老服务基地揭牌。区发改委、区教委、区社工委、区文旅局、区卫健委、区服务联络办、大栅栏街道、金融街街道、陶然亭街道有关负责人参加。

（叶　丹）

【区代表团赴玉树州及囊谦县调研】9月25至28日，孙硕率代表团一行13人，赴青海省玉树州及囊谦县考察调研。代表团考察囊谦县教育园区建设及控辍保学项目、毛庄乡旅游度假村项目，慰问少数民族贫困户2户，并与囊谦县委县政府主要领导座谈交流，对接扶贫攻坚工作，捐赠环卫车辆及课桌椅。区委办公室、区政府办公室、区财政局、区城管委、区服务联络办、西城安全分局、德胜街道办事处、椿树街道办事处及环雅丽都公司有关负责人参加。

（叶　丹）

信访工作

【概况】北京市西城信访办公室（简称区信访办）是区委、区政府受理人民群众来信来访的工作部门。主要职责是：贯彻落实国家和北京市关于信访工作的法律法规、规章和政策。负责处理区内外群众、境外人士、法人及其他组织通过信访渠道提出涉及本区的信访诉求，办理群众给区委、区政府及负责人的来信来电、网上信访，接待来访。负责向区委、区政府反映来信来电来访、网上信访中提出的重要建议、意见和问题，综合研判信访形势，组织开展信访理论研究，提出工作建议。负责中央、市委、市政府及区委、区政府有关信访工作决策部署的督查督办工作，向本区各相关单位交转有关信访事项，并督促检查办理情况。组织协调开展人民内部矛盾纠纷排查调处工作，负责将重点矛盾纠纷的调处情况及时向区委、区政府报告。负责协调处理本区跨地区、跨部门、跨行业突出信访问题，督促检查各项措施的落实，参与协调处理与信访有关的突发事件。负责信访事项复查、复核工作。负责指导本区信访工作。负责对本区信访信息的汇集分析，组织指导协调、推动本区信访系统信息化建设。负责信访工作的宣传和信息发布。负责征集、处理群众对本区政治、经济、文化、社会和生态文明建设等各项事业发展的重要建议。完成区委、区政府交办的其他任务。内设综合科、办信科、接访科、排查调处科、法制宣传科5个科室。年内，区信访办夯实基层基础和制度建设。以解决群众合理合法诉求、化解突出信访问题为重点，统筹推进控增减存防变工作。坚持疫情防控和信访工作两手抓、两不误，切实维护群众合法权益。

地址：西城区南菜园街51号

电话：83975008

（侯璐璐）

【发挥信访联席会议作用】年内，区信访办在全区15个街道分别建立街道信访联席会议机制，牵头推动本地区整体信访工作开展。围绕提升信访工作“三率”（响应率、解决率、满意率）开展培训，邀请市信访办进行线上、线下业务辅导。印制《西城区信访工作手册》，指导全区规范办理信访事项。持续加大网上信访工作力度。结合信访条例宣传月，引导群众从线下走访转为线上信访。制定《关于提高网信占比的工作方案》，运用“代理录入”提高网信数量，努力实现网上诉求即时受理与网下落地办理深度融合。深化落实访诉分离和依法分类处理信访问题。向全区印发《西城区依法分类处理信访诉求实施细则》，推动全区依法分类处理信访诉求工作全面展开；发挥复查工作末端纠正的作用，发现办理机关以信访答复代替行政答复问题的，撤销信访答复意见。

（侯璐璐）

【信访接待】在新冠肺炎疫情爆发初期，区信访办按要求全区信访接待场所于1月31日暂停接待群众来访，5月14日恢复接待。暂停接访期间，倡导群众通过网上投诉平台或写信、打电话等形式反映诉求。疫情防控常态化后，继续严格各项防控措施，未出现任何涉疫安全问题。

（侯璐璐）

【发挥多元调解机制作用】年内，区信访办出台《西城区信访办公室律师参与信访工作规则》及《西城区心理咨询师参与信访接待工作制度》，律师、心理咨询师分别参与信访接待267人次、135人次。

（侯璐璐）

【强化风险防控和预警机制】年内，区信访办开展人民建议征集工作，共办理人民建议事项121件次、121人次。做好扫黑除恶专项斗争，制定《2020年扫黑除恶专项斗争工作要点》，全年未发现西城区存在“黑截访”问题。

（侯璐璐）

【服务保障中央单位】年内，区信访办牵头完成对国家信访局接访场所的环境综合整治工作，地区面貌焕然一新，上访秩序得到根本改观。北京市信访工作联席会议办公室发来表扬信，对西城区信访办予以表扬。

（侯璐璐）

【重点矛盾纠纷化解】年内，西城区部署并开展集中治理重复信访三年攻坚行动。区主要领导、主管领导高度重视，要求落实国家局、市信访办相关工作精神，按照逐案梳理、及时交办、落实包案领导、组建工作专班、逐案建档立卡等形式加大信访积案化解力度。截至年底，治理重复信访专项工作初见成效。

（侯璐璐）

【信访工作宣传】5月，区信访办组织全区开展《信访条例》修订实施15周年宣传月活动，全方位普及信访法规，被评为西城区“七五”普法先进单位。编发、转发“今日头条”文章78条，《北京信访动态》、《北京信访》、《北京西城报》、北京信访微信公众号等共采用56篇，报道推广西城信访工作经验。

（侯璐璐）

【信访工作研究】年内，撰写《人工智能在信访领域的应用研究》《关于完善重大活动安全保障常态化工作机制的实践与思考》课题研究报告，提出相应工作建议。

（侯璐璐）

（责任编辑　陈　艳）

中国人民政治协商会议
北京市西城区委员会

1月4日，政协北京市西城区第十四届委员会第四次会议召开（区政协 供图）

10月15日，加强西城区公共卫生应急管理体系建设专题协商座谈会召开（区政协 供图）

12月11日，西城区“十四五”规划纲要编制议政会召开（区政协 供图）

综　述

中国人民政治协商会议北京市西城区委员会（简称区政协）是中国人民政治协商会议的地方组织，主要职责是政治协商、民主监督、参政议政。区政协第十四届二次全会有委员413人，常务委员75人。设学习指导和文史资料委员会、提案委员会、教文卫体委员会、社会和法制委员会、经济科技委员会、城建环保委员会、民族和宗教委员会、港澳台侨委员会8个专门委员会。机关设办公室、研究室、专委会工作一室、专委会工作二室、专委会工作三室、专委会工作四室、专委会工作五室、专委会工作六室8个办事机构（不含局级）。年内，在中共西城区委领导下，政协北京市西城区第十四届委员会及常务委员会把握新发展阶段，贯彻新发展理念，构建新发展格局，提高政治站位。团结和依靠各界委员，充分发挥人民政协作为协商民主重要渠道和专门协商机构作用，认真履行政治协商、民主监督、参政议政职能，为西城区经济社会各项事业发展做出积极贡献。

地址：西城区广安门南街68号

电话：83976560

（陈　晔）

政治协商

【第十四届委员会第四次会议】 1月4至7日，政协召开第十四届委员会第四次会议。北京市政协副主席刘忠范，中共西城区委书记卢映川，区委副书记、区长孙硕，区人大主任杜灵欣出席会议。区政协副主席程军主持大会。区政协副主席姜兆春、王奇、李建国、荣洋、刘学增、张培彤，秘书长王申恒出席会议。373名委员参加会议。区政协主席章冬梅向大会报告工作。姜兆春向大会报告区政协十四届三次会议以来的提案工作情况。各民主党派、工商联、各人民团体及各族各界政协委员审议政协北京市西城区委员会常务委员会工作报告，协商确定2020年区政协工作思路和工作重点；列席西城区第十六届人民代表大会第七次会议开幕会，听取并讨论区政府工作等报告。

（陈　晔）

【走访慰问民主党派机关】 1月21日，区政协、区委统战部领导走访慰问全区各民主党派团体、工商联，看望机关工作人员，向全区各民主党派团体和工商联的同志们致以问候和祝福。区政协主席章冬梅，区委常委、区委组织部部长、区委统战部部长程昌宏等参加走访慰问活动，并与党派团体、工商联机关干部座谈。

（陈　晔）

【第二十七次会议】 4月28日，区政协常务委员会召开第二十七次会议，章冬梅主持会议。会议审议通过《政协北京市西城区第十四届委员会常务委员会2020年工作要点》，通报《政协北京市西城区第十四届委员会主席、副主席、秘书长工作分工》和《中共北京市西城区委办公室关于印发〈西城区政协2020年协商工作计划〉的通知》。副主席程军、姜兆春、王奇、李建国、荣洋、刘学增、张培彤，秘书长王申恒出席会议。

（陈　晔）

【市政协调研工作】 5月12日，市政协副主席程红一行到西城区天桥街道开展“抓好生活垃圾分类和物业管理工作　提高城市精细化管理水平”主题调研。

（陈　晔）

【调研工作座谈会】 6月1日，区政协民族和宗教委员会召开“加强宗教事物依法管理　进一步提高宗教工作水平”调研座谈会。市政协民宗委主任池维生出席，副主席程军主持。部分市区级政协相关负责人，东城区、西城区、丰台区民宗办主任，西城区相关委办局负责人及街道负责人参加座谈会。

（陈　晔）

【第二十八次会议】 6月4日，区政协常务委员会召开第二十八次会议，章冬梅主持并讲话。会议听取副主席荣洋传达全国“两会”精神，4位常委述职报告。副主席王奇、王志忠，区政协党组成员李琳光，副主席李建国、刘学增、张培彤，秘书长王申恒出席会议。

（陈　晔）

【专题协商重点工作部署会】 7月15日，区政协社会和法制委员会召开“健全西城区基层社会治理机制　提升治理水平暨贯彻落实《北京市物业管理条例》”专题协商重点工作部署会。区政府相关部门和街道负责人、部分专委会委员参加会议。区政协副主席王奇、党组成员李琳光出席会议。

（陈　晔）

【区情通报会】8月6日，区政协与区委统战部联合召开西城区区情通报会，章冬梅主持会议。区委副书记、区长孙硕作区情通报。副主席程军、王奇，党组成员李琳光、李高霞，秘书长王申恒出席。区委统战部相关负责人、政协委员及党派团体成员200余人参加会议。

（陈　晔）

【专题协商重点工作会】8月13日，按照《西城区政协2020年协商工作计划》关于“落实新一轮优化营商环境改革任务　聚力打造市场化法治化　国际化营商环境”协商议题要求，结合疫情防控要求，区政协创新协商形式，首次采用线上视察举措，组织委员开展“优化营商环境”线上视察。区政协组织委员线上视察西城区不动产登记事务中心和西城区政务服务中心。区政协副主席王志忠、党组成员李琳光、李高霞全程线下视察，政协委员、各民主党派和工商联成员、政协机关工作人员80余人次参加线上视察座谈活动。

（陈　晔）

【大气污染防治情况通报会】8月18日，召开大气污染防治情况通报会。区政协党组成员李琳光出席会议并讲话。区政协党组成员、机关党组书记李高霞出席会议。

（陈　晔）

【问卷调查活动】8月14至21日，区政协组织落实《北京市文明行为促进条例》问卷调查活动。以社区为平台，组织居民和社区干部问卷调查。15个街道政协委员联组参与配合，组织259个社区居民参与问卷调查，收回问卷2000余份。

（陈　晔）

【双月协商座谈会】8月28日，西城区政协、区委统战部联合召开“落实新一轮优化营商环境改革任务　聚力打造市场化法治化　国际化营商环境”双月协商座谈会。区政协副主席王志忠主持，区委常委、组织部部长、统战部部长、区政协党组副书记程昌宏出席会议并讲话。区委常委、常务副区长喻华锋通报区优化营商环境整体情况。区政协副主席程军、王奇、张培彤，区政协党组成员李琳光、李高霞出席会议。区政协委员、各民主党派、工商联、无党派人士、侨联、新阶层、海联会等统一战线各界代表人士，区委统战部、区政协机关、区发展改革委、区政务服务管理局、区市场监管局、区税务局、区规自委、区金融服务局、区住建委、区商务局、区人力社保局、区法院相关人员90余人参加会议。

（陈　晔）

【第二十九次会议】10月29日，区政协常务委员会召开第二十九次会议，章冬梅主持会议。会议听取西城区委通报2020年党派团体提案办理情况；审议通过“德法兼济　打造文明西城新风尚——关于西城区更好实施《北京市文明行为促进条例》”调研报告的建议案；审议通过《政协北京市西城区第十四届委员会常务委员会关于甘力鹰同志不再担任副秘书长的决定》和《政协北京市西城区第十四届委员会常务委员会关于任免专门委员会主任、副主任的决定》。3位常委述职。副主席程军、王奇、王志忠、李建国、荣洋、张培彤，党组成员李琳光，党组成员、机关党组书记李高霞出席会议。

（陈　晔）

【第三十次会议】12月25日，区政协常务委员会召开第三十次会议，章冬梅主持并讲话。会议听取区纪委关于西城区纪检监察工作情况通报，听取区政府办公室关于区政协十四届四次会议委员提案办理工作情况报告，听取区委统战部关于副主席、秘书长、常务委员候选人建议人选和委员调整情况通报。会议审议通过《政协北京市西城区第十四届委员会常务委员会关于岳立等7名同志不再担任委员的决定》《政协北京市西城区第十四届委员会常务委员会关于增补委员的决定》《关于召开中国人民政治协商会议北京市西城区第十四届委员会第五次会议的决定》《政协北京市西城区第十四届委员会常务委员会关于表彰2020年度优秀提案的决定》《政协北京市西城区第十四届委员会常务委员会关于表彰2020年度优秀社情民意信息　社情民意信息工作先进单位　优秀信息员的决定》。审议《中国人民政治协商会议北京市西城区第十四届委员会常务委员会工作报告（讨论稿）》《中国人民政治协商会议北京市西城区第十四届委员会常务委员会提案工作报告（讨论稿）》，决定提交区政协十四届五次会议审议；审议《政协北京市西城区第十四届委员会第五次会议议程（草案）》《政协北京市西城区第十四届委员会第五次会议日程（草案）》《政协北京市西城区第十四届委员会第五次会议决议起草委员会建议名单（草案）》《政协北京市西城区第十四届委员会第五次会议小组召集人建议名单（草案）》，决定提交区政协十四届五次会议预备会议审议通过；两位常委述职。副主席程军、王奇、王志忠、李建国、荣洋，党组成员李琳光，党组成员、机关党组书记李高霞出席会议。

（陈　晔）

民主监督

【专项民主监督】年内，推动新修订的《北京市生活垃圾管理条例》实施，根据《市政协围绕生活垃圾管理条例实施开展专项民主监督工作方案》和中共北京市西城区委办公室关于印发《西城区政协2020年协商工作计划》通知要求，区政协制定《政协北京市西城区委员会关于“推进垃圾分类处理　共建共享美丽西城”专题协商工作的方案》和《西城区政协围绕生活垃圾管理条例实施开展专项民主监督工作方案》，启动生活垃圾分类处理的专项民主监督。7月9日，召开生活垃圾分类处理专项民主监督会。副主席王奇出席会议并讲话，区政协党组成员李琳光出席会议，部分政协委员及各街道政协办主任参加会议。

（陈　晔）

【“十四五”规划纲要编制议政会】8月14日，区政协召开十四届九次秘书长会议暨“十四五”规划纲要编制议政会。副主席王志忠出席会议并讲话。区政协党组成员、机关党组书记李高霞主持。区发改委党组书记、主任王其志通报区“十四五”规划纲要编制进展情况。各民主党派、工商联、知联会分别介绍议政会前期筹备情况及需要政府对接支持事项。区发改委、区政协副秘书长、区知联会及民主党派、工商联相关人员参加会议。

（陈　晔）

专门委员会

【提案委员会】年内，提出提案262件，包括6件平时提案。经过提案委员会审查，立案220件，立案率83.97%。其中党派团体提案19件，界别提案19件，街道联组提案4件，委员提案178件。304名委员（其中主提委员153名，附议委员151名）提交提案，占委员总数（415名）的73.25%。所有立案提案按照归口交办原则送交区89个部门办理。截至年底，220件提案均已办复，其中被解决吸纳155件，占70.45%；列入计划今后逐步解决35件，占15.91%；列为工作参考30件，占13.64%。委员对于提案办理表示满意190件、同意30件。一些建议得到区委、区政府及相关部门重视和采纳，为服务决策、推动工作发挥重要作用。

（陈　晔）

【学习指导和文史资料委员会】年内，开展学习和文史工作，为区域发展建言献策。以贯彻落实中共十九大精神和总书记系列重要讲话精神为主线，结合四个条例及民法典开展系列学习活动。为每位委员订阅《新华每日电讯》《习近平谈治国理政》《民法典》《五中全会学习百问》等学习资料，引导委员学习《北京市生活垃圾管理条例》《北京市物业管理条例》和《北京市文明行为促进条例》，依法推动“两条例”落实。各街道联组组织引导委员为疫情提供支持。政协委员向社会捐款捐物超过2000万元；天桥街道联组为张北大囫囵镇、内蒙小牛群镇捐款捐物7万余元。什刹海街道联组帮助街道解决防疫物资等难题，向街道捐赠消毒水、测温枪、新鲜蔬菜等防疫物资。结合主题研讨活动，组织委员赴陕西汉中、吉林延吉、内蒙古达拉特旗、甘肃嘉峪关学习调研。推动《西城区街巷胡同文化丛书》编辑出版，展览路街道街、月坛街道、新街口街道、西长安街街道4个分册印刷完成，与委员见面。

（陈 晔）

【教文卫体委员会】年内，启动“加强西城区公共卫生应急管理体系建设”专题协商议题。组织委员视察西城区疾控中心、西直门院前急救站。组织召开协商座谈会，围绕《加强西城区公共卫生应急管理体系建设三年行动计划（2020—2022年）》交流发言。重点围绕西城区冰雪体育运动场地设施、宣传普及、人才队伍、社团组织及产业发展等方面形成调研报告，客观呈现西城区冰雪体育运动开展现状、存在的主要困难和问题，提出改进建议。

（陈 晔）

【社会和法制委员会】年内，31名委员参与疫情防控，其中16位委员参与38次社区执勤、防疫宣传、日常消杀、站岗值班、测量体温、外地回京人员登记和排查等；6位委员通过政协平台向党委政府提交19篇疫情防控建议，23位委员捐款捐物、捐款25万余元。组织推进《北京市街道办事处条例》《北京市生活垃圾管理条例》《北京市物业管理条例》《北京市文明行为促进条例》实施会议，围绕“贯彻落实《北京市物业管理条例》提升西城区基层社会治理水平”专题协商完成调研报告。

（陈 晔）

【经济科技委员会】年内，经济科技委员会与区委统战部共同围绕“落实新一轮优化营商环境改革任务 聚力打造市场化法治化国际化营商环境”议题开展双月协商议政。组织委员线上视察西城区不动产登记事务中心和西城区政务服务中心，北京市规划和自然资源委员会西城分局、西城区政务服务管理局线上通报西城区推进优化营商环境整体情况。组织财政预算民主监督组评议会议，听取区财政局关于西城区2019年以“聚焦场景应用 推动技术落地”为核心的财政情况汇报。举办主题“走进区块链”第一期德胜论坛。

（陈 晔）

【城建环保委员会】年内，制定《西城区政协围绕生活垃圾管理条例实施开展专项民主监督工作方案（讨论稿）》和《政协北京市西城区委员会关于“推进垃圾分类处理 共建共享美丽西城”专题协商工作的方案（讨论稿）》，提交驻会主席办公会研究通过实施。召开大气污染防治情况通报会，邀请区生态环境局通报全区近期大气污染防治情况。经驻会主席办公会研究同意，将“西城区政协大气污染防治专项民主监督工作报告”报送区政府主管领导决策参考。配合办公室及其他专委会组织委员开展“学政策 懂区情 促履职”学习提升活动；组织全体委员会议1次，组织专委会主任、副主任会议2次。组织各项活动10余次，参加委员200余人次；报送专题协商报告1篇、专项民主监督报告1篇、调研报告1篇、简报信息10篇，慰问走访委员6名。

（陈 晔）

【民族和宗教委员会】年内，组织民族和宗教、港澳台侨委员会参与疫情防控。宗教界委员所在的宗教团体捐款捐物600余万元。民族界委员向武汉捐款捐物、参加社区值守、建言献策22篇。参与市政协《加强宗教事务依法管理 进一步提高宗教工作水平》调研，组织协商恳谈座谈会，完成调研报告。与国家民委协作，申报民族调研评选工作，区政协关于《深化民族团建进步工作 积极营造首都民族团结浓厚氛围》专项调研报告，获得国家民委社会科学研究成果奖（调研报告类）三等奖。

（陈 晔）

【港澳台侨委员会】年内，组织港澳台侨委员会参与市政协关于《提升国际交往中心服务保障能力 推进国际交往中心功能建设》专题调研。参与区台办组织“共享抗疫经验 共度中秋佳节——2020京台社区发展研讨会”，会议在西城区和台湾高雄以视频连线方式举行，委员提交《持续打造三种能力稳步提升三个水平》研讨论文。利用委员工作站平台，组织委员参加德胜商会组织的第一期《走进区块链》、第二期《智慧社区》德胜论坛，了解区块链、5G应用等新技术发展趋势。组织委员参加“党建聚力 共筑坊间”白纸坊街道党建协调大会，参与地区党建活动。

（陈 晔）

【街道联组】年内，15个街道政协委员联组作为区级政协工作的延伸和补充，围绕西城区和街道中心工作，以解决好人民群众最关心、最直接、最现实的利益问题作为出发点和落脚点，履行政协职能，建言献策。为疫情防控捐款捐物2000多万元。响应“99公益日”募捐活动，委员自愿捐款筹集救助金，用于帮助西城区困难家庭。

（陈 晔）

（责任编辑 晏 畅）

纪检监察

10月19日，西城区2020全面从严治党（党建）考核动态抽查工作部署会召开（区纪委区监委 供图）

10月21日，农行北京分行纪委与西城区纪委区监委交流座谈会召开（区纪委区监委 供图）

1月29日，区纪委区监委疫情防控专项监督工作会召开（区纪委区监委 供图）

综 述

年内，中共北京市西城区纪律检查委员会、北京市西城区监察委员会（简称区纪委区监委）履行党章和宪法赋予的职责，发挥监督保障执行、促进完善发展作用，推进全面从严治党，全区党风廉政建设和反腐败斗争取得新成效。

以政治监督践行“两个维护”。区纪委常委会将学习习近平新时代中国特色社会主义思想作为最根本的政治任务，开展中心组学习活动24次。学习宣传贯彻党的十九届五中全会精神。加强对党中央重大决策部署和习近平总书记重要指示精神落实情况监督检查，立案审查违反政治纪律案件6件处分6人。把握政治巡察定位，完成4轮33家单位126个社区党组织的巡察，移交问题线索33件，立案9件，处分8人。坚决扛起新冠肺炎疫情防控监督政治责任，组建6个专项监督检查组和5个机动组，开展3轮“回头看”和“清零行动”，发现问题80个，提出工作建议311条，制发纪检监察建议书5封、工作提醒函22封。

整治群众身边腐败和作风问题。强化接诉即办专项监督，深化扶贫领域腐败和作风问题专项治理。严查涉黑涉恶腐败和“保护伞”。开展社区“两委”换届监督。紧盯“四风”隐形变异新表现，查处违反中央八项规定精神案件16起。深化社区“最后一米”监督，社区监督组开展监督检查10490次，谈心谈话4363人次，督促整改问题3120个。

巩固发展反腐败斗争压倒性成果。全区纪检监察组织立案117件，党纪政务处分74人；采取留置措施13人，涉嫌犯罪移送检察机关16人。优化执纪审查调查集体决策和立案审批程序，召开审查调查专题会议23次、重要问题线索排查小组会议18次。做好专案审查调查工作，依纪依法查处北京市华远集团原党委副书记、董事长任志强严重违纪违法及重大职务犯罪问题。推动以案为鉴、以案促改，定期梳整全区纪检监察情况及各单位案件情况。协助区委召开警示教育大会，官方微信实名曝光通报案例13件16人。拍摄制作指定管辖违纪违法典型案件专题教育片。推进北京市全面从严治党纪律教育基地建设。

履行协助职责和监督责任。牵头开展对83家单位的全面从严治党（党建）工作检查考核，全区问责24起。推行以各级纪检监察组织为谈话主体，与“一把手”进行全面从严治党警示谈话。选取5家处级单位试点，探索开展全区政治生态分析研判工作。深化纪检监察体制改革，落实“三个为主”，严格执行请示报告制度。推进监察职能向国有企业延伸，在12家企业设立监察专员办公室，国有企业纪委书记兼任监察专员。精准运用“四种形态”，批评教育帮助和处理334人次，第一、二、三、四种形态占比分别为72.7%、16.5%、4.2%、6.6%。健全具有西城特色的“1+3+N”清单化履职监督体系，印制各级纪检监察组织工作清单和指导手册。

加强自身建设。区纪委常委会带头加强自身建设，坚持和完善集体学习制度，严格执行民主集中制。将社区纪检专员、纪检委员等基层干部纳入培训范围，采用“云授课”方式网络直播授课27次。选派53名优秀干部下沉社区，在疫情防控一线锤炼干部。强化自我监督，严肃查处执纪违纪、执法违法问题，谈话函询纪检监察干部13人，组织处理5人。

地址：西城区西直门南大街6号
国二招宾馆北楼
电话：83926110

（王 翀）

监督检查

【疫情防控专项监督】年内，成立专项监督工作领导小组，制定《西城区纪委区监委对新型冠状病毒感染的肺炎疫情防控开展专项监督的工作方案》等4个文件，建立“1+6”滚动多级发力监督机制，以1个疫情防控问题线索总台账为牵引，指引6个检查组，按照领导班子包片联系街道安排，随机对全区15个街道滚动式监督检查。开展疫情防控监督检查82175次，提出建议211条，制定下发纪律检查建议书1封、监察建议4封、提醒函22封。

（王　翀）

【区规自领域巡察整改监督】年内，加强与区规自领域专项治理工作专班办公室协调，跟进监督察访问题整改进展情况，督促主责部门对照察访问题制定方案，明确责任、完成期限和具体措施。4项察访问题整改到位3项，完成阶段性整改1项。

（王　翀）

【垃圾分类专项监督】年内，制定《西城区生活垃圾推进工作专项监督方案》，成立监督专班。依托15个街道纪工委（监察组）、7个社区监督组强化监督，监督检查4284次，发现问题119个，提出建议108条。对12345热线办理752件工单核查，采用再监督倒查相关部门推进生活垃圾分类。

（王　翀）

【中央环保督察执纪监督】年内，针对68件受理举报案件分析研判，实地抽查点位8处，办理2件重点线索，立案1件。做深案件查办“后半篇”文章，针对发现问题制发监察建议1份、提醒函1份。

（王　翀）

【“六稳”“六保”专项监督检查】9至11月，对“六稳”“六保”政策落实情况专项监督检查，针对检查发现的苗头性问题，向相关单位制发提醒函，及时纠正偏差。

（王　翀）

【国有企业租金减免及补贴专项监督检查】10至12月，对区属国有企业租金减免及补贴专项监督检查，针对发现的3类共性问题，分类提出建议反馈相关部门，确保政策落实。

（王　翀）

【全面从严治党考核动态检查】年内，牵头开展全面从严治党考核，采取“四不两直”方式，现场检查35个重点单位，检查出问题77条。

（王　翀）

审查调查

【案件质量评查】5至6月，区纪委区监委对2019年5月至2020年4月结办各类纪检监察141个案件质量评查。采取逐卷审查、集体讨论等方式自查自纠。针对案件质量评查发现的手续程序、案件管理等5类问题，形成整改报告并督促整改。

（王　翀）

【专项检查和整改情况“回头看”】5月，区纪委区监委对2019年5月至2020年4月期间结办案件处分决定执行情况自查，对2019年专项检查发现问题整改情况“回头看”。自查和“回头看”发现的4类问题，分析原因形成整改报告，纠正和防止处分决定执行不到位问题。

（王　翀）

【规范党组讨论和决定党员处分事项】12月，制定《关于贯彻执行北京市实施〈党组讨论和决定党员处分事项工作程序规定（试行）〉细则》暂行规定》，明确基层组织内部审理职能，规定派驻纪检监察机构和基层组织内部审理权限。

（王　翀）

【警示教育廉洁作品】年内，开展“我心中的廉洁”公益作品创作征集活动，向北京市“清风北京·廉洁颂”公益作品创作征集活动报送优秀作品近百部，其中2部平面广告作品获奖、4部视频作品获奖。制作2部警示教育片。

（王　翀）

【扫黑除恶专项斗争】年内，制发《纪检监察干部扫黑除恶专项斗争应知应会知识点汇编》300册，违纪立案1人，制发纪律检查建议书1份、监察建议书1份。

（王　翀）

【接受信访举报和检举控告】年内，全区纪检监察机关接受群众信访举报1535件次，比上年增长13.9%；检举控告1092件次，比上年增长15.7%。

（王　翀）

【监督执纪“四种形态”】年内，运用“四种形态”批评教育和处理334人次。其中第一种形态243人次占72.7%，第二种形态55人次占16.5%，第三种形态14人次占4.2%，第四种形态22人次（含指定管辖案件）占6.6%。

（王　翀）

区委巡察

【巡察全覆盖】年内，区委巡察机构向区委常委会、书记专题会汇报研究巡察工作4次，传达学习中央、市委关于巡视巡察指示精神。区委巡察工作领导小组履行组织实施责任，召开5次领导小组会、4次工作部署会研究部署巡察。开展三轮常规巡察和一轮专项巡察，巡察33个单位党组织，126个社区党组织，全覆盖完成率92.6%，社区党组织覆盖率100%。

（王　翀）

【巡察与其他监督融合】年内，制定《关于建立健全区委巡察机构与区纪委有关部门协作配合机制的意见》，加强与纪委、监察、派驻（出）机构协作。建立巡察与财政、审计工作协作机制，抽调全区财审干部30余人组成财审组，帮助巡察组精准全面发现问题。协调区委组织部结合巡察工作，对被巡单位开展选人用人专项检查，提升区委选人用人质量和水平。

（王　翀）

【巡察整改责任制】年内，制定被巡察党组织整改责任制。向区委提交《十二届区委第十二轮社区专项巡察存在的共性问题专题报告》《十二届区委区属国有企业巡察存在的共性问题专题报告》报告。向纪检监察机关移交33件反映领导干部问题线索，立案9件。向区委组织部、区委社会工委区民政局、区财政局、区审计局通报巡察情况，探索研究解决思路和有效路径。

（王　翀）

【自身建设】年内，会同区委组织部建立和运用巡察人才库，抽调全区70名优秀干部参加巡察。举办4期巡察工作培训班，围绕政治巡察、工作流程、法规党纪开展巡前集中培训，提升巡察干部履职能力。推进巡察信息化建设，建设“巡察全程纪实系统”，以信息化建设促进内部管理。通过流程标准化、数据信息化，实现巡察全过程“明职责、优流程、查问题、抓落实、成闭环”。

（王　翀）

作风建设

【纠治“四风”】元旦、春节等重要时间开展“四风”专项监督检查。全年查处违反中央八项规定精神案件16起，党纪政务处分16人。

（王　翀）

【过度“外包　托管”专项治理】6至10月，对全区92家单位全覆盖治理，书面审查台账、报告和问题清单4000余项，抽查6个典型单位；修改完善规章制度2份，制定下发工作办法1件，压减购买服务指导性目录268项，发现问题75个，调整经费2000余万元。

（王　翀）

【办公用房超标专项治理】年内，检查全区228家单位（部门）2232间办公用房，发现部分单位存在办公用房管理缺失、超标准配置办公用房等突出问题。

（王　翀）

【公车配备管理使用专项治理】年内，在全区范围内开展公车配备管理使用专项治理，发现车改期间遗留问题、规章制度建设跟进不及时、日常管理不规范不精细等问题，向相关部门提出建议和督促整改。

（王　翀）

【人防领域腐败问题专项治理】年内，约谈人防办领导班子成员，听取整改情况报告。实地检查人防工程6处，对问题整改落实情况“回头看”。制发提醒函1封，督促4个问题整改。

（王　翀）

【整治群众身边腐败和作风问题】年内，全区问责案件24起，查处漠视侵害群众利益案件2起。

（王　翀）

【纪检监察宣传】年内，区纪委区监委在中央纪委国家监委网站、《中国纪检监察报》、“学习强国”平台、北京纪检监察网等媒体刊发新闻报道100余篇。“廉洁西城”官方微信运用多种形式，累计推送图文192期569条，订阅读者32711人，累计阅读量282万次；官方网站累计推送图文5300余条，累计点击量516万余次；官方微博推送2607条，粉丝14064人。

（王　翀）

【信息化建设】年内，在全市率先完成市纪检监察专网的区域网全覆盖。探索开发区级内网办公平台，推进政治生态系统、涉案款物管理柜系统、智能车辆钥匙管理柜控制系统、纪检监察平台三期项目及红莲移动办公平台试点验收等项目。

（王　翀）

【纪检监察干部培训】年内，克

服新冠肺炎疫情影响，推行线上与线下相结合培训模式。举办培训6期31批次，培训对象包括街道社区纪检委员在内的全区专（兼）职纪检监察干部近700人。

（王　翀）

【区管企业纪检监察体制改革】9月2日，召开区管企业纪检监察体制改革工作推进会，宣布区管企业纪检监察机构和监察专员名单，为12家企业授牌。

（王　翀）

【调研成果】年内，区纪委区监委加强理论研究和实践总结，完成调研报告4篇。在国家级刊物、市级刊物发表文稿5篇。

（王　翀）

（责任编辑　晏　畅）

民主党派

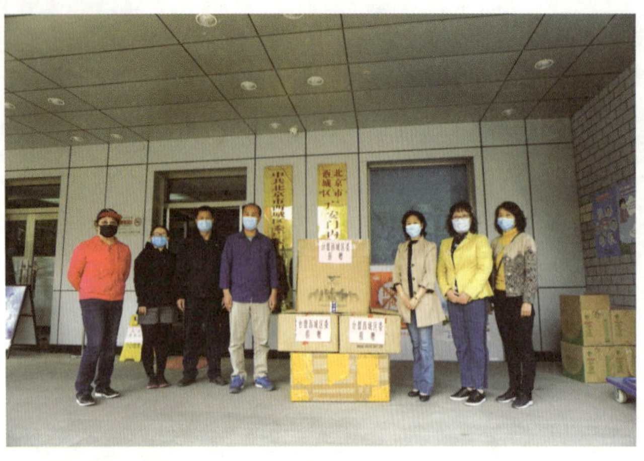

4月14日，台盟西城区委到广安门内街道慰问防疫工作者（台盟西城区委 供图）

8月，民革西城区委向羊场小学捐赠学生宿舍维修款4万元（民革西城区委 供图）

9月，民进西城区委组织合唱团参加庆祝民进市委成立70周年活动（民进西城区委 供图）

11月18日，民建西城区委北京大学医学部支部成立（民建西城区委 供图）

年内，九三学社西城区委调研德胜街道落实物业管理条例暨民主监督座谈会（九三学社西城区委 供图）

年内，民盟西城区委召开2020年调研工作会议（民盟西城区委 供图）

年内，农工党西城区委在“京津冀协同发展联合共建基地”开展义诊活动（农工党西城区委 供图）

年内，致公党西城区委为张北贫困户捐赠物资（致公党西城区委 供图）

民革西城区委员会

【**概况**】中国国民党革命委员会北京市西城区委员会（简称民革西城区委），下设6个专门委员会（祖国统一和平促进委员会、社会和法制委员会、经济委员会、老年妇女和青年委员会、教科文卫体委员会、人口资源环境委员会）。有区委委员24人，其中主任委员1人，副主任委员4人，秘书长1人。截至年底，有支部32个党员1185人。党员中有全国政协委员2人；市人大代表2人，市政协委员8人；区人大代表3人，区政协委员20人；民革中央委员3人，民革市委委员14人（其中主委1人、常委4人、委员9人）。国家特约工作人员1人，市特约工作人员7人，区特约工作人员10人，民革中央和民革市委专委会委员71人。

地址：西城区牛街20号楼

电话：83490897

（魏　威）

【**参政议政**】年内，民革西城区委围绕中共西城区委、区政府中心工作和区域发展全局性、战略性问题，组织广大党员参加多种形式参政议政会议。民革西城区委参加区政协召开的议政会1次，中共西城区委统战部召开的政党协商会5次、议政会1次。各专委会撰写《运用区块链技术创新首都社区基层治理模式》《关于加强西城区老旧小区物业管理　不断改善提升市民生活环境的建议》《深化西城区街区更新　优化首都核心功能区》《从社区居民需求出发　运用新技术创新社区治理》《深化吹哨报道改革　完善接诉即办工作机制　健全首都社会治理新格局》《提升首都区级疾控疫情防控能力的建议》《完善社区居家养老体系　提升老年人主观幸福感》《新冠肺炎疫情下的生猪生产恢复及相关金融支持措施》8篇调研报告。向西城区政府、中共西城区委统战部及民革市委等部门报送意见和建议类信息388篇，其中22篇被民革北京市委采用，8篇被民革中央采用，2篇被全国政协采用，12篇被市政协采用，2篇被市委领导批示，2篇被市委统战部建言转报采用。编写《西城民革》刊物4期。按照《民革西城区委信息调研表彰办法》，评选信息工作优秀支部10个，信息工作先进个人11名，参政议政先进个人14名。向政协西城区第十四届四次全会提交《以政府统筹规划为主导　促进首都城市更新建设——关于西城区城市更新项目的调研及建议》和《建设消费型城市　推进首都特色商业区发展——聚焦特色商业区“老字号”品牌优化升级的研究》《关于打造大栅栏街区——琉璃厂古文化街区“街巷长廊”的建议》3篇党派提案。

（魏　威）

【**思想建设**】1月，组织祖统专委会委员参加民革市委台胞台属迎新春联谊会。6月，向民革市委报送思想政治工作典型经验文章《凝心聚力谋共识　携手奋进促履职——民革西城区委思想政治工作经验小结》。7月，组织党员参加西城区社会主义学院举办的西城统战大讲堂《民法典及其法治意义》和《保险能为我们做什么》。8月，组织党员参加西城区区情通报会。9月，组织党员参加西城区社会主义学院举办的西城统战大讲堂《发挥规划引领和治理作用　建设国际一流的和谐宜居之都首善之区》；组织祖统专委会委员参加民革北京市委《台海形势报告会》。10月，组织祖统专委会委员参加民革北京市委迎中秋音乐会。11月，组织党员参观军事博物馆中国人民志愿军抗美援朝出国作战70周年主题展览。12月，组织党员参加中共西城区委统战部和西城区政协联合举办的党的十九届五中全会专题辅导会议。12月，召开新党员和考察人座谈会；组织党员参加中共西城区委统战部举办的西城区统战系统中共十九届五中全会精神宣讲会；组织党员参加中共西城区委统战部和西城区社院联合举办的《2035年基本实现现代化——十九届五中全会基本精神和主要内容》专题报告会。

（魏　威）

【**组织建设**】1月，召开二届十一次全委会和2019年度工作总结会。2月，参加西城区组织、宣传、统战工作部署会。8月，召开二届二十五次、二十六次主委会，研究对口贵州纳雍羊场乡帮扶工作，审议下半年重点工作，审议2020年支部换届工作；召开2020年度支部换届部署会。9月，召开二届十二次全委会，审议9月至10月召开二届二十七次至五十八次主委会，审议32个支部换届工作。10月，完成32个支部换届工作，各支部通过民主选举产生支部主委32人，支部委员170人；组织支部主委参加民革北京市委组织工作会议和组织工作培训会。11月，举办新任支部委员培训班。12月，组织党员参加中共西城区委统战部和西城区社会主义学院联合举办的2020年西城区民主党派中青年骨干培训班。年内，民革西城区委新发展党员47名，转入党员6名，转出6名，去世7名。

（魏　威）

【社会服务】年内，各支部党员自发通过民革中央博爱基金会等机构捐款18万余元，党员个人捐赠物资价值2.6万余元。8月，响应民革中央办公厅关于开展“我为扶贫下一单”消费扶贫活动，各支部党员自发购买扶贫产品价值1.5万余元；响应民革中央号召，向民革中央、民革北京市委对口帮扶的贵州省纳雍县羊场乡羊场小学捐赠学生宿舍维修费4万元；组织党员中的企业家参加民革北京市委扶贫招商对接会2次。11月，向对口帮扶的河北省保定市阜平县大台乡大台村低收入残疾户捐赠米面油等慰问品30件，价值1531.82元。

（魏　威）

【新冠肺炎疫情防控】年内，区委经济专委会向党员免费派送消毒用品397套。40余名党员参与所居住社区疫情防控值守工作。4月，区委组织10余名党员参与展览路街道和牛街街道7个社区值守，向两个街道捐赠口罩2400个。第八支部党员、北大一院综合外科护士长王玉英获“全国抗击疫情先进个人”称号，王玉英、王全、冯录召获民革中央“民革抗击新冠肺炎疫情先进个人”称号，第八支部获民革中央“民革抗击新冠肺炎疫情先进集体”称号。王玉英等34名党员获民革北京市委“抗击新冠肺炎疫情先进个人”称号，李铮等5名党员获民革北京市委“参政议政先进个人”称号。

（魏　威）

民盟西城区委员会

【概况】中国民主同盟北京市西城区委员会（简称民盟西城区委）下设组织部、宣传部、调研部、社会服务部、统战理论研究室、教育委员会、文化艺术委员会、科技委员会、金融经济委员会、医疗卫生委员会、妇女委员会、青年委员会、老龄委员会。截至年底，有盟员2510人，基层委员会1个，支部70个。区盟员中有第十二届全国政协委员3人，其中常委2人。第十五届市人大代表2人，其中常委1人；第十三届市政协委员3人，其中常委1人。第十六届区人大代表7人，其中常委1人；第十四届区政协委员23人，　其中常委6人。第十二届民盟中央委员7人，其中常委2人。第十二届民盟北京市委委员10人，其中副主委1人，常委1人。中国工程院院士1人。在西城区政协十四届四次全会上提交党派团体提案2件，民盟界别提案1件，提交委员个人提案39件，大会发言1篇。在西城区政协十四届四次全会上提交《关于西城区落实“便利生活与服务提升”相关工作的提案》获2020年度优秀党派团体提案。民盟西城区委被民盟中央评为2020年度民盟思想政治建设和宣传工作先进集体。被评为2020年度西城区民主党派调研工作优秀单位、社情民意信息工作先进单位。

地址：西城区牛街20号楼

电话：83495372

（宋小华）

【参政议政】年内，民盟西城区委参加中共区委和区政府召开的政党协商会4次、议政会1次、双月协商座谈会1次、专题协商会1次。在西城区“十四五”规划纲要编制议政会上，民盟西城区委作《全力打造“两大中心”核心承载区　提升北京金融首位度》发言。完成《北京中轴线保护与利用调研报告（正阳门至景山段）》《有关北京市推进生活垃圾分类工作的建议》《关于不忘初心依法作为规范社区基层自治工作的建议》《关于加强西城区0—3岁婴幼儿养育支持的政策建议》《西城区物业服务企业信用体系的构建与思考》《西城区居民能源消费调研报告》《关于加快西城区体育产业发展的建议》《完善银行账户交易安全控制机制　严防针对老年群体的电信网络诈骗》《人口老龄化背景下的北京城市规划应对研究》《关于新冠肺炎疫情期间社区老年人生活状况及养老服务需求调查报告》《后疫情时期人本体育实践》《“十四五”浙南闽北赣东区域合作发展目标、思路和举措研究》《关于后疫情时期加强普惠型小微企业服务的建议》《关于北京文化遗产保护与利用的现存问题与对策建议》《建设应急物资储备平台　促进应急保障体系完善——基于应急保障储备社会化建设的案例分析》《关于北京光污染状况和暗夜保护的思考》《公共数字文化服务平台调研报告》17篇调研报告。其中《北京中轴线保护与利用调研报告（正阳门至景山段）》获2020年度西城区民主党派优秀调研成果一等奖。区盟员提供社情民意信息194篇。其中2篇获习近平总书记、李克强总理批示；1篇获丁仲礼主席批示；3篇被中央统战部《零讯》采用；6篇被民盟中央采用；2篇被市委办公厅采用。5名盟员获民盟中央“2019年度民盟反映社情民意信息工作先进个人”称号。

（宋小华）

【组织建设】年内，民盟西城区委发展新盟员80名，其中男32人，女48人，平均年龄37.6岁；研究生以上学历55人占68.75%，其中博士6人占7.5%；中高级以上职称42人占52.5%。调入盟员11名，调出盟员7名，去世14名。换届调整14个基层支部，选举一批年轻盟员担负主委、副主委职责。新建成“盟员之家”4家。

（宋小华）

【思想建设】年内，民盟西城区委领导班子成员利用主委会议，学习中共十九届五中全会和有关领导重要讲话精神。举办“制度自信”主题教育秋季培训班和“制度自信”主题教育大讲堂，约有600余名盟员参加培训。召开统战理论工作会议2次，完成研究论文2篇。组织盟员参加各类征文、征稿活动3次，报送稿件20余篇。“民盟先贤肖像巡回展”2020年展出季率先在西城启动；承办第二届“新•好时政漫谈”、举办民盟人讲盟史、组织“书香西城”调研等活动；协助举办民盟北京市委第十二届基础教育论坛，盟区委主委钟祖荣作总结发言，2名盟员参加圆桌论坛；举办“防止因病返贫与乡村振兴长效保障机制研讨会暨第五届中国相互保险与互助保障论坛”；线上举办“文化传承　书香民盟——传统文化公益讲座”5讲；线上举办“诗意深秋　和美同行”朗读诗会。全年出版《西城盟讯》4期，开设“抗击疫情系列报道”“勤于思考”“同心抗疫”“盟员风范”“纪念深圳改革开放四十周年”等栏目，刊登稿件40余篇。160篇信息在盟市委网站、统战部公众号等刊登，其中7条次被北京e点通采纳。组织区盟员参加民盟市委与中共西城区委统战部组织的专题报告会、讲座及座谈会等学习活动。

（宋小华）

【自身建设】年内，组织主委会议4次，重点审核和研究财务预算、决算和调研工作，专题研究专项民主监督、基层支部建设、《西城盟讯》采编等重要工作。组织盟员100余人参加党派新成员培训班3次，40人参加党派中青年骨干培训班1次。制定《民盟西城区委〈西城盟讯〉编委会编委列席区委主要会议制度》，邀请编委列席主委会议、调研工作会议2次。

（宋小华）

【民主监督】年内，制定《民盟西城区2020年专项民主监督工作实施方案》，成立专项民主监督领导小组及工作小组。召开专项民主监督工作会议1次，访谈调研西城区3个街道5个社区，形成专项民主监督调研报告1篇、建言专报信息3篇。

（宋小华）

【社会服务】年内，走访慰问金融街宏汇园社区2户贫困残疾家庭，为他们送上生活必需品和节日的祝福。盟员舒子原发起的“大手拉小手”公益平台组织，联合世博会博物馆在贵州毕节七星关启动“大手拉小手——移动的世博会”科普小屋项目。组织文艺界盟员到西里三区社区，与社区居民共迎新春、共话佳节、共建美好家园。

（宋小华）

【新冠肺炎疫情防控】年内，民盟西城区委及各支部盟员为抗击新冠肺炎疫情累计捐款132.54万元，捐物价值523万元。6个支部对接15个社区，32位盟员向29个社区报到，参与社区服务活动近600人次。为门头沟达摩庄村16户残疾人家庭送去节日慰问品，捐赠1000只医用口罩。

（宋小华）

民建西城区委员会

【概况】中国民主建国会北京市西城区委员会（简称民建西城区委）下设组织部、参政议政部、信息部、社会服务部、会员培训部、经济委员会、企业委员会、金融委员会、证券委员会、联络委员会、法制委员会、妇女委员会、卫生委员会、规划设计委员会、文化委员会、科技委员会、青年委员会、城建委员会、投资委员会、女企业家委员会、餐饮委员会、国企委员会、教育委员会、慈善工作委员会、老年工作委员会、社会工作委员会、会员服务工作委员会、宣传工作委员会、新阶层人士工作委员会、摄影学会、西城民建书画院、西城民建艺术团。民建西城区委有委员25人。其中主任委员1人、副主任委员7人、秘书长1人。截至年底，民建西城区委有基层支部21个会员2585人。其中，综合性支部17个，单位支部4个。会员中有全国政协委员3人，其中常委1人；市人大代表3人，其中常委1人；市政协委员7人，其中常委2人；区第十六届人大代表6人，其中常委1人；区第十四届政协委员38人，其中副主席1人、常委6人。

地址：西城区牛街20号楼

电话：83490530

（李　鹏）

【政治建设】年内，民建西城区委按照“四新”“三好”总体要求，开展“不忘合作初心　继续携手前进”主题教育活动，承办第二期“新·好时政漫谈”活动，邀请会内各方面专家主论时政谈心得，提高政治站位，凝聚政治共识，筑牢多党合作共同思想政治基础。民建西城区委举办庆祝中国民主建国会成立75周年系列活动，征集文章6篇。

（李　鹏）

【参政议政】年内，民建西城区委围绕中共西城区委、西城区政府中心工作开展调研活动，完成《服务国家金融管理中心建设推动区域经济高质量发展——西城区服务国家金融管理中心建设研究》《关于在金融科技创新示范区运用大数据技术推动城市精细化管理的研究》《健全完善基层调解机制的实践与思考》《构建文化产业供应链服务平台　加速首都文化产业内循环践行“六保”“六稳”》等9篇调研报告。经政协北京市西城区第十四届委员会常务委员会第三十次会议通过。《关于在金融科技创新示范区运用大数据技术推动城市精细化管理的》获2020年度优秀党派团体提案，民建西城区委获2020年度社情民意信息工作先进单位一等奖。民建西城区委收集社情民意信息403篇，向民建北京市委和中共西城区委统战部报送306篇信息，多篇信息被民建中央、北京市政协、中共北京市委统战部、民建北京市委等单位采纳。

（李　鹏）

【组织建设】年内，民建西城区委发展会员88人，平均年龄37岁，经济界别会员占83%。从其他地区转入西城区9人，转出14人，去世2人。民建西城区委获“抗击新冠肺炎疫情先进集体”称号；会员程渊等3人获“抗击新冠肺炎疫情先进个人”称号；综合三支部、综合四支部、综合八支部、综合九支部、兴中支部获“民建北京市委抗击新冠肺炎疫情先进集体”称号；会员崔总合等43人获“民建北京市委抗击新冠肺炎疫情先进个人”称号。民建西城区委不再保留宣传部，成立宣传工作委员会；成立证券委员会、新阶层人士工作委员会和北京大学医学部支部。

（李　鹏）

【自身建设】年内，民建西城区委召开6次主委会、3次全委会，研究议定工作方案、专委会设置及人员调整等重要事项，召开领导班子专题民主生活会查改问题。17个基层支部完成支部班子换届工作，有3位新任支部主任委员，17个基层支部班子成员186人，平均年龄45岁。400余人次参加中共北京市委统战部、民建北京市委、中共西城区委统战部、民建西城区委组织的民主党派基层骨干培训班、新会员培训班和信息员培训班。

（李　鹏）

【精准帮扶】年内，民建西城区委响应精准扶贫号召，向河北省丰宁满族自治县土城镇四间房村爱心超市捐赠价值约5000元物资；通过北京民建公益基金同心圆公益计划，向河北省丰宁满族自治县捐助10万元，用于建设农产品加工车间；向河北省阜平县、内蒙古自治区鄂伦春自治旗对口帮扶村的5个贫困户捐款1.5万元；向内蒙古自治区喀喇沁旗南台子乡、十家满族乡小学捐赠2万元；组织会员在内蒙古自治区喀喇沁旗购买扶贫农产品，货值116万元；组织民建界别的政协委员捐款70万元，用于帮扶甘肃省陇南市西和县、漳县140个“巾帼家美积分超市”购买物资。

（李　鹏）

【新冠肺炎疫情防控】年内，民建西城区委贯彻执行习近平总书记关于疫情防控重要指示，向什刹海街道、大栅栏街道、月坛街道、西城区卫生健康委员会、西城区交通支队、西城区广外医院捐赠物资：一次性口罩7.15万个、一次性手套4000双、护目镜650个、测温枪20把、消毒液400桶、酒精100桶、爱心蔬菜5600斤、空气净化器5台，慰问疫情防控志愿者209名；组织50位骨干会员参与大栅栏街道、什刹海街道多个社区疫情防控；组织16位书画家创作37幅主题作品，举办“齐心协力抗疫情”书画作品网络展。

（李　鹏）

民进西城区委员会

【概况】中国民主促进会北京市西城区委员会（简称民进西城区委），下设组织部、宣传部、社会服务部、议政调研部、初高等教育专委会、幼小教育专委会、社会法制专委会、医药卫生专委会、统战理论专委会、经济金融专委会、文化传媒专委会、企业联合会、青年委员会、老龄工作专委会、政府协会特约专委会。有主任委员1名、副主任委员7名，秘书长1名，委员25名。截至年底，有基层支部52个，会员1723人。区会员中有全国人大代表1人，全国政协委员1人；市人大代表1人；市政协委员3人；区人大代表4人，区政协委员22人，区青联委员5人；国家监察部特约监察员1人，区纪委监委特约监督员2人；市特约工作人员5人；区法院人民陪审员8人。年内，民进西城区委坚持以习近平新时代中国特色社会主义思想为指导，按照民进北京市委和中共西城区委统战部部署要求，围绕疫情防控，开展“众志成城　抗击疫情”系列活动。以庆祝民进北京市委70周年会庆暨“会史会章知识竞赛“活动为主线，加强自身建设，凝心聚力，发挥优势和特色，为首都和西城发展做出贡献。民进西城区委被民进中央评为“民进全国履职能力建设先进集体”，被民进市委评为“抗疫先进组织”。

地址：西城区牛街20号

电话：83495331

（刘笑岩）

【参政议政】年内，民进区委会员参与区专题协商会，以“加强西城区公共卫生应急管理体系建设三年行动规划”“西城区街区更新三年行动计划（2020—2022）”“西城区贯彻落实核心区控规进一步推进街区更新的实施意见”做主题发言；在区政协和区委统战部召开“以天桥文化集聚区发展带动西城历史文化名城建设”专题议政会发言。向政协北京市西城区第十四届委员会第四次会议提交《关于中轴线地面改造与地下文物保护利用的提案》《深化“街道吹哨　部门报到”　改革完善基层治理机制》2件党派集体提案。其中《关于中轴线地面改造与地下文物保护利用的提案》在政协大会发言，评为优秀提案。7位政协委员参与的团体、联组提案获优秀奖，4位政协委员提案获个人优秀提案奖。专委会组织课题组成员开展调研活动，提交11篇调研报告，其中《新条例颁布背景下北京市民垃圾分类的基本现状与推进策略》获2020年度北京市民主党派参政议政优秀调研成果三等奖。向区委统战部提交《营建历史文化空间　打造北京演艺圣地——天桥演艺区发展调研报告》《西城区科技服务业创新发展报告》《德法兼济　打造闻名西城新风尚——关于更好实施〈北京市文明行为促进条例〉调研》获一等奖，《疫情常态化下的韧性社区营造》获二等奖，《中国金融科技创新“监管沙盒”的实践分析》《擦亮北京历史文化名城的金名片》《新条例颁布背景下北京市民垃圾分类的基本现状与推进策略》《贯彻落实〈北京市物业管理条例〉提升西城区基层社会治理水平》《医养结合现状调查与模式探讨的调研报告》获三等奖。向民进北京市委和区委统战部报送信息320余条。其中《关于基层合租房在防疫中的问题及建议》《建议修订新冠肺炎疫情“一线医务人员”认定》评为2020年度北京市统战系统优秀信息；4条信息被领导批示，5条信息被民进中央采用，93条信息被民进市委采用，14条信息被市政协采用，3条信息被市委统战部采用。

（刘笑岩）

【组织建设】年内，成立民进西城区委中医药健康支部。经过合并调整，完成西城区属52个支部换届工作。召开民进西城区委二届十四次全委会，增补委员2名。发展新会员46人，其中硕士博士研究生18人占39.1%；中高级职称职务21人占45.7%；教育、文化、出版界22人占47.8%，医卫界2人占4.3%，科技、经济、政府机关、新阶层及其他人士22人占47.8%；平均年龄39.9岁。调入4人，调出3人，去世2人。

（刘笑岩）

【思想建设】1月，举办新春团拜会。5月，举办线上会章会史知识竞赛选拔赛。6月，开展“不忘合作初心　继续携手前进——向榜样学习”主题教育活动。7月，举办民进会史会章知识竞赛决赛。8月，与民进市委共同举办“正道笃行”北京民进宣讲会；组织《我和我的祖国》合唱排练活动。10月，组织观看爱国主义教育电影《我和我的家乡》；老龄委组织京郊通州城市绿心森林湿地重阳活动。11月，召开二届十四次全委会，组织会员学习中共十九届五中全会精神；组织“不忘合作初心　继续携手前进”制度自信主题教育培训班；组织会员参观纪念抗美援朝70周年的《抗美援朝展览》。年内，参加中共北京市委统战部、市社院举办的区级组织负责人培训班；组织区委委员参加区委统战部举办的民主党派区委委员培训班、政党协商会；组织委员、支部主任、骨干会员参加民进中央、民进北京市委、区委统战部等组织的“两会”精神座谈会、台湾形势讲座、统战大讲堂、学习实践活动经验交流会；参加民进市委“庆祝中国民主促进会成立70周年”活动；参加民进市委、区委统战部抗美援朝70周年纪念活动；组织西城民进大讲堂等活动。全年召开线上线下3次全委（扩大）会。截至年底，参加培训活动200人次。全年出版《西城民进》6期。

（刘笑岩）

【社会服务】年内，民进区委发挥自身特点和优势，落实脱贫攻坚相关部署，推进社会服务。1月，慰问帮扶门头沟特困户，在黄塔村和双塘涧村开展助学职业培训。8月，联合四中校友基金会，组织教育、医疗团队到贵州黔西南州安龙县对口帮扶。9月，参与民进市委甘肃临夏教学培训交流活动；赴门头沟清水镇黄塔村开展非遗产业合作培训。11月，联合西城区律师协会开展“大手拉小手”捐赠内蒙古喀喇沁旗活动。

（刘笑岩）

【新冠肺炎疫情防控】年内，民进区委响应民进北京市委、区委统战部部署，号召组织会员通过多种方式参加疫情防控。开展“众志成城　抗击疫情”爱心捐赠活动，向湖北武汉同济医院、黄冈市中心医院、北京地区各医院捐赠防护服、医用口罩、护目镜、医用手套等防护用品，捐赠110余万元。医卫支部等8位会员奋战抗疫一线。近90名会员参与街道社区防控。教育界别会员搭建网络平台，让学生“停课不停学”。文艺界别会员积极创作，激励抗疫防控斗志。

（刘笑岩）

【总结表彰】12月26日，民进西城区委召开线上总结暨表彰大会，300余人参加大会。会议表彰先进支部18个、年度人物9名、参政议政先进个人51名、抗击疫情先进个人75名、社会服务先进个人13名、会务工作先进个人29名、先进个人64名；民进市委成立70周年先进支部7

个、先进会员49名。民进市委抗疫英雄人物4名、抗疫先进人物1人。

（刘笑岩）

农工党西城区委员会

【概况】中国农工民主党北京市西城区委员会（简称农工党西城区委）下设参政议政工作委员会、老龄工作委员会、妇女工作委员会、社会服务工作委员会、青年工作委员会、监督工作委员会、理论研究小组。有区委委员23人，其中主任委员1人，副主任委员6人，秘书长1人（专职副主委兼），副秘书长1人。截至年底，有基层支部36个，党员1374人。党员中有全国政协委员1人，市政协委员3人（常委1人）；区人大代表1人，区政协委员20人（其中副主席1人，常委4人）；西城区特约监察员3人。

地址：西城区牛街20号

电话：83490517

（穆瑞华）

【参政议政】年内，在区政协召开的十四届四次全会上，农工党西城区委提交党派提案2件，《关于深度服务新三板建设　增强西城区金融产业优势的提案》被区政协评为年度优秀党派团体提案。结合区政协、区委统战部双月协商会和议政会主题开展调研，柯敬东在议政会作《整合医疗资源　促进区域医疗系统健康发展》主题发言。农工党西城区委获中共西城区委统战部2019年度西城区民主党派调研工作优秀单位。党派调研《关于西城区加强城区数字化建设和运营的调研和建议》《扩大消费　促进西城区高质量发展的对策建议》《社区卫生服务中心精准医疗健康服务　助力"健康西城"的调研及建议》《关于在西城区社区卫生服务中心等公共场所试点推广普及自动体外除颤器（AED）的建议》分别获区委统战部2019年调研二、三等奖。张晓林执笔《立党初心与走向合作的必然》、郝明虹执笔《不忘合作初心　继续携手前进》、曲萌执笔《回顾农工光辉历程　传承农工历史精神》获农工党中央2020年度理论研究优秀征文二等奖，刘兴朝执笔《鉴往知来　农工党思想政治建设的继承与发展》获农工党中央2020年度理论研究优秀征文三等奖。农工党西城区委向农工党北京市委、区委统战部报送信息207件，姚洁报送社情民意信息《关于尽快启用可反复消毒的防护服的建议》被中央统战部《零讯》采用。

（穆瑞华）

【组织建设】年内，农工党北京市委专职副主委李亚兰等领导一行到农工党西城区委就组织工作调研。根据《中国农工民主党章程》有关规定及《农工党北京市委2020年基层组织换届工作方案》要求，农工党西城区委所属基层支部委员会（支部）完成换届工作。成立陶然亭社区卫生服务中心支部、中成康富支部，完成市委直属卫生健康综合支部、中国疾控中心支部属地化管理。在党员企业北京中成康富科技股份有限公司举行"农工党党员之家"揭牌仪式，标志着农工党西城区委第一个"党员之家"正式建成。农工党西城区委班子成员坚持集体走访基层支部和所在单位中共党组织，促进各基层支部按照区委的要求开展活动。做好新党员教育工作，履行新党员见面会制度，驻会副主委向新党员介绍农工党党史及区委基本情况和主要工作。做好后备干部的培养考察，补充完善区委后备干部人才库。农工党市委审批新党员40人，组织关系转入70人、转出2人，去世3人。

（穆瑞华）

【自身建设】年内，开展"不忘合作初心　继续携手前进"制度自信主题教育活动，举办《同心抗疫　彰显中国政党制度优势》专题讲座，组织党员参观纪念中国人民志愿军抗美援朝出国作战70周年主题展览，召开学习贯彻中共十九届五中全会精神座谈会，参观昌平烈士陵园缅怀先烈，教育引导农工党党员拥护中国共产党领导和多党合作制度，履行民主党派的责任和使命。农工党西城区委获"农工党中央纪念中国农工民主党成立90周年先进地市（县）级组织"称号、"农工党抗击新冠肺炎疫情先进集体"称号、"农工党中央2020年度《前进论坛》发行工作先进单位"。农工党西城区委获农工党北京市委2019年度先进集体，97名党员获农工党北京市委2019年度优秀党员，6名党员获农工党北京市委2019年度参政议政先进个人，9名党员获农工党北京市委2019年度宣传思想理论党史工作先进个人，9名党员获农工党北京市委2019年度社会服务先进个人，6名党员获农工党北京市委2019年度组织工作先进个人。展览路医院支部获“北京市三八红旗集体”称号，党员张雪艳获“北京市三八红旗奖章”称号，党员支修益获第二届全国创新争先奖。全年编辑出版《西城农工》4期。

（穆瑞华）

【**新冠肺炎疫情防控**】年内，按照农工党北京市委和中共西城区委统战部的部署，开展“携手同心抗击疫情　农工党西城区委在行动”活动，组建40人的社区防疫志愿服务队，分组到金融街街道丰盛社区和广外街道马中里社区开展为期2个月的防疫值守。农工党西城区委有20个基层支部，76名党员参加全市15个街道，36个社区值守、排查登记、体温测量、防疫宣传等。向全体农工党党员发出抗击新冠疫情募捐倡议书，募集捐款91478元，全部上缴农工党中央中国初级卫生保健基金会用于疫情防控，农工党西城区委党员捐赠物资价值1028万元。

（穆瑞华）

【**信息工作**】年内，组织信息工作暨基层支部主任工作网络会议，对信息工作总结部署，对2019年5个信息工作先进支部、7名信息工作先进个人、2名理论研究工作先进个人、6名调研工作先进个人表彰。

（穆瑞华）

【**社会服务**】年内，参加中共西城区委对口扶贫工作，农工党西城区委组织医学专家前往张北县医院开展大型义诊，对医院的整体情况调研，提升医院的医疗卫生管理质量和服务能力。落实农工党北京市委“京津冀结对帮扶”要求，组织医学专家前往结对帮扶点河北衡水市冀州区医院举办大型义诊活动。落实农工党中央“星火计划”，做好精准扶贫，组织医学专家赴内蒙古自治区乌兰浩特贫困村、乌兰浩特市医院医疗帮扶，助力健康中国。全年义诊受益群众约780人次，培训医务人员180人次。

（穆瑞华）

致公党西城区委员会

【**概况**】中国致公党北京市西城区委员会（简称致公党西城区委）下设参政议政工作委员会、社会服务工作委员会、文化工作委员会、老龄党员工作委员会、青年党员工作委员会和18个综合党支部，1个医疗卫生总支，4个单位支部，党员761人。党员中有全国人大代表2人；市人大代表3人，市政协委员3人；区人大代表3人（其中常委1人），区政协委员21人（其中副主席1人、常委3人、副秘书长1人）；致公党中央委员3人（其中常委2人），致公党市委委员8人（其中主委1人、专职副主委1人、常委2人）

地址：西城区牛街20号

电话：83194292

（梁训新）

【**参政议政**】年内，提交2件党派提案。向致公党市委、区委统战部、区政协报送社情民意信息190余篇。完成7篇调研报告，卢子明执笔的《关于北京市西城区菜市口西片试点房屋申请式腾退有关问题的调研》、李卫执笔的《率先开展老年综合评估干预——提升西城区老年人生活质量研究》分别获区委统战部表彰2019年西城区各民主党派调研成果一、二等奖。获西城区政协2019年度社情民意信息工作先进单位表彰和西城区委统战部2019年西城区民主党派社情民意信息工作先进单位表彰。致公党西城区委《关于发挥西城区医疗资源优势开展协同创新　促进科技成果转化的提案》获区政协优秀党派团体提案，刘学增《关于以街区重构为核心　实施老旧小区有机更新工程　提升西城区人居环境水平的提案》、王晓敏《关于调研社区卫生优势力量　为青少年打下牙病预防基础的提案》、关振鹏《关于稳定西城区社区卫生服务中心医务人员队伍的提案》获区政协优秀委员提案。

（梁训新）

【**组织建设**】年内，成立第十七、十八支部。5个支部获致公党北京市委先进集体表彰，56人获优秀党员称号。贾文勤、曹永平获致公党中央抗击新冠肺炎疫情先进个人。80名党员获致公党北京市委抗击新冠肺炎疫情先进个人。

（梁训新）

【**主要工作**】年内，致公党西城区委召开2次主委会，1次全委会。举办2020年党员迎新春茶话会和2020年老党员祝寿会，参观“铭记伟大胜利　捍卫和平正义——纪念中国人民志愿军抗美援朝出国作战70周年主题展览”、北京科学嘉年华、周口店古人类遗址博物馆，观看爱国主义教育影片《我和我的家乡》《金刚川》，参观“致力为公　筑梦京华”主题书画展等活动。各专委会和支部分别组织党员开展调研察访、扶贫捐助、义诊服务、座谈交流、观看演出、郊游考察等。

（梁训新）

【**新冠肺炎疫情防控**】年内，召开区委主委电话会和区委全委（扩大）视频会议，成立疫情防控工作领导小组。组织党员为疫情防控捐款捐物，累计捐款141.03万元，捐赠物资价值54.71万元，其中口罩1.35万个、防护服300套、护目镜148套。向10名党员的海外留学子女寄送爱心健康包，133名党员通过致公党中央向海外华侨留学生寄送“致公爱心小包裹”556个。向回民医院、健宫医院、护国寺医院、人民医院等医疗机构捐赠医疗物资慰问医务工作者，向陶然亭街道等5个街道社区捐赠防疫物资慰问街道干部和社区工作者。报送46篇有关区委、支部抗疫信息和党员事迹，15篇新闻报道分别被“中国统一战线新闻网”“人民日报新闻客户端”“BTV北京时间”等采用。

（梁训新）

九三学社西城区委员会

【**概况**】九三学社北京市西城区委员会（简称九三学社西城区委）下设组织部、宣传部、办公室、参政议政工作委员会、社会服务工作委员会、青年工作委员会、妇女与老龄工作委员会、城市建设专委会、医药卫生专委会、文化教育专委会、经济科技专委会、社会法制专委会。截至年底，有33个支社，社员1587人。区社员中有九三学社中央常委1人、委员2人，九三学社市委常委1人、委员8人；全国政协委员2人；市人大代表3人，市政协委员3人，市青联副主席1人、委员1人；区人大常委2人、代表3人；区政协委员17人；区法院人民陪审员15人；区青联委员6人。年内，社员中3人获九三学社中央“九三学社抗击新冠肺炎疫情湖北抗疫一线优秀社员”，5人获九三学社中央“九三学社抗击新冠肺炎疫情先进个人”，2人获九三学社中央“2016—2020年社会服务先进个人”；原西城金融支社获得九三学社中央“九三学社创建75周年全国优秀基层组织”，儿童医院支社获九三学社中央“2016—2020年社会服务先进集体”。

地址：西城区牛街20号

电话：83490296

（宋淙淙）

【**参政议政**】年内，向区委统战部报送调研报告8篇，其中《精心保护　多方施策　利用西城区历史文化遗产　打造中华文明新名片》《新冠疫情下西城区服务业中小微企业面临的困难及纾解对策》获调研报告评比一等奖；《西城区〈北京市物业管理条例〉落实情况及改进建议》获二等奖；《关于金科新区十四五规划的存在问题和发展建议》《加强协调机制　制定精准政策　提升服务能力　为金融科技高质量发展营造更好的生态环境》获三等奖。向区委报送信息203篇，全国政协采用3篇，九三学社中央采用9篇，市政协采用7篇，市委统战部采用3篇，市委书记蔡奇批示2篇。向区政协提交提案2篇，其中《关于“疏整促”专项行动对西城区商业影响的提案》获评优秀党派团体提案。

（宋淙淙）

【**民主监督**】年内，围绕西城区落实《北京市物业管理条例》，构建党建引领社区治理的物业管理体系，成立物业管理条例落实情况调研课题组，到德胜街道调研和专项民主监督，发现问题，提出建议，向区委统战部提交调研报告，履行民主监督职能。

（宋淙淙）

【组织建设】年内，新发展社员96人，转入9人，转出5人，去世4人。上半年，区委全部基层支社完成换届。区委原有支社29个，换届后增加到33个，其中23个单位支社、7个行业支社、3个综合支社。33个支社中，支社委员168人。落实“人才强社”战略，重点发展年轻、有潜力的社员，做好线上线下相结合的培训工作，为区委2021年换届做准备。

（宋淙淙）

【制度建设】年内，坚持主委会学习制度，贯彻落实中共十九届四中、五中全会精神和习近平总书记系列重要讲话精神，坚持主委会学习制度，主委会成员坚持参加各种研讨会、报告会和培训会，传达通报全国“两会”情况。健全档案管理制度，完善全区社员资料库、文书档案和照片档案。

（宋淙淙）

【思想建设】年内，根据市委统战部关于首都统一战线2020年主题教育实践活动方案要求，制定《2020年“不忘合作初心 继续携手前进”主题教育实践活动方案》。增强制度自信为主线，举办“不忘合作初心 继续携手前进”制度自信主题教育实践活动暨2020年中青年骨干培训班，组织社员观看爱国主义教育电影，参观“铭记伟大胜利 捍卫和平正义——纪念中国人民志愿军抗美援朝出国作战70周年主题展览”等。出版4期内部刊物《西城九三》，发布电子版刊物，运用博客、微博新媒体宣传平台，加强舆论宣传和思想学习。

（宋淙淙）

【社会服务】年内，根据自身特点和优势，开展扶贫帮困、医疗服务、社会公益等活动。联合区知联会共赴内蒙古喀喇沁旗，组织14名社员医生为约300名当地居民义诊和医生培训；在德胜门内大街226号“海馨健康小屋”举行区委社会服务基地挂牌仪式，连续举办100余场线上线下结合的科普讲座；参加德胜街道国家宪法宣传日活动，发放法律知识资料，为居民提供法律咨询。第三综合支社为宜宾山区儿童“流动图书馆”公益活动捐赠书籍2000余册，邀请社员张忠杰作《储粮生态安全与营养健康消费》线上科普讲座；建院、规划支社社员联合考察怀柔九渡河镇局里村民宿帮扶项目，对民宿品牌形象和运维管理针对性指导建议，助力精准帮扶；儿童医院支社在河北涿州长和儿童医院挂牌设立社会服务基地，服务当地患儿；发改委支社举办7期“发枝荟”沙龙活动，就社会热点问题，邀请学术界知名专家演讲和现场互动。

（宋淙淙）

【新冠肺炎疫情防控】年内，动员部署基层支社和全区社员以不同方式投入疫情防控。根据区委统战部要求，召开线上主委会，动员社员138人次志愿下沉德胜街道裕中东里社区、天桥街道虎坊路社区值守，2名社员驰援武汉抗疫一线，1名社员驰援黑龙江绥芬河，1名社员驰援新疆，2名社员驰援河北，1名社员驰援国外。医卫类支社社员坚守岗位，建筑设计院支社参与小汤山医院改建等疫情防控任务。区委有486人次通过九三王选关怀基金会、红十字会等渠道捐款捐物25.5万元，捐赠口罩2210个、防护服19套、消毒水1吨、生活用品等物资若干。

（宋淙淙）

台盟西城区委员会

【概况】台湾民主自治同盟北京市西城区委员会（简称台盟西城区委）有参政议政和民主监督、社会服务、妇女工作3个专项工作委员会。有区委委员9人，其中主任委员1人、副主任委员4人、秘书长1人兼任。截至年底，有2个支部，盟员111人。盟员中有全国人大代表1人（任常委）；市人大代表1人，市政协委员2人（其中常委1人）；区人大代表1人（任常委），区政协委员6人（其中常委2人）；台盟中央委员2人（其中主席1人）；台盟市委委员9人（其中副主委1人、常委3人）；区特约工作人员8人。

地址：西城区牛街20号
电话：83495038

（丁　冬）

【新冠肺炎疫情防控】年内，成立由主委陈子云任组长，副主委任副组长的疫情防控工作领导小组，在机关设立领导小组办公室。及时向盟员转发北京市疫情防控工作会议精神等，向台盟北京市委和西城区委统战部报告盟员身体状况。组织盟员与专职干部赴社区充实疫情防控力量，参加西城区民主党派、无党派人士参与疫情防控社区值守总结座谈会。与结对的广内街道开展中秋节共建活动，举办“花好月圆人团圆　‘疫’路归来话同心”慰问活动。邀请中央音乐学院台湾专家工作室，在广内街道长椿街社区举办“同心抗疫　温暖同行”音乐治疗慰问活动。盟员创作《天使之歌——致抗疫前线的白衣天使》和抗疫童谣等，被台盟中央、北京台盟、北京市少年宫等公众号登载。向台盟市委和区委统战部报送疫情信息4篇，报送台盟中央“抗击疫情”征文活动稿件5篇，通过“西城统战”公众号推送6篇报道，“北京台盟”公众号转发3篇报道。盟员通过韩红公益基金会、北京青少年发展基金会和北京市台联会等捐款1.43万元。向共建单位广内街道捐赠1200个一次性口罩、40个喷壶、50件反光背心、240件一次性雨衣、100个便携折叠包；向西城区民主党派办公地点物业公司捐赠100个一次性口罩和10瓶消毒喷剂。盟员以各种形式参与志愿活动，16位盟员和专职干部约150余人次参与疫情防控值守等。在台盟抗击新冠肺炎疫情表彰大会上，区委获台盟中央“台湾民主自治同盟抗击新冠肺炎疫情先进集体”荣誉称号，4位盟员和专职干部获台盟中央“台湾民主自治同盟抗击新冠肺炎疫情先进个人”荣誉称号。

（丁　冬）

【参政议政】年内，完成《关于以教育信息化促进学有所教目标实现的调研》，获台盟北京市委2020年度优秀调研报告三等奖；完成《关于深入挖掘城市公园历史文化特色的调研》，获台盟北京市委2020年度优秀调研报告三等奖。在区政协第十四届委员会第四次会议上，作《推进新型智慧城市建设　助力西城区多维发展》大会发言，提交《关于促进夜间经济发展的建议》党派提案，被评为2020年度优秀提案；台盟4位区政协委员提交6件个人提案。在区政协和区委统战部联合召开的西城区“十四五”规划纲要编制议政会上，台盟作《推进城市运行管理中心发展　助力首都治理能力现代化》大会发言。在西城区“落实新一轮优化营商环境改革任务　聚力打造市场化　法治化　国际化营商环境”双月专题协商会上，台盟作《提升金融服务科技创新能力　助推营商环境优化》发言。参加2次西城区政党协商会，对中共西城区委会工作报告和组织人事工作等提出意见和建议。区委负责人列席中共西城区委十二届全体会议4次。在北京市政协领导走访民主党派界别暨听取界别群众关于“十四五”规划编制意见建议座谈会上，2位盟员向主席吉林提出个人意见和建议。全年报送社情民意信息118条，其中1条信息被市政府、市政协采用，得到中共北京市委书记蔡奇批示；1条信息得到市委常委、秘书长张家明批示；多条信息被台盟中央、北京市政协及各级统战部门采用。台盟西城区委获得台盟中央参政议政先进集体、市级组织参政议政突出进步奖。2位盟员被评为台盟北京市委参政议政先进个人。2位盟员获台盟北京市委信息先进三等奖。台盟西城区委获区政协反映社情民意信息工作先进单位二等奖。3位盟员评为区政协优秀信息员。

（丁　冬）

【组织建设】年内，区委召开4次主委会议、2次全委（扩大）会议，完成届中副主委增补选举。在台盟中央“我的支部我的家”基层支部征文活动中，1篇征文获一等奖。新发展1名盟员，组织新入盟盟员和中青年骨干盟员参加北京市和西城区民主党派培训班。盟员和专职干部参加区委统战部信息工作培训班。全年组织盟员100余人次参加各级统战系统举办的学习活动10余项。召开老盟员新春团拜会，举办“走进盟员工作单位　助力双岗尽职有为”主题活动、“心逸书法　书香台盟”读书学习活动等。区委承办台盟北京市委第十二届“同心杯”比赛活动，获团体一等奖。

（丁　冬）

【思想建设】年内，为纪念中国人民志愿军抗美援朝出国作战70周年，区委以“敬英雄　忆台盟”为主题，举办“不忘合作初心 继续携手前进”制度自信专题教育分享会；组织盟员参观“铭记伟大胜利 捍卫和平正义——纪念中国人民志愿军抗美援朝出国作战70周年主题展览。为纪念中国人民抗日战争暨世界反法西斯战争胜利75周年，组织盟员参观“金瓯无缺——纪念台湾光复七十五周年主题展”，参观白乙化烈士纪念馆，观看评剧《血火征程》。向盟员发放中共十九届五中全会学习辅导读物，采用“西城台盟邀您答题”微信方式，举办“学习贯彻十九届五中全会精神”知识答题活动。组织参加全国“两会”精神报告会、中共十九届五中全会精神宣讲报告会等。组织新盟员及待入盟台胞参加第十届“走近台盟 认知台盟”主题活动。编印纸质版《西城台盟简报》2020年度合刊，完成宣传报道60余篇，同期制作刊物全彩色在线电子杂志版，用微信向盟员、其他区级组织和统战群体等推送。通过“西城统战”和“北京台盟”微信公众号发送20余篇报道，2篇报道被《北京西城报》刊载。

（丁 冬）

【涉台工作】年内，组织盟员参加2次“与经典同行——京台青年读书会”活动，与台湾青年畅谈心得体会。在台盟北京市委第十三届“交流与共享”研讨会上，盟员们与来自台湾的政党、社团、文教领域专家学者等坦诚交流，关注台海局势及两岸关系发展新情况。组织盟员观看台湾地区领导人和“立法委员”选举电视直播，参加台盟北京市委台情报告会和研讨会。

（丁 冬）

【社会服务】年内，组织盟员为台盟中央定点扶贫联系县贵州省赫章县金银山街道公益儿童活动中心捐款12471元，在京盟员参与率达到94.6%。参加台盟北京市委“同一蓝天下 共上一堂课”活动，协调联络区委统战部、区教委等单位，促成北京志成小学、门头沟付家台中心小学、贵州省赫章三小、甘肃省果园小学三地四校师生通过网络直播形式，共享北京优质教育资源。54位盟员参加台盟北京市委“助梦启航”活动，捐款5071元。

（丁 冬）

（责任编辑 晏 畅）

人民团体

1月17日，第七届“开心科普　快乐过年”迎新春科普游艺会活动在西城青少年科技馆举办（西城报 供图）

4月，区妇联向对口帮扶地区捐赠口罩（区妇联 供图）

7月29日，区工商联与区司法局、区律师协会就民营企业产权保护社会化服务体系建设工作签订合作协议（区工商联 供图）

9月18日，2020年北京市西城区“全国科普日”主场活动在北京动物园举办（姜真 摄）

9月25日，区侨联举行志愿服务周启动仪式（区侨联 供图）

12月2日，西城区公民科学素质大赛决赛在北京天文馆举办（区科协 供图）

西城区总工会

【概况】北京市西城区总工会（简称区总工会）是中国共产党领导下的职工群众自愿结合的群众组织。区总工会受中共北京市西城区委和北京市总工会双重领导，负责指导全区各行各业的基层工会工作。区总工会机关设7部室：党建工作部、办公室、财务资产部、权益维护部、基层工作部、职工发展部、宣教网络部。在市总工会和区委的领导下，全区各级工会坚持以习近平新时代中国特色社会主义思想为指引，贯彻党的十九大和十九届以来全会精神，落实中央、市委、市总工会和区委决策部署，把握服务保障首都功能的核心要义，推进新冠肺炎疫情防控和经济社会发展，做好稳增长、促改革、调结构、惠民生、防风险、保稳定，发挥工会在联系职工、组织职工、引导职工、服务职工重要作用，组织复工复产，维护职工合法权益，完成各项工作任务。

地址：西城区白纸坊东街甲12号楼

电话：83493104

（刘　鹏）

【二届十次委员（扩大）会议】1月8至9日，区总工会召开第二届委员会第十次全体（扩大）会议，市总工会党组副书记、副主席潘建新，区委副书记张立新，区人大副主任、区总工会主席李会增，区总工会党组书记、常务副主席张中喜、区总工会副主席林育才、许畅、兼职副主席赵海出席会议。西城区各级工会主席、代表150余人参加会议。李会增作《西城区总工会2019年工作报告》，潘建新和张立新分别讲话。会议听取各级工会主席、代表的意见和答疑解惑，对工会经费收支管理使用业务培训和劳模评选等方面培训，审议通过《西城区总工会2019年工作报告》和《西城区总工会经费审查委员会2019年工作报告》。

（刘　鹏）

【迎新春劳模茶话会】1月21日，举办西城区新春劳模专场慰问音乐会。区委书记卢映川，区委副书记、区长孙硕，区委副书记张立新，区委常委、区纪委书记、区监委主任虞宝才，区委常委、区委办公室主任、区直机关工委书记徐利，区委常委、区委宣传部部长郁治，区人大常委会副主任、区总工会主席李会增，副区长李异，区总工会党组书记、常务副主席张中喜等领导与劳动模范、西城“大都工匠”、先进集体代表及职工代表等500人欢聚一堂，共迎新春。

（臧　璐）

【庆祝“五一”国际劳动节】4月23日，组织庆祝“五一”国际劳动节暨新时代劳动者座谈会。区委书记卢映川，区人大常委会主任杜灵欣，区政协主席章冬梅，区委副书记张立新等领导与新时代劳动者线上线下职工代表等百余人齐聚一堂，庆祝“五一”国际劳动节。观看《劳动筑梦　奋斗有我》西城区新时代劳动者纪实片，杜灵欣启动《西城职工劳动秀》小程序，卢映川等领导为参会劳动者职工代表颁发赠送《劳动筑梦　奋斗有我》视频影像册，8名劳动者职工代表交流发言。卢映川代表区委、区人大、区政府和区政协向劳动者代表表示慰问，向全区各行各业、各条战线的劳动群众致敬并表达节日问候。

（臧　璐）

【二届十二次委员会议】8月19日，区总工会第二届委员会第十二次全体会议召开，选举产生区总工会副主席。李会增主持会议并讲话。区委组织部常务副部长何焕平出席会议，区工会二届委员会31名委员参加会议。会前召开区总工会第二届委员会常务委员会第十一次会议。会议审议决定召开第二届委员会第十二次全体会议，选举产生新的西城区工会第二届委员会副主席。区委组织部常务副部长何焕平宣布区委决定并作相关人事说明。会议审议通过《关于张中喜同志不再担任西城区工会第二届委员会副主席职务的决定》《关于刘晨晨等同志不再担任西城区工会第二届委员会常务委员会委员职务的决定》《关于马光明同志替补为西城区工会第二届委员会委员职务的决定》。马光明全票当选为西城区工会第二届委员会副主席。

（刘　鹏）

【新冠肺炎疫情防控】年内，向

全区职工发出倡议，宣传疫情防控政策措施和科学知识，引导职工遵守相关规定、提高健康素养。向区卫健委划拨50万元，关心防疫一线医护人员。开展慰问“最美逆行者”专项活动，慰问防疫一线医护工作者1600余人。设立疫情防控专项基金，下拨248万元，支持基层工会疫情防控工作，为基层工会和广大职工排忧解难。完成困难职工生活影响调研报告，制定支持企业复工复产、保障职工权益措施15条，完成“助力复工复产”项目32个，帮助小微企业渡过难关。开展“抗疫防控　共克时艰——西城志愿者在行动”主题实践月活动，增加心理援助服务项目，做好职工心理健康服务。落实区委、区政府要求，各级工会干部参加社区疫情防控。

（刘　鹏）

【劳模匠人管理】年内，评选全国先进工作者3名、北京市模范集体8个、北京市劳动模范和先进工作者56名，举办新时代劳动者座谈会。按照“争先　大国情怀”“奋斗　匠心筑梦”“无我　疫不容辞”三个篇章，举办“奋斗有我　新时代劳动者奋斗肖像展”。制作《劳动筑梦　奋斗有我》纪录片，展示新时代西城劳动者风采。组建劳模宣讲团深入基层开展宣讲活动。

（臧　璐）

【职工文体活动】年内，与区委宣传部合作组织民族管弦乐、京剧、交响乐等演出观看活动6场。以“奋斗有我”为主题，开展西城“大都工匠”摄影视频竞赛，收到作品300余幅；开展医务人员垃圾分类专场活动，各直属基层工会主席、干部、上百名医务工作者参加活动。开展职工歌唱比赛、单身职工联谊、职工书法比赛、垃圾分类小测试等活动。

（张燕峰　王怀起）

【经费审查委员会工作】年内，区总工会经审会对区总工会本级、区总工会所属事业单位和直属基层工会经费使用情况审查审计。9月3日，区总工会经费审查委员会召开二届十四次会议，区总工会财务部负责人汇报区总工会2020年1至6月份账目及凭证情况。经审委员会对区总工会预算执行情况及财务收支管理情况审查审计，重点审查区总工会防疫资金拨放与使用情况。审计结果表明，区总工会严格执行中央“八项规定”“六项禁令”和财经纪律，经费各项支出均控制预算范围之内。12月25日，召开第二届经费审查委员会第十五次会议，会议审议通过区总工会2020年度经费收支预算调整情况；审查区总工会2020年1至12月预算执行情况及财务收支管理情况；审议区总工会第二届经费审查委员会2020年工作报告（审议稿）。区总工会经审会评为2020年度全市经审规范化建设评价工作一档单位，工作动态及经验多次在市总工会刊物宣传。

（韩悦彤）

【工会组织建设】年内，制定《西城区总工会2020—2021年关于加强非公有制企业工会组织建设工作的实施方案》，推进基层建会和发展会员工作。实现工会组织在园区、社区覆盖率100%，实现工会组织在重点商务楼宇覆盖率100%。新建百人以上工会组织数量位居全市第2名，企业建会率排名位居全市第1名，职工入会率位居全市城六区第1名。对费源系统中的央企、市直及外区经营单位统计，剔除转出工会组织2463家。完善“党建引领　党工共建”机制，将工会阵地建设融入区域化党建大格局，指导5家街道总工会完成工会服务站规范化建设，将区总工会所属法源寺房产无偿交付牛街街道总工会使用，指导建成全市首家工青妇联合的街乡级群团服务中心。新建职工之家14家、职工暖心驿站332家。加强经费支持，对2019年新建非公企业工会、新会员及零散入会会员下拨专项支持资金123.38万元，向全区需要经费支持的207个社区联合工会划拨工作经费207万元，拨付服务站规范化建设经费90.5万元，向新建职工之家支持市、区总工会经费680万元，新建职工暖心驿站市级支持经费66.4万元。指导9家改革单位完成工会重组新建。规范服务购买，完成区级资金购买社会组织服务25项。加强信息采集，采集合格会员数224015人；办理工会会员互助服务卡202320张，办卡率90.32%；全区12351App注册使用率为47.1%，较上年增长近5%。办理工会法人资格业务604份，一次性办理成功率100%，比同期办理速度增长10个百分点。

（张　艳）

【维护职工合法权益】年内，适应新冠肺炎疫情防控常态化要求，贯彻落实集体协商“稳就业　促发展　构和谐”行动计划，将“保企业　保就业　保稳定”作为集体协商工作主线，通过线上协商和线上职代会等方式，做好“六稳”工作，落实“六保”任务。指导企业开展集体协商质效评估，121家符合条件的百人企业完成质效评估，集体协商建制率动态保持85%以上，百人以上建会企业集体协商建制率保持95%以上，质效评估80分以上的集体协商建制企业达到70%以上。开展培育助推和谐劳动关系企业共同行动，培育“企业关爱职工　职工热爱企业”单位6家。完善劳动关系信息收集报送、监测预警、联动处置机制，建立劳动关系发展态势监测点3处，预防和化解劳动关系风险隐患。在西城区仲裁院增设工会劳动争议调解咨询台和调解室，畅通“调裁对接”，成功调解劳动争议案件208件，及时稳妥预防化解各类劳动关系矛盾。开展“尊法守法　携手筑梦”职工普法宣传活动，编印《复工复产疫情期间法律法规政策速查手册》，维护职工群众合法权益。深化“安康杯”竞赛，以线上线下相结合方式开展安全隐患排查、安全生产合理化建议、安全技能培训和安全文化建设等活动，制作1万套宣传安全生产的扇子、扑克牌，让安全生产理念深入人心。在消防、交通、建筑、餐饮等多个行业和领域，开展安全生产随手拍图片征集活动，防范各类安全事故发生。

（任震宇）

【开展普惠服务】年内，把握“七有”要求和“五性”需求，联合区妇联、团区委共同举办“关心关爱职工　感受西城温度”系列活动。制定拓展工会法律服务、推进小额贷款、完善心理减压机制、发挥职工文体活动阵地作用等10项工作方案。关心关爱劳模，慰问劳模、先进人物1336人次，发放两节慰问金、差额补贴养老金、专项补助金146.75万元。坚持唱响“四季歌”，开展线上“春风行动”，提供就业岗位260余个。投入154.84万元，开展送清凉活动。落实“金秋助学”政策，为12名困难职工子女解决上学问题。投入20余万元向辖区医疗机构和医务人员送温暖，慰问疫情期间生活困难职工500人。下拨专项资金100万元，开展关爱西城一线劳动者专项行动，在春节和“农民丰收节”期间慰问快递小哥、环卫工人、出租车司机、街巷保安等一线劳动者近4万人。加大职工医疗互助保障力度，实现意外伤害、住院医疗和重大疾病“三位一体”的工会补充医疗互助保障全覆盖，完成投保107396人，投保总额达到750万元，1177人获理赔，理赔总金额近305万元。开展“在职职工医疗互助保障计划”，受益78153人，理赔金额822万元。开展快递小哥群体从业状况调研，制定户外无固定办公场所劳动者服务方案。提高帮扶效果，17名职工实现解困脱困。各级工会组织开展服务职工项目107个，服务会员87186人次。坚持精准扶贫“一盘棋”，制定《西城区工会扶贫工作指导手册》，定期集中答疑，指导直属基层工会完成购买对口地区消费农副产品691万余元。

（臧璐　朱莉）

【群众性经济技术创新工程】年内，加强产业工人队伍建设，利用“云课堂”举办线上职工教育、匠人技能培训班，提升职工就业创业能力。开展劳动和技能培训，设立西城“大都工匠”技能培训基地1家。制定区级职工创新工作室评选标准，完成区级职工创新工作室云端申请直通车上线。持续在物业、园林、餐饮等行业开展岗位练兵、技能比武、劳动和技能竞赛。研发“西城职工劳动秀”小程序，开展西城职工职业变装劳动秀活动。开展“传承紫砂技艺　弘扬工匠精神”紫砂技能培训班，参与学习500余人。

（李　伟）

共青团
西城区委员会

【概况】中国共产主义青年团北

京市西城区委员会（简称西城团区委）是西城区先进青年的群众组织。西城团区委下设办公室、组织部（社会部）、宣传部、统战部、权益部5个部室和直属事业单位北京市西城区志愿服务指导中心。西城区未成年人保护委员会（简称未保委）办公室设在西城团区委。主要职责是积极发挥党联系青年的桥梁和纽带作用，组织青年、引导青年、服务青年、维护青少年权益，指导全区各级团组织开展工作。年内，以试点实施《中长期青年发展规划（2016—2025年）》为契机，以围绕中心、服务大局为工作主线，以巩固和扩大党执政的青年群众基础为政治责任，以培养社会主义建设者和接班人为根本任务，发挥共青团组织化动员优势、社会化动员经验和网络化动员特色，团结带领全区广大团员青年为打赢新冠肺炎疫情防控攻坚战、全面建成小康社会贡献青春力量。截至年底，西城区共有团组织1892个，其中基层团委78个，基层团工委19个，基层团总支60个，基层团支部1735个；全区共有团员16453名，团干部2174名，其中专职团干部178人，兼职团干部1996人。团区委目前下辖43个直属团组织，其中机关事业单位团组织21个，国有企业团组织15个，非公企业团组织7个。

地址：西城区南菜园街51号

电话：83975420

（朱嘉瑜）

【新冠肺炎疫情防控】2至3月，按照区委关于疫情防控工作部署，组织29人前往属地街道支援社区疫情防控；3月19日，组建九华转运专班，参与西城区场站转运调度中心疫情防控。3月，开展面向抗疫一线医务人员家庭（含支援湖北参医务人员家庭）“手拉手”专项志愿服务项目；截至6月11日，坚持送餐126天，为21户家庭40人提供餐饮3581份。6月，招募682名志愿者，协助全区15个街道检测点开展信息整理、秩序引导等。开展“抗疫防控　共克时艰——西城志愿者在行动”暨学雷锋志愿服务新时代文明实践主题月活动，动员全区31319名志愿者投身抗击疫情。12月30至31日，组织区域化团建单位志愿者参与什刹海街道全员核酸检测，参与服务81人次，服务时长17小时。年内，80余名委员向慈善组织、医院等机构捐款捐物60余万元；1名委员在公司成立志愿值守团，发动近40名员工加入到7个社区值守；发动委员所在单位100余人参与核酸检测点志愿服务；动员委员参加“青”援湖北，为“鄂”拼单活动，购买2.7万余元湖北农产品；依托“青春西城”微信公众号，发布“抗击疫情　西城区青联委员在行动”专题报道4期、“战疫先锋”5期，录制《抗击疫情　你我同行》——西城区青联抗疫公益视频，得到新华社北京频道、“北京西城”微博等平台转发，阅读量逾30万次；以“五四”青年节为契机，上线青春云课堂，为委员们搭建线上传道、授业、展示、交流平台。推出9期课程，内容涵盖昆曲、建筑、法律、医药、科技等各个领域。

（杨超　陈晓蕊　李彬彬）

【思想政治建设】年内，组织各级团组织和团员青年学习习近平总书记重要讲话、党的十九届五中全会精神等，召开“同心战疫　闪耀青春”五四青年代表座谈会。开展“青春心向党　建功新时代”线上主题活动130余场，打造“青春红游记”线上VR红色文化体验活动，引导青少年了解核心区文化魅力和古都风貌，纳入西城区中小学“传承红色基因　争做时代新人”主题教育活动。“青年大学习”参与14万余人次。开展“‘云’集七彩梦想　贡献青春力量”五四系列活动，通过直播授课20余场、征集书香作品700余幅、10名战疫先锋讲述、爱心接力、发动倡议等形式，引领青年贡献青春展现风采。“青春西城”升级墨韵书香阁、橙色阳光带、红领巾园地等多彩六面版块，打造“红墙下的青春梦魔方”，发布云产品700余条，粉丝10万余人，阅读量2146万次。完成“十三五”时期青少年事业发展规划效果评估，成功申报市级、国家级《中长期青年发展规划》实施试点。召开青年工作联席会议，编制“十四五”时期青少年事业发展规划，为共青团发展提供行动纲领。

（肖　珊）

【未成年人保护和预防犯罪】 年内，完成新一轮法治副校长聘任，为全区中小学配备法治副校长120名，配备率达100%。面向全区法治副校长、中小学德育干部等170余人，举办西城区青少年法治教育工作线上培训会。结合“合适成年人参与”工作，引入专业社会组织。构建未成年人司法保护社会支持体系，开展合适成年人工作30次，队伍培训2次。连续21年坚持开展“西检杯”中学生思想道德法律知识竞赛，结合疫情防控需要，本届“西检杯”改为线上举行，初赛以“我与民法典”为主题开展征文比赛，35所中学选送170篇征文，10个优秀代表队进入决赛，通过提交演讲视频方式，分获一、二、三等奖。配合《民法典》出台，设计制作普法Flash短片《团小西历险记》，在第七个国家宪法日来临之际，邀请城公检法系统的法治副校长们通过视频方式寄语广大青少年。开展“未诉先办”工作，主动联系区教委、区民政局等相关部门召开专题会、联席会，推动妥善解决，建立“未诉先办”工作与常态工作的有效连接。

（王　迪）

【青少年权益维护与服务】 年内，发挥“阳光地带”维护青少年合法权益、服务青少年健康成长和预防青少年违法犯罪作用，采用改造升级和创新服务方式，提升服务质量，开设“青春西城　橙色阳光带”微信版块、“阳光地带”抖音账号，发布疫情防控等相关小知识，“阳光地带”社区青年开展个案7例，帮扶见成效；组建教育类小组1个，服务次数达80余人次；以青少年安全防疫、法治教育、自护教育和家庭教育等为主题，开展宣传活动17场，覆盖青少年3300余人次。组织“阳光护航　手绘平安”青少年自护教育主题绘画活动，收到作品1469幅，评选100幅获奖作品，印制宣传册5060册、海报300余套，发放至全区中小学和各社区。

（王　迪）

【“面对面”工作】 年内，协助1名区政协委员就《引导西城区青年参与基层社会治理创新》形成委员提案。以“促进新职业青年发展”为主题，形成“面对面”调研报告。以快递小哥、外卖小哥等新职业青年代表为服务对象，开展3场送温暖活动。邀请7位市、区人大代表、政协委员及相关行业人员召开面对面座谈会，推动代表、委员“两会”期间为青年发声呼吁。

（王　迪）

【精准帮扶困境青少年】 年内，开展学业辅导、才艺发展、亲职教育等区级帮扶项目8个。开展“两节送温暖”，向135户困境青少年发放慰问金8.7万元，90户困境青少年发放米、油、学习礼包等市级慰问物资；联合区红十字会和府右街宾馆，为5名困境青少年提供“寒窗助学金”1.2万元；发动各级团组织、青联委员为“抗击疫情　希望同行——希望工程低保重残帮扶行动计划”募捐资金3万余元，为15位低保重残青少年提供每人1207元爱心捐款；开展“青春云接力　暖心爱传递”活动，由爱心人士“一对一”认领，为15名困境青少年实现“微心愿”；聚焦中高考，开展“护航中高考　与你同行”项目，为困境青少年参加中高考考生提供口罩、签字笔、水杯等考试必备用品，覆盖青少年72人；开展“云端七彩梦”项目，为区内有才艺需求的60名青少年，提供线上书法、绘画课程；对接网易公司，开展“学海有道”公益项目，为50名困境青少年免费提供价值10万余线上英语课业辅导资源；运用“人在情境中”视角，开展“家有儿女”亲职教育项目，提升父母养育子女的技巧与能力；推动第五期“青春助跑　学习伙伴”项目，通过为期9个月的“1对1”向导服务，帮助青少年培养良好的学习生活习惯；为31名生活困难家庭青少年发放“希望之星1+1”助学金3.49万元。组织区青联委员赴喀喇沁、张北、阜平捐资助学，捐赠爱心助学礼包等各类物资价值22万余元；携手区青联委员援建的第一间易峰音乐教室落地张北县小二台镇中心小学，持续青年之家援建，动员各方资金100余万元；募集红墙助学金10万余元，资助106名对口支援地区建档立卡贫困学生；结对帮扶6位贫困生，捐赠每人2000至3000元资助款。

（王迪　陈晓蕊）

【垃圾分类志愿服务】 年内，发动驻区单位、志愿服务组织、广大党员、团员回社区报到，参与垃圾分类桶前值守志愿服务。西城区259个社区18391名志愿者参加垃圾分类志愿服务，累计志愿服务时长81921.5小时。联合西城团教工委开展“参与垃圾分类　共建文明校园”活动，西城区共青团员、少先队员担任垃圾分类志愿者指导员，负责在课间和午饭时间，在校内的垃圾桶旁宣传垃圾分类知识，指导老师和同学垃圾分类。11月16至18日，举办西城区垃圾分类志愿者王者PK团体赛，各街道、委办局、卫生系统、直属团组织及志愿服务团队组成59支队伍参赛，1725名志愿者参与线上答题挑战，比赛点击率22865次。

（李彬彬）

【**志愿者规模与荣誉**】年内，实名注册志愿者306627人，占全区常住人口的26%，开展志愿服务项目4878个，记录时长495万小时，注册志愿团体5159个。北京华天饮食集团公司青年志愿服务队获全国“抗击新冠肺炎疫情青年志愿服务先进集体”称号。推荐29个项目参选北京市2019年“五个100”先进典型活动，郑春玲等6人被评为“首都最美志愿者”，西城区志愿服务联合会等6个志愿服务组织被评为“首都最佳志愿服务组织”，北师大二附中“金声——中国优秀传统文化传承”志愿服务项目等3个项目被评为“首都最佳志愿服务项目”，王江风家庭等5个家庭被评为“首都最美志愿家庭”。

（李彬彬）

【**党建带团建队建**】年内，基层组织建设重点工作任务基本完成，全年新增社会领域团组织完成332家，102.5%完成指标任务；组织894家团（总）支部开展“对标定级”，自评复核率达到100%，覆盖团员总数10534人；全年新发展团员录入系统1999人，录入率和电子档案上传率均为100%；“学社衔接”发起转接人数5309人，转接发起率为99.98%，转接完成率为99.79%。11878名团员回社区报到，参与垃圾分类志愿服务6074人次，总服务时长约3.7万小时，共有801名团员完成20小时及以上村（社区）志愿服务；15个基层团建督导员在岗率为100%，年度考核平均分91.26分，考核成绩为优秀8人，较好4人，合格3人，获北京市优秀基层团建督导员6人。组织西城区第二次少代会，选举产生新一届少工委委员，审议通过《关于全面加强西城区少先队工作的若干举措》。在新街口街道开展校外少先队试点建设工作，逐步建立党委领导、团队主责、学校落实、社会协同的工作体系。联合团教工委举办“从小学先锋　长大做先锋”暨文明行为从我做起主题队日活动，邀请全区9.2万名少先队员线上参与，活动通过光明网直播平台线上开展，浏览点击量189.18万次。举办“致敬抗美援朝　争做时代新人”主题团课暨队日活动，活动邀请原中国人民志愿军战士毛文戎讲述英雄故事，团市委书记李军会、团市委副书记毛晓刚、团市委相关部室同志、北京师范大学附属中学、北京第一实验小学的100名共青团员、少先队员、入团积极分子及共青团和少先队工作者代表参加活动。推荐1人获“全国优秀共青团员”，2人获“全国优秀少先队员”，1人获“全国优秀少先队辅导员”，1个中队获“全国优秀少先队集体”；2人获“北京青年五四奖章”，推荐5个单位获北京市青年突击队认定，推荐10个单位创建北京市青年文明号。

（杨　超）

【**聚焦青年再组织化**】年内，结合西城区区位特点，采取党委领导、政府负责、群团共管、社会运营的方式，推动“聚力　金融街”党群服务中心阵地建设，并形成党建带团建促社建的工作品牌；围绕“精准回应需求　精心设计项目　注重培养骨干　注重实际成效”要求，依托“两微一端一抖”线上平台，通过组织化、社会化、再组织化过程，实现对金融从业人员服务、凝聚、引领；发挥青年自组织优势，成立足球、阅读、乐器、美食、金融、时尚、志愿服务、统战、瑜伽、亲子、舞蹈、摄影、话剧、绘画、健康、艺术、环保、时尚等20个社团自治组织；开展以“聚”为主题的七大类活动1502场，覆盖青年2.6万余人次，微信关注量超6487人次，阅读量达2.2万人次。

（杨　超）

【**社区青年汇建设**】年内，制定《2020年西城区社区青年汇旗舰店专职社工薪酬方案》《2020年西城区社区青年汇普通店专职社工及区级运营支持中心岗位薪酬方案》，激励社工更好地完成工作。全区24家社区青年汇开展市级、区级、事务所及自主等各类线上、线下活动2397余次，参与青年23666人次。聚焦垃圾分类，开展“分小萌”垃圾分类示范引导站市级项目，参与3753人次，志愿服务时长达7606小时。开展“相约冬奥　筑梦冰雪”等迎冬奥主题品牌项目，参与青年近400人次。在团市委考核中获得“最受青年欢迎的青年汇群体活动”精品奖1个、优秀奖3个，“社会服务项目”精品奖1个、优秀奖3个，5家社区青年汇被评为市级“优秀社区青年汇”，占全区社区青年汇的20.8%，高于全市20%平均水平。社区青年汇工作考核位列全市第二。做好社区青年汇专职社工激励保障，通过为社工发放不低于市级奖励、交通补助、组织社工体检等措施，提高专职社工的个人保障。

（杨　超）

【青桥计划】年内，结合“四个中心”建设，鼓励各直属团组织将共青团工作以项目化运作形式向团区委申请支持。从36个项目评议筛选29个入围项目提供经费支持，分别为“精准帮扶”3个、“团建创新”6个、“社区青年汇建设”20个，投入70余万元。“青桥计划”活动154场，服务覆盖青年5236人次。团区委制定《2020年青桥计划监测工作方案》，从项目申报、中期评估、终期结项等关键环节对项目支持和指导，委托专业社工对项目所有场次活动深度监测，面对面当场对活动评价和指导，提升活动效果。

（杨　超）

【脱贫攻坚】年内，聚焦扶贫实际需求，通过“好书伴成长”——为新疆和田地区中小学生捐赠国语图书活动，号召区青联委员捐赠2.6万余册图书；推进“希望之星1+1一家亲——我在北京有个家青少年助学帮扶项目”，发动区青联委员及所在单位捐款46.48万元，帮扶贫困生79名；举办“我的青春为爱下单”直播带货活动，销售张北特色农产品3万余元；通过微信群号召委员参与消费扶贫，助力张北、鄂伦春等地农产品销售；发起“我在张北有亩地——扶贫有藜”藜麦认养活动倡议，西城青联认领藜麦10.4亩3.12万元。

（陈晓蕊）

【委员届中增补】9月18日，召开西城区青联二届二次主席会议、常委会议完成届中委员增补工作，新增补63名委员，卸免16名因工作调整等原因无法继续履职的委员，调整后区青联二届委员会委员350人；制定实施《西城区青年联合会界别工作制度》，通过任命各界别工作委员会主任、秘书长，健全界别组织机制，调动和发挥界别主观能动性，增强委员责任感和青联的组织活力。

（陈晓蕊）

【青联活动】年内，开展瑞蚨祥非遗文化体验、西城区青联学习传达全国青联十三届全委会精神工作会、“倡导家庭新风尚　共绘七彩中国梦”亲子绘画、“传承革命传统　弘扬沂蒙精神”交流座谈、“数剧京韵”京剧数字传承与创意体验、“无言的战友　忠诚的守护”警犬基地参观、“学五中全会精神　聚力新时代发展”交流座谈、“十四五”青少年事业发展规划调研座谈会、青年金融论坛、“深入学习贯彻党的十九届五中全会精神　发挥党建引领作用　助推科技企业发展”交流论坛、“重走长征”红色沙盘模拟素质拓展等会议与活动，参与委员300余人次。

（陈晓蕊）

西城区妇女联合会

【概况】北京市西城区妇女联合会（简称区妇联）是在中共北京市西城区委领导下的各族各界妇女为进一步发展而联合起来的社会群众团体，是党和政府联系妇女群众的桥梁和纽带。下设办公室、组织联络部、权益发展部、宣传教育部、妇女儿童工作委员会办公室、妇女儿童发展中心6个办事机构。年内，区妇联以习近平新时代中国特色社会主义思想为指导，深入学习贯彻党的十九大和十九届以来全会精神，树立“政治意识、大局意识、核心意识、看齐意识”，践行“红墙意识”，落实西城区妇联改革实施方案，以家庭文明建设为重点，以维护妇女权益、促进全面发展为主线，做好“十三五”妇女儿童规划收官，动员引领全区广大妇女在西城区新时代发展中发挥半边天作用，圆满完成各项任务。

地址：西城区广安门南街68号

电话：83976200

（申 骏）

【“两节”送温暖活动】1月20日，区妇联组织元旦、春节期间走访慰问活动，慰问老妇救会主任、患“两癌”贫困妇女、单亲特困母亲、纯老年人家庭困难妇女、低收入困难妇女等各类困难人员358人，金额19.3万元。

（邱兴玉）

【“三八”庆祝活动】3月1至18日，区妇联以“红墙耀韶华 巾帼心担当”为主题开展线上“三八”风采展示活动，视频短片展现“她风采”、传递“她力量”、体现“她温暖”，致敬抗“疫”女性，号召全区广大妇女成为新冠肺炎疫情防控的巾帼力量。北京市妇联党组书记、主席张雅君，西城区委书记卢映川，区委副书记、区长孙硕，区人大常委会主任杜灵欣，区政协主席章冬梅，区委副书记张立新等市区领导以视频形式为全区女性送上节日祝福，阅读量7000人次，微信受众群体5万余人。

（谢 军）

【“街巷小管家在行动”项目】5月12日，区妇联以新版《北京市生活垃圾管理条例》实施为契机，启动西城区妇女之家“街巷小管家在行动”项目，项目分为3大板块，围绕“街巷小管家学习在社区”“日常家务劳动”“垃圾分类”等10大主题，项目运行5个月，15个街道妇联实名登记1277名，开展主题活动114场，项目服务4000余人次。11月21日，项目总结暨表彰会评选“先锋贡献奖”116名，“最佳建设”奖228名，“优秀服务”奖489名，“积极参与”奖445名。

（刘洪娟）

【国际家庭日主题活动】5月15日，区妇联借助新媒体平台，举行“劳动最光荣 亲子共成长”21天“我的2020新家务倡议”云打卡行动，2501人参与，浏览量24301次，号召广大家庭形成重视劳动的新时代家庭教育观。

（周惠娟）

【慰问困难儿童】“六一”儿童节前夕，区妇联对15个街道的45户孤残、大病、单亲困难儿童家庭入户走访慰问，慰问款项4.5万元。

（周惠娟）

【巾帼宣讲团】5月19日，区妇联以“红墙耀韶华 奋进新时代”为主题，组建由抗疫先锋、最美家庭、环保达人的巾帼宣讲团，通过VCR、短视频形式，在抖音、微信、微博等线上平台向全区广大家庭分享精彩故事，弘扬巾帼力量，促进社会和谐，开展“云”宣讲3场次，录制14条宣讲视频，微信抖音点击量1498人次。

（谢 军）

【恒爱温暖行动】5月29日，区妇联推进恒爱温暖行动，将爱心人士编织的170件毛衣捐赠新疆和田地区贫困儿童。

（周惠娟）

【“六一”庆祝活动】5月30日，区妇联联合天桥艺术中心，通过“云赏乐、云游艺、云探访、云畅聊、云美味”等版块庆祝“六一”，共享艺术时光、体验别样童年，300多个家庭600余人观看活动直播，线上互动消息938条，点赞数量91408个。

（胡艳萍）

【周末亲子课堂】7至9月，区妇联开展以家庭为单位的“幸福家庭·周末亲子课堂”现场活动6场，涉及家庭芽苗菜养植、手工压花台灯制作等内容，90个家庭200多人参加活动。

（胡艳萍）

【暑期家教大讲堂云课堂】8月24日至9月30日，区妇联围绕父母“五大胜任力”——倾听力、影响力、情绪力、边界力、协商力培养，录制系列在线课程，374名家长加入学习群，分享心得笔记超过2000条，21天“云打卡”活动总播放量超过1万人次。

（周惠娟）

【垃圾分类“家”行动】8月，区妇联印发《西城区妇女联合会关于开展“垃圾分类‘家’行动”的工作方案》《西城区妇联垃圾分类“家”行动最美家庭“一带十”活动方案》，在全区广大妇女和家庭中开展“垃圾分类‘家’行动”。

（周惠娟）

【“单亲妈妈成长营”项目】8月“单亲妈妈成长营”项目继续携手北京市心启航公益专业心理服务机构，开展8次线下减压小组、8次线上家庭教育微课、8场儿童戏剧体验营，让妈妈和孩子实现同步成长，为更多单亲妈妈带来摆脱困境勇气和注入自爱自强力量。

（邱兴玉）

【幸福课堂培训】8月25日，区妇联推出10期“线上四艺小课堂”，包括日常茶艺、空气消毒、居家插花、亲子手绘等内容，阅读量达345余次；10月10日、20日、30日分别为广内街道、展览路街道、西城妇幼保健院、果子市幼儿园送上自制防疫护手霜及中草药保健U型枕培训内容，关爱奋战在抗疫一线的医护人员及坚守基层的社区志愿者。

（胡艳萍）

【精准扶贫调研】8月31日至9月1日，区妇联到张北县精准扶贫调研，跟进项目开展情况和文化团队组建运营情况，推动西城区非物质文化遗产工艺制作项目在张北落地，促进社会组织与妇女创业衔接，帮助贫困妇女脱贫致富。

（邱兴玉）

【二届七次执委会】9月3日，区妇联召开二届七次执委会，47名执委参加会议。会议审议通过《北京市西城区妇女联合会第二届执行委员会第七次会议选举办法（草案）》，通过总监票人、监票人名单。根据计票结果，王丹全票当选为西城区妇联主席。

（刘洪娟）

【垃圾分类督查】9月4日至年底，区妇联参加区垃圾分类桶前值守督查，23人次参与5个街道1000余个垃圾桶督查，累计时长500余小时，推进全区垃圾分类“桶前值守”工作。

（周惠娟）

【基层妇女干部线上培训】9月15至18日，区妇联依托“汇贤学堂”云课堂，围绕男女平等基本国策、基层社会治理、礼仪与交往等内容开设课程，提升基层妇女干部业务素质能力，区妇联机关干部、各街道和社区妇联主席、执委、妇联专职社工，党政机关事业单位妇委会（妇工委）委员，近千余人参加学习培训。

（刘洪娟）

【《民法典》线上专题培训】11月16至20日，区妇联举办《民法典》线上专题学习培训班，采取线上直播教学形式，依托“汇贤学堂”网络平台，覆盖全区三级妇联维权干部和巾帼亲情服务队，5天3500人次参与学习。

（邱兴玉）

【女干部领导力提升培训】12月7至11日，区妇联联合区委组织部，依托“汇贤学堂”云课堂，举办女干部领导力提升线上直播专题培训班，围绕党的十九届五中全会精神解读、习近平新时代中国特色社会主义思想、女性领导力提升等设置培训内容，提升女干部领导力。

（刘洪娟）

【婚恋专题讲座】12月22日，区妇联以婚恋观教育和家庭幸福主题，开展《婚恋大讲堂》专题讲座，50户家庭参加活动。

（谢　军）

【最美家庭评选】年内，西城区涌现出1户“全国文明家庭”、2户第十二届“全国五好家庭”、14户“首都最美家庭”、171户“西城最美家庭”。

（周惠娟）

【家庭阅读系列活动】年内，开展“书香　家　春秋”家庭阅读主题活动4季，500户家庭参与。举办“我们家的读书日”“端午书香情”“爱在京皖爱心图书漂流”等线上主题活动6次，通过微信平台每周推出家分享、家课堂、家阅读栏目，对48本图书多元解读，分享144次。

（谢　军）

【失独家庭关爱】年内，区妇联联合西城区德馨社工事务所，利用“钉钉”直播平台，以“云上练歌”“云上美食”“云上编制”“线上心理援建”四大“云上”板块，为失独老人开展关爱系列项目活动，组织失独成员活动次数为48次，服务人次2630人次。

（胡艳萍）

【儿童之家建设】年内，西城区建成儿童之家256个，建设率98.84%，完成《中国儿童发展纲要（2011—2020年）》提出的在90%以上社区建设儿童之家要求。

（周惠娟）

【青年联谊】年内，区妇联通过腾讯、钉钉会议平台搭“鹊桥”，以“云相亲”形式开展“特别的爱给特别的你”“爱在一起　缘聚西城”为主题的情感交友沙龙活动3场、线下2场。11月，联合九三学社、民建、双拥办等单位，举办“浪漫金秋　相约西城”大型青年联谊活动，150多名单身男女报名参加。

（胡艳萍）

西城区科学技术协会

【概况】北京市西城区科学技术协会（简称区科协）是北京市西城区科技工作者的群众组织，是中共西城区委领导下的人民团体，是区委、区政府联系科技工作者的桥梁和纽带，是推动科学技术事业发展的重要力量，是北京市科学技术协会在西城区的地方组织。年内，加强科学理论宣传贯彻及宣讲实践，坚定政治立场，把准正确方向。强化核心区首善意识，加强全国科普示范区建设，组织60余家单位开展示范期工作总结，汇总5大类51条指标和总结上报市科协、中国科协。通过组织“科技工作者日”“疫情防控心理健康”讲座、科技沙龙和意见建议征询等，团结凝聚科协委员、科技工作者思想，弘扬科学家精神，发挥引领作用，服务区域经济社会发展。推进落实系统改革任务；贯彻落实《中华人民共和国科学技术普及法》和《西城区全民科学素质行动计划纲要实施方案（2016—2020年）》，建设全国科普示范区，提升区域公众科学素质，促进科技强区、科普益民、服务民生。举办第三届全国科技工作者日纪念活动，组织第三届“春之声　科普汇”、第二十二届科普之夏、第十八届全国科普日等活动，参加第四十届北京青少年科技创新大赛等赛事，组织相关学（协）会开展科学普及服务。西城区获“2016—2020年度少年科技创新大县（市、区）”，具备2021—2025年度第一批“全国科普示范县（市、区）”创建资格。在第十一次中国公民科学素质抽样调查中，西城区公民科学素质比例26.1%，高于全国10.56%。区科协机关获“2018—2020年度北京市科协系统首都文明单位”称号。区科协被中国科协评为“北京市科协系统首都文明单位”。在第十一次中国公民科学素质抽样调查中，西城区获公民科学素质大赛优秀组织奖。

地址：西城区广安门南街68号

电话：83976206

（樊士广）

【深化系统改革】年内，推进科协系统深化改革，促进科协事业发展。坚持把《西城区科协系统深化改革实施方案》要求作为建设发展路径，总结3年来系统改革成效经验，深化改革成果。围绕基层组织建设和能力提升，加强街道科协、社区科普协会建设指导。指导北京市科普文化促进会等单位，策划组织“科学e+1”主题活动，协调推进2家院士专家工作站复查复检。成立“北京天恒金融科技企业联合科学技术协会”，扩大对企业科协组织建设指导与服务。

（樊士广）

【服务人才发展】年内，向国家、北京市等16个奖项举荐科技人才24人次，其中北京大学人民医院黄伟获第九届“北京市青年优秀人才”称号，北京诺亦腾科技有限公司蒋斌、中工程咨询有限责任公司张杰、航天科工智慧产业发展有限公司蔡功、北京市燃气集团有限责任公司邢琳琳、北京交通发展研究院雷方舒获“2020年北京市科协优秀青年工程师”称号。北京市西城区青少年科学技术馆张帆、北京市宣武青少年科学技术馆刘佳、岳颖、北京市第三十五中学杨钦贞获第四十届北京青少年科技创新大赛“十佳科技辅导员”称号。

（樊士广）

【服务决策和创新】年内，开展“时间利用”“学风建设”、科技工作者“科研伦理意识”和“创新激励政策”专项问卷调查，组织“建箴言促发展”信息报送及实践活动，拓展和引导科技工作者为区域经济社会发展建言献策。

（樊士广）

【春之声　科普汇】年内，联合区委组织部、区直机关工委、区科技和信息化局、区民政局举办2020年“春之声　科普汇”公民科学素质大赛，在“西城家园APP”开辟“科学大赛”答题通道，设置“科学施策　科普先行”西城区新冠肺炎防疫专版，线上答题用户1.24万人，线上答题平台答题115820人次，选拔18个成员单位参加网上预赛。在北京天文馆举办第一届线下决赛，8支代表队参赛，平安医院获第一名。决赛实时直播观众26407人次。

（樊士广）

【科技工作者日】年内，联合区科技和信息化局、区卫生健康委、区融媒体中心，开展第三届西城区全国科技工作者日活动。重点面向科技企业职工、医护工作者、青少年等群体，征集摄影、书画等作品，收到21家单位394份作品。邀请区科协主席屠海令院士、区委副书记张立新线上送祝福送关怀，拍摄回民医院、熙诚紫光科技公司、360科技公司、月坛社区卫生服务中心等西城最美防疫“逆行者”动态，反映西城区科技工作者良好精神面貌。在科学加抖音快手等短视频账号线上发布活动成果，短视频单条点击量近10万人次，得到10多家媒体报道。

（樊士广）

【科普之夏】年内，组织北京萃思教育科技有限公司、北京超爱阅读文化传播中心、北京科普文化促进会，开展“科学e+1”、科普全动员线上科普活动31场，14个街道240个社区1625人参加，引领科普资源与街道、社区对接，为民众提供科普服务。

（樊士广）

【科普日活动】9月18日，由西城区科学技术协会主办，北京动物园和西城区疾病预防控制中心协办的西城区“全国科普日”主场活动在北京动物园举办，围绕“决胜全面小康　践行科技为民　保护野生动物　共享和谐生态”主题，聚焦《北京市野生动物保护管理条例》、垃圾分类、疫情防控知识等开展科普活动。北京市科协一级巡视员岳鸿志，西城区委副书记张立新，西城区科协党组书记、常务副主席张玮，北京动物园副园长张成林，北京天文馆馆长王晓峰，中国古动物馆副馆长张平等领导出席活动。张立新要求将政治引领、凝心聚力作为重要内容，担负起新时代赋予的“创新发展科普之翼”重要使命与责任。张玮宣读对西城区“全国科技工作者日”“红墙下的最美‘逆行者’”作品评选活动优秀组织单位和作者表彰决定。现场组织科普知识问答、科学魔术秀、“生物分类树”、科普乐园、机器人和疾控知识体验等活动。

（樊士广）

【纲要实施】年内，调整全民科学素质工作领导小组成员，副区长聂杰英任区全民科学素质工作领导小组组长，印发《西城区全民科学素质行动计划纲要实施方法（2016—2020年）〈2020年任务分工〉》，明确增加各成员单位责任分工，落实成员单位工作职责。借助线上技术应用，实现领导干部和公务员及未成年人科普教育全覆盖，城镇劳动人口、社区居民参加科普教育活动人数得到保证。订阅《科技生活》《全民科学素质专刊》，促进全民科学素质成员单位了解新要求新理念新知识。

（樊士广）

【科普益民】年内，落实北京市新时代文明实践基层科普行动计划，宣传发动区域单位申报科普益民项目，获市级经费支持基层科普品牌活动1项、科普益民活动3项。

（樊士广）

【社区科普】年内，各街道开展社区科普活动。德胜街道开展“垃圾分类的前世今生”、野生动物保护在线课堂；什刹海街道开展“脑科学”“科技制作”“3D打印”等40余场青少年科教活动；西长安街街道联合组织太极进社区活动，宣传活动及授课116次，受益4300余人次；大栅栏街道以节约粮食、节约能源资源、垃圾分类及疫情防控为主题，制发科普手册、宣传海报；天桥街道组织青少年和家长，开展“光影研究所　垃圾去哪了”、大椿天学区线上活动，让孩子增强绿色环保理念；新街口街道开展“垃圾分类”主题科普讲座、漫画展评、志愿者讲解及垃圾处理厂参观；金融街街道利用“云课堂”为居民讲解垃圾分类、防灾减灾、养生防病等知识；椿树街道利用书苑、宣传栏、宣传橱窗、科普画廊、科普活动室、LED显示屏开展科普宣传引导；陶然亭街道开展线上科普宣传教育，涉及新冠病毒知识、预防知识、核酸检测知识及垃圾分类知识等，组织20

余场3000多人次参加；展览路街道打造“特色阅读空间”和“职业生涯发展课程”，建设“全民健身示范街道”科普资源品牌；月坛街道联系中国地震台网中心、中科院京区科协等15家地区科普资源单位、阅群社会工作事务所等9家社会组织、地区18所中小学幼儿园为会员，推进科普工作融合发展；广安门内街道开展垃圾分类知识线上直播，通过微信公众号、微博、BTV北京时间等媒介推广；牛街街道依托社区教育学校，开设绿色种植、太极拳、信息技术、数码摄影等课程。白纸坊街道开展“古陶文明科普行”活动19场；广安门外街道组织开展科学防疫、心理疏导、家庭健康线上讲座相关活动70余次，1400余人次参与活动。

（樊士广）

【青少年科技活动】 9至12月，开展“创新　实践　融合”全区中小学校学生科技节，组织科学普及、科技创新等活动32项，10万人次学生参与。组织西城区青少年科技创新大赛、机器人大赛、人工智能创意编程、明天小小科学家、小院士课题研究评选作品征集等竞赛、科学普及活动30余项。组织参加北京青少年科技创新大赛，获一、二、三等奖173项。12项青少年科技成果获推荐参加第35届全国青少年科技创新大赛。15项青少年科技成果入围第20届全国“明天小小科学家奖励活动”终评展示。西城区青少年科普教育普及率和竞赛成绩，保持北京市及全国领先。

（樊士广）

【新冠肺炎疫情防控】 年内，转发中国科协、北京市科协倡议书和西城区政府致居民、地区单位一封信，发放北京科技报防控宣传专版《战疫》和宣传挂图等，提高西城区青少年科普教育普及率。竞赛微信公众号和刊物加强疫情防控宣传，突出科学辟谣、防疫动态、应急知识、人物宣传，以专题报道宣传疫情防控事迹。推送疫情防控、复工复产信息30余条。

（樊士广）

【科技援助与交流】 年内，组织科技下乡到门头沟黄安坨村、怀柔范各庄村，开展义诊、知识竞答和参观体验，助力区域文明城区和全国科普示范区建设。

（樊士广）

【学（协）会活动】 年内，支持学（协）会开展科普协作项目5项。区医学会围绕“聚力中国梦　我们在行动”开展线上线下系列讲座、培训、咨询、义诊等活动；区老医药卫生工作者协会注重“关爱失能老人”，在老年健康宣传周、重阳节等进社区、进养老机构义诊咨询、发放科普宣传读物；区文化产业协会组织“网络科普夕阳红　科普伴我健康行”数字技能线上线下培训，900余人次中老年人受益。区预防医学会实施慢性呼吸系统疾病防治行动，让居民了解新冠肺炎、慢阻肺等传播途径和预防措施。区宣南文化研究会开展科普咨询、科普培训、5G知识宣传进社区。

（樊士广）

【科普大学建设】 年内，广外、新街口和普天德胜3个社区科普大学教学点立足自身特点和优势，以疫情防控为内容，采取微信群、上门送宣传资料等方式宣传疫情防控知识，受众3000余人。

（樊士广）

【简约生活创意无限比赛】 年内，举办第九届“简约生活　创意无限”资源再设计大赛，征集创意作品和绿色故事作品1000余件，选拔推荐作品316件，评出奖项50件，其中创意作品一等奖6件、二等奖11件、三等奖16件；绿色故事作品一等奖1件、二等奖1件、三等奖15件，普及创意设计知识、宣传低碳生活理念。

（樊士广）

【绿色科普驿站】 年内，引导12家“绿色科普驿站”开展“电磁旋转密码”“科普万花筒”“智能垃圾筒制作”等低碳环保手工制作、绿色生态、环境美化实践活动17项，为建设和谐创宜居贡献力量。

（樊士广）

【反邪教科普活动】 年内，组织“科学新生活”反邪教知识竞答活动，1100余人线上答题；征集反邪教科普宣传活动视频、反邪教科普宣传专题片、宣传反邪教科普文字作品等30件向北京反邪教协会报送，征集反邪教180.4万人，30余家媒体转载。

营造“崇尚科学　健康生活”和助推“平安西城”建设的良好氛围。

（樊士广）

【助力老年健康生活】年内，顺应“后疫情”时代需求，助力老年健康生活。联合中检科（北京）科协、德胜街道组织“德胜论坛”第三期“社会养老　慈善救助”活动，通过报纸、电视及线上直播方式，线上观看180.4万人，30余家媒体转载。与区文化产业协会组织中老年人免费智能手机使用线上线下培训12期，参加500余人次。与区医学会组织空巢老人居家锻炼增强免疫力，线上开设微课堂、线下编发《老年心理健康科普知识手册》，帮助解决老年人疫情恐慌、焦虑、失眠等心理问题，受众达7500人次。

（樊士广）

【科技协作】年内，利用信息网络技术，组织区域科技企业和工作者参加北京市科协“金桥工程种子资金”项目申报，推荐“5G环境下基于虚拟桌面的云应用平台研究”“北京市西城区公共场所甲醛污染及从业人员健康风险评估”等35个项目参加北京市科协金桥工程种子资金项目申报。

（樊士广）

西城区归国华侨联合会

【概况】西城区归国华侨联合会（简称区侨联），是中国共产党领导的由归侨侨眷组成的人民团体，是党和政府联系广大归侨侨眷和海外侨胞的桥梁和纽带，在中共西城区委的领导和北京市侨联的指导下，依据《中华全国归国华侨联合会章程》开展工作。第二届委员会有45名委员，主席1人、副主席3人，下设维权服务、文化交流、对外联络、参政议政工作委员会和青年委员会，聘请海内外顾问和委员107名。有16家基层侨联组织，区、街道、社区有17个“侨之家”、3个“留学人员之家”。在中国侨联十届四次全委会上，区侨联获全国侨联系统抗击新冠肺炎疫情优秀集体；新街口街道侨联获全国侨联系统优秀“侨胞之家”称号，1名侨联干部获全国侨联系统抗击新冠肺炎疫情先进个人称号。

地址：西城区牛街20号

电话：83494732

（闫丽霞）

【新冠肺炎疫情防控】年内，成立区侨联疫情防控领导小组，制定《北京市西城区归国华侨联合会应对新型冠状病毒肺炎疫情应急工作方案》，学习习近平总书记关于加强新冠肺炎疫情防控工作的重要讲话精神和市委、区委有关要求，做好疫情防控工作动员部署，提出具体目标任务。建立疫情报告、信息报送、社区报到和物资捐赠等机制。动员海外侨胞为国内疫情捐款捐物，协调海外探寻紧缺防护物资购买渠道，来自新西兰、斯洛伐克、荷兰等国家的海外委员向西城区定向捐赠防疫物资。动员地区侨界力量投身疫情防控，侨联委员、基层街道侨联、侨资企业、归国留学人员及侨界志愿者200余人参与社区防疫值守，捐款、捐物30余万元。做好海内外侨胞引导和安抚，向西城籍海外学子捐赠“爱心健康包”500份，传递祖国关心关怀。贯彻落实中央和市委关于“六保”“六稳”工作部署，为西城区困难归侨侨眷发放一次性特殊补助4.6万元，缓解疫情期间困侨的特殊困难。

（闫丽霞）

【凝聚侨界共识】年内，贯彻党的十九大以来全会精神和习近平总书记关于侨务工作重要论述及中央、市区有关部署。3月6日，区侨联以通讯形式召开二届六次全委会议，审议通过2020年工作报告。结合北京市侨联成立70周年，开展“奋斗新时代　同筑中国梦”主题教育实践活动。组织归侨侨眷参观“铭记伟大胜利　捍卫和平正义——纪念中国人民志愿军抗美援朝出国作战70周年”主题展览。12月14日，区侨联党组书记、主席，区委统战部副部长（兼）安亚荣深入侨资企业开展党的十九届五中全会精神宣讲。

（闫丽霞）

【脱贫攻坚】8月7日，区侨联党组书记、主席，区委统战部副部长（兼）安亚荣随市侨联赴河北省阜平县对“京侨帮扶　双百行动”项目调研。9月11日，组织基层侨联参加“京侨帮扶　双百行动”捐款，募集善款2.5万元。为“鄂伦春自治旗宜里镇小库莫村帮扶项目”投入扶贫资金5万元，为10名贫困村民提供公益岗位补助，3年结对帮扶项目如期完成。参与西城区红十字会“北京西城助困有您”公益项目，为区内户籍困难家庭募集善款3760元。

（闫丽霞）

【参政议政】年内，组织侨界市、区人大代表和政协委员认真履职，拓宽市区“双报送”建言渠道，完成“华侨华人对促进我国冰雪文化发展的作用研究”“在京归侨侨眷、华侨合法权益保护研究”等专项调研课题5篇，获得中国侨联、北京市侨联优秀调研课题成果表彰，“关于深化西城区文明城区建设的建议”提案，获西城区2020年度优秀党派团体提案。关于“餐厨废弃油脂循环利用”建议，被中国侨联《侨情专报》采用。

（闫丽霞）

【为侨服务】年内，结合《归侨侨眷权益保护法》颁布30周年，依法维护侨益，动员近400名归侨侨眷参与中国侨联举办的侨法答题竞赛活动。扩大侨法宣传力度，为侨界法律顾问团、区侨联委员和基层侨联委员配发《民法典》书籍170余册。加强信访接待管理，疫情防控期间开通24小时服务热线，建立接听台账和跟踪反馈机制，解答海外留学生帮扶等专项问题和“提高归国华侨离退休人员临时生活补贴标准”等政策咨询40余件。梳理“子女不在京60岁以上归侨侨眷”花名册，帮助292个侨界空巢家庭申请“京侨空巢陪伴计划”，把“小度在家”智能科技产品送进侨界老年家庭，帮助他们融入社会。坚持开展“重阳老归侨祝寿”“年底走访慰问”，通过“寄发慰问品+电话寻访”，慰问侨界群众429人次，侨界重点人士、困难群众20余名，申领发放区红会困难补助金1.68万元。

（闫丽霞）

【走访侨资企业】4月9日，市侨联党组书记赵宏生、副主席苏泳一行赴西城侨资企业北京汉光百货有限责任公司调研疫情防控和复工复产情况。区委常委、区委统战部部长程昌宏陪同调研。赵宏生实地体验出入口体温测量、电梯间防疫措施、销售柜台定点消毒等区域，听取楼宇商场落实疫情防控措施，调研商场疫情防控措施落实和恢复营业等有关情况。9月3日，市侨联党组书记赵宏生走访西城新侨企业北京谌亦腾科技有限公司，参观办公区与动作捕捉实验室，了解公司发展。

（闫丽霞）

【“亲情中华　北京情思”夏令营】6月29日至7月13日，举办“亲情中华　北京情思”网上夏令营西城营。来自捷克布拉格中华国际学校的80余名6至18岁的华裔青少年参加15天的“中华优秀文化”云端之旅。组织经典故事讲述、打卡绘画、写汉字、拍视频等活动，了解中国国情和中华文化，激发海外华裔青少年学习汉语和中华文化的热情和兴趣。

（闫丽霞）

【专题培训】8月18至21日，区侨联采用网络授课学习形式举办工作培训班，区侨联委员、青年委员、留联会负责人、各基层组织侨联委员和各街道统战工作负责人170余人参加。来自全国人大、北京市委党校、北京外国语大学的专家学者和中国国家冰壶队的教练，结合各自专业研究领域，围绕侨务工作基础知识、民法典制度创新的时代价值、百年未有之大变局、侨联组织国际力影响及冬奥项目冰壶运动4个主题，为学员们专题辅导。

（闫丽霞）

【基层组织建设】年内，在中国侨联基层组织建设培训班上，西城区基层组织建设工作经验做大会交流。9至11月，走访调研16家基层侨联组织，了解侨情变化、组织机构、委员队伍建设等情况，梳理基层组织建设的问题，提出创新推动举措。为基层侨联委员寄发《习近平谈治国理政》等学习资料200余册。指导白纸坊街道侨联完成届中调整，配齐委员会班子，加强组织建设。

（闫丽霞）

【“侨之家”建设】年内，加强“侨之家”阵地建设，发挥“示范侨之家”带动作用，激活基层侨联组织活力和服务功能，16家基层侨联组织全部设立“侨之家”，各基层侨联“侨之家”整合资源，创新工作方式，丰富为侨服务内容和形式，开展《侨法》宣传、为侨服务等多种线上线下活动。探索“侨之家”项目化管理模式，金融街侨联成功申报中国侨联基层“侨胞之家”建设项目。通过专项资金支持，开展为侨服务系列活动，丰富“侨之家”建设的实践内容。

（闫丽霞）

【**侨界志愿服务**】年内，组织基层侨联16支志愿服务队负责人举办4期志愿服务网络平台培训。9月25日，举办侨法宣传暨志愿服务周启动仪式，组织基层侨联志愿者20余人到社区开展“垃圾科学分类　文明你我同行”活动，发放《涉侨法律法规100问》《垃圾分类宣传册》等宣传资料200余份，西城区月坛、展览路街道侨联志愿队受到表彰，“文化惠民　小帮手理发”项目评为优秀志愿服务项目，世纪传承传统文化协会成为北京市志愿为侨服务基地。2名侨界优秀志愿者评为“最美侨联志愿者”。

（闫丽霞）

西城区工商业联合会（商会）

【**概况**】北京市西城区工商业联合会（简称区工商联），内设办公室、非公企业党建办公室、会员部和经济服务部4个科室。机关行政编制18人，常务副主席1人，副主席3人。年内，发展新会员57户。截至年底，有会员3239户，其中企业会员2677户，团体会员、个人会员和老会员562户。基层组织17个，其中包括15个街道商会和3个行业商会（大栅栏琉璃厂商会、牛街清真食品商会、西城区德胜商会）。有常委45人，执委108人。会员中有市人大代表7人、市政协委员8人；区人大代表20人、区政协委员34人。年内，区工商联贯彻落实党的十九大、中央经济工作会议、习近平总书记在民营企业座谈会上讲话精神，做好新冠肺炎疫情防控和助力企业复工复产，促进区域非公经济健康发展和非公有制经济人士健康成长。区工商联被评为全国工商联2020年民营企业调查点工作基层先进单位。在营商环境调查工作中，企业填报量在全市范围内排名第一。德胜商会获2019—2020年度全国“四好”商会。

地址：西城区牛街20号

电话：83495617

（屈佳雯）

【**对口帮扶**】1月15日，区工商联领导带领会员企业裕昌置业集团董事长常鹏一行，赴河北省张北县二台镇东瓦窑村对口帮扶，购买95套棉被褥捐赠贫困户。9月10日，召开对口帮扶工作调度会。区统战部副部长、工商联党组书记、副主席郭君瑛主持会议，区工商联基层商会会长及部分参与精准扶贫村企结对的企业家参加会议，通报区扶贫协作和支援合作工作领导小组第三次调度会精神，部署重点工作，企业交流对口地区扶贫经验。9月22至23日，郭君瑛带领7家对口帮扶相关会员企业负责人赴河北省张北县落实对口帮扶，听取二台镇东瓦窑村脱贫攻坚和落实东西部扶贫协作情况，了解企业结对帮扶情况；调研小西梁村蒲公英示范性种植基地等项目。9月28至29日，区工商联领导带领6家会员企业负责人赴河北省阜平县城南庄镇马兰村等地区对口帮扶，签订环保厕所捐建协议、捐赠物品、看望贫困户。12月4日，区工商联组织3家会员企业为内蒙古鄂伦春旗3个对口帮扶村贫困户捐赠78份慰问品。年内，区工商联对河北省张北县、阜平县，内蒙古鄂伦春旗3地11个对口帮扶村对口帮扶。

（屈佳雯）

【**新冠肺炎疫情防控**】1月24日，成立疫情防控工作领导小组，建立每日会商机制，利用公众号、微信群宣传中央、市区有关防疫工作精神和会员企业参与防控情况，发布《致各基层商会和所属各民营企业的一封公开信》。引导所属商会、会员企业投身社区、楼宇等疫情防控。号召企业建立健全防控责任制和管理制度，配备防护物品，开展宣传教育，确保企业内部安全有序及员工身心健康。年内，民营企业和基层商会捐款579.3万元，其中捐给北京地区87.3万元，捐给湖北等外省市492万元；捐赠防疫物资折合人民币6666.2万元。

（屈佳雯）

【**调研街道商会**】3月27日，市工商联党组副书记、副主席余运高及北京农商银行总行营业部总经理毛文利到区工商联基层商会调研疫情防控和复工复产情况，听取基层商会、企业困难问题和意见建议。郭君瑛及部分基层商会会长、企业代表参加调研座谈。座谈会上，区工商联领导介绍疫情防控和会员企业复工复产情况，对建立工商联复工复产企业服务微信群，征集具备有专业特长的6家企业作为专家志愿团队情况说明。部分基层街道商会会长、企业代表就民营企业复工复产遇到的房租、税收减免政策、市场开拓和工资支付等问题交流讨论。毛文利介绍疫情防控期间银行扶持中小微企业的政策和做法，希望与区工商联的基层商会和会员企业加强合作。

（屈佳雯）

【主席、会长会】 4月13日，通过通讯方式召开十届十次主席、会长会，通报区工商联近期工作，调研民营企业在疫情防控期间的困难问题。8月31日，通过通讯方式召开十届十一次主席、会长会，审议区工商联十届五次执委会议议程，对区工商联十届五次执委会报告提出修改意见。12月8日，通过通讯方式召开十届十二次主席、会长会，审议通过区工商联十届五次执委会议议程和区工商联十届五次执委会工作报告。

（屈佳雯）

【政策落实座谈会】 5月25日，召开促进扶植企业政策落实座谈会。郭君瑛、区发改委领导与10名民营企业负责人参加会议。区发改委领导介绍复工企业政策，企业负责人了解交流掌握的政策及复工达产过程中遇到的问题。6月2日，召开促进消费政策落实座谈会。郭君瑛、区商务局领导与10名民营餐饮企业负责人参加交流座谈。区商务局领导介绍促进消费政策，发放消费券工作安排，征求企业建议。

（屈佳雯）

【民营企业产权保护社会化服务体系建设】 7月29日，召开民营企业产权保护社会化服务体系建设工作部署会。市工商联党组成员、副主席林为民，区委常委、统战部部长程昌宏出席会议并讲话。区公安分局、区司法局等职能部门领导，区律协、部分街道商会会长参加会议。会上，区工商联领导对西城区建立民营企业产权保护社会化服务体系作简要说明，区司法局、律协领导表态发言，区工商联与区司法局、区律师协会签订《民营企业产权保护社会化服务体系建设工作合作协议》。林为民介绍民营企业产权保护社会化服务体系工作的前期背景和成功案例。9月2日下午，区工商联与区法院签订《关于建立民营企业产权保护社会化服务体系战略合作协议》，开通诉源治理“法院直通车”企业通道，公布区法院加强保护企业产权十大典型案例。

（屈佳雯）

【市工商联领导调研】 9月21日，市工商联党组书记赵玉金带队到区工商联开展学习贯彻全国民营经济统战工作会议精神专题座谈调研。区委常委、统战部部长程昌宏，郭君瑛、区工商联部分企业家代表、基层商会负责人参加座谈交流。区工商联领导汇报近期工作和下一步计划。于冬笑等6位企业家分享学习体会，结合行业发展和企业实际情况，提出问题和意见建议。赵玉金对企业在疫情防控期间积极履行社会责任给予肯定和感谢。

（屈佳雯）

【学习十九届五中全会精神】 11月19日，郭君瑛为非公企业基层党组织全体党员进行党的十九届五中全会精神宣讲。12月25日，区工商联在基层商会组织党的十九届五中全会精神学习宣讲座谈。郭君瑛做专题宣讲，各基层商会会长交流学习体会，建言献策，创新转型发展。

（屈佳雯）

【十届五次执委会】 12月14日，采用通讯方式召开十届五次执委会。通报区工商联十届五次执委会工作报告、民营企业产权保护社会化服务体系建设情况及对口帮扶工作，学习中国共产党十九届五中全会精神。通报区工商联会员企业获2020年北京民营企业百强榜单的单位。

（屈佳雯）

【助力民营企业复工复产】 年内，开展民营企业复工复产“大调研　大服务”活动。成立由党组书记负责的复工复产“大调研大服务”工作专班，下设4个工作小组，选派机关干部、商会秘书长等担任民营企业服务专员，建立“一企一员”服务专员制，通过采取实地走访、调查问卷、视频座谈和网络沟通等方式，了解民营企业疫情防控措施落实情况，督促民营企业落实主体责任，坚持“三防”“四早”“九严格”。了解民营企业复工复产及人员就业情况，对房租补贴、社保减免等惠企政策落实情况调研，了解企业遇到的问题及建议，针对民营企业建议、诉求做出回应，边调研边协调解决问题。通过对15个街道商会和所属行业商会的会员企业调研，共建立506 家会员企业复工复产情况台账，收集300余家企业反映543个问题，形成《区工商联会员企业复工复产情况调研报告》。

（屈佳雯）

【参政议政】年内，协调工商联界别政协委员参加“优化营商环境”双月协商座谈会和议政会。郭君瑛在区政协第十四届委员会第四次会议上作议政发言。区工商联提交《关于培育支持商会发展提升区域治理效能的建议》获区政协党派团体优秀提案。

（屈佳雯）

【非公党建】年内，撤销基层党支部2个，发展9名新党员，8名预备党员转正，23名入党积极分子参加机关工委组织的培训。疫情防控期间，234名党员和481名群众自愿捐款66872元；惠佳丰党支部党员抗疫先锋队带领在京员工提供运送与陪检等服务，超过5万余人次；和合谷餐饮有限公司党支部成立以党员为骨干的“送餐突击队”，为医院、社区提供400份抗“疫”套餐及300公斤蔬菜；比格餐饮有限公司、热能鸿业投资集团等党支部的党员承担卡口值班、环境消杀、测温登记、送餐、保障项目供暖等工作。“七一”前夕，区工商联非公企业党委开展“发挥党组织优势 抗疫有我 助力企业发展——纪念建党99周年”系列活动，收到57份“对党说句心里话”征文稿件。共产党员献爱心捐款活动收到190名党员和76名群众捐款24807.1元。市委党建办领导到区工商联会员企业动信通科技集团股份有限公司调研指导基层党建工作。

（屈佳雯）

（责任编辑 晏 畅）

法　治

5月19日，区法院、椿树司法所举行涉家庭房产纠纷典型案例新闻通报会（椿树街道 供图）

7月18日，西城公安分局政治中心区一体化防控战训队成立启动仪式举行（西城公安分局 供图）

10月27日，区检察院对拟不起诉案件进行公开审查（区检察院 供图）

12月4日，天桥街道举办“宪法宣传周”活动（于志强 摄）

12月5日，第二十一届“西检杯”西城区中学生思想道德法律知识竞赛颁奖活动举行（闻昭 摄）

国家宪法日前夕，大栅栏街道综合行政执法队在北京第一实验小学前门分校举办“宪法进校园”法制宣讲活动（大栅栏街道 供图）

政法委与综治

【概况】中共北京市西城区委政法委员会（简称区委政法委）是区委领导、管理全区政法工作的职能部门，担负协调组织全区力量维护辖区安全稳定、推进平安建设的重要职责。年内，面对新冠肺炎疫情暴发的严重冲击，全区政法系统在市委、区委的坚强领导下，以知难不畏难、吃苦不言苦的精神直面挑战，以纵深推进安全稳定计划2.0为牵引，立足底线思维研判风险，聚焦突出风险精准防控，围绕战疫情、防风险、保安全、护稳定推进工作，打赢一场又一场硬仗，服务全区疫情防控大局，维护全区政治社会持续安全稳定。

地址：西城区二龙路27号
电话：88064290

（田瑞鑫）

【政治思想建设】年内，坚持以习近平法治思想引领全区政法工作，深入开展学习宣传研讨实践活动，组织全战线、全覆盖培训轮训，确保学深悟透。以习近平法治思想为指导，系统解决执法司法领域人民群众反映强烈的突出问题，更好地满足人民群众对法治、公平、正义、安全的新需求。坚持运用法治思维和法治方式，统筹发展和安全，维护政治安全和社会稳定，优化营商环境。把贯彻落实《中国共产党政法工作条例》（简称《条例》）作为检验各级干部是否践行“两个维护”的一个重要尺度，自觉从忠诚践行“两个维护”的政治高度抓好《条例》的贯彻落实，加强对《条例》贯彻执行情况的督促检查，并主动接受上级督查考核，确保党中央关于政法工作的各项决策部署在西城落地落实。进一步健全党领导政法工作体系，建立完善配套规定，围绕“请示”“报告”“报备”“协管”“协查”制度，加强政治督察、作风督查巡查、执法监督等制度，探索做好政法工作的长效机制，不断提升党领导政法工作的科学化、制度化水平。

（田瑞鑫）

【维护安全稳定】年内，始终践行“红墙意识”，维护区域政治安全社会稳定工作迈上新台阶。健全完善常态化维稳安保工作体系，完成全国“两会”、服贸会、十九届五中全会等重大活动维稳安保任务。通过组建专门督察队、规范人员车辆查控流程、出台“狠抓八环节、做到八规范”涉访处置意见等措施，进一步完善重点地区防控机制。持续优化防控布局，在全市率先组建“以专对专”战训队，强力推进政治中心区一体化防控体系建设。落实反恐措施，全面掌握关注群体动向，加强危险物品管理、重点阵地管控，坚决守住反恐防恐底线。扎实做好矛盾纠纷排查化解，市区挂账重点矛盾纠纷、区领导包案重点信访问题化解率均为100%，市级交办信访积案结案率100%。

（田瑞鑫）

【市域社会治理现代化】年内，推进市域社会治理现代化试点工作，平安西城建设迈出新步伐。研究制定西城区市域社会治理现代化试点工作实施文件，建立健全工作报告、协调联络、牵头推进、检查督导等工作机制，全面统筹推进试点工作顺利开展。深化安全稳定智能化建设，有关项目通过国家级验收，视频探头重点公共区域实现全覆盖，建设完成智慧平安小区。持续推动综治中心规范运转，扎实开展平安社区、平安医院、平安校园等基层平安创建活动，强力推进医疗卫生系统安全防范标准化建设工作。加强重点行业领域突出问题专项整治，重拳狠打突出违法罪犯罪，全区全年刑事、治安、秩序类警情同比下降35%、62%和25%，安全性指标排名全市第一，群众安全感满意度稳定在99%以上。

（田瑞鑫）

【服务经济社会发展】年内，服务经济社会发展推出新举措。推进全面依法治区，不断加强法治政府建设，西城区被评为第一批全国法治政府建设示范地区。深入推进诉源治理，建立完善“大调解”工作格局，深化“多元调解+速裁”工作机制，诉前调解成功案件较上年同期增长92.69%。加大金融领域法治建设，专业化打击金融领域犯罪，探索P2P平台类案件解决路径与金融纠纷一站式司法确认机制，推动民营企业产权保护，为全区经济社会发展营造良好的营商环境。围绕扫黑除恶、民生工程、国家金融管理中心建设、首都功能核心区控规等重点工作，加大司法服务保障力度，为全区发展提供有力支撑。

（田瑞鑫）

【法治建设领域改革】年内，聚焦推动关键环节改革突破，政法领域全面深化改革提升。推进执法司法制约监督体系改革和建设，持续健全完善权责统一、监管有力、运转有序的司法权力运行体系。推进以审判为中心的刑事诉讼制度改革，认罪认罚从宽制度。开展民事诉讼程序繁简分流改革试点工作，推进人员分类管理。持续完善公安“执法办案管理中心+案管组”建设，提升执法办案质量，公安分局连续第五年被评为全国公安机关执法示范单位。推进公共法律服务体系建设，进一步提升综合法律服务效能。不断完善行政执法制度，推进街道综合执法改革，推动《北京市街道办事处条例》落实落地。开展政法领域全面深化改革自评自查，不断提升政法工作公信力。全力抓好政法领域全面深化改革，以促集成、重协同、抓配套为着力点，健全完善改革事项统筹协调机制，确保各项改革措施前后衔接、协调共振，提升整体效能。增强改革成效，紧紧围绕矛盾纠纷多元化解、市域社会治理、做好“六稳”工作、落实“六保”任务等关键环节、重点领域，集中力量推进各项更加符合实际、符合经济社会发展新要求、符合人民群众新期待的改革举措。坚持问题导向，针对制约监督机制、司法责任制、办案运行机制、诉讼制度等方面存在的突出问题，精准施策、靶向发力，抓关键破难题，切实提升执法司法质效。

（田瑞鑫）

【夯实安全基层基础】年内，牢固树立固本强基思想，强化基层安全稳定、社会治理和公共服务职能，健全完善街道政法委员统筹协调工作机制，主动对接“吹哨报到”“接诉即办”机制，有效整合基层政法资源，增强基层实力、激发基层活力、提升基层战斗力，努力打造社会治理平台、服务群众窗口、筑牢维护稳定的第一道防线。抓好制度的有效落实，围绕党的绝对领导、重大活动安保常态化、扫黑除恶长效化、矛盾风险源头防控、政法改革落地见效等制度机制，完善配套衔接机制，健全制度执行机制，切实发挥制度的应有作用，把制度成果更好的转化为政法工作效能。

（田瑞鑫）

【政法系统队伍建设】年内，坚持抓党建促队建，政法队伍呈现新气象。始终把政治建设放在首位，强化政治轮训，不断巩固“不忘初心　牢记使命”主题教育成果。强化战时党建引领，在新冠肺炎疫情防控转运专班前线、社区防疫值守前线成立临时党支部，西城区在鄂人员返京转运分流专班临时党支部、北京市公安局西城分局涉疫封控处置专班临时党支部被授予北京市抗击新冠肺炎疫情先进集体，李在鹏等4人被授予先进个人。深入开展“以案为鉴、以案促改”专项警示教育，推进政法系统全面从严管党治警向纵深发展。

（田瑞鑫）

【新冠肺炎疫情防控】年内，为确保核心区绝对安全，在全市率先采取政治中心区涉鄂返京人员集中隔离措施及落实“四国”入境人员机场前端转运及隔离管控措施；严格落实政治中心区防疫及安保措施；持续启动社会面高等级防控方案。建立健全工作统筹协调机制，持续启动专题会商机制，坚决做到抓苗头、理问题、重协调、盯解决；启动战时值班备勤机制，实行三级领导24小时带班值班制度；建立社区居家隔离高风险人员数据核查机制，提高社区工作组隔离管控工作精准度；强化突出问题难点的协商解决机制；建立健全责任单位紧急联系人制度，确保联系顺畅，处置及时。严防外来风险输入，成立首都机场入境人员转运专班，采取“五班四运转”24小时待命勤务模式。运转天数共计24天，发车156趟次，行驶里程3.9万余公里，累计转运入境进京人员1000余人次。成立西站在鄂返京人员转运分流专班，从3月20日成立到6月2日专班停运调整，共计转运出车583趟次，转运西城区在鄂返京人员3000余人，其中武汉600余人。成立转运调度中心，形成“1+7”转运工作流程，保证每日在岗干部12人。截至8月31日，转运各类风险人员共计1900余人次，转运车次共计428趟次。强化人防技防，充分发挥政法系统落地查人、追踪找人、配合隔离的保障作用。协调各方力量，及时处置涉疫突发事件、矛盾纠纷200余件。抓好抓实医疗机构、核酸检测点、集中隔离点、封控小区、药房、学校等重点场所周边疫情防控及安保工作。发动全区3万余名平安志愿者参加疫情防控工作，充分发挥社区卡口安保盯防作用，盯紧盯牢各类重点群体活动情况，确保行踪在控。开展疫情风险评估，完成《西城区关于新型冠状病毒肺炎疫情对安全稳定影响的风险评估报告》《关于新冠肺炎疫情防控措施可能引发诉讼风险及对策建议》报告，提出应对措施建议共89条。疫情稳定后，开展西城区涉疫情矛盾纠纷集中排查化解专项行动，及时化解矛盾风险。做到疫情防控与复工复产“两手抓”，落实人员流动、密集区域巡逻值守和安全防控工作；做好旅店宾馆、公园景区等地排查检查工作；对全区复课学校进行隐患摸排，并对发现的问题督促相关学校及时整改；强化涉访处置工作措施。加大现场上访秩序维护，防止聚集。

（田瑞鑫）

公　安

【概况】北京市公安局西城分局（简称西城公安分局）在区委、区政府和市局党委的领导下，以当好新时代“红墙卫士”的政治担当和“越是艰险越向前”的斗争意志，全力以赴抗击新冠肺炎疫情、防风险、保安全、护稳定，坚决确保以中南海为核心的政治中心区绝对安全，确保全国“两会”、党的十九届五中全会、金融街论坛等系列重大活动安全顺利，确保社会大局安定有序。全区刑事、治安、秩序类警情同比下降，安全性指标排名全市第一，群众安全感稳定在99%以上。切实把抗击疫情作为贯穿全年的重大政治任务，成立党委统筹的一组一办十二专班组织体系，坚持全市全区一盘棋理念，日夜坚守在疫情防控人民战争、总体战、阻击战的最前沿、第一线。对标对表“政治中心区怎么抓都不为过”要求、“政治中心区防控高于严于全市社会面”标准、“政治中心区什么事也不能出”目标，持续补短板、建机制、强效能，推动政治中心区防控水平实现整体性、跨越式提升。把握疫情背景下国际环境新变化、对敌斗争新特点、“疫后综合征”新挑战，防范化解各类突出风险，维护核心区安全稳定大局。深入学习贯彻习近平总书记对平安中国建设作出的最新指示，立足首都功能核心区控制性详细规划更高要求和疫情期间人民群众更高期待，依托扫黑除恶、平安行动等专项，始终保持从严从紧态势，持续净化治安环境，“平安西城”建设取得新成效。深刻领会习近平总书记有关危与机辩证关系的重要论述，抓住疫情防控背景下政府重视、部门支持、群众理解的有力契机，夯实基层基础工作。以连续第五次获“全国执法示范单位称号”为激励，坚持问题导向、民意导向，在更高起点上谋划推进执法规范化建设，持续提升执法能力和执法形象。坚持向科技要警力、向信息化要战斗力，牵动全区建设完成国家级“雪亮工程”，通过中央政法委专家组考核验收。聚焦“实战、实用、实效”导向，加强“雪亮工程”建设成果转化，为重点工作和基层实战提供科技支撑。

地址：西城区二龙路39号

电话：83995110

（匡　婧）

【一体化防控战训队成立】年内，落实市局方案要求，围绕分局“做强一道、做专二道、做实三道”和“七个坚持”推进思路，持续优化“一核三线四通道”防控布局，在全市率先组建战训队，推动管车、控人、查物水平稳步提升。7月18日，市局在分局战训队驻地召开推进会，分局作经验介绍。10月31日，市委书记蔡奇专程到分局战训队驻地调研，对分局工作给予肯定。

（匡　婧）

【“红墙卫士”典型人物评选】年内，西城分局开展2020年“红墙卫士”典型人物上、下半年评选工作。确定49名候选人参加评选，候选人通过PPT、视频、演讲等形式讲述自己在抗击新冠肺炎疫情、规范执法、服务民生工作中的平凡故事，彰显西城公安人忠诚履职、担当勇为、向疫而行的精神风采，充分展现新时代西城公安人不忘初心、栉风沐雨，守护西城辖区平安、百姓安居乐业的榜样群像。

（匡　婧）

【谁与争锋“三长”系列对抗赛】年内，结合西城实际警务实战中较为突出的问题、短板、弱项，西城分局举办“谁与争锋‘三长’系列对抗赛”。在“规范执法”对抗赛中，分局练兵办联合分局法制支队提前精心制作“漏洞百出”的刑事、行政案卷各1套，由各单位抽签决定答卷类型；在社区警务对抗比赛中，分为社区警务常见问题视频挑错和外籍人员证件查验、现场核录以及外媒记者采访应对两个对抗科目。全体参赛人员充分发挥为荣誉而战、团结协作的工作精神，得到在场评委团的一致好评。

（匡　婧）

【领导检查指导安保工作】1月24日，中央政治局委员、北京市委书记蔡奇到西城分局府右街派出所检查指导春节安保工作，看望慰问一线民警。市委常委、秘书长崔述强等市领导一同检查。蔡奇实地察看府右街派出所荣誉墙、文化长廊和综合指挥室，向值守干部民警、文职辅警致以节日问候，并通过视频监控察看中南海周边重点部位防控，详细询问派出所警力配置、勤务安排、治安状况、科技应用等情况，听取分局关于进一步优化完善“扁平指挥、秒级响应、一呼百应”防控模式工作情况的汇报。

（匡　婧）

【校园安全体系建设】年内，受新冠肺炎疫情防控政策影响，全区学校实行分拨次、分时段陆续开学，时刻保持“敏感意识”，坚持“问题导向”，整合局内资源，会同教委在开学季前期针对校园内部及周边的“人、事、物”等重点要素开展不稳定因素和矛盾隐患的深层次排查工作，并在督导落实校园高峰勤务工作的基础上，进一步强化校园内部人防、物防、技防制度措施的落实，确保校园内部及周边安全。对全区中小学幼儿园新招录的1700余名保安、保洁、后厨等物业人员开展深层次背景审查工作，发现有问题人员8名，均通报区委区政府、区教委加强关注，确保不出现因校内人员引发的安全问题。

（匡　婧）

【“外管通”App运用】年内，落实市局“冬季百日会战”专项行动工作要求，以实战大练兵为依托，开展一线送训，连续开展对涉外企业单位的走访暗访、调查取证和办案查处工作，全力排查清整涉外隐患，共办理涉外案件23起，其中“三非”外国人13人（非法居留8人、非法就业5人），查处非法聘用外国人单位4家，未按规定办理居留证件登记事项变更3人。结合实战大练兵，进一步做好“外管通”App的培训使用，发挥科技信息化手段，支撑涉外执法办案实战。

（匡　婧）

【日租房智能化管控App获奖】1月22日，公安部科技信息化局在公安部主页发布《关于2019年度公安移动应用创新专项工作优秀成果的通报》，其中分局代表市局参评的“日租房智能化管控App”与天津、重庆、江苏、广东等省市共20件科信创新成果获一等奖。上年6月，公安部科技信息化局启动“2019年度公安移动应用创新专项工作”，向全国公安机关征集科技创新成果。由分局警务支援大队研发的“日租房智能化管控App”，以国庆70周年安保实战需求为导向，经人口大队部署派出所推广应用，解决辖区日租房“易藏匿、隐患多、监管难”等难题，获得市局指挥部“移动警务专班”认可，作为北京市局唯一参评成果上报公安部。

（匡　婧）

【首创“涉疫人员地址匹配”平台】年内，新冠肺炎疫情专项工作开展以来，立足实战与分局人口大队紧密配合，围绕市局下发的社区涉疫人员数据，发挥技术及数据资源优势，在全市范围内首创“涉疫人员地址匹配”平台，破解数据体量大、派出所归属指向不清、人工分配耗时耗力等社区防控业务痛点，提升疫情防控工作战时效能。

（匡　婧）

【智慧平安小区建设】年内，推动组建全区智慧平安小区建设领导小组，研究出台具体建设方案、点位布局和阶段安排，组织召开全区推进会23次，协调安排专项资金2700万元，按计划有步骤地推进工作开展。全区完成智慧平安小区建设394个，安装智慧门禁495处、人脸识别173处、车辆道闸208处。

（匡　婧）

【医疗卫生系统安全建设】年内，坚决落实《北京市医院安全秩序管理规定》，推进医疗卫生系统安全防范标准化建设工作，全区32家二级以上医院新安装安检门9个、一键报警装置140套，13家三甲医院完成警务室规范化建设。部署开展医患纠纷排查化解专项工作，建立对涉医高风险人员的定期评估、源头稳控机制，及时防范管控内蒙古籍患者家属许某扬言杀害友谊医院医生等一大批突出风险隐患，筑牢医疗卫生系统内部安全防线。

（匡　婧）

【执法办案质量提升】年内，将执法办案管理触角向基层延伸，完善“分局执法办案管理中心+基层所队案管组”模式，健全法制部门全时段巡检提示、办案单位全环节自查自纠机制，全年触碰市局考评红线问题同比下降23.8%，执法办案平台超时问题基本根治。通过加强对重点案件的全流程监管、全过程指导，确保李某涉嫌诽谤等多起敏感案件的稳妥办理，孙某、蒋某等人诈骗案被最高法收录至全国指导性判例。

（匡　婧）

【疫情防控服务】年内，主动发挥公安机关职能作用和专业优势，滚动核查涉疫数据31万余条、排查高风险人员8万余人，持续配合做好流调溯源、接送转运、社区防控、隔离点看护等联防联控工作，完成复兴医院院感、人民医院院感和天陶红莲市场及周边7个小区关键时期专项封控任务，全方位助力“三防、四早、九严格”防疫措施落实，全环节护航复工复产复商复学，做到疫情当前、公安在先。

（匡　婧）

【禁毒宣传】年内，创新禁毒宣传模式，以突出具有西城特色的禁毒宣传品牌文化为中心，围绕青少年预防毒品教育和基层禁毒基础工作，不断推出适合不同人群的禁毒宣传教育精品，固化完善打击、宣传、舆论引导机制。扩大预防教育覆盖面，提高群众参与禁毒的积极性、主动性。注重传统媒体和新兴媒体结合，筑牢电视、广播、报刊等传统宣传阵地，突出禁毒微信、微博平台宣传作用，拓展网络宣传阵地。

（匡　婧）

【治安联合整治】年内，聚焦最易影响政治中心区形象的突出治安问题，以全区46处“6+N”挂账点位为重点，常态化开展“并肩治乱”，打掉黄赌窝点28个、“仙人跳”团伙6个，抓获呲活揽客、黄牛号贩、黑车黑摩的等扰序人员1900余人次。针对故宫北门、什刹海、大栅栏等重点地区，牵头组建联合打整专班，坚持对治安、交通、旅游市场、城市管理问题一起抓、一起整。

（匡　婧）

【扫黑除恶专项斗争】年内，开展“六清”行动，24件挂账线索全部按期清仓办结，侦破九类涉恶因素案件130起、破案率达92%，打掉赵某、刘某2个恶势力犯罪团伙，打击处理35人、“打财断血”4000余万元、移交涉及公职人员违法违纪线索10件，依托公安提示函推动相关部门整改问题6件次，进一步铲除黑恶势力在西城的生存土壤和条件。

（匡　婧）

【电信网络诈骗治理】年内，严格落实打击网络电信诈骗犯罪各项机制，主动发现跨区域、跨省市系列电信网络诈骗案件线索，及时上报总队开展集中打击，年内破获电信诈骗案件310起，抓获嫌疑人68人。深入推进“断卡行动”，抓获非法开贩“两卡”人员25人。突出下好先手棋，依托分局反诈平台，充分发挥反诈平台宣传、防范、止付等功能，挖掘并深入研判预警数据，通过固化快速拦截、直接劝阻、登门劝说等闭环流程，共计止损1亿余元。

（匡　婧）

【窗口服务整治】年内，坚持寓服务于管理之中，聚焦群众反映强烈的“话难听、事难办、来回跑、不方便”等突出问题，开展窗口单位服务水平整治提升行动，督促整改服务设施不便民、提醒事项不详尽等问题44项，现场纠正执法言语不规范、规章制度不落实等问题13件次，创新设立全市首家区级出入境24小时自助服务大厅，连续推出“爱心母婴室”“爱心宠物驿站”等便民利民举措，全年窗口服务引发群众投诉同比下降25%，进一步树立首都功能核心区公安机关依法管理、热情服务的执法为民形象。

（匡　婧）

【反恐综合演练】11月17日，区反恐办在北京坊东广场组织开展处置生化疑似危险物品反恐综合演练。活动围绕暴恐分子在人员密集场所实施刀斧砍杀及疑似放射源和生物制剂危害公共安全主题，调集公安民警、特警、武警、交警、消防、医疗救治、生态环境、城市管理委、防化、应急、国家安全、武装部、宣传、街道办等十余个部门的力量，开展综合处置，达到预期目的。区反恐办各成员单位立足政治中心区反恐怖工作面临的新形势、新任务、新要求，以“平安北京”建设为总目标，以实战能力建设为核心，不断提升处置暴力恐怖袭击事件的能力。

（匡　婧）

【《深化合作计划书》签署】11月19日，按照市局关于开展校局合作的工作部署和分局全警实战大练兵工作安排，在中国人民公安大学与北京市公安局全面战略合作协议大框架下，为进一步打造具有属地特色的校局合作示范品牌和“西城样板”，西城分局与中国人民公安大学签署《深化合作计划书》。双方分别表态发言，分局领导就推动双方战略合作落地落实作出表态。

（匡　婧）

【调研交流】年内，全国人大办公厅机关事务管理局副局长程庆柏一行，到分局座谈交流。程庆柏指出，近年来全国人大办公区周边秩序持续向好，分局党委高度重视、密切协作，分局全警履职尽责、辛勤付出。敏感事件处置中，分局干部民警坚持严格公正规范文明执法，展现出新时代公安队伍的过硬素质和优良作风。深圳市公安局警务督察支队支队长带领支队相关人员以及福田、南山、龙岗等分局警务督察部门领导到西城分局就督察工作交流调研。分局局长在交流中要求分局督察大队学习借鉴深圳市公安局督察部门的经验做法，希望双方保持沟通，深化交流协作，共同提升两地警务督察工作水平。

（匡　婧）

检　察

【概况】北京市西城区人民检察院（简称区检察院）在区委和市检察院的领导、区人大及其常委会的监督下，落实“绝对忠诚、责任担当、首善标准”的政治要求，围绕首都城市战略定位和西城区域功能定位，依法履行宪法法律赋予的职责，各项检察工作稳进、落实、提升，取得新进展。全年共办理各类案件3420件，办结3371件，办结率98.6%。坚决打击新冠肺炎疫情涉疫刑事犯罪。突出惩治与疫情有关的诈骗、伤害、妨害公务等行为，共批准逮捕14人、提起公诉13人。开展抗疫法治宣传，根据疫情防控不同阶段的特点，围绕防疫秩序维护、野生动物保护、监所安全防护等主题，推出“云开课”“云直播”“云提讯”等一系列检察产品。围绕涉黑涉恶案件办理，出台线索收集移送办法，制定出庭策略指引，推动扫黑除恶专项斗争长效常治。以更大力度投身平安建设，共批准逮捕各类犯罪嫌疑人522人、提起公诉841人。严格落实“三同步”要求，妥善办理敏感案件。对借疫情之机，恶意攻击党和政府、散播邪教歪理邪说、滋扰生事制造影响等行为，坚决打击，强化震慑，共起诉26人，助力政治中心区一体化防控。以更实举措服务区域发展。持续为金融安全护航。专业化办理金融领域犯罪案件，起诉金融诈骗、破坏金融管理秩序等犯罪35人，挽回经济损失1.8亿余元。以更优环境保障民营经济。全面落实高检院服务民营经济11项检察政策，强化对各类所有制企业的依法平等保护。在坚决打击侵害民营企业家人身权、财产权犯罪的同时，突出对其创新权益及经营自主权的司法保护，共起诉侵犯知识产权、妨害公司管理等犯罪99人。以更高标准办好为民实事。用行动践行“群众来信件件有回复”的承诺。坚决防范冤假错案，严把案件的事实关、证据关和法律关。强化刑事执行监督，深刻汲取“郭文思减刑案”教训，坚持以案为鉴、以案促改，切实将有关规定落到实处，打通刑事诉讼监督的最后一公里。加强人权司法保障，严格落实权利义务告知程序，深化民事行政检察，全年共受理民事行政监督案件67件，同比上升8.1%。

地址：西城区新街口西里三区
　　18号楼
电话：59555839

（张　擎）

【全市首例涉疫诈骗案出庭支持公诉】 2月28日，由区检察院提起公诉的被告人孙某、蒋某涉嫌诈骗罪一案在西城区法院公开开庭审理，检察长出庭支持公诉。针对该起在疫情期间利用疫情实施诈骗的案件，西城院受理后检察长直接承办案件，履行检察职责。区法院全部采纳区检察院的指控意见与量刑建议，并当庭宣判，被告人未上诉。新冠肺炎疫情期间，区检察院依法从快从严办理妨害疫情防控犯罪案件，为全面打赢疫情防控阻击战贡献力量。

（张　擎）

【检察长列席区法院审委会】 5月11日，区检察院检察长李卫国依法列席西城区人民法院审判委员会并发表检察意见。李卫国表示检察长列席审委会是检察机关依法履行法律监督职能的一种重要方式，对于推动法检两院共同提高办案质效、促进司法公正具有重要意义。

（张　擎）

【金融犯罪检察工作情况汇报】 5月14日，区十六届人大常委会第六十七次主任会听取西城院关于金融犯罪检察工作情况的报告。检察长介绍三年来为服务打好防范化解金融风险攻坚战，坚持“稳中求进”工作主基调，用心念好“惩、护、防、研、专”五字诀，为实现区域更高层次、更高水平、更高质量发展，提供优质检察产品的工作做法。区人大常委会主任杜灵欣对检察院工作充分肯定，并提出更高要求。

（张　擎）

【就“涉案未成年人就业情况”制发检察建议】 5月25日，区检察院为维护涉案未成年人就业的合法权益，保障相关法律的顺利实施，就“涉案未成年人就业情况”与区人力社保局和北京地铁运营有限公司沟通，进行类案普法宣传，依法向两单位制发两份检察建议，对建议内容获两单位回函认可，有效维护未成年人合法权益，开展以案释法，取得良好的社会效果。

（张　擎）

【涉疫民事案件工作座谈会】 5月27日，为落实高检院、市院民事检察监督工作会议要求，发挥对新冠肺炎疫情防控重点工作的服务保障和检察监督作用，把握疫情防控期间民事案件办理的特殊性，区检察院邀请区法院副院长及相关业务庭负责同志到院座谈，副检察长和第五检察部检察官参加会议。会议统一检法两院涉疫情案件把握尺度，对检察院妥善处理疫情民事监督案件、依法审慎及时提出监督意见具有重要意义。

（张　擎）

【刑事办案质效业务考试】 7月13日，区检察院为促进全面提升检察机关刑事办案质效制度规范的贯彻落实，深入学习《民法典》知识，组织开展相关内容考试。业务部门全体人员和检察官、检察官助理、书记员参加考试。

（张　擎）

【政法系统党建工作推进会】 8月21日，区政法系统党的建设工作推进会在区检察院召开。区委领导及政法相关单位领导参会。会上政法相关单位围绕如何进一步做好新时代政法系统党的建设和队伍建设工作，充分发挥党建引领作用进行交流研讨。

（张　擎）

【民营企业涉税犯罪案件】 9月，区检察院对5件民营企业涉嫌虚开增值税专用发票罪、虚开发票罪拟不起诉案件进行公开审查和公开宣告，邀请侦查人员、税务人员、人大代表、社区居民代表等参加，在广泛听取社会各界人士意见的基础上，对8名企业负责人及相关责任人员公开宣布不起诉。区检察院着力把握严惩与保护之间的平衡点，挽救市场经济有生力量的重要举措，赢得社会各界对检察机关工作的理解和支持，提升检察机关的影响力和公信力。

（张　擎）

【主题公众开放日活动】 10月28日，区检察院以“服务‘六稳’‘六保’护航民企发展”为主题，开展公众开放日活动。西城区部分民营企业界、工商联的区人大代表、政协委员以及部分涉案民营企业家代表受邀参加活动，肯定检察机关在服务保障民营企业发展方面卓有成效的工作，为检察机关积极践行新发展理念要求、依法主动接受监督、真真切切为民营企业服务的出发点和实在举措点赞。

（张　擎）

【首例司法救助金发放】11月24日，区检察院前往丰台某社区开展西城检察院首例国家司法救助案件的救助金发放工作。对一交通肇事案件中因案致残家庭生活陷入困难的被害人张某一次性发放救助金15万元。本案是区检察院开展的首例国家司法救助案件。

（张　擎）

【第二十一届“西检杯”法律知识竞赛】12月5日，由区检察院、区教工委、区教委、团区委共同举办的第二十一届“西检杯”西城区中学生思想道德法律知识竞赛颁奖活动在区检察院报告厅举办。因疫情防控需要，“西检杯”改为线上举行，以“我与民法典”为主题开展征文比赛，35所中学共选送170篇征文，经主办方评审，10支优秀的代表队闯入决赛，并从中评选出15篇优秀征文。

（张　擎）

【市院巡视督导】12月18日，市检察院巡视整改督导组到西城检察院听取整改情况阶段性汇报。会上，西城院党组书记、检察长李卫国汇报整改工作阶段性进展，并指出整改中存在的问题及下一步整改思路。督导组对前期巡视整改工作给予肯定，对做好下一阶段整改工作提出要求。

（张　擎）

案例举要

【刘某等人合同诈骗案】刘某等人合同诈骗案由北京市公安局西城分局侦查终结，于2019年10月17日向西城区检察院移送审查起诉。2019年12月31日，西城区人民检察院向西城区法院提起公诉。

起诉书指控：2017年至2018年间，被告人刘某在未取得对外劳务派遣资质的情况下，在本市西城区朗琴国际大厦，虚构外派他人到澳大利亚等国从事高薪工作的事实，以北京奇宇信诚人力资源管理有限公司的名义与多人签订外派合同，并以报名费、签证费等名义收取人民币共计100余万元，后经多次索要后退还部分款项，截至案发，尚有29名被害人的37万余元未退还。

2018年4月，被告人刘某在未取得对外劳务派遣资质的情况下，设立北京善之立劳务派遣有限公司，雇佣被告人王某等人在本市西城区朗琴国际大厦，虚构为他人办理到澳大利亚等国从事高薪工作的事实，与多名被害人签订涉外劳务派遣合同，并以中介费、签证费等名义骗取73名被害人255万余元。

2020年10月29日，西城区法院判决：被告人刘某犯合同诈骗罪，判处有期徒刑12年，并处罚金24万元；被告人王某犯合同诈骗罪，判处有期徒刑6年6个月，并处罚金13万元；被告人耿某丽犯合同诈骗罪，判处有期徒刑5年6个月，并处罚金11万元；被告人袁某涛犯合同诈骗罪，判处有期徒刑4年，并处罚金8万元。一审判决后，被告人未上诉，检察机关未抗诉，该判决已生效。

（张　擎）

【赵某等销售伪劣产品案】2019年8月9日，公安机关接情报显示有人在本市西城区私自销售柴油，非法经营柴油的行为给国庆七十周年安保工作造成安全隐患，案件重大敏感。2019年8月20日，北京市公安局西城分局对赵某璐等人涉嫌非法经营柴油一案立案侦查。2019年8月20日五名被告人在本市房山区、通州区被抓获。2019年9月27日五名被告人经北京市西城区人民检察院批准被依法逮捕。

2020年6月11日北京市西城区人民检察院以赵某璐涉嫌销售伪劣产品、伪造公司印章罪；卢某等涉嫌销售伪劣产品罪向北京市西城区人民法院提起公诉。起诉书指控：

一、关于销售伪劣产品的事实

自2019年1月份，被告人赵某等从山东等地低价购买柴油，雇佣被告人卢某等负责称重、卸货、看库、押运等工作，低于市场价向本市西城区、朝阳区等地销售柴油。2019年8月20日，北京市公安局西城分局侦查人员在本市房山区石楼镇夏村被告人赵某私建油库处，现场起获待销售的-10号车用柴油92吨，经北京石油产品质量监督检验中心鉴定为不合格产品，后经国宏信价格评估集团有限公司鉴定货值金额为人民币699752元。

二、关于伪造公司印章的事实

2014年至2019年间，被告人赵某璐委托他人为自己伪造北京金安捷大型设备运输有限公司、北京燕脉龙石油销售有限公司等公司印章共计4枚，并用于公司经营。

2020年7月30日，北京市西城区人民法院作出判决：被告人赵某璐犯销售伪劣产品罪和伪造公司印章罪，数罪并罚，判处有期徒刑2年6个月，并处罚金40.2万元；被告人卢某震犯销售伪劣产品罪，判处有期徒刑2年，并处罚金40万元；被告人卢某清等犯销售伪劣产品罪，判处有期徒刑1年2个月，并处罚金35万元。一审判决后，检察机关未抗诉，被告人未提出上诉，判决已生效。

（张　擎）

【周某销售假冒注册商标的商品案】被告人周某洪，因涉嫌销售假冒商标的商品罪于2020年2月2日被西城分局刑事拘留，同年2月3日被西城分局监视居住，经西城区检察院批准于同年2月26日被逮捕。同年2月27日，西城分局以周某洪涉嫌销售假冒注册商标的商品罪移送西城区检察院审查起诉。2020年3月2日，西城区检察院以周某洪涉嫌销售假冒注册商标的商品罪向西城区法院提起公诉。

起诉书指控：被告人周某洪经他人介绍，以每个6元至7元的价格邮寄销售假冒的“3M”注册商标的防护口罩9000余个，销售金额共计人民币5.7万余元。1月31日，刘某等在收货查验时发现所购防护口罩存在问题并报案。经查，这些口罩均为假冒“3M”注册商标的产品且过滤效率数据不符合国家标注的要求。

2020年3月9日，西城区法院作出判决：被告人周某洪犯销售假冒注册商标的商品罪，判处其有期徒刑10个月，并处罚金1万元。一审判决作出后被告人未上诉，检察机关未抗诉，该判决已生效。

（张　擎）

【孙某等诈骗案】被告人孙某英因涉嫌诈骗罪，于2020年1月28日被北京市公安局西城分局监视居住，经院批准，于同年2月12日被北京市公安局西城分局逮捕。无前科劣迹。被告人蒋某因涉嫌诈骗罪，于2020年1月28日被北京市公安局西城分局监视居住，经西城区检察院批准，于同年2月12日被北京市公安局西城分局逮捕。因扰乱公共场所秩序于2014年7月24日被北京市公安局东城分局行政拘留5日。

本案由北京市公安局西城分局侦查终结，以被告人孙某等涉嫌诈骗罪，于2020年2月21日向西城区检察院移送审查起诉。西城区检察院于2020年2月25日依法向西城区法院提起公诉。

起诉书指控：孙某英、蒋某系无业人员，2020年春节前来到北京。2020年1月27日，二人共谋，假冒“市希望工程管理办公室、市志愿者协会”的名义，虚构已联系到口罩等物资的购买渠道，以为抗击新冠肺炎、为医疗机构募捐物资为由，欺骗他人向孙某英微信个人账户转款。当日12时许，二人通过网络寻找打印店，打印虚假募捐材料3000份，后在北京市西城区西黄城根北街、地安门西大街等多地张贴、散发。先后有五人按照虚假宣传材料的要求添加孙某英为微信好友并询问捐款事宜。当日16时许，民警通过传单上的联系方式与二人取得联系，孙某等受公安机关电话传唤到案。截至案发，尚未有钱款转入孙某英微信账户。

2月28日，北京市西城区人民法院以认罪认罚简易程序，通过远程视频方式，依法开庭审理，采纳了检察机关的确定刑量刑建议，当庭以诈骗罪判处被告人孙某英有期徒刑10个月，并处罚金1万元，判处蒋某有期徒刑10个月，并处罚金1万元。一审判决作出后被告人未上诉，检察机关未抗诉，该判决已生效。

（张　擎）

法 院

【概况】北京市西城区人民法院（简称区法院）在区委的领导、区人大及其常委会的监督和上级法院的指导下，围绕努力让人民群众在每一个司法案件中感受到公平正义的目标，坚持服务大局、司法为民、公正司法，忠实履行宪法法律赋予的职责，推动各项工作取得新成效。全年案件总量79479件，同比下降4.6%；审（执）结案件71613件，同比下降5.9%；法官年人均结案434件，审判综合质效考核指标位居全市法院前列。年内，区法院获评全国法院一站式多元解纷和诉讼服务体系建设先进单位、“群众需要　法官来到”党建项目获评全国法院党建创新优秀案例、《以“开放式党建”强化基层党组织组织力》入选第五届全国基层党建创新最佳案例，区法院获评全国法院一站式多元解纷和诉讼服务体系建设先进单位、司法宣传和通联工作先进单位，民二庭获评2019年全国“扫黄打非”先进集体，综合办公室获评北京法院2019年司法政务工作先进单位。

地址：西城区后英房胡同1号

电话：82202624

（王　甘）

【推出热线保障举措】2月4日，区法院推出7项举措保障12368热线畅通、高效，包括公示网上诉讼服务渠道、加强接听保障、庭长接听值班制、缩短办结时限、开展日常视频巡回、加大工单督办力度、每日报送办理情况。

（王　甘）

【案件评查系统启用】2月12日，区法院正式启用新研发的案件评查系统，进一步提升案件评查工作水平，全面提高区法院审判工作质效。

（王　甘）

【疫情防控捐款】2月28日，区法院机关党委组织开展捐款活动助力新冠肺炎疫情防控，在职党员490人、离退休党员114人，捐款总额54188.83元。

（王　甘）

【“诉源治理直通车”线上讲堂】3月，区法院在“诉源治理直通车”工作站开展首期线上讲堂，中央广播电视总台、科技日报、法制日报、人民法院传媒总社、民主与法制时报等十余家媒体宣传报道。

（王　甘）

【民事诉讼程序繁简分流改革】3月19日，区法院发布《关于民事诉讼程序繁简分流改革试点的工作办法》，全面启动民事诉讼程序繁简分流改革工作。

（王　甘）

【书记员集中管理改革】4月15日，最高人民法院司改动态第272期以“北京市西城区法院推行书记员集中管理改革初显成效”刊发区法院书记员集中管理改革经验做法。最高法院副院长江必新批示：北京西城区法院以四个结合的方式优化对书记员管理的经验，值得借鉴。

（王　甘）

【“三个规定”检查】5月13日，中央纪委国家监委驻最高人民法院纪检监察组组长、最高人民法院党组成员刘海泉，驻最高法院纪检监察组副组长吕广伦带领调研组一行5人莅临区法院调研检查“三个规定”落实情况。

（王　甘）

【首场司法拍卖线上直播】5月14日，区法院联合北京电视台法治进行时、阿里拍卖共同开展首场司法拍卖线上带看直播活动。

（王　甘）

【“两个一站式”建设】5月26日，最高人民法院举办的全国“两会”《最高人民法院工作报告》解读系列第二场直播访谈中，区法院作为“两个一站式”建设的成功案例，为最高人民法院工作报告中一站式多元解纷和诉讼服务机制建设工作的深度解读提供样板与例证。

（王　甘）

【“六清行动”检查】6月1日，区委常委、政法委书记姜立光和常务副书记张晓月带队区法院检查扫黑除恶“六清”行动工作情况，并主持召开挂账督办案件推进座谈会。党组书记、院长刘双玉，党组成员、副院长汪琦及扫黑办相关同志参加会议。

（王　甘）

【集约送达中心成立】6月1日，区法院集约送达中心正式投入使用，开展一站式全流程送达服务。区委常委、政法委书记姜立光参观视察集约送达中心，指出改革体现了法院提升审判效率，方便群众诉讼的决心和努力，是全区司法改革的优秀范例。

（王　甘）

【首届法官大会】6月5日，区法院召开第一届法官大会，为21名新任命、新晋升的法官颁发法槌，总结表彰2019年案件评查工作，开展法官履职培训。

（王　甘）

【签订《金融纠纷诉源治理合作协议》】6月，区法院与北京保险行业协会、北京秉正银行业消费者权益保护促进中心、北京市金融消费纠纷人民调解委员会签订《金融纠纷诉源治理合作协议》，进一步推动诉调对接工作标准化、规范化、专业化。

（王　甘）

【“司改之光”工作展开幕】6月15日，区法院“司改之光”司法改革工作展开幕，展览全面回顾总结了2019年以来阶段性司法改革工作。

（王　甘）

【民事诉讼程序繁简分流配套文件出台】6月18日，区法院发布民事诉讼程序繁简分流“1+5”配套文件，初步构建起民事诉讼程序繁简分流工作制度体系。

（王　甘）

【审判团队获奖】年内，区法院金融街法庭甘琳审判团队获评北京市法院“模范审判团队”，综合审判庭袁佳审判团队、立案庭（诉服中心）韩永飞审判团队、民四庭李晗审判团队获评北京市法院“先进审判团队”；立案庭获评“重大敏感案件处置先进单位”“多元调解与速裁快审工作先进单位”，舒锐速裁团队获评“十佳调解速裁团队”，人民调解员白全华获评“优秀特邀调解员”，法官助理胡晓姗获评“立案工作先进个人”。

（王　甘）

【依法强制拍卖】年内，财产处置组集中对一批涉案房屋依法强制开锁，涉案房屋10余处评估价1亿余元，其中拍卖成交7套，成交额9532万元。

（王　甘）

【获评全国法院优秀信息】年内，区法院刑庭编写的《北京市西城区法院反映涉税犯罪案件亟待引起重视》被评为2019年度全国法院优秀信息，北京市共入选7篇。

（王　甘）

【优秀调研成果评选奖】7月14日，在全国法院系统2019年度优秀案例分析评选中，区法院获先进组织单位奖，其中1篇获一等奖；在北京法院优秀调研成果评选中，共3篇调研报告获奖，1篇获一等奖；在北京法院优秀司法建议评选中，1篇司法建议获二等奖。

（王　甘）

【《执行办案规范操作指南》被推广】7月20日，区法院执行局制定的《执行办案规范操作指南》，被市高院执行局在高院网站执行工作板块转发推广，为全市法院系统规范操作提供参考。

（王　甘）

【文化月系列活动】年内，区法院共举办8场“西法之夜”文化月系列活动，包含“光影之夜”“音律之夜”“法言之夜”等8个主题，涉及道德讲堂、音乐赏析、诗歌鉴赏、心理健康、司法礼仪、法官沙龙等12项内容，舒解干警工作压力、展现西法风采，进一步增强队伍的凝聚力和向心力。

（王　甘）

【新闻宣传调研】8月4日，中国法学会案例法学研究会秘书长梁欣、中央电视台社会与法频道《夜线》《法治深壹度》制片人唐高宽等一行到区法院开展新闻宣传调研座谈。党组书记、院长刘双玉，新闻宣传组及相关部门人员参加座谈。

（王　甘）

【光源里征收项目执结】8月14日，党组成员、副院长杨平胜带队对“光源里征收项目”开展执行工作，区委政法委书记姜立光莅临执行现场，涉及该项目执行案件全部执结，项目宣告完成。

（王　甘）

【区人大代表征求意见座谈会】8月18日，区法院召开西城区人大代表征求意见建议座谈会，十二位西城区人大代表受邀到区法院视察工作、参与座谈。党组书记、院长刘双玉陪同参观座谈，党组成员、副院长汪琦主持会议，副院长毕菲参加座谈。

（王　甘）

【社会热议案件】年内，区法院民一庭法官刘敏审理的一起醉汉坠桥被撞身亡交通事故案件，引发各保险公司和广大网友热议，案件在开庭阶段被北京电视台

《法治进行时》节目报道，审结后刘敏法官接受北京电视台《法治进行时》栏目组专访，被告人保公司送来锦旗。

（王　甘）

【开通“法院直通车”企业通道】9月2日，区法院与区工商联签订《关于建立民营企业产权保护社会化服务体系战略合作协议》，开通诉源治理“法院直通车”企业通道。

（王　甘）

【“复议双被告”审理机制】年内，最高法院党组成员、副院长贺小荣对区法院报送的《五年探索之路——“复议双被告”案件行政审判工作报告（2015—2019）》作出批示：北京市西城区人民法院通过“复议双被告”案件审理机制，积极推进行政复议与行政诉讼的有机衔接，助力政府法治建设，为推动行政争议实质性化解做出了积极努力，应予肯定。

（王　甘）

【签订《关于建立金融纠纷诉源治理与多元化解的合作协议》】11月21日，区法院与中国海事仲裁委员会、北京市金融消费纠纷人民调解委员会、北京金融街服务局、中国社会科学院法学研究所、国际法研究所共同签订《关于建立金融纠纷诉源治理与多元化解的合作协议》。

（王　甘）

【金融法治建设研讨会】11月21日，区法院与中国社会科学院法学研究所、国际法研究所、北京金融街服务局联合举办的“2020年北京金融法治建设研讨会”在金融街举行。西城区委副书记、区长孙硕，中国社会科学院学部委员、法学研究所所长陈甦，市高院党组成员、副院长靳学军，区法院党组书记、院长刘双玉做主题致辞。

（王　甘）

【国家宪法日宣誓仪式】12月4日，区法院举行“12·4国家宪法日”宪法宣誓仪式，弘扬宪法精神，坚定法治信仰。党组副书记、副院长刘玉民领誓，院领导班子、中层干部、干警代表参加宣誓。政治部副主任赵莹主持仪式。

（王　甘）

【“一案一精品”岗位比武】年内，区法院启动“一案一精品”书记员、法官助理技能比武、示范庭审活动。公开开庭审理一起被告人涉嫌虚构“托关系捞人”之名实施诈骗案，区人大常委会党组书记、主任杜灵欣，区检察院党组成员、副检察长赵文胜等聆听观摩。

（王　甘）

【“群众需要法官来到”项目】年内，区法院创新“诉源治理直通车”工作机制，“群众需要法官来到”项目被评为北京市法院示范党建项目、首都“特色职工志愿服务项目”，立案庭法官王兵莹获评首都职工志愿“骨干职工志愿者”。

（王　甘）

【入选第十批全国法院司法改革案例】年内，区法院《灵活组建　规范管理　强化保障　优化审判团队运行机制释放审判效能》案例入选第十批全国法院司法改革案例。

（王　甘）

【审理非法收售野生动物制品案审理】年内，刑庭组成7人合议庭开庭审理一起非法收购、出售珍贵、濒危野生动物制品案，案件涉及的穿山甲、羚羊角等野生动物制品价值超过1亿元人民币，为近10年之最。

（王　甘）

【新闻通报会】年内，区法院召开老年人金融消费权益保护、中年劳动者纠纷典型案例、疫情期间执行案件在线办理情况、“老字号”商标侵权案件典型案例、工伤认定行政争议典型案例、涉家庭房产纠纷典型案例、涉子女探望纠纷典型案例、涉漏水财产损害赔偿纠纷典型案例、涉“醉行”交通事故纠纷典型案例、社会生活热点领域刑事诈骗典型案例、执行财产处置典型案例等新闻通报会。

（王　甘）

【领导调研】年内，最高法院政治部法官管理部部长叶健一行到区法院开展工作调研；最高法院行政庭庭长黄永维、市高院党组书记、院长寇昉到区法院视察指导“司改之光”司法改革工作展览、电子卷宗生成中心、集约送达中心以及诉源治理直通车工作站；最高法院立案庭庭长钱晓晨到访调研，了解区法院立案、速裁、诉服、诉源治理和信访工作开展情况；市委副书记张延昆视察“司改之光”展览和诉源治理直通车工作站；区委副书记、区长孙硕调研法院一站式多元解纷、诉讼服务体系建设、诉源治理直通车和司法改革进展情况；区人大常委会副主任田巨德视察诉源治理工作推进情况。

（王　甘）

司法行政

【概况】北京市西城区司法局（简称区司法局），是区政府正处级工作部门。设有办公室、信息科、法治建设科、合法性审核科、行政复议科、行政应诉综合科、执法协调监督科、社区矫正管理科、普法与依法治理科、人民参与和促进法治科、调解工作科、公共法律服务管理科、律师工作科、公证工作科、财务科、政工科、机关党委、离退休干部科18个科室；下辖15个街道司法所、3家公证处、1个区法律援助中心、1个阳光中途之家、1个法治促进中心。年内，区司法局获评全国第一批法治政府建设示范区，法律援助中心获评北京市人民满意的公务员集体，律师工作科获评北京市三八红旗集体。

地址：西城区南菜园街51号

电话：83975231

（吉丽洁）

【全面依法治区】年内，发挥区委依法治区办、区依法行政办作用，组织召开委员会会议2次，制发文件10件；召开依法行政领导小组会议1次，制发文件7件，建立法治政府建设与责任落实督查考核体系，夯实全面依法治区的工作基础。连续三年开展法治政府建设评估，上年度西城区法治政府建设得分767.7分，得分率96%，呈现稳中有升的趋势。

（吉丽洁）

【法治保障】年内，在新冠肺炎疫情防控工作中，第一时间成立法律服务团，为区委区政府决策提供建言献策6件次，重大决策合法性审核5件次，法律论证意见5件次；主动服务复工复产法律需求，为群众提供免费咨询1800件次；抽调6名处级领导、29名同志支援社区和机场疫情防控工作。在服务科学决策方面，制发《重大行政决策程序暂行规定》《行政规范性文件管理办法》等重要文件，审核各类文件、草案180件。助力街道综合执法体制改革，制发《关于做好全区行政执法职权下放相关工作的意见》《关于进一步明确街道办事处综合行政执法体制改革相关问题的若干规定》，综合执法改革顺利推进。

（吉丽洁）

【公共法律服务】年内，加强公共法律服务体系建设，完成区、街、社区三级公共法律服务实体平台并投入运行，形成“1+15+259”的服务体系。突出发挥社区法律顾问作用，提供法律咨询29324次，开展法律讲座380场，代写法律文书600余份。发展互联网+法律服务，推广“12348”法律咨询热线、视频调解、网络咨询等便民举措。全面推行公证“最多跑一次”改革，实现马上办、网上办，就近办、一次办，全年接待办证咨询271252人次，办结公证事项137456件。打造法治化营商环境，承办金融街论坛“构建金融市场良好的法治营商环境”议题，实施公共法律服务暖企、助企、护企、安民、惠民五大行动。完成“七五”普法收官，广泛开展民法典等宣传教育，提高市民的法律素养。坚持绝不允许困难群众打不起官司的理念，不断提高法律援助水平，以“法律援助助力服务民生”为主题，广泛开展农民工、妇女、残疾人、未成年人等专项维权活动，保障群众合法权益。全年受理法律援助案件2199件，在“七有、五性”公正性考核中获全市第一。

（吉丽洁）

【社会稳定服务】年内，研究制定《关于加强和完善调解工作的意见》，构建起“大调解”工作格局。强化矛盾排查化解工作，组织排查1.94万次，立案调解5544件，调解成功率97.96%。参与违建治理、化解信访积案、复杂信息公开等急难险重任务，审查违建强执案件30件，参与疑难复杂事件协调会83次，街道“吹哨报道”68次。通过行政复议、应诉工作化解行政争议，审结行政复议案件254件，代理行政诉讼案件227件。开展扫黑除恶专项斗争，加大线索排查和执法检查力度，确保重点行业和谐稳定。加强“两类”人员教育管控，做好《社区矫正法》贯彻实施，全体列管人员安全稳定。累计摸排社区矫正对象243名，开展教育谈话486人次，微信视频专题教育500余次。

（吉丽洁）

【区人民调解组织优化升级】年内，厘清西城人民调解委员会与区人民调解员协会职能，将调委会打造为全区调解案件的中枢，实现案件的分流化解和指导基层案件调解的大本营。加强调委会调解员队伍建设，社招8名专职调解员，培育物业管理、消费、教育等领域矛盾纠纷化解的专业力量。

（吉丽洁）

【老年人金融消费权益保护线上通报会】3月13日，区司法局联合西城法院和牛街街道司法所，召开老年人金融消费权益保护线上新闻通报会，与牛街街道、金融街街道现场视频连线进行普法。28位市、区人大代表、政协委员与银行、证券公司、保险公司代表、社区居民、媒体记者近200人通过视频连线+微信群直播的方式参与活动，“一直播”平台同步直播。

（吉丽洁）

【驻区律师事务所座谈会】4月8日，召开驻区部分律师事务所座谈会。区领导孙硕、李异，区发改委、区司法局、区财政局相关领导及德恒、天元等7家律师事务所的主任参加。会上，各律所汇报在抗击新冠肺炎疫情方面采取的举措及为社会疫情防控、企业复工复产提供法律服务的情况。区发改委介绍拟出台的《西城区促进专业服务业高质量发展的若干措施》，与会律师结合行业发展中遇到的问题和困难，提出给予办公用房租金补贴、加大人才引进、为律所搭建服务平台、调整律师行业税收征收方式、给予行业领军人才奖励等建议。区长孙硕表示，西城区将充分利用金融街论坛、金融街合作发展理事会等机构，积极搭建高端交流平台，帮助辖区律所在业务上有所发展，同时区里将聚焦金融板块，举办一些树立西城律师品牌的活动，在人才培育、房租等方面对辖区律所有一定的扶持，以支持律师行业的发展。

（吉丽洁）

【推进依法行政领导小组第二次会议】4月27日，召开西城区推进依法行政领导小组第二次会议。审议通过《北京市西城区2020年法治政府建设工作要点》《北京市西城区2020年依法行政考评指标》《关于开展西城区法治政府建设示范项目创建评审活动的通知》《北京市西城区推进依法行政工作领导小组工作规则（试行）》四个文件的汇报。会议要求加强规划引领和督促检查，在全区切实构建起守责尽责、失责追责的工作机制，不断把法治政府建设向纵深推进。

（吉丽洁）

【全面依法治区委员会第三次会议】4月20日，西城区召开区委全面依法治区委员会第三次会议。会议传达中央全面依法治国委员会第三次会议和市委全面依法治市委员会第三次会议精神，调整区委全面依法治区委员会组成人员，听取区司法局关于进一步加强调解相关工作情况的汇报和区法院关于推进多元解纷、诉源治理相关工作情况的汇报，审议通过《中共北京市西城区委全面依法治区委员会2020年工作要点》《关于开展西城区法治建设评估工作的意见》《北京市西城区关于加强和完善调解工作的意见》等文件。卢映川提出，要提高政治站位，高标准做好法治西城建设工作；开展法治建设评估，把法治建设成效作为衡量工作实绩、评价工作效果的重要内容；加强和完善全区调解工作，大力加强基层矛盾纠纷排查化解工作，全面提升保安全护稳定能力。

（吉丽洁）

【社会矛盾多元调解工作调研】5月21日，区委书记卢映川到新街口街道西里一区公共法律服务室、区人民调解员协会、福绥境派出所联合调解室、新街口街道育德社区调研社会矛盾多元调解工作。区委常委、区委政法委书记姜立光，副区长李异，区司法局、新街口街道办事处、广外街道办事处同志一同调研。卢映川深入了解全区调解工作运行和发挥作用情况，听取意见建议，并组织有关部门、单位座谈交流。卢映川高度肯定调解工作在排查化解矛盾纠纷上发挥的重要作用，指出要切实把加强和完善人民调解工作作为一项重要和紧迫的工作抓紧抓好；要把12345热线诉求作为重要切入点，发挥好多元调解作用；健全体系，充实队伍，提升能力，构建好大调解工作格局。

（吉丽洁）

【守法普法协调小组第二次会议】 5月26日，西城区委全面依法治区委员会守法普法协调小组召开第二次全体（扩大）会议暨全区普法依法治理工作会。守法普法协调小组组长、副组长及各位成员在主会场出席会议，部分“谁执法谁普法”责任单位在视频分会场列席会议。会议传达区委全面依法治区委员会第三次会议精神，审议《西城区普法责任制清单（第二批）》、2020年西城区普法依法治理工作要点及年度考核指标任务分解、《西城区“七五”普法检查验收工作方案》等相关文件；总结2019年全区普法依法治理工作，部署2020年工作；通报小组成员调整情况。会议指出：对于北京市内新实施的《北京市文明行为促进条例》《北京市街道办事处条例》《北京市生活垃圾管理条例》《北京市物业管理条例》等法律法规，各主责单位要积极组织主题普法宣传，各街道要切实发挥宣传主战场的作用，开展多种形式的普法活动。

（吉丽洁）

【执法协调小组第一次会议】 7月7日，采取视频形式召开西城区委依法治区委执法协调小组第一次会议。会议传达西城区委全面依法治区委员会第三次会议精神，审议《中共北京市西城区委全面依法治区委员会执法协调小组2020年工作要点》和调整后的《中共北京市西城区委全面依法治区委员会执法协调小组成员名单》，通报市政府2020年行政执法考核指标相关内容。会议决定，将15个街道主管领导纳入执法协调小组成员，原则通过上述文件，由执法协调小组办公室根据会议精神对文件进行修改完善，以执法协调小组名义印发实施。此次执法协调小组会议将街道办事处作为执法协调小组成员单位，对于推进街道综合执法体制改革落地落实，进一步提升街道行政执法水平和能力，充分发挥街道在城市治理中的基础性作用有着十分重要的意义。

（吉丽洁）

【街道综合行政执法工作调研】 7月7日，区领导卢映川等到什刹海街道就街道综合执法改革工作进行实地调研并召开座谈会。区委编办、区司法局、区城管执法局等有关单位负责人陪同。卢映川一行首先来到什刹海街道综合执法二队，了解一线综合行政执法工作开展情况，随后召开座谈会听取有关单位推进综合行政执法工作进展情况。卢映川对各部门落实街道执法改革所做的工作表示肯定，并强调要充分认识向街道下放执法权的重要意义；坚持问题导向，聚焦治理实际；加强制度建设，完善运行机制；严格规范文明执法。

（吉丽洁）

【签署战略合作协议】 7月17日，区领导卢映川、孙硕等和区相关委办局负责人到中国政法大学海淀校区召开座谈会。区委书记卢映川、区长孙硕与中国政法大学党委书记胡明、校长马怀德为双方合作的培训基地和实践基地揭牌，副区长李异代表区政府与中国政法大学副校长冯世勇签署战略合作协议。双方将加强法治建设专题培训活动，提高领导干部、法治工作者和法治教育者的理论素养、知识水平、业务素质和管理能力，包括合作举办“西城区法治骨干人才培训班”。双方还将共建干部法治学习交流平台，商讨组织不同内容及形式的法律学术及法律实践的交流活动，就相关热点法律问题进行研究，利用各自优势和资源共同推动法律发展进步。中国政法大学将推荐相关专家、学者、研究生到西城区进行交流学习。双方还将共同开展科研课题及法治规划研究。

（吉丽洁）

【第一批全国法治政府建设示范地区】 7月31日，西城区被中央依法治国办命名为第一批全国法治政府建设示范地区。上年7月，根据《中央全面依法治国委员会办公室关于开展法治政府建设示范创建活动的意见》，区委全面依法治区办启动西城区法治政府综合示范创建工作。组成工作专班，形成1个总报告，84个分报告，1430份证明材料的申报内容体系，代表北京市参加全国评审，经过省级初审、第三方评估、人民群众满意度测评、实地核查、社会公示等环节，西城区在整体推进法治建设方面成效显著、特色鲜明、亮点突出，体现了强化党的领导、坚持法治一体建设等特点，呈现法治建设的长期性、渐进性和稳定性，形成具有鲜明特色的“西城模式”。

（吉丽洁）

【区人大法制委视察普法工作】8月11日，区人大法制委的9位人大代表视察全区“七五”普法工作开展情况。代表们实地查看牛街东里社区普法广场和牛街礼拜寺等法治宣传阵地，听取街道普法工作汇报。区司法局李程从健全完善普法依法治理领导体制和工作机制，融合推进普法依法治理与精神文明建设等六个方面进行汇报。各位代表评议西城区“七五”普法工作认为2016年至2020年全区普法工作目标完成，为平安西城、法治西城建设营造了良好氛围。代表们从加强新媒体在普法工作中的运用，进一步发动律师等专业力量开展贴近百姓的普法，加大普法平台推广力度等方面提出意见建议。区人大常委会副主任田巨德对全区“七五”普法工作取得的成果表示肯定。他强调，要进一步梳理全区“七五”普法期间开展的各项工作，充分运用“七五”普法中期评估成果，继续深入开展总结调研，找准工作中存在的不足，为“八五”普法规划编制工作打好基础。

（吉丽洁）

【人民陪审员选任】8月14至9月22日，按照《人民陪审员法》及选任工作的相关规定，完成西城区人民陪审员选任报名登记、抽选拟任工作。报名837人11月17日，区司法局组织举行2020年西城区随机抽选拟任人民陪审员仪式，通过全国人民陪审员选任系统最终随机抽选拟任人民陪审员600名。

（吉丽洁）

【依法行政能力培训】9月1日，通过网络课堂举办年度西城区第一期处级领导干部依法行政专题研讨班暨街道法治骨干人才培训班。区依法行政办主任、区司法局党组书记、局长李程，中国政法大学继续教育学院院长宋乃龙参会。宋乃龙简要介绍中国政法大学的历史、发展现状、学科优势以及在人才培养方面的成就和贡献。李程回顾近年来西城区政府与中国政法大学的合作成果，并对参培处级干部及街道法治骨干人才从提高认识，加强学习，坚持问题导向等方面提出要求。全区15个街道的主管法治的副书记、主管执法的副主任、执法队正副队长、法制员、司法所所长和工作人员共计200余人参加，培训内容包括民法典、行政实体法、程序法、物业管理、拆违工作等。培训回应了街道行政执法体制改革、街道法治工作内容调整背景下，各街道干部对法律知识的迫切需求，为进一步提高街道干部依法行政的意识和水平，增强运用法治思维和法律手段解决区域治理中突出矛盾和问题的能力提供知识储备和支撑。

（吉丽洁）

【“两新”组织党建调研】9月11日，市委书记蔡奇到金融街德恒律师事务所调研“两新”组织党建工作。蔡奇了解律所事务情况，察看党员之家、文化长廊，与优秀党员律师代表现场交流，要求坚持党建引领，增强大局意识，履行社会责任，为百姓提供优质法律服务。他强调要充分认识“两新”组织党建工作的重要性，坚持首善标准，大胆探索创新，推动“两新”组织党建工作向纵深发展。市司法局党委书记苗林参加调研。德恒律师事务所坚持分所开在哪里，党支部就建在哪里，通过“德益心”公益服务平台，组织党员律师参加“双报到”“结对子”，参与基层治理。

（吉丽洁）

【“构建金融市场良好的法治营商环境”平行论坛】10月21日，以“全球变局下的金融合作与变革”为主题的2020金融街论坛年会在京开幕。在“金融服务与发展”的平行论坛上，区司法局组织“构建金融市场良好的法治营商环境”主题讨论，议题为“金融市场立法与司法保障”“法律服务护航金融市场稳健发展”。司法部副部长刘炤、北京市副市长亓延军、全国人大宪法和法律委员会副主任周光权、北京市司法局党委书记苗林、北京市西城区副区长李异等领导出席论坛。刘炤从加强金融立法工作、深化“放管服”改革、提供多元化专业化公共法律服务、加强普法依法治理四个方面，阐述优化法治营商环境、促进金融市场高质量发展，围绕打造现代金融法治体系建设提出立法、执法监督、法律服务、普法依法治理四个方面的重点工作。

（吉丽洁）

【全面依法治区委员会办公室第二次会议】 12月8日，区委全面依法治区委员会办公室第二次会议召开。会议审议通过《中共北京市西城区委全面依法治区委员会办公室公文处理制度》等四项制度，《西城区法治建设评估报告（2019）》和《西城区法治建设规划（2021—2025）》。会议强调，要认真学习习近平法治思想，发挥法治在区域治理体系和治理能力现代化中的积极作用。要以继续全面建设法治中国首善之区的示范区，继续深入建设法治的“西城模式”，使西城区法治建设工作始终走在全市前列为目标。

（吉丽洁）

【法治建设“十四五”规划专题研讨会】 12月18日，西城区召开法治建设（法治政府建设）“十四五”规划专题研讨会。会议汇报西城区法治建设（法治政府建设）规划的基本思路，以书面形式对2020年区委、区政府法律顾问团及法治建设专委会工作情况、区委区政府法律顾问团金牌顾问人员名单进行汇报。西城区法治建设“十四五”规划课题组汇报西城区法治建设（法治政府建设）“十四五”规划编制情况。区委区政府法律顾问团委员，法治建设专委会委员就西城区法治建设（法治政府建设）“十四五”规划编制情况进行专题研讨。

（吉丽洁）

【全面依法治区委员会第四次会议】 12月28日，区委全面依法治区委员会第四次会议召开。会议审议通过《中共北京市西城区委全面依法治区委员会2020年工作总结》《西城区关于贯彻落实中央全面依法治国工作会议精神的实施意见》。会议要求，深入学习贯彻习近平法治思想，进一步增强做好全面依法治区工作的责任感使命感紧迫感；把西城区的法治建设工作贯穿立法、执法、司法、守法普法各个方面。全区各级领导干部作为关键少数，要带头学法、用法，带头尊崇法治、敬畏法律，带头加强党的领导，切实保证全面推进依法治国工作在西城的落地落实。

（吉丽洁）

（责任编辑　叶　婷）

军　事

7月7日，西城区与武警执勤第三支队联手打造心理健康“云课堂”（武警执勤第三支队 供图）

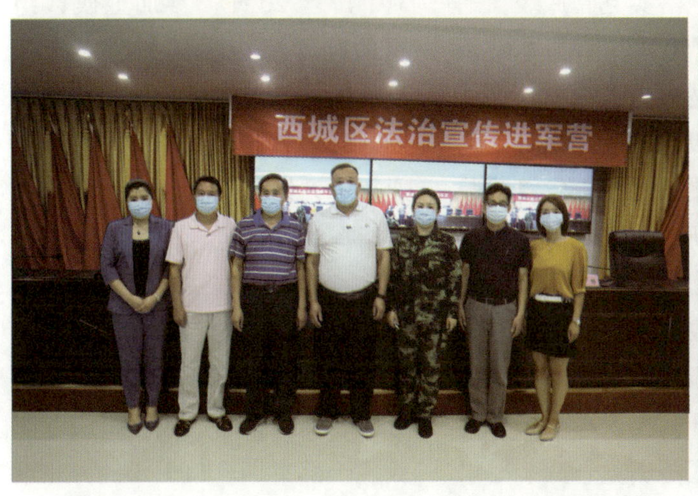

8月3日，西城区法制宣传进军营对武警执勤第四支队官兵进行法制宣讲（武警执勤第四支队 供图）

8月11日，平安讲师团在金融街京畿道社区开展“人防宣传教育进社区”活动（区民防局 供图）

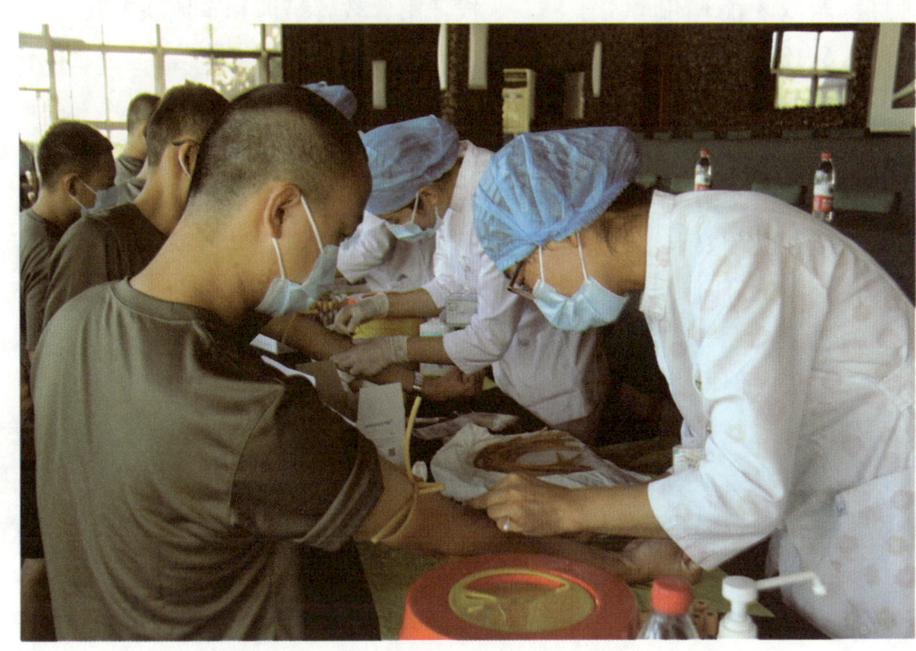

9月5日，区人武部组织预定新兵做新冠肺炎抗体检测（区人武部 供图）

人民武装部

【概况】北京市西城区人民武装部（简称区人武部），受北京卫戍区和西城区委、区人民政府双重领导，负责西城区军事工作，是西城区委的军事指挥机关，区人民政府的兵役机关下辖军事科、政治工作科、保障科。年内，区人武部学习落实习近平新时代中国特色社会主义思想，贯彻习近平强军思想，落实习主席视察重要讲话精神，在军委、陆军、卫戍区党委和区委区政府领导下，强化政治引领，聚焦备战打仗，加强科学统筹，严守纪律规矩，狠抓工作落实，党委班子领导坚持带头作表率，干部职工尽职责守纪律，完成各项任务。区人武部被评为“先进人武部”“北京市征兵工作先进单位”“首都拥军优属拥政爱民模范单位”。
地址：西城区教子胡同14号
电话：66187322

（贺飞　王红光）

【新冠肺炎疫情防控】年内，区人武部党委落实防控措施，根据形势变化和上级要求，制定涵盖组织领导、责任区分、人员管控、场所消毒等11个方面41条措施，每天督促检查措施落实情况。建立新冠肺炎疫情防控微信群，传达各级指示要求和疫情防控动态。发挥桥梁纽带作用，部长代表区委区政府走访慰问抗疫一线的军队人员家属、街道和社区工作人员，赠送防疫物资和生活用品；加强军地协调，配合辖区街道城管做好返京人员登记，宣传疫情防控知识，沟通疫情防控信息，共同做好常态化疫情防控。区基干民兵和普通民兵发挥较好作用。

（赵锦光　王京）

【党管武装制度】年内，区人武部党委贯彻落实习近平关于国防动员建设指示要求，强化党管武装思想观念，落实党管武装“七项制度”。把党管武装基本常识和制度规定纳入区委党校培训课程，强化各级党政领导党管武装意识。学习贯彻北京市党管武装工作会议、新时代人武部建设研讨暨民兵工作会议精神，持续深化民兵调整改革，编实建强基干民兵和专业队伍，优化力量结构。协调召开区委议军会，研究出台《西城区落实党管武装要求考评实施办法》，将党管武装工作纳入地方政绩考评体系，编实基层武装机构，规范专武干部选拔任用，教育培训和军地联考联评，促进党管武装工作落实。

（贺飞　王红光）

【冬季适应性集训】1月2至7日，区人武部组织干部职工参加卫戍区集中组织年度冬季适应性训练，完成战备等级转进、指挥所开设、物资器材准备、临战训练，组织摩托化和徒步行军，开展战术训练、战斗勤务和综合保障等科目演练；加强摩托机动与徒步行军的野外训练，突出“练技术　练战术　练保障　练作风”实战性要求，锻炼干部职工在严寒条件下“走打吃藏通供修救管”能力素质，提高备战打仗本领。

（温生录　辛轶群）

【官兵等级考评】1月下旬，卫戍区下达《北京卫戍区官兵等级考评实施总体方案》，区人武部党委传达学习陆军、卫戍区相关文件，制定考评计划，完成个人申请和资格审查、复查，编制考核题库，搞好培训和实际操作。3月17至20日，参加卫戍区组织的师团级指挥员和营级指挥员、连排级指挥员考核，按照卫戍区通过规定程序公示、呈审、通报考评结果情况，区人武部各级指挥员均评定合格以上。

（赵锦光　辛轶群）

【专武干部和民兵集训】10月25至30日，区人武部政委和5个街道武装部长参加卫戍区组织专职武装干部集训。11月1日，北京工商大学民兵连100人组织结训表演，展现训练成果。年内，区人武部党委领导深入街道帮带，指导街道民兵分队岗位自训、挂钩帮训、军民联训等。从基层专武干部、退伍士兵中遴选军政素质好、敬业精神强的优秀退役人员，建立政治教员、军事教员队伍，颁发聘书，明确职责任务和补助标准，确保完成年度军事训练任务。

（赵锦光　王京）

【民兵集训】年内，组织3个批次基干民兵轻武器实弹射击和考核，相关委办局和15个街道650余人参训。6月1至5日，组织专职武装干部业务集训暨集中办公，学习民兵工作法规制度。

（温生录　辛轶群）

【民兵组织整顿】 年内，深化民兵调整改革成果，推进民兵建设由“实起来”向“好起来”“强起来”转型升级。3月12日，下发《关于深入推进民兵调整改革工作暨做好民兵组织整顿准备的通知》。4月13至17日，组织召开民兵整组视频会，部署民兵组织整顿工作。4月26日，下发《关于调整优化民兵队伍结构做好民兵出入队工作的通知》。5月8日，召开民兵应急营组织整顿工作协调部署会。5月11至15日，部长率工作组指导帮带街道民兵组织整顿情况，解决难题。8至9月，区人武部领导检查街道民兵思想政治教育和点验大会。8月21日，点验宣武医院医疗救护新闻在《中国国防报》和《解放军报》融媒体报道。9月17日，卫戍区组织民兵调整改革考评，抽点西城区3个街道，获得好评。

（赵锦光　王京）

【民兵“两会”执勤】 全国“两会”安全保卫期间，严格上岗民兵遴选，将所有人员信息报有关部门比对，为上岗执勤民兵购买人身意外伤害保险。对值勤民兵岗前培训，规范岗位设置，更新执勤民兵服装和装备器材。及时处置垃圾箱失火2处、帮助过往群众就医1次。5月26日，北京市和卫戍区领导检查西城区参加“两会”执勤民兵，现场询问执勤职责、查看执勤记录和装备器材。

（赵锦光　辛轶群）

【春季征兵】 年内，区征兵办抓好“两征两退”兵员征集工作，制定《西城区2020年春季征兵工作实施方案》，组织宣传发动、报名摸底、上站体检和政治考核。根据疫情防控情况，调整年度征兵工作计划和活动安排。4月份，组织高校召开征兵工作推进会，落实年度征兵任务。5月9日，签发《北京市西城区人民政府关于2020年征兵的命令》，下达征兵任务并调整西城区征兵工作领导小组成员，制定《北京市西城区征兵工作绩效考核实施办法》。6月，全区兵役登记3916人，完成率100%；应征报名人数1178人，其中大学生1036人；男性预征对象991人，其中大学生869人。6月10至17日，组织应征报名的276人体检；8月，组织3批次652人第二次征兵体检；完成量化考评各项指标任务。

（赵锦光　吕威）

【预定新兵役前教育训练】 9月3日，区征兵办组织295名应征新兵在区民兵训练基地进行7天预定新兵役前教育训练，卫戍区警卫团选派64名现役干部骨干编设2个预定新兵连；根据参训新兵数量建立模拟连队，编班建排，役前教育训练实行军事化、封闭式管理；训练中因个人思想问题淘汰3人，身体问题淘汰5人。全区确定征集兵员268人，其中男兵245人、女兵23人，大学生比例达到97%。9月9日，区政府组织召开新兵欢送大会，组织新兵入伍宣誓，签订《依法服兵役承诺书》。9月10日，新兵起运。新兵役前教育训练情况，在《中国国防报》和解放军报融媒体报道。10月，区人武部组织安排新兵入伍部队回访工作。

（赵锦光　吕威）

【提高征兵质量】 年内，区征兵办坚持为部队输送合格兵员标准，严格责任追查、问题倒逼，严把兵员质量关。区卫计委组织对652名应征青年实施一站式、封闭式、网络化体检，做到“谁体检　谁签字　谁负责”，掌握应征青年的身体状况。区公安分局坚持三级政审、区域联审和网上比对制度，组织5个职能部门和19个派出所，对326名符合条件应征青年、家庭主要成员及主要社会关系实行全覆盖、无缝隙审查，确保新兵政治合格。区教委运用教育网学历查询和验证系统，严格审核326名适龄青年的学历情况，确保新兵文化合格。区人武部对295名预定新兵开展役前教育训练，提前适应部队训练生活环境，端正新兵依法服兵役的思想根基。

（赵锦光　吕威）

【平安西城建设】 年内，区人武部党委领导牢记维护安全稳定的政治责任，切实加强忧患意识和使命意识，落实领导责任，健全体制机制，分析年度社会安全稳定形势，组织西城区基干民兵和普通民兵参加疫情防控。发挥民兵寓军于民的特点优势，抓好民兵队伍建设，把“应急　专业　特殊”三种力量编实配齐，编组

136个分队5600基干民兵，在街道分别组建一支30人快速反应分队，构建区、街道两级民兵常备应急力量体系，做好重大会议和敏感时期民兵执勤，维稳和防汛抢险应急任务。接待复转军人来访来电处理涉军问题120余人次，做好应征青年和复转军人的接诉工作，有效化解军人军属涉法纠纷和案件。

（贺飞　王红光）

【军官预备役登记】11月4至6日，北京卫戍区组织自主择业干部预备役登记一站式办公，完成自主择业干部登记294人。统计军官预备役登记723名，其中转业安置驻西城区国家机关企事业单位241人、北京市机关企事业单位103人、安置西城区政府机关企事业单位75人、选择自主择业304人。12月，西城区退役军人事务局组织军队转业干部一站式办理转业手续业务。

（贺飞　郭俊）

【军民融合发展战略】年内，区人武部党委服务大局，注重建设，做好军民共建工作。抓好平安西城创建，妥善处理接待来访来电复转军人涉军问题，按照接待程序，依法化解矛盾。调整军事设施保护工作领导机构，协调区军事设施保护领导小组成员单位和辖区内军事设施保护单位完成军事禁区、军事管理区的区域划定。发挥党委主责作用，参与文明创建，密切军地关系。部领导主动与驻军、政府部门、街道和社区联系，组织签订共建协议，为西城区争创“双拥模范城”，协调召开停偿调度会和卫戍区检查督导，联系区相关业务部门，跟踪做好关停11个项目的4个遗留问题。区人武部被评为“首都拥军优属拥政爱民模范单位”。

（吕威　辛轶群）

【正规化建设】年内，区人武部党委与地方政府沟通汇报。8月，区政府服务中心投入2600万元，对民兵训练基地升级改造，实现功能齐全、设施配备、环境良好、满足需求的训练要求。9月，投入120余万元对营院整治翻新，更换食堂桌椅，落实单人单桌就餐要求，建设健身场地，备齐器材。年内，坚决贯彻习近平指示要求，按照国内“外防输入　内防反弹”疫情防控形势，织密防疫网，筑牢防控墙，做好疫情防控常态化。规范工作秩序，落实作战值班制度。

（温生录　王京）

【重点行业领域整肃治理】年内，区人武部党委加强组织领导，对涉及的财务行业、军需能源行业、军事设施建设领域、采购行业、后勤领域军民融合清理清查，做到问题隐患早发现、早报告、早处置。开展“强化廉政主管责任　纯正后勤行业生态”专题教育，学习《军队行业部门廉政主管责任规定》，提高保障系统人员业务素质和依法依规办事能力，解决储备体系不完善、财务预算执行率不高、后勤力量保障能力弱问题。

（温生录　辛轶群）

驻区部队

武警北京总队执勤第三支队

【概况】中国人民武装警察部队北京总队执勤第三支队，前身是保卫中国工农红军前委的3个警卫连之一，组建于井冈山时期。1942年10月20日改编为中央警备团，1983年2月改编为中央警备团，1983年2月改编为中国人民武装警察部队北京市总队第一支队，1995年7月，改称为武警北京市第一总队第一支队。1999年2月，武警北京市第一、第二总队合编为北京市总队，支队番号改为武警北京市总队二师一支队，隶属武警北京总队第二师领导。2014年3月，支队番号改为武警北京市总队二师第六支队，隶属武警北京总队第二师领导。2018年1月，武警部队编制体制调整改革，支队番号改为武警北京总队执勤第三支队，隶属武警北京总队领导。年内，武警北京总队执勤第三支队学习贯彻习近平新时代中国特色社会主义思想和习近平强军思想，紧跟武警部队、总队党委决策部署，把握“建精锐、担使命、防风险、打基础”工作重点，坚持用心带部队、潜心打基础、真心谋发展。实现“任务完成好、疫情零感染、安全无事故、全面打基础”目标，部队建设稳中有进、稳步发展。
地址：西城区南礼士路5号院
电话：52824126

（吴柯竺）

【支队政治建设】年内，武警北京总队执勤第三支队始终把高举旗帜、维护核心作为首要任务，抓住政治建队这条生命线，把保卫党中央、保卫习主席、保卫首都安全作为官兵最高的政治荣誉，首位首抓，确保绝对。贯彻军委加强党的政治建设《意见》，学习新颁发的《军队党的建设条例》，抓紧各层级政治能力训练，开展民主集中制学习教育，督导“三会一课”、党员汇报思想、双重组织生活、讲评班子讲评干部等制度落实，用好组织生活淬炼、党内文化浸润、纪律规矩约束、重大任务磨砺等途径，强化各级党组织凝聚力战斗力；持续纠治“五多”问题，细化《纠治形式主义、官僚主义措施办法》。推进风气整治，严惩官兵身边的“微腐败”，基层风气建设稳步推进；扎实推进营区政治环境建设，强力推进强军网、基层智能政工一体化平台建设，《凝聚强军力量　谱写时代篇章》迎新春晚会、《战役进行时》《梦想犹在　我们青春正当时》等系列录像片反响良好。

（吴柯竺）

【思想政治工作】年内，武警北京总队执勤第三支队思想政治工作在教育铸魂育人中得到加强。深入学习习近平新时代中国特色社会主义思想和强军思想，常委带头“微课”强认识，部队常态“六学”促提升，活用“两微一端”“两板三媒”浓氛围，讲政治是命根子的意识进一步固化；系统推进两项重大主题教育，基础教育和经常性教育，狠抓“六个环节”，落实“一课多讲”，定期组织推门听课、网上查课、评教评学和备课试讲活动，教育质效提升；开展形势任务和“四反”教育，开展“两史四红”、情感访谈活动，弘扬抗疫精神、抗战精神和抗美援朝精神，官兵思想向红向稳。发挥“六小阵地”作用，用教育讲台交流强军报国心得、用军营广播传播强军报国之声、用演艺唱响强军报国战歌，让领袖讲话、英模人物、队史队魂进入宣传栏、灯箱、LED屏等，使官兵争当“四有”军人的价值追求更加坚定。抓好新闻报道，230余篇反映支队强军风貌的新闻被中央级和军内外媒体刊载报道。

（吴柯竺）

【执勤维稳任务】年内，武警北京总队执勤第三支队执勤维稳任务在整体联动中圆满完成。支队党委落实党委议事中心制度，成立首长住地和重大临时任务专班，研究制定指导性文件，开展执勤隐患排查治理活动。始终把聚焦中心，打赢制胜作为重中之重。抓实“五个基本”，深化“五勤”落实，紧盯“五个抓手”，固化“五查”机制，完善值班值勤制度，研究形成专项任务组织手册；优化力量布势，建强战备值班力量体系，构建武装巡逻联勤新模式，常态组织拉动演练，推动应对强敌斗争任务准备，每月开展“最美哨兵”评选、播放执勤检查录像通报，督导正规化执勤末端落实。完成全年固定目标和社会面巡逻防控任务，确保全国“两会”、全国抗击新冠肺炎疫情表彰大会、纪念中国人民志愿军抗美援朝出国作战70周年大会、全国政协新年茶话会现场警卫等重大临时任务万无一失，多起有碍安全的情况处置稳妥，支队被总队评为正规化执勤先进支队。

（吴柯竺）

【核心军事能力】年内，武警北京总队执勤第三支队核心军事能力在演训牵引中提升。贯彻落实中央军委军事工作会议精神，坚持战斗力唯一的根本标准，坚持真难严实抓训，制定支队加强实战化军事训练硬性措施，确立训练思路，严格军事训练，军事训练的系统性、科学性有效增强。狠抓“三教”队伍能力，构建“百人”抓训格局，探索形成城区微小空间组训成果，开展龙虎榜、创破纪录等活动，建立追责问责机制，练兵备战导向鲜明。新兵大队被评为“新兵教育训练先进单位”，教导队被武警部队评为“一级教导队”。

（吴柯竺）

【安全发展基础】年内，武警北京总队执勤第三支队安全发展基础在综合治理中稳固加强。对标“六个不能出”底线，强化“安全靠建”理念。坚持重大安保任务成立安全专班，强力抓安创安，实现“两个安全”。建立

“五个层级谈心制度”，开展“情感访谈”“谈心谈话”活动，掌握安全预防主动权。把“学条令、用条令”贯穿安全始终，建立“学、训、考、用”常态机制，抓好“两条例、一规定、一规范”学习贯彻，加强机关基层正规化建设，常态组织“四不两直”“六个过一遍”检查排查，开展专项整治，树立“七多四正”理念，狠抓安全工作“八个规范”常态落实，严密组织多次“三卡”清查，坚持稳中求进，突出风险防控，推进新训“三查一退一除”，实现安全稳定。支队被武警部队评为安全工作先进单位，两个大队被总队表彰为“四铁”先进大队。

（吴柯竺）

【综合保障效能】年内，武警北京总队执勤第三支队保障效能在增强服务意识中跟进有力。始终把建设“打仗型、服务型、法治型、过硬型”后装作为工作导向。坚持人员先遣、物资预储、饮食前送，与多家社会化企业单位链接供给保障关系，建立“一横两纵”多个伙食保障支撑点，购置战备物资，完善支队战备物资库正规化建设，满足战备应急需要；完成中央军委后勤保障部财务局督导检查组对支队账户资金专项清理检查工作，保障部被总队评为“先进保障机关”。

（吴柯竺）

【依法从严治军】年内，武警北京总队执勤第三支队始终秉承“建过硬班子带过硬队伍”理念，贯彻执行军委主席负责制和民主集中制，明确“五先五后”议事程序和“六个必须议”“四个不能议”议事原则，核心领导坚强有力。严密组织党支部书记、党小组长培训，规范党员发展、党费缴纳、党组织生活等制度落实，党委支部引领力、决策力、战斗力、感召力持续加强。持续传导正风肃纪压力压势，开展政治领域官僚主义清除纠治和涉敏感信息清理清查活动，坚持党委集体研究，纪委全程监督。全年实现“零信访零举报”，推荐官兵考学提干技术学兵162名，做到公平公正、阳光透明，支队被武警部队评为“基层风气建设先进单位”。

（吴柯竺）

武警北京总队执勤第四支队

【概况】年内，武警北京总队执勤第四支队以习近平强军思想为统领，坚决贯彻上级党委决策部署，着眼“三个过硬”，坚持“四个扭住”，按照“政治第一、精锐标准、使命为重、打牢基础”工作指导，突出“建精锐、担使命、防风险、打基础”工作重点，聚力抓引领铸军魂、抓备战谋打赢、抓基层打基础、抓党建强组织、抓作风纯生态，实现“任务完成好、疫情零感染、安全无事故、全面打基础”目标。

地址：西城区珠市口西大街133号

电话：52824727

（温泽宇）

【思想政治】年内，支队坚持把高举旗帜、维护核心作为首要任务，学习习近平新时代中国特色社会主义思想和习近平强军思想，落实党委中心组理论学习，推进两大主题教育和专题教育、使命教育、基础教育和经常性教育，落实网上查课、推门听课、领导带头上党课、“双百”微课和警示教育，研究思想政治工作“八种方法”“三化”教育模式和6类90条忠诚标准，丰富板报橱窗、军营广播、精锐讲堂、主题展览、全媒推送和军史场馆和智能政工平台的立体宣教功能特色。6项经验成果被军委、武警部队推广，连续3年被总队评为“教育先进单位”，政治工作部被总队评为“先进政治机关”，郑世存、封宇评为总队十佳“四会”政治教员，温泽宇、杨绰评为总队“优秀”政治教员，新闻宣传工作连续3年位居总队第一。

（温泽宇）

【执勤训练】年内，锤炼与首都维稳“东翼”区位相适应的核心能力，制定《新时代聚焦备战打仗十条措施》，抓实“五个基本”，深化“五勤”落实，开展“查找定保”“听闻看报”“学查补保”“修学推”等方案执勤教育、整顿、实践活动，严密组织勤训轮换、专勤专训和“魔鬼周”极限训练，分段错时开展“五大技术”训练、网上观摩和覆盖式方案讲解考核，精细规范“五率六量”和编携配装，“智慧磐石”工程如期完成，实战演习和专项准备国庆70周年、“两会”安保等重大任务，各项勤务、各处目标、各个哨位万无一失。累计担负临时勤务数百起、用兵数万余人次、处置各类情况百余起，任凯被武警部队评为“优秀参谋”，2人被武警部队、6人被总队评为“优秀教练员”，在总队各类比武考核取得14个第一、11个第二、7个第三。

（温泽宇）

【基层建设】年内，始终把巩固基层基础作为导向，贯彻三级基层建设会议精神，建立“三个贡献率”评价体系和正负清单，落实挂钩帮带责任制和“一队一策”抓建措施，1个单位担负武警部队执勤中队建设具体标准和工作规范任务，165人立三等功。开展“学《纲要》、用《纲要》”和“守规章、纠积弊、正秩序”活动，组织4批次192名军事、政治干部《纲要》培训，支队按纲建队考评在全总队推广借鉴，2个连续多年未进先进的中队“脱贫摘帽”，1个单位评为基层建设标兵中队，25个单位分别评为先进大（中）队，431人评为“四有”优秀个人，2人评为“十大精锐标兵”，官兵“双争”氛围浓厚。制定《新时代激发支队官兵动力活力八条措施》，开展“五大一送”“温馨周末”和欢乐基层行活动，妥善解决官兵家庭涉法问题，协调干部家属随军、子女就读优质学校。

（温泽宇）

【部队管理】年内，注重问题倒查、全面从严、标本兼治，严格贯彻安全工作“八个规范”，落实《新时代“防风险”十条措施》，突出“人车枪弹酒、水火电毒密、贷赌黄游群”重点，发挥“三互”“四知一跟”“五同”和心理服务“四个载体”作用，以“条令年”“百日安全竞赛”“学析查保”“用小措　抓点滴　促养成”“安全大教育　隐患大排查　漏洞大封堵”等活动和防间保密清查整治专项行动为抓手，常态进行“四不两直”“六个一遍”“三部一点”覆盖检查，排查各类安全隐患550余条、销毁涉密载体、收缴账外机，及时送治清退问题官兵，连续3年实现交通安全“零抄告”，连续26年实现“四无”目标。支队连续3年被武警部队评为“安全工作先进单位”“百日安全竞赛活动优胜单位”，6人被武警部队评为“安全工作先进个人”，2个单位正规化建设在总队先行推广，参谋部机要科被武警部队评为“机要密码工作先进科”。

（温泽宇）

【后勤保障】年内，围绕打造“六型”后勤，以“三个服务”为牵引，修订完善“一组五队”应急保障预案，严密组织后装力量“三化”集训，制定“一人一桶　一站一箱　专车前送”任务保障模式，在7家单位建立应急保障绿色通道，投入1000万元用于设施场地建设，采购装备数1000件套、安全保障100余次实弹实投及万余发（枚）弹药，提高保障能力。开展后勤8个重点行业领域整肃治理，落实招投标“黑名单”禁入，强力清退违规住房，周转房分配入户，“四费”收缴完成，“五难”问题清仓归零。严密组织“学业务　强能力　提素质”“保障岗位大练兵”活动，培训卫生员、驾驶员、炊事员、军械员、“四小工”309人，专业人才队伍得到充实。新冠肺炎疫情防控期间，制定落实“六住”“六个一遍”“六个到位”防疫举措，家属院联防联控做法在总队经验介绍，实现“两零”目标。

（温泽宇）

【党风廉政】年内，着眼强化政治能力，落实三级党建会议精神和《军队党的建设条例》，深化“不忘初心　牢记使命”主题教育，抓实民主集中制学习，制定《支队党委议事规则》《新时代加强党委班子作风八条措施》和《新时代党的建设八条措施》，优化组合大队党委、中队党支部，落实群众组织“四项要求”，严格思想汇报、批评与自我批评、党小组生活、党日党课、党费缴纳等制度，提升党委把方向、谋全局、抓大事能力。9个支部24人先后被总队评为党团“三优”，25人评为“双百”。剔除政治领域官僚主义顽症痼疾，组织“五个再过一遍”涉郭徐房张资料地毯式清除，深化基层风气监察联系点和“推磨式”交叉督查成果，培训137名基层风气监督员，提升使用营连职干部数100人、选改士官数1000人、考学提干数10人、发展党员100人，给予10余名违规违纪官兵党纪军纪处分。

（温泽宇）

人民防空

【概况】北京市西城区人民防空办公室（简称区人防办）是西城区国防动员委员会的常设办事机构和区政府人民防空工作主管部门，承担西城区人民防空、公共安全宣传教育职能。年内，加强自身建设，坚持以习近平新时代中国特色社会主义思想为指导，学习贯彻党的十九届以来全会精神，拓展“不忘初心 牢记使命”主题教育成果，增强“四个意识”、坚定“四个自信”、做到“两个维护”。贯彻落实区委区政府、市办工作部署，克服新冠肺炎疫情困难，提升人防工程精细化管理水平，保障人防工程绝对安全，完成组织应急综合演练、志愿者培训、装备物资保障及指挥通信等年度任务。

地址：西城区南菜园街51号
电话：83975382

（郑　亮）

【新冠肺炎疫情防控】年内，落实“查、告、停、消、护、通、值、阻”八字方针，成立4个疫情防控督导组，开展人防工程疫情防控大检查，防止工程内部出现疫情隐患。各防疫督查检查组组织检查人员1345人次，检查人防工程1483处，查找出隐患590个。其中检查在用工程435处，未用工程220处，中央国家机关单位工程372处，复查456处，发放张贴告知书1100余份，做到检查全覆盖。制定落实防控措施，每日完成“人员、物资、检查、简报”4张表，上报17份。编撰《区人防办疫情工作简报》69期，汇总人员情况表90份。为区政府设立核酸检测点提供60顶帐篷，发放物资11662件。

（郑　亮）

【人防工程专项治理】年内，开展人防工程日常检查，出动检查人员1408人次，检查人防工程1234处，复查207处，填写《人防工程安全检查单》1234份，对97处安全隐患整改，整改率超过90%，未发生人防工程重大安全事故。签订公用人防工程使用合同81份，收缴人防工程使用费1496.35万元。依据《西城区人民防空办公室关于新冠病毒疫情防控期间减免人防工程使用费的实施办法》，对14处人防工程使用费减免121万元。

（郑　亮）

【人防工程综合整治】年内，完成人防工程“疏整促”工作，集体宿舍清理动态清零97起，涉及人员1159人。地下小旅馆动态清零39起，涉及人员1020人。配合北京市人防办开展疏解整治促提升地下空间动态上帐管理工作，处理154起市人防办下发案件。接受市发改委对2017至2019年人防工程疏整促任务完成情况暗访检查，抽查10处人防工程，未发现住人反弹现象。

（郑　亮）

【人防工程维护】年内，完成防空地下室维护、完好率建设124处、建筑面积21.7万平方米。完成早期人防工程隐患排查，制定西城区早期人防工程2021至2023年3年回填治理总体规划。完成70处、建筑面积122298平方米防空地下室维护。

（郑　亮）

【人防工程防汛】年内，根据《西城区2020年人防工程防汛工作方案》要求，安排汛期值班，安排5支人防应急抢险队24小时执勤，完成人防工程防汛抢险11处，回填5处。

（郑　亮）

【人民防空训练】年内，制定《2020年西城区人民防空训练工作计划》。完成市人防办人口疏散地域建设专题调研报告。参加《北京市防空袭方案》相关内容修订，指导金融街街道丰汇园社区人民防空人员掩蔽演练。新增心理防护专业队、信息防护专业队。参加京津冀人防无线通信协同训练6次、市人防办组织通信业务日常训练81次及区级视频会议系统调试15次。

（郑　亮）

【应急指挥体系基础建设】年内，完成新建4处高点监控前期准备。维护正在使用的4处视频监控项目。4月4日，完成全国哀悼日全区防空警报鸣放任务，鸣响率100%。9月19日，完成全民国防教育日“北京市防空警报试鸣”防误鸣保障任务。

（郑　亮）

【行政审批】年内，启动1处质

量监督工程，竣工验收备案2处工程。审批人防工程易地建设10处，总面积1164.89平方米，总金额143.04万元。其中免收3处，全额收缴7处。通过大厅“综窗系统”和市办“信息管理平台”交互式办公，利用“多规合一”“联合验收”及“质量监督”平台线上线下审批，承接市办下放行政审批事项和管理权限。办理人防工程使用许可250件，涉及工程258处，达到全区在用人防工程70%办证率。

（郑　亮）

【人防法制体系建设】年内，成立落实“三项制度”工作小组，制订落实行政执法“三项制度”方案。对一处严重破坏人防工程防护门违法行为从重处罚，罚款人民币5万元。依法对使用人防工程的单位510余人次执法检查，办理行政处罚案件15起，罚款合计8.8万元。完成2处人防地下车库违法行为行政处罚及冷库拆除。完成市办督办历史遗留问题1件。推进人防工程使用费追缴，为国家挽回损失218.35万元。

（郑　亮）

【人防宣传教育】年内，在41个社区开展人防进社区宣传设施建设。制作宣传栏30个，应急亭15个，疏散引导标识111块，掩蔽场所标识101块，掩蔽疏散路线图35块，制度牌124个。梳理15个街道人防志愿者信息730人，组织140名人防志愿者应急技能培训。撰写宣传报道、信息稿件20篇。人防杂志刊登信息7篇和图片25张，市人防微信公众号刊登1篇。“5·12”防灾减灾日宣传周期间，为20个社区200名社工干部举办人防应急知识讲座。组织全区街道人防志愿者应急知识答题活动。组织75次平安讲师团到社区开展人防知识宣讲活动。

（郑　亮）

【接诉即办】年内，完善接诉即办制度及流程，受理回复12345市民热线255件，本部门主办204件，协同办理51件。其中日常使用管理类191件、行政审批类21件、破坏人防工程类16件、工程抢险类13件、涉及疫情投诉举报4件、政策法规咨询3件、退回工单7件。受理政府信息依申请公开4件，政策性咨询3件。

（郑　亮）

（责任编辑　晏　畅）

功能街区建设

北京西城年鉴2021

7月22日，西城园区企业奇安信登陆上交所科创板（西城园 供图）

10月23日，金融科技与创新暨第二届成方金融科技论坛举办（西城园 供图）

10月25日，第三届青年国际交流茶会之中肯茶会举办（马连道指挥部 供图）

11月2日，2020年大栅栏旅游购物节举办（大栅栏琉璃厂指挥部 供图）

大栅栏琉璃厂建设

【概况】北京大栅栏琉璃厂建设指挥部（简称大栅栏琉璃厂指挥部）设办公室、规划建设处、产业促进处、环境秩序处。主要负责统筹协调大栅栏、椿树、广内、牛街区域内重大任务和重大项目实施、疏解整治、环境提升工作，推进实施街区更新，加快提升城市品质。推动老城保护与复兴。强化与市区相关单位的衔接，系统推进核心区科学规划建设管理，巩固完善首都城市科学管理体系的新机制。承办区委、区政府交办的其他事项。年内，指挥部贯彻落实区委区政府决策部署，统筹调度88个重点项目。其中观音寺片区申请式退租工作超额185%完成预期腾退目标，建党百年献礼京报馆文物修缮项目主体竣工，大栅栏琉璃厂精品交易文化季等活动助力复工复产、复商复市，新冠肺炎疫情防控和接诉即办工作落实到位。完成年度目标任务，提升历史文化街区的功能品质、文化品质、生态品质、宜居品质、建设品质和管理品质。

地址：西城区南新华街25号

电话：63158101

（刘　杰）

【文物腾退修缮项目】年内，配合相关单位完成4处文物保护院内6户居民的腾退及1处文物的修缮工作，安徽会馆和东莞会馆各腾退1户，杨椒山祠和浏阳会馆各腾退2户。5月启动京报馆修缮工程，主体工程完工。观音寺文物本体修缮完成主体结构及屋面工程验收。西单饭店旧址保护修缮项目进场施工。谦祥益文物保护修缮项目《设计方案申请书》通过国家文物局和北京市文物局审核，开始筹措资金。五道庙保护修缮进场施工。

（刘　杰）

【观音寺片区交通微循环】协调配合大栅栏街道推进斜街街区交通微循环工作。8月24日，市交管局发布铁树斜街、樱桃斜街等区域实施交通微循环通告，开展宣传动员、车辆管理工作。

（刘　杰）

【菜西试点项目】9月，启动申请式改善工作，与5户居民签约，完成主体工程施工。推进恢复性修建试点工作，西砖胡同15号、17号、19号（南院）、21号院、法源寺后街7号院的恢复性修建工程主体完工。开展片区公共空间及市政改造方案研究工作，完成实施方案编制，向区发改委申报立项。

（刘　杰）

【北京国际设计周】9月24日，2020北京国际设计周西城分会场在法源寺站开幕，主题为：城市·法·源　智慧生活，包括“城市更新设计维民”学术论坛、法源百纳展览及三联读书会、评书老北京传奇等活动，展示法源寺文保街区更新、品质提升成果。10月1至5日，北京坊生活方式设计节——潮玩造物博览会在北京坊劝业场举办。集中展示近千款来自国内外的潮流玩具、手办模型、首发潮玩精品等优质创意玩趣，150余家潮流玩具、手办品牌和艺术家工作室前来参展。

（刘　杰）

【大栅栏琉璃厂文化市集及购物节】9月25日，在北京坊劝东广场举办大栅栏琉璃厂文化市集，汇聚17家大栅栏琉璃厂区域老字号和特色文化企业，展示展演展卖各类非遗技艺绝活、老字号商品、特色文创产品。9月25日至11月30日，举办2020北京大栅栏琉璃厂商业文化旅游购物节，20余家老字号和特色企业参加，形式多样，内容丰富，涵盖衣、食、文化、娱乐等促销推广活动。

（刘　杰）

【精品交易文化季】9至11月，举办2020北京大栅栏琉璃厂精品交易文化季活动，主题为“最北京·最京味”，涵盖文化市集、大栅栏琉璃厂商业文化旅游购物节、京味文化体验周、琉璃厂艺术交流等内容。

（刘　杰）

【京味文化体验周】10月10至21日，举办2020北京大栅栏琉璃厂京味文化体验周活动。同仁堂、瑞蚨祥、内联升、中国书店、一得阁、戴月轩、汲古阁、萃文阁、老舍茶馆、未来邮局、家传等老字号和特色文化企业共举办24场传统文化体验和特色文创活动，600多人参与。

（刘　杰）

【观音寺片区老城保护更新项目】

年内，启动大栅栏观音寺片区老城保护更新项目。完成《观音寺片区老城保护更新项目实施方案》《观音寺片区老城保护更新项目规划策划案》和相应的申请式退租、投融资等方案及社会稳定风险评估和报备。大栅栏投资公司和宣房经营公司合资组建安创公司，由区房管局正式授权作为观音寺片区项目的实施主体。10月26日，观音寺片区项目申请式退租工作正式启动。截至12月25日，签约居民1103户，占比片区总户数2394户的46%，完成规定任务量的185.3%。

（刘　杰）

【魏染胡同环境整治提升项目】12月初开工，作为建党100周年献礼的市级重点任务京报馆修缮项目的重要配套建设工程，完成工作方案制定、工程周期优化、整治方案设计、代建合同签订、施工图纸深化等工作，对7处重要节点的门楼和墙面进行清理打磨、补灰修复，年底前完成整治主体工程。

（刘　杰）

【牛街三号地项目】年内，完成项目概念方案初稿、项目实施进度计划及资金需求计划编制，12月底启动场地硬化地面破除及渣土清运工作。

（刘　杰）

【北京坊国际文化交流】年内，举办中国国际时装周AW20云上时装大秀、2020北京文创市集、北京国际设计周·北京坊生活方式设计节——潮玩造物博览会等文化商业活动8场，进一步提升北京坊区域影响力。

（刘　杰）

【街区保护更新】年内，大栅栏琉璃厂指挥部在全区率先启动以街区为单元的城市设计研究工作，选取大栅栏街道延寿街作为研究对象，采取设计先行，由街区诊断生成问题库，建立项目库，指导未来年度分期实施，改变目前项目带设计的实施模式，完成延寿街街区设计方案初稿编制。

（刘　杰）

【观音寺片区市政基础设施建设】年内，完成铁树斜街、樱桃斜街等5条胡同市政基础设施改造测绘和设计初稿及大栅栏西街路面铺装设计方案。

（刘　杰）

【中轴线申遗】年内，协调谦祥益文物保护修缮项目，配合区文化旅游局和区财政局明确谦祥益资金拨付渠道和方式。初步拟定正阳门南望景观视廊整治项目实施主体单位，经过与专家实地探勘，明确涉及内容和工作要求，开展设计方案制作工作。

（刘　杰）

【法源寺街区保护修缮项目】年内，启动原粟海酒店改造提升工程，主体工程完工。完成天景胡同9号院施工，拟打造赶考博物馆，具备试运营条件。南半截胡同、天景胡同、七井胡同、西砖胡同（南段）市政景观节点完工。法源寺后街东段停车设施项目主体工程完工，具备停车条件。

（刘　杰）

【宣西风貌区项目】年内，完成宣西文化精华区示范区环境整治提升项目设计方案初稿。开展宣西片区公共空间整治提升研究，完成实施方案编制，向区发改委申报立项。对已腾院落恢复性修建，达智桥胡同25号、储库营胡同30号院开工建设，上斜街48号院完成主体工程，校场大六条11号院开展施工招标工作。开展简易楼腾退收尾工作，腾退3户剩余7户。上斜街、金井、储库营、校场大六条等4条胡同市政基础设施改造项目完成前期勘探、供电方案设计和项目综合方案。

（刘　杰）

【疫情防控和复商复市】年内，在新冠肺炎疫情防控中开展区域内企业外来务工人员多项排查，检查督促企业落实防控措施，通过微信公众号、微博、电子邮箱、重点企业微信群等平台宣传企业复工复产政策。完成大栅栏商圈重点企业联系网络，动态更新企业联系清单，多渠道联系机制。配合相关部门解决大栅栏步行街东口围挡问题，助力企业复商复市。

（刘　杰）

天桥演艺区建设

【概况】北京天桥演艺区建设指挥部（简称天桥演艺区指挥部）隶属区委、区政府，由区政府直接管理，接受区委城工委的领导和城工委办公室的业务指导。总指挥由区级领导兼任，负责主持指挥部全面工作；常务副总指挥协助总指挥负责指挥部日常工作。下设办公室、规划建设处、环境建设处、产业促进处。天桥演艺区指挥部是负责统筹协调推进天桥、陶然亭、白纸坊地区街区更新工作的常设临时性机构。年内，天桥演艺区指挥部在区委区政府领导下，围绕首都核心区控规落地实施和北京市中轴线申遗工作，加强统筹协调，研究攻克重点难点问题，推动区域街区更新、先农坛文物腾退、疏解整治促提升等工作取得进展。

地址：西城区天桥南大街1号

电话：83167001

（白　玉）

【天桥艺术大厦租金补贴兑现】 年内，为推动演艺区驻区企业发展，发挥统筹协调作用推进相关产业政策落实工作，天桥演艺区指挥部会同区文化和旅游局、天桥盛世集团、第三方评估机构开展入驻天桥艺术大厦的文化演艺类机构及工作室2016—2019年度租金补贴兑现工作。核实认定自2016年7月至2019年1月期间，申报资金补贴的入驻机构、工作室是否符合申报条件，是否严格履行申报流程，对申报材料的完整性与真实性进行复核。核查申报内容及补贴额度是否符合政策文件的要求，确认租金补贴的最终申请额度，完成对申报资料的初步审核工作，确保后续财政补贴资金发放的规范性与准确性。确认申报补贴总额2500余万元，完成相关资料报审工作。9月2日，第140次区政府专题会议研究，批准补贴兑现申请，实施兑现具体流程，完成兑现工作。

（刘　强）

【育才学校腾退】 9月，成立以副区长缪剑虹、区政协副主席王志忠为组长的育才学校腾退专班，开展育才学校及教职工宿舍楼、西城区教育学院腾退，耕天下北墙南移等工作。专班办公室设在天桥演艺区指挥部。各项均取得阶段性进展：明确陶然亭游泳馆及周边北京市人力资源和社会保障局作为育才学校小学、初中部的新校址，高中部尚在选址中。确定西城区教育学院新址地块，制定搬迁及周转用房的相关方案。完成育才学校教职工宿舍楼入户调查工作，研究制定宿舍楼搬迁工作实施方案。完成耕天下小区南棂星门项目方案制定。

（刘　强）

【落实区域控规三年行动计划】 年内，提前统筹谋划，实地调研天桥、陶然亭、白纸坊街道街区更新项目现场，梳理《西城区落实首都功能核心区控制性详细规划三年行动计划（2020—2022年）》重点项目库涉及天桥演艺区指挥部牵头统筹协调的项目70项，包括住房改善、公共空间优化、基础设施提升、中轴线、公共服务完善等类别。指挥部建立街区更新项目工作对接机制，深入调研项目现场，编制项目清单，组织项目负责部门及实施主体，梳理项目具体内容、进展及困难等情况，明确项目实施时间节点和联系机制。研究布排下年度拟实施的街区更新项目，形成初步项目计划方案。

（欧昕雨）

【天桥重点区域更新提升方案】 年内，编制完成《南中轴线天桥北部平房区域更新提升方案》，项目包括：《重点区域市政基础设施整治提升规划》《重点空间资源利用提升研究设计、文化探访路径落实方案、重点点位城市设计》，由北京正光房地产开发有限公司作为项目实施主体。年内均完成终期设计成果。

（欧昕雨）

【街道自施类街区保护更新项目】 年内，天桥演艺区指挥部加强项目统筹调度和工作对接，研究制定《街区更新项目资金管理办法》《街区更新项目统筹管理办法》，规范专项资金管理，推进项目有序实施。多次在天桥、陶然亭、白纸坊街区更新项目现场召开协调沟通会议，推动保护更新项目按计划进行。天桥街道鹞儿胡同立面修缮和景观提升项目完成19个院落修缮和景观提升，鹞儿胡同地下管线改造项目完成37个院落雨、污水管线改造及路面恢复施工。陶然亭街道畅柳园小区周边优化提升项目、红土店南里小区绿化改造项目、黑窑厂西里小区绿化改造项目竣工。白纸坊街道建功北里街区更新城市设计项目，完善街区诊断和风貌提升设计。各街道无障碍设施改造项目全部完成。

（欧昕雨）

【泰安里文物社会化利用项目】 仁寿路泰安里项目位于仁寿路6、8、10、12、14、16号及香厂路6号，建设面积3120平方米。文物本体腾退及修缮工作完成后，启动社会化利用工作。截至年底，进入专家评审阶段待区政府上会研究及后续工作。

（薛　堃）

【北纬路征收项目】于2014年7月3日启动征收工作，截至年底征收居民户数73户，签约71户，剩余居民2户（南侧1户，北侧1户）。18个单位产中有15个单位产签订征收补偿协议，剩余917路、110路汽车场站、北京金源投资管理有限公司。

（薛　堃）

【永安路征收项目】永安路市政道路房屋征收工作于2016年4月6日启动，涉及道路红线内居住征收191户，3个单位产，截至年底与167户居民签订征收补偿协议。剩余3个单位、24户居民。

（薛　堃）

【华康里文物腾退项目】项目范围：东至华严路11号东墙，南至华严路，西至板章路，北至华康里8号北墙。华严路11、13、15、17、19、21号，华康里1、3、4、5、6、7、8、9、11号，板章路24、26、28、30、32号。共有承租户117户，建筑面积1675.98平方米。项目主体及实施主体北京宣房投资管理集团有限公司。华康里文物腾退于2017年12月4日启动，截至年底腾退114户，剩余3户。其中2户在法院审理中，另1户正在推进承租人变更事项。

（薛　堃）

【宜兴会馆腾退项目】项目位于校尉营新门牌44号。项目主体北京宣房投资管理集团有限公司，实施主体北京天桥衡融投资有限公司。文保主体内应征收居民28户，建筑面积约666平方米，占地面积约1067平方米。宜兴会馆文物腾退于2017年12月5日启动，截至年底完成腾退工作，修缮及后期利用工作待区文化和旅游局排期确认后进行。

（薛　堃）

中关村科技园区西城园建设

【概况】中关村西城园政策区面积10平方公里，包括德胜、北展和广安三大片区，涉及西城区11个街道辖区，是国家级金融科技创新示范区、联合国教科文组织授予的北京“设计之都”的核心区、国家级文化和科技融合示范基地、北京市服务贸易示范基地，坐落有全国唯一的国家级综合性出版创意产业园区——中国北京出版创意产业园区，拥有北京市文化创意产业基地和示范基地、中关村广安军民融合特色产业基地、北京未来城市设计高精尖创新中心和3家国家级孵化器、5家国家级众创空间。年内，西城园入统高新技术企业总数1038家；从业人员12.9万人；工业总产值1190.6亿元；总收入3481亿元；进出口总额260.5亿美元；实缴税费112.3亿元；利润总额1104亿元；资产总计2.1万亿元；科技活动经费支出总额162.5亿元；专利授权1995件。加速国家级金科新区建设。推动金科新区核心区建设取得重大进展，中心广场和新动力金融科技中心精彩亮相，“动批”实现“腾笼换鸟”“凤凰涅槃”。牵头制定的国家级“金科新区”3年行动计划获得市政府批复并组织实施。成功举办成方金融科技论坛、中关村论坛之金融科技分论坛、中关村“番钛客”金融科技国际创新大赛等“一会一赛三论坛”金融科技品牌活动，提升金科新区的国际影响力。配合中国人民银行开展“监管沙箱”试点项目，服务区内14个项目入箱测试，占全市项目总量的64%。建立金融科技企业及专业服务机构评价体系，兑现“金科十条”政策资金6400余万元。全年共引进金融科技企业46家，注册资本金超过200亿元，成为区域经济发展的“新引擎”。

地址：西城区阜成门外大街31号

电话：82205151

（曾庆艳）

【产业政策支持资金发放】3月，园区发放2018年度产业政策支持资金7316.62万元。其中《北京市西城区支持中关村科技园区西城园自主创新若干规定》兑现资金3826万元，支持高新技术企业212家；《北京市西城区科技企业孵化加速平台认定和支持办法》兑现资金1679.69万元，支持4家“西城区高新技术产业孵化和加速基地”和1家“西城区创新孵化平台”；《北京市西城区促进出版创意产业园区发展办法》兑现资金1810.93万元，支持出版创意企业16家。

（李翘秀）

【园区企业出版《出征》】4月14日，在北京市召开援鄂医疗队工作总结会上，市领导向医疗队员代表赠送由中关村西城园企业北京联合出版公司策划出版的全面记述北京市属医院医疗队援鄂抗疫的纪实图书——《出征》。

（曾庆艳）

【领导调研金科新区建设】7月22日，市委书记蔡奇调研金融科技和专业服务创新示范区建设，察看网联清算有限公司的网联平台系统、监控指挥中心运行情况，了解奇安信科技集团股份有限公司发展和科研攻关情况，察看金科新区核心区起步楼宇四达大厦改造升级情况，听取西城区相关工作情况汇报。调研中蔡奇对疫情防控、复工复产、深化金融和科技融合发展，优化扩展金融街功能等做出指示。12月7日，市政协主席吉林带队到园区企业奇安信科技集团股份有限公司调研，参观奇安信安全中心，听取企业网络安全业务发展情况的汇报。佟力强、田文、马一德等10位委员围绕学习《习近平谈治国理政》（第三卷）交流心得体会。

（曾庆艳）

【园区企业奇安信上市】7月22日，园区企业奇安信科技集团股份有限公司在上海证券交易所开市，证券代码为688561，拟发行不超过1.02亿股股票，计划募资45亿元，实际募资达57.19亿元，创下同类型企业A股募资额新高。奇安信科技集团是西城区在实施疏解非首都功能过程中，通过政府产业引导基金、股权直投等方式，引入到国家级金融科技示范区的高新技术企业，将原万容天地服装批发市场打造为奇安信总部大楼。

（曾庆艳）

【金科新区亮相国际服贸会】9月4至9日，西城区与海淀区共同打造以“科技助力金融　创新引领发展　努力打造国际一流的金融科技示范区”为主题，参加在京举办的中国国际服务贸易交易会，向全球展示“金科新区”发展成果。设计方面注重突出“科技感”，用“触摸屏+大屏幕”双屏互动，通过图文、动画、视频、声音等多媒体数字化形式，全面展现“金科新区”建设情况。通过三大板块展示“金科新区”，详细介绍北京金融科技在技术、产业、空间、人才等方面的发展优势。

（曾庆艳）

【金科新区三年行动计划发布】9月19日，2020中关村论坛金融科技平行论坛在中关村国家自主创新示范区展示交易中心举行。西城区和海淀区联合发布《北京加快推进国家级金科新区三年行动计划（2020—2022年）》，总体思路聚焦高质量发展，强调融合、集聚、联动、共享、合规，覆盖金融科技产业全生态7个方面30项重点任务，明确力争用3年时间，推动北京金科新区建设取得显著成效，全力打造国际一流金融科技示范区。

（曾庆艳）

【金融科技论坛】10月23日，由北京市地方金融监督管理局、北京市西城区人民政府、北京金融街服务局承办的2020金融街论坛年会金融科技平行论坛暨第二届成方金融科技论坛在京举办，第十二届全国政协副主席、CF40常务理事会主席陈元，中国人民银行行长易纲，北京市委副书记、市长陈吉宁出席并致辞，中国科学院院士、浙江大学校长吴朝晖，诺贝尔经济学奖得主、哈佛大学教授埃里克·马斯金等参会嘉宾围绕金融科技发展与监管、全球金融科技创新中心建设等8个主题进行研讨和“国际一流的金融科技示范区建设路径”进行对话交流。中国人民银行科技司司长李伟发布《金融科技发展指标体系》，指标体系由机构指标、行业指标和区域指标3大指标构成，以《金融科技（FinTech）发展规划（2019—2021年）》为指引，旨在形成一套可在我国乃至全球范围内推广的科学、全面、可量化的金融科技发展评价标准，规范金融科技的数据统计与成果检验。

（曾庆艳）

【疫情防控和复工达产】年内，成立复工复产新冠肺炎疫情防控领导小组，按照“以企业为核心，以楼宇为抓手”的防控工作思路，全面加强重点环节、重点部位、重点人群排查管控。多渠道帮助企业解决防疫物资需求，为企业复工达产提供保障。实施

“一企一员一小组”的服务模式，采取“处级领导+干部”包楼联企，“一楼一策”指导商务楼宇复工复产，园区规模以上企业提前实现100%复工。引导奇安信、爱保科技等企业利用科技创新为疫情防控注入动力。坚持“全过程、全方位、全链条”服务理念，围绕企业全生命周期发展需求，在服务企业的实践中探索出“无接触”数字服务、“双管家”常态服务、“小分队”组合服务、“场景化”应用服务等特色服务模式，全天候为企业提供“精准·暖心”服务。管委会班子成员走访企业231家（次），解决、答复企业需求257项。兑现2018年度政策资金7300多万元，审议通过2019年度政策资金6900余万元，惠及400余家企业、10家科技孵化平台。加强企业上市服务，推动奇安信成为区内第二家科创板上市公司。多措并举为企业引进人才、职称评定做好全方位服务保障。落实稳经济增活力促发展政策措施，为370家中小微企业减免房租近1374万元，促成近百家企业获得贷款5亿元。

（曾庆艳）

什刹海阜景街建设

【概况】北京什刹海阜景街建设指挥部（简称什刹海阜景街指挥部），隶属区委、区政府，属区政府常设临时性机构。由区政府直接管理，分管副区长兼任总指挥（其间因区领导工作调整，区委副书记兼任总指挥）。负责统筹协调推进什刹海和新街口区域规划、建设、管理、发展工作。下设办公室、规划发展处、建设管理处、产业提升处。年内，什刹海阜景街指挥部根据《北京城市总体规划》和《首都功能核心区控制性详细规划（街区层面）》要求，围绕疏解整治促提升、中轴线申遗、大运河文化带环境提升等重点任务，做好新冠肺炎防疫抗疫工作，转隶区城工委，完成各项工作任务。

地址：西城区地安门西大街丙28号

电话：66186080

（石　鹏）

【白塔寺宫门口东西岔胡同保护更新】6月14日，白塔寺宫门口东西岔胡同保护更新项目开工。项目所在白塔寺地区属于13片历史文化精华区之一的白塔寺——西四精华区，宫门口东西岔胡同紧邻白塔寺，南起阜成门内大街、北至安平巷，全长308米，整体成X形。项目主要整治任务是：胡同市政雨污水管线梳理更新、电力架空线入地、干式消防管道敷设、道路路面铺装、胡同建筑立面提升、景观绿化种植、胡同景观照明、产业提升等内容。年内，排水专项工程、架空线入地工程、路面铺装工程、路灯工程、电力施工、交通标识监控工程、公安监控工程完工；建筑立面专项工程，公房立面工程完成85%，私房立面完成10%；公房门窗安装完成20%。

（周　婧）

【文创产品开发】年内，推出“中轴瑞兽　万年永宁”系列文创产品——中轴瑞兽万得福，以什刹海“万宁桥镇水兽”IP为背景，将万宁桥镇水兽原型复刻而得，融入中国传统吉祥文化元素，打造出具有中轴线、大运河文化题材，富有吉祥纳福寓意的特色旅游文创产品。2月，在区两会咨询会上推出，受到区人大代表、政协委员关注。8月，天恒正宇“遇见什刹海”系列文创产品入选中国礼物；北京文化创意大赛西城分赛场暨中国式新生活新场景应用大赛决赛中，“中轴瑞兽　万年永宁”系列文创产品与搜狗故宫联名款产品并列第三名。9月“中轴瑞兽　万年永宁”系列文创产品参加北京国际服贸会。

（周　婧）

【北海医院和东天意市场降层改造】是恢复中轴线景观视廊第一个拆除项目，是贯彻落实北京中轴线申遗保护3年行动计划的重要举措之一。9月完成腾退任务，启动楼体拆除作业，11月提前完成拆除工作。

（石　鹏）

【鼓西大街整理与复兴计划项目】年内，什刹海阜景街指挥部坚持规划引领，加强系统治理，按照党建示范引领、吹哨报到统筹、做细群众工作、加强宣传引导、坚持疏堵结合的思路有序推动“稳静街区”建设。通过拆违整治、建筑修缮、交通停车综合治理、电箱改移、多杆合一、步道改造、绿化景观提升等8大项22

小项治理，形成“探访一处元代码头、漫步两段古迹高墙、体验4个口袋公园、了解多个历史典故”的独有景观结构，恢复老城特有的古都韵味和历史文化，实现优美的环境和舒适的空间，创建人行优先、林荫慢行的“稳静街区”。

（石　鹏）

【改造利用腾退资源】年内，将腾退资源引入社区配套办公、便民服务、特色经营等业态。增加社区办公场地，提升社区办公环境，13处用于社区办公。推进区域生活性服务业品质提升，在充分调研社区百姓需求的基础上，合理布局，植入便民理发店、蔬果生鲜超市和综合便利店等12处便民业态。地安门外大街入驻商户运营良好，地外大街北段的马凯餐厅、巴黎贝甜、云栖咖啡等，按要求做好疫情防控和运营，多措并举弥补疫情造成的影响，入驻企业运营状况良好。

（周　婧）

【人才公寓（试点）】年内，推进人才公寓项目，在什刹海地区打造首批城市核心区胡同文化、功能完备的城市人才公寓。在完成院落风貌保护的基础上，增添更多的文化元素、历史情怀和时尚简约的生活元素，让西城区的人才对北京有文化认同感、情感归属感和心灵愉悦感，真正在北京实现“安居”进而“乐业”。11处人才公寓投入市场运营。

（周　婧）

【北京国际设计周分会场】年内，北京国际设计周在什刹海、白塔寺设分会场。什刹海分会场以“遇见什刹海2020——什刹海庭院乐活节”为主题，以“庭院乐活”为核心主题，配合打造什刹海庭院乐活节活动品牌，聚焦老城复兴、街区品牌、生活美学、人文生态等主题，通过空间营造、艺术介入、活动组织、矩阵传播等方式，艺居融合，共驻共建，互联互通，进一步提升其作为IP聚集、智慧共创、资源共享的文化创新品牌的价值。白塔寺分会场“白塔寺再生计划”设计周以“暖城行动2020——共生与永续”为主题，围绕《首都功能核心区控制性详细规划（街区层面）（2018—2035年）》，从“暖城行动”中的设计视角强化白塔寺再生计划与社区居民生活的联系，以面向未来的姿态展现片区的新生态、新力量。

（周　婧）

北展地区建设

【概况】北京北展地区建设指挥部（简称北展指挥部）隶属区委、区政府，由区政府直接管理。设立总指挥，由区领导兼任，负责主持指挥部全面工作；设立1名常务副指挥，协助总指挥负责指挥部日常工作。下设办公室、产业发展处、环境秩序处。北展指挥部是负责统筹推进以动物园服装批发市场（简称“动批”）为重点的展览路地区内，低端业态和小商品批发市场疏解、改造、业态调整升级工作以及德胜街道、展览路街道街区整理、重点项目建设的临时性常设机构。主要工作为统筹区域各种资源，引导批发市场有序疏解和产业有效提升；参与研究区域内资源利用、业态调整相关政策，编制中长期发展规划和专项规划；协调辖区内重大项目的论证、立项、引进和落地。负责牵头协调推进“动批”区域内环境的综合治理和城市形象品质提升的相关工作。2018年11月，《北京市促进金融科技发展规划》中就建设“北京金融科技与专业服务创新示范区”予以确定。2019年1月，国务院在《关于全面推进北京服务业扩大开放综合试点工作方案的批复》中，明确建设国家级金融科技示范区。“动批”市场区域被定位为国家级“金融科技与专业服务创新示范区”（简称金科新区）核心区域。

地址：西城区文兴街1号院2号楼

（尚荫南）

【疫情防控及复工复产】年内，做好“动批”区域各楼宇生产经营单位和项目施工单位新冠肺炎疫情防控工作。在各楼宇春节休假期间，北展指挥部通过微信通知“动批”区域各楼宇值班人员及主要负责人做好防控工作。成立疫情防控领导小组、设立4个防控工作组，研究部署疫情防控措施，制定《北展指挥部关于动批区域新冠肺炎疫情防控工作方案》。深入各楼宇现场，检查指导防疫工作开展情况。组织各楼宇每日上报人员值班、外地人员返京及企业复工等有关情况。编制下发《北展指挥部致金科新区各楼宇的一封信》（一、二）、《动批区域各楼宇疫情防控联络表》及《关于加强疫情防控的告知书》，明确指挥部联系人、街道防疫专班、所在社区及社区卫生服务中心联系方式，严格落实“四方责任”。做好人员摸底、健康筛查、防护举措、复工准备和信息报告5个方面的落实工作。搭建服务平台，协调区商务局，帮助相关楼宇及在施项目单位提供防疫物资购买渠道。严格贯彻防控疫情“线上线下双调度”“机关楼宇双报到”等工作机制，针对重点项目、难点问题，单独沟通、调度，做好指导服务、复工复产工作。多次沟通协调区住建委、区卫建委、展览路街道、广内街道指导施工单位建立全封闭暂舍，实现“点对点”专车接送等防疫措施，做好全封闭施工管理，确保安全复工。“动批”区域各楼宇严格落实环保、安全、文明施工要求，各项改造项目全部实现复工复产，其中新动力金科中心改造工程作为市级重点项目，3月18日完成复工核验，成为区内首个复工项目。

（尚荫南）

【市领导到金科新区调研】7月22日，中央政治局委员、市委书记蔡奇到“动批”区域四达大厦调研示范区核心区楼宇建设情况及“金科新区”发展情况。蔡奇详细查看楼宇改造和区域规划建设情况，对“动批”转型提出意见和要求。

（尚荫南）

【新动力金融科技亮相】12月29日，新动力金融科技中心竣工验收，正式投入使用。楼宇位于西城区西直门外大街南侧，原为“动批”四达大厦，有金开利德、时尚天丽、惠通永源、特别特、信德时代等5家区域性批发市场。产权方为北京市公交集团。新动力金融科技中心依托国家级“金科新区”发展机遇，打造“新一代智慧城市综合体”，集合金融科技产业落地空间、专业服务展示平台、智慧楼宇示范基地和城市交通转换枢纽中心等功能，联动国家金融监管中心和中关村科技园，辐射带动周边区域经济发展。新动力金融科技中心整体规划地上9层、地下2层，地下2层为智慧停车场，地下1层及地上1层为地铁换乘与公交换乘中心。2至9层为写字楼面积约6万平方米，其中地上2层为融合型商业及灵动办公区，9层为多种功能的国际金融科技发布厅，可举办展览、会议、路演、信息发布等活动。中央结算公司、奇安信公司、神州数科公司等企业入驻。

（尚荫南）

【金科新区综合整治】年内，细化区域建筑改造实施性导则和核心区综合品质提升方案，重点推进“金科新区”核心区域综合整治提升项目，以西外南路及周边环境为改造核心。截至年底，完成西外南路雨水、污水、电力、弱电综合沟工程，市政设施拆改移及文兴街现状架空线入地工程，完成腾退占压道路红线工程。西外南路交通组织优化项目取得市交管局批复，下年度初启动实施。西外南路“三变二”工程完成便道外扩。“金科新区”区域慢行系统优化和智慧化建设工程，西外南路多杆合一和景观提升项目开展前期工作。

（尚荫南）

【金科新区中心广场亮相】年内，运用此前征收、拆除“动批”原众合市场楼体、原天和白马市场部分楼体空间，利用文兴东街道路空间结合两侧建筑场地建成金科新区中心广场，形成T字型城市空间，总占地面积6200平方米。中心广场设置台阶和无障碍坡道，合理布置绿化环境，腾出更大空间为市民提供休闲娱乐的公共文化、艺术场所，成为“金科新区”的新地标。

（尚荫南）

【动批各楼宇转型升级】年内，北展指挥部深挖区域优势，广泛听取意见建议，多次组织专家研讨，科学、系统、合理用好“动批”疏解腾退空间。截至年底，奇安信总部大楼（原万容天地市场）、北矿金融科技大厦（原天和白马市场）完成装修改造，正式投入使用。新动力金融科技中心（原四达大厦）完成装修改造，具备入驻条件。北京金融科技中心（原世纪天乐市场）、国新基金广场（原官批市场）、首创·新大都园区、中糖大厦等楼宇加速改造升级。

（尚荫南）

【街区更新】年内，北展指挥部负责牵头督导所辖德胜街道、展览路街道做好街区更新及相关重点项目。指挥部负责年度公共空间优化、基础设施改善、城市更新设计三大类16个街区更新重点项目。其中德胜街道更新项目10项，东滨河街区9号院周边片区改造项目启动施工；配套的楼宇立面及管线改造项目开工，立体停车库建设项目施工招标；双旗杆东里小区改造项目完工；裕中西里、六铺炕二区中北片区改造项目均开工；人定湖西里完成招标。展览路街道更新重点项目6项，年内亮相街区为百万庄街区改造工程。完成卯区、寅区部分路段施工，同步拆违129处1929.58平方米；阜外大街40号院改造项目完工；阜外西街区启动拆违和施工；黄瓜园小区整治项目开工；39条背街小巷整治全部完工。

（尚荫南）

【区域重大项目建设】年内，北展指挥部辖负责区内政府投资重点项目涉及老旧小区整治、市政设施、社会事业等三大类总计34个项目（前期阶段项目4项，征收阶段项目8项，在施阶段项目22项）。其中德外大街2号院老旧小区改造完工，百万庄甲21号院、新风南里等7个老旧小区改造项目全部启动实施，德胜文体中心、北营房城市森林公园等5个体育设施建设项目全部完工，裕中西里养老院项目完工进入竣工验收阶段，人力资源公共服务中心装修项目启动实施，五路通街、什坊街、五路通北街、什坊西街4个征收项目完成入户调查，七中教学楼翻建、育翔小学（德胜里校区）翻建项目完成多规合一审核、启动立项。其余项目稳步实施。

（尚荫南）

马连道建设

【概况】北京马连道建设指挥部（简称马连道指挥部）隶属区委、区政府，由区政府直接管理。设1名总指挥，由区级领导兼任，负责主持指挥部全面工作；设1名常务副总指挥，协助总指挥负责指挥部日常工作。下设办公室、规划建设处和产业促进处。马连道指挥部是负责区域城市更新和产业项目实施的常设临时性机构，主要职责是围绕落实总规和控规，推进街区更新和产业提升，制定工作计划，统筹项目实施，组织立项申报，指导责任规划师团队及参与城市体检和评估等工作。年内，指挥部管理体制转换，纳入区委城工委管理。马连道指挥部深入贯彻落实区委关于街区更新“成片连线提高展示度”总要求，聚焦“四个中心”功能建设，强统筹，破难题，抓节点，抢进度，以“钉钉子”精神着力推进规划实施、街区更新和核心功能建设，推动新冠肺炎疫情防控、复工复产与中心工作两不误，两促进，城市品质提升成效显著。

地址：西城区红莲南路57号

电话：52609418

（耿爱华）

【马连道文化创意街区项目】马连道文化创意街区项目为市发改部门城市公共空间改造提升示范工程试点项目。年内，街区更新重点推进沿马连道道路“一轴五点”的马连道文化创意街区一期项目建设。通过公共空间改造，优化交通、完善设施、提升公共空间品质和绿化景观等措施达到惠及民生，提高居民获得感。8月，项目取得市发改部门正式批复，迅速组织召开项目启动会、项目设计交底协调会和招标代理公司比选会，组织建设和设计单位实地踏勘，细化工作内容，定期调度对接项目进展及需要协调解决的问题，依法依规完善手续，抓紧时间节点，全力推进项目进程。

（刘继红）

【马连道茶产业公共信用评价体系】10月，马连道街区首次发布建设“茶产业公共信用评价体系”，体系的建设重点从法律规范出发，保障行业体系运行的合法性和有序性；结合市场性奖惩及行政约束，运用行业自律的力量茶行业经营前进行危机预防、事后信用监督及危机后补偿措施等；从茶叶行业道德和文化入手，以市场舆论引导茶商守法经营；增强茶商信息辨别与评价体系，为茶叶企业实现“奖优罚劣”树立标准等。

（赵新芳）

【首届易武贡茶高峰论坛】10月，由勐腊易武福元昌茶业有限公司、陈升福元昌（北京）茶业有限公司主办，北京马连道建设指挥部和云南省西双版纳州勐腊县政府、云南省普洱茶协会支持的易武贡茶（北京）推介会马连道中国茶叶第一街专场暨首届易武贡茶高峰论论坛在马连道京华茶业大世界举办，马连道产业提升中“百县百茶”项目增添新成员。

（赵新芳）

【茶文化品牌国际交流】 10月，第三届青年国际交流茶会之中肯茶会在马连道举办，继续秉承活动初心，将茶文化同舞台表演、音乐、民俗服装等资源进行融合创新，集众家之所长，汇多艺于一场，用一种全新的表现形式呈现给中外青年，实现茶文化的创新突破，为更多青年提供世界文化交流学习机会。

（赵新芳）

【国际友城云端茶文化交流】 12月，协同区政府外办，先后与国际友好（交流）城市日本东京都北区、中野区通过网络连线开展云端茶文化交流活动，推动以茶会友，深化友谊，开启国际友城间云端交流、线上合作新篇章。

（赵新芳）

【天宁1号文化科技创新园二期项目】 年内，统筹推进天宁寺周边环境改造，改善城市环境品质。推动天宁1号文化科技创新园二期项目完成在市发改部门重点工程调度与服务平台上报工作。协调推动项目主体单位编制完成天宁1号文化科技创新园二期《项目保护利用综合方案》。

（刘继红）

【红莲北里项目】 年内，多次组织召开红莲北里项目与手帕口南街综合项目联动协调会。项目主体单位同步与市规自委沟通方案细节，按照市规划院的要求，结合项目实际情况完善方案。

（刘继红）

【马连道文化智慧街区项目】 年内，组织协调推动马连道文化智慧街区项目，确定项目实施主体前端公司。组织园林景观团队、市政交通团队、海绵城市团队、智慧城市团队分别从园林绿化，慢行林荫，市政道路基础设施，雨水收集，雨洪利用，大数据采集等多角度综合系统编制完成设计方案。

（刘继红）

【广外地区道路规划建设】 年内，统筹推进马连道东二号路建设，拆除森源大厦院内3750平方米违章建设，有效推进火车站罩棚的经济补偿、道路规划红线内配电室退线施工及市交管局用房征收等相关工作。多方寻求政策支持与法律依据，完成茶马北街西口和红居北街东段道路居民、商户征收及拆除工作。

（刘继红）

【广外地区街区更新整治】 年内，加强与区城工委办对接，以“连线成片”为目标统筹项目。关注民生，落实“七有”“五性”要求，统筹街道梳理老旧小区改造、老楼整治项目计划，加快推进老旧小区改造，解决居民反映强烈的老旧楼房室内上下水、室外雨污水管线等突出问题。完成红莲北里口袋公园、广外滨水绿道（荷香园）建设并对外开放，实现精品绿化提升。

（刘继红）

【广外地区腾退项目】 年内，强化指挥调度，推进地区腾退项目。355号楼拆除完毕，359、367号两栋楼腾退工作同步推进。超前谋划推进马中街33号楼作为学位保障用房，推进周边平房拆除和楼体改造，保障9月开学前交付北京小学广外分校使用。全面梳理踏勘辖区拆迁、在途、征收等项目及教育用地规划情况，逐一登记造册，建立完善台账。

（刘继红）

【疫情防控和复工复产】 年内，做好新冠肺炎疫情防控督导、茶商心理疏导及产业发展科学引导，助力街区产业有序复工平稳提升。启动专项管控，制发通知专项部署各茶城制定防控工作方案，加强茶城防控工作科学精细化管理。加强监测，组建茶城主要负责人联系群，督促指导茶企、茶城落实防控工作。严把茶城复工各环节关口，摸底茶城信息，特殊时期“柜台式”销售，督促茶城防控工作不留死角。及时将利好政策、活动传达到茶企，助力企业多种形式复工复产，完成特色阅读空间和文创项目评选等活动。

（赵新芳）

【马连道茶产业升级路径探索】 年内，与北京大学合作完成“马连道茶产业综合体升级路径探索”课题，在梳理现实背景的基础上，分析茶产业综合体的主要挑战、组织架构、功能设计等，立足产业升级、街区营建、文化品牌的“三位一体”战略，探索打造“线上线下”“街里街外”高度复合功能茶产业综合体，推动街区功能优化提升。

（赵新芳）

和谐宜居示范区建设

【概况】根据区委城工委会议纪要〔2020〕1号，5月北京市西城区和谐宜居示范区建设指挥部接受城工委的领导和城工委办公室的业务指导。北京市西城区和谐宜居示范区建设指挥部（简称和谐宜居指挥部），统筹“三金海”和谐宜居示范区建设相关工作，协调推进和谐宜居示范区项目建设及搬迁等工作；制定“三金海”地区和谐宜居示范区规划实施方案；统筹“三金海”整治提升专项工作，制定依法整治规范的工作目标；配合相关部门和属地街道做好“七小”“地下空间”等环境整治和疏解提升工作；统筹做好“三金海”区域的街区保护更新工作；承办区委、区政府交办的其他事项。指挥部设4个内设处室，分别是办公室、综合规划处、项目建设协调处和项目征收管理处。年内，和谐宜居指挥部贯彻落实北京市城市总体规划，完成腾退任务341户（任务300户），建安投资2.25亿元（任务1.55亿元），主要指标任务如期实现。西单文化广场地下结构施工完成。深入推进长安街纵深一公里规划设计方案，取得阶段性成果。

地址：西城区南礼士路46号
电话：59512686

（孙　悦）

【三里河北街甲一号项目】3月4日，区长孙硕召开政府专题会，听取和谐宜居指挥部关于三里河北街甲一号项目阶段性工作进展情况汇报，通过租赁使用方案。会后指挥部协调使用单位现场踏勘，启动装修改造工作。

（孙　悦）

【长安街纵深一公里方案研讨】5月7日，区委副书记张立新听取和谐宜居指挥部关于长安街纵深一公里规划研究相关工作情况汇报，清华同衡设计院汇报规划设计初步方案。9月10日，区委副书记张立新，区委常委、副区长朱国栋召开长安街（西城段）纵深一公里规划设计方案研讨会。

（孙　悦）

【新兴盛项目现场协调会】6月22日，区委常委、副区长朱国栋到新兴盛项目现场，结合地铁19号线建设进度就项目建设推进情况及面临问题召开现场协调会。

（孙　悦）

【砖塔胡同申请式退租及腾退利用】9月9日，区委副书记张立新到砖塔胡同调研申请式退租工作情况及腾退院落提升利用。年内，砖塔胡同城市更新保护申请式退租签约工作超额完成，签约居民81户（公房78户、私房3户）。

（孙　悦）

【灵境胡同两院落腾退】11月3日，由区重大办、和谐宜居建设指挥部和西长安街街道共同实施的灵境胡同33号院和35号院居民住房和环境改善项目，居民全部搬迁完毕，促进邻近地块的西长安街市民中心项目加快推进。项目于2016年下半年启动，2个院落共有承租户33户，建筑面积716.5平方米，自建房面积285平方米。年内6月份再次启动，完成腾退。

（孙　悦）

（责任编辑　孙凤霞）

经济管理

2月，区市场监管局接诉即办联手西城公安分局，快速追踪伪劣口罩（区市场监管局 供图）

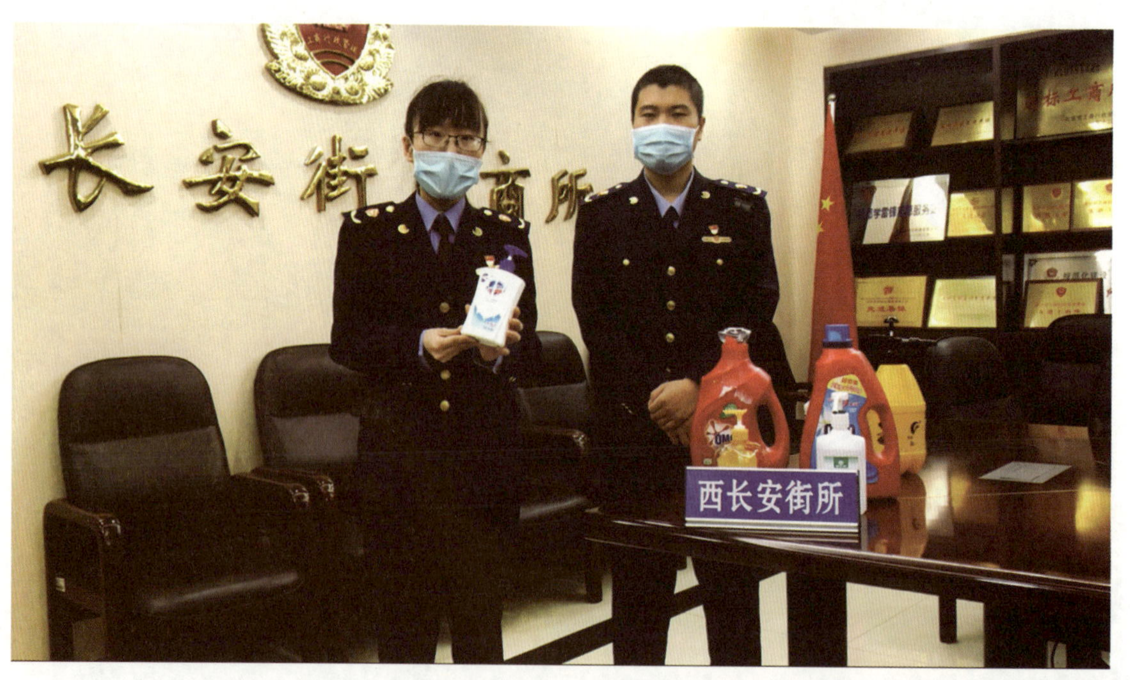

3月，西长安街工商所“云课堂”开展疫情期间消费宣传活动（区市场监管局 供图）

截至5月底，区烟草专卖局对辖区学校周边持证卷烟零售户全部注销（区烟草专卖局 供图）

6月，区市场监管局对食品市场、食品流通、餐饮业态开展食品安全和疫情防控大检查（区市场监管局 供图）

9月20日，第十一届中国统计开放日暨第七次全国人口普查宣传月启动仪式及北京市第七次全国人口普查宣传月启动仪式在西城区天宁1号文化科技创新园举办（区统计局 供图）

综合调控

【概况】北京市西城区发展和改革委员会（简称区发展改革委）是区政府主管全区经济发展和改革的工作部门，内设机构14个，分别为办公室、国民经济综合科、固定资产投资科、社会发展科（西城区国民经济动员办公室）、经济体制改革科（营商环境科）、产业发展科、环境资源科、价格管理科、人口规划科、协同发展科、行政审批科（法制科）、人事科、机关党委、离退休干部管理科，下属参公事业单位1家（西城区政府采购中心），全额拨款事业单位3家（西城区经济信息中心、西城区价格认证中心、西城区中小企业服务中心）。年内，区发展改革委按照稳中求进总基调，发挥综合协调部门的职能作用，履行各项工作职责，促进全区经济向更高质量发展。

地址：西城区广安门南街2号

电话：83926722

（薛传庆）

【全区经济运行情况】全年实现地区生产总值5061.1亿元，人均地区生产总值达到6.3万美元；区级一般公共预算收入413.8亿元，地方级收入完成925.34亿元；城镇居民人均可支配收入90286元；城镇登记失业率为0.94%。

（史明鑫）

【区委财经委员会统筹协调经济发展】年内，立足核心区功能定位，持续发挥好区委财经委员会统筹协调作用，紧扣首都城市战略定位和高质量发展要求，履行议事、调研、协调等职责，深入挖掘创新动能、激发经济活力、把握好疫情催生的新变化新机遇，建立起同新冠肺炎疫情防控相适应的经济社会运行秩序，切实推进区域经济平稳健康发展。全年区委财经委员会召开6次会议，研究审议服务业扩大开放整体工作情况的汇报，一季度经济形势研判、相关政策及工作举措的汇报，全国股转公司购楼进展情况的汇报，“十四五”规划编制整体情况等20项议题。

（史明鑫）

【经济高质量发展统筹】深入贯彻落实市委、市政府关于新冠肺炎疫情防控和复工复产各项决策部署，充分发挥经济发展对疫情防控的支撑作用，在全力以赴做好防疫工作的同时高度重视稳经济工作。持续加强统筹协调力度，全年紧抓经济发展关键指标完成进度，结合工作实际，制定指标分解工作方案，针对进度滞后的指标查找原因、研提对策。出台对冲疫情影响的硬措施、实举措10余项，帮扶政策时效性、针对性和专业性强，精准发力为驻区企业破解重点难点问题，保障各项措施落细落实，为全市经济稳定和发展做出西城贡献。

（史明鑫）

【经济形势动态监测】年内，对接市发展改革委等部门，及时了解宏观经济走势和区域经济运行情况，按季度组织召开经济社会发展形势分析会，区委、区政府主要领导出席，各综合部门的主要领导、主管领导参加。对区内经济发展、民生事业、社会建设等领域工作情况深入分析，围绕经济社会发展重要指标和重点工作加强调度，结合区域实际研提针对性措施建议，确保完成年度目标，促进区域平稳健康发展。

（张惠霖）

【产业发展规划研究及编制】年内，按照区“十四五”规划编制工作要求，对标对表《北京城市总体规划（2016—2035年）》和《首都功能核心区控制性详细规划（街区层面）（2018—2035年）》，开展《“十四五”时期西城区产业发展研究》及《“十四五”时期西城区产业发展规划》编制工作。重点对“十四五”时期产业发展全局性、战略性重大问题开展前瞻研究，提出长远发展建议。

（高　原）

【产业政策体系建设】截至年底，西城区“1+5+N”产业政策体系涉及金融、科技、商务、文旅等共计51项特色鲜明的产业发展政策，对区域经济高质量发展的带动、支撑作用不断增强。组织开展年度产业政策评估评价，强化政策落地效果，查找政策体系问题，提出科学建议，引导各产业部门正确把握政策制定方向。

（高　原）

【产业政策制定】年内，加快推动北京金融科技与专业服务创新示范区建设，促进西城区专业服务业高质量发展，研究制定《北京市西城区促进专业服务业高质量发展的若干措施》，激励并稳定高品质专业服务业驻区发展。

（高　原）

【区域协同与对外交流合作】 年内，统筹推进西城区与通州区结对帮扶工作，起草并组织完成西城区与北京首都开发控股（集团）有限公司、中国国新控股有限责任公司等重点企业开展战略合作的框架协议及协议签约等工作，不断加强政企紧密合作关系。

（高　原）

【节能降耗监管】 年内，严格落实节能目标责任制，对辖区内48家用能单位开展目标考核，18家用能单位完成能源审计，2家用能单位完成清洁生产审核，支持12家用能单位进行节能改造，对34家用能单位开展节能监察，完成《北京市西城区支持鼓励节能降耗管理办法》修订，完成《西城区“十四五”时期推进节能降耗的思路与措施研究报告》。年内，西城区能源消费总量363.02万吨标准煤，同比下降4.62%；单位GDP能耗0.0717吨标准煤/万元，同比下降3.61%，能耗结构与单耗水平保持稳定，完成市政府下达的目标任务。

（刘淑蕊）

【经济体制改革】 年内，区经济体制改革专项小组深入贯彻落实市、区关于全面深化改革的决策部署，落实西城区全面深化改革工作要点，主动适应和引领经济发展新常态，研究制定《2020年西城区经济体制改革工作要点》，确定7大类21项改革事项，涉及减量发展、优化营商环境、区域协同发展、金融财税体制改革、增强区属国有企业新活力、提升生活性服务业品质、政府职能转变等7个方面。

（祝欣伟）

【优化营商环境改革】 年内，落实《北京市优化营商环境条例》和营商环境3.0版政策，狠抓台账任务。汇编优化营商政策学习手册及“9+N”3.0版政策，下发全区各相关部门。对标北京市新一轮“放管服”营商环境204项重点任务，梳理下发《新一轮深化“放管服”改革优化营商环境重点任务区级清单》，共涉及深化商事制度改革、工程审批制度改革、提升政务服务水平等12个领域67项，其中改革类26项、完善类41项。配合做好世行营商环境评价、中国营商环境评价。围绕重点指标，督促相关部门实施突破性改革。

（祝欣伟）

【行业协会脱钩改革】 年内，成立脱钩改革工作小组，推进与西城区企业和企业家联合会的脱钩工作。制定《西企联脱钩改革实施方案》，会同第三方会计师事务所，对西企联开展资产清查核验，填报西企联脱钩工作基本情况表，完成资产清查报告，上报区脱钩办。完成与西企联的党建、外事、办公用房、资产清查和机构分离的脱钩工作。西企联党建工作受北京市西城区行业协会商会综合党委系统联合党支部领导。

（祝欣伟）

【投资调控】 年内，全力做好“六稳”工作，坚决贯彻统筹推进新冠肺炎疫情防控和经济社会发展的工作部署，按照“目标任务化、任务项目化、项目台账化、台账责任化”的原则压紧压实各项投资调控。加强统筹调度，建立分级分类的投资调度机制，强化“日、周、月、季”调度工作机制。通过工作部署会、现场调研、督查室督导等方式，加大统筹调度力度，集中解决制约投资的主要困难和问题。优化审批服务，围绕投资支撑项目的实施，对接建设单位及相关企业审批服务需求，争取市领导支持，推动在途项目尽快落地。强化动态挖潜，对可能产生投资的项目进行深度梳理和挖潜，确保投资应统尽统。年内，累计完成固定资产投资211.1亿元，高于市平均水平5.6个百分点，完成进度位列全市第八；完成建安投资55.6亿元，高于市平均水平7个百分点，完成进度位列全市第四，有力支撑经济社会平稳健康发展。

（霍丽姗）

【京津冀协同发展战略实施】 年内，加大教育优质公共服务资源供给，加紧推进四中、八中、北京第一实验小学等学校与通州区学校的对接工作，支持北京四中雄安校区建设。加强民生协作，推动西城区户籍老人赴津冀异地康养。加强医疗协作，西城区多家二三级医院开展京津冀检验结果互认，向京津冀医疗同质化水平方面和医疗协作迈出了重要的一步。加强文旅协作，长期在旅游官方网站“区域合作”板块宣传推介阜平、张北旅游景点及路线攻略。编制《“十四五”时期西城区推动京津冀协同发展专项规划》。

（吕　玲）

【“十四五”规划编制】区“十四五”规划编制工作领导小组统筹全区规划编制工作，构建“1个规划纲要+38项前期研究课题+44项专项规划”的规划编制体系。成立由区主要领导担任组长，有关部门和负责同志参加的文件起草组。区委区政府主要领导20余次分领域研究调度，全区开展建言献策活动，召开100余场专家座谈会和工作调度会，进行专家论证。起草组集中封闭期间，与30多个部门一对一深度访谈，并按照区委全会、区委财经委会议、政党协商会、“两代表一委员”座谈会、街道联组活动征求意见和审议情况，修改完善。

（石文杰）

【低效楼宇改造】年内，研究制定《西城区支持低效楼宇改造提升的若干措施（试行）》，重点从加大楼宇改造支持力度、促进楼宇高质量发展、加强楼宇改造统筹服务三个方面，精准助力低效楼宇优化升级，实现高效、特色、集约发展，在功能疏解的同时更好地推动产业升级、环境优化、完善配套设施，不断提升城市品质。

（吴亚南）

【服务驻区企业】年内，统筹全区各部门加大重点企业走访力度，全年走访回访重点企业471家。印发重点企业“服务包”制度，建立三级管家服务体系，根据一企一策原则为企业量身制定“服务包”，及时回应企业诉求。编制《缤纷西城》宣传推介手册，开展政策宣传、解读与兑现，使驻区企业更加直观了解西城发展及政策情况，为企业健康发展、稳固发展提供支持。制定和落实《2019年度重点企业经济社会发展综合贡献奖励兑现方案》，支持全区重点企业创新发展、高质量发展。

（胡　陈）

【疏解整治促提升】年内，统筹全区各专项行动牵头部门与市级牵头部门对标对表，将全年“疏整促”任务落点落图，实现市区一张图作业。坚持开展双周调度会，深入委办局和街道调研，督促加快工作进度，协调解决难点问题，超额完成全年任务。“疏整促”民意调查显示，96.7%的被访居民对专项行动持满意态度，得到市专项办肯定。

（唐　鑫）

【人口调控】年内，全面部署人口调控工作，将全年人口调控任务分别下达给街道和委办局。上半年区常住人口减少3.3万人，完成进度110%，常住人口数控制在110.6万人以内，完成全年常住人口调控任务。

（唐　鑫）

【指导治理类街乡镇工作】年内，数次到广外、白纸坊街道实地调研，以“吹哨报到”和“接诉即办”为抓手，指导广外、白纸坊街道建立“两个清单”、细化“一街一方案”，突破难点问题、降低诉求量。

（唐　鑫）

【产业扶贫】推动25家驻区企业参与区扶贫工作，开展扶贫调研2次，组织召开及参加扶贫会议协调解决相关问题，推动穆森张北肉牛养殖综合扶贫项目建成运营。推动驻区企业开展消费扶贫金额超130万元，爱心捐款30万元。

（郭朋朋）

【行政执法检查】全年共开展投资项目、招投标及节能等领域执法检查366次，完成行政执法检查工作。

（王盈怡）

【价格检测与调控】年内，常规重要商品价格监测183个品种，73166个品种次；疫情防控商品和生活必需品价格监测商家212户9599次；完成中国古动物馆、宋庆龄故居、中国地质博物馆、北京市古代钱币展览馆、大观园、月坛公园、双秀公园、历代帝王庙、白云观、李大钊故居、纪晓岚故居、郭沫若故居共计12个国有景区门票成本审核工作。

（兰明宇）

【大运河文化带（西城段）建设】年内，推动《北京市大运河文化保护传承利用实施规划》和《北京市大运河文化保护传承利用五年行动计划（2018—2022年）》落地，推进鼓楼西大街片区保护复兴计划任务，完成飞线整理、沿街商业牌匾规范、外立面提升、夜景照明和电箱挪移等工程施工。配合市级部门推进《北京市大运河国家文化公园建设保护规划（2021—2025年）》规划编制工作。

（薛传庆）

【公共资源交易系统上线】 西城区公共资源交易系统正式上线运行，实现与市级各交易系统数据的互联互通并在全市评比中基本处于领先位置。平台推出“3-4-5”（强化“三控”：便捷总控、无死角监控、智能化调控；实现“四化”：交易平台信息化、标准化、网络化、数字化；确保“五办”：服务贴心办、专家抽取在线办，打印结果就近办，交易事项全网办、交易活动放心办）服务模式，以“互联网+”公共资源交易的工作模式逐步实现交易事项全流程电子化。涉密政府采购项目正式纳入集中采购领域。

（时　祎）

【价格认定】 年内，区发展改革委发挥价格认定机构的行政裁定职能和公共服务职能，完成各类涉案物品价格认定案件691件，认定标的金额2628.89万元。

（初正选）

财　政

【概况】 北京市西城区财政局（简称区财政局）是负责全区财政收支、财税政策和财政监督的区政府职能部门。全局设有23个行政科室，4个参照公务员管理事业单位，2个全额拨款事业单位。年内，区财政局立足首都功能核心区定位，充分发挥财政职能，统筹推进疫情防控和区域经济社会发展，各方面工作取得明显成效。在抗击新冠肺炎疫情的艰难情况下，完成区一般公共预算收入413.8亿元，地方级一般公共预算收入实现正增长，完成组收攻坚任务；完成一般公共预算支出418亿元。获评第六届全国文明单位。

地址：西城区丰盛胡同39号

电话：66218006

（郭　萌）

【税源建设】 年内，区财政局高度重视税源建设工作，不断提高收入质量，完成市区两级收入任务。进一步调整充实专班人员力量，做实做细财源建设工作，协同市、区两级，加强联动，形成推动经济高质量发展的长效机制。持续落实日报告、月分析、季总结的工作机制，加强研判，合理部署，统筹推进全区税源建设各项工作。切实把为企业提供优质服务放在突出位置，制定《西城区企业“大走访”工作方案》，建立地方级收入20万元以上9000余户税源企业服务台账。区领导带队走访重点企业182家，累计发放驻区机构服务卡2085张，协助企业解决在复工复产中遇到的困难和问题，切实增强企业获得感。持续释放政策红利，全年兑现产业政策资金16.40亿元，助力企业渡难关、激活力、增效益。截至年底，区新增企业4663家，注册资本金1643.68亿元。重点服务国家金融战略实施、支持央企金融板块衍生机构发展、关注京外及京外总部衍生机构企业，中国人民银行金融基础数据中心、建信（北京）股权投资管理有限责任公司、北京百应智联科技有限公司等重点企业落户西城。

（郭　萌）

【统筹预算执行】 年内，区财政局采取多种措施，促进资金及时快速均衡下达执行。创新财政保障模式，支持疏解非首都功能；合理运用财政政策，构建高精尖经济结构；加强资金投入力度，保障重点领域资金需求；严格落实中央及市级的各项要求，加快存量资金消化力度。强化预算单位主体责任、加强重点项目过程管控、建立考核与督导机制，加快财政支出进度。

（郭　萌）

【支出结构优化】 年内，区财政局统筹推进新冠肺炎疫情防控和区域经济社会发展，加大重点项目调度力度，加强预算执行动态监控，一般公共预算支出完成年度调整预算任务的100%。全力保障疫情防控，建立快速反应机制，投入资金5亿元，统筹用于全区疫情防控设备及物资购置、基层防控运转等重点领域，推动各项防疫工作平稳有序开展。全力支持企业复工复产，制定落实减免中小微企业房租补贴政策，累计发放补贴1.47亿元，企业减负效果显著；投入1.23亿元，落实北京市消费券活动，促进市场复苏；落实对疫情期间中央财政专项贷款予50%贷款利率的贴息，累计拨付防疫贴息资金0.33亿元。精准落实中央直达资金，高度重视，快速执行，密切监督，确保直达资金“一竿子插到底”。西城区累计接收直达资金指标19.25亿元，统筹用于疫情防控、助力企业复工复产、基础设施建设项目等。落实“六稳”“六保”任务，保障全区重点工作，持续加大教育、医疗、养老、文化等民生领域资金投入，提升公共服务供给水平。投入4.2亿元，落实精准扶贫，支持北京市扶贫协作和合作地区的援建工作，打造绿色扶贫、产业扶贫和托低保障为一体的扶贫体系。

（郭　萌）

【预算管理】年内，区财政局牢固树立过紧日子思想，持续压减一般性支出，全区年累计压减非重点、非刚性支出约9亿元。完善财政评审制度体系建设，完成评审项目581个，送审额71.59亿元，审减金额4.01亿元，审减率5.61%。厘清政府购买服务边界，推进制度建设，推进目录修订，规范购买行为，提高公共服务水平。

（郭　萌）

【监督管理】年内，区财政局突出全过程监督评价管理，由事后监督评价为主向事中监督评价转变；探索开展财政管理、财务管理、会计核算“三位一体”财政监督机制，累计完成335件次检查任务。创新预算绩效管理，预算编制与绩效管理相结合，预算执行与绩效跟踪相结合，加快建成全方位格局、全过程闭环、全范围覆盖、全成本核算、多主体联动的全面预算绩效管理。组织67家单位开展绩效自评，开展财政绩效评价项目33个，绩效跟踪项目1个，对全区22家预算单位、134个对口扶贫项目开展绩效评价；首次对社保基金、政府性基金开展绩效评价，实现四本预算全覆盖；首次跨部门选取生态领域和城市管理领域项目开展全过程绩效评价。

（郭　萌）

【财政保障】年内，区财政局保障“三大保卫战”，在教育、医疗、城市治理等领域重点发力，打造宜居宜业之区。围绕老旧小区综合整治、街区更新等工作，以资金统筹带动工作推进。动态完善行业定额标准和资金管理办法，强化规范管理。厘清政府购买服务边界，提高公共服务水平。推进政府隐性债务化解，坚决遏制政府隐性债务增量。将预算编制与绩效管理、预算执行与绩效跟踪相结合，构建全方位、全过程、全覆盖预算绩效管理体系。完善结果反馈与整改机制，形成投资评审、财政监督、绩效评价与预算编制有机结合的管理闭环。强化内控建设，加大对内控执行的权力制约。完成“大资产”管理体系构建，推动资产配置、城市业态与城市功能优化升级。深化街区资金保障模式改革，实现街道机动资金灵活性与规范性相结合。充分发挥政府引导基金的杠杆作用，大力引进高精尖企业，扶持中小企业和民营经济发展。持续推进“服务+保险”微改革，探索市场化手段辅助社会治理的新领域。全面推开财政电子票据改革，实现财政管理现代化。引入市场竞争和激励约束机制，探索运用PPP模式参与区域发展。

（郭　萌）

税　务

【概况】国家税务总局北京市西城区税务局（简称西城区税务局），年内，全面贯彻落实国家税务总局北京市税务局（简称“市局”）工作要求，推动上级各项决策部署在西城不折不扣落实落地，完成减税降费、组织收入、改革攻坚、优化营商环境等重点工作任务。统筹推进疫情防控和服务经济社会发展，助力“六稳”“六保”大局，全力保障“十三五”收官，为“十四五”良好开局奠定基础。全局设有办公室、法制科、货物与劳务税科、所得税科、财产和行为税科、社会保险费和非税收入科、收入核算科、纳税服务科、征收管理科、国际税收管理科、税收经济分析科、风险管理局、财务管理科、人事教育科、考核考评科等15个内设科室；机关党委（党建工作科）、老干部科、纪检组3个其他机构；纳税服务中心（税收宣传中心）、信息中心2个事业单位；21个派出机构税务所；1个办税服务厅。

地址：西城区二龙路乙33号

电话：66027732

（徐　驰）

【助力企业复工复产】年内，成立企业复工复产专项分析工作领导小组，聚焦金融业等重点行业、受新冠肺炎疫情影响较大的行业、集贸市场开展调研，客观反映企业复工复产情况，有针对性地做好涉税服务，为地方党委政府决策提供数据支持，相关专报获区领导批示17次。升级“银税互动”机制，与多家银行共享纳税信用评价结果，协助金融机构精准放贷。

（徐　驰）

【落实减税降费】年内，坚持广泛宣传与精准推送相结合，着力推进政策落地。通过网站、微信平台、“云课堂”发布优惠政策和办税指南1244篇，总阅读量7.36万次；智能语音热线受理政策咨询20.55万人次。全年累计新增减税降费54.4亿元，惠及纳税人、缴费人6万户次。

（徐　驰）

【税收收入】全年累计完成税收收入4544.3亿元，同比增加33.1亿元，增长0.7%；完成一般公共预算收入916.6亿元，同比减少23.3亿元，下降2.5%；区级收入413.8亿元，同比减少3.7亿元，下降0.9%，精准完成市、区两级收入任务。

（徐　驰）

【社会保险费】年内，组织社会保险费合计118.2亿元。其中基本养老保险基金60.2亿元，基本医疗保险50.2亿元，工伤保险0.6亿元，失业保险2.2亿元，其他社会保险4.9亿元。

（徐　驰）

【非税收入】年内，组织非税收入合计89亿元，下降7%。其中教育费附加19.8亿元，下降0.8%；地方教育附加13.2亿元，下降0.8%；文化事业建设费0.2亿元，下降86.5%；残疾人就业保障金9亿元，下降23.1%。

（徐　驰）

【税收法治】年内，落实行政复议、行政应诉工作，健全案件办理层层把关机制，强化领导出庭应诉，全年办理行政复议案件4起、应诉行政诉讼案件3起，为税收中心工作提供法治保障。全面推行依法行政三项制度，推进重大执法决定法制审核制度、行政执法公示制度、行政执法全过程记录制度，对32项公示事项进行公示，完成36户次的重大执法决定法制审核工作，促进税收执法透明、规范、法治。按照《西城区扫黑除恶重点培育区工作实施方案》，配合区扫黑办做好相关工作，建立区税务局扫黑除恶专项斗争工作长效机制。梳理8大类执法领域，编制区税务局权责事项清单。完善合同法制审核工作，针对权利义务条款进行严格审核，发现问题及时提醒承办部门协商和修改，共审核各类经济合同101份。

（徐　驰）

【税收政策落实】年内，全面落实各项税收优惠政策，做好政策宣传，将减税降费、疫情防控各项优惠政策落到实处。增值税方面，西城区共1448户纳税人享受新冠肺炎疫情期间增值税优惠政策，免税额为3.2亿元；6956户小规模纳税人享受疫情期间增值税政策优惠，免税额为9683万元；落实深化税制改革要求，受增值税税率下调影响，增值税减税额约10.5亿元；75户一般纳税人享受增值税增量留抵退税政策，退税额27.1亿元。企业所得税方面，享受小微优惠的企业12621户，减免税额65944万元，因政策扩围而增加的减免税额46461万元；享受高新技术企业优惠政策184户，实际减免税额12.8亿元；享受研发费加计扣除优惠的共2212户，加计扣除金额107.1亿元；享受支持新冠肺炎疫情防控捐赠税前扣除政策的企业55户，减免税额1.28亿元。个人所得税方面，医务人员及防疫工作者等的优惠政策覆盖西城区13家医院，共计1.37万余人次，减免收入8910余万元。社保费方面，精准宣传，落实机关事业单位阶段性减免社保费政策落实工作，在区税务局缴费的700多户机关事业单位100%全部享受减征，职工基本医疗保险减免金额3.39亿元，工伤保险减免金额0.06亿元，城镇职工基本养老保险减免金额4.98亿元。

（徐　驰）

【税种管理】年内，制订《增值税发票分类分级管理办法》，加强事中、事后风控应对，净化税收环境，防范执法风险；上线并使用增值税异常扣税凭证系统

2.0模块，利用多维平台数据优势，建立走逃企业查询模型，加强异常凭证、失控发票管理；落实增值税发票风险快速反应工作，通过对暴力虚开企业的集中打击、盯紧新办企业申报发票全流程、严防疫情期间存量企业管理的新风险。完成个人所得税综合所得首次汇算清缴，严格落实“四分”方案，充分运用专业、行业与属地相结合的管辖模式，实施特色网格化管理，实现汇算申报高效提速。截至汇算结束，区税务局整体汇算进度104.79%，补税进度102.78%，高出全市均值21个百分点；退税进度105.12%，精准高效实现申报率、补税率、退税率破百，为北京市税务系统唯一。按照统一部署推进“区块链+不动产登记平台”改革工作；确保土地增值税清算有序开展；加强印花税日常管理；完善资源税征收管理，保障资源税法顺利实施；开展环保税线上平台复核，加大环境保护税法政策宣传。依托区政府协调机制，与区人社等部门密切合作，建立主要领导、分管领导、业务科长三级直联机制，社保费划转实现“无声无痛无缝”，做到纵向之间分级分工，横向之间信息畅通，纵横互联统筹高效，实现职责划转平稳落地。

（徐　驰）

【纳税服务】年内，优化办税缴费服务，全面推行电子税务局，推广“非接触式”办税缴费服务，网上当天提请事项当天办结，实现部分业务“全程网上办”，网上办税率达99%以上。推出疫情期间“票E送”免费服务，加强京税通平台的运行维护，运用智能语音热线咨询与微信“京小妮”智能咨询识别功能畅通沟通渠道，增设纳税咨询热线坐席，人工接通率达99%以上，通过网站、微信平台、“云课堂”发布优惠政策和办税指南1244篇，总阅读量7.36万次。强化钉钉、微信等App线上渠道完善诉求快速响应机制，扎实做好12345接诉即办工作，及时协调解决群众诉求，提前化解可能出现的征纳矛盾，探索建立未诉先办机制。

（徐　驰）

【征收管理】年内，优化流程、简化资料，提高电子税务局业务受理质量，及时受理延期申报、延期缴纳申请及“三代手续费”申请，落实疫情防控税费优惠政策。夯实数据基础工作，全年累计完成八批次的税源数据清理工作。落实实名办税风险纳税人管理、风险实名事项监控和实名关联关系维护等业务要求。配合区政府、发改委、银行等部门关于助力企业复工复产工作，摸清市场主体数量和存续状态，完成西城区8000余户小微企业核实筛查工作。精简退税审批环节，修订退税流程，删减税源所审核环节，将事前审核转变为加强事后风险防控。开展委托代征税款解缴自查工作，进一步规范委托代征管理要求。

（徐　驰）

【国际税收】年内，通过对外网站发布“走出去”税收指引，运用直播平台开展在线培训，助力企业复工复产，释放税收优惠红利。优化非居民投资退税流程，关注企业境内外资金流动模式和使用情况，建立跟踪管理。落实国际税收优惠政策，加强非居民税收管理。开展对外付汇后续风险核查，完成服务贸易项下对外支付税务备案核查2000余份，补缴税款及滞纳金合计19.2万元；开具个人财产对外转移税务证明12份，税收居民身份证明600余份。加强非居民税收风险管理，落实企业境外发债利息所得涉税事项专项核查。开展反避税管理，完成有效关联申报企业1207户次、有效国别报告55户次，关联申报率和国别报告报送率达到100%。全年非居民税收累计入库非居民税收累计入库130.8亿元，同比减少17.7亿元，降幅11.92%。

（徐　驰）

【教育培训】年内，推进以线上学习为主的教育培训，与第三方培训机构合作，组织广大干部进行税务师、注册会计师、执法资格考试、业务大比武等线上课程学习。围绕区税务局总体工作思路，有效承接税务总局实训项目，稳步推进岗位大练兵、业务大比武工作。

（徐　驰）

【执法督察与内部审计】年内，推进落实执法责任制，组织开展内控自我评估工作，结合实际执法情况。实施内控平台指标日常监控，组织完成内控平台执法过错调整核实工作，开展内部重点风险核查工作。推进督察审计工作，配合完成内、外部审计工作，对审计中发现的问题协调相关部门整改。

（徐　驰）

统　计

【**概况**】北京市西城区统计局（简称区统计局）是区政府负责管理全区统计工作的职能部门，北京市西城区经济社会西城经济社会调查队（简称西城经济社会调查队）是北京市经济社会调查总队的派出机构，与区统计局合署办公，共同负责本地区的统计工作。下设21个科室。年内，发扬“求真务实、科学创新、忠诚统计、服务于民”的西城统计精神，用数据做好抗击新冠肺炎疫情服务；有序组织，有效联动，疫情之下摸清家底、点清人口；扎根实地，勇于变革，改革创新聚焦民情民意；开放统计，走进社会，公众参与力量积沙成塔，发扬统计志愿精神，为宣传统计和开展调查补充力量。获北京市三八红旗集体、北京市政府统计工作年度考核优秀、北京市统计建模选拔赛优秀奖。

地址：西城区广安门南街2号

电话：83926859

（刘　艳）

【**防疫服务**】1月27日起，作为区新冠肺炎疫情防控领导小组下设动态评估分析组成员单位，持续开展手机信令监测、价格监测、企业复工复产和运营情况调研。与区政府办联合联办《决策@统计》，就民生舆情、经济运行、人口变动等热点问题分析研判，为区委区政府决策治理提供支持。推出疫情防控相关统计资料163篇，获区领导批示24次。

（刘　艳）

【**统计服务**】年内，多点呈现数据发布，加速统计服务步伐。追踪前沿、聚焦热点问题，加强重点行业数据分析，开展金融业研发创新调查、“三新”经济统计监测、知识产权产品投资试点调查、营商环境调查等重点监测调查，建立金融业综合服务体系，创新为企服务方式。完善数据资源整合平台，开展西城区经济社会发展数据监测平台二期建设，完成商用楼宇可视化应用基础功能建设，为后续低效楼宇评估等重点功能开发提供统计服务支撑；初步建成商用楼宇动态监测基础数据库，完成第一期1113栋商用楼宇核查工作。开展“十四五”规划指标体系前期研究和分领域专题研究，做好“七有”“五性”监测评价分析解读，梳理分析全区接诉即办工作相关数据，科学分解“疏整促”专项工作目标任务。建设全区中小微企业数据库，监测中小微企业复工达产和政策落地情况，涉及单位3万余个。全年累计提供查询数据量73万余笔，编发各类统计资料348篇，获得区领导批示51篇。

（刘　艳）

【**督查巡查**】贯彻落实区委第十三轮巡察工作要求，制定整改方案立行立改。完成北京市统计局统计巡查意见的整改落实，整改成效得到市统计局巡查“回头看”认可。迎接国家统计局第10统计督察组到西城区延伸督察，立足首善之区，以“红墙意识”服务保障国家在京各督察组集结西城期间开展工作。

（刘　艳）

【**统计宣传**】年内，加强舆情前瞻预判，拓宽宣传工作思路，延展宣传服务半径。聚焦主业，创新统计开放日模式，创新“3+1”（三个分会场+一个主会场）模式，组织第七届西城统计开放日活动，以“统计·筑梦”为主题，邀请诚信统计单位、毕业大学生、基层社区工作者等社会公众，与第七次全国人口普查重点工作相结合，联合举办第七次全国人口普查登记日启动仪式暨第七届西城区政府统计开放日，成功举办三场分会场活动，分会场活动同步在西城统计微信公众号、北京西城微博转发，单条阅读量近万人次，活动在北京电视台、人民网、光明网、中国网、网易新闻、搜狐网、新华社等平台广泛宣传成为市区两级优质宣传平台和品牌性政务公开平台。整合西城统计微信公众号、北京西城统计抖音号和“统计有意思”音频栏目等宣传平台，推进新媒体宣传精品化、高效化建设。全年微信公众号更新497条，阅读量达16.14万人次，抖音号更新64条，阅读量达7.54万人次；音频栏目更新40篇，同步在微信、喜马拉雅、懒人听书等平台推广，总收听量4.5万余次。加强宣传促进部门交流转换，向中国信息报、北京西城报、国家局、北京市统计网站及新闻媒体等报送刊发信息63篇。

（刘　艳）

【依法统计】年内，充分发挥统计法律法规的支撑作用，有效保障各项统计工作顺利进行。落实一督察两巡察整改工作，强化防惩统计造假工作监督，持续推进统计造假专项整治，严格执行领导干部违规干预统计工作记录制度，开展统计督察自查自纠工作，主要领导在主流媒体发表署名文章。继续以依法做好统计工作为主题，向基层调查单位解读中央统计改革文件，进行统计违纪违法案例警示教育，1193名统计人员参加。录制统计普法微视频，微信公众号推送解读统计法律法规。拓宽普法途径、强化普法品牌。开展疫情防控法治宣传工作。审理166份合同和19份招投标文件，结合西城区第七次全国人口普查、政府信息公开答复、局队文件审核等重点工作，发挥法律顾问作用，有针对性提供定制式法律服务。开展统计法进社区活动2场，受众105人。开展诚信统计评估活动，新增1家诚信统计单位。

（刘　艳）

【大型普查】年内，做好人口普查各项工作。加强组织领导，强化部门联动，落实普查经费和物资保障，选聘普查指导员和普查员6365人。完成普查试点，划分6651个普查小区，标绘59440个建筑物。完成国务院副总理韩正到西城调研普查登记保障工作，以及区党政主要领导参加普查登记和调研工作。人口普查得到驻区居民的广泛支持，参与人数达204.8万人。完成经济普查资料开发工作，推出经普分析、课题研究60篇，发布普查公报、普查数据摘要，编印课题汇编、年鉴等资料。

（刘　艳）

【志愿服务】西城统计“据”力志愿者联盟全年共开展线上和线下志愿活动30余项，受众万余人次。疫情期间，线上开展“战‘疫’有我，统计志愿者在行动”系列志愿活动，发布“疫情防御，爱心接力”专题志愿项目，开展民生舆情调查、疫情前后居民生活状况调查、就业调查、垃圾分类（社会和校园2种）等9项统计调查志愿活动。用音乐为抗疫加油，建立爱心通道，帮助2名患者入院。参加“爱国卫生月”系列志愿活动，与区妇联、河南省南阳市统计局联合举办公益帮扶志愿活动。统计系统志愿服务品牌项目“爱到心中有数”代表北京参加第五届中国青年志愿服务项目大赛全国总决赛，获北京金奖和全国铜奖。

（刘　艳）

审　计

【概况】北京市西城区审计局（简称区审计局）是负责本区审计工作的政府工作部门，受本级政府和上级审计机关的双重领导，对本级人民政府和上一级审计机关负责并报告工作。设有办公室、综合科（区审委会秘书科）、法制审理科、内部审计指导监督科、电子数据审计科、财政金融审计科、教科文体审计科、固定资产投资审计科等16个科室。下设西城区审计局计算机中心1个事业单位。区审计局在履行职责过程中坚持和加强党对审计工作的统一领导，加强对重点领域、重点部门、重点资金的审计监督，稳步推进审计监督全覆盖。开展抗击新冠肺炎疫情防控资金和捐赠款物专项审计，关注疫情防控政策落实、防控资金及捐赠款物分配使用情况。年内，完成审计项目25个，查出主要问题金额143128万元，其中违规金额26172万元、管理不规范金额116956万元；审计发现非金额计量问题189个；审计处理处罚金额26297万元，其中应上交财政18931万元、应减少财政拨款或补贴5192万元、应调账处理金额2172万元；审计促进整改落实有关问题资金26006万元；核减投资额5192万元。审计提出建议86条，被采纳86条；向社会公告审计结果10篇。

地址：西城区复兴门外真武庙四条六里六栋

电话：68014042

（赵　曦）

【重大政策措施落实跟踪审计】

年内，按季度开展国家重大政策措施落实情况跟踪审计，聚焦三大攻坚战、“六稳”工作、“六保”任务，关注过“紧日子”、减税降费、优化营商环境、就业扶持、“疏解整治促提升”专项行动等方面政策措施和重大项目落实情况。做好重大项目和援企纾困政策落实情况审计，确保新增财政资金直达基层直接惠企利民。配合开展市区联动审计工作，关注上级政策在西城贯彻执行情况。

（赵 曦）

【预算执行审计】年内，连续两年对区属一级预算单位预算执行审计全覆盖。加强对财政支出预算、政策以及绩效管理的审计力度，通过监督推动压缩行政运行成本、加大结余资金收回力度，完善预算管理。针对商务、科信、城管执法等部门开展部门预算执行审计，重点关注收支预算与部门职能及年度工作内容匹配、国有资产管理及配置、重大项目支出绩效评价结果与预算安排及政策调整衔接、政府购买服务等事项。深化“1+N+L”预算执行大数据审计组织方式，疑点转化率首次过半，达52.09%，数据分析审计模式进一步完善。

（赵 曦）

【经济责任审计】年内，共对12名处级主要领导干部开展经济责任审计。制定经济责任审计和自然资源资产离任审计规划，按照部门职责性质、核算方式、财政性资金规模实行“123”（1类单位任期必审、2类单位任期抽审、3类单位按需抽审）分类监管。加大同区委组织部、区纪委监委在计划编制上的沟通力度，推动经济责任审计关口前移，任中审计率达到77%。启动第二轮街道党政主要领导干部经济责任同步审计，聚焦垃圾分类、停车管理、景观提升、基础设施升级等凸显领导干部履行经济责任情况的重点领域，提升审计报告的深度。首次向全区通报经济责任审计结果。北京市西城区园林市政管理中心主任经济责任审计项目获北京市审计局优秀审计项目三等奖。《关于西城区街道党政主要领导干部经济责任同步审计问题分析研究的调研报告》获西城区2019年度优秀调研成果一等奖。

（赵 曦）

【固定资产投资审计】年内，推进旧城保护定向安置房及市政配套工程竣工决算审计工作，推动保障和改善群众居住条件。完成槐柏树后街道路工程及自新路24号装修改造工程竣工决算审计项目，共核减投资额5192万元。参与各类联席会议和工作专班平台，针对道路工程房屋征收、老旧小区综合整治等事关财政资金规范使用和百姓切身利益的问题建言献策。

（赵 曦）

【民生审计】年内，紧扣“七有”目标和“五性”需求，开展养老救助民生保障资金和综合养老服务中心建设情况审计，推动养老服务体系和养老服务设施品质提升。开展对区属学前教育机构运行管理资金绩效情况审计，反映学前教育相关资金在筹集、管理、分配、使用中存在的突出问题，首次开展行政事业单位国有资产和全区信息化项目专项审计，为持续探索审计监督新路径积累经验。开展基层治理预算资金投入和使用绩效审计，客观评价财政资金效益。

（赵 曦）

【自然资源资产审计】年内，开展区城市管理委员会领导干部自然资源资产离任审计，围绕城市水环境变化和水体污染治理情况，完善与核心区经济社会发展水平相适应的水资源治理保障机制，提高海绵城市建设水平。《关于西城区自然资源资产审计情况的调研报告》获北京市审计机关优秀调研三等奖。

（赵 曦）

【企业审计】年内，关注国有资本经营预算收支整体情况，反映总体规模及变动趋势，围绕收入利润、资本性和费用性支出等关键指标，结合西城区产业结构特点进行分析，揭示全区国有经济高质量发展过程中存在的风险隐患。开展华方投资有限责任公司董事长经济责任审计项目，围绕贯彻重大经济方针政策和决策部署、完善法人治理和管控体系、落实自身战略发展任务和绩效目标等内容，促进国有资本市场化经营机制改革稳步推进和国有资产保值增值。助力9家区属国有集团企业下属单位有序开展转企改制，为国有企业进一步集中资源力量参与市场竞争提供审计支持。

（赵　曦）

【内部审计】年内，出台《西城区区内部审计指导意见》。《北京市内部审计规定》被列入区政府常务会的学习专题。开展内部审计单位购买服务专项指导，支持内审机构依法开展工作，组织5家区属一级预算单位利用自身内部审计力量开展预算执行和决算草案内部审计，形成政府审计与内部审计的优势互补。到区属国有企业开展现场调研，分析探讨加强国有企业内部审计工作经验，研究具有推广价值的规范性做法。走进党校，通过典型案例以案说法，提高审计宣传力度。配合做好社区“两委”换届候选人资格联审，完成15个街道15批7891人次相关情况的审查。

（赵　曦）

【宣传教育】年内，建立党建园地线上专栏，“西城审计”公务微信平台点击量2.3万余次，同比增长22.2%。落实“不忘初心　牢记使命”主题教育长效机制，采取视频、学习研讨、网络答题、外出参观等形式，组织党员学习教育40余次，举办第三届“他山之石”审计业务交流会。

（赵　曦）

市场监督管理

【概况】北京市西城区市场监督管理局（简称区市场监管局）主要职责是负责市场综合监督管理，统一登记市场主体并建立信息公示和共享机制，组织市场监管综合执法工作，规范和维护市场秩序，知识产权保护。组织实施质量强国战略，负责工业产品质量安全、食品安全、特种设备安全监管，统一管理计量标准、检验检测、认证认可工作市场经营主体的准入登记；市场经营主体的竞争监管；消费者权益的保护。区场监管局局机关设有综合科室、业务科室共31个；市场监管综合执法大队1支；基层市场监管所17个；事业单位11个。年内，办结行政处罚案件1724件，罚没款1460.76万元，人均执法检查量170件，职权履职率97%。

地址：西城区南草厂街冠英园西区5号

电话：88087657

（林裕富）

【防疫物资筹集】1月，牵头区商品供应与市场监管组（市场防疫组）专班，广泛筹集新冠肺炎防疫物资，累计向医疗机构、街道社区等部门发放51种医用防护物资，其中口罩71.5万个、防护服4.6万套、消毒液2.1万公斤。

（林裕富）

【伪劣口罩追踪】2月4日，市场监管局接到举报，西城某居民小区内有人通过微信销售假冒“飘安”牌口罩。由于该地址是民宅而非经营场所，当即联系西城公安经侦支队共同执法。嫌疑人承认，自己在网上销售口罩、消毒液等防疫用品，总销售额达40余万元。由于涉案金额巨大，案件连夜移送公安部门处理。

（林裕富）

【备案容缺受理】2月，企业需要办理医疗器械经营二类备案资质业务量剧增。政务中心利用市场主体信息数据库快速核查办理企业的经营情况、信用记录，并及时跟相关负责人沟通，点对点指导关键材料准备事宜，确保窗口受理环节顺利；探讨快速办理流程，开辟绿色通道，加急审核办事人提交的材料，对非关键材料实行容缺受理。窗口最快在两小时内，帮一家连锁企业拿到30家分店的抗疫物资备案凭证。全年完成防疫物资销售资质办理近500件，每件办理平均时长不超过30分钟。

（林裕富）

【抗疫捐献】2月，区个私协所辖8个党支部、154名党员为防控新冠肺炎疫情捐款17.2万元；企业通过红十字会、慈善总会、民主党派和街道、社区，捐献消杀及防护用品、食品和医疗用品总价值279.7万元；经营市场的企业为商户减免租金400万余元。

（林裕富）

【防疫用品整治】2月中旬，按照《北京市市场监督管理局关于开展口罩、防护服等防疫用品领域认证活动专项整治行动的通知》，质监稽查队开展口罩、防护服等防疫用品领域专项整治行动，累计监督检查口罩防护服等防疫用品CE认证机构1家、出口国外的防疫用品生产企业1家、具有ISO13485医疗器械质量管理体系认证资质的认证机构2家。及时处理其它省区市移交的口罩、防护服领域认证违法违规线索，累计接收其他省区市移交的案件线索11起，立案5起，办结5起，罚没款总额15万元。

（林裕富）

【违规代理商标整治】3月，整治商标代理机构代理与新冠肺炎疫情相关的非正常商标（如“雷神山”“火神山”等）申请代理行为，加强相关案件线索的梳理和排查，通过约谈、行政处罚等措施强化监管力度。年内，办结案件14件，罚没款38万元。

（林裕富）

【投诉大户督查】3月24日，局领导带队多部门针对新冠肺炎疫情造成房屋中介行业、教育培训行业投诉量大增的问题，开展分析调研，对接相关部门，对投诉大户北京中业汇智教育科技有限公司进行专题督导检查。要求企业加强管理，合理优化接诉部门，加强售后人员培训，简化投诉办理流程，遵守相关法律法规，规范合同文本，杜绝霸王条款，采取有效措施降低投诉量，提升解决率和满意率。

（林裕富）

【网络交易问题整治】3月，开展网络交易诉求突出问题专项整治工作，检查各类食品生产经营主体4182户，出动执法9902人次，开展抽样检验2167件，办理相关行政处罚案件23件，罚没款金额15.69万元；开展网络监督检查710次，实地开展检查主体959次，督促网络订餐三方平台处理问题企业10户次；对西城区包括寺库网在内的7家重点电商平台中相关格式合同内容开展检查，共检查涉及合同格式条款内容30余份。

（林裕富）

【食品安全事故应急演练】8月，依据《食品安全事故调查规范》组织食品安全事故应急处置培训和应急演练，包括职责分工，接报、报告和通报，现场调查，撰写报告等。应急演练采取桌面推演的方式，区教委、区应急局出席活动。演练成功模拟事故的发生与报告、启动与响应、调查与处置、舆情监测与引导、总结与反思等食品安全事故应急处置全流程，进一步明确工作流程，提升应急管理水平。

（林裕富）

【防疫监测】年内，组织农贸市场、餐饮、快递等重点行业从业人员核酸检测97323人，重点场所全覆盖，3165户企业多轮次消杀。排查冷库冷链839个，开展冷链食品及部分环境核酸检测6615件，回收销毁风险食品2513.69公斤。

（林裕富）

【涉疫商标查处】年内，查处涉疫商标专用权案件44件，罚没款120万元。没收侵权商品34件，移交司法机关1件。

（林裕富）

【助力复工复产】年内，完成复工复产急需检定的强检计量器具31155台件，停征780户中小微企业的4455台（套）特种设备检验检测费用，累计减免225.09万元。为14家餐饮业中小微企业申请发放房屋补贴约70万元，为105家药械经营企业争取防疫工作补贴92.4万元。培育260家餐饮业复工复产疫情防控示范店。

（林裕富）

【药械市场疫情防控】年内，开展药品零售企业常态化疫情防控工作，加强监督检查，要求药品零售企业继续落实防控工作不松懈，检查药品零售企业1115家次。进一步加强新型冠状病毒检测试剂、呼吸机、医用防护服、医用口罩、红外体温计等产品专项检查工作，调查呼吸机等产品的销售流向，针对性进行现场监督检查；开展网络销售备案企业监督检查，打击非法制售医用口罩等防护用品的行为，检查医疗器械经营企业859家次。共办理药品医疗器械类一般程序案件17件，简易程序案件11件。罚没款总计218.69万元。

（林裕富）

【保价稳供】年内，对防疫商品及生活必需品坚持每日价格监测，加大明码标价、售价行为检查密度，强化法律法规宣传普及，确保CPI指数稳定。加强部门协同，从严从重处罚哄抬价格等违法行为，查处违法案件97件，罚没款113.46万元。

（林裕富）

【规范“马连道”公用标识使用】年内，落实《关于组织申报

2020年度“一区一特色”专项工程实施项目的通知》，推广“马连道”这一公用标识的规范使用，建立商标品牌推广运营模式，建立注册商标专用权保护绿色通道，引导驻区茶企规范化使用注册商标。

（林裕富）

【高风险预警企业惩戒】年内，对979户预付费等领域高风险预警企业、失信被执行企业及严重失信企业实施联合限制，倒逼111户主体全额履行法律义务，涉案标的1.32亿元。

（林裕富）

【接诉即办】年内，完善接诉即办工作流程，逐步形成未诉先办、主动治理，共受理12345热线诉求15116件，占全区委办局诉求受理总量的27%，“三率”综合得分93。

（林裕富）

【预付费专项整治】年内，牵头组建区预付费专项整治工作专班、区接诉即办预付式消费专班，引导教育培训、房屋中介、体育健身等行业200余户经营者签订《西城区预付费企业信用承诺书》，多渠道公示预付式消费经营主体投诉信息，探索社会力量参与的体育健身预付卡“保险+合同+平台”社会共治模式。

（林裕富）

【冒名登记行为惩戒】年内，办理信息被冒用案件74件，涉及83户企业，其中撤销登记43户、不予撤销2户，推进其余案件调查处理。保护被冒用人的合法权益，惩戒冒名登记行为，有效消化社会矛盾、稳定社会情绪。

（林裕富）

【删差评网站查处】年内，依据《中华人民共和国电子商务法》《网络交易管理办法》对电商平台未履行保存在其平台上发布的商品和服务信息内容的责任进行处罚的相关规定，对北京寺库商贸有限公司删差评的违法行为处以5万元罚款。该案件是北京市首例查处删差评违法行为的案件。

（林裕富）

【物价检查】年内，物价检查所共检查各类单位2134户次，查处价格违法案件85件，罚款50.2万元，没收非法所得52.811万元。办理各类价格举报投诉1483件，其中接诉即办1227件，按期办结率100%。

（林裕富）

【企业注册登记】年内，新设立企业2595户，其中内资有限公司2116户，全程电子化率达96.41%、平均执照办理时长约1.68小时；受理变更业务10715件，其中全程网上办理990件；注销2984户，其中简易注销963户；提供免费刻章2545套，免费邮寄11310件。4月28日实施《北京市优化营商环境条例》以来，按照告知承诺制共办理各类登记事项13777件，受理证照分离业务2805件。

（林裕富）

【区级食品抽检】年内，完成食品抽检4957件，完成率103.66%，合格率98.79%。按照3月5日发布的《北京市西城区2019年国民经济和社会发展统计公报》，全区常住人口113.7万人，实际完成4.36份/千人，其中完成食用农产品抽检1296件，完成率101.25%。完成快速检测3183件，完成率106.10%，未检出不合格产品。

（林裕富）

【区级药品安全监测】年内，完成药品监测300批次，其中药品经营环节100批次，药品使用环节200批次，合格率均为100%；医疗器械监测59批次，其中医疗器械经营环节12批次，检出不合格件数1批次，医疗器械使用环节47批次，合格率100%；化妆品监测100批次，检出不合格件数12批次。

（林裕富）

国有资产监督管理

【概况】北京市西城区人民政府国有资产监督管理委员会（简称区国资委）是西城区政府直属特设机构，受区政府委托履行出资人代表职责，不承担其他社会公共管理职能。内设办公室、党委工作办公室、改革协同办公室、产权管理科、统计评价科、预算考核科、人才科、监督科、信访科。截至年底，区属国有企业资产总额5430.5亿元，同比增长7.72%，所有者权益1458.24亿元。累计实现营业收入568.32亿元，已交税费总额74.60亿元，实现区级税收8.82亿元，实现利润66.21亿元。

地址：西城区华远北街1-2
电话：66117164

（杨志刚）

【新冠肺炎疫情防控】年内，为助力西城区打赢疫情保卫战，疫情最严重时期区国资委系统内共有144家企业涉及477处商超、餐饮等门店开业经营，受到市民广泛好评。长城人寿向北京抗疫一线医护人员、街道及社区工作者捐赠总计64.1亿元保额的保险保障；运营中心西城家园App疫情期间使用量218万人次，向居民提供社区发布最新信息。华远集团及华远地产向北大人民医院援鄂医疗队捐款100万元；宣房集团关键时刻承担复兴医院改造工程并在72小时内完工；华远典当、华远小贷公司为防疫工作涉及普惠小微客户开辟绿色通道；金正光彩担保公司“助力贷”产品为10个项目免除担保费共80.12万元。环雅丽都公司成立突击队清运隔离户和定点医院产生的垃圾及废弃口罩；德源兴业集团主动延伸服务，承担起院落、无物业管理和失管小区的公共区域设施消杀工作。区属企业大力开展企业租金减免工作，2—4月共减免租金3亿元，彰显西城国企的担当，发挥稳经济保民生作用。区国资委党委利用本级管理党费和区委组织部下拨党费近70万元，支持企业一线抗疫工作；全系统4939名党员为抗击疫情捐款567204.99元。

（杨志刚）

【复工达产】年内，天恒置业、华远地产、长城保险等公司企业面对新冠肺炎疫情影响主动化危为机营业收入同比大幅增长，金融街集团连续三年入围中国企业500强，“金融街”被认定为中国驰名商标。华天集团借助网络销售、大数据系统精准营销和管理，2月即实现逆势盈利。菜百、张一元和新街口百货等零售企业建立“云购物”平台，拓展线上业务。天桥集团创新研究异业经营模式，在通州、房山创设多元娱乐空间，取得突破性进展，首都电影院西单店达到单日票房全国排名第一。新兴科技板块抢抓机遇，华远电气自主研发红外测温仪系列产品并规模投入使用。长城人寿达成保费收入目标，实现连续盈利。各企业面对疫情充分发挥主观能动性，将影响降至最低，为活跃区域经济、促进自身发展奠定坚实基础。

（杨志刚）

【服务西城核心功能】年内，作为金科示范区核心区首个起步楼宇，新动力金融科技中心改建竣工并实现整体精彩亮相。着力提升金融街区域服务品质，金嘉大厦竣工交付一年后满租，引入工银资本、国新国际、中银理财、中邮理财、工银理财等机构，提升金融街区域入驻机构品质。天恒集团金融科技创新中心全年吸引承接35家金融科技企业落户，累计落户企业124家、注册资本金390亿元。金融街物业公司为入驻企业提供高品质服务，自有“怡己”品牌在辖区内有实体服务网点26个，与“金融街LIFE”App结合，实现区域商务配套线上线下无盲区零距离服务。运营中心成功参股奇安信、星际荣耀、银河资产等独角兽企业以及大和证券等外资金融机构，以政府引导基金、创投引导基金为抓手，出资95.1亿元，撬动社会资本582.3亿元，发挥国有资本放大器功能。华方公司所属两家高新企业孵化器共帮助园区内25家企业获得高新技术企业资格。

（杨志刚）

【国有资本布局优化】年内，投资与资产管理、金融保险板块营业收入分别实现7.98%和8.75%的正增长，其中投资与资产管理板块利润总额实现227.19%的正增长。金融街集团深耕润泽学校、睿宝儿科诊所项目，助力教育及医疗板块。华远集团深入推动高精尖科技实业板块投资布局，持续加大科研创新投入，高科技制造板块获专利15件。广安集团北京坊被授牌北京市文创园区，联合华为河图开启全球首个5G智慧商业体验空间，打造里程碑式文化新地标。天恒集团初步尝试社区生态运营模式，获中国房地产区域百强企业北京市TOP10企业第三名。

（杨志刚）

【城市更新改造】年内，菜园街、光源里项目全面开工，旧宫项目实现结构封顶，高立庄项目入住前期手续办理中。抓好征收腾退及申请式退租工作，观音寺项目作为区内目前涉及户数最多的申请式退租项目，累计签约1133户；宣房集团试点轻资产运营老城院落，打造天景胡同9号院小而美特色文化院落，探索城市运营新思路。西板桥项目正式启动；砖塔胡同城市保护更新项目退租基本收尾。各项重点征收、解危排险工作平稳开展，文保区项目有序推进。年内，区属企业共承担政府项目83个，总投资1937.46亿元，累计支出资金1090.47亿元。

（杨志刚）

【企业协同发展】年内，华远地产与华北油田合作的任丘石油新城项目顺利启动，受疫情影响的各津冀地产项目均已恢复正常施工。天恒集团与中青旅在全国范围内确定双品牌合作和“文旅+地产”双产业发展模式。5月，华天集团“二友居”在秦皇岛市正式开业，这是西城区与秦皇岛市结为友好城市，签署战略协议之后的首个落地项目。广安集团官厅项目借助营销新手段，实现销售额回升。区属企业加强与央、市企合作，实现系统内企业携手，打造西城国企共同体。长城人寿及资管公司积极支持市属、区属企业发展，已累计为首创、首开及华远、天恒等多家企业完成91.54亿元的投融资。运营中心加强资金管理，为区属企业提供资金、担保支持，打造区属企业资金蓄水池，区属企业内部协同局面初步形成。年度区属企业参与京津冀一体化项目37个，总投资1260.66亿元；参与央企、市企合作项目44个，总投资1443.6亿元。

（杨志刚）

【民生服务】年内，蓟城山水集团以街区保护更新为契机，加快推进鼓西大街整理与复兴计划、稳静街区公共空间环境提升、西单文化广场景观提升、小微绿地建设等13项市级重点工程。宣房集团推进北京市智慧供热云平台建设，完成对老城腾退空间马连道中街33号楼综合修缮工作。金工公司依法依规抓好维稳信访、化解稳控矛盾纠纷。国资公司抓好离退休人员的服务管理，平稳有序做好国有企业退休人员社会化管理工作。

（杨志刚）

【“疏整促”专项行动】年内，贯彻落实区“疏整促”专项行动实施方案，实现区属企业单位出租房清理人口1247人，完成全年疏解任务的124.7%；累计完成区属企业用工规范化529人，完成全年任务的105.8%。

（杨志刚）

【企业改革】年内，华天集团公司制改革工作基本完成，后续工作持续推进；国资公司与金工公司重组进展顺利，重组方案待政府审批。7月6日，金融街物业公司实现港股挂牌上市，成为北京市第一家国有控股的物业服务上市公司，也是西城区属企业时隔12年后第三家上市公司；加快推动菜百公司A股IPO，已向证监会发行部递交申请材料并获反馈意见。制定下发《区国资委关于推进区属国有企业发展混合所有制经济的通知》，以激发活力、提高效率为目标，稳妥推进区属企业混改。首次开展国有资本投资公司试点，印发《区国资委国有资本投资公司试点工作方案的意见》，批复华天集团作为首个国有资本投资公司试点。

（杨志刚）

【区属企业管理】年内，区属企业退休人员27984人，社会化管理的复函率100%；人事档案数字化加工移交率100%，为国有企业公平参与市场竞争创造条件。完成20家僵尸企业清理工作，提前完成年度任务。

（杨志刚）

【企业分类监管】年内，细化企业分类，在原有特殊功能类和市场竞争类企业外，增加事转企的蓟城山水集团及环雅丽都公司为公共服务类企业。分类指导企业建立完善内部管理制度，分类完善业绩考核和激励约束制度，实行差异化考核指标，应用不同的工资总额管理体系。通过实施分类考核、分类监管，为企业准确定位，明确发展方向，谋划发展路径，实现高质量发展提供支撑。

（杨志刚）

【扶贫攻坚】年内，成立华远三农公司（西城区消费扶贫双创中心）、天恒农科公司等企业作为平台，整合区国资委系统优势资源，实现资金、技术、农产品等双向交流，逐步形成以西城区为中心，辐射对口帮扶地区，持续推动产业扶贫和消费扶贫向纵深展开。自扶贫工作开展以来，区属企业在阜平、张北、喀喇沁、鄂伦春及门头沟等地先后投入资金1200余万元，落地实施对口帮扶项目27个，带动3000余人建档立卡贫困户提高收入，其中金融街阜平黑木耳和食用菌扶贫项目接受东西部协同攻坚国务院考察组实地验收，并得到高度评价。区国资委获评北京市扶贫协作组织奖。

（杨志刚）

【接诉即办】年内，区国资委针对市民热线诉求，成立热线工作专班，制定集中接收、按企派件、限时办理、督办考核的工作流程，明确全时值守、见单即接、首接首办、先办后议、一管到底的案件办理机制，坚持周调度，创新将接诉即办与“吹哨报到”有机融合。年内，共受理市热线转派市民诉求8360件，接诉办理6655件，响应率100%，满意率76.35%。

（杨志刚）

【经营风险防范】年内，关注企业现金流等财务动态及大额投融资活动，促进企业经营发展和防范财务风险的动态平衡，重点关注四家房地产企业的资产负债率及债务风险情况。印发《关于做好西城区2020年清理拖欠民营中小企业账款工作的通知》，督促企业落实民营清欠主体责任。指导企业依据《西城区属国有企业投资监督管理办法（试行）》完善投资管理制度，自查自纠完善内控体系建设。严控新增领域投融资额度，防控资金运作风险。推进区属企业外埠投资项目调研审计有关工作，对所属6个外埠投资项目（上海、重庆）开展专项审计，持续关注区属企业外埠投资项目的效益及风险分析。

（杨志刚）

【平安国企建设】年内，深入开展创建“平安国企”活动，实行一企业一标准、一岗位一清单分项把关，守住企业安全生产的红线。全年区国资委安全生产督察检查队检查区属企业434家次，督促企业以一失万无的态度抓好企业的安全生产。

（杨志刚）

【企业队伍建设】年内，坚持正确用人导向，严把干部选拔任用准入关、流程关和选优关，不断优化企业领导班子和法人治理结构，促进企业领导班子、董事会整体功能提升。落实完善考核评价指标内容，组织对一级企业领导班子及成员开展全面从严治党落实主体责任检查考核及一报告两评议工作。推进企业董事会规范化建设。落实董事会职权、优化董事会组成结构、推进董事会专门委员会建设，加强外部董事聘用及管理，进一步规范董事会运作。

（杨志刚）

【“十三五”收官】截至“十三五”末，区国资委监管企业资产总额和所有者权益分别为5430.5亿元和1458.24亿元，较“十二五”末分别增长67.45%和50.14%。国有资产结构与布局不断优化，形成房地产、金融、文化、现代都市服务、新兴五大板块协同发展的新格局，实现资源的有效聚集；国资国企改革取得重大突破，三级授权经营体制已建立，中国特色现代企业制度全面推行，持续实施公司制改革，市场经营体制不断完善，混合所有制改革积极稳妥推进；国有资本运营能力不断提高，通过推动企业上市、发行基金债券等形式最大限度发挥资本规模效益；服务区域经济社会发展的能力不断提升，积极服务“金科新区”和国家金融管理中心定位，承担大量政府重点建设项目和民生保障任务，充分发挥区域城市建设的主力军作用。

（杨志刚）

烟草专卖

【概况】北京市西城区烟草专卖局（公司）在北京市烟草专卖局（公司）和区政府的双重领导下，主管辖区内的卷烟营销和烟草专卖管理工作。下设办公室（安保科）、专卖监督管理科（专卖稽查支队）、营销网建科、财务科、人事科、纪检监察科（党建工作科）、法制科、内部专卖管理监督派驻办公室。

地址：西城区太平街甲6号富力摩根A座

电话：83160060

（王　宣）

【卷烟销售】年内，辖区累计销售卷烟31579箱，同比下降7%；实现税利20074万元，同比下降3.6%；单箱销售额实现3.53万元，每箱同比增加925元，排名全市第3位；毛利22538万元，同比下降4.25%。

（王　宣）

【卷烟市场净化管理】年内，共立案84起，其中大要案件23起。

共查获违法卷烟319.54万支，同比提升20.76%，完成全年目标值的122.9%，其中假、私卷烟共查获153.18万支，完成全年目标值的127.65%。

（王　宣）

【“绿篱”专项行动】4月1日至7月31日，开展“绿篱”（阻击外埠卷烟非法流入）专项行动。执行《北京市西城区烟草专卖局打击涉烟违法“绿篱”专项行动实施方案》，以“外防输入、内防流出”为工作重点，掌握市场动态，加强对卷烟经营大户的重点监控和综合治理，主动与其他执法单位沟通协作，发挥执法合力，阻击外埠卷烟非法流入。行动期间共计立案47起，其中5万元案件9起、治理违法违规户6户。查获各类违法卷烟126.24万支，涉案金额158.65万元，其中真烟116.3万支，涉案金额145.95万元；假、私烟9.94万支，涉案金额12.7万元，刑拘2人。

（王　宣）

【校园周边零售户治理】自2015年《北京市控制吸烟条例》颁布后，辖区校园周边持证户共有163户，通过积极开展劝退劝离、法制宣传、动态监管等一系列工作，到2017年9月份开始对辖区学校周边剩余76个持证卷烟零售户实行全面停止供货，截至5月底76户全部注销。由于新办幼儿园、公共道路改建、学校校门增设等情况年内新增存量8户，其中许可证陆续到期的2021年7户、2023年1户。

（王　宣）

【行政许可】年内，严格执行延时服务和周末不打烊制度，全面推进全程网办、告知承诺制、政务服务好差评系统对接工作，办理时限缩短至3个工作日，办证从只跑一次到一次都不用跑，更好地为广大零售户服务。行政许可窗口连续五年获评“优质服务窗口”“文明服务之星”。

（王　宣）

【市场监管】年内，有效运用“APCD”工作法及“双随机”检查模式，准确掌握零售户经营状态与经营规律，做到宣传引导、提示提醒、执法检查、法制教育“四个到位”。联合区市场监管局开展电子烟市场专项检查，强化对辖区校园周边、重点区域、互联网平台等方面的监管。严格“样品烟”专项监管，共检查3次3177户次。

（王　宣）

【执法规范】年内，牵头召开专卖、内管、纪检、法制四部门负责人及工作推进人员联席、沟通会议，共同推进落实“排查历史违规违纪问题”“接受社会监督”“深入实地调研”“历史案卷自查”“个人对照自查”“样品烟专项检查”等工作，过程规范、全面跟踪验证、深化整改落实。制定区局《烟草专卖执法监督检查治理工作实施办法》，巩固工作成果，建立长效机制。

（王　宣）

【宣传教育】年内，每季度开展领导干部学法用法活动。利用法制宣传教育体验基地，对内部员工及辖区零售户开展普法宣传，联合营销、内管部门，每季度组织新办证零售户及受处罚零售户进行法制宣传。利用“西烟普法”微信公众号进行法制宣传，全年共进行宣传48次，包括“抗疫专题”“民法典系列学习”等多项的内容。3月15日，结合辖区外地返京零售户较多的特点，利用微信公众号开展内容丰富的普法宣传与知识分享活动，结合政府相关政策开展新冠肺炎疫情防控知识问答，宣传疫情防控相关知识。6月11日，新发地疫情发生后，首都疫情形势日趋严峻，西城烟草在做好防疫措施的基础上，开展疫情防控法治宣传。以正确引导全体干部职工和全区所有零售客户思想动态，稳定情绪，提振信心为核心，开展宣传工作，为疫情防控提供法律服务。12月1日，在第七个国家宪法日来临之际，开启线上“宪法宣传周”学习宣传活动，对内依托中国烟草网络学院、OA平台，对外通过“西烟普法”微信公众号面向全体干部职工及辖区卷烟零售客户，开展一系列线上学习、宣传活动。

（王　宣）

（责任编辑　叶　婷）

工业　信息化

综　述

西城区有工业法人单位281个，其中规模以上工业企业有33个。按国民经济行业划分，涉及农副食品加工业，纺织服装、服饰业，印刷业和记录媒介复制业，文教、工美、体育和娱乐用品制造业，橡胶和塑料制品业，非金属矿物制造业，有色金属冶炼及压延加工业，金属制造业，通用设备制造业，专用设备制造业，电气机械及器材制造业，仪器仪表制造业，电力、热力的生产和供应业，燃气生产和供应业，水的生产和供应业。

积极发挥信息化和大数据在经济社会发展、疫情防控、复工复产、社会治理等方面支撑作用。在全市首推疫情防控社区智能门禁系统建设，作为西城经验向全市推广；打通市级“健康宝”与区级“技防系统”的数据桥梁，成为全市首个“健康宝”应用示范区。开通5G基站1083个，实现重点地区5G信号全覆盖；完成全区各疫苗接种点政务网络通讯畅通，视频图像全部回传；率先落实国务院要求，开展老年人出行便利化试点，努力破解老年人运用智能技术出行难问题；率先实现市区目录链对接，建成北京首个区县政务服务区块链平台。

（郝慧芳　张伟）

工　业

【概况】年内，西城区规模以上工业企业产、销均呈现下降趋势，累计完成工业总产值556.3亿元，与上年同期相比下降3.0%；累计完成工业销售产值561.9亿元，与上年同期相比下降2.8%；产销率为101.0%，产销衔接顺畅。工业运行基本特点：一是能源供应业稳居首位。规模以上工业企业中，7家能源供应业企业累计完成产值478亿元，与上年同期相比下降2.0%，占西城区规模以上工业企业的85.9%。在工业总产值排名前十的企业中能源供应业企业为5家，累计完成产值476.6亿元，成为拉动区域工业下降的主要因素。能源供应业是西城区工业经济支撑行业，在生产、销售等方面下半年降幅逐月收窄，下降趋势得到有效扼制。二是大中型企业工业产值下降明显。13家西城区大中型工业企业累计完成工业总产值528.4亿元，占规模以上工业企业的95.0%，与上年同期相比下降2.3%；累计完成工业销售产值531.0亿元，与上年同期相比下降2.0%。三是工业总产值排名稳定。西城区规模以上工业企业完成工业总产值居城六区第三位，占北京市的比重为2.7%。

（胡良春）

【世纪金工推进工业基地建设】年内，取得开工建设所有许可后，上饶京工工业基地于5月18日举行奠基仪式，基地4栋4层大楼主体结构完工，11月23日举行封顶仪式。

（刘运哲）

【华方公司工业企业】年内，北京市凤凰时装装饰品公司（简称凤凰公司）和北京市地毯五厂因产品经营与市场脱节，主营业务停滞。北京贯通经贸集团（简称贯通集团）物业管理和凤凰公司的资产实现优势互补。凤凰公司和地毯五厂的出资人，分别由华方公司变更为贯通集团。

（孙美岭）

信息化

【“西城家园”平台建设】2月，春节过后随着大人流返京，全区疫情防控工作进入关键阶段，针对社区、园区和企业等人流密集度不断增加的复杂情况，加大推进“西城家园”平台建设，推出“疫情防控微服务”，研发疫情实时数据、疫情辟谣、同程查询等功能，为辅助领导决策，有效控制疫情提供了支撑。全区15个街道返京人员信息实现“无纸化”登记，通过手机扫码社区报到，登记数据多维度分类，数据全区共享，保障防控信息精准掌握，有效落实排查任务。企业复工和返工人员实现在线申请“不见面”审核，员工实时在线健康打卡，全区疫情防控信息“一本账”。以扫码申请与大数据静默认证相结合方式，为居民和登记返工人员快速发放电子出入证（二维码），持证人员一次登记，全区亮“证”扫“码”通行。体温实测实录，出入行程跟踪溯源，线下工作有效减负。

（谢凯强）

【区块链应用平台上线】3月26日，西城区率先上线区块链应用平台，进一步优化政务服务。此次试点聚焦“9+1”场景应用，包括企业注销、企业社保账户注销、小额贷款公司设立与变更等9个应用场景和电子证照现场核验1个应用场景。搭建区块链基础平台对接市目录区块链系统进行数据共享，申请国家级单位、市级单位的5类数据查询、验证服务。提高数据安全性、真实性、时效性，链通多个办事环节，实现企业和个人办事减材料、减跑路、减时间。

（刘岩　裴赟昶）

【机构转隶移交】4月29日，区科技和信息化局与区政府办召开专题会议协商区政府办原电子政务科、区机要信息中心转隶事宜，就有关人员转隶、固定资产、经费项目等事项的核查程序、交接形式及办公场地使用情况进行协商，落实上年12月27日西城区委机构编制委员会明确的有关机构调整改革部署，正式启动转隶移交工作。转隶后电子政务管理科名称不变，区机要信息中心更名为区信息中心。

（彭育韬）

【增设信息产业促进科】5月13日，区委机构编制委员会正式批复区科技和信息化局增设信息产业科。主要职责为研究拟订促进本区信息产业发展的政策建议并组织实施。推进产业布局调整和产业结构优化升级。开展相关行业运行监测，分析行业发展重大问题，并提出对策建议。组织协调和推进行业重大项目的实施。加强信息产业专业领域人才队伍建设，组织相关人才培训。负责信息产业方面的对外合作与交流。

（张　伟）

【网络信息系统防汛保障】6月1日，按照市、区防汛抗旱指挥部指示要求开展上汛通信保障。成立领导小组、完善方案预案，抓实全区政务外网及关键信息基础设施保障，重点加强对南北区政务外网机房、UPS电源、防雷接地系统及承载的区政务门户、视频会议系统、云平台和街道协同平台、数据备份平台、蓝信等重要网络系统隐患排查及运维管理，调配骨干力量，安排全时值守，持续关注雨前、雨中设备运行状况，及时进行数据分析检测，增加日常巡查巡检频次，随时处理问题。结合区域疫情防控数据安全检查和年度网络信息系统安全自查，组织防汛及信息安全演练，开展安全宣传，切实保障发挥电视电话会议、蓝信等快速联系和有效处理业务的重要作用，保证情况任务及时上传下达和信息收发报送，完成汛期通信保障任务。

（彭育韬）

【大数据发展顶层方案】7月6日，以区政府名义正式印发《西城区大数据发展顶层设计方案》。该方案由区科技和信息化局制订，旨在加强西城区大数据整体建设，保障西城区大数据建设持续发展，巩固并完善区大数据发展机制。

（李　想）

【大数据顶层设计方案解读培训会】7月28日，区科技和信息化局采用网络会议形式组织开展《西城区大数据顶层设计方案》解读培训会，全区各单位负责信息化工作的干部100余名人员参加培训。北京航空航天大学邓攀解读顶层设计总体情况。

（李　想）

【年度电子政务网络安全检查】7月起，为落实国务院、北京市对政府信息系统实施安全防护管理检查的有关办法规定，全面掌握西城区电子政务网络安全总体状况，查找单位存在的安全问题和薄弱环节，区科技和信息化局牵头，会同区委网信办、区密码管理局开展为期3个月的全区电子政务网年度安全检查。主要针对各单位网络安全工作开展情况，安全制度、应急管理工作落实情况，以及政务外网重要数据、重要系统、云上系统的安防情况等开展检查。通过检查，各单位及时排查自身网络安全方面存在的漏洞和隐患，强化网络安全风险防范和责任落实，有效提升全区各单位网络安全保障能力和防护水平，确保全区网络信息系统持续安全稳定运行，为西城区经济社会发展提供有力的网络安全保障。

（郁　卓）

【线上信用修复培训会】7月28日，北京市经济和信息化局和西城区社会信用体系建设联席会议办公室联合以直播形式举办诚信建设万里行——2020年西城区公益性信用修复培训会。全区各行政执法部门、以及企业代表等140余人参加。信用专家分别就信用修复基本知识、企业信用修复的重要性，讲解演示行政处罚信息等信用修复流程和方法，让企业对如何进行信用修复有更深理解，为失信主体重塑信用形象提供正确指引，进一步营造优良营商环境。

（李　刚）

【政务网络安全执法】8月3日起，电子政务管理科转隶区科技和信息化局正式履行全区政务外网安全执法职责。根据市经信局和区司法局有关执法要求，结合全市政务网络安全检查，通过查阅全区各单位报送的自查材料，有针对性地进行执法检查；针对疫情数据信息安全保密要求，与区委网信办、区卫健委、区公安分局联合对属地内医院和医疗机构进行联合执法检查；对北京市政务信息安全应急处置中心通报的安全苗头和预警，及时进行情况通报处置，重点开展执法检查和问题整改，依法行政，促进法制政府规范化建设管理。截至年底，完成政务网络信息安全执法检查103件次。

（赵红漫）

【网络安全防护体系建设】8月20日，区科技和信息化局组织区委网信办、西城公安分局等单位召开西城区网络信息安全研讨会，经与会领导及专家讨论，达成统筹开展西城区网络安全防护体系建设的共识。该防护体系围绕规划顶层设计、实现网络安全“看得见”目标，将区网信办、西城公安分局有关目标任务纳入全区信息安全保障体系建设，完善可信安全防护基础体系，突出以防范网络袭击和黑客破坏为重点，强化态势感知和监测预警，实施安全技术支持及应急保障，开展区政务机房常态化安全设备现场值守运维，建立全区网信动态监管手段，确保全区政务外网重要应用安全可靠运行。

（彭育韬）

【大数据顶层设计方案培训研讨会】8月13日至9月11日，区科技和信息化局分别组织召开西城区大数据顶层设计政务服务领域、城市治理领域、民生服务领域、经济发展领域、安全稳定领域培训研讨会，邀请国家行政学院、北京航空航天大学、中国人民大学、北京大学、中央政法委、中国矿业大学等单位的专家学者为全区5个领域委办局干部进行培训，并组织相关领域的研讨。

（李　想）

【企业投资项目备案】9月底，区科技和信息化局与区发改委完成企业投资项目备案（信息化）工作的交接，实现无缝衔接开展相关工作。截至年底，对中国广播电视网络有限公司等3家公司的3个项目进行备案。

（闫　肃）

【“十四五”研究课题验收会】10月26日，区科技和信息化局召开西城区“十四五”时期大数据（信息化）建设规划思路与措施研究课题结题验收会，《西城区“十四五”时期大数据（信息化）建设规划思路与措施》通过与会专家验收。

（李　想）

【全区正版软件保障】10月，为落实国务院、北京市和西城区关于党政机关、国有企事业使用正版软件工作要求，强化国家机关和企事业单位信息系统使用正版软件工作推进，区科技和信息化局完成全区党政机关及企事业单位办公计算机操作系统、国产WPS办公软件、国产360防病毒软件、国产数据库和中间件等7类共4822套正版办公软件的采购配发使用，合计金额491.28万元，首次对区属国有企业（一级）提供计算机正版操作系统和国产办公软件支持保障1200套，金额140.28万元。持续推动成熟国产WPS正版办公软件在全区各部门、街道和区属一级国有企业的推广应用。截至年底，组织完成国产WPS办公软件在西城区75个委办局及15个街道办事处推广应用，共计安装使用1.1万台套。

（郁　卓）

【“两会”视频直播保障】11月25日起，根据区委区政府工作任务部署，针对疫情防控严峻形势，2021年西城区“两会”

政府工作报告首次采用视频会议5点连线方式组织实施。按照“适应、调整、创新、安全”思路，区科技和信息化局牵头并会同有关部门抓好落实，确保做好区“两会”视频直播保障准备。首次采用“有线+无线”接力方式，应用通道加密、云端存储、4G/5G等新技术手段进行视频直播保障，强化新技术、新方法在新场景中的实践尝试应用，建立视频联调联试机制，预判突发情况，突出异地不同部位、不同传送手段工作联动和团队融合协作，明确会前实施程序和执行指令，统一步调，密切协同，确保视频直播安全有序、稳定顺畅。

（彭育韬）

【项目初步验收会】11月27日，区科技和信息化局召开西城区大数据规划实施和技术管理服务项目初步验收会，对西城区大数据规划实施和技术管理服务项目进行初步验收。

（李　想）

【核酸检测平台培训】12月25日，区科技和信息局组织全区各街道及社区近300人开展北京市核酸检测信息统一平台及手持设备培训会。技术专家详细讲解设备的使用以及具体的工作流程，并进行模拟核酸检测采集现场演示。26日、27日根据各街道核酸检测实战情况，区科技和信息化局组织技术团队赴相关街道现场开展现场培训和答疑工作，建立技术应急保障团队，并为每个街道安排现场技术指导人员，确保核酸检测工作有序开展。

（蔡宇红　仇启宇）

【数字经济政策发布】12月30日，西城区发布《北京市西城区加快推进数字经济发展若干措施（试行）》，是全市首个区级数字经济政策，旨在大力推动数字技术赋能实体经济，引进和培育一批数字经济优势企业，落地一批数字应用场景项目，建设产业数字化赋能示范区和数字应用场景引领示范区。

（郭志娥）

【行业企业防疫及安全检查】12月31日，区科技和信息化局赴北京中成航宇空分设备有限公司、北京华医网科技股份有限公司及中烟商务物流有限责任公司实地走访，宣传指导软件和信息技术服务业行业的防疫及安全生产工作。

（闫　肃）

【软件企业营业收入增长】年内，西城区信息传输、软件和信息技术服务业实现营业总收入697.37亿元，同比增长5.3%。

（闫　肃）

【领导决策调研】年内，针对如何利用各单位数据提升领导决策能力，区科技和信息局组织对全区各委办局、各街道、各区属企业进行数据摸底调研，进一步掌握了各单位可为区领导决策可提供的相关数据项。

（李　想）

【智慧门禁助力疫情防控】12月，为解决老年人在疫情防控中运用智能技术遇到的困难，市经信局、市园林绿化局汇同区科技和信息化局成立工作组，选取万寿公园以及顺天府超市作为全市首个老年人运用智能设备的试点单位加装新型智慧门禁。新型智慧门禁加装老年卡、身份证、社保卡刷卡认证功能，测量体温的同时即可刷卡识别健康宝信息，智慧门禁可自动报送健康宝状态，解决了老年人没有手机或使用手机查询健康宝不便的问题。年内，全区299个小区共安装392处智慧门禁设施，支撑近15万居民出入小区，累计使用超过500万人次。小区智慧门禁与北京健康宝绑定，刷脸或刷卡就能查出健康宝的状态，发现黄码、红码信息，通过西城区社区技防管理平台报警，区科技和信息化局根据报警信息提示街道及时安排相应社区排查处理，落实社区防控责任。

（蔡宇红　仇启宇）

【大数据助力战“疫”】年内，针对疫情防控工作任务重、对象多、处置杂、传播快、范围广等工作难点，西城区充分发挥区级大数据统筹优势，基于全区“一张图”，利用西城区大数据平台，依托区人口大数据监测系统、区数据分析与挖掘系统、区数据共享交换平台，结合数据分析、算法模型等技术，不断强化数据归集分析，绘制西城战“疫”地图，为西城区科学研判、辅助决策疫情提供重要支撑。

（赵　跃）

【政务数据梳理】年内，西城区完成政务数据梳理工作，政务数据梳理累计完成51家单位5457

条职责目录，含信息系统1955个信息资源3058类数据项28073个。

（裴赟昶）

【推行信用承诺制度】年内，西城区大力推行信用承诺制度，促进信用承诺在多领域应用。全区实施告知承诺制的行政审批事项为31项，占法定可承诺事项总量的100%；收集各类主体信用承诺书811份，信用承诺在企业经营、居民办事和政府施政等领域实现广泛应用。

（李　刚）

【“双公示”信用信息公开】年内，西城区推进“双公示”等信用信息公开，“双公示”专栏行政许可结果公示数目3734条，行政处罚结果公示数目2816条。鼓励失信企业进行信用修复，全区成功修复457条行政处罚。

（李　刚）

（责任编辑　郝慧芳　孙凤霞）

商贸服务业

4月，北京华天饮食集团旗下老字号开始实行堂食预约制，引导市民有序用餐（闻昭 摄）

4月11日，区领导“四不两直”检查清华池复工情况（翔达公司 供图）

4月22日，西城提振消费行动暨“西城消费”上线发布会举办（区商务局 供图）

8月18日，长安商场“超市到家”正式上线（长安商场 供图）

9月10日，大栅栏百姓生活服务中心开业（区商务局 供图）

11月19日，北京张一元茶叶有限责任公司大栅栏总店售卖“高碎”，顾客凌晨开始排起长队（张一元 供图）

12月5至13日，西单商场开展90周年店庆活动（首商集团 供图）

春节期间，全区超市供应充足、价格稳定、防疫到位（姜真 摄）

疫情期间，汉光百货利用红外线测温仪监测顾客体温，保证购物安全（闻昭 摄）

疫情期间，北京图书大厦线上线下保障读者购书需求（于志强 摄）

综 述

西城区商务局（简称区商务局）是区政府主管的工作部门，主要职责是商贸流通、消费促进、对外及对港澳台经济合作和生活性服务业发展工作。年内，围绕新冠肺炎疫情防控与经济社会发展，区商务局全力抗疫防疫、稳企保供、推动消费回升。实现社会消费品零售总额993.5亿元。新建和提升便民商业网点42个、百姓生活服务中心5个，生活“便利性”全市第一。推进“两区”建设任务落实，扩大服务业对外开放，利用外资实现增量、质量双提升。区新设外商投资企业33家，吸收合同外资9.79亿美元，实际利用外商直接投资2.24亿美元。实现进出口总额4113.1亿元人民币，占全市比重17.7%，持续位居北京市第二位。获北京市安全生产先进单位。

地址：西城区广安门北滨河路9号

电话：83509369

（赵培　马岩）

商业服务业

【年度社会粮油供需平衡调查】6月，完成“2020年度社会粮油供需平衡调查”。调查选取辖区城镇居民100户、餐饮企业70家（含有关单位食堂）作为调查样本。调查数据显示，2020年全区居民口粮消费折合原粮149392.31吨，居民粮食消费主要以面粉、大米为主，折合原粮消费小麦和稻谷分别占粮食消费总量的52.5%和39.4%；全区城镇居民的全年消费食用油19137.26吨，以花生油为主，花生油消费量占食用油消费比重47.8%，其次为调和油占比23.2%；平均每个被调查餐饮企业年度用油5.6吨，主要为豆油，占比90.8%。辖区粮油市场供应充足、稳定。

（柴晓虹）

【西城提振消费行动】4月22日起，在全市率先开展“西城提振消费行动”，打造“西城消费”平台，整合商业零售、生活性服务业、餐饮、文化、旅游、体育、教育、金融、通讯、网络服务等各消费领域优质资源，开展系列专题活动，政府与企业按一定比例配资共同向消费市场投放消费券释放让利，有效拉动区域经济回补。年内，平台注册用户57.7万人，注册企业515家、品牌门店3000余家，开展时尚西城、暖心惠民、静美西城夜经济、暖冬系列等14个系列、20轮次、507场专题活动、直播200余场，配合北京消费季累计投放消费券636万张，撬动消费17.28亿元。

（杜　颖）

【构筑生活必需品市场保供网】年内，构筑“供得充足、买得便利、防得严密”的市场保供网。面对新冠肺炎疫情爆发局势，通过信息共享平台调动商业企业力量，每天保障500至600吨百姓生活必需品稳定供应。以街道为单位，建立联组式的“点对点”补货机制，实施大向小的专项调配。6月中旬新发地疫情爆发后，在马连道快速设立2000平方米的临时应急蔬菜储备库，储备量为30吨左右，包括10余种时令新鲜大众蔬菜，为全区百姓生活服务中心和菜店提供应急补货。做好市场监测与信息发布，每日动态监测全区蔬菜供应量、门店关停、缺货需求和价格变动等情况，及时调度组织货源，保障居民生活服务平稳不恐慌。

（戚秀艳　丁宁）

【“5G+华为河图”智慧商圈全球首发】8月27日，西城区常务副区长喻华峰、华为河图项目总经理郦光丰等共同面向全球首发北京市西城区“5G+华为河图”智慧商圈。通过科技赋能北京坊、大悦城，焕发历史文化街区商业生态。利用新兴信息技术，增强新型消费体验，扩展新型商业营销模式，促进新型融合消费发展。

（赵　培）

【粮食安全宣传】10月16日（第40个世界粮食日），区商务局在广安门外北京越都荟开展“2020年世界粮食日和粮食安全系列宣传活动”。向辖区涉粮企业及消费者、社区居民宣传推广2020年世界粮食日主题“齐成长、同繁荣、共持续、行动造就未来”、粮食安全宣传周主题“端牢中国饭碗　共筑全球粮安”。宣传科学储粮、健康饮食、节粮减损等科学常识，引导涉粮企业和百姓共同关注国家粮食安全，维护全球粮食安全。活动现场发放宣传手册和宣传品等300余份。

（柴晓虹）

【疫情期间商业服务业市场稳定】 年内，新冠肺炎疫情爆发初期，区商务局紧急联系近30个国家、国内20个省市的200家（次）供货方，调集防疫用品70余种，保障区内各类防疫物资充足供应。开展相关行业核酸检测、防控排查、疫苗接种组织工作，紧抓大型商场、超市、百姓生活服务中心等疫情防控管理。出台系列纾困激励举措，统筹区内商超菜店持续营业。以防疫物资、资金奖励等形式帮助企业解决实际困难降低成本。面向商业企业审批各类扶持奖励资金2473.6万元，为全区大型综合商场、超市、百姓服务中心等重点商业场所发放价值612.4万元的防疫物资，为75家申报主体、2162家次中小微企业审批减免房租补贴6440.4万元、减免房租21772.4万元。

（赵　培）

【建立生活必需品应急储备库】 年内，着眼提升重大突发应急事件保障能力，结合区域特点，合理布局，充分利用辖区腾退空间实施实物储存方式，建立区级生活必需品储备库，储存方便即食食品、蔬菜等应急生活必需品。

（柴晓虹）

【商业企业转型升级】 年内，支持商业服务业转“危”为“机”，创新“线上菜”“网上餐”“云逛街”等商业新模式新场景。利用物美集团及区内具备运力条件的生活性服务业企业，对出现疫情的封闭社区、重点小区先行推行“无接触购物”模式社区全覆盖，疫情期间线上下单线下日均配送量约30余吨。创新开发手机端“无接触自助缴费”新模式，降低人员聚集密度。全区老字号实现网上销售的比例从30%提升至80%以上，形成成熟的“线下+线上+直播”的新消费模式。

（戚秀艳　丁宁）

【重点企业获市专项资金支持】 年内，组织辖区商业服务业企业申报2020年市商业流通发展资金，其中北京京饮马凯餐厅有限责任公司老字号传承发展等21个项目获得市商业专项资金1720.65万元。项目涉及推进连锁经营发展、老字号传承发展、“互联网+流通”和创新示范试点等方面。

（柴卫红）

【成品油流通行业管理】 年内，区商务局加强成品油流通行业管理。组织辖区16家加油站完成上年度成品油企业经营资格年检。完成中石化所属7家加油站名称变更，1家加油站注销、新设。完成16家加油站成品油零售经营批准证书换发新证。按照经信部门规定和时限要求，做好成品油零售经营资质审批信息“双公示”。落实商务部和市商务局关于做好成品油流通行业安全生产管理工作通知及市场监管部门要求，开展“双随机、一公开”检查。加强成品油市场管理，指导成品油企业全面落实安全生产主体责任，确保安全生产工作落到实处。

（柴卫红）

【老字号餐饮振兴发展计划】 年内，协同区文旅局、大栅栏指挥部等单位，完成“关于建设消费型城市，推进首都特色商业区发展——聚焦特色商业区，老字号品牌优化升级”提案及“关于优化大栅栏商业街品牌结构，打造西城区传统老字号特色商业街区整体形象”提案的办理。继续做好老字号餐饮振兴发展计划，鼓励老字号传承技艺创新发展。完成百年传承金牌菜及大师制作拍摄上线，推进老字号餐饮直播展示。协同区法院开展老字号商标权保护情况调研。

（赵杰平　史倩）

【单用途商业预付卡备案】 年内，对备案企业从资金管理制度、实名登记制、限额发行制、非现金购卡制、单用途卡章程和购卡协议等方面做出详细指导，做好每季度系统审核，完成4家企业备案。

（赵杰平）

【无障碍环境建设】 年内，配合区无障碍专班展开行动，加强宣传监督指导。对全区规模以上商场、超市进行系统排查，重点点位派专人发放无障碍标准化图集、无障碍宣传海报等资料，督促商超企业重视无障碍环境建设工作，确保整改效率及成果。完善系统建账数据，核查建账的条目真实，点位选取准确。区商务系统各单位无障碍改造涉及点位

5个，整改金额约40万元。

（史　倩）

【重点时段安全保障】年内，区商务局在全国“两会”及春节、“五一”、国庆节等节假日期间，开展商务行业安全生产、反恐防暴、疫情防控等工作动员部署并进行巡查，督促企业进行隐患排查整改，期间未发生安保事故。

（杨尚宗）

【便民服务网点建设】年内，新建便民生活服务网点42个。其中蔬菜零售12个，便利店19个，早餐店5个，便民洗衣店1个，便民理发店5个，完成全年计划任务的105%。基本便民商业服务功能社区覆盖率100%，生活“便利性”领域全市并列第一位。新增5个百姓生活服务中心，完成每2万居民配置1个百姓服务中心的目标，实现全区15个街道百姓服务中心全覆盖。

（戚秀艳　丁宁）

【生活性服务业业态转型升级】年内，协同全区力量集中推进，实现“菜篮子”全面覆盖，达到每个社区拥有2个蔬菜零售网点标准，构建“专业菜店+生鲜门店+社区超市+多形式搭载”的“易买菜体系”。推行早餐示范工程，不断优化以“固定门店早餐服务为主、便利店搭载早餐服务为辅”的早餐服务体系。创新便民服务业态，结合需求适度增加“小物超市”，因地制宜配置“小物超市”4种形态，建设“小物超市专区”“小物超市专柜”“小物超市门店”。加强末端配送网点的“线上小物”配套建设。引导优秀的街头修理等手工艺人回归百姓生活服务中心，满足居民对针头线脑、缝纫织补等生活小物品与小服务的需求。

（戚秀艳　丁宁）

【社区商业科学布局】年内，在街道层面引导市场主体完善便民商业服务设施布局，建设补齐便民商业服务网点，实现一刻钟便民商业服务圈全覆盖。与各街道建立生活性服务业紧密联系机制，利用北京生活性服务业公共服务平台系统，科学分析区域内百姓生活服务业网点布局，按照群众需求精准配置服务网点。完成对全区所有街道八类生活性服务业网点的数据采集、“西城e生活”和大数据管理功能等相关配套软件系统上线运行，形成数据分析报告，指导全区生活服务业进行科学布点。

（戚秀艳　丁宁）

【生活性服务业民意立项机制】年内，对接百姓需求，实施生活性服务业民意立项机制，变政府端菜为居民点菜，实现百姓生活服务中心等网点建设民意立项常态化机制。召开全区生活性服务业建设推进大会和政策宣贯系列活动，组织15个街道与社会服务企业从居民需求出发，加强供需精准对接。

（戚秀艳　丁宁）

【拍卖企业初审及年度核查】年内，完成辖区18家拍卖企业变更拍卖经营批准证书及新设立拍卖行初审工作及22家拍卖企业上年度核查初审工作。

（张晓燕）

【安全生产巡查】年内，检查单位729家，巡查808次，出动巡查人员1758人次。其中零售单位243家，发现一般性隐患124处；餐饮单位486家，发现一般性隐患256处；均已整改。其他巡查233家。

（杨尚宗）

【接诉即办】年内，受理12345接诉即办热线案件2620件，满意率75.3%，解决率49.8%。其中预付式消费类案件1827件，满意率76.3%，解决率45.7%。在“艺人美场”案件中，为1700余会员挽回近百万元损失，有效避免群体事件发生。

（李小丽）

对外及对港澳台经济贸易

【外资外贸企业线上政策宣讲】6月23日，联合西城海关、中国出口信用保险公司第三营业部、建行北京分行国际部，组织召开线上宣讲会，驻区企业70余人参加。各部门分别就海关企业信用管理认证标准、中国出口信用保险、跨境快贷信保贷产品等方面最新政策进行讲解，为企业提供一对一互动答疑服务。

（李　静）

【参加服贸会】9月3至9日，区商务局牵头组团参加北京2020年中国国际服务贸易交易会，参加科技创新板块、金融服务专题、“文博会”展览展示和北京主题日相关活动。组织区内20

余家外资企业参加线上线下全球服务贸易峰会，在“金融街与金融业扩大开放”外资交流专场活动上发布《西城区服务业扩大开放政策白皮书》；开展精准招商，针对金融和金融科技领域安排两条考察路线，组织汇丰银行、澳大利亚国际商业产业园等走进金融街和金科新区。收集驻区企业成果预筹项目25个，包括协议类13个、政策发布类4个及新技术、新产品类8个，项目金额共计7.92亿元人民币。

（张吉先　刘倩）

【两展一节】10月22至25日，由中国茶叶流通协会与北京西城区人民政府、湖南省益阳市人民政府共同主办的2020北京国际茶业展、北京马连道国际茶文化展、安化黑茶文化节（简称“两展一节”）在北京展览馆和北京马连道举办。活动继续秉承“以茶结缘相聚北京城　以诚会友品饮世界茶”主题，通过展览展示、专场推介、特色茶文化传播、传承与体验和论坛与研讨、展节推广等形式，在北京展览馆及马连道街开展近50项活动。新设“线上展览+直播带货”环节。首次将“马连道杯”全国茶艺表演大赛调整为视频选送大赛，来自全国各地的19支茶艺表演队参赛。开展“最美茶空间”评选、走进金融街等特色活动。2020北京国际茶业展面积近2万平方米，设930个标准展位，400余家参展商参会，其中九成以上为一线品牌企业。邀请国内多个重点产茶区政府及国外参展团参展。

（章建平　史瑞靖）

【参加中国国际进口博览会】11月5至10日，西城交易团119家企业注册参加第三届中国国际进口博览会，达成意向采购额900万美元，交易涉及医疗器械及医疗保健等领域，进口商来自丹麦、英国等国家。区长孙硕在进博会北京日主题上做北京金融街扩大开放主题推介，向全球宣传“金开十条”“金科十条”等扩大开放新政策和新举措。推动菜百公司与上海钻石交易所国际会员单位达成合作协议，在进博会上首发3D制金工艺牛年贺岁新品；高视远望公司与美国丹纳赫集团签订一批高端徕卡显微系统眼科医疗设备采购意向。

（张吉先）

【参加京港洽谈会】11月18日，参加第二十三届京港洽谈会，副区长聂杰英在投资北京推介会上做“打造国际一流金融科技示范区”主题招商推介。11月20日，在京港双向投资重点项目签约仪式上，香港嘉德泰隆国际商业管理有限公司与四眼土狗科技（北京）有限公司签约。

（马　岩）

【外贸企业政策宣讲培训】12月4日，举办外资外贸企业“两区”政策宣讲培训会，驻区企业近100家参加培训。区商务局解读北京市服务业扩大开放示范区和自贸区的最新政策，发放《西城区服务业扩大开放白皮书（中英文版）》，市商务局解读北京市最新稳外贸政策，中国信保介绍企业出口信用保险政策，西城区金服公司介绍小微金融服务平台，区市场监管局介绍西城区企业设立及优化营商环境方面的举措。各部门就企业反映的问题困难进行详细解答。

（马岩　刘倩）

【利用外资结构稳定】年内，区新设外商投资企业33家，同比下降26.67%；吸收合同外资9.79亿美元，同比增长225.32%；实际利用外商直接投资2.24亿美元，同比增长118.04%。分行业位列前三位的是租赁和商务服务业，卫生、社会保障和社会福利业，信息传输、计算机服务和软件业。在全球新冠肺炎疫情影响下，利用外资整体保持稳定，持续保持聚集于区域高精尖服务业的结构特征。

（郝家莹）

【进口总额】年内，西城区进出口总额4113.1亿元人民币，同比下降41.2%，占全市进出口总额17.7%，位居北京市第二。其中出口额953.9亿元人民币，同比下降27.3%，占全市出口总额20.5%，位居北京市第三；进口额3159.2亿元人民币，同比下降44.4%，占全市进口总额17%，位居北京市第二。

（张吉先）

【“两区”建设】年内，落实市委市政府关于“两区”建设工作部署，编制发布《建设国家服务业扩大开放综合示范区工作方案》，成立由区委区政府主要领导任组长的工作领导小组，建立“一库三清单”工作机制（项目库+政策清单、目标企业清单、空间资源清单）。提出至2023年实现三大发展目标：形成“产业+园区”开放布局、实现“项目+企业”成果落地、推动“品牌+品质”跨越发展。构建“产业+园区”开放整体格局，强化金融街和国家级金融科技示范区的开放“双核”布局，围绕“金融+金融科技+资产管理+数字经济+现代服务业N个领域”的产业开放领域，更高水平推动服务业扩大开放。项目库累计达74个，其中金融及金融科技类项目占比83%；全国首创、重大及突破类项目占比80%；外资项目占比达27%；项目落地累计达34个，落地率为46%，推动一批全市首创、标志性项目落地，北京首家新设外资控股券商大和证券、时隔20年批复的第五家全国性资产管理公司中国银河资产、西城区首家获批QDLP试点的外商独资基金管理企业锋裕汇理投资管理（北京）有限公司等相继落户西城区。

（马　岩）

【受理对外贸易经营者备案登记】年内，办理对外贸易经营者备案登记203件，同比增长10.93%。其中新办127家，同比增长23.3%；变更68家次，同比下降6.8%；注销8家，同比下降33.3%。

（郭文志）

【服务外包】年内，完成三类驻区服务外包奖励材料初审工作8家次，其中办理新录用人员补助1家次，促进新兴服务出口项目1家次，服务贸易出口贴息项目6家次。全年内服务外包新增合同签约金额2.3亿美元，服务外包执行金额0.36亿美元。

（张吉先）

【服务贸易企业统计监测】年内，组织区内服务贸易企业开展统计监测工作，与区统计局调查队联合对213家西城区重点服贸监测企业开展业务培训。重点企业在商务部服务贸易重点监测企业直报系统中登记213家，重点企业填报率为90%，填报金额为458876.73万美元。

（张吉先）

【稳外资外贸】年内，加强稳外资稳外贸工作专班统筹协调，建立区领导走访、调度工作机制及重点外资外贸企业联系群组，利用邮件、电话、微信工作群等方式对接企业，主动服务外贸企业在疫情期间复工复产需求，协助外资外贸企业申请低息贷款、购买防疫物资等工作。办理企业外籍人员返京46人次，外籍人员永久居留权（积分评估）初审2人次。协助外贸企业办理中国国际贸易促进委员会《不可抗力相关事实性证明》，最大限度减少企业出口交单延期所导致的违约责任，降低企业经营损失。做好12345热线涉及外商投资和外贸进出口问题接办。

（李静　马岩）

企业选介

国有资产经营公司

【概况】北京市西城区国有资产经营公司（简称国资公司）主要承担区属改制企业20名离休干部及582名退休人员的管理职能；承担政府托管的金融机构股权投资的管理职能，负责国资公司存量资产的管理开发；承接政府新划拨转制资产的管理开发和人员安置任务。公司设党群人事部、行政办公室、计划财务部、审计部、资产经营部、离退休人员管理服务中心6个部门。

地址：西城区南横西街117号

电话：83229155

（刘　玮）

【退休人员服务】1月，国资公司领导带队慰问离休干部、离休干部遗孀、困难职工、劳模等。6月，开展“进千门走万户”活动，新冠肺炎疫情防控期间电话问候到家。走访慰问2名参与抗日战争及8名参加抗美援朝的离退休干部，为老战士颁发抗美援朝纪念章。协助北京晚晴节目组和中央广播电台完成对抗美援朝老兵张景瑶及何乃庄的采访。9月，组织退休干部健康体检。进入冬季，为老干部订购保暖棉被等用品快递到家。

（韩平平）

【退休人员社会化管理】年内，国资公司离退休中心开展退休人员社会化管理工作，11月完成全部退休人员（582人）社会化管理工作。

（韩平平）

【重组改制】11月，国资公司下属企业北京希福商贸有限责任公司（原北京希福实业总公司）完成公司制改制工作。

（刘　玮）

【复工复产】年内，国资公司及下属企业助力中小微企业复工复产，根据西城区国资委相关政策要求，减免中小微企业房租和汽车租赁共26.4万元。

（刘　玮）

北京世纪金工投资有限公司

【概况】北京世纪金工投资有限公司（简称世纪金工）注册资金5400万元。主营项目投资、投资管理、投资咨询、出租写字间等。工业、物业、幼教、资本运营是公司支柱产业。公司下设多家子公司，其中北京市科通电子继电器总厂有限公司是高新技术企业和国家定点军民用固体继电器专业厂家，承接国家重点项目，为“神舟”系列航天器和“嫦娥”登月工程等配套；北京第三纺织机械有限公司是国内汽车整车配套件重点企业，具有ISO/TS16949等国际认证资质；世纪金工宏洋大厦是西城区文化创意产业孵化基地和西城区电子商务创业孵化基地；居仁堂京瓷（北京）文化有限公司是由商务部获批的文化艺术类老字号，创作生产的市级非物质文化遗产项目京彩瓷（仿古瓷）产品屡获国家工艺品大奖；世纪金工跨领域投资的全资子公司悠米幼儿园围绕“悠扬、悠乐、悠美”的办园宗旨，坚持保教并重的原则，以研促教，在实现收益的同时承担起社会责任。离退休和岗下职工管理中心为公司6227名离退休人员提供统一服务与管理。世纪金工公司获北京市诚信创建企业称号；世纪金工及宏洋物业获西城区和谐劳动关系星级单位称号；科通公司获2020北京民营企业中小百强称号。

地址：西城区莲花胡同11号

电话：63524785

（刘运哲）

【复工复产】2月10日，世纪金工公司、科通公司、宏洋物业及京彩瓷在严格落实各项新冠肺炎疫情防控措施的基础上，响应国家号召，恢复生产经营实现复工复产。

（刘运哲）

【京彩瓷工艺美术大赛获奖】8月6日，京彩瓷推送5件作品参加“2020工美杯北京传统工艺美术大赛和第十届北京传统工艺美术珍品评审”活动，“新彩万象回春盘”获银奖，其余4件获优秀奖。

（刘运哲）

【编制“三五”规划】年内，世纪金工启动编制《公司第三个五年（2021—2025年）计划》工作，年底前形成初稿。“三五规划”提出未来五年发展指导思想及终期目标、主要工作，明确规划实施的责任落实。

（刘运哲）

【发展幼教事业】年内，世纪金工继续投资发展幼儿教育事业。新冠肺炎疫情防控停课期间，悠米幼儿园提供线上教学，开设英语、卡通、数独等空中课堂；开设家长课堂，举办线上亲子活动，实现家园共育。提升悠米幼儿园办学水平，启动“健康小米粒”计划，明确“美育”办学特色。开展幼儿教师美育培训，加强教师对美育课程的认知，提升教师综合素质。招聘优秀教师，3名执行园长招聘到位。在西城区教委千分评级中，悠米牛街园成为西城区第一家获得A类标准的民办幼儿园，广外园通过B类标准。规范内部流程，制定内部管理制度、园长联席会制度、合同管理办法、薪酬管理办法等规章制度。

（刘运哲）

北京华方投资有限公司

【概况】北京华方投资有限公司（简称华方公司）是国有独资公司。注册资本3.84亿元，主要从事国有资本投资及管理业务。华方公司拥有北京华方文化发展有限公司、北京金象复星医药股份有限公司、北京贯通经贸集团、北京华方养老投资有限公司等20余家所属企业的全部或部分国有产（股）权，对其履行“投资、监督、调控、服务”等出资人职能。投资涵盖商业地产（房屋租赁、企业孵化器、酒店、特色餐饮)、健康服务(老年服务、康养、品牌医药、中医医馆)、非遗文创、资本运作等四大业务板块。截至年底,华方公司总资产17.71亿元,归属母公司净资产10.8亿元。年内,华方公司实现营业收入9.55亿元,同比(11.96亿元)减少20.16%;利润总额2160万元,较区国资委下达计划(765万元)增长182.39%;净资产收益率0.73%,较计划(0.5%)增加0.23个百分点、增长46%;成本费用利润率2.22%,较计划(0.6%)增加1.62个百分点、增长270.3%。华方公司完善公司治理体系,董事会成立战略规划与投资委员会、审计与风险管理委员会、董事会薪酬与考核委员会等专业委员会,为董事会工作提供支持。

地址:西城区木樨地北里甲4号

电话:68037620

(孙美岭)

【**新冠肺炎疫情防控**】新冠肺炎疫情防控期间,华方公司发挥华方系统资源性优势,助力西城疫情防控。金象复星公司为储备防疫物资累计投入资金7000余万元,建立59个大类防护用品303个品规的台账,入库数量608万件,发放数量435万件。华方公司为金象复星公司提供1500万元借款及3000万元贷款担保。帕米尔食府为复兴医院提供每日3000份送餐服务,安排3名厨师留院制作餐食。为大栅栏街道办事处所属防控点提供每日150份早餐保障。北京月坛雅集文化发展有限公司推出非遗战“疫”云课堂——手工体验课,利用线上教育开展面塑、剪纸、草编授课教学3场、1次“疫”卖活动。

(孙美岭)

【**商业地产**】年内,华方公司系统减免中小微企业2—4月份租金2602.23万元,惠及241家中小微企业。推进非首都功能疏解工作,疏解人口117人,完成区国资委疏解人口任务的117%。本地职工置换40人,完成本地职工置换任务的100%。清退7家到期租户,与符合政府业态调整要求的新租户签约。

(孙美岭)

【**企业孵化器**】年内,北京金丰和科技企业孵化器有限责任公司(简称金丰和孵化器)、北京康华伟业孵化器有限责任公司(简称康华伟业孵化器)服务多措并举助力“高精尖”“金科新区”。通过“免、转、缓”等多种形式减少园区企业的租金压力,对接外部资源助力园区企业获得高新资质。金丰和孵化器帮助创业园内的12家科技企业首获高新资质,为38家高新技术企业获得政策支持资金264.52万元,帮助15家企业获得银行贷款1.93亿元。康华伟业孵化器帮助13家入孵企业获得中关村高新技术企业资格,为园区12家企业开展投融资对接服务,入孵企业合计融资2.02亿元。

(孙美岭)

【**“非遗”文创平台**】年内,文化项目月坛雅集确定为西城区市民终身学习服务基地。开展非遗技艺体验课程活动2场,体验人数约100余人。北京华方地毯艺术有限公司项目通过国家专利局申请,《一种盘金毯的编织方法》得到国家发明专利授权。配合凤凰卫视拍摄完成《燕京八绝之宫毯》,开展《非遗一夏——经纬线上的织造艺术》等主题直播。

(孙美岭)

【**酒店餐饮**】年内,北京华方餐饮管理有限公司业态发展完成顶层设计。帕米尔食府资源整合,成立华方帕米尔餐饮有限公司和华方鸿兴餐饮有限公司,初步形成依托清真和京味特色两个菜系的连锁化经营的华方餐饮业务发展新格局。华方帕米尔旗下的西单店、常营店、长阳店、朝外店开业,常营店外扩部分同时开业。

(孙美岭)

【**养老项目**】年内,北京华方养老投资有限公司实现混合所有制改革目标。完成商委备案和《交割确认函》签署,8550万元增资款到账。

(孙美岭)

【**养老服务**】年内,华方养老公司双方股东携手助力“养老机构全封闭式防控”。邀请医疗专家通过网上视频方式对为老服务人员进行心理辅导,开展疫情防控一线督导和慰问。

(孙美岭)

【**品牌医药**】年内,北京金象复星医药股份有限公司做好新冠肺炎疫情防控物资供应,推进药品批发业务、药品零售业务、拓展饮片批发与医疗机构合作业务。加强与上游生产企业紧密结合,拓展新的品种配送权，开展互联网药品营销。公司实现利润总额1352万元，完成预算的101%；净利润1003万元，完成预算的100%。

（孙美岭）

【金融投资】年内，国有资本经营预算申报成功非遗文化保护传承项目等2个项目，总金额514万元。证券投资实现收益1382.84万元，剔除出售北京银行原始股获利，投资收益率为46.15%。

（孙美岭）

【社会责任】年内，华方公司采取“以购代捐”“以买代帮”方式助力扶贫，所属各企业均按照全年节日慰问金额不低于30%的比例制定采购计划和发放扶贫产品，全系统共消费扶贫34.41万元，惠及贫困人口4000余人。华方机关党支部与内蒙古喀喇沁旗结对帮扶开展“心系扶贫 携手同行”活动，捐赠棉被200套，慰问贫困户10户。解决历史遗留问题32次37人次，为破产企业美术厂退休职工93人办理供暖费报销。

（孙美岭）

【接诉即办】年内，华方公司落实《12345市民服务热线受理工作实施方案》，受理案件21件。无挂账案件。响应率、满意率、解决率均为100%。

（孙美岭）

北京市金正资产投资经营公司

【概况】北京市金正资产投资经营公司（简称金正公司）是国有独资企业，作为国有资本出资人的市场化代表，以法人股东的身份进行国有资本产权运作，并对中小企业及个体工商户提供融资担保、小额贷款、投资管理等金融服务。金正公司下设4家子公司。金正公司注册资金10.8亿元，投资企业18家。经西城区国资委认定，北京菜市口百货股份有限公司、北京张一元茶叶有限责任公司为金正公司重要子企业。年内，金正公司及重要子企业合并资产总额93.51亿元（其中金正公司资产总额24.81亿元），净资产27.23亿元。

地址：西城区西砖胡同2号院7号楼

电话：83517708

（李　靖）

【股权投资】年内，金正公司投资设立北京聚宝源饮食文化科技有限公司，为国有控股企业。主要经营餐饮服务、零售食品、销售清真食品。

（李　靖）

【出租房管理】年内，在疏解与本地化用工任务中，金正公司及重要子企业对出租房清理类完成疏解人口103人次。本地化用工人口61人次。

（李　靖）

【提供融资担保】年内，北京金正光彩融资担保有限公司贷款担保余额33719万元。其中在防控新冠肺炎疫情惠企政策的促进下，北京金正光彩融资担保有限公司完成在西城区业务量翻番的目标，实现区内新增担保额度13530万元，户数34户。

（李　靖）

【提供小额贷款】年内，北京金正融通小额贷款有限公司受新冠肺炎疫情影响，逾期项目增多。在部分贷款客户经营困难等多种不利因素下，发放贷款11笔金额2630万元，有效缓解小微企业经营困难和流动资金缺乏情况。

（李　靖）

【提供投资服务】年内，北京金正融兴资产管理有限公司在投项目11个，涉及8家企业，投资额1.48亿元，涵盖绿色农业、新能源、健康医疗、餐饮、交通运输、互联网科技等多个行业。

（李　靖）

北京金座投资管理有限公司

【概况】北京金座投资管理有限公司（简称金座公司）是2005年4月通过资产重组整体改制为由职工持股机构和自然人出资组成的有限责任公司。金座公司设立规范完善的法人治理结构，内设经理办公室、物业开发部、财务审计部、人力资源部、党群工作部5个部室。公司所属企业有：志同达劳务服务有限公司、大栅栏自行车有限责任公司、北京奥霓裳制衣有限公司、北京金桥贸易有限公司4家子公司和劳务服务分公司；公司控股、参股企业8家。年内，面对新冠肺炎疫情防控公司上下同心协力，制定和采取严控疫情尽早复工、合理利用减免政策、狠抓经营风险防控等有效措施，各项经济效益指标取得较好业绩。公司及所属全资企业实现主营收入8093万元，同比减少20.8%，实现利润5108万元，同比减少30.6%，上缴税金3431万元，同比增加63.4%。

地址：西城区南横西街27号

电话：63522526

（王继红）

【**瑞蚨祥落户城市副中心**】10月20日，北京瑞蚨祥绸布店参加由通州区商务局与北京老字号协会共同举办的“老字号企业走进城市副中心”活动。瑞蚨祥推动老字号产业项目在北京市城市副中心落地。

（王继红）

【**内联升手工技艺亮相进博会**】11月4日，内联升参加第三届中国国际进口博览会，携传统手工千层底布鞋制作技艺亮相进博会，展示企业传承“京”典文化。

（王继红）

【**扩大资本经营规模**】年内，金座公司所属金桥公司棚改拆迁补偿全部到账，有效弥补公司物业经营因疫情形成的部分收益损失。公司利用部分闲置资金，采取委托专业机构运作方式，选择风险相对较小，收益相对稳定的基金项目，扩大资本运作规模，获得较好收益。

（王继红）

北京市金工投资管理公司

【**概况**】北京市金工投资管理公司（简称金工公司）是1999年（原宣武区）为接收市属划转企业而成立的一家全民所有制性质的管理公司。主要职能是：依据国家及市、区各项政策、规定，加强划转企业的管理，防止国有、集体资产流失；依法保障职工合法权益，化解企业内部各种矛盾，保障内部安全维稳局面；承担15名离休老干部和3232名退休职工的管理职能；管好用好现有物业资源，提高资源的使用值和效益值；负责非公改制企业的党群组织管理。设综合办公室、劳动人事退管服务中心、财务部、物业经营部。主要经营项目：资本经营及房屋出租。

地址：西城区白广路二条甲8号

电话：63582366

（杨丽丹）

【**新冠肺炎疫情防控**】1月31日，金工公司召开电视电话会议，研究应对新冠肺炎疫情防控紧急预案，2月6日起，将半步桥街14号租户7天连锁酒店（建筑面积2288.5平方米）用于回民医院医务人员轮岗休息使用，协调7天连锁酒店做好各项保障工作。疫情后期组织复工复产，保障生产正常运营。创建“平安国企”在重大节日、重大活动期间加强防恐演练、安全培训、应急值守，确保安全无事故。

（杨丽丹）

【**发放首批不动产登记证**】10月30日，西城区房屋管理中心、金工公司负责人向首批广安门北街20号楼居民发放房屋产权证。对行动不便的购房人，将房屋产权证送到家中。

（杨丽丹）

【**接诉即办**】年内，金工公司接待12345市民服务热线派件11件，实现响应率100%、办结率及满意率100%。

（杨丽丹）

【**离退休职工管理**】年内，金工公司接待企业退休职工1718人，报销供暖费近252万元。推行公司“金工人事退管”和“金工北塑退管”微信公众号，截至年底注册人数1681余人。

（杨丽丹）

【**自管小区物业管理社会化**】年内，以提高服务质量水平和降本增效为目标，金工公司委托专业物业管理公司对马公庄小区进行管理，实现物业管理社会化。管理内容包括：区域物业日常管理服务、突发事件紧急处置和区域内治安管理。

（杨丽丹）

北京金源投资管理有限公司

【**概况**】北京金源投资管理有限公司（简称金源公司）是国有法人参股的有限责任公司。内设物产事业部、超市事业部、茶叶事业部、物业部、财会核算中心、出纳结算中心、电商咨询部、人力资源部、办公室，下辖北京金源千业超市有限公司、北京牛街清真食品超市有限公司、北京正兴德茶叶有限公司、北京永安茶叶有限公司，拥有直营门店18个。主要从事商业超市及茶叶、服务业经营；控股企业1家——北京金诚信恒再生资源利用有限公司，回收站点37个，主要从事再生资源利用与回收；参股企业1家——北京国金酒店管理有限公司，主要从事酒店经营。年内，金源公司面对新冠肺炎疫情带来的影响，落实“细抓经营、深抓管理、狠抓安全、严抓落实”的工作要求，以创新、巩固、提升、增强为工作主线，继续拓展“三条主线+”的经营模式，不断夯实“两个做强”目标，以提高增收创效能力，提高综合管理能力，提高持续发展能力为工作导向，统筹推进疫情防控、经营管理各项工作，完成各项指标任务。

地址：西城区广安门南街60号

电话：63541432

（张寿清）

【新冠肺炎疫情防控】年内，做好新冠肺炎疫情期间防控和供应工作，制定紧急预案，增加人力、运力，加大生活必需品和日用品库存，确保群众需要。坚持每天对营业办公场所、重点部位、工具用具、运输器械等进行消毒，确保购物环境安全。

（张寿清）

【正兴德新茶上市】4月3至6日，正兴德茶叶公司以“品明前香茗　享欢乐生活”为主题开展新绿茶上市推广活动，多种优惠让利酬宾吸引顾客，4天销售10万元。4月15日正兴德茶叶公司通过ISO9001质量体系审核验收。

（张寿清）

【开斋节活动】5月24日，牛街清真食品超市、正兴德茶庄与回族群众同贺开斋节，金源公司提前制定限流措施，做好疫情防控工作，保障员工和顾客的安全。牛街清真超市开展为期9天的牛羊肉类、酱菜、凉拌菜、糕点等商品促销活动。正兴德5月20至24日开展买茶送礼品、买茶送茶促销活动。开斋节前夕公司开展“恭贺开斋奉献爱心”捐赠活动，为牛街敬老院和回民中学、回民小学学生送去慰问品和助学金。

（张寿清）

【线上销售】“双11”购物节牛街正兴德天猫店、京东、拼多多3店联合开展线上营销，总销售额同比增长137.85%；总订单数近万，同比增长122%。

（张寿清）

【领导考察】年内，副区长聂杰英带队到牛街清真食品超市检查疫情防控工作和商品供应情况。3月12日，区委副书记张立新到牛街清真食品超市调研复工复产与疫情防控情况。4月30日，区长孙硕带队到牛街清真食品超市检查疫情防控与市场供应情况。10月1日，区长孙硕、副区长聂杰英检查牛街清真食品超市节日期间疫情防控工作和商品供应情况。

（张寿清）

北京翔达投资管理有限公司

【概况】北京翔达投资管理有限公司（简称翔达公司）是国有法人参股的有限责任公司。注册资本5000万元，经营范围涉及餐饮业、饭店业、洗浴业、美容美发业、摄影业、旅游文化业、物业管理业等多种经营业态，经营网点52处，建筑面积约8.3万平方米。翔达公司设立股东会、董事会、执行层、监事会规范的法人治理结构和党、团、工会、清真餐饮事业部，内设党委办公室、综合办公室、工会办公室、市场拓展部、运营部、集采部、企划部、人力资源部、财务部、法务部、审计监察部（八部三室）。拥有晋阳饭庄（虎坊桥店、白广路店、马西路店）、吐鲁番餐厅、美味斋饭庄、致美斋饭庄、清华池、清华池诊所、首都照相馆、清华池会所、白鹭美发店、恒兆分公司12个分公司制企业；翔达商务酒店、中兴世纪物业公司、翔达国旅公司、晋雅信达文化公司、翔达安康商贸公司5家全资子公司；翔达南来顺饭庄、翔达至膳餐饮文化公司2家控股子公司及翔达信诚物业公司1家代管企业。年内，翔达公司围绕新冠肺炎疫情防控稳步推进企业复工达产。截至年底，账面资产总额约4.9亿元。

地址：西城区广安门内大街167号

电话：63521731

（刘　楠）

【支持社区疫情防控】1月28至30日，翔达南来顺饭庄向白纸坊街道右内西街社区提供免费配送用餐服务，累计送餐80余份。

截至3月，吐鲁番餐厅累计为社区一线志愿者送餐2000余人次，社区线上点餐50余单；翔达商务酒店为区内8个社区，提供营养午餐超过2200份。

（刘　楠）

【名厨联线广播电台】2月，翔达南来顺饭庄首席厨师冯德瑞作客中国国际广播电台，通过话筒与听众互动，从饮食方面告知听众新冠肺炎疫情防控期间如何增强免疫力。2月14日，翔达南来顺饭庄厨师长尹一鸣，受邀联线北京交通广播，介绍翔达南来顺饭庄在新冠肺炎疫情防控期间提供菜品的安全举措。

（刘　楠）

【新闻媒体宣传】新冠肺炎疫情发生初期，翔达公司策划疫情防控专题，翔达南来顺饭庄、致美斋饭庄等门店通过中国国际广播电台、北京交通广播等媒体宣传老字号应对策略。2月22日，北京日报客户端首发晋阳饭庄、翔达南来顺饭庄、吐鲁番餐厅、致美斋饭庄等西城品质老店“员工定制餐”的新闻，人民网、北京晚报、北京青年报等媒体相继从不同角度进行报道。2月25日，北京电视台早间新闻栏目，两次视频连线直播翔达南来顺饭庄早餐和外卖配送情况，播报致美斋饭庄、吐鲁番餐厅等翔达旗下餐饮品牌，北京青年报、财经时报、和讯网、西城报等媒体跟进宣传，京外媒体东方网、天天快报进行转发。北京西城微信公众号，头条新闻报道翔达餐饮品质门店经营情况。8月28日，翔达南来顺饭庄在口碑、饿了么、淘宝进行“健康饮食　吃出好滋味”主题直播。

（刘　楠）

【区领导检查清华池复工情况】4月11日，清华池复工第二天，区委副书记、区长孙硕一行以“四不两直”的方式全面检查清华池复工复产工作。孙硕来到修脚服务工作室，查看员工个人防护情况和顾客规范服务流程，对“一人一室”单人诊疗的措施给予肯定，对复工后的疫情防控工作提出要求。

（刘　楠）

【翔达2020线上美食节】7月21日，翔达公司开展“翔达2020线上美食节”活动。旗下6家餐饮企业参加，在美团平台上开通“全城送”外卖业务，推出各类特色优惠活动。与今日头条共同发起#探寻儿时味道——城南烟火味#话题，联动本地美食界KOL，通过线上话题+线下达人餐厅品鉴、直播、平台多体裁内容发布等方式，实现品牌曝光，带动线下消费转化。

（刘　楠）

【参加网络直播大赛】11月，翔达公司旗下清华池、晋阳饭庄、致美斋饭庄、翔达商务酒店淮扬餐厅参与北京市政府主办、北京市商务局承办的“北京消费季之京彩网络直播大赛”，老字号赛组的清华池、餐饮赛组的晋阳饭庄（虎坊桥店）通过初赛，进入半决赛。

（刘　楠）

【清真餐饮事业部成立】12月8日，翔达公司成立清真餐饮事业部，进一步优化清真餐饮板块，推动公司旗下清真餐饮品牌持续健康发展，深入研究和挖掘清真饮食文化，突出民族餐饮特色、保护和传承少数民族风味。

（刘　楠）

【纪晓岚故居改造升级】年内，翔达公司对纪晓岚故居的展馆陈列和基础设施进行改造。在内容方面进行重新梳理，文化空间及氛围营造突出纪晓岚展室、刘少白展室、富连成科班展室的布展与陈列，对庭院进行改造。重新定位、调整，将历史空间与文化结合，着重打造“纪府书房”，在一、二层创建可供市民阅读和活动的空间。纪晓岚故居室内累积8000余册经典图书，藏书有北京城历史人文风貌类、明清帝都皇家历史类、中国文化界名家名著系列、中国艺术作品类。改造升级后的纪晓岚故居获市委宣传部颁发“北京市最美书店”，市委宣传部、市纪委监委联合颁发“北京市廉政教育基地”，西城区文化和旅游局颁发“西城区特色阅读空间”称号。

（刘　楠）

【商标注册】年内，翔达公司加大商标保护力度，公司的主商标“翔达”在第32类、第43类使用商品及服务项目上注册成功，“翔达致美斋”在主营业务领域第43类餐饮上获批准予注册，依托纪晓岚故居的“纪府”商标维权成功，致美斋饭庄和首都照相馆老字号称号初审资格通过。

（刘　楠）

北京华天饮食集团公司

【概况】北京华天饮食集团公司（简称华天集团）是以餐饮为主营业态的大型餐饮投资集团，兼营食品加工、珠宝市场、百货超市、物业管理、副食零售等其他业态，旗下老字号云集，拥有老字号品牌23个，其中中华老字号20个、北京老字号23个。拥有非遗项目主体12个，其中鸿宾楼全羊席制作技艺、烤肉季和烤肉宛的北京烤肉制作技艺、天福号酱肉技艺入选国家级非遗名录。主要含鸿宾楼、烤肉季、烤肉宛、砂锅居、峨嵋酒家、同和居、同春园、西安饭庄、又一顺、曲园酒楼、西来顺、玉华台、大地西餐厅、延吉餐厅、庆丰包子铺、护国寺小吃等餐饮品牌和天福号、桂香村、元长厚等其他著名食品品牌。餐饮主营京、湘、鲁、苏、豫、川、清真等不同菜系，涵盖中式正餐、快餐、小吃、西餐等不同菜系。华天集团连续多年进入全国餐饮百强，先后获全国五一劳动奖状、全国商业信用企业、中宣部商务部授予的“诚信立商　质量兴商”企业、中国食品安全百家诚信示范单位、北京最具影响力十大企业等。年内，华天集团系统（含重要子公司）直营企业实现收入17.7亿元，实现利润1.75亿元。其中重要子公司聚德华天公司实现收入39776万元，实现利润4417万元；重要子公司万方有限公司实现收入65926万元，实现利润8595.3万元。

地址：西城区二七剧场路乙6-2号

电话：68059875

（李娅然）

【新冠肺炎疫情防控】年内，华天集团整理形成新冠肺炎疫情防控工作10大关键控制点，由初期的113项疫情防控工作细则，逐步调整为常态化的60项三级应急响应下防控工作细则。落实全员核酸检测、佩戴口罩、测量体温、消毒通风，健康宝、一米线、控制就餐人数、扫码点餐结账、分餐制（使用公勺、公筷）、堂食预约制等防护措施。直属56家门店获西城区复工复产疫情防控示范店称号。承诺“不关店、不断货、不涨价”，服务市民饮食生活保障门店城市营业。落实“六稳”（稳就业、稳金融、稳外贸、稳外资、稳投资、稳预期工作）“六保”（保居民就业、保基本民生、保市场主体、保粮食能源安全、保产业链供应链稳定、保基层运转）任务，6月份提出“锁价保供”承诺。

（李娅然）

【改制工作】年内，按照区国资委部署，华天集团公司制改制工作稳步推进，重新修订改制章程中监事会人员结构，推进工商变更登记前的准备工作。制定集团公司5年战略发展规划。编制年度投资计划，制定《投资管理暂行办法》，规范投资项目运作流程，加强投后管理。

（李娅然）

【业务拓展】年内，华天集团旗下子公司二友居新开3家连锁店，外埠店落户河北秦皇岛。旗下子公司同和居朝阳区棕榈泉店、银泰店相继开业。旗下代管公司香妃烤鸡在丰台区凯德茂大峡谷店开业。餐饮新零售业务取得新进展，电商两期产品华天粽子、华天月饼通过线上线下方式全部售罄。推广发行“华天悦享卡”销售239万元。同兴成拓展集配业务，营业收入同比增长51%。针对疫情期间消费特点，集团公司开展针对性宣传，策划完成华天最新IP卡通形象设计，制作一系列文化衍生品。参加市、区商务部门、行业协会发起的防疫保供网上行、吾爱老字号，惠享云消费、北京消费季等多种线上线下消费促进活动。加大半成品研发力度，做好外摆经营，推出远程预点餐、网上直播、老字号直播带货、群接龙团购等。发布、传播6万余条品牌宣传，围绕时令节日活动菜品、研发半成品菜。直营企业实现外卖销售4991万元，同比增长15.3%，占比达到16.2%。

（李娅然）

【线上商城开通】疫情防控期间，华天集团利用微信公众号开通会员商城，各品牌电子兑换券上线商城，符合开通条件的42家直属门店正式上线自营外卖系统。企业门店实现线上扫码点餐、线上预定桌台、到店小程序无接触签到、预约到店自提等功能，保障顾客健康安全。通过大数据营销系统，实现经营数据项目快速设定和智能收集。完成直营门店“多码合一”工作，消费全程一码解决。“无人款台”试点工作启动。

（李娅然）

【食品安全信息化建设】年内，华天集团严防食品安全风险，推进食品安全信息化建设。更新完善内部食品安全管控体系，完成食品安全管理体系文件汇编、食品安全管理手册、原材料采购管理手册、危害控制计划等4套企业食品安全管控工具书。疫情期间外摆外卖销售，安排专项食品安全抽样检测。引进基于人工智能和大数据技术的餐饮食品安全智慧化解决方案，建立监控系统，实现鼠患、人员着装及操作规范、冷藏设备设施温度等监控及报警，实现“以智维安”目标。制定《华天集团垃圾分类实施方案》，落实《北京市生活垃圾管理条例》试点，推广厨余垃圾减量处理设备。

（李娅然）

【人力资源建设】年内，组织华天集团、直属企业、餐饮门店三级培训3万人次。线上线下相结合传承老字号集体技艺有6家直属企业采用集体技艺传承新型学徒模式，庆丰拜师收徒仪式完成。推进退休人员社会化管理。继续与邓州市职业技术学校校企合作，一线技能人才培养基地建设，实训室建设通过验收，编制完成冠名班教学方案，派出第一批讲师队伍。华天集团取得北京市企业职业技能鉴定平台资格认定。组织参加年度全国餐饮业品质提升烹饪大赛，同春园蒲永志获银奖。申报华天凯丰公司狄崇坤获中华金厨奖、同和居于晓波获“老字号工匠”称号。

（李娅然）

【经营性房屋管理】年内，在所属出租房屋基本清理饱和的情况下，华天集团提出商业网点业态转型新方式新办法，9月清理出租房19处，疏解310人次。对接第三方技术团队，推动企业经营性房屋资产管理平台信息化系统上线运营，逐步梳理企业所属产权房屋资产，实现经营性房产资源管理的数字化管理。

（李娅然）

【企业形象建设】年内，推出“守望相助共携手　温暖陪伴有华天”主题志愿服务系列活动，为一线医护人员和执勤干部职工配送餐饮。成立华天集团志愿服务团队，开展“守护社区有华天”社区治理类志愿服务、“传递能量有华天”宣传引导类志愿服务、“暖心行动有华天”走访慰问类志愿服务、“希望同行有华天”扶弱济困类志愿服务、“守卫清洁有华天”环保公益类志愿服务、“邻里守望有华天”敬老助老类志愿服务、“心意相传有华天”文化文艺类志愿服务等7个特色青年志愿服务品牌系列活动159次，参与职工2416人次。华天集团青年志愿服务队，被共青团中央、中国青年志愿者协会联合授予“抗击新冠肺炎疫情青年志愿服务先进集体”。参与国家的脱贫攻坚事业和乡村振兴战略的实施，组织推进消费扶贫工作。赴河北省保定市参与助力京保扶贫协作的扶贫产品推介会及调研洽商，采购阜平等贫困地区农产品近100万元。为阜平县大台乡老路渠村购买家庭基础医疗用品，定点捐赠电子血压计160台。众筹资金6万元认养河北省张北县藜麦农产品。落实西城区对口帮扶工作，与内蒙古喀喇沁旗王爷府镇兴隆村、哈啦海沟村结对帮扶，新投入资金1.8万元用于兴隆村打井项目地基整修加固。为哈啦海沟村扶贫爱心超市捐赠2.2万元专项发展基金。走访慰问两村20户因病因学致贫的建档立卡贫困户家庭，发放慰问金4万元。与两村党支部开展共建工作交流，慰问两村部分贫困党员。庆丰公司自云南扶贫地区采购价值248万元的香菇、冬笋。

（李娅然）

北京金象复星医药股份有限公司

【概况】北京金象复星医药股份有限公司（简称金象复星公司），注册资金1.2亿元。拥有医药批发、中药饮片调剂代煎配送、零售连锁药店、中医诊所、医药第三方物流等业务板块。年内，金象复星公司被区政府确定为新冠肺炎疫情防控物资储备单位，筹措资金7000多万元建立口罩、手套、鞋套、防护眼镜、体温计、消毒液等59个大类303个品规防护用品物资储备库，进出库商品1000万件。为15个街道、

95家机关企事业单位、600家便民网点投放防疫物资商品，发车1000车次行程20万公里。金象复星公司党委获北京市先进基层党组织、北京市抗击新冠肺炎疫情先进集体，获得区商务局拨付防疫保障特殊贡献奖励150万元。实现销售收入15.3亿元、净利润1000万元。

地址：西城区阜成门内大街295号

电话：66160159

（崔国荣）

【领导调研】 1月27日，市委副书记、市长陈吉宁一行，以“四不两直”方式来到真武庙金象大药房视察新冠肺炎疫情防控商品供应情况，通过药店信息系统查看药品库存储备量，询问和了解防控商品供给、储备、价格和销售等情况。2月12日，副市长王红一行到白塔寺药店视察防控新冠肺炎疫情及防疫物资销售工作，检查感冒退热咳嗽类药品、口罩、酒精等防疫物资供应、市民购买及台账登记情况。3月2日，区委书记卢映川一行到白塔寺药店检查新冠肺炎疫情防控及服务保障工作，了解口罩、酒精、84消毒液等防控用品供应、发烧感冒咳嗽类药品销售登记及员工防护用品配备等情况，查看预防新冠肺炎商品专区各类消毒剂及防护用品码放和销售情况。

（崔国荣）

【防疫物资捐赠】 2月21日，复星公益基金会携金象复星公司向西城区政府捐赠N95口罩3000只、防护服1000件、护目镜1000副。

（崔国荣）

【药监局检查】 4月21日，金象复星公司通过区市场监督管理局药品监督管理科、药械流通监督管理科特药和医疗器械经营联合检查。

（崔国荣）

【入围药店百强】 5月，白塔寺药店入围中国药店单店单榜100强第27名和中国药店价值榜（潜力100强）第97名。

（崔国荣）

【社会保险费】 截至6月，金象复星公司享受国家阶段性减免4项社会保险费248万余元。

（崔国荣）

【获和谐劳动关系星级单位】 10月，中药材分公司获区人社局等部门联合评选的西城区和谐劳动关系星级单位。

（崔国荣）

【系统升级】 11月，完成金蝶财务系统升级工作，升级后增强数据的稳定性及网络安全性。11月，ERP信息系统更新升级投入运营。新ERP系统具有完整的商品进销存管理功能，符合药监局对药品和医疗器械GSP的各项要求，提供移动端数据查询，满足两票制系统要求，支持与电商、供货商、客户、阳光采购平台、药监部门、金税、财务等系统对接。

（崔国荣）

北京金泰集团有限公司西城分公司

【概况】 北京金泰集团有限公司西城分公司（简称金泰西城分公司），隶属于北京能源投资（集团）有限公司二级平台公司京煤集团。金泰西城分公司作为京煤集团权属不动产经营的重要骨干企业，现有下属单位10家，资产总额38.57亿元。年内，实现收入总额3.49亿元，利润总额1.84亿元。主营业态为持有性物业经营，可经营性项目约130个，面积20万平方米，辐射范围为首都功能核心区32个街道。公司内设8个职能部室：党委办公室（综合办公室）、党群工作部、运营管理部、财务管理部、人力资源部、安全环保部、基本建设部、法务内控部。7月，成立鸿基大厦项目部、庭院式办公项目部。金泰西城分公司立足于两级集团战略与自身资产特色，规划发展模式和价值提升路径，主动聚焦“高端商务服务”和商业开发运营，以京煤集团“能+”品牌为依托，初步形成以“能+庭院”“能+空间”和“特色楼宇”3条高端商务服务产品线为主的发展格局。

地址：西城区半步桥街48号

电话：63548097

（张　鹏）

【全国短视频大赛获奖】 年初，工人日报社首届“最班组”全国短视频大赛揭晓，北京金泰颐寿轩敬老院前门分院《最温暖的班组》获优秀奖。

（张　鹏）

【志愿服务活动】 1月1日，北京金泰颐寿轩敬老院善果寺分院邀请爱相依志愿服务团队，为老人们带来“2020新起点 爱相依相守相伴”为主题的元旦联欢会，20名志愿者参加。同日，北京市第十五中学的40余名师生受邀到金泰颐寿轩敬老院孔雀分院慰问演出，为老人赠送护膝、手套等物资。

（张 鹏）

【公司合并重组】 4月21日，北京金泰集团有限公司东城分公司与北京金泰集团有限公司西城分公司合并重组，名称为北京金泰集团有限公司西城分公司。

（张 鹏）

【业务版块剥离】 4月，北京金泰颐寿轩敬老院、北京丰台区金泰福寿老年公寓从北京金泰集团有限公司西城分公司中划分出去，由北京京能颐寿养老服务有限公司负责管理和运营。7月2日，金泰西城分公司下属托管单位北京金泰之家通华苑饭店有限公司、北京金泰通华商贸有限责任公司盛达园饭店从金泰西城分公司划出，归属到北京金泰恒业国际旅游有限公司管理。

（张 鹏）

【新店开张】 4月24日，稻香村晨风园店开业，成为继花市店、法华寺店之后的第三家稻香村门店，年内实现经营收入3472万元。稻香村晨风园店增加线上外卖服务，在饿了么平台上线散装糕点、糕点礼盒、预包装小食、袋装熟食等产品。新冠肺炎疫情防控期间，线上渠道作为门店销售补充，有效提升销售业绩。

（张 鹏）

【特色楼宇座谈会】 5月8日，金泰西城分公司组织召开特色楼宇座谈会。东城区发改委、东城区财政局、东直门街道办事处等相关领导受邀出席，就楼宇改造升级、招商等问题“把脉开方”。

（张 鹏）

【打造高端商务服务产品线】 7月，金泰西城分公司明确不动产经营发展思路，打造深挖资产创效能力、打造“能+庭院 能+空间特色楼宇”3条高端商务服务产品线，实现资产品质和创效能力双提升。

（张 鹏）

【构建营销新模式】 11月，稻香村公司坚持“走出去”战略，多次前往金泰之家北京站店调研市场需求，就整合资源、构建稻香村营销新模式、增至酒店服务达成一致意见。

（张 鹏）

【吸收合并】 12月，按照京煤集团要求，北京金质生活商贸有限责任公司、北京天宁寺驻青园农副产品市场有限责任公司由北京金泰西城分公司负责托管。

（张 鹏）

【新冠肺炎疫情防控】 金泰西城分公司落实新冠肺炎疫情防控工作要求，抓复工复产，针对菜市场、超市等人员密集场所疫情防控工作进行周密部署，细化到具体责任人。加强重点区域、重点人员排查力度，确保生产经营稳定。为租户减免租金3689万元。

（张 鹏）

【制度建设】 年内，落实京煤集团三级架构管控体系要求，对现行规章制度、业务流程和岗位分工进行梳理、完善和补充，形成汇编3册，分为9大类260项，其中管理制度和业务流程197个，岗位分工和岗位职责63个，形成制度、管理、运行、考核四方联动机制。

（张 鹏）

北京首商集团股份有限公司

【概况】 北京首商集团股份有限公司（简称首商股份），是一家以百货零售、连锁经营为主的大型商业企业集团，拥有燕莎友谊商城、燕莎奥特莱斯、西单商场、贵友大厦、新燕莎商业、友谊商店、法雅体育等一批享有知名度的企业和驰名品牌，涉足都市百货、奥特莱斯、购物中心和专营专卖等多个业态，主营门店遍布北京、天津及成都、兰州、乌鲁木齐等多座大中城市，股票代码600723。年内，首商股份坚决落实市委市政府、市国资委和首旅集团各项决策部署和工作要求，统筹做好新冠肺炎疫情防控和经营稳定各项工作，经营工作稳步恢复，实现营业收入31.43亿元，利润-0.34亿元。西单商场是首商股份旗下重要品牌企业，总经营面积12万平方米，汇集6家门店，涵盖百货、超市、名品折扣等多种业态，形成立足北京、辐射全国的发展格局，先后5次获“北京十大商业品牌”称号。西单商场实现销售规模20亿元。

地址：西城区北三环中路23号
电话：82270200

（吴　江）

【西单商场各类促销】1月1至31日，西单商场组织所属门店开展“国潮时尚　鼠兆丰年——西单商场伴我成长之喜迎春节”统一营销季活动，实现销售16298万元。春节重点活动期间实现销售6022万元，同比增长85.6%。3月27日至5月24日，西单商场组织所属6家门店开展“万物复苏　西单结伴行”统一营销季活动，实现销售14214万元。5月1至5日重点活动阶段实现销售2394万元，销售恢复至上年同期水平69%。6月12日至8月31日，西单商场组织所属6家门店开展“燥物中国节”统一营销季活动，实现销售19616万元。6月18至27日年中庆实现销售2487万元，销售恢复至上年同期水平59%。9月25日至12月31日，西单商场组织所属6家门店开展“吉象伴你要国潮”统一营销季活动，实现销售41522万元。10月1至8日，实现销售4695万元，销售恢复至上年同期水平99%。11月7至11日双十一期间，实现销售2506万元，销售恢复至上年同期水平71%。12月5至13日“西单商场90周年店庆”期间，实现销售5799万元，交易笔数9.79万次。

（薄俊卿）

【西单店获荣誉称号】5月29日，西单商场西单店获北京市2019年度诚信服务承诺先进单位称号，西单店连续3年获此称号。7月，西单店获首都精神文明建设委员会、北京市城市管理委员会颁发的“首都文明商户”称号。

（薄俊卿）

【参加中国服贸会直播】9月6日，西单商场参加2020年中国国际服务贸易交易会全球服务贸易峰会直播活动，以“西单商场云逛街”为主题，通过有赞爱逛直播平台，进行西单店、兰州店连麦直播，实现在线观看22163人次、订单成交量986笔、成交额3.67万元。

（薄俊卿）

【领导调研】2月10日，区长孙硕到西单商场万方店检查疫情防控工作及民需商品供应情况，对防疫工作做出指示。5月1日，副区长聂杰英到西单店检查指导安全生产、疫情防控及复商复市等工作。6月21日，区委书记卢映川到万方店检查疫情防控工作和民生商品供应情况，结合疫情防控形势提出要求。7月18日，副区长李异带领区商务局、区城管执法局、区市场监督管理局工作人员到万方店检查疫情防控工作，对万方店在疫情期间采取的防控和保障供应工作给予肯定，提出后续防疫工作要求。10月1日，市委常委、副市长殷勇带队到西单商场检查安全生产和常态化疫情防控工作。对进一步做好防疫、安全和经营工作提出要求。11月30日，副区长李异到西单店视察无障碍设施建设工作。

（薄俊卿）

【助力扶贫攻坚】年内，西单商场制定《西单商场2020年帮扶（扶贫）攻坚工作计划》，围绕产业扶贫、消费扶贫、就业扶贫和参与公益扶贫四个方面，落实“党建+消费扶贫”新模式，在新疆乌鲁木齐市投资开设新疆西单商场，吸纳当地就业人员645人。落实受援地区扶贫产品销售“百店专柜”专项行动，布设消费扶贫智能专柜，万方店引进江西扶贫项目“莲爽”系列饮品，实现销售1.3万元。西单商场采取多种形式开展扶贫专题活动，组织员工办理消费扶贫卡参与消费扶贫，累计消费额32.6万元。西单商场食堂采购扶贫产品累计25万元，为新疆和田中小学生捐书413本，扩大就业扶贫雇佣贫困地区两保人员10人。

（薄俊卿）

【新冠肺炎疫情防控】在新冠肺炎疫情防控期间，西单商场保证供应，努力恢复市场信心推动经营调整，在京门店全部坚持营业，确保企业经营稳定有序进行。加强重点场所、部位的疫情防控力量，全面及时掌握企业职工及劳务派遣用工人员健康情况、离京返京情况和疫情防控情况。做好公共区域、公共设施、空调系统、新风系统的消杀，确保企业安全和员工、顾客的健康，2700余名企业职工及劳务派遣用工人员零感染。西单店疫情期间接受各级领导检查60余次。万方店面对疫情初期物资紧缺、市场恐慌的情况，坚持开门营业，全力组织货源稳定价格，保证商品品质，保障民生供应。西单商场通过多种线上方式组织捐款62032元助力疫情防控。落实各项优惠补贴政策和供应商减免工作，按照“实事求是、应申尽申”的原则，及时组织申报政策补贴，参与北京消费券和西城消费券活动，西单店累计核销北京消费券166.37万笔、带动销售4029万元。

（薄俊卿）

王府井集团北京长安商场有限责任公司

【**概况**】王府井集团北京长安商场有限责任公司（简称长安商场）隶属于王府井集团股份有限公司，经营面积2万余平方米，经营10万余种商品。建店经营30年来，始终坚持“团结、求实、奉献、创新”的企业精神，以“一团火”精神和“中国服务”的思想为引领，不断打造“诚信兴商”的企业文化，秉承“诚信、便捷、亲和、专业”的服务价值观。年内装修调整后，以“人所欲而施于人”的顾客思维角度，以便民利民为宗旨，以提高社区居民的生活质量，满足社区居民综合消费为目标。长安商场定义为：满足周边3公里内，成熟、理性、对生活品质和精神生活有较高追求的人群，以便利、实惠、亲情、智能为驱动，满足目标客群的家庭、商务、亲子、社交、休闲的生活需求，传递温暖、快乐、幸福，打造优品、优价、优服务、优环境的开放式“U生活中心”。

地址：西城区复兴门外大街15号

电话：68010411

（李东莹）

【**超市到家**】8月18日，长安市场“超市到家”正式上线，是王府井集团系统内首个未借助第三方运营公司，自主运营的到家服务项目。

（李东莹）

【**新冠肺炎疫情防控**】年内，新冠肺炎疫情防控期间，长安商场作为西城区物资保障单位，在做好防控的同时保障商品供应，保证超市日常民需用品和防疫商品供应不断货、不涨价。为消费者免费提供口罩，协调食字街区商户为周边居民提供餐食，解决周边孤寡老人每日用餐难点问题。严格重点部门、超市、餐饮、保安保洁人员核酸检测、个人防护。

（李东莹）

【**创新工作**】年内，长安商场参加北京市政府携手抖音联合举办的首届北京网络直播大赛“京城好物dou出彩”活动，获百货购物中心赛组特别个人奖。成立线上运营专项小组，搭建线上平台，运营有赞商城，建立商场线上商城“指尖U购”、超市到家、直播等线上运营平台，直播300场15万人观看。新增会员3.5万人、粉丝2万人。

（李东莹）

【**服务社区**】年内，长安商场紧密联系社区，开展敬老爱老健康知识讲座、学生假期社会实践、儿童教育活动。疫情防控期间创建“安豆豆”微信号，组建2个“长安U生活”、长安教育小分队服务群，走进社区为居民提供免费美发服务、办理会员卡。办理建行扶贫卡102张、捐款金额2.02万元。为社区老人送爱心公益餐等。连续2年与北京彩虹桥慈善基金会共同守护困境先心病儿童，为“先心宝贝”捐款、绘制“先心宝贝”贴心包。在周边26个社区、写字楼开展顾客需求问卷。

（李东莹）

【**营销活动**】年内，长安商场开展5期以文化、公益、扶贫为切入点的营销活动。两次携手依文集团，将深山文化及传统手艺带进大都市，为都市消费者打造一个有温度的“深山集市”。两次与全国总工会“中工模范品牌工程”携手，推出“劳模精神　长安中国”“大国工匠货殖坊”活动，将优质劳模产品送到百姓身边。

（李东莹）

北京汉光百货有限责任公司

【**概况**】北京汉光百货有限责任公司（简称汉光百货）于1999年开业，坐落于西单商圈，经营面积4万平方米，汇集400多家国内外知名品牌，经营范围涵盖美妆、男女装、鞋履、童装、珠宝、小家电、家居、文具、玩具、餐饮等，是一座满足一站式购物需求的综合型百货商场。汉光官方微信公众号有粉丝132万人，商场VIP会员160余万人。汉光百货为顾客营造舒适的购物环境，发展创新型“移动购物”。

地址：西城区西单北大街176号

电话：66018899

（张　冉）

【获得荣誉】汉光百货连续18年获北京市税务局颁发的纳税信用A级企业。1月，获得北京市西城区心飞扬青少年志愿服务中心颁发的心飞扬最佳志愿服务伙伴荣誉证书及志愿服务最佳伙伴锦旗。2月，获首都精神文明建设委员会办公室等部门共同颁发的“首都文明商户”称号。7月，在年度西单商业区应急演练大比武中获得团体二等奖。8月，西长安街街道总工会授予汉光百货工会年度西长安街地区“红墙榜”优秀工会。11月，1名员工被西城区防火安全委员会评为先进个人。

（张　冉）

【大厦升级】年内，汉光百货引入全球顶级百货布局理念，对“空间、动线、环境”三大购物体验维度进行升级，营造全新的购物体验。8月，对6层男鞋区进行翻新改造，结合楼层特点，重新规划动线，整合品牌布局。12月，调整地下1层运动区域、6层男装及3层女装中区，打破原有布局，引入热门品牌，释放更宽敞的柜位面积，营造舒适明亮更具体验感的购物环境。重装顾客服务中心，调整服务台、退换货、礼盒包装岗位布局创建新的顾客服务模式。做好新冠肺炎疫情防控，在商场各出入口安装非接触式红外热成像感温系统，保障商场及顾客的安全。

（张　冉）

【品牌引进】年内，汉光百货在日常经营中，提高品牌集合度，注重顾客的购物反馈，根据顾客需求引进热门品牌。引入爱马仕彩妆概念店、Gucci彩妆概念店等国际知名美妆品牌，吸引新老顾客到店体验，更是吸引网络红人到汉光百货探店。

（张　冉）

【自营店铺】年内，汉光百货在原有自营文具店、女装店、家居店以及童鞋店的基础上，继续挖掘稀缺品类、高品质新奇产品。12月，汉光自营玩具店正式亮相，引进国家地理、Smart Games、PlanToys、tokidoki等材料安全、益智健脑的知名玩具品牌。

（张　冉）

【线上线下融合】年内，汉光百货利用信息化手段服务于线下，如专柜内快速结账、电子会员卡、微信购物、抽奖、专柜客服等服务及活动。店内全部专柜均实现手持移动设备开票，顾客不出专柜即可在1分钟内完成开票、结账全流程。在线上多个平台开通官方账号，以最新的“种草”“探店”图文及视频形式，打造官方网红账号。多平台在线运营开拓新零售经营。新冠肺炎疫情防控期间及时搭建线上直播平台，开创多品牌联合直播343场，新添粉丝顾客2.7万人，线上销售实现增长150%。

（张　冉）

【社区共建】年内，汉光百货党支部将党建工作向外延伸，与社区其他商业单位联合举办“学好党史国史　牢记初心使命”主题征文活动。参加西长安街街道“两新”党组织党的十九大精神集中宣讲。团支部与街道团组织联合开展多种形式的团日活动，利用青春北京、青春西城、志愿北京系统完成团员回社区报道。

（张　冉）

【公益服务】年内，汉光百货关注新冠肺炎疫情形势，在商场门口搭建爱心小站，为民警、城管干部、快递小哥、外卖小哥、环卫工人等免费提供饮料、食品、鲜花和各种生活小物资，平均每天送出1000份爱心礼物。向顺义区团委捐赠羽绒服200件。

（张　冉）

北京菜市口百货股份有限公司

【概况】北京菜市口百货股份有限公司（简称菜百公司）是商务部第一批命名的“中华老字号”企业，前身是菜市口百货商场，成立于1956年，企业经过两次改制，现为西城区国资委控股公司，是以经营黄金类饰品、黄金投资产品、金银币章、钻石、珠宝、翡翠，贵金属文化礼品为特色的专业经营公司。公司总店（总部）营业面积8800平方米。设有总店经营部、连锁经营部、党政事务部、财务管理部、人力资源部、安保物业部、市场拓展部、品牌推广部、质量法务部、信息技术部、交易管理部、物流中心、审计部、设计研发部14个部门。有连锁直营分店44家，设有深圳、电商两家子公司。菜百公司是中国珠宝玉石首饰行业协会副会长单位、中国黄金协会副会长单位、中国珠宝玉石首饰品牌集群成员单位、全国首饰标准化技术委员会委员、北京标准化协会会员、全国珠宝玉石标准化技术委员会委员，参与制定、修订黄金珠宝相关的国家、行业标准。是中国金币特许零售商，北京2022年冬奥会和冬残奥会特许商品零售店，拥有上海黄金交易所综合类会员资格。拥有高于国家和行业标准的“菜百首饰”标准，以此为依据向生产厂家下达质量订单。制定菜百首饰33项服务承诺，公司自主品牌“菜百首饰”被评为中国行业最具影响力品牌等称号。菜百公司与世界黄金协会、国际铂金协会、戴比尔斯国际钻石推广中心、国际彩色宝石协会等众多国际推广组织合作，致力于自主创新、文化营销。多年来，坚持培养设计师团队，开发具有市场号召力的自主产品，成为传播首饰文化、引导时尚消费的重要基地。

地址：西城区广安门内大街306号

电话：83520468

（龚　磊）

【学子阳光项目捐赠仪式】 1月7日，菜百公司总店举行“科普护航·公益筑梦——NGTC与菜百共建科普文化、职教实践基地‘百姓身边的宝石博物馆’矿物、虫珀展开幕式暨菜百学子阳光项目捐赠仪式”，捐赠10万元用于“学子阳光”项目家庭经济暂时困难大学生。

（龚　磊）

【以旧换新免工费活动】 6月3至6日，菜百公司开展以旧换新免工费活动。

（龚　磊）

【新品发布会】 6月8日，由颐和园、菜百公司联合举办的“百里挑颐——颐和园&菜百首饰战略合作签署仪式暨珠宝文创新品发布会”在颐和园文昌院召开。

（龚　磊）

【主题演讲】 6月9日，菜百公司总经理王春利以“黄金珠宝首饰市场发展历程”为主题，在世界黄金协会、中国黄金协会、北京黄金经济发展研究中心主办的大国金路研讨会暨《中国黄金：从跟随到超越》线上首发式上作演讲。

（龚　磊）

【牛年“贺岁银条”菜百首发】 9月18日，由中国金币总公司发行、上海金币投资有限公司总经销的2021辛丑（牛）年贺岁银条在菜百公司全国首发。最大发行量为11500公斤，有1000克、500克、200克、100克和50克5种规格，最大发行量依次为1300条、2200条、6000条、4万条和7.8万条，成色均为99.9%。

（龚　磊）

【牛年喜字形金银纪念章菜百首发】 9月27日，由中国金币总公司发行的品2021中国辛丑（牛）年喜字形金银纪念章在菜百公司全国首发。纪念章分别采用99.9%足金和99.9%足银打造而成，形状为喜字形，共计17枚，其中金质纪念章6枚、银质纪念章11枚。

（龚　磊）

【参加会展】 10月7日，菜百公司参加中国秋季婚博会。11月5日，菜百公司参加第三届中国国际上海进口博览会。参展期间，与上海钻石交易所会员单位KGK公司、One Jewelry设计师联盟达成合作协议。11月19日，菜百公司参加中国国际珠宝展。12月26日，菜百公司参加中国冬季婚博会。

（龚　磊）

【菜百黄金珠宝博物馆成立】 11月10日，北京市文物局同意北京菜百黄金珠宝博物馆备案。

（龚　磊）

【参加全国首饰标准审查会】 10月26日，菜百公司参加由全国首饰标准化技术委员会（SAC/TC256）组织的全国首饰标准化技术委员会年会及标准审查会。会上对QB/T1689《贵金属饰品术语》等4项行业标准送审稿通过审查。

（龚　磊）

【牛年“贺岁金条”菜百首发】 11月18日，由中国金币总公司发行、上海金币投资有限公司总经销的2021辛丑（牛）年贺岁金条在菜百公司全国首发，北京独发。本次发行的2021辛丑（牛）年贺岁金条共有1000克、500克、200克、100克、50克和

30克6个规格，成色均为99.99%，最大发行总重量为3000公斤。

（龚　磊）

【与天坛签署战略合作协议】12月21日，菜百公司参加纪念北京天坛建成600周年系列活动新闻发布会并与天坛公园签署战略合作协议。

（龚　磊）

【爱在菜百“五进”活动】年内，菜百公司志愿服务“五进”（社区、企业、学校、机关、农村）活动完成309场次。其中进社区194家、进校园3家、进企业98家、进机关3次、进农村11次，服务6000余人次。

（龚　磊）

【获得奖项】年内，菜百公司获北京市消费者协会颁发的2019年度诚信服务承诺活动先进单位，中国质量检验协会颁发的全国质量诚信标杆企业、全国黄金珠宝行业质量领先品牌、全国质量诚信先进企业、全国质量诚信先进企业，2020首届北京网络直播大赛颁发的2020首届北京网络直播大赛总冠军，中华全国商业信息中心颁发的2020年度全国商业统计信息工作先进单位二等奖，北京市建筑装饰协会颁发的北京市建筑装饰优质工程。

（龚　磊）

北京国华商场有限责任公司

【概况】北京国华商场有限责任公司（简称国华商场），以秉承引领铂金时尚，铸造京城铂金第一家为己任，是北京市著名珠宝首饰专营店之一，营业面积5000平方米。主要经营黄金、铂金、K金、钻石镶嵌、翡翠、玉石、珍珠、珊瑚、银饰和纪念收藏等几十个品类。设经理办公室、人力资源部、业务企划部、财务部、安保行政部、现场服务办公室、后台管理中心及质量控制中心8个部门。年内，实现销售收入3.9亿元。连续保持北京市著名商标、北京市优质服务商店、中国珠宝玉石行业放心示范店、AAA级企业信用等级。

地址：西城区宣武门西大街18号楼

电话：63022531

（张　伟）

【线上直播】年内，国华商场开创直播销售新形式。由总经理带队，业务部策划，各商品部经理全员参与，在京东商场平台进行线上直播销售。商品涵盖国华商场的全品类。直播同时，介绍商品的特性及如何保养等实用知识。

（张　伟）

【线上销售平台】年内，国华商场通过技术更新，创建线上微商城平台，消费者可以通过平台在微信客户端及“国华首饰”微信公众号即可购物。增加消费者的购物渠道，精简购物流程，选购方式多样，购物过程顺畅，结算流程简单。

（张　伟）

【首发“上新了故宫”系列商品】年内，国华商场独家首发北京卫视“上新了故宫”栏目同名系列商品。包含“闺蜜”和“珍禧”两大品类系列，产品类型包含首饰的全品类，延续故宫传统的手工制金工艺，结合故宫文化及珐琅彩和手工花丝技艺推出的黄金首饰。

（张　伟）

【新业态入驻】年内，国华商场为丰富商场业态，增加周边社区服务及便民形式，在商场引入京淦口腔门诊于年底装修完毕。京淦口腔是卫生局批准的集口腔医疗、预防、修复为一体的专业口腔门诊。

（张　伟）

【开设便民菜站】年内，为缓解新冠肺炎疫情防控给周边社区居民带来的出行不变、买菜难的困境，国华商场在南门开设便民菜站，派专人去安全的批发市场采购，严控运输及销售途径，保证周边社区居民用菜安全。商场向抗疫一线的工作人员及受疫情严重的地区捐赠防疫物资。

（张　伟）

北京张一元茶叶有限责任公司

【概况】北京张一元茶叶有限责任公司（简称张一元）是京城著名老字号企业，拥有近400家品牌连锁店，31家名优茶生产基地，2家全资子公司，拥有国际认可的CNAS理化试验室，茉莉花茶标准化产业园及生产仓储物流中心。张一元是集产供销、科工贸、旅游文化为一体的现代化企业，电商平台销售网络覆盖全国34个省市自治区。年内，销售额超过10亿元，蝉联全国茶叶内销榜首，被中国茶叶流通协会评为中国茶业百强企业、茶叶行业十大领军企业。

地址：西城区西砖胡同2号院7号楼公司

电话：83512713

（刘姒千）

【首批西湖龙井茶上市】 3月17日，197斤首批头茬西湖龙井空运抵达张一元，采用二维码防伪查询，产品外包装上均贴有杭州市西湖龙井茶管理协会印制的证明标识和质检部门印制的原产地地理保护标识，经过国家标准检测实验室检测，严把质量关，确保“尊重时令、产地正宗、品质可靠”。特级明前精品西湖龙井茶（狮峰）每斤售价9800元，上市前即被全部预定。

（刘姒千）

【节庆促销】 4月18日，张一元名优绿茶展卖季开幕，为期58天。新绿茶全面上市，推出15款新产品。传统纸包雨前龙井茶每包250克零售价500元，经典系列7款桶装绿茶每桶净含量40克零售价90元，经典系列7款袋装绿茶每袋净含量从56到80克不等，零售价从60到160元不等。各连锁店同期开展购茶送好礼活动。8月22日，张一元茉莉花茶展卖季开幕，为期48天。新花茶全面上市，推出2款新产品，张一元120周年纪念礼品茶内含345克白茶饼和黑茶饼各1个，零售价1200元，限量发行1000套；经典骏眉红礼品茶，净含量300克，零售价600元。各连锁店同期开展购茶送好礼活动。年内，张一元官方微信在母亲节、父亲节、端午节等节日开展线上参与互动话题抽奖活动。

（刘姒千）

【公益活动】 7月1日，张一元开展共产党员献爱心活动，向西城区慈善协会捐款。春节、中秋两节前夕，为牛街敬老院的老人送去节日的祝福和慰问品。

（刘姒千）

【产品销售额】 截至9月5日，张一元大栅栏总店销售额突破1亿元，连续9年实现销售过亿元。截至9月30日，张一元龙毫单品销售额突破1亿元。截至10月20日，张一元电商平台销售额突破1亿元，刷新破亿元日期。全年销售额超过10亿元。

（刘姒千）

【参与活动】 年内，张一元公司应邀参加多项活动。8月27日，参加中国茶叶营销年2020中国日照茶产业标准与品牌发展峰会并应邀致辞。10月25日，参加北京国际茶业展，张一元龙毫获北京国际茶业展茶叶产品质量推选活动特别金奖，已连续5年获此殊荣。张一元茉莉玉芽获金奖。11月20日，参加第十六届中国茶业经济年会，获2020中国茶业百强企业（前十强）称号。11月28日，参加2020国际茉莉花（茶）形势分析会暨花草茶联盟二次会议，张一元茉莉白雪针王获2020年第十二届全国茉莉花茶质量推选特别金奖。12月22日，北京市劳动模范、先进工作者和人民满意的公务员表彰大会上，张一元公司大栅栏茶庄（总店）获北京市模范集体称号。

（刘姒千）

【新冠肺炎疫情防控】 新冠肺炎疫情防控期间，张一元坚持稳中求进工作总基调，明确经营思路和工作主线，一手抓疫情防控，一手抓复工复产，最大限度减少经济损失，提出不裁员、不降薪，千方百计保持产业链、供应链稳定，全面、全力、全要素确保企业发展。线上线下营销形成优势互补，满足市场消费需求。向大栅栏街道办事处捐赠价值约合3.5万元的慰问品，慰问坚守社区一线的社区工作人员、志愿者和下沉干部。公司党支部被北京金融街资本运营中心授予抗击疫情先进党组织称号。

（刘姒千）

北京新月联合汽车有限公司

【概况】 北京新月联合汽车有限公司（简称新月公司）是国资参股的股份制企业，隶属西城区国资委管理，注册资金13130万元。拥有44家公司（分公司），其中有25家小车分公司、1家旅游公司（含4个旅游分公司、2个班车分公司）、1家修理分公司和6家控股公司（北京广聚源出租汽车有限公司、北京市光远出租汽车有限公司、北京镜湖酒店管理有限公司、北京房安新月出租汽车有限责任公司、上海华海出租汽车有限公司、北京轻普出租汽车有限公司）和6家参股公司（北京新月驾驶培训股份有限公司、北银金融租赁有限公司、海口公交新月汽车有限公司、贵阳新月出租汽车有限公司、沧州沧运新月汽车服务有限公司、北京新月中道汽车救援技术服务有限责任公司）。北京新月联合交通版块有各种车辆12100部、员工8673人，经营范围涉及出租客运、旅游班车、租赁商务、救援物流、驾驶培训、汽车修理等领域。年内，新月公司营业收入4.83亿元，实现净利润-5873万元，净资产收益率为-8.69%，上缴利税4416万元；资产规模43.3亿元。新月公司获中国道路运输百强诚信企业、全国出租租赁汽车行业抗击新冠肺炎疫情工作先进企业、北京市道路运输行业抗疫保通复工复产先进集体等，是北京市出租汽车与旅游客运行业的骨干企业，西城区重点企业和利税单位。

地址：朝阳区王四营乡马房寺368号

电话：67366666

（吴治英）

【北京市“两会”交通服务】1月8至18日，新月公司执行北京市十五届人大三次会议和北京市政协十三届三次会议交通运输保障工作。历时11天，派出大小车辆49部、管理人员和驾驶员56名，发车791车次。

（吴治英）

【交通保障服务】2至8月，新冠肺炎疫情防控期间，新月公司派出81名驾驶员、78辆宇通大巴和考斯特等保障车，担负西城区新冠肺炎患者定点收治的北京回民医院医护人员医院与住宿酒店间轮换休息、北京大学人民医院与白塔寺院区间透析患者接送和首都机场相关入境隔离人员、北京西客站返京人员转运及北京务工人员返京“点对点”专车接送等任务，出动1970余车次，转运1.15万余人次。

（吴治英）

【全国政协会议交通服务】5月17至29日，新月公司执行中国人民政治协商会议第十三届全国委员会第三次会议住铁道大厦和财政部、最高人民法院参会委员及大会住中协宾馆工作人员的交通服务保障任务，派出管理人员和驾驶员41名，参与车辆38部。历时13天出车1415车次、接送9411人次、安全行驶26966公里。

（吴治英）

【国际服贸会交通服务】9月3至9日，新月公司派出121辆保障车、145名保障人员，担负中国国际服务贸易交易会在北京举办期间的交通运输保障服务。7天出车868车次、接送10211人次，安全行驶13455公里。

（吴治英）

（责任编辑　孙凤霞）

金　融

9月18日，中国工商银行北京广安门支行组织青年员工宣传防诈骗知识（工行北京分行 供图）

10月21至23日，2020金融街论坛年会在北京金融街举行（金融街服务局 供图）

11月30日，第二届西城区企业上市主题交流活动举办（金融街服务局 供图）

12月30日，民生银行北京分行举行西单消贷集中作业中心揭牌仪式（民生银行北京分行 供图）

疫情期间，广发银行北京分行向小微客户推广支持复工复产的“复工贷”（广发银行北京分行 供图）

综　述

【北京金融街服务局】北京金融街服务局（简称金融街服务局），为市政府派出机构，委托西城区政府管理，根据市政府授权，负责金融街的规划、建设、服务等组织协调工作，负责做好为国家金融管理中心服务工作。北京市西城区金融服务办公室（简称区金融服务办）与北京金融街服务局合署办公，承担西城区金融业发展、金融服务和金融市场建设工作。内设7个处室：办公室、发展规划处、产业促进处、市场服务处、金融稳定处、综合协调处、组织人事处（党群工作处）和1个事业单位：西城区金融发展促进中心。年内，金融街服务局落实区委、区政府各项工作部署，加强金融业形势分析和研判，优化金融发展环境，提升金融服务水平，推进各项工作，促进区金融业快速健康发展。区金融业实现增加值2653.8亿元，同比增长1.7%，占区GDP的比重为52.4%，占全市金融业增加值的比重为36.9%。金融业资产总额达到116.2万亿元，同比增长7.9%。金融业营业收入1.3万亿元，同比增长3.9%，占全区第三产业营业收入的比重为57.2%。金融业实现利润总额5941.1亿元，同比增长4.8%，占全区第三产业利润的比重为36.97%。

地址：西城区金融大街甲9号
　　　金融街中心B座601室
电话：66290670

（张　磊）

【参加国际服贸会】9月4至9日，金融街服务局在2020年中国国际服务贸易交易会金融板块设立北京金融街专题展示，宣介金融街功能区建设情况，面向世界招商引资。与市地方金融监管局共同主办服贸会重要论坛活动——中国国际金融年度论坛。北京金融街服务局获2020年服贸会最佳展位奖、最佳宣传奖、最佳组织策划奖及最佳金融服务奖。

（张　磊）

【疫情防控与复工复产】年内，出台《金融街核心区楼宇新冠肺炎疫情防控方案》《金融街核心区楼宇新冠肺炎疫情防控工作指引》，指导204家驻区机构开展防疫工作，涉及金融从业人员7万余人，7位处级干部担任“楼长”，负责14栋楼宇疫情防控工作。建立“1+4”防控工作机制，严格实行“双楼长”制度，对接金融机构防疫物资采购、协助解决新增短期停车需求、协调定制公交及果蔬采购渠道、收集机构对财税政策相关建议。开展区域内中小微企业融资需求征集，收集发布融资需求309项，金额477.38亿元。

（张　磊）

【规划研究】年内，金融街服务局逐季完成区金融业发展形势分析报告，开展西城区“十四五”时期金融业规划前期研究等课题研究，编制《西城区“十四五”时期金融业规划》。编制《金融街发展报告（2020）》《金融街发展指数报告（2020）》，在2020金融街论坛年会上正式发布。

（张　磊）

【“两区”建设】年内，深入分析“两区”102条金融政策，将政策项目化、项目任务化、任务台账化，形成80余个项目。围绕“业务许可”“机构引进”“服务支持”三大领域，强调更加聚焦具体领域，更加注重发挥政策叠加效应，更加秉承“四共理念”，更加注重首单项目落地。组建4个专班小组配备“1对1”服务管家，推进具体政策和项目落地。北京首家新设外资控股券商大和证券正式注册成立，欧洲最大资产管理公司东方汇理全资子公司落地金融街，全球重要金融基础设施服务机构SWIFT与中国人民银行等机构共同设立的金融网关信息服务有限公司在金融街设立。

（张　磊）

【“沙盒机制”监管】年内，在依法合规前提下探索监管“沙盒机制”，人民银行营业管理部发布的2020年第二批金融科技创新监管试点应用公示的11个项目中，西城区有10家机构9个项目进入公示名单。

（张　磊）

【金融机构引进】年内，引进各类金融机构45家，新增注册资本1177.15亿元。引进全国第五家金融资产管理公司——中国银河证券资产管理有限责任公司，支持中国人民银行金融基础数据中心设立，引进中储粮集团财务有限公司、成方金融科技有限公司和成方金融信息技术服务有限公司。

（张　磊）

【企业上市挂牌】年内，新增奇安信、金融街物业2家上市公司，菜市口百货上市获证监会受理。服务新三板深化改革，国源科技成为首批进入新三板精选层企业。截至年底，西城区有38家境内上市公司，25家境外上市公司，资产总额超过125万亿元，市值近14万亿元。新三板挂牌企业56家，包括精选层企业1家，创新层企业3家。全区重点培育的拟上市及拟挂牌企业40家，其中进入上市通道的企业13家。

（张　磊）

【优化区域营商环境】年内，发布《西城区关于在金融街落实金融业扩大开放的若干措施》（简称“金开十条”）。落实好各项政策兑现，兑现政策资金9.37亿元。区领导走访对接机构131家次。金融街服务局与金融街服务中心有限公司形成“双管家”服务模式，走访对接机构300家次。组建选址、政策落实、人才、业务发展等专项服务团队，为重点机构提供全生命周期、全业务流程的专业服务。整合区域内公共资源，为优秀金融人才提供就医、子女入学、居住、户口、工作证办理等服务。

（张　磊）

【金融服务区域发展】年内，金融街服务局建立完善“1+N+P”融资对接模式，建立融资服务工作联系机制，引导驻区大型金融机构为实体经济发展不断注入“源头活水”，支持区域金融、科技、文化融合发展。搭建线上融资对接平台，完成导入中小微企业名单累计6781条，与6家银行达成合作意向签订战略合作协议，包括中国银行北京分行、招商银行北京分行、北京银行北京分行、北京农商银行等。上线中国银行中银企税通宝、北京银行西城京彩贷、中国工商银行经营快贷3款针对中小微企业融资的产品。截至年底，线上平台审核通过33笔业务，实现放款8364万元。

（张　磊）

【2020金融街论坛年会】年内，金融街论坛升级为国家级论坛、国际性专业论坛，并成为北京“两区”“三平台”战略之一。2020金融街论坛年会，提升为由北京市人民政府、中国人民银行、新华通讯社、中国银行保险监督管理委员会、中国证券监督管理委员会和国家外汇管理局共同主办，副总理刘鹤、市委书记蔡奇等领导、来自18个国家或地区的61位境外嘉宾发表演讲，共议“全球变局下的金融合作与变革”，线下参会3500人次，线上点击量超过13亿次。

（张　磊）

【外资专场交流活动】2020年中国国际服务贸易交易会期间，北京金融街服务局举办“金融街与金融业扩大开放”外资专场交流活动，北京市委常委、副市长殷勇出席并致辞，重要驻区国际金融组织和机构代表及部分国家地区商务参赞出席活动。活动现场，金融街服务局向7家金融机构代表赠送“双管家”服务包，与2家外资金融机构分别签署战略合作协议。

（张　磊）

【企业上市交流活动】年内，举办第二届西城区企业上市主题交流活动，证券交易所、资本市场服务机构、辖区上市公司及部分挂牌企业、部分拟上市企业、西城区促进企业上市联席会成员等150余家单位代表出席活动。

（张　磊）

【金融街论坛系列活动】年内，按照“一主N分多沙龙”的金融街论坛框架体系，举办15场金融街论坛系列活动。举办共建“一带一路”视角下的人民币战“疫”闭门研讨会，十二届全国政协副主席陈元主持视频研讨会并讲话。举办金融科技创新应用与发展研讨会暨首届NIFD-DCITS全球金融科技创新案例入库证书颁发及新征集启动仪式。与西城区人民法院、中国社会科学院法学研究所、国际法研究所共同主办2020年北京金融法治建设研讨会，以“规范交易，多元治理，普惠金融背景下的纠纷化解”为主题。支持2020中国银行业理财发展论坛和2020中国证券业高质量发展论坛召开，协助举办第一届中国银行业理财金牛奖颁奖典礼。

（张　磊）

【金融街品牌打造】年内，刊发

《金融街观察》内刊12期。举办金融支持新冠肺炎疫情防控和经济社会发展、金融助力“新基建”发展、金融促消费扩内需、加快两区建设，推动金融业对外开放服务“两区”建设研讨会银行专场等5场活动。举办“乐聚金融街”系列活动4场，与国家大剧院等对接，将优秀曲目、杰出音乐家、高品质艺术讲座引入金融街。发挥“金融街i客厅”信息发布、沟通交流、展览展示、专业服务等服务功能，承办47场会议和活动。

（张　磊）

【“7+4”地方金融机构监管】年内，走访“7+4”地方金融机构96家次，做好统计监测，了解企业日常经营与合规情况，推动辖内地方金融组织合规有序健康发展。截至年底，西城区有小额贷款公司8家、融资性担保公司及分公司11家、典当行38家、融资租赁企业14家、商业保理公司1家及交易所11家。

（张　磊）

【防范和打击非法集资】年内，金融街服务局结合北京市防范非法集资“百千万宣教工程”，组织区内15个街道204个社区开展207次防范非法集资宣教活动。与北京电视台合作，在金融街街道录制财经频道金融类主打栏目《蜜蜂计划》2期节目，实现有较大影响力的打击非法集资和防范诈骗的宣传效果。通过北京西城抖音、快手号发布原创打击非法集资宣传视频，累计播放量达百万次。

（张　磊）

【金融风险防范】年内，通过大数据等手段，初步建立风险企业、负面舆情、群体性事件动态监测预警立体监测网，健全完善风险企业台账，重点开展舆情信息搜集预警、研判工作，及时摸排风险线索，做好风险提示工作，做到及早发现、及早处置。通过实地走访、行政核查、现场检查等方式核查企业66家次。向相关部门发送企业风险提示函20余件，向市金融监管局报送反馈意见、高风险企业核查报告、高风险企业处置表、高风险企业风险提示报告和重点机构情况报告等材料30余份。区内高风险企业2家，较年初下降1家。

（张　磊）

【防控P2P网贷平台风险】年内，加速推进拟转型退出网贷平台余额压降工作，在全市网贷平台专项整治重点区域率先实现拟退出平台实质停发标，退出平台借贷余额较年初下降49.93%，出借人数较年初下降33.61%。多措并举开展出险网贷平台风险处置化解工作，加大出险平台约谈力度，探索推进通过资产处置、民事诉讼等手段协助平台推进追偿工作，配合公安部门开展已立案平台追赃挽损工作，化解出险平台风险。结合新冠肺炎疫情防控工作及网贷平台接待专班自身情况，制订专班疫情防控应急预案，成为全市唯一疫情期间对外接访不间断的网贷平台工作专班。

（张　磊）

【接诉即办】年内，金融街服务局共流转热线件380件，响应率、办结率100%。召开24次接诉即办专班会商会。采取“1+1”办理模式，全方位解答市民诉求。接收信访件160件，均按要求在规定时限内完成信件寄出、系统回复录入。

（张　磊）

银　行

国家开发银行北京市分行

【概况】国家开发银行北京市分行（简称国开行北京分行）信贷资产总额5412亿元，同比增长5.28%，其中表内人民币贷款余额3445亿元，同比增长7.71%，外汇贷款余额170亿美元，同比增长0.41%；当年本息回收率98.24%，累计本息回收率96.89%，不良贷款率1.08%，同比下降1个百分点；拨备后利润35.24亿元，同比增长11.9%，拨备后ROA0.7%，同比上升0.12个百分点。

地址：西城区复兴门内大街158号远洋大厦

电话：63223100

（刘　宇）

【支持重点项目发展】支持京津冀协同发展，聚焦交通一体化、副中心建设、生态治理等重点项目。发放轨道交通、铁路、机场等项目建设贷款118亿元，以“三统筹”模式实现张家湾设计小镇项目评审承诺200亿元，向永定河治理等项目发放绿色贷款34亿元。服务科技创新中心建设，支持制造业高质量发展。发放制造业贷款328亿元，制造业贷款发放占比首次突破20%，发放集成电路贷款135亿元，产业驱动特征愈发明显。制造业中长期贷款余额新增140亿元。服务民生保障，助力脱贫攻坚，发放扶贫贷款72.58亿元。缓解融资难融资贵问题，累计发放转贷款30亿元，支持小微企业超过600户。支持保障性住房建设，发放79.97亿元，实现共产房、集租房评审承诺43.5亿元。服务“稳外资”“稳外贸”，向万宝矿产、北方国际发放3.05亿美元复工复产贷款。

（刘　宇）

【服务企业复工复产】年内，国开行北京分行在新冠肺炎疫情防控中支持企业复工复产，发放应急贷款5.57亿元。发放复工复产、春耕备耕贷款243.2亿元。助力中国国航、中国供销集团等企业对冲疫情影响，支持小汤山等定点医院修缮工程、中国生物的疫苗研发生产。组织捐款捐物，协同国开行总行向西城区红十字会捐赠10万只口罩，工会和党支部两次捐款10万余元。

（刘　宇）

【风险防控】年内，实现11个项目不良化解64.77亿元。截至年底，不良贷款余额从峰值115.19亿元降至49.46亿元，不良率从峰值2.51%降至1.08%。分类施策多措并举。准兴高速、中信国安项目顺利核销出表，北大方正、百荣项目年内转劣、出清，金港项目风险彻底化解，压减星火、中大爱晚等5个高风险项目9.25亿元，完成核后追索1.25亿元，现金清收2081万元。制定基础管理、精细化管理实施方案，构建“流程清晰、制度完善、机制科学、管理严密、监督有效”的全流程管理体系。

（刘　宇）

【创新开发融资模式】支持农村集体土地入市。牵头组建银团293.6亿元，实现大兴区长子营镇等4个项目评审承诺145.95亿元、发放34.74亿元，形成“可复制、可推广”的集体土地开发模式。发力城市更新领域，破解首都老旧小区改造融资难题。推动国开行总行与北京市政府高层会谈并签署1000亿元老旧小区改造协议，创新方式实现石景山区老旧小区改造等项目评审承诺。制造业资金合作计划落地见效，形成支持科技型中小企业新路径。实现机制项下评审承诺4.25亿元、发放3.51亿元，支持17家科技型中小微企业。

（刘　宇）

【提升综合金融经营能力】开展存款专项行动，加强贷前、资金支付、本息回收全流程资金管理，实现日均存款505亿元。加强客户管理，开展账户体系建设工作，落实账户全生命周期管理。推动债券承销、供应链金融、资金管理、子公司产品，发行6只债券。

（刘　宇）

中国工商银行股份有限公司北京市分行

【概况】中国工商银行股份有限公司北京市分行（简称工行北京分行）下设37家二级分行（含分行营业部），563家营业网点，530家自助银行。截至年底，本外币资产总额5.1万亿元，同比增长8.1%。实现本外币账面拨备前利润706.08亿元、净利润513.24亿元，同比分别增加5.1亿元和2.38亿元。本外币全部存款余额4.95万亿元，较年初增加3708亿元。本外币各项贷款余额1.07万亿元，较年初增加1061亿元。实现中间业务收入128.12亿元，同比增加1253万元，增幅0.1%。辖区内设分行营业部、长安支行、新街口支行、南礼士路支行、金融街支行、地安门支行、宣武支行、广安门支行8家支行。

地址：西城区复兴门南大街2号
　　　天银大厦B座

电话：66410055

（王　戈）

【融资业务】年内，工行北京分行人民币各项贷款余额1.02万亿元，较年初增加1010亿元。其中公司贷款余额7601亿元，增加968亿元；个人贷款余额2228亿元，增加58亿元。外币贷款余额73亿美元。累计投放非信贷融资4703亿元，余额8503亿元。服务国家战略实施和首都

“四个中心”建设，开展“春润行动”，助力“六稳”“六保”、复工复产和疫情防控，支持经济恢复增长。其中银保监和人行口径普惠贷款余额分别为317亿元和311亿元，净增97亿元和96亿元，完成全年任务的108%和107%。新动能贷款和科技文化贷款分别增加130亿元和125亿元。年内发放防疫贷款91亿元。

（王　戈）

【存款业务】年内，工行北京分行人民币全部存款余额4.72万亿元，较年初增加3170亿元。其中人民币储蓄、机构、公司和同业存款分别较年初增加1075亿元、637亿元、883亿元和575亿元。外币全部存款余额341亿美元，较年初增加98亿美元。

（王　戈）

【经营转型】年内，工行北京分行个人金融资产总额1.73万亿元，比年初增加1695亿元。财富客户净增4万余户，私人银行客户和资产规模分别达到2.23万户、2516亿元；分期付款增量42.4亿元。承销非金融企业债3052亿元。国际结算量3578亿美元；跨境人民币结算量2.11万亿元。托管规模5.11万亿元，养老金受托规模293亿元。投融资业务余额3751亿元，代客资金交易2011亿美元。

（王　戈）

【渠道服务】年内，工行北京分行对接北京城市规划和总行重点战略，加大新兴区域进驻力度，在中心城区、平原新城等地新迁建11家网点，实现全辖外汇服务网点对外挂牌。开展“体验论道、服务创效”项目，抓实全旅程服务提升，客户体验指数、网点竞争力稳居系统前列，6家网点入围中银协“千佳”。

（王　戈）

【扶贫工作】年内，工行北京分行支持脱贫攻坚，行内扶贫采购额5100余万元，目标完成率113%。帮助销售扶贫产品2.75亿元，是上年的8.8倍。精准扶贫贷款净增1.15亿元，任务完成率230%。

（王　戈）

【风险管理】年内，工行北京分行完善大户风险会诊机制，加快不良资产处置，年末不良率0.23%，资产质量保持稳定。强化运行风险管理，实现集约运营新突破，运营质量、效率和安全水平再上台阶。厚植合规文化，完善内控案防机制，扎实推进反洗钱、涉敏等各类风险防控，确保职责落细落实，全年零案件、零重大案件风险事件。

（王　戈）

【分行营业部】年内，分行营业部下设1个营业室、1个网点支行。截至年底，实现拨备前利润52.1亿元。本外币各项存款时点余额3830亿元，同比增长26.88%。本外币各项贷款余额537亿元，同比增长7.94%。实现中间业务收入7.51亿元，同比增长11.21%。

（郑　嘉）

【长安支行】年内，长安支行下设1个营业室、10个网点支行、1个分理处。截至年底，实现拨备前利润35.53亿元。本外币各项存款时点余额2210.15亿元，同比减少3.06%。本外币各项贷款余额1385.29亿元，同比增长4.28%。实现中间业务收入6.04亿元，同比增长14.27%。

（袁绪博）

【新街口支行】年内，新街口支行下设1个营业室、12个网点支行、1个储蓄所。截至年底，实现拨备前利润64.6亿元；本外币各项存款时点余额2434亿元，同比增长14.8%；本外币各项贷款余额463亿元，同比增长9.5%；实现中间业务收入4.86亿元，同比增长13.7%。

（吕刘萍）

【南礼士路支行】年内，南礼士路支行下设1个营业室、12个网点支行。截至年底，实现拨备前利润29.77亿元；本外币各项存款时点余额1955.53亿元，同比增长0.53%；本外币各项贷款余额435.08亿元，同比增长5.7%；实现中间业务收入4.85亿元，同比增长4.25%。

（刘　双）

【金融街支行】年内，金融街支行下设1个营业室、5个网点支行。截至年底，实现拨备前利润6.03亿元；本外币各项存款时点余额683.31亿元，同比减少4.29%；本外币各项贷款余额316.3亿元，同比增长8.26%；实现中间业务收入2.16亿元，同比减少16.95%。

（陈昀豪）

【地安门支行】年内，地安门支行下设1个营业室、7个网点支行。截至年底，实现拨备前利润13.93亿元；本外币各项存款时点余额1113亿元，同比减少3.64%；本外币各项贷款余额295亿元，同比减少3.91%；实现中间业务收入3.97亿元，同比增长1.22%。

（何　军）

【宣武支行】年内，宣武支行下设9个网点支行、1个储蓄所。截至年底，实现拨备前利润49.1亿元；本外币各项存款时点余额3895.4亿元，同比减少12.95%；本外币各项贷款余额239.21亿元，同比增长12.2%；实现中间业务收入2.05亿元，同比增长9.17%。

（穆晓烨）

【广安门支行】年内，广安门支行下设1个营业室、10个网点支行。截至年底，实现拨备前利润12.22亿元；本外币各项存款时点余额623.41亿元，同比增长3.96%；本外币各项贷款余额410.41亿元，同比增长19.86%；实现中间业务收入3.64亿元，同比增长16.91%。

（赵晓凤）

中国农业银行股份有限公司北京西城支行

【概况】中国农业银行股份有限公司北京西城支行（简称农行西城支行）主要办理人民币存款、贷款和结算业务；办理票据贴现业务；代理发行金融债券；代理发行、代理兑付、销售政府债券；买卖政府债券、代理收付款项及代理保险业务；办理外汇存款、外汇贷款、外汇汇款、外币兑换、结汇、售汇、国际结算；通过上级行办理代客外汇买卖；代理国外信用卡付款及总行在经中国银行业监督管理委员会批准的业务范围内授权的其他业务。截至年底，农行西城支行有基层网点15个，其中13个二级支行、1个分理处、1个营业部，支行机关下设7个部室。年内，农行西城支行深化四比争先、持续固优补短、加快转型步伐、提升服务水平、转变工作作风、夯实“双基”管理、加强队伍建设，党的建设不断加强，业务经营稳质提速。

地址：西城区车公庄北街新华里16号院1号楼

电话：83680284

（王　娟）

【支持企业复工复产】年内，农行西城支行在新冠肺炎疫情防控中展现担当，坚持一手抓疫情防控“稳”大局、一手抓经济服务“稳”增长。建立健全疫情防控领导和工作机制，第一时间进行部署、强调、再提醒。支持首都经济社会恢复发展，主动对接抗疫企业复产复工金融需求，重点提升民生领域、小微企业服务能力和水平，为五部委重点抗疫企业发放信用贷款。服务实体取得新成效，发展普惠金融，普惠贷款增幅116.98%。支持制造业企业，制造业贷款增幅34.28%。支持脱贫攻坚，营销国家部委、央企等机构入驻农行掌银扶贫商城，以掌银营销带动经营发展。

（王　娟）

【获得荣誉】年内，农行西城支行获分行2020年春天行动基金业务先进支行，2020年农银人寿保险“价值粮仓”“规模贡献”“私行标兵”3项荣誉称号，运营财会部获2019年度总行运营管理先进单位。

（王　娟）

中国银行股份有限公司北京市分行

【概况】中国银行股份有限公司北京市分行在西城区境内有宣武支行、西城支行。宣武支行下设12个部门（交易银行部、公司业务部、行政事业机构部、普惠金融事业部、金融机构部、个人数字金融部、消费金融部、银行卡部、计划财务部、风险内控部、综合管理部、纪委办公室），14家经营性支行（含支行营业部）。西城支行下设13部（含支行营业部，公司业务部、交易银行部、普惠金融事业部、金融机构部、行政事业机构部、个人数字金融部、消费金融部、银行卡部、纪委办公室、计划财会部、风险内控部、综合管理部），14个经营性支行（西城区外5个）。

宣武支行

地址：西城区南新华街1号

电话：63916155

西城支行

地址：西城区阜成门外大街5号

电话：68002129

（张齐笑　娄静）

【宣武支行业务】年内，宣武支行推进“复兴壹号”智慧党建平台建设，特殊时期助力合作企事业单位实现线上党费缴纳。响应西城区政府的各项发展战略，发挥金融支持作用。认真贯彻落实中央经济金融方针政策，支持实体经济发展。贯彻落实中央发展精神、推动京津冀发展及支持冬奥基础建设，为铁路项目提供资金支持。支持国家“一带一路”发展，新冠肺炎疫情防控期间等关键时刻为电力项目解决资金需求。为客户提供优质跨境金融服务，迎接国际新形势的挑战。叙做多笔汇出汇款融资、利率掉期、货币掉期及远期结售汇等组合业务，为境内企业的跨境并购业务提供履约担保，助力企业“走出去”。贯彻落实国家政策，支持绿色金融与新能源产业政策，助力企业发行市场上首笔央企清洁能源ABCP，协助客户发行定向资产支持票据（ABN）。发展普惠金融，支持民营经济，不断完善小微企业服务体系，设立普惠金融服务中心，专业、专职、高效服务小微企业。严格落实风险管控，坚持内控合规档案特色化管理，不断提升支行风险管理水平。履行社会责任，开展消费者权益保护工作。

（张齐笑）

【西城支行业务】年内，中行西城支行围绕“激发活力、敏捷反应、重点突破”的工作要求，以“夯实、完善、消化、穿透”为主线，拓展收入份额，持续改善经营效益，实现支行高质量发展。加大小微企业贷款投放力度，依托银政合作基础，打造普惠业务“西城模式”，以“小普惠”体现“大作为”，以“小授信”诠释“大服务”，助力区域内企业复工复产。克服新冠肺炎疫情影响，夯实客户基础，持续优化信贷结构和业务创新，实现多项创新业务零突破。疫情防控期间为企业提供专项融资支持服务受疫情影响的企业。个人金融业务拓展营销思路，以客户为中心，围绕重点指标抓营销，强化队伍管理，提升个金中收指标贡献度。采取多媒介线上营销，做到疫情防控和业务发展两不误，中收指标实现增长。完善消费者投诉处理工作流程，多举措抓好消费者权益保护工作。营运管理方面，健全管理机制和风控体系，树立“合规创造价值”理念，形成全面风险管控合力。实施“网格化风险内控管理架构”，强化风险管控刚性约束。妥善处理风险处置事件，有效做好舆情管控。围绕“四个重点”（重点客户、重点领域、重点业务、重点岗位），通过强化风险预警机制、建立关注问题清单、抓实抓细过程管理、开展多种形式检查，不断提升风险管控工作质效。

（娄　静）

中国建设银行股份有限公司北京市分行

【概况】中国建设银行股份有限公司北京市分行在西城区境内有宣武支行、西四支行和西单支行。宣武支行在西城境内有营业网点14家。西四支行下设6个经营机构。西单支行下设8个部室（含营业部），5个营业中心（西长安街支行、西直门支行、华远街支行、德胜支行、新街口西里支行）。

宣武支行
地址：西城区广安门内大街314号
电话：63209687

西四支行
地址：西城区阜成门外大街甲26号
电话：51999930

西单支行
地址：西城区西单北大街34号
电话：66035636

（马丹阳　张铮　卢萌）

【宣武支行业务】年内，宣武支行KPI预计排名分行第5位，等级行预计排名A类行第8位。实现本外币利润14.31亿元，中间业务收入3.98亿元，本外币全口径存款时点余额1099.94亿元，本外币各项贷款时点余额711.84亿元；不良贷款余额0.21亿元，不良率0.03%。支行坚持党建引领，推进新金融建设，夯实管理根基，强化新冠肺炎疫情防控，助力“六稳六保”，提升经营水平，取得好的经营成绩，完成各项工作任务。住房租赁：存房6977套，排名分行第1位。普惠金融：普惠8+1贷款余额实现23.06亿元，较年初新增9.05亿元，新增额排名分行第6位。金融科技：金融科技智慧政务排名分行第2位，智慧政务服务能级排名第3位，社会化平台排名第

1位。多项业务实现新突破：营销中国南水北调集团公司基本户落户支行，与水利部签订战略合作协议，打造牛街商圈“宣南美食圈”，力促消费扶贫，发行志愿者龙卡通联名卡，为全市志愿者提供金融服务，传递“港湾”精神，托管规模突破2000亿元。与重点对公客户单位电建财务公司党委签订党建共建协议书、防控廉洁风险联动方案，营造“亲”“清”客户关系，获白广路街道“同心源”党建联盟优秀党组织。落实对房山区南窖乡花港村精准帮扶工作，年底实现脱贫。推动水利部扶贫馆落户建行善融商务平台，累计销售额300余万元。疫情防控期间为3家能源行业集团客户单位发放近60亿元流动资金贷款，保障疫区水、电等需求。支援火神山、雷神山医院建设，免费为2家医院的641名医护人员办理团体保障保险，为7名工作在疫情防控一线的员工家属投保人身保险，为北京红十字会开通线上募捐渠道，为北京南站紧急出款1400万元，及时应对春节期间大批旅客退票。

（马丹阳）

【西四支行业务】年内，西四支行实现本外币账面利润7.58亿元，本外币全口径存款时点余额627.97亿元，本外币各项贷款时点余额238.6亿元，五级分类不良贷款余额0.17亿元，不良率0.07%。西四支行坚持党建统领，以“四步法”（深学、广宣、细研、实做）学习贯彻党的十九届五中全会精神，探索“三三四”工作法（强化落实“三个到位”：传达部署到位、责任担当到位、执行落实到位；突出打造“三个全速”：全速强化基层网点防疫措施、全速保障一线防护物品供应、全速做好特殊时期金融服务；自觉做到“四个带头”：带头履行岗位职责、带头站在防疫一线、带头守好自身防线、带头发扬科学精神）落实新冠肺炎疫情防控的各项部署，通过开展扶贫和帮扶工作“三个一”（支部书记带头讲一次“扶贫”主题党课、开展一次“扶贫”主题党日活动，组织一次“扶贫”专题学习）等“党员+”形势教育助推脱贫攻坚，扩大业余党校、心灵建设、青年创新、亲子公益4个品牌影响力，落实文明创建“六个好”标准，获第六届全国文明单位、首都文明单位标兵等称号。西四支行始终坚持推进总行党委提出的“三大战略”、践行“以人民为中心”的新金融。住房租赁方面，巧借先发优势和实践经验，助力某物业中心解决管理难题实现房源上线2306套，完成郝家湾直管公房住宅小区物业服务升级改造的验收工作，引领智慧社区新模式，支持西城区老旧小区综合整治工作。普惠金融方面，与西城区税务局、商业联合会、企业和企业家联合会、区政府牵头搭建的小微企业金融服务平台、中关村科技园西城园及其下属孵化器等平台携手，全年累计向小微企业发放普惠贷款超22亿元。金融科技方面，加快智慧场景应用，支持西城区“数字政府”建设，通过科技及数据“客户端+金融端”一体化实现金融“嵌入”式服务，在新格局下用创新能力塑造服务“数字政府”的核心竞争力。新冠肺炎疫情发生后，为西城辖区内15个街道259个社区9670位社区工作者及3290名环卫工人投保“战疫爱心保”，紧急为解放军某中心新建发热门诊提供POS支付保障，为医疗行业高新技术企业发放贷款，以精准直达的金融支持助力企业复工复产。对接扶贫双创中心西城分中心，共同开展与对口地区的精准扶贫，组织全行员工购买扶贫商品，落地金融助力消费扶贫工作。依托建行大学平台开展新金融普及行动，为西城区内中小企业主、个人创业者、街道办和社区主任等提供开展各类宣传培训8000余人次。所辖6个网点持续升级“劳动者港湾”服务内容，延伸服务功能。持续落实员工关爱，打造“送温暖、送培训、送健康”工程，组建“创意星球”新媒体工作室，为深化新金融、实现高质高效发展凝聚力量。

（张　铮）

【西单支行业务】年内，西单支行实现本外币账面利润3.72亿元。中间业务收入1.72亿元。本外币全口径存款时点余额297.79亿元；一般性存款余额289.52亿元。本外币各项贷款时点余额32.5亿元；五级分类不良贷款余额0.07亿元，不良率0.21%。西单支行贯彻落实党中央、总分行重大决策部署和工作要求，推进新冠肺炎疫情防控和生产经营，新金融势能不断释放，整体业绩稳步攀升，各项工作取得快速发展。做好疫情防控和“六稳”“六保”工作，把疫情防控与生产经营作为干部党员检验标准。压实主体责任，梳理三级责任清单。推进总分行战略部署。住房租赁新增存房55套，计划完成率10.82%，分行排名第28位。普惠金融贷款余额8.46亿元，计划完成率113.12%。金融科技智慧政务对公社会化平台客户增长300户，分行排名第7；对私社会化平台客户增长1.3万户，分行排名第5，金融科技战略综合排名分行第10。持续聚焦同业优先，新兴金融业务创造中收1.24亿元，全年新增托管账户70户，余额新增633亿元，托管规模达到6668.18亿元。持续聚焦零售优先，代发工资额新增10736万元，计划完成率151.28%；扶贫卡新增6330张，信用卡消费交易额8.27亿元。持续聚焦交易优先，成功与联通集团开展线上业务合作完成一期系统开发，为实现C端突围搭建有效业务场景。实现“好孕妈”网络特约商户新增。成功与北京银联商务有限公司、中国联通支付公司、九派支付有限公司签约合作。完善管理制度，制定长效机制，以“六化”（制度化的约束、精细化的管理、组织化的推动、精准化的营销、严格化的考核、人性化的关爱。）为抓手加快推进管理体系和工作效能的提升。制定《西单支行经营机构执行力监测评价办法》，增强各机构落地执行力，确保关键经营指标稳健发展。制定对公、对私客户经理管理办法、公私联动管理办法，明晰员工职业发展路径，提升公私联动效率，确保队伍建设组织化、梯队化。推进涉赌涉诈排查整治及“回头看”工作，落实全面风险管理责任。以深化“平安建行”创建工作为主线，层层压实安全生产责任，提高全行安全防范意识和处置能力。

（卢　萌）

交通银行股份有限公司北京市分行

【概况】交通银行股份有限公司北京市分行（简称交行北京市分行）机构网点130家，其中二级分行1家、分行营业部1家、一级支行39家、二级支行80家、普惠支行9家。截至年底，本外币资产总规模9628.67亿元，较上年增加1591.63亿元，增长率19.8%；本外币各项存款余额8071.8亿元，较上年增加1031.75亿元，增长率14.66%；本外币各项贷款余额3865.51亿元，较上年增加361.43亿元，增长率10.31%；利润106.37亿元，较上年增长12.05亿元，增长率12.77%。

地址：西城区金融大街22号

电话：88668866

（何华伟）

【公司金融业务】年内，交行北京市分行加大负债结构调整力度，实行亏损限额管控和负债成本分类管控，压降高成本负债占比，存款净收益较上年提升30%以上。推动交易型银行建设，通过“一链两平台”深化银企合作，做大产业链融资和结算规模，实现资金闭环运行，活期低成本负债日均增量219亿元。对接医疗设备、防护用品、民生保障等相关企业，发放防疫专项贷款20.56亿元。抓住支持民营企业和制造业、发展普惠金融、“两新一重”等热点，创新融资模式、完善信贷产品，推动贷款增长。针对特定发展阶段、特定产业、特定区域小微客群，开发“起点贷”“智融通”“科创快贷”“租金贷”等个性化融资产品，形成小微金融特色信贷产品体系，普惠两项监管指标均实现“当年倍增”。

（何华伟）

【个人金融业务】年内，交行北京市分行持续稳规模降成本，人民币储蓄存款日均增长144亿元，高成本负债存量占比降至8.5%。推动AUM由传统储蓄向多元化配置转型，以客户为中心推动资产配置下的财管销售。重点基金销量427亿元，零售财富管理收入较上年同期增长4.5亿元。成立线上金融业务中心，打造特色营销助手品牌“张小姣”，依托各类线上渠道，开展基础客群拓展和重点产品营销。对接现有网点、集团客户和商圈资源，瞄准五类客户开展信用卡融合营销，宣传“新手5分购”“最红星期五”等品牌活动，提升交易流量。与京东集团合作推出京东PLUS联名信用卡。加大全线上小额消费贷款惠民贷宣传，针对代发工资、房贷、优质借记卡等客群开展精准营销。

（何华伟）

【国际业务】年内，交行北京市分行针对重点客户提供“汇增利”产品、大额定期存款、外汇掉期存款等多种服务方案，撬动外币存款增长。建立专属境内外联动团队，通过海外银团贷款、双边贷款等业务匹配客户个性化融资需求。助力某医药央企争揽世卫组织在华采购防疫物资业务，成为采购协议下世卫组织唯一指定收汇行。为中小微企业提供“出口发票融资”“政保贷”等融资产品，扩大国内保理各产品在第三方供应链平台的应用。推广国际业务线上产品及单一窗口，通过新型交易渠道推动客群结构调整。关注“一带一路”沿线国际走廊陆海口岸支点建设进程，参与电站、采矿、电信网络、城市建设等基建领域海外工程承包和投建营一体化项目。

（何华伟）

【基础管理】年内，交行北京市分行开展大客户营销管理体制改革，优化巡察管理架构，实施营运渠道、预财资负架构改革，完善全面风险管理体系。实行“1+1”经营管理责任制，促进管理责任和经营责任“双落实”。建立资产负债管理会议、分支行业务汇报会和重点工作汇报会等机制，理顺部门协同和经营决策督导机制。持续开展优化两纵、强化一横、完善一配套的“211行动”。围绕产品、流程、制度创新，跨单位、跨条线成立37个专项小组合力攻坚重点业务。推进“智慧案防”系统上线，开展“五大领域”专项治理，逐一建立台账督促整改。推进清廉金融文化建设。

（何华伟）

【风险管理】年内，交行北京市分行实现风险授信和反洗钱体制及内控案防管理改革落地，资产质量保持稳定。组建重大潜在信用风险事件处置化解专项小组，以项目制形式处置风险事件。建立疫情防控期间风险管理工作机制，梳理可能受疫情影响需重点关注企业名单，及时纾困并做好风险预案。抓实临期管理，按月滚动摸排预测未来3个月存在逾期风险隐患的项目，强化预警提示，逐户制定应对措施，严控新增风险。推进贷（投）后管理改革，组建跨部门专职贷（投）后管理团队，牵头公司客户信用风险管理工作。通过设立“集中监测类客户名单”、创新设置关键前置性风险因子预警模式、优选外部风险监测工具、建立部门间联动管理机制等手段，动态筛查风险隐患。

（何华伟）

【阜外支行金融业务】阜外支行下设1个营业室和3个支行。截至年底，人民币存款余额236亿元，同比增加0.2亿元，其中储蓄存款71亿元，对公存款165亿元；人民币贷款余额123亿元；实现各类中间业务收入13756万元；实现本外币利润45460万元，人均创利376万元。

（安睿娟）

【西单支行金融业务】西单支行下设1个营业室和1个支行。截至年底，人民币存款日均余额268.42亿元，同比增加76.81亿元，其中储蓄存款35.68亿元，对公存款232.74亿元；人民币贷款余额651.48亿元，同比增加98.27亿元；普惠“两增”贷款余额4.34亿元，同比增加3.61亿元；实现各类中间业务收入13305万元；实现本外币利润63013万元，人均创利768万元。

（赵　欣）

【宣武支行金融业务】宣武支行下设1个营业室、3个支行和1个特色网点。截至年底，人民币存款日均余额77亿元，同比增加3.75亿元，其中储蓄存款日均余额58亿元，对公存款日均余额19亿元；人民币贷款余额5.31亿元；实现各类中间业务收入6143万元；实现本外币利润11681万元。

（陈肖肖）

【北三环中路支行金融业务】北三环中路支行下设1个营业室和3个支行。截至年底，人民币存款余额222.93亿元，同比增加32.33亿元，其中储蓄存款55.74亿元，对公存款127.91亿元，同业存款39.28亿元；人民币贷款余额103.08亿元；两增贷款余额43217万元；实现各类中间业务收入13034万元，其中对公板块8494万元，零售板块4540万元；

实现本外币经营利润42292万元，人均创利454.75万元。

（曹岩秋）

中国光大银行股份有限公司北京分行

【概况】中国光大银行股份有限公司北京分行（简称光大银行北京分行）有营业网点69家。截至年底，资产总额5847亿元，比上年增加469亿元。一般存款时点余额5271亿元，比上年增加822亿元，增长18%；一般存款日均余额5243亿元，比上年增加809亿元，增长18%；核心存款时点余额4639亿元，比上年增加1582亿元，增长52%，同比多增1138亿元；核心存款日均余额4045亿元，比上年增加1082亿元，增长37%，同比多增645亿元。实现营业收入112.1亿元，同比增长5.02亿元。中间业务净收入26.92亿元，同比增加1.01亿元，营业收入占比24%。风险调整后利润66.21亿元，同比增加4.35亿元。不良贷款余额2.51亿元，比上年减少0.22亿元；不良贷款率0.2%，比上年下降0.03个百分点；关注类贷款余额比上年减少0.66亿元；关注类贷款率1.46%，比上年下降0.16个百分点。

地址：西城区宣武门内大街1号

电话：66567699

（潘远发）

【渠道管理与消费者权益保护】6月29日，光大银行北京分行成立渠道管理部/消费者权益保护部，整合相关职能、架构坚持“客户至上”的阳光服务理念，构建“大服务”格局。打造“拥军银行”，组织“八一拥军优抚”等主题品牌宣传，承办总行消保品牌创建活动。组织星级网点、阳光服务大使评选。在人民银行消费者权益保护评估工作中，分行排名北京股份制商业银行第一。推进名品、名店、名星品牌建设，2家支行获中国银行业协会“千佳网点”称号。配合银行保险监督管理机关开展金融知识宣教。

（潘远发）

【公司金融业务】年内，光大银行北京分行对公存款时点余额4210亿元，较年初增加672亿元；核心存款时点余额3735亿元，较年初增加1293亿元；对公存款日均4236亿元，较年初增加656亿元；核心存款日均3316亿元，较年初增加908亿元。全年预算分别达176%和155%。核心存款时点总量占比达到89%。核心存款增量占比192%，比总量占比高出104个百分点。高质量核心存款时点增量占比121%，比总量占比高出48个百分点。高质量核心存款、活期存款预算完成量是全年预算任务的近两倍。实现对公存款收入40.27亿元，同比增5.07亿元。发展低资本消耗FPA（Financial Product Aggregate）业务。坚持模式创新、深耕细作，投行承销、同业投资、资管业务齐头并进，制造业贷款、民营企业贷款余额双增，普惠金融贷款再创新高。FPA余额4119亿元，其中投行债券承销1584亿元，创历史新高，同比增加773亿元，增长95%。同业投资余额425亿元，同比增加181亿元，增长85%。支持北京市“三个一百”重点项目投放21亿元；制造业贷款余额167亿元，制造业中长期贷款余额118亿元；民营企业贷款余额165亿元；普惠金融贷款余额92.35亿元。

（潘远发）

【零售金融业务】年内，光大银行北京分行零售存款日均余额突破1000亿元大关，达到1008亿元；AUM余额2811亿元；零售日均存款占比19.2%；零售贷款时点占比35.3%，同比提升2.6个百分点，贷款点差提升53个BP至105BP；零售中收占比46.9%，同比提升1.7个百分点；零售营收占比36.6%，同比提升1个百分点；零售EVA占比31.5%，同比提升2.7个百分点；信用卡新增交易额超过1000亿元。私人银行客户6500户，增长1374户，增长27%；信用卡客户252万户，增长20.3万户。手机银行、云缴费、阳光惠生活三大APP月活客户277万户。核心存款增长超过1500亿元，时点余额占比88%，比上年提高19个百分点；时点增量占比192%，比上年提高140个百分点；日均余额占比77%，比上年提高10个百分点；日均增量占比134%，比上年提高73个百分点；压缩结构性存款859亿元，完成压降任务的177%。

（潘远发）

【创新金融科技】年内，光大银行北京分行金融科技研发投入3700万元，完成开发项目471项。实现中间业务平台横向扩容，开发零售信贷移动作业平台和金融专网不动产抵押登记系统，打造5G智慧网点。聚焦渠道平台和产业互联，推进B端、G端金融产品开发和市场营销，完善线上账户、支付、结算及网络融资。银联代付业务交易4186万笔51402亿元；电子支付线上交易5246万笔640亿元；托管25474笔950亿元，引入零售客户32.6万户；云缴费交易3.08亿笔1025亿元。

（潘远发）

【协同联动】年内，光大银行北京分行推动“光大超市”服务更新升级，创新充实财富E-SBU生态圈合作模式。协同发展业务规模超6000亿元，实现协同业务收入2.9亿元。代销集团企业基金、信托、保险等产品近60亿元；托管集团企业产品874只6128亿元；向光大证券有限公司、光大金融租赁有限公司等企业推荐项目50余个，合作规模超160亿元；为嘉事堂药业有限公司、中青旅控股股份有限公司、光大实业有限公司授信52亿元；发放中青旅联名借记卡15.6万张，中青旅、光大永明保险联名信用卡175万张；新增拓展证券第三方客户2.1万户。

（潘远发）

【风险防控与合规管理】年内，光大银行北京分行严格把控风险，强化“依法治贷、从严治贷、铁腕治贷”理念，坚守风险底线。制定区域信贷投向政策，强化信用风险监控。建设智能风控体系，完善统一授信管理。针对特殊资产经营工作，推动大额风险化解，加大处置力度，实现不良现金清收2.23亿元、核销处置7.3亿元。不良额、不良率、关注额、关注率实现“四降”。拨备覆盖率1057%，提高173个百分点。

（潘远发）

【新冠肺炎疫情防控】新冠肺炎疫情防控期间，光大银行北京分行支持企业复工复产，对相关企业表内外授信35笔145亿元，向34户名单企业投放74亿元。在云缴费平台保障30个省份620个项目的线上生活缴费需求，缴费1.46亿笔279亿元。为实体经济企业减费让利超13亿元，为中小微企业办理延期还本付息7亿元。中央广播电视总台“焦点访谈”“经济信息联播”栏目先后对分行支持受困餐饮企业的做法进行报道。

（潘远发）

华夏银行股份有限公司北京分行

【概况】华夏银行股份有限公司北京分行（简称华夏银行北京分行）资产总额3192.96亿元，比年初增加355.98亿元，增幅12.55%，其中各项贷款余额2001.05亿元，比年初增加305.61亿元，增幅17.92%；负债总额3145.46亿元，比年初增加352.45亿元，增幅12.62%，其中一般性存款余额3057.43亿元，比年初增加347.97亿元，增幅12.35%；全年累计实现利润总额（考核口径）64.77亿元，同比增加7.14亿元，增幅12.39%；年末不良贷款余额4.71亿元，比年初减少4.63亿元，降幅49.57%，不良贷款率0.24%，比年初下降0.31个百分点。截至年底，华夏银行北京分行设有综合性支行63家。

地址：西城区金融大街11号

电话：58598600

（车 喆）

【服务首都经济】年内，华夏银行北京分行参与9个批次政府债发行，承销规模71.8亿元。支持北京新机场临空经济区建设。为北京兴福临空产业发展有限公司提供城镇化建设贷款19.5亿元，用于大兴世界月季洲际大会项目，改善区域环境，提升园区影响力。支持非首都功能疏解。为北京燕房新城投资有限公司提供授信支持7.5亿元，提升老城区居住环境，承担首都居住人口疏解功能。支持冬奥赛区建设，给予北京国家高山滑雪有限公司授信支持5.73亿元，推动北京市冰雪运动文化建设。给予北京演艺集团有限责任公司6000万元授信支持，用于国家体育馆2022冬奥场馆改建。向通州投资发展有限公司授信100亿元，支持集体产业用地腾退、经营权租赁及台湖演艺小镇，张家湾设计小镇等重点项目。向环球主题公园及度假区提供信贷支持近6亿元，助力副中心文化旅游产业发展。服务首都民生发展。首批完成手机银行电子医保凭证展码全流程测试及正式上线，独家代理试点区长期护理险收缴及退费的业务，长期护理保险征收及发放系统成功上线。供应链金融实现多项创新突破。大型优质央企出表的无追保理投放13.46亿元。依托永定河为核心客户的分行首个反向保理投放突破1000万元。类中企业云链模式的讯易链项目上报总行，航信向总行汇报。中企云链直联、发票自动查询上线为系统内首个线上化项目，“企票通”、京东—华为再保理等线上项目在持续推进中。

（车　喆）

【个人金融业务】 截至年底，个人存款日均469.9亿元，较年初增长46.63亿元，个人存款余额494.81亿元，较年初增长62.31亿元。推动信贷业务集中作业模式的开展，实施集约化、标准化、专业化、模块化和流水化的信贷业务全流程管理，分行线下个人贷款余额较年初增长43.32亿元。信用卡发卡量3.7万张。年内新增ETC签约16690户，新增突破74万户，华夏速通卡微信公众号关注客户突破22万户。

（车　喆）

【普惠金融业务】 截至年底，小微企业贷款余额424.66亿元，较年初净增45.74亿元，小微企业贷款客户数10165户，较年初净增5547户，增速为120%，小微企业两增贷款全面完成监管指标。积极加入北京市“续贷中心”和“首贷中心”，通过首贷中心受理168家小微的10.88亿元贷款授信申请，在续贷中心续贷笔数199笔，完成续贷金额14.6亿元。推出“华夏众志贷”“抗疫人才贷”“中小企业复苏振兴百亿资金支持计划”等专项产品及服务，众志贷支持企业1056家，提供86.18亿元的授信支持。对涉及小微企业的25项收费项目实施减免政策，落实小微企业贷款应延尽延，不抽贷、不断贷、不压贷，为521户587笔43.35亿元贷款实施延期付息，为342户394笔30.09亿元小微企业办理无还本续贷。在北京市各辖区分别设立18个“小微企业金融服务中心”。成功接入中国人民银行征信中心牵头组织建设的应收账款融资服务平台，实现业务落地。

（车　喆）

【科技金融业务】 年内，华夏银行北京分行依托中关村管理部，为1580家中关村企业提供融资服务支持，实际投放金额1171.25亿元。累计服务科技型企业816户，占比超过50%，新三板企业222户，上市公司及子公司合计144户。除支持成长期和成熟期的科技企业外，管理部将金融服务特别是信贷服务向早期创业企业延伸。对初创期企业发放的单笔信用贷款最小仅7.5万元，单笔高科技企业信用贷款最高3亿元，单户高科技企业贷款最高50亿元。为318家“零杠杆”企业提供首笔贷款，帮助企业实现“零信贷”的突破。科技型贷款147户，在对公贷款客户中占比超过55%；科技型贷款余额43.5亿元，占比对公贷款总额31.8%。为50家科技企业提供授信支持，审批业务56笔，授信金额2.2亿元；投放47笔，投放金额1.8亿元。与担保公司合作开展特色产品高新易贷、创业易贷业务。为39家高新技术企业提供融资服务，其中为33家企业发放贷款金额5687万元。与中国投融资担保股份有限公司合作开展房抵贷业务合作，为7户提供授信支持，审批金额3705万元，其中为6户发放贷款，投放金额3085万元。

（车　喆）

【文创金融业务】 截至年底，北京文创产业管理部下辖支行文创用信户94户，较年初净增18户。作为文资办下属“文创金服”及“文创板”两大补贴平台合作机构，为文创企业客户申请补贴310笔9824.37万元，争取政府文创贷款补贴1191.01万元，净增“投贷奖”补贴开户109户。

（车　喆）

广发银行股份有限公司北京分行

【概况】 广发银行股份有限公司北京分行（简称广发北京分行）营业网点53家，分行营业部及7家支行网点在西城境内。截至年底，广发北京分行总资产3065.97亿元，实现报表营业收入32.4亿元，实现净利润8.84亿元。

地址：西城区菜市口大街1号院2号楼

电话：65169365

（陈悦哲）

【银行业务】年内，广发北京分行存款和储蓄存款日均同比增幅20.8%和65%；公司贷款和个人贷款日均同比增幅20.8%和11.2%。规模提升，资产负债质量得到优化。其中结构性存款的转化达成计划，存款付息率持续下降；贷款不良率保持在较低水平。克服新冠肺炎疫情防控对客群建设工作的影响，采取客户分层管理、加强过程管理和产品拓户力度等手段开发核心企业和重点企业。金融市场板块以投行业务持续深耕北京地区央国企，合作客户由集团本部向各层级子公司渗透，扩大客户覆盖度。零售板块以中国人寿转介作为客户资源增长点，围绕客养、会销等活动助力客户迁徙。截至年底，有效客户、零售基础客户、财富管理客户、私人银行客户均实现逆势增长。

（陈悦哲）

【金融服务】年内，广发北京分行贯彻落实上级关于新冠肺炎疫情防控工作的各项决策部署，最大程度降低人员流动，执行各网点轮流营业、分行各部门轮班值守的作息时间，上岗率低于50%，各项业务平稳运行。针对受疫情影响暂时存在还本付息困难的零售普惠小微贷款客户不抽贷、不断贷，做到"应延尽延"，累计涉及借款人1067名贷款余额17.41亿元。针对小微客户复工复产的资金需求，推广个人经营性贷款"复工贷"让利于民的贷款产品，手续便捷、审批高效，利率低至LPR。截至年底，发放"复工贷"近2000户54.25亿元。为企业紧急办理出账手续，在外汇市场休市休息日为采购境外防疫物资的公司客户办理结售汇业务等特殊服务。

（陈悦哲）

【金融创新】年内，广发北京分行成立创新实验室，开展业务创新工作，开展IDC新型基础设施收益权资产支持专项计划，落地系统内首单并表型ABN托管业务，推出优质央国企供应链间接融资业务等，提升业务水平，支持实体经济发展。

（陈悦哲）

【服务国家发展战略】年内，广发北京分行服务国家战略和发展大局，推进京津冀及黄河流域区域协同发展，筛选重点客户和重点项目，投放10亿元国新控股银团专项贷款支持天然气管网建设，获批乌兰察布风电基地170亿元银团贷款项目。服务实体经济，对公小微企业表内一般贷款较年初增加3.21亿元；小企业授信客户数较年初增长54户，突破近几年分行小微企业对公贷款增速较慢的困境。做好"六稳六保"，助力脱贫攻坚，累计发放扶贫贷款8.15亿元。精准扶贫贷款、涉农贷款、高端制造业贷款、绿色信贷、民营企业贷款、专项信贷投放均100%完成总行计划任务。民营贷款、中长期制造业贷款、高新贷款、文化贷款增速居北京市同业前五名。

（陈悦哲）

招商银行股份有限公司北京分行

【概况】招商银行北京分行表内总资产达10170亿元，比上年增加2056亿元，增幅25.3%；全折自营存款余额8454亿元，比上年增加1405亿元，增幅19.9%；全折自营贷款余额3544亿元，比上年增加356亿元，增幅11.2%；全年实现利润总额128亿元，与上年持平。资产质量持续保持优质，不良贷款率仅为0.19%。有营业机构107家。

地址：西城区复兴门内大街156号A座

电话：66426889

（肖楚璇）

【公司金融业务】年内，批发业务以夯实客户服务体系和客户经理管理体系建设为核心，深化公司金融体制改革；以开放融合为主线做好内部融合、连接开放；以客户分层分类经营管理为根基，深抓国央企、上市公司、新动能分类客群经营及50万元以上价值客户的合作提升；以公司金融数字化转型为重心，打造公司金融新优势。对公负债业务保持稳健增长态势，人民币对公自营存款年日均余额5403亿元，首次年末突破5000亿元大关，较年初增长980亿元；人民币对公核心存款年日均余额4207亿元，首次突破4000亿元大关，较年初增长926亿元；对公FPA规模6221亿元，首次突破6000亿元大关；人民币对公信贷规模2123亿元，是招商银行系统内唯一一家超越2000亿元的分行；客户结构进一步优化，日均50万元以上价值客户突破3万户，同比增幅11.01%，占全部对公客户的10.4%。交易银行业务在年度执行外汇管理情况考核中获得A类评级。机构业务实现与东城区、通州区和顺义区战略合作签约，开立北京市财政局外债转贷款财政专户，实现分行市级财政专户零的突破。票据业务创设央企清欠商票保贴新模式落地全国首单。

（肖楚璇）

【零售金融业务】年内，零售业务以AUM为纲，以MAU为“北极星”，以金融科技为支撑，以最佳客户体验为目标，以开放融合为方法论，深入推进数字化转型。实现零售营业净收入135.6亿元，其中非息净收入57.9亿元，管理总资产突破1.5万亿元，人民币储蓄存款余额突破3000亿元，人民币储蓄存款时点余额在北京同业市场占有率提升至7%。通过强化用户和客户拓展，线上线下协同经营，实现全年零售客群稳步增长，存量突破1000万户，非零客群883万户，资产5万元以上的客群达到142.4万户。理财、保险、公募基金、实物贵金属等销量均位列北京市场同业前两名，公募基金销量首次位列第一。截至年底，零售信贷资产余额达到1490.5亿元，较年初增长167亿元。小微贷款余额520.9亿元，较年初增长98.1亿元。零售贷款总增量、小微贷款余额和增量均在北京地区排名第一。

（肖楚璇）

【投行资管业务】年内，坚持投商行一体化经营思路，投金条线实现总收入38.45亿元，实现非息收入20亿元。落地京沪高铁并购、中国建筑限制性股票激励等国企混改标杆项目，落地“金石半年”、国电投ABCP等创新产品。市场交易业务实现投放规模200.25亿元，实现收入2528万元，成为招商系统内首个规模突破两百亿大关的分行。实现对公理财销售中收1.64亿元，公司理财产品日均余额1175亿元，对公财富管理客户数合并口径10555户。实现对公代销中间业务收入2.19亿元，同比增长93.81%。托管资产规模达到2.75万亿元，比年初净增4716亿元，增幅20.69%；实现托管非息收入6.62亿元，托管总收入15.59亿元。

（肖楚璇）

【风险管理】年内，坚定贯彻执行“六保六稳”的国家政策，以构建面向未来的风险合规管理体系为核心，发挥高效协同精神服务于北京分行战略体制改革和重点工程。保障分行资产质量持续优良，不良率为0.19%，资产业务结构得到进一步优化，稳定性、发展性和可持续性大大增强。重点完善全面风险管理体系，业务维度扩大覆盖面，谨防各类风险交叉蔓延，夯实扎口管理。流程维度延伸至业务全链条，避免环节衔接疏漏，提升管理精细化程度。科技维度加强风险数据信息化建设，赋能流程管理。成立审贷官、风险经理和市场条线共同参与的行业研究小团队，围绕生鲜电商、IDC、生物医药、集成电路等新兴行业开展深度研究，提升专业认知，重塑审贷思路，把控风险为一批优质的新动能、新经济企业提供融资支持。

（肖楚璇）

中国民生银行股份有限公司北京分行

【概况】中国民生银行股份有限公司北京分行（简称民生银行北京分行）本外币总资产余额8153.77亿元，较上年下降2.47%。各项存款余额7472.01亿元，较上年增长4.7%，其中人民币存款余额6791.1亿元，较上年增长1.42%。各项贷款余额3124.78亿元，较上年增长5.44%。全年营业收入129.59亿元，营业支出73.97亿元，实现营业利润55.63亿元。截至年底，民生银行北京分行下设二级分行1家、支行89家、便利型网点76家（社区支行71家、小微支行5家）。

地址：西城区复兴门内大街2号

电话：58560088

（周　含）

【公司业务】年内，民生银行北京分行正式启动对公业务改革，变革组织和体制，完善规则和机制，加大资源支持力度，提升客户综合化服务水平。坚持“民营企业的银行”战略定位，着力构建战略民企、中小企业的分层服务框架，提升民营企业金融服务质量。围绕金融支持复工复产、支持国家战略实施及重大工程建设、促进科创企业发展，开展金融服务，强化服务实体经济。对受新冠肺炎疫情影响较大的企业提供差异化金融服务，合理支持企业授信延续、应贷尽贷，对防疫重点企业发放贷款金额合计77亿元。加大制造业信贷投放，截至年底制造业贷款较年初增长28亿元。多措并举降低企业融资成本，全年发放贷款平均成本较上年降低约80BP。支持国家战略实施和重大工程建设方面，通过资产证券化、贸易融资、保理、供应链金融、场景结算等重点业务为京津冀协同重大工程建设项目提供全流程金融服务，重点支持城市副中心、大兴临空经济区、雄安新区建设、三城一区等重点项目。为城市副中心主要建设单位投放49亿元，朝阳区重点棚改项目投放20亿元，跟进三城一区重点园区建设和企业服务，全年债券承销规模突破823亿元、ABS投资257亿元，累计认购北京市政府债券42亿元。支持科创企业发展方面，聚焦高端装备制造、新一代信息技术、生物医药三大行业，设立11家特色业务机构，推出中小科创企业服务工具包，提供开户费减免、网银汇划手续费减免等优惠政策，利用现金管理产品提高企业结算效率，强化国际业务单一窗口及政策咨询服务，引导中小企业使用自助贴现的线上服务产品，强化供应链金融对中小客群的服务辐射作用，针对硬科技企业开展科创贷及投贷联动服务，分行中小企业客户数达2.2万户，信贷投放余额达到28亿元，助力北京市全国科技创新中心建设。

（周　含）

【零售业务】年内，民生银行北京分行推出零售改革2.0版本，储蓄余额1180.6亿元，新增142亿元，金融资产余额2786亿元，新增156亿元；非货币基金销售实现中收1.9亿元，较上年翻倍；贵宾客户数34.46万户，较年初新增1.56万户。私银客户突破6000户，较年初增长660户。网络金融业务持续健康发展，零售网金平台用户数410.48万户，比上年增加55.69万户。推动小微金融服务“增量扩面、提质降本”，落实中央稳企业保就业相关要求，参与北京市首贷、续贷中心建设工作，为小微企业办理延期还本付息18.31亿元，通过无还本续贷发放小微贷款303.47亿元，无还本续贷率76%。小微贷款余额439.49亿元，较上年增加16亿元。

（周　含）

【金融市场业务】年内，民生银行北京分行调整经营思路，贯彻回归本源，向客群经营和资金交易转型的指导思想。截至年底，同业资产业务余额1838亿元，同业负债业务余额3087亿元。重点发展资产托管业务，年底存量托管规模2.03万亿元，新增1400亿元。其中保险资金及公募基金托管增幅分别达到78%和27%。资产证券化托管持续突破，新增规模位居市场前列。票据直贴累计发生额294亿元，方便中小企业的线上自助贴现业务，累计签约客户数突破2588户，人行营管部再贴现累计获批42亿元。

（周　含）

【风险管理】年内，民生银行北京分行建立中心支行风险内控管理委员会机制，制定专项管理办法，派驻12名风险合规总监，明确考核办法和履职清单，完善信息交流共享机制，推动风险合规总监切实履职。改革对公清收模式，成立问题资产处置领导小组，强化领导和检视。将资产保全部由二级部升级为一级部，强化集中专业清收，强抓零售资产贷后基础管控。开展91项内控合规检查，完成9家支行的飞行检查和专项检查。建立洗钱风险预防、预警、处置和问责机制，完善“一体化”反洗钱管理履职体系。开展消保、反洗钱、法治民生等宣教活动，未发生有责投诉。

（周　含）

北京银行股份有限公司

【概况】北京银行股份有限公司（简称北京银行）截至年底，资产总额2.9万亿元，较年初增长

5.95%；实现营业收入642.99亿元，同比增幅1.85%；实现拨备前营业利润494.06亿元，同比增幅3.15%；不良贷款率1.57%，拨备覆盖率216%，拨贷比3.38%；实现归属于母公司股东净利润214.84亿元，同比增幅0.2%。北京地区贷款增长800亿元，被誉为“首都银行业稳企业保就业的主力军”。营业收入、净利润均保持正增长，成本收入比22%。全行总分支机构683家，北京地区274家。

地址：西城区金融大街丙17号
北京银行大厦

电话：66426500

（王钰娜）

【**品牌建设**】年内，品牌价值达597亿元，排名中国银行业第7位；一级资本在全球千家大银行排名位居第62位，连续7年跻身全球“百强银行”。

（王钰娜）

【**公司业务**】年内，支持新冠肺炎疫情防控和复工复产。首贷支持小微企业4687户642.6亿元，办理小微企业无还本续贷1000笔69.9亿元、小微延期还本付息4308笔381.7亿元，发行抗疫主题小微金融债券400亿元、疫情防控债券57.5亿元。全年北京地区人民币公司贷款累计投放3272亿元，较上年同期增加436亿元。北京重点建设项目投放贷款71亿元。首次中标北京市住宅专项维修资金业务代理银行。获得全国医保电子凭证资质，开立北京市城乡居民养老保险基金账户。推动“校园缴费”产品在59家教育机构落地。“支付结算”“贸易金融”“跨境金融”“网络金融”“财资管理”五大板块转型初见成效。获21世纪亚洲金融竞争力评选“2020年度创新交易银行”奖、2020年度中国财资奖·最佳交易银行产品创新奖。京管+企业手机银行获选2020中国金融科技先锋榜“中国金融科技创意榜”。投行业务创新转型加快。举办“政策引领·共生共荣——北京银行与实体企业合作发展研讨会”，推出“机构易淘金”系列机构理财、金融债承销、标准化票据、公募REITs等产品。获2020年度中银协银团贷款最佳项目奖和最佳发展奖。首次获2020年度中国并购公会“最佳并购管理奖”蝉联“最佳并购推广奖”。

（王钰娜）

【**小微业务**】截至年底，人行单户授信1000万元（含）以下普惠小微公司贷款余额429亿元，较年初增幅39.4%。银保监单户授信1000万元（含）以下小微企业公司贷款余额471.7亿元12567户，持续完成“两增”监管指标。普惠小微不良实现“双降”。获人行营管部“2019年度信贷政策导向效果评估”小微企业、文化金融、科技金融单项一等。外汇业务合规与审慎经营评估中获得“双A”评级。制定《北京银行关于落实〈北京市人民政府办公厅关于应对新型冠状病毒感染的肺炎疫情影响促进中小微企业持续健康发展的若干措施〉的16条举措》《北京银行关于进一步强化中小微企业金融服务支持实体经济高质量发展的落实举措》《北京银行进一步强化金融服务支持民营企业健康发展的指导意见》，落实金融支持小微、民营企业发展政策。降低实体经济融资门槛，首批入驻北京市首贷服务中心，制定《北京银行普惠小微企业阶段性延期还本付息操作和管理指引》，提高普惠小微信用贷款规模占比。与北京市税务局签署“线上银税互动”合作协议，上线对公“银税贷”产品。推出“流水贷”“房抵贷”特色产品，丰富普惠小微服务种类；上线业内首个“银担在线”系统，提升银担合作质效。参加市委宣传部文化产业园区授牌活动并发布“京彩文园”文化产业园区专属金融服务方案。与北京市广播电视局签署300亿元支持北京视听产业发展战略合作协议。与北京市文创板发展有限公司签署200亿元全面战略合作协议。与北京市文资中心签署北京市文化产业“投贷奖”风险补偿金意向合作协议。升级知识产权质押贷款产品“智权贷”，研发适合文化产业园区专属信贷产品“文园贷”。支持2020中关村论坛举办，信贷支持《夺冠》《金刚川》《紧急救援》《送你一朵小红花》等多部优秀影视作品。

（王钰娜）

【**零售业务**】年内，资金量规模达到7748亿元，增量突破600亿元；储蓄存款规模达到3925亿元，较年初增加404亿元；零售贷款规模达5050亿元，较年初增加623亿元，增幅14.1%，零售存贷款行内占比实现“双提升”。克服疫情不利影响，零售客户达2357.9万户，较年初增长163.7万户，增幅7.4%。推出“赢疫宝”贷款方案，支持疫情防控。落实“六稳六保”工作，普惠信用贷和延期还本等监管指标全面完成。精准滴灌个体工商户、小微企业主，个人普惠贷款余额突破500亿元。推出线上经营贷“银税贷”，缓解小微企业主融资难题。升级自有线上消费贷“京e贷”，发放突破20亿元。全年各类财富管理产品销售超7500亿元，年末净值类产品占比达81%，保本理财实现压降清零。基金销量同比增长104%，手续费收入同比实现翻番。手机银行推出App5.0版本，移动用户突破1000万户，App用户同比增长39%。发行首张DIY信用卡——“Me钥主题信用卡”、健康主题信用卡“乐卡”等5款特色产品，信用卡新增客户同比增长66%，推出“掌上京彩”App5.0。“校园缴费”落地57所院校机构，推出北京市工会会员“十全服务”体系，开展“爱心扶贫·共享健康”消费扶贫活动及“大爱基金”慈善捐赠。

（王钰娜）

【金融市场业务】年内，公募ABS投资、证券投资基金投资规模同比分别增长21%、61%，标准型、流转型资产占比持续提升；黄金租借、公募基金托管规模较年初分别增长80%、44%，融出利率债1170.33亿元，同比增长12.1%；国际单证、结售汇、国内证及福费廷等轻资本业务加快发展，实现中间业务收入同比增长13%。坚持产品转型创新，开展再贴现、转贷款业务68余亿元，服务小微企业1260户。上线“国际在线”多个子项目，全面提升移动金融外汇业务服务能力。搭建“托管家”业务运营系统，实现托管业务系统全行共享。获得10余项市场交易类奖项、人民银行营业管理部首批6家“京创通”再贴现新产品试点银行业务资质，当选中国银行业协会托管业务专业委员会第五届常委单位。

（王钰娜）

【风险管理】坚持稳健经营，实施分类管理，有序压降，严格执行“控大额、控累加、控占比、控限额”的管理要求及大额风险暴露有效管控。严格业务准入，强化风险排查，严格资产分类，加大不良处置力度，资产质量保持平稳可控。坚持服务一线，制定授权“白名单”、引导信贷结构调整。强化信息系统建设，上线财务预警系统、全面风险预警系统，增强风险的精准识别、有效防控和及时化解能力。坚持依法合规，以反洗钱自查整改为推力，以法律事务服务为依托，夯实合规管理基础，坚持源头治理，推动安保及案防工作规范化、科技化、专业化建设。

（王钰娜）

证 券

中国证券监督管理委员会北京监管局

【概况】中国证券监督管理委员会北京监管局（简称北京证监局），年内辖区企业直接融资总额11559.75亿元，其中IPO公司42家，募集资金969.06亿元；上市公司再融资79家次，募集资金662.52亿元；新三板挂牌公司公开发行7家次，募集资金22.63亿元，定向增发75家次，募集资金36.91亿元；209家企业发行公司债券（含ABS），募集资金9689.15亿元；5家企业通过H股首发上市和再融资融资217.39亿元。辖区多层次资本市场有序发展，截至年底有沪深上市公司381家，H股上市公司72家，其中包括35家A+H股上市公司。新三板挂牌公司1073家，其中精选层企业7家。公司债券发行人和企业ABS原始权益人399家，交易所公司债券（含企业ABS）存续规模2.6万亿元。北京区域性股权市场企业6609家，中介机构335家，投资人610户。法人证券公司17家，总资产1.32万亿元，净资产3068.74亿元，全年实现营业收入653.97亿元，净利润229.6亿元。基金管理公司36家（北京注册21家），总资产726.36亿元，净资产539.27亿元，全年实现管理费收入246.9亿元，净利润87.62亿元。基金公司管理公募基金产品存续1682只，公募基金管理规模（不含私募资管产品）3.65万亿元。期货公司19家，总资产1122.01亿元，净资产172.71亿元，全年营业收入42.67亿元，净利润11.8亿元。注册地或办公地在京的私募基金管理人5854家，合计管理基金22642只，规模5.62万亿元。从事证券服务业务的会计师事务所25家，注册在京外的会计师事务所北京分所17家，从事证券服务业务的资产评估机构总公司43家，评估机构分支机构14家，证券投资咨询公司17家，证券投资咨询分公司9家，证券资信评级机构7家。

地址：西城区金融大街26号金阳大厦6层、7层

电话：88088060

（李梦洁）

【上市公司监管】年内，稳步推行《科创板拟上市公司辅导工作服务指南》，新增辅导备案科创板公司59家，完成辅导验收31家，新增上市22家。助推创业板试点注册制改革实施，26家创业板企业提交上市申请，举办“创业板改革”专题培训，覆盖辖区104家创业板上市公司、328名董监高人员。与北京市金融局签订《推动提高上市公司质量备忘录》，推动出台《关于进一步推动提高北京上市公司质量的若干措施》，部署提高辖区上市公司质量专项行动计划17类、具体工作44项。创新开展辖区董事、监事线上专题培训11期7000人次参加。把好资本市场“入口关”，走访检查22家次。科学分类监管把好“过程关”，约谈风险公司及控股股东159家次438人次，开展现场检查45家次。联动协作把好“出口关”，推动北京市建立上市公司退市风险应对机制，辖区5家上市公司平稳退市。提前完成上市公司股票质押风险化解任务，相关做法经验在全系统内推广介绍。

（李梦洁）

【新三板挂牌公司监管】年内，北京证监局在全国范围内率先启动精选层辅导验收工作，成立“新三板专班”建立精选层申报快速响应机制。先后推出电子备案、视频验收、热线电话、线上培训等7项便民措施，解答各类咨询1000余人次，组织各类培训6次、培训900余人次。43家企业申报精选层辅导备案，15家企业通过验收，7家公司进入精选层。

（李梦洁）

【公司债券监管】年内，北京证监局分类施策做好债券违约风险防控。发挥多维度债券信用风险监测体系优势，密切监测高风险公司信用风险状况，跟踪督促中介机构履职、发行人自救。对风险及违约主体分类施策，综合运用纾困救助、债务重组、破产清偿等措施，通过市场化手段持续推进违约主体风险处置工作。处置多家机构持有违约债券及回购交易违约风险。监测重点证券公司的债权持仓及回购交易风险，运用约谈、提示函等手段，督促公司调仓提质，持续缓释持仓信用风险。

（李梦洁）

【证券基金期货经营机构监管】年内，北京证监局加强证券公司股权管理和重点业务管控，督促充分计提股票质押风险准备，督导一企一策逐只制定产品整改方案，季度监测规范整改进度，在过渡期内逐步化解风险。持续跟进创业板和新三板改革，对多家公司的投行内控和保荐项目开展现场检查。督导辖区高风险公司通过股东履责、调整业务结构、等方式稳妥化解风险，7月17日组成接管组对新时代证券依法实行接管。1家新设证券公司在北京落地，2家证券公司获证监会核准变更为外资控股证券公司。建立健全场外配资防范处置长效机制，对疑似证券账户进行全面核查和分类处置。持续推进证券基金期货经营机构监管方式改革，构建证券经营机构分类监管体系，开展监管标准化体系建设。指导辖区5家试点机构合规开展基金投顾业务，1家公司参与股权激励行权融资业务试点，推动2家证券公司纳入并表监管试点，支持2家优质证券公司发行上市增厚资本。稳步推进北京率先开展资本市场金融科技创新试点各项工作。

（李梦洁）

【证券服务机构监管】年内，北京证监局完成25家审计、43家评估机构首次备案，占全市场50%。探索备案制下的事中事后

监管模式，首创审计机构风险分类评价，深化以质控为中心的持续监管。首次开展辖区36家会计师事务所总分所年度监控报告审阅，以点带面完善审计评估机构质量管理。加强年报审计监管，摸排72家上市公司换所原因，组织审阅辖区161份非标意见审计报告、55份非标意见内控审计报告，保障辖区信息披露质量。以举报线索及抽查抽检为抓手，开展律师事务所现场检查6家次，督促加强内部管理，增强底线意识和合规意识，提升执业质量。综合运用监管手段推进咨询机构专项整治。

（李梦洁）

【私募基金监管】年内，北京证监局推进私募基金风险防控。构建完善辖区私募基金日常监管现场和非现场监测体系，以专项检查、投诉举报为切入点核查问题线索，对9家涉系集团化机构建立定期风险报告制度，通过数据筛查稳步推进527家风险机构风险摸排防控，压实私募机构主体责任，持续动态更新辖区845家私募风险公司台账。优化前置管理工作流程，完成584家前置审核意见，实行前置审阅、市场监管部门注册、基金业协会登记备案、地方金融办日常排查的四方监测模式，实现增量私募机构闭环管理，从源头防范金融风险。

（李梦洁）

【监管执法】年内，北京证监局组织辖区市场主体开展新证券法学习，辖区63家上市公司原创新法宣传投教产品185种，开展活动169场次，3900万余人次参与。13家投教基地开展投资者新证券法宣传教育，创新开发投教产品种类350余种，1200万人次参与活动。深化现场检查，促进与稽查执法衔接。开展现场检查143家次，向各类市场主体出具155份行政监管措施，同比增长25%。加强稽查执法，释放“零容忍”信号。办理各类违法违规案件44件，协查案件85件、案件线索核查57件、罚没款催缴12件。处理行政复议30件，行政诉讼20件，审结案件16件。行政处罚38人次，罚没金额1934.95万元。

（李梦洁）

【投资者保护】年内，北京证监局规范开展信访举报处理工作，保障投资者合法权益。办理信访举报4670件，接听信访电话5727次，处理12386热线1876件，政府信息申请公开189件。解决投资者合理诉求，严厉查处问题线索，从源头防范、化解风险。做好投资者宣传教育活动，培育理性成熟投资理念。开展“明规则、识风险，理性投资庚子年”（3·15）、第二届全国投资者保护宣传日（5·15）、诚实守信做受尊敬的上市公司、资本市场30周年——上市公司高质量发展在行动系列报道、金融知识普及月、新三板改革、创业板改革及新《证券法》普及宣传等投资者宣传教育专项活动。有序推进投资者教育纳入国民教育体系工作，辖区投教基地与300余所大中小学开展合作讲座、知识竞赛及社会实践等活动1400余场、覆盖2400万人。探索创新辖区证券调解机制，推动市场化方式解决民事纠纷。邀请北京市高院和7家特邀调解组织，联合召开诉调对接座谈会，推进辖区持股行权、示范判决+纠纷调解、投保机构代表人诉讼、小额速调等工作。

（李梦洁）

保　险

中国人民财产保险股份有限公司北京市分公司

【概况】中国人民财产保险股份有限公司北京市分公司在区境内有西城支公司、宣武支公司。西城支公司设有综合部（财务部）、运营支持部、业务管理部及10个营销团队。宣武支公司内设部门：综合部（财务部）、业务管理部、运营支持部、3个中介业务部、2个车商业务部、互动业务部、综拓业务部、电销业务部。

西城支公司

地址：西城区德胜门外大街73号

电话：62370120

宣武支公司

地址：西城区菜市口大街平原里20号

电话：83526336

（孟庆芝　李荣慧）

【西城支公司业务】年内，西城支公司深入贯彻集团“卓越保险战略”，落实总公司“十项重点”

工作和分公司各项工作部署，扎实推进“温暖工程”，做好新冠肺炎疫情防控，以“讲规矩、严作风，抓培训、提素质，强业务、重效益”为抓手，持续推动公司发展转型。实现保费收入6.74亿元，直接赔款4.66亿元，上缴税金1147万元。机动车辆保险承担风险保障金额1451.12亿元，承担企业财产保险风险保障金额919.93亿元，承担责任保险风险保障金额11268.54亿元，承担意外健康保险风险保障金额967.18亿元，承担货运保险风险保障金额60.68亿元，承担工程保险风险保障金额21.25亿元，承担信用保证保险风险保障金额10.15亿元。西城支公司紧跟政府政策导向，围绕服务社会治理、服务国家战略、服务新经济三条主线，贯彻落实创新驱动发展战略，服务首都经济社会发展，凸显“人民保险”社会担当。连续7年服务西城区公共安全综合责任保险项目，项目保障西城区人口覆盖率达100%。引导社会力量参与住宅工程质量管理，为西城区新建住宅项目提供工程质量潜在缺陷责任保险服务，提高住宅工程供给质量。服务北京市知识产权保险试点工作，助力北京深入实施国家知识产权战略，提升首都知识产权综合实力。配合区内15个街道开展复工复产和安全生产宣传工作，落实疫情期间降费和免费延期政策，为街道一线防疫人员和区内企业发放防疫物资作为政府公务车统采项目落地服务单位，为北京市公安局警务保障部、北京市公安局西城分局、西城区消防救援支队等多个市区政府部门提供车辆保险服务。

（孟庆芝）

【宣武支公司业务】宣武支公司主要经营车险和各类财产险、责任险、船货险、意外健康险、特险等。年内，宣武支公司学习贯彻党的十九届五中全会精神，深化全面从严治党和政治生态建设，开展组织机构优化工作，增强发展内生动力，贯彻落实“温暖工程”，全方位多角度做有温度的人民保险。实现保费收入56177.62万元（剔除宜人贷项目），同比上升7.99%，其中车险保费收入49234.42万元，财产险保费收入1714.76万元，责信险保费收入1114.4万元，船货险保费收入184.7万元，意外健康险保费收入3852.74万元，特险保费收入76.6万元。

（李荣慧）

中国平安人寿保险股份有限公司北京分公司

【概况】中国平安人寿保险股份有限公司北京分公司（简称平安人寿北京分公司）设有17个职能部门，34个营销服务部。年内，实现规模保费收入258.94亿元，同比增长1.84%。其中个险总保费245.32亿元，同比增长1.50%；银保总保费13.51亿元，同比增长8.45%；团险总保费0.11亿元。截至年底，客户数量已超过642万人，累计为北京市民提供人身保障27237亿元。有效保单5421298件，办理个人理赔78275件，赔款、死伤医疗给付12.57亿元，年金及满期给付26.83亿元。

地址：西城区金融街23号平安大厦

电话：59730008

（戴书敏）

【重大承保与理赔】年内，平安人寿北京分公司个人理赔案件78275件，总赔付金额12.57亿元。提供“闪赔”服务2.7万件案件，“闪赔”金额4210.7万元，均在30分钟内完成，最快“闪赔”用时1.55分钟。推出“智能预赔”服务，为符合条件的客户在住院治疗过程中，提前赔付部分理赔款用于疾病治疗。完成预赔案件32件，预赔金额11万元。客户L女士因多发性骨髓瘤身故，获赔身故理赔金331.3万元，为年内度理赔金额最高的案件。客户G先生投保“颐享世家”，累计人身险承保保额1亿元，成为年内累计最高人身险保额承保新契约。客户R女士投保“守护百分百”，累计重疾险承保保额1170.5万元，成为年内累计最高重疾险保额承保新契约。

（戴书敏）

【客户服务】年内，平安人寿依托金管家平台，推出“服务宝”在线应用，提供包括一对一私家医生在线免费问诊、线下医院专家门诊挂号协助、VIP陪诊等一站式服务。有152.3万客户使用健康管理服务，38.5万客户新增绑定免费的家庭医生，66.5万人次客户使用在线问诊，11万客户领取就医绿通。举办平安守护者行动、故宫600年特展巡游、篆刻体验、名家有约、乐高中心探索、少儿才艺达人秀等近百场精品线上、线下活动，客户67.2万人参与，互动频次201万次。推出“平安守护者行动计划”，108名保险代理人在美国心脏协会（AHA）持证专业导师带领下，接受专业课程培训并全部完成考核，获得国际认证的“HeartSaver® First Aid CPR AED”急救员证书，面向108个社区和单位进行公共急救知识普及。

（戴书敏）

【个人营销业务】年内，在抗击新冠肺炎疫情中，中国平安依托“金融+科技”的能力与优势，通过知鸟平台直播包含日常管理、前端触客、理赔年报解读、销售技巧等专题。口袋E、掌上保、金管家三管齐下，打造包含展业触客、培训、日常管理的线上化经营模式，引导代理人通过智能拜访助手、空中会客厅功能，帮助客户完成线上展业全流程。开展服务进万家、千万客户大回访等活动11次，服务客户148万人。

（戴书敏）

【银行代理业务】截至年底，平安人寿北京分公司银行代理业务年度首年期交规模保费达成59736万元，同比增长65%，其中外部渠道年度首年期交规模保费达成16011万元，同比增长20%。

（戴书敏）

【风险控制】年内，平安人寿北京分公司严格落实监管要求，开展系列自查，重点关注保险公司销售乱象、理赔乱象、财务乱象、保险中介市场乱象、消费者权益保护、内部员工廉政建设、代理人管理等方面，严格落实整改、严肃问责处罚，防范外部风险交叉传递，降低经营风险。开展多种形式宣导活动和培训向保险代理人、员工、客户普及防范非法集资、反洗钱、反欺诈、风险控制、法律合规、扫黑除恶等政策和知识。通过开展法律合规评审、制度建设、风险管理、内控自评、操作风险、反洗钱、打击违规代销非平安金融产品、暴风维权等工作，加强对保险代理人和公司各部门工作的预警监测和合规管控，实现风险管控前置。

（戴书敏）

【社会公益】年内，在北京地铁各线路LED屏，西单、金宝街等户外LED屏进行抗疫宣传。通过“北京头条”App发布平安人寿北分客户服务24小时在线不打烊等主题宣传。与中国妇女发展基金会共同发起“平安社区公益项目”。联合北京电视台生活频道共同推出保险业大型访谈类系列节目《平安守护人》10期。组成7人支教志愿者队伍走进浦洼乡平安希望小学体验支教过程。

（戴书敏）

中国太平洋财产保险股份有限公司北京分公司

【概况】中国太平洋财产保险股份有限公司北京分公司（简称太平洋产险北京分公司）下设支公司14家、营业部1家、营销服务部4家。年内，太平洋产险北京分公司实现全险种保费收入69.28亿元，同比增长1.73%。累计赔款支出（不含未决）36.6亿元，综合赔付率67.5%。

地址：西城区复兴门内大街158号远洋大厦F6层西区

电话：66428888

（孟宪斌）

【客户服务创新】10月，太平洋产险北京分公司签发系统内首张并购损失补偿保险。在影视行业，成功签发首张“影视数据企业”职业责任险。11月底，发布京津冀区域个人产品“盛世飞扬誉满京津冀”，保障范围覆盖财产到人身，实现“一张保单保全家”。服务创新赋能渠道提升体验。通过购车节活动等实现资源互换，在渠道推广太好赔ToB端，提供线上、智能、一键式服务体验。提高主动触客频次，针对新车、次新车、生日、脱保等7类客户持续回访。提升线上服务力度，推送“太好保、会员保”等小程序，将增值服务线上化运营，推广太贴心线上授权。

（孟宪斌）

【财产险业务】年内，太平洋产险北京分公司实现车险保费收入42.92亿元，非车险保费收入

26.36亿元，同比增长16.26%，其中农险保费收入1.89亿元，同比增长48.1%。车险业务方面，主动应对车险综改，开启车险经营转型，优化成本管控手段，创新服务改善客户体验。非车险业务方面，深化法客经营，突破重点领域，持续产品创新，强化精细管理，推进农险大客户生态圈建设。

（孟宪斌）

【服务社会民生】年内，太平洋产险北京分公司参与社会治理，服务国计民生。支持抗疫，助力复工复产。制定针对抗击新冠肺炎医务人员的医护保险保障计划，为友谊医院援鄂医疗队、北京儿童医院等医护人员免费赠送疫情保险。为钟南山团队提供新冠肺炎新药临床试验责任险，为顺义区后沙峪镇3万余名居民提供新冠肺炎传染病救助责任险。为工信部重点支持企业、京港地铁等提供防疫保险方案，签发“商户保2.0”综合保险保单，助力企业复工复产。服务中国国际服务贸易交易会，作为服贸会战略合作伙伴和唯一指定保险服务商，打造服贸会专属保险方案，提供风勘服务、志愿服务、物资赞助等多重保障。加强“警保合作”，服务保障民生。在石景山、城市副中心和经济技术开发区开设交管服务站，打通车驾管业务便民服务“最后一公里”。助推扶贫工作，组建直播团队，为宁夏回族自治区西吉县的野生真艾草、艾叶、艾饼直播带货。

（孟宪斌）

中国太平洋人寿保险股份有限公司北京分公司

【概况】中国太平洋人寿保险股份有限公司北京分公司（简称中国太保寿险北京分公司）年内实现保费收入55.72亿元，同比下降4.56%。其中个人业务实现保费收入为53.95亿元，同比下降2.59%，团体业务实现保费收入1.76亿元，同比下降41.06%。处理各种赔付、给付53.83万件，金额25.25亿元。个人业务13个月累计保费继续率87.87%，个人业务25个月累计保费继续率84.91%。团险业务13个月累计保费继续率55.96%，团险业务25个月累计保费继续率81.49%。下辖12个支公司，4个营销服务部。

地址：西城区复兴门内大街158号远洋大厦F6层

电话：83955220

（黄品嘉）

【个人业务】年内，执行集团和总公司“转型2.0”战略部署，压实一线指挥责任，践行高质量发展道路。加强绩优文化引导，鼓励员工争做绩优、达成绩优。开展分层客户经营，推进太保服务品牌的客户经营体系，提升客户服务水平，采取多项举措，提出“产品+服务”创新理念。在“太保蓝本”服务基础上，结合城市特点，以客户需求为宗旨，打造“北京蓝本”服务，为客户提供全面健康医疗保障服务。

（黄品嘉）

【团体业务】年内，中国太保寿险北京分公司渠道业务以“稳渠道、抓主力、共创新、细管理”为经营理念，面对突发新冠肺炎疫情，快速寻求突破路径。出行类业务，维护与既有合作渠道关系、探索景区合作可能。持续“点—面结合”“攻—守结合”立体作业方式，深入合作范围，争取市场先机，实现北京燃气公司业务新突破。出席中国人口与发展论坛，总结优生优育进万家赠险活动并启动2021年赠险活动。渠道业务点多面广。健康养老业务以转型2.0为工作主线，坚持规模增长与经营效益并重的原则，立足供应短期保障，创造长期价值，探索法人客户BBE业务模式，推进客户经营与共享协调，挖掘团险个人客户价值。推进团险产品策略落实和优化，重塑短险供给体系。围绕团体客户生态圈建设，深化“五福临门”团体客户服务体系，提升“太享福”客户覆盖面与服务体验度，利用“保险+养老服务”创新模式，加快服务创新拓展，推动健康服务和产品销售进一步融合。

（黄品嘉）

【重大理赔与承保】年内，客户F先生因意外深度昏迷，获得金佑人生提前给付重大疾病保险金353.8万元，为公司年度单笔重大疾病最高赔付。

（黄品嘉）

【客户服务】年内，中国太保寿险北京分公司以客户为中心，践行“客户服务体验最佳”愿景，构建“两个服务体系+一个专业支持平台”的营运服务架构，客户服务体系实现从专业管理到专业服务的转型。业务服务体系深化从承接服务到业务赋能的转型。推动客户服务体验提升，为高保额高保费保单提供售前到售后全流程“会诊”式服务。

（黄品嘉）

【中介机构管理】年内，按照监管对中介机构合规管理的要求，履行签约中介机构资质审核职责，拜访调研新签机构，对已签约机构定期进行评估，规范代理协议的签订，确保合作的中介机构符合行业合规要求。团险业务部成功签约13家，洽谈中的意向机构30余家。

（黄品嘉）

【运用科技管理】年内，成立IT架构管理委员会和项目管理委员会。实现行业首创远程双录智云录，打造线上增员平台智云增，上线基于远程视频交互服务的云柜面，启动团体业务数字化核心系统建设，全面赋能业务数字化经营。上线寿险代理人一期项目，完成数据中台数据链路的验证。推进数据标准编制和监管数据治理。落实意健险等相关信息技术平台的有关要求。

（黄品嘉）

【产品和服务创新】年内，构建“大健康+大养老”客户服务体系，开创金字塔式分层客户经营体系。以蓝本升级等活动为契机加大老客户服务触点，创新开办北京蓝本，串联中端与高端客户提供针对性专享服务。严格做好新冠肺炎疫情防控，开展北京、上海、大理三地联动。创建幸福365客户经营服务体系，将基础、中端、高端、极高端客户服务有效结合。

（黄品嘉）

【风险管制】年内，落实强监管要求，通过搭建矩阵型内部合规管控体系，协同一道防线落实风控主体责任，确保合规风险管控取得实效。提升二道防线对风险的“识别、评估、预警、防控”能力。实现“一守、二保、三减”的工作目标，确保不发生重大风险事件。

（黄品嘉）

（责任编辑　孙凤霞）

城市规划与建设

3月20日，西单文化广场升级改造项目现场，工人按照防疫要求佩戴口罩施工（于志强 摄）

11月，北海医院和东天意市场降层改造项目楼体拆除作业提前完成（于志强 摄）

12月31日，菜园街和光源里棚改项目涉及居民回迁住宅楼的许可核发工作完成（市规自委西城分局 供图）

年内，果子巷建成通车（区住建委 供图）

6月，龙爪槐胡同建成通车（区住建委 供图）

年内，鼓楼西大街修缮整治全面完成（刘鹜 摄）

年内，西城区多部门联合启动恭王府周边环境整治提升工作（闻昭 摄）

年内，西什库大街街区立面提升改造项目二期工程竣工（刘鹜 摄）

建设管理

【概况】 北京市西城区住房和城市建设委员会（简称区住建委）是西城区政府的职能部门，负责全区城市建设工作。内设机构11个，编制50人。年内，西城区房屋施工面积4382.6万平方米，同比增长7.1%，房屋竣工面积694.9万平方米，同比下降26.3%。签订合同额2571.9亿元，同比增长10.4%，其中新签合同额1093.9亿元，同比增长25.1%。光源里、菜园街项目完成居民签约20户，光源里棚改项目正式户实现“清零”。完成21部电梯增设确认，推进37条市政道路建设和十四五时期道路规划编制。截至年底，大吉巷西段、果子巷、龙爪槐胡同3条道路建成通车，累计里程1208.92米。

地址：西城区长椿街甲24号
电话：63027019

（齐彦博）

【领导调研】 1月16日，区委常委、副区长朱国栋到区住建委调研。1月28日，朱国栋到住建委检查新冠肺炎疫情防控工作落实情况。2月18日，朱国栋检查区施工现场复工情况。3月6日，区委副书记、区长孙硕检查区建设工程施工现场疫情防控和复工复产情况。3月9日，朱国栋到旧宫、高立庄保障房建设项目检查疫情防控与复工复产情况。3月18日，区委书记卢映川检查区建设工程施工现场疫情防控和复工复产情况。5月19日，市住建委副主任赵成检查区建筑工地疫情防控和“两会”服务保障工作。5月19日，区领导张立新、罗明、缪剑虹、聂杰英到西单文化广场升级改造项目现场，查看建设工程疫情防控、安全生产和“两会”服务保障工作落实情况。5月19日，朱国栋检查区建设工程“两会”服务保障工作落实情况。8月7日，孙硕、朱国栋到区住建委调研疫情之后城建领域重点工作开展情况。8月12日，卢映川、区纪委书记虞宝才、副区长李异检查区建筑工地。11月23日，区委书记孙军民检查区建设工程施工现场安全生产、疫情防控和扬尘治理情况。11月30日，朱国栋带队检查区建设工程安全生产和扬尘治理落实情况。

（齐彦博）

【市政道路建设】 年内，实施37条市政道路建设和征收工作，大吉巷西段、果子巷、龙爪槐胡同3条道路建成通车，累计通车里程1208.92米。

（齐彦博）

【轨道交通建设】 年内，全区共建设3条轨道交通线路（地铁12号线、16号线、19号线）和1个换乘通道（地铁2号、4号宣武门站换乘通道）。其中2号、4号线宣武门站换乘通道改造项目完成土建工程施工，地铁12号线北马区间正线开挖及初支累计完成96%，二衬施工累计完成80%。马甸站主体结构站厅层结构完成80%，站台层土方开挖完成10%。地铁16号线二里沟站完成主体结构，附属结构完成90%；完成甘家口站主体结构和附属结构；完成玉渊潭东门站主体结构，附属结构完成93%；完成木樨地站主体结构，附属结构完成20%；完成达官营站主体结构，附属结构完成68%；完成红莲南里站主体结构，附属结构完成42%。

（齐彦博）

【保障性住房建设】 年内，完成计划新开工432套政策性住房的年度目标，9月底承担指标任务的光源里C4地块开工建设，新增定向安置房房源及新增用房项目全部采用《定向安置房业务管理系统》线上调拨审核。实现上线房源15992套。

（齐彦博）

【平安银行天银大厦装修工程竣工】 1月2日，平安银行股份有限公司北京天银大厦装修工程竣工。工程位于复兴门南大街甲2号，总建筑面积14369平方米；投资610.479346万元，于2019年6月7日开工。由平安银行股份有限公司北京分行建设，北京中和建城建筑工程设计有限公司设计，北京北方世纪建筑装饰工程有限公司施工，深圳市深龙港建设监理有限公司监理。

（齐彦博）

【360总部项目外装饰及夜景照明工程竣工】 1月19日，360企业安全集团核心区总部项目外装饰幕墙及夜景照明工程竣工。工程位于展览馆路1号，总建筑面

积42482.87平方米，造价1329.98万元，于2019年3月15日开工。由奇安信安全技术（北京）集团有限公司建设，北京维拓时代建筑设计股份有限公司设计，天津市华方幕墙装饰工程有限公司施工，北京建大京精大房工程管理有限公司监理。

（齐彦博）

【北京金融街国际酒店改造工程竣工】7月29日，北京金融街国际酒店改造项目总承包工程-1标段竣工。工程位于金融大街11号，总建筑面积2.7万平方米，造价1502.427053万元，于2019年3月28日开工。由北京金融街国际酒店有限公司建设，北京建院装饰工程设计有限公司设计，北京燕佳建筑工程有限公司施工，北京建工京精大房工程建设监理公司监理。

（齐彦博）

【手帕口南街定向安置房住宅楼竣工】7月31日，手帕口南街定向安置房B2住宅楼、B1住宅楼竣工。工程位于手帕口南街80号，地上51234平方米，地下5670平方米，总建筑面积56904平方米，造价14070.765万元，于2011年7月8日开工。由北京京铁房地产开发公司建设，中铁华铁工程设计集团有限公司勘探，北京中联环建文建筑设计有限公司设计，中铁电气化局集团北京建筑工程有限公司施工，北京光华建设监理有限公司监理。

（齐彦博）

【电教小区建筑物外立面改造工程竣工】11月4日，电教小区建筑物外立面改造工程竣工。工程位于复兴门内大街160号，总建筑面积29135平方米，投资2798.7191万元，于2017年6月10日开工。由中国教育电视台建设，中广电广播电影电视设计研究院设计，中城建第五工程局集团有限公司施工，北京中联环建设工程管理有限公司监理。

（齐彦博）

【阜成门北大街5号业务用房项目竣工】11月4日，阜成门北大街5号业务用房结构加固、立面装修及内院改扩建项目竣工。工程位于阜成门北大街5号，总建筑面积22788.4平米，分为地上18001.6平方米，地下4786.8平方米。建设单位光明日报社，华诚博远工程技术集团有限公司设计，泛华建设集团有限公司施工，北京建宇工程管理股份有限公司监理。

（齐彦博）

【北京图书大厦外立面改造项目竣工】12月10日，北京图书大厦外立面改造项目竣工。工程位于西城区西长安街17号，总建设面积1.5万平方米，投资3572.750136万元。由北京图书大厦有限责任公司、交通银行股份有限公司北京市分行建设，北京市建筑设计研究院有限公司设计，北京城建北方集团有限公司施工，北京方达工程管理有限公司监理。

（齐彦博）

【街区更新】年内，研究制定《西城区贯彻落实核心区控规进一步推进街区保护更新的实施意见》和《西城区落实首都功能核心区控制性详细规划三年行动计划（2020—2022年）》。全区共推进58项街区保护更新项目，其中指挥部带前端公司类17项，街道自施类41项，涉及资金36412万元。

（齐彦博）

【重点工程项目征收】年内，完成珠朝街、红居北街东段、茶马北街西口3个项目征收工作，共签约8个单位产，61户居民。

（齐彦博）

政府投资项目建设

【概况】北京市西城区政府投资项目建设中心（简称区建设中心）是西城区政府直属正处级全额拨款事业单位。下设办公室（含财务）、代建及中介管理科、项目建设管理一科、项目建设管理二科、项目建设管理三科5个职能科室。主要职责：继续推进原有在建项目进度；负责区政府投资项目的监督检查、协调和管理工作；受区住建委委托，负责区内基本建设领域的专项建设规划政策研究和建设项目的资源调查、统筹管理等工作；承办区政府和上级业务部门交办的其他事项。

地址：西城区培育胡同15号

电话：83538176

（李丹梅）

【结算项目】北京小学走读部综合改扩建工程于2014年9月完成竣工验收并备案，并于2016年4

月和12月先后两次进行决算评审，2019年9月由市发改委主持完成项目竣工决算的最终评审，并发批复，批复项目送审总投资4955.88万元，审定市政府固定资产投资4354万元，核减601.88万元。5月，根据区政府会议精神，区建设中心完成项目所需所有工程款的拨付，并完成决算。

（李丹梅）

【决算评审项目】年内，西城区长椿街甲24号院修缮工程全部完工。修缮面积5200平方米，主要施工内容为建筑内部装修改造，室内给排水、暖通空调、电气系统改造和加挂室外电梯。项目总投资1524.83万元，超概算批复总投资39.6%。截至年底，支付相关费用825.40万元，项目进入决算评审阶段。

（李丹梅）

【老旧小区综合整治】2019年，建设中心根据区住建委统一部署承担4个老旧小区（铁狮子巷15号楼，西直门南小街16号楼，红莲中里6号、8号楼，永乐里10号院）综合整治工程。整治内容包括外墙保温层、小区电路改造、光纤进小区、小区环境改造等。截至年底，整治完成所有项目，共支付费用2000万元，4个项目全部验收完毕，进入决算评审阶段。

（李丹梅）

【公共卫生大厦项目】西城区公共卫生大厦项目于2014年12月10日完成竣工验收，并移交区卫健委。2019年5月完成编制项目竣工结算并提交竣工结算书。6月，区政府批示由区审计局对项目进行结算评审，12月，审计局委托第三方对项目进行结、决算评审。

（李丹梅）

【南横西街94号院校舍修缮项目】该项目于2018年5月进场施工，2019年3月交付使用。4月，区建设中心配合区审计局完成项目结算审核，项目实际总投资4.1亿，截至年底，完成拨付尾款1.7亿元。

（李丹梅）

规划和自然资源管理

【概况】北京市规划和自然资源委员会西城分局（简称市规自委西城分局，下简称分局），为市规划和自然资源委员会设在西城区负责区域规划和自然资源管理的派出机构，同时也是西城区政府依法履行相关职责的工作部门。内设办公室、法制科（信访与信息公开科）、规划编制与城市设计科、规划实施科（名城保护科）、市政交通科、自然资源调查监测科、自然资源所有者权益科（自然资源开发利用科）、综合审批科、规划土地核验科、财务科、机关党委（党建工作科、人事科）和纪检办公室等12个科室。下设直属行政执法机构西城区规划和自然资源执法队，和西城区不动产登记事务中心（参公事业单位）、西城区土地利用事务中心、北京市土地整理储备中心西城区分中心、北京市土地整理储备中心金融街分中心、西城区历史文化名城保护促进中心、西城区规划管理信息中心等6个事业单位。

地址：西城区南菜园51号

电话：66182866

（饶　松）

【领导调研】1月3日，市规划自然资源委员会主任张维视察西城区展览路街道微展厅。2月27、28日，张维、市规划自然资源委副主任周楠森，到分局不动产登记事务中心检查疫情防控和登记办理情况。4月29日，国家自然资源督察北京局局长孙家海到西城区调研土地督察相关工作。11月17日，区委书记孙军民到分局不动产登记大厅调研优化营商环境情况和核心区控规落实情况。

（邵　巍）

【专项整治和巡察问题整改】年内，区规划和自然资源专项治理的7个方面39项重点任务全部整改完成。市规自委巡察组反馈的10个方面35个问题，和区委交叉巡察组反馈的4个方面10个具体问题，全部完成整改。

（饶　松）

【扫黑除恶专项斗争】年内，开展“线索清仓、逃犯清零、案件清结、伞网清除、黑财清底、行业清源”行动。加强行业监管，持续排查违法建设等易滋生黑恶势力犯罪的乱点乱象。

（范俊娇）

【上年度区城市体检评估】年内，研究分析上年度总体规划实施情况，强化问题导向，结合典型案例，剖析深层次原因，提出对策建议。多次召开工作方案讨论会、区级部门座谈会、市级部门对接会、专家讨论会等，形成《2019年度北京市西城区城市体检报告》和《2019年度北京市西城区城市体检侧重点报告》，通过区政府专题会审议，并报送市规划和自然资源委。

（程淑楠）

【高架桥附属空间利用】年内，按照市、区领导对城市高架桥附属空间利用问题的批示精神，组织区城管委、园林绿化局、蓟城山水公司、各相关街道及责任规划师召开专题会议，梳理辖区内高架桥附属空间实际情况，探讨分析空间利用存在的问题，提出工作建议。

（程淑楠）

【核发重点项目建设规划许可】年内，核发宣武医院、儿童医院发热门诊、月坛体育场改造、阜外医院医院教学附属用房、协和医院竖向改造、武警第十支队集体宿舍项目等各级重点项目，和菜园街、光源里棚改等建设工程规划许可证。

（逯永光）

【城镇私房出让许可】年内，受理西城区城镇私有住宅国有建设用地现状出让申请178件，决定行政许可173件，出让土地面积4686.79平方米。

（杨　倩）

【配合划定区文保建控地带】3月，与区文旅局联合发布第一批15处西城区文物保护单位保护范围，划定建设控制地带。11月，公布第二批区级文物保护单位的保护范围和建设控制地带。

（蒋雁题）

【持续开展“四名”汇智计划】年内，“四名”（名城、名业、名人、名景）汇智计划理事单位增加至28家，提供资金支持其中的18家。筹集资金36万，发布招募1轮，收到申请表79份，支持团队61个。开展活动100余场，出版书籍3本，筹备出版书籍1本，拍摄专题纪录片1部。

（于长艺）

【名城保护】一季度，启动西城区“十四五”时期历史文化名城保护规划及前期研究工作。9月，完成《西城区“十四五”时期加强历史文化名城保护思路与措施研究》，并通过专家论证。在此基础上，完成编制《西城区“十四五”时期历史文化名城保护规划》。

（于长艺）

【核心区控规】年内，提前研究落实控规相关工作，配合城市工作委员会编制《西城区贯彻落实首都功能核心区控制性详细规划进一步推进街区保护更新的实施意见》《西城区落实首都功能核心区控制性详细规划三年行动计划（2020—2022年）》，明确231项落实核心区控规重点项目（另有230项街区更新储备项目）。

（蒋雁题）

【“十四五”时期总规控规专题研究】年内，研究落实“十四五”时期城市总体规划与核心区控制详细规划的总体思路和机制路径，邀请人大代表、政协委员、区发改委等相关部门及业内专家进行结题评审，形成相关研究成果。

（蒋雁题）

【全国文化中心建设】年内，作为落实北京市推进全国文化中心建设老城保护组牵头单位，配合全国文化中心建设领导小组办公室制定重点任务清单，及时报送相关任务完成情况，协助推动西城区建设全国文化中心。

（蒋雁题）

【落实《北京城市总体规划》】年内，梳理出涉及22家单位的42项落实《北京城市总体规划（2016—2035）》任务，形成“2020年西城区落实北京城市总体规划绩效考评事项”清单，按计划督促落实。专项督查西城区5项重点工作，向市规自委报送进度。截至年底，完成各项任务目标。

（程淑楠）

【责任规划师团队】11月5日成立“西城责任规划师联盟”临时党支部，出台《关于进一步加强西城区责任规划师工作的指导意见》和《西城区街区责任规划师工作考评实施细则（试行）》。组织责任规划师轮值5次，其他活动10余次，开展市级培训6次，区级工作交流会10余次。建立街道责任规划师团队、街道（指挥部）、规划和自然资源委员会西城分局三方互评体系。加大宣传力度，通过各种媒体发布文章、视频累计超过60篇。

（郭　冰）

【街区更新】年内，继续推进西城区街区更新，建成开放13个街道的街区整理展示中心。与相关单位研讨公房改造过程中落实《北京老城保护房屋修缮技术导则》。完善城区城市公共空间设计导则。建立规划设计艺术审查制度。落实统一规划、分级实施的要求，提高重点地区、重点项目的设计水准。

（郭　冰）

【规划和自然资源领域专项治理】年内，成立规划和自然资源领域专项治理工作领导小组和工作专班，办公室设在市规划和自然资源委员会西城分局。研究制定规自领域专项治理工作实施方案和重点任务分工方案，并结合实际形成7个方面39项重点任务清单。年内，区级的39项任务全部完成整改。

（张丽坤）

【代征道路用地移交】年内，通过开展西城区代征道路用地移交专项工作，完成代征道路移交56条。

（郑　杰）

【第三次全国国土调查】年内，针对北京市第三次全国国土调查领导小组办公室下发的11块影像预判不一致图斑、5块影像预判疑似变化图斑、229块影像预判变化图斑，以及我区自主提取的166块核查图斑，共计核实411块图斑。以三调底图为基础进行全面地类更新。此次全区调查面积50.33平方公里，调查图斑6118个，共涉及27个二级地类。最终形成成果提交市三调办，三调工作接近完成。

（许　洁）

【土地储备开发】年内，编制西城区2020年及2020—2022年滚动土地储备开发计划。共申报建设项目11个约37.09公顷。其中已收储项目3个、在施项目4个、转危改项目1个，继续履行撤销程序项目3个。

（胡　圆）

【地热踏勘】年内，完成公示上年度非油气矿产资源统计和勘查开采信息，和区内2口矿区面积约1.31平方公里的地热井现场踏勘。

（岳　娜）

【测绘地理信息】年内，完成3个信息化项目：《西城区在途项目管理信息系统》《智慧西城时空信息云平台地名地址数据标准化建库与多样化服务》和《智慧西城时空信息云平台运维项目》。

（刘洪岐）

【建设用地供应】年内，编制区2021年度土地供应计划，共安排项目9个，总用地面积约9.93公顷。其中公共管理与公共服务用地项目2个，土地面积0.97公顷；保障房项目用地7个，土地面积8.96公顷，均为棚改项目。

（康　帝）

【自然资源国有资产专项报告】年内，会同区园林、水务部门联合编制完成《2019年度西城区国有自然资源情况报告》，10月28日向区政府常务会作专题汇报。

（姚丽辉）

【查处违法建设】年内，共立案42件，其中移送城管部门6件；行政处罚1件，罚款金额约7.47万元。确定限期拆除1件、限期改正2件，申请强制执行2件。配合属地街道、城管、房管、应急、市场监管等部门开展联合执法、联合检查2300余次，出具违法建设协查书面意见462件，涉及违法建设面积约3万平方米。

（崔　达）

【受理核发审批事项】年内，共核发审批案卷147件。建筑类项目核发94件：建设项目选址意见书与用地预审意见合并办理（政府投资房屋建筑工程）4件；建设工程规划许可证58件（社会投资房屋建筑工程16件、政府投资房屋建筑工程6件、社会投资简易低风险工程3件、城镇私有平房住宅原翻原建22件，城镇居民建房9件，临时建设工程2件）；总建筑规模887811.321平方米，线性规模总长2404.89米；建设工程规划核验32件（城镇私有平房住宅原翻原建规划核验项目9件、城镇居民建房23件）。市政类项目核发48件：建设项目选址意见书及用地预审意见合并办理18件，建设工程规划许可证30件。总建筑规模3446平方米，线性规模总长延米3389.381米。地名命名2件。建筑物名称变更1件。不予许可2件。

（逯永光）

【简易低风险项目服务】年内，建立涵盖规划实施、审批、核验，不动产登记的优化营商环境简易低风险项目全流程服务工作专班，实行“一条龙”服务；对研究过程中的项目进行全面梳理，建立工作台账，制定工作计划，定期召开专班工作会，上下联动，推进简低项目；将平房原翻原建纳入社会投资简易低风险项目中，缩短建设工程规划许可证办理时间，权利人无需申请即可办理规划核验，省去房产测绘备案环节，增设简易低风险不动产登记专窗。截至12月底，全区新建社会投资简易低风险项目共29个，完成7个全流程案例，居全市第二，并办理了全市首个纳入简易低风险范围的私有平房原翻原建案例。

（逯永光）

【优化营商环境】年内，推出七个“区块链+不动产登记”应用场景，提供网上查询、网上预约、网上支付及EMS递送等服务。开通“金融专网”，办理不动产抵押权登记业务。推行北京不动产查封登记网上办理；增设“破产（强制清算）不动产登记信息查询”服务。增设“悉心听窗口”、服务监督室，组建督导小组，接受群众的投诉、意见及建议。设置“洽谈室”接待企业、办事群众商讨业务。开展延时服务，实行“早晚弹性办”“午间不间断”“周末不休息”，满足群众随时办、错峰办、享受不间断服务的需求。牵头组建区历史遗留项目处理工作专班，协调解决相关项目。建立西城区历史遗留项目台账，多次召开专题会，协调解决5个历史遗留项目共计260户居民办证问题，打通通道，解决6个历史遗留项目。

（贾博阳）

【不动产登记】年内，受理不动产登记43395件；发放不动产登记证书、证明33732本；办理不动产登记档案查询29766件；接听咨询电话34966件；网上办理12616件；收缴土地出让金4133余万元，不动产登记费约299万元。

（贾博阳）

【法治宣传】年内，开展“4·22世界地球日”“6·25全国土地日”等5个法治宣传活动。到建功南里、西直门南小街等社区进行法治宣传，发放宣传资料和宣传品5000余件，引导居民节约利用自然资源。

（范俊娇）

【依法行政和信访接待】年内，办理政府信息公开申请166件、行政复议8件、行政诉讼43件，局领导出庭应诉5次。通过来信、来访、北京市网上信访信息系统、自然资源与规划互动管理系统等渠道接收158件信访，均按期上报答复意见书。

（范俊娇）

【12345热线】年内，办理热线平台派件976件，其中实际办理883件，退件93件。

（范俊娇）

【办理建议提案】年内，承办市、区两级人大代表建议和政协委员提案21件，涉及总规落实、街区整理更新、历史名城文化保护、危房改建审批、交通综合治理等多项内容，全部按时办结。

（邵　巍）

【获奖情况】5月，分局撰写的《北京西城“四名”汇智计划中社会组织参与调研》获北京市规划和自然资源委员会颁发的2019年度市规划自然资源委优秀调研成果二等奖。11月，分局获北京市规划和自然资源委员会研究室科技信息处、宣教中心、机关团委、北京城市规划学会、北京土地学会联合颁发的2020年第十二届北京土地青年学术论文交流活动优秀组织奖。周铭获2020年第十二届北京土地青年学术论文交流活动一等奖，周新宇获二等奖，于长艺获三等奖。12月，分局编制的《北京西城街区整理城市设计导则》获中国城市规划协会颁发的2020年度北京市优秀城市规划设计二等奖。倪锋、于长艺、郭一哲分获个人二等奖。2020年北京市不动产登记案卷质量检查西城排全市第一。全年企业间存量非住宅综窗率100%，当日办结率100%，排全市第一。优化营商环境“千人千题”考试全市第四。登记中心窗口工作人员邓晴被评为2020年度北京市政务服务“贴心服务标兵”。

（邵　巍）

（责任编辑　张振安）

建筑业　房地产业

8月6日，北京天恒北茶科技有限公司与北京文创兴业科技集团有限公司共同打造并运营管理的北茶生态超市——恒茶园开业（天恒集团 供图）

8月14日，光源里棚户区改造奠基（区住建委 供图）

综　述

年内，西城区建筑业、房地产业稳步发展。全区建筑企业254家，施工总承包企业146家，其中一级9家，二级27家，三级110家；专业承包企业526家，其中一级48家，二级242家，三级236家；特种作业35家。全区房地产开发经营业法人单位共32家。全年商品房销售面积15384平方米，其中住宅销售面积9292平方米。

（郝慧芳）

建筑行业管理

【概况】年内，区住房城市建设委办理施工许可246项，其中，房建项目6项，市政项目2项，装修项目153项（其中简易低风险工程30项），变更85项（其中变更告知68项）。办理建筑企业资质81项，其中首次申请资质18项，资质延续4项、资质增项21项、变更38件。全年共受理建筑起重机械登记备案23起；向5家建筑工程发放夜间施工证明28件；受理建设工程竣工验收备案41件；拆除备案3项。办理二级建造师注册721人次（其中初始注册287人次、延续注册266人次、增项注册34人次、重新注册134人次），二级建造师变更249人次，注销146人次。完成招标51项，合同金额20.23亿元。全年共出动16422人次，检查工地7675个次，发出责令整改通知书84份，约谈223家企业，对220家责任单位和13名个人做出经济处罚，处罚金额174.47万元；对55家责任单位，78名责任人做出行政处理。

（齐彦博）

【烟花爆竹安全管理】1月14日，组织区内各项目施工单位负责人召开2020年施工现场春节期间烟花爆竹安全管理工作会，签订《2020年西城区建筑工地烟花爆竹安全管理工作责任书》，发放禁放宣传材料3000份。

（齐彦博）

【国庆服务保障】9月下旬，下发《关于开展施工现场“迎国庆、保安全”安全生产检查的通知》，召开动员部署会，组织对各施工现场安全生产、疫情防控、消防保卫、应急值守和领导带班、生活垃圾分类、爱国卫生运动、光盘行动等7个方面进行全面检查。按照国庆期间监督检查计划和应急值守值班表，开展检查巡查。节日期间，共出动执法检查人员40人次，检查工地59个次。

（齐彦博）

【“两会”服务保障】年内，制定专项工作方案及应急预案，建立25个服务保障工地工作台账，组织召开2次动员部署会；会期安排执法力量盯守，共出动154人次，检查工地119个次。

（齐彦博）

【中高考服务保障】7月6日，组织召开高考考点周边54个项目施工单位负责人参加的服务保障工作会，部署相关工作。7月6至20日，全区所有在施工程严禁夜间施工。7月7至10日考试期间，所有在施工程不得进行产生噪声的施工作业，外语考试期间，停止所有施工作业。加派执法检查人员，共出动48人次，检查工地38个。

（齐彦博）

【直管公房申请式退租】年内，继续推进菜西片区试点项目后期工作。完成砖塔胡同、西板桥项目、观音寺片区项目等3个老城保护更新项目的前期申请式退租工作。累计完成1235户（砖塔胡同81户、西板桥项目51户、观音寺片区项目1103户）。

（齐彦博）

【优化营商环境】自1月起，对已取得施工许可证的工程，除建设单位、施工单位或建设规模发生变更应重新申领施工许可证外，施工许可证其他条件发生变更的采取“告知承诺制”，按照《北京市建筑工程施工许可办法》相关规定，建设单位只需在变更后10日内通过施工许可系统告知发证机关即可，无需发证机关审批。建设单位登录施工许可系统进行变更告知后，可直接打印变更告知回执单后，办理相关手续。

（齐彦博）

【安全教育培训】年内，坚持“以会代训”“会训结合”方式，根据不同阶段安全生产形势和季节性特点，随机开展教育培训，组织基坑工程安全管理专题培训。开展“安全生产月”活动，全区各项目按照活动方案，开展施工安全宣传教育、组织防火和防汛应急演练、加强施工现场隐患排查整治。各工地张贴宣传海报2400张，发放宣传材料5700份，开展培训教育138次、受教育人数约1200人。

（齐彦博）

【施工现场防汛应急管理】年内，召开2次动员部署会，25个重点项目签订防汛责任书，下发防汛工作方案及应急预案180份，发放防汛宣传海报、手册1000份。聘请北京城建科技促进会专家对11个深基坑工程、12个地铁项目和2个市政项目进行专项检查，举办1次全区建设工程防汛应急救援演练。发出雷电或暴雨蓝色、黄色预警18次，工作通知类短信10541条。安全站强化防汛应对力度，备勤人员24小时在岗值守，出动892人次检查工地583个次。

（齐彦博）

【施工现场疫情防控】年内，启动战时应急管控机制，印发、转发市、区疫情防控文件32个5760份，通过微信和政务平台及时转发相关宣传材料24个4120份。制定印发《关于进一步加强施工现场新型冠状病毒感染肺炎疫情管控措施的通知》《关于加强施工现场新型冠状病毒感染的肺炎疫情管理工作的通知》《关于印发〈关于加强疫情防控做好建设工程复工协调调度的工作方案〉和〈西城区建筑工地新冠肺炎应急处置工作流程〉的通知》《关于进一步加强施工现场疫情防控有关工作的紧急通知》《关于严格落实建筑工地疫情防控常态化工作措施的通知》，对各项目实行“日报信息”制度，建立施工现场人员动态信息台账，对返（来）京人员，严格执行14天隔离和向社区报告制度。采用现场执法与非现场执法方式，共出动1737人次，检查工地1426个次。

（齐彦博）

【治理施工现场扬尘】年内，研究制定《关于2020年严管房屋建筑和市政基础设施工程扬尘管控八条工作措施的通知》《西城区建设工程全过程降尘施工管理细则》，共有5个项目安装防尘天幕，总占地面积约57460平方米。

（齐彦博）

【工程质量检查】年内，注册监督项目158项，同比下降36%，面积121.12万平方米，同比下降32.7%。实施质量监督执法检查（含防疫检查）1135次，出动人员2307人次，发出《责令改正通知书》11份。发出行政处罚决定书9份，共计罚款7.50万元，牵头其它部门完成42个项目联合验收。

（齐彦博）

【消防验收】年内，完成消防验收62项，消防备案31项，其中备案抽查3项。出具《建设工程消防验收意见书》62份，其中合格40份、不合格22份。

（齐彦博）

【招标投标管理】年内，建设工程招标投标项目共受理入场登记事项51项，均为公开委托招标。其中，政府投资43项、国有投资7项。办理资格预审文件受理52项、招标文件受理104项，完成中标49项，中标金额20.23亿元。服务资格评审28项，开、评标101项。

（齐彦博）

企业选介

北京金融街投资（集团）有限公司

【概况】北京金融街投资（集团）有限公司为西城区国资委所属的国有全资企业，注册资金1112439万元人民币，区国资委持股37.94%，北京金融街资本运营中心持股62.06%。金融街集团是以房地产为主业的国有大型综合投资公司，业务涉及房地产开发、政府重点工程、物业经营、物业管理、金融、教育、医疗和文化体育旅游等多个产业，业务范围遍及北京、天津、重庆、上海、山东、河南、江苏、内蒙古、四川、湖南、湖北、安徽、广东等。截至年底，集团合并所有者权益662.76亿元，比年初增加17.62亿元，增长2.73%。全面完成国有资产保值增值任务。全年营业收入289.92亿元，利润总额37.40亿元，完成国资委下达考核值的125%；净资产收益率2.70%，完成国资委下达考核值的270%；成本费用利润率14.61%，完成国资委考核值的116%；应收账款周转率14.67，完成国资委考核值的267%。全面完成国资委下发的《2020年度业绩考核责任书》中的考核目标。系统内企业324家，员工总数12693人。年内，金融街集团第三次入围中国企业联合会、中国企业家协会组织评选的"2020中国企业500强"，排名第486位，较上年提升7位。"金融街"被国家知识产权局认定为"相关公众熟知的品牌"，即中国驰名商标。"金融街"品牌价值388.98亿元，在"2020（第26届）中国品牌价值100强"榜单中排名第21位。

地址：西城区金融大街33号通泰大厦B座11层

电话：88088080

（郭岩松）

【新冠肺炎疫情防控】2月，金融街集团党委成立疫情防控工作领导小组，先后召开14次专题会议，领导、部署、指挥集团党政工团各方力量一手抓疫情防控，一手抓复工达产。在确保生产系统平稳运行的同时，通过远程会议等方式为防疫抗疫和经营管理提供支持和保障。全年未发生聚集感染等疫情突发事件，并于5月初基本实现全面复工复产。贯彻市、区政府要求，为所属金融街控股、基础、华利佳合、西环等公司减免租金约1.3亿元。物业公司制订的《商务楼宇突发新冠肺炎疫情应急处置预案》被区政府采纳，并作为执行标准在全区推广。支持社区疫情防控工作，集团组建1385人的疫情防控志愿服务队，支援区内7个街道63个社区的核酸检测点和离鄂返京、境外返京集中隔离点等200多个岗位，累计值守达4000人次。

（郭岩松）

【政府重点工程建设】全面完成年度工作目标和政府交付的任务。四达大厦项目因政府筹备金融科技峰会论坛需要，且承载着"动批"区域产业转型的历史重任，受到市、区两级政府高度关注，未能因疫情顺延工期。建设期间，市、区领导多次现场指导，肯定项目的施工质量和效率。基础公司在前所未有的紧迫工期内如期完成任务，于12月4日完成竣工验收，12月17日完成消防验收。灵境项目于9月1日启动恢复性修建，年内收回两个平面停车场；地铁织补项目什刹海站突破困局，市规自委重新明确基础公司为项目代建主体；菜西项目再获注资，拆迁房屋启动确权；广安一期实现拆迁证续期，推动收尾工作；月坛体育场二期、东西岔胡同改造项目等政府代建工程全面落实工程进度要求。

（郭岩松）

【疏解整治促提升】9月，所属华利佳合公司完成新街口南大街乙61号五寰珠宝市场腾退，11月实现业态升级，实际疏解面积940平方米、净疏解非京籍人口80人次。腾退空间转型升级为便民综合商超，补齐片区民生服务短板，全面完成集团疏解整治促提升任务。

（郭岩松）

【房地产板块】年内，集团所属房地产板块各项目单位积极推动复工复产，加快施工及相关证照办理，推进优化结构和提升效率。通过加强前期的运营调度，所属金融街控股公司上年获得的城市房地产项目（除新获取的上海宝山项目外）全部实现开工。金融街控股销售金额再创历史新高，实现销售签约额402亿元，同比增长26.0%，进入400亿元房企梯队。面对疫情爆发后的诸多困难，金融街控股加快施工及证照办理，逐步恢复售楼处开放，多措并举，通过"金融街悦享家"等线上销售平台促进项目销售签约。全年新开盘住宅项目18个，公建项目实现签约78亿元，同比增长46%。新增投资项目5个，新增土地储备地上权益计容建面78.9万平方米，权益投资金额44.2亿元。截至年底，金融街控股布局五大城市群16个重点城市/区域，累计储备地上建筑面积超过1200万平方米。实现销售签约权益金额370亿，在房企销售排行榜中位列第70位，较上年排名上升2位。

（郭岩松）

【金融保险板块】年内，长城人寿及时调整经营策略，整体发展态势保持稳定，保费、品质、投资、费控、利润等关键指标均达成良好。全年实现综合收益2.06亿元，连续两年实现盈利。总保费收入89.4亿元，年计划达成率

99%。反映公司价值转型的新单长期期交保费19.9亿元，同比增长19%。银保渠道新单保费达成超过年度计划，同比增长91%。续期保费59.6亿，超额完成年度计划，同比增长9%，成本摊薄效应逐步体现。2月，长城人寿获批发行20亿元资本补充债。在银行间市场成功发行两期债券，规模分别为10亿元与5亿元，提升综合偿付能力充足率约24个百分点。市场化债务融资渠道扩宽，偿付能力持续提升，为转型升级奠定更坚实基础。长城人寿以股权方式收购通泰大厦项目，项目位于金融街核心区，区位条件优越，可为公司带来持续稳定的租金收益，且具有良好的增值预期，成为公司的又一项压舱石资产。集团财务公司启动应急预案，实现全年业务无中断，结算业务量大幅增长，传统信贷业务实现突破，全年实现营业收入7161.41万元，净利润4047.84万元，同比增长19.54%，为集团整体创造价值8836万元。

（郭岩松）

【**物业板块**】7月6日，集团所属金融街物业股份有限公司在港交所挂牌上市。区委副书记、区长孙硕，常务副区长喻华锋，副区长聂杰英等出席物业公司港交所“云敲锣”线下仪式。至此，金融街物业正式开启资本市场之路，为公司快速发展奠定了良好基础。所属物业公司积极开拓市场，提升外埠拓展能力，截至年底，签约项目190个，签约面积约2800万平方米。在管项目173个，面积约2500万平方米。服务覆盖华北、东北、华东、华中、华南、西南6个地区的24个城市。年内，物业公司入选中国指数研究院颁发的“中国物业服务百强企业”榜第16名；“金融街物业”品牌以30.12亿的品牌预估价值，被评为“2020中国物业服务专业化运营领先品牌企业”。

（郭岩松）

【**教育板块**】年内，教育板块作为集团发展的新动能完成布局，初具规模，品牌美誉度和影响力不断提升，成为首都教育产业的新名片，为助力集团转型升级，向实现“多支柱产业齐头并进的综合企业集团”目标迈出坚实一步。年初，突发的新冠疫情对教育行业造成重大影响，所属金融街教育公司招生工作仍取得良好成绩。巽寮金融街正泽学校正式将持有港澳居民居住证的适龄儿童纳入招生范围，当年招收35名港澳籍学生，并实施“混合编班+融合教育”的教育改革创新模式，以增进港澳学生与内地学生的相互了解，加深港澳子弟对祖国的归属感。1月23日，全国政协副主席梁振英到广东省惠东县巽寮金融街正泽学校视察，对学校的办学理念和特色课程表示赞赏。9月1日，北京正泽学校新入学210人，在开办第四年实现盈利，润泽学校新入学189人，开办第二年即实现1—5年级全学段招生；惠泽幼儿园在园人数达443人。

（郭岩松）

【**医疗健康板块**】年内，新冠肺炎疫情为集团刚刚起步的医疗健康板块带来巨大不利影响，集团所属投资公司采取多项措施抗疫情，促复工。疫情期间，睿宝儿科调集资深儿科专家开展线上问诊，取得良好的社会反响，提升了品牌美誉度。调整防护预案，顺利通过复诊审核，4月底，除发热门诊外全部复工营业。开拓线上市场，加强线上营销力度，主动调整业务方向，创新疫苗接种业务，打造内分泌及齿科特色专科业务，在增加收入的同时积累了大量客户。4月，公司完成在上海建设10家门诊部的目标。11月，北京睿宝嘉宝门诊部有限公司成立，这是投资公司在北京的首家门诊部，也是在上海之外布局一线城市的有益尝试。年内，投资公司完成财务公司1.3亿元借款和泽康公司2亿元借款转增为注册资本金工作，初步解决了发展中的资金缺口。实现营业收入6982.3万元，完成全年计划的138.26%，同比增长81.6%。在疫情影响下仍全面完成经营目标。

（郭岩松）

【**金融街区域软环境建设**】年内，所属长城人寿与金融街服务局合作设立人才服务支持计划，完成首期兑现，占总服务包份额约70%。金融街商会搭建政企、银企交流平台，组织线上线下各类活动45场，2万多人次参与；提供医疗挂号服务超1万人次；全年新增会员27家，总数达280家，并做到100%走访，100%满意。年内，金融街慈善基金会共捐赠1623万元，新建7座“萌芽100”爱心图书室，组织向内蒙古困难群众捐赠冬衣2864件。

（郭岩松）

【精准扶贫】年内，集团按照“以产业帮扶为主，以公益和慈善帮扶为辅，引智引资”的工作原则，累计投入产业帮扶资金654.8万元、公益慈善资金35.181万元，惠及内蒙古和河北的11个贫困行政村、83个自然村，带动脱贫516户1167人、增收822户2086人。集团扶贫工作获评北京市“扶贫协作奖”创新案例。

（郭岩松）

【接诉即办】年内，贯彻政府要求，积极落实“接诉即办”工作，全年共受理热线案件296件、办理182件，响应率100%，解决率63%，满意率70%。

（郭岩松）

北京市华远集团有限公司

【概况】北京市华远集团有限公司是西城区国资委所属的国有独资公司。自1983年创立至今，始终以“来源于社会，服务于社会”为宗旨，秉承“坚韧、团结、探索、奋斗”的企业精神，以“总体最优”为经营原则，坚持市场化运营。已发展为业务涵盖房地产、金融服务、商业服务、科技实业、产业扶贫等领域，旗下全资、控股及参股二级企业20余家（含上市公司3家），员工总数1600余人，资产总额逾700亿元，立足西城、深耕北京、面向全国的综合性企业集团。截至年底，集团资产总额740.97亿元，同比增长4.62%，净资产138.77亿元，同比增长2.63%。全年实现营业收入79.91亿元，利润总额6.18亿元，净利润2.54亿元，上缴税金14.85亿元，上缴国有资本经营收益0.27亿元。

地址：西城区南礼士路36号华远大厦

电话：68037022

（王芳媛）

【各板块业务】年内，房地产开发与运营板块签约额突破200亿元，行业排名提升至第100位，再创华远地产历史新高。全年开复工面积580万平方米，获取三宗土地预计产生货值95.3亿元，实现融资142.5亿元，持续入围行业品牌百强榜单。金融服务板块适应行业新规，继续探索业务新方向，开拓网络营销，加强风控与资产管理力度。科技实业板块持续加强技术研发投入，结合防疫市场需求，完善智慧社区解决方案，强化市场销售力量，推进工艺优化和产能提升。商业服务板块探索利用官媒、抖音、直播等多种渠道，通过外卖服务、消费券上线促销、会员礼品采购、社群营销等方式带动销售增长。农业科技板块通过承办西城区系列消费扶贫产品展，保障帮扶地区扶贫农副产品供应，完成配送中心、消费扶贫数据中心、北京消费扶贫双创中心西城分中心建设升级并开业运营。

（王芳媛）

【新冠肺炎疫情防控】年初，成立疫情防控领导小组，多措并举，努力推动复工达产，保障企业平稳运营和职工安全健康。减免相关企业2—4月租金逾3300万元，惠及逾250家中小微企业和个体工商户。疫情期间，华远小额贷款有限公司、典当有限公司对中小微企业采取“不抽贷、不压贷、不断贷”等支持措施。捐款捐物支持防疫抗疫，向北大人民医院援鄂医疗队定向捐款100万元；号召全员进行抗疫爱心募捐，共捐款35万余元。向多家兄弟企业和医疗、公安、教育等部门，支援口罩、防护服、红外测温枪、医用无油空压机等物资。参与社区抗疫志愿服务，组织200余名志愿者下沉社区参与防疫；召集党员职工加入对接湖北返京人员工作和应急支援核酸检测等抗疫工作。华远地产股份有限公司利用“Hi平台”开展一线抗疫服务共计93项。华远电气股份有限公司团队研发“无感测温”整体解决方案，为西城中小学、公园、办公场所等提供测温技术支持。

（王芳媛）

【金科新区建设】年内，围绕国家级金科新区建设，全力推进世纪天乐市场产业提升项目。大力支持全国中小企业股份转让系统有限公司入驻金科新区，与股转公司磋商需求细节及实现方案。

（王芳媛）

【对外合作】年内，华远地产股份有限公司通过石景山大悦城项目与中粮地产（集团）股份有限公司合作，打造京西综合体新标杆，营造消费全新场景，为京西区域发展注入新动力。与华北油田定向合作的石油·海蓝城（任丘）项目进展顺利，成功打造华远特色代建模式，助力京津冀区域一体化。科技板块通过与龙头企业、高校研究院开展多层次合作，提高关键技术和产品研发能力。

（王芳媛）

【扶贫攻坚】年内，向对口帮扶的四个村庄捐赠约12.625万元的现金和物资。张北县两家农机合作社农机作业面积超4000亩，提供工作岗位11个，有效带动192名贫困人口增收。通过与西城区4个结对帮扶地区的扶贫企业搭建商贸关系，带动当地就业帮扶、产业帮扶贫困人口超过821人。北京华远三农科技有限公司消费扶贫销售额约2000万元，其中三农超市试营业2个月实现销售额约145万元。

（王芳媛）

【政府重点任务】年内，落实区委区政府“接诉即办”工作部署，共处理13个案件，解决并满意案件4件，退回案件9件，均根据相关法律法规及具体情况妥善处理。贯彻执行退休人员社会化要求，提前完成年度规范化用工疏解人口任务；完成总计12家企业、近500名退休人员社会化管理。有序清理整治僵尸企业，按照区国资委下达的清理任务和时限要求，结合企业实际，制定清理方案，细化时间表，明确相关责任人，提前完成区国资委下达的相关任务。

（王芳媛）

【提升管理能力】年内，加快推动华远集团产业布局结构优化方案，全面梳理“十三五”时期集团产业布局和产业链情况，形成专项报告。挖掘城市更新、物业服务、数字科技等领域增量业务布局和战略性储备项目发展潜力。以机制体制创新为突破口，组建专项工作小组，初步完成上报国有资本投资公司试点改组方案，获得中国企业联合会组织评选的“2020年全国智慧企业建设最佳实践案例”，为深入推动企业改革创新奠定基础。加大科技创新投入，夯实发展基础，科技板块企业全年共获得发明专利1件、实用新型专利15件、外观设计专利15件、软件著作权8件，6件发明进入实质审核阶段。在不增加负债率、有效降低融资成本的前提下，拓宽融资渠道，将资产负债率稳定在合理水平。完成10亿元中期票据新增注册。地产股份有限公司探索多种融资方式，实现融资逾140亿元。多渠道破解融资困局，完成10亿元中期票据新增注册，为近三年首次批准新增注册的房地产类中期票据。华远地产股份有限公司探索采用公司债、中期票据、债融计划、永续债等多种方式开展融资。

（王芳媛）

北京天恒置业集团有限公司

【概况】北京天恒置业集团有限公司（简称天恒集团），是西城区国资委所属的国有全资企业。年内，天恒集团落实上级各项工作要求，积极应对疫情防控常态化带来的挑战和机遇，一手毫不松懈抓疫情科学防控，一手全力以赴抓经营复工达产。截至年底，集团总资产达853.03亿元，净资产192.86亿元，资产负债率77.39%。合并口径营业收入70.63亿元，同比增长50.67%，利润总额4.44亿元，同比增长24.11%，成本费用利润率6.73%。上缴税金5.35亿元。

地址：西城区阜成门外大街31号天恒置业大厦

电话：52609100

（王　丹）

【履行社会责任】全员参与垃圾分类工作，所属党支部承包垃圾桶站30个，1034人与单位属地或居住地社区签订垃圾分类承诺书。946人次参与西城区社区报到值守活动。集团依照北京市生活垃圾分类规范，设计制作“垃圾分类身份证”，帮助职工培养正确投放垃圾的习惯。这种新颖的做法被市、区媒体和学习强国等媒体报道。积极落实疫情期间租金减免政策，为300余家租户减免租金4469.94万元，帮扶中小微企业渡过难关。划拨集团自管党费29.5万元助力基层防疫，深入社区平价售卖防疫物资，协助医疗机构筹集相关物资。为提升居民生活品质，集团所属天恒正宇公司引入合作运营商北京创食轩企业管理有限公司，共同打造社区便民服务品牌——“喜友邻”连锁超市，在什刹海地区开设蔬菜直通车、暖心慰问等公益活动，保障居民正常生活。

（王　丹）

【疏解整治】年内，开展出租房清理整治和用工规范化专项行动，清理出租房屋3处，涉及75人；企业用工规范化完成40人，完成100%。有序落实退休人员社会化管理，17个单位近4500名退休人员移交街道、乡镇和社区属地实行社会化管理，完成率98.5%。

（王　丹）

【落实核心区控规要求】年内，北京市委书记蔡奇多次调研天恒集团位于地安门外大街158号的中轴线申遗保护工作，调研考察北海医院、原东天意商城降层改造项目和地安门外大街空间品质提升项目。10月30日，北海医院和原东天意商城降层改造项目启动楼体拆除，成为全市落实核心区控规的首个降层项目和恢复中轴线景观视廊的第一个拆除项目，比原计划提前4天完成降层拆除工作，受到相关部门肯定。

（王　丹）

【增强地产实力】年内，调整开发布局与经营策略，全面深耕北京大本营，努力开拓山东青岛、烟台、威海，四川，重庆及环京市场。实现地产销售额74.13亿，销售回款139.84亿，利润总额5.95亿，拓展成都、阆中、潍坊、涿州、涞源等地业务，成功获得成都新川69亩地块。地产板块综合实力持续增长，获“2020年中国房地产区域百强企业——北京市TOP10企业第三名”，获得“2020中国特色地产运营优秀企业——城市开发运营商”称号。

（王　丹）

【文旅、科技、医疗、康养板块】文旅板块继续深化与中青旅在乐山大佛景区、乌镇、古北水镇等项目中的合作，提升集团在全国的品牌知名度、影响力和获取优质资源能力。科技板块依托中关村资源优势，形成“孵化加速器+产业园区”模式。康养板块不断探索服务新模式，从人文健康、医养健康和金融健康三个方面发力，以亦庄养老院、牛街敬老院和良乡康养项目为基础，打造医养健康产业。10月14日，天恒集团下设的西城区椿树街道红线社区养老服务驿站开始试运营，主要满足社区居家老人的养老需求，为社区老人提供点对点服务。

（王　丹）

【西西食宝街开业】7月31日，北京超大型花园式美食步行街——北京极具特色的餐饮主题街区“食宝街”，入驻集团旗下西西友谊大厦，成为疫情期间复工复产、创新经营的典范。

（王　丹）

【恒茶园开业】8月6日，集团所属北京天恒北茶科技有限公司与北京文创兴业科技集团有限公司合力打造并共同运营管理的北茶生态超市——恒茶园开业。天恒北茶科技有限公司利用企业自身优势资源，将茶元素、茶文化、扶贫产品与超市有机融合，打造出以茶元素为主题的高品质生活空间，含生态超市区、扶贫茶产品推介区和茶文化体验区三个功能区域。

（王　丹）

【棚改业务】8月14日，天恒集团所属天恒正合公司光源里棚改项目完成最后一户征收，进入工程建设阶段。12月31日，伴随光源里项目最后一处无证房屋的拆除，完成项目内全部地上物的清退工作。

（王　丹）

【天恒文创品牌参展北京服贸会】9月5日，北京服贸会首个参观日，中共中央政治局委员、北京市委书记蔡奇莅临西城文化展区巡视指导。区委书记卢映川携天恒正宇公司文创负责人向蔡奇展示“中轴瑞兽”文创品牌，并介绍旗下系列文创产品。蔡奇对中轴瑞兽的实践落地表示赞赏。天恒正宇公司设计的“万宁桥镇水兽”IP文创产品已获得相关著作权及外观设计专利。

（王　丹）

【改革国有企业纪检监察体制】9月15日，顺利组建西城区监察委员会驻天恒置业集团有限公司监察专员办公室，标志着天恒集团党委、纪委推进企业纪检监察体制改革取得阶段性成果。

（王　丹）

【北京国际设计周什刹海分会场首秀】9月27日，2020北京国际设计周什刹海分会场首秀——北京文化遗产保护中心暨北京天恒正宇投资发展有限公司“四合院修缮保护项目合作单位”授牌仪式，在西城区羊房胡同56号举行。北京文化遗产保护中心“传统四合院修缮培训”项目成员带领与会人员逛原汁原味的四合院。参与者能够了解四合院的历史和知识，以专业视角体会传统元素和现代元素的碰撞。什刹海分会场以“遇见什刹海2020——什刹海庭院乐活节”为主题，聚焦老城复兴、街区品牌、生活美学、人文生态等主题，通过空间营造、艺术介入、活动组织、矩阵传播等方式，提升什刹海作为智慧共创、资源共享的文化创新品牌的价值。

（王　丹）

【《无碳复写商用票据本》国家标准通过审核】10月20日，由天恒集团所属北京市成文厚帐簿卡片公司参与起草的《无碳复写商用票据本》国家行业标准通过审核，由工业和信息化部对外发布，于下年1月起执行。

（王　丹）

【天恒股份公司延续一级开发资质】12月11日，天恒股份公司房地产开发一级资质顺利通过国家住建部延续评审，标志着天恒集团及天恒股份公司继续享有房地产开发最高资质，将进一步推进集团及股份公司在全国范围承揽房开项目，助力跨区域发展。

（王　丹）

【《成文厚和他的朋友们》开展】12月23日，天恒集团所属北京市成文厚帐簿卡片公司举办的《成文厚和他的朋友们》特别展，在西四北大街179号成文厚西四店开展，展览分成文厚会计账簿凭证系列产品及老物件展、老伙计展、新伙伴展三部分。以“老国货、新时尚”为主题，拓展创新之路。

（王　丹）

【对口帮扶】年内，天恒集团所属天恒农科公司共计种植藜麦345亩，藜麦扶贫农产品礼盒在中秋、国庆两节正式上市，并成功向北京市政协机关工会供应藜麦产品。通过构建种、产、销的全产业链模式，带贫、益贫效果明显，对口帮扶的在册贫困户全部实现脱贫。

（王　丹）

【经营方式创新】年内，天恒集团所属北京华兴新业商贸有限公司控股的天恒城市之光酒店，借助周边旅游资源，打造市中心的“乐享区域”。华兴新业公司致力于餐饮菜品的研发，实现餐饮项目的复制拓展，弥补华兴餐饮板块高端餐饮的空白。

（王　丹）

北京华康欣和建筑工程有限责任公司

【概况】北京华康欣和建筑工程有限责任公司（简称华欣公司），为房屋建筑工程施工总承包二级资质、建筑装修装饰二级资质、输变电专业承包三级资质、市政公用工程施工总承包三级资质企业。企业注册资金3000万元；资产总额1.9亿元；从业人员近200名。年内，公司完成营业收入7341万元，实现利润2.6万元，上缴国家税金131万元，工程合格率100%，合同履约率100%。

地址：西城区西直门内后半壁街11号

电话：66160591

（李珊珊）

【“三标”认证】7月13至16日，公司顺利通过认证部门对质量、环境、职业健康安全管理体系的年审。

（李珊珊）

【重点工程项目】年内，公司重点工程项目包括：五路通小学扩班项目；白纸坊街道崇效寺社区党群服务中心装修改造工程；西城区2019年路测停车动态监测和电子收费管理系统建设项目电力工程；陶然亭街道办事处公共服务场所无障碍设施建设改造；陶然亭街道社区服务站转型升级改造装修工程；五路通小学外墙节能改造；三教寺幼儿园分院改造；西城区支路胡同电力（路灯）架空线入地整治项目电力部分；西城区三里河第三小学高年级部北楼电改造；中国工商银行股份有限公司西直门内支行装修改造项目。

（李珊珊）

北京广安控股集团有限公司

【概况】北京广安控股集团有限公司（简称北京广安集团）为西城区国资委下属一级国有控股企业，2010年7月正式挂牌成立。自成立以来，集团在历史文化街区运营、棚户区改造、保障房建设、市政道路建设、房地产开发、文化商业运营、养老及社区服务等领域稳步前进，资产规模不断扩大，质量逐步提升，实现了快速健康发展。截至年底，公司注册资本金156.34亿元，集团资产总额589.92亿元，参控股企业42家，在职员工近800人。

地址：西城区宣武门外大街10号庄胜广场

电话：63108908

（王晓曼）

【北京坊项目】1月，举办爱彼品牌腕表全球新品发布会。4月底，北京坊整体复工复产率达70%。面对疫情挑战，北京坊抓住时机，为商家提供金融对接、租金缓交服务和优质的营商环境与资源共享。多家品牌企业转变经营方式，利用直播、线上商城、会员群互动等渠道，探索线上发展新路，助力复工复产。5月，举办城市微度假和“文化在线”首届云上中国国际时装周。6月，北京消费季。7月，北京坊获得北京市文创园区的正式授牌，成为唯一入选的成熟型商业项目。8月，华为全球首发河图技术应用落地北京坊。9月，北京坊生活方式设计节“潮玩造物博览会”，北京文创市集，维维尼奥品牌香氛博物馆相继开业。10月，宝格丽巴洛克高级珠宝系列揭幕展。11月，北京坊冬月美食季。12月，中服免税店开业、曼联品牌梦剧场亮相、国家大剧院13周年庆线上艺术节直播。截至年底，与场内80%的商家达成并落实“一店一策”帮扶协议，约40%的商家下半年销售额同比超出去年，确保北京坊的平稳运营。

（李　璐）

【新冠肺炎疫情防控】自1月底至8月21日，集团共调配29批1534人次，参与大栅栏及椿树街道9个社区17个站点的社区防疫。3月下旬派出2名党员参加西客站接站志愿服务。集团人员保障组每周与街道及社区沟通人员及班次调整情况，开展支援人员培训及各项后勤保障工作，确保支援抗疫工作高质量高标准完成。

（王晓曼）

【菜园街项目】1月3日，完成申报菜园街项目范围内小学、幼儿园的建设工程规划许可。13日取得幼儿园的建设工程规划许可证；22日取得小学的建设工程规划许可证。

（赵　威）

【销售业绩】年内，受宏观形势与疫情的影响，整个环京区域房地产市场受到极大冲击。在不利的市场环境下，集团项目营销部抓住每一个窗口期，通过有针对性的营销动作，在河北省怀来县的项目实现总销额前三、环湖冠军，为广安品牌在区域内的巩固及传播夯实了基础。

（谢晏玮）

【观音寺片区老城保护更新项目】10月26日，正式启动观音寺片区项目申请式退租，成立政府领导小组、集团工作专班，退租现场分片区分胡同设立退租标段，层级清晰，职责分明。至12月25日，观音寺片区项目申请式退租工作完成入户政策宣讲2394户，现场接待居民5133户，接听热线咨询电话4733人次。签约居民1103户，占比片区总户数的46%。创新应用互联网技术，建立舆情监测平台，24小时实时记录与项目相关的信息，及时掌握关于申请式退租项目的舆论导向。搭建线上签约系统，组织居民分批次、分时段、分地点有序签约，优化签约流程、提高签约效率、保证签约秩序。

（范园园）

北京陶然建筑有限公司

【概况】北京陶然建筑有限公司（简称陶建公司）是具有年施工面积50万平方米以上、竣工面积20万平方米以上、施工产值3亿元以上施工总承包能力的土木工程建筑企业，资质为房屋建筑施工总承包二级。在项目施工过程中，陶建公司建立产品策划、产品防护等相关质量管理制度，针对特定产品、合同及顾客的要求，制定专门的质量监督措施、资源管理规定和生产制造程序，确保顾客满意。连续多年被评为“首都文明单位”。近年来，公司领导班子通过深化体制改革，优化产业结构，完善各项规章，凝聚公司发展合力，在经济环境不振和疫情肆虐的情况下，维持公司的正常运转，全力保障公司员工的利益不受影响。

地址：西城区天宁寺前街2号C座

电话：63263613

（王　芳）

【资产管理】年内，持续推进樱桃园开发项目后续工作。在政府部门的支持和工作人员努力下，于1月9日取得樱桃二条8号院3号楼不动产登记证，为申办其他开发项目相关手续做好前期准备。

（王　芳）

【市校办产业管理中心项目】年内，宣武区政府对樱桃园地区进行危旧房改造，拆除北京市校办产业管理中心教学部分办公用房，在白广路18号南楼北侧增补建设教学办公用房，建筑总面积945.52平方米。公司开发部配合校办产业中心，于12月30日取得教学办公用房不动产登记证。北京市校办产业管理中心白广路18号教学办公楼项目所有相关许可文件均办理完毕。

（王　芳）

【资产管理】年内，继续对下属企业进行清产核资。截至年底，共计盘点22676件商品，价值150余万元，完成整体工作进度70%。

（王　芳）

【老干部管理】年内，继续做好代管离退休干部服务工作。根据老干部工作相关政策和要求，落实代管老干部的各种待遇。及时办理去世老干部相关待遇申领及发放。结合疫情形势，开展多种形式的走访慰问，为老干部们送去组织的关怀。

（王　芳）

【新冠肺炎疫情防控】年初，新冠肺炎疫情爆发，为保障公司负责的樱桃源小区全体业主的安全，公司物业部及时对小区实行全封闭管理。严查进出小区人员证件并测量体温，禁止非本小区业主进入小区，对从区域外回小区的业主及家属进行全方位动态监测，及时跟踪排查。樱桃源小区未发现1例疑似病例。1至4月，结合街道社区防疫部署，公司党支部多次组织党员到社区协助做好疫情防控工作。2月、7月，分别以“支持疫情防控工作”和“全面小康、与爱同行”为主题开展“共产党员献爱心”捐献活动，组织党员参与“守初心担使命、勇作为敢担当”主题实践活动。

（王　芳）

北京房开置业股份有限公司

【概况】北京房开置业股份有限公司（简称房开置业公司），注册资金5000万元，通过ISO9001国际质量管理体系认证。主要经营房地产开发、商品房销售、城市危旧房改造和开发建设等。

地址：西城区广安门内大街210号西华经典2层

电话：63577515

（闫　欣）

【新冠肺炎疫情防控】公司第一时间成立“攻坚、严控、防疫、保安全”领导小组，落实基层党组织的战斗堡垒作用和党员的先锋模范作用。结合公司实际情况，同平原里小区3号楼定向安置房项目的施工单位、监理单位和设计单位，实施联防联控。公司全年无疫情、项目工地全年无疫情。

（闫　欣）

【平原里3号楼定向安置房施工建设】年内，公司平原里3号楼定向安置房项目部，组织协调设计、监理、施工等单位团结合作，完成了项目主体施工建设及部分市政管线铺设，为定向安置房项目按时竣工交付使用奠定了基础。

（闫　欣）

【汛期防汛】汛期，针对平原里3号楼定向安置房项目施工进度，公司组织房开置业公司平原里3号楼定向安置房项目部及施工、监理单位专门成立防汛工作领导小组，划拨专项资金，指派专人24小时值守，处理应急突发情况。加强日常检查，及时发现问题，随时采取措施将隐患消灭在萌芽状态，确保无人员、财产损失。

（闫　欣）

北京宣兴房地产开发股份有限公司

【概况】北京宣兴房地产开发股份有限公司（简称宣兴公司），是通过ISO9002国际质量标准认证的综合性房地产开发企业，注册资金5420万元，房地产行业等级为二级，其股份由国有、社会法人及自然人多元股东集合构成。年内，不断完善以混合所有制为标志的股权改革机制，企业实行现代科学管理，信奉以人为本，卓越进取的企业精神和互惠、诚信、共赢的核心理念。

地址：西城区枣林前街35号

电话：63585100

（高　莉）

【宣兴商厦拆迁】宣兴公司实施一级开发的项目宣兴商厦，位于西城区广安门外大街湾子路口西南角，占地1.33万平方米，原规划设计建设内容为商业金融。年内，在以政府为主导解决历史遗留问题的原则下，全面筹划和设计方案，落实拆迁项目的补偿安置工作。

（高　莉）

【物业管理】年内，宣兴公司组织调研所属物业公司直管的所有居民楼小区，研究确定工作思路和方案，了解居民诉求，着手解决多项房屋修缮、道路维修、停车等实际问题。10月，集中检查所辖小区运行的电梯，进行更新改造升级，保障居民生活便利。

（高　莉）

（责任编辑　张振安）

交通　邮电

2月，北京北站站内站外设置多道防疫安全线（于志强 摄）

3月25日，西城运输管理分局组织首汽公司中巴车开展接运赴武汉北京医疗队回京保障工作（西城运输管理分局 供图）

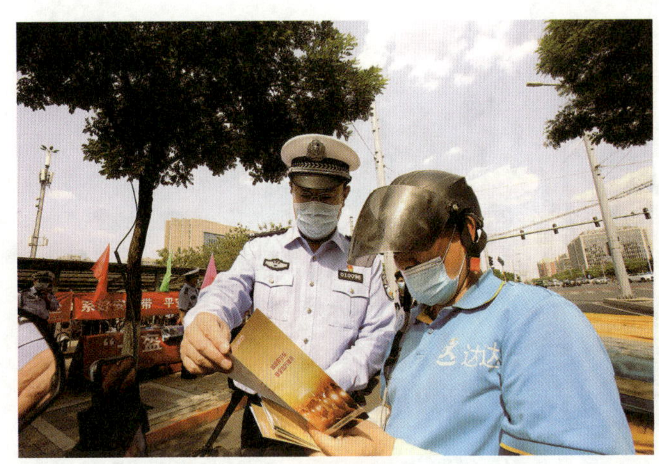

5月14至15日，西城交通支队开展“一盔一带”交通安全宣传日系列活动（刘骜 摄）

9月，鼓楼西大街停车综合治理完成（刘骜 摄）

12月3日，1、2、13号线的57座地铁站完成AED（自动体外除颤仪）安装（北京地铁公司 供图）

12月28日，北京生肖文化主题邮局在牛街邮政支局开业（闻昭 摄）

年内，北京市交通运输执法总队开展危险货物运输专项整治（市交通运输执法总队 供图）

年内，什刹海街道再添3条停车自治胡同（刘骜 摄）

年内，塔院胡同打通交通微循环（德胜街道 供图）

年内，西长安街街道联合共享单车企业治理单车随意停放问题（姜真 摄）

交　通

交通行政执法

【概况】北京市交通运输综合执法总队（简称市交通运输执法总队，原市交通执法总队），内设8个处室和16个执法支队。7月14日，中共北京市委机构编制委员会下发《中共北京市委机构编制委员会关于北京市交通运输综合执法总队职责机构编制事项的通知》，撤销北京市交通执法总队、北京市交通委员10个郊区公路分局路政大队、北京市道路工程质量监督站（北京市公路工程质量检测中心），设立北京市交通运输综合执法总队，为市交通委管理的副局级行政执法机构，以市交通委名义执法。主要职责是：负责集中行使法律、法规、规章规定应由省级交通主管部门行使的行政处罚权以及与之相关的行政检查、行政强制权；负责相关领域重大疑难复杂案件和跨区域案件的查处；负责全市县级以上公路路政及相应工程质量监督管理方面的行政执法；负责全市轨道交通行政执法；负责东城区、西城区、朝阳区、海淀区、丰台区、石景山区的市管城市道路行政及相应工程质量监督管理、道路运政，水路运政、地方海事行政、渔船检验监督管理等方面的行政执法；负责监督指导、统筹协调各区交通运输综合执法工作；完成市委、市政府和市交通委交办的其他任务。9月7日，北京市交通运输综合执法总队正式挂牌。

地址：西城区北礼士路22号

电话：68367578

（余志红）

【交通运输场站“黑车”治理】1月7日，总队会同公交总队围绕“五站两场”和宋家庄、分钟寺等15个“黑车”警情突出的地铁站开展联合整治，总队投入100余名执法力量，检查各类运输车600余辆，各类违法违章61起。4月14日晚，“五站两场”地区集中夜查，出动执法力量60余人次，检查各类运输车辆350余辆，查扣“黑网约车”21辆、出租汽车私自揽客等2起。

（余志红）

【危险货物运输专项整治】1至6月，开展危险货物运输专项整治，在西城、朝阳、海淀、丰台、石景山开展多次区域性集中整治和2次全市性集中整治，查处危险货物运输行业违法违章307件，其中行业内违章242件，查扣非法运输危险货物车65辆。

（余志红）

【返京客流高峰期监管】2月10至13日，总队与属地管委、铁路、民航等部门，加强返京高峰期间交通运输环境秩序监管，查处各类违法违章20起，其中查扣“黑出租汽车”、客运“黑车”9辆。

（余志红）

【检查出租汽车企业】2月7日至3月4日，总队分别到北京祥龙出租汽车公司、北京渔阳出租汽车公司等7家出租汽车企业入户检查，了解新冠肺炎疫情防控措施，对薄弱环节提出整改建议，要求企业落实疫情防控主体责任，确保防护物资及时发放到位，保障出租汽车运营服务质量和安全。

（余志红）

【集中检查“黑车”】4月22日，总队同市公交保卫总队围绕机场、火车站、公交枢纽场站及轨道交通车站和市民反映问题突出地区，集中严查严打“黑巡游车”“克隆出租车”“黑化危车”“黑客运车”“黑网约车”及跨省载客“黑车”。出动交通执法力量100余人次、公安民警70人次，查扣各类“黑车”38辆，公安部门处理扰序人员6人。

（余志红）

【水域游船开航前检查】4月24日，市交通运输执法四支队联合运输局西城分局、区应急局，对北海公园的水域游船开展开航前的安全检查，保障游客在租船期间的生命财产安全。

（赵　臣）

【冷链运输检查】11月，市交通运输综合执法总队组织各支队会同属地运输分局对二商大红门肉类食品有限公司、西南郊冷库、大洋路批发市场、朝阳区大洋路市场、丰台区西南郊冷库批发市场开展执法检查。在大羊坊高速收费站及菜市口等市内主要道路，会同交管部门严查通行冷链运输车辆。开展区域冷链运输车辆专项执法检查80余次，检查冷链运输车辆200余辆、查获违法行为28件。

（余志红）

【列为市强制执行联动机制成员单位】11月，市交通运输执法总队被市政协列为全市强制执行联动机制成员单位。年内，总队申请强执案件350余起，法院裁定准予强执300余起，同比增长5倍以上。数10名拒不履行处罚决定的法人、自然人被列入全国失信名单，限制高消费。

（余志红）

【春运交通运输环境秩序保障】春运期间，加强对出租汽车、省际客运、轨道交通等行业秩序监管，出动执法人员2.8万余人次，检查运输车辆4万余辆次，巡视检查轨道车站8200余座次，查处各类违章2300余起，轨道内违法违规行为为170余起。

（余志红）

【清明节交通运输环境秩序保障】清明小长假期间，出动执法人员2400余人次维持公墓、车站等地区的交通环境秩序，检查运输车辆2700余辆，巡查轨道车站420座次，查处违法违章案件17起，其中运输经营车辆业内违章11起、查扣“黑车”4辆，发现并消除轨道交通轻微安全隐患2起。

（余志红）

【“五一”交通运输环境秩序保障】“五一”期间加大景区、商圈等地区的巡查。出动执法人员3900余人次，检查运输车辆3100余辆次，巡视值守轨道交通车站520余座次，查处运输车辆违法违章100余起，其中查扣“黑车”80辆。

（余志红）

【“端午”节交通运输环境秩序保障】在机场、火车站、景区、商圈等重点地区开展出租汽车行业新冠肺炎防疫登记检查，加强进京主要道路及场站地区巡查，打击省际客运行业停运期间跨省载客“黑车”非法运营行为。对轨道交通400余座车站及运营防护安检、设备设施消毒等防疫措施排查检查。出动执法人员1750余人次，检查运输车辆1600余辆次，巡视值守轨道交通车站610余座次，查处各类违法违章40余起，其中查扣“黑车”10余辆，查处影响轨道交通运营安全违章20余起。

（余志红）

【国庆节前集中整治】组织市、区两级交通执法力量，会同相关部门分波次、分阶段、有组织、有重点地对群众反响强烈的出租汽车、轨道交通、两客一危等行业进行整治，查扣各类“黑车”228辆、运营车辆违法违章行为386件，清除非公路标牌26块、清理占道经营25处。

（余志红）

【“十一”交通运输环境秩序保障】加强核心区、机场、公交枢纽场站、轨道交通车站、旅游景区、繁华商业街区等交通运输环境秩序维护。出动执法人员6200余人次，值守巡查轨道交通车站2300余站次、巡查道路4.1万公里、检查运输车辆7600余辆。查扣各类违法违章案件181件，查获运营车辆违章112件，消除路政安全隐患74件。期间涉及总队12328投诉同比上年下降8%，其中出租汽车严重违章投诉下降24%，省际客运下降6%，轨道保持零投诉。

（余志红）

【“两会”交通运输环境秩序保障】会同公安交管等部门开展交通行政执法检查。出动执法力量9000余人次，检查运输车辆9000余辆次，查处各类违法违章510余起。

（余志红）

【火车站周边“黑车”整治】年内，抽调近百名执法力量，对火车站周边“黑车”执法检查，防范因“黑车”引发疫情传播等风险隐患。与火车站地区管委、公安、交管等部门开展联合整治，驱离疑似黑车，防患未然。

（余志红）

【交通运输市场监管】年内，在重大活动及节假日期间多点位监管，完成交通运输市场监管执法工作。实现媒体零曝光，零负面新闻的局面。

（赵　臣）

【“扫黑除恶”工作】年内，市交通运输执法四支队以德胜门、什刹海等地区列为挂账整治重点，打击各类非法营运行为，定期开展治理整顿，改善周边交通运输环境秩序。会同属地公安、城管、综治、交管等相关执法部门，依照职权分工协作，重点对非法营运车辆、业内车辆违章进行打击。与辖区执法部门建立合作机制，开展案件移交工作，形成闭环执法链条。

（赵　臣）

【空气重污染预警天气专项执法】年内，市交通运输执法四支队应对空气重污染预警天气开展专项执法检查。联合有关单位路面专项检查10余次，汽修行业专项检查60余家次。每月参加西城城市管理委员会渣土车辆整治工作例会，与辖区相关部门互通，提高渣土车整治效果。

（赵　臣）

【综合执法】年内，市交通运输执法四支队与辖区街道、公安、交管、城管、旅游、综治办等部门联勤联动，规范辖区道路旅游市场运输秩序，降低中心区旅游强度。推进“街道吹哨　部门报到”综合执法平台建设，与什刹海街道、西长安街街道、德胜街道的相关综治行动形成常态化机制。

（赵　臣）

【核心区旅游车整治】年内，市交通运输执法四支队开展核心区旅游车整治工作，在新冠肺炎疫情缓解辖区旅游市场回暖后，查扣黑旅游车4辆、查处旅游车业内违章行为72起。

（赵　臣）

【联动整治省际非法运输行为】年内，市交通运输执法四支队与河北省张家口市开展跨省联合执法行动4次，对京藏高速张家口至北京的运营秩序“齐抓共管”，实现跨省联动协作工作机制、案件移交机制。多省市联动执法对G6高速沿线非法客运经营情况起到震慑作用。

（赵　臣）

【网约车监管】年内，市交通运输执法四支队打击辖区内非法经营的网约车，查扣非法经营网约车1393起，对网约车营运环境秩序起到监管作用。

（赵　臣）

【联合整治黑出租车】年内，市交通运输执法四支队会同辖区公安机关在全区28处挂账点位打击各类非法营运行为，查处各类业内、非法营运违法违章行为1428起，其中查扣黑巡游车23辆、黑网约车1393辆。

（赵　臣）

【市交通执法四支队】北京市交通运输综合执法总队四支队（简称市交通运输执法四支队）原北京市交通执法总队二支队，依据京编委〔2020〕15号文件更名。主要职责：负责依法对西城区交通行业开展行政执法工作，对违法违章行为实施行政处罚。年内，出动执法车辆1600余车次、执法人员4000余人次，检查各类车辆1.8万余辆次，检查运输、汽修业户110余家次、水域游船业户12家次。查处各类违法违章行为2315起，其中巡游车业内776起、旅游车业内72起、省际客运车辆业内3起、货运车辆业内27起、化危车辆业内5起。查扣非法网约车1393起、非法巡游车23起、非法旅游车辆4起、非法省际客运车辆6起、非法货运车辆1起、非法化危运输车1起。收缴罚没款1715.62万元。地址：西城区珠市口西大街258号。电话：68013973。

（赵　臣）

交通运输管理

【概况】北京市交通委员会西城运输管理分局（简称西城运输管理分局）是北京市交通委员会派出机构，授权在本行政区域实施道路运输及道路运输相关行政管理职能。年内，开展交通运输监督检查1783人次、827户次、4758车（船）次。采取行政措施195件次。受理审批事项2400件，换发旅游、省际包车证6111件，省际临时班车证26张，省际标志牌系统内出京业务审核294车次，办理承运人责任险网上备案审核1450件。在各重点时期，开展对辖区重点地区运输服务保障巡查948人次。妥善应对极端天气预警85次。落实新冠肺炎疫情防控各项措施，筑牢交通行业疫情防控“安全线”。

地址：西城区东廊下胡同玉廊东园5号楼1单元

电话：59701075

（张源珂）

【公共交通行业监管】西城辖区所属公交企业5户，涉及运营线路103条，配备运力3253部，公交场站26个。年内，出动检查人员276人次，检查地面公交企业137户次，采取行政措施22件次。在春运、全国“两会”、清明、五一、端午节、十一黄金周等重点时期，检查北京西站、北京北站等公交场站及3条扫墓临时专线发车站点等运输服务保障和新冠肺炎疫情防控措施落实情况。

（张源珂）

【出租汽车行业监管】西城辖区所属出租汽车企业35户（含个体出租汽车管理站1个），指标车数15548辆，占全市23%，出租驾驶员15508人。年内，出动检查人员428人次，检查出租企业213户次，采取行政措施108件次。推广应用充换电出租汽车1703辆，超额完成30%。审核发放出租汽车行业燃油补贴13091.92万元。处理出租行业信访投诉687件。开展北京西站、北京北站出租车运力保障32次、0.74万车次，运送旅客1.4万人次。

（张源珂）

【旅游客运行业监管】西城辖区所属旅游客运企业6户，车辆2578辆，从业人员2387人。年内，出动检查人员122人次，检查旅游客运企业59户次，采取行政措施13件次。完成旅游客运行业年度企业质量信誉考核6户，其中AAA级企业5户。督促辖区道路客运企业更新新能源客车18辆，公告注销1家旅游客运企业的道路运输经营许可证，加强省际标志牌系统出京业务审核和车辆动态监控管理，查处车辆无资质出省、出省未备案等行为13起。组织辖区旅游客运企业主要负责人和安全生产管理人员参加安全考核42人，举办《北京市包车客运管理系统》培训2次。

（张源珂）

【省际客运行业监管】西城辖区所属省际客运企业1户，营运车辆97辆，班线52条，从业人员184人。年内，出动检查人员44人次，检查省际客运企业22户次，采取行政措施2件次。1户企业参加年度企业质量信誉考核，被评为AAA级企业。宣传落实《道路旅客运输及客运站管理规定》，促进客运行业转型升级，加快推进800公里以上客运班线退出工作，退出2线2车，占实际运营总数的33%。组织辖区省际客运企业主要负责人和安全生产管理人员参加安全考核5人。

（张源珂）

【普通货物运输行业监管】西城辖区所属普通货物运输企业89户，营运车辆457辆（主车356辆，挂车101辆），总吨位10135.85吨，从业人员353人。年内，出动检查人员257人次，检查普通货物运输企业127户次，采取行政措施12件次。完成普通货物运输行业年度企业质量信誉考核103户，其中AAA级企业7户。公告注销53家货运企业的道路运输经营许可证和19辆道路运输车辆的道路运输证。淘汰老旧柴油货车任务全部完成，累计淘汰636辆。组织普通货物运输行业企业主要负责人和安全生产管理人员参加安全考核40人，普通货物运输驾驶员诚信考核123人。

（张源珂）

【化学危险品运输行业监管】西城辖区所属危险化学品运输企业5户，车辆18辆（主车13辆，挂车5辆），从业人员14人。年内，出动检查人员42人次，检查化学危险品运输企业21户次，采取行政措施1件次。完成化学危险品运输行业年度企业质量信誉考核5户，其中AAA级企业5户。做好化学危险品运输车辆GPS动态监管，形成监控分析、通报、整改闭环工作机制。组织危险货物运输行业企业主要负责人和安全生产管理人员参加安全考核21人，危险货物运输驾驶员诚信考核9人。

（张源珂）

【机动车维修行业监管】西城辖区所属机动车维修企业27户（一类5户、二类9户、三类13户），在用喷烤漆房企业6户（8台），从业人员510人。年内，出动检查人员255人次，检查机动车维修企业116户次，采取行政措施31件次。完成机动车维修行业年度企业质量信誉考核17户，其中AAA级企业7户。审核发放道路运输营运车辆综合性能检测补贴83.97万元。推进在用汽车喷烤漆房标准化技术改造，督促企业使用《机动车维修管理服务系统》报送尾气超标车辆治理及处置信息情况，辖区维修企业基本退出钣金、喷漆工艺。

（张源珂）

【汽车租赁行业监管】西城辖区所属汽车租赁备案企业70户，车辆4419辆。年内，出动检查人员195人次，检查汽车租赁企业80户次，采取行政措施5件次。完成汽车租赁行业年度企业质量信誉考核56户，其中AAA级企业1户。加大对租赁车辆违规从事网约车运营检查力度，确保辖区汽车租赁行业规范经营。

（张源珂）

【水域游船行业监管】西城辖区所属游船企业3户（因疫情停业1户），运营游船885条（艘），从业人员224人。年内，出动检查人员109人次，检查水运游船企业50户次，采取行政措施5件次。组织开展水上防汛安全演练1次、安全宣传活动1次。开展水域游船开航前船舶检验和安全检查工作。

（张源珂）

【行业安全监管】贯彻落实安全发展重点任务20项，同步推进安全生产专项行动20个，年度任务完成100%。建立长效隐患排查治理体系，排查各类隐患54项，全部整改完毕。上报行业调研报告1篇、《安全应急信息》50篇、《平安北京建设工作信息》5篇、战时维稳会商工作信息590篇。组织安全风险评估培训3次，完成75户属地经营企业风险评估工作，超额完成19%。完善新冠肺炎疫情防控、地震、雪天保障、防汛等应急预案5个，开展行业应急演练4次、安全宣传9次，召开安全例会12次，应对降雪、降雨、高温、火灾、空气污染等预警85次。

（张源珂）

【常态化疫情防控】制定新冠肺炎疫情防控工作方案，建立内部疫情防控工作体系。与重点站区管理委员会建立协作和沟通机制，准确掌握北京西站和北京北站地区疫情管控、铁路列车和旅客到达、运力需求等情况，及时提供运力保障。加强对辖区企业疫情防控措施落实情况的检查，做好重点人群管控和卫生防疫管理，对辖区冷链运输企业外环境及从业人员进行常态化监测预警。

（张源珂）

【交通运输法治政府部门建设】推进交通运输法治政府部门建设依法行政评价工作，健全完善法制制度11项，开展法规培训7次，组织法规学习12次。严格规范文明执法等主要评价指标，动态调整执法人员和执法岗位信息，实现新旧两版行政检查单平稳过渡，9个行业年度“双随机”检查任务完成率100%。与市交通运输执法总队四支队建立执法协作机制，召开执法联席会1次，开展联合检查19次。

（张源珂）

【接诉即办】办结出租汽车、货物运输、旅游客运、省际客运等行业信访投诉777件（其中巡游出租车行业投诉占比88.42%），受新冠肺炎疫情影响，工单量同比增加357.4%。协调解决复工复产各项困难，实现响应率100%、解决率和满意率99%以上。

（张源珂）

【优化营商环境】梳理填报交通运输政务服务事项清单，完善“全程网办”台帐，建立与区政务局和市交通委对接机制，推进新版交通运输政务服务系统上线运行，实现涉及从业人员、维修、驾培、货运等8个行业“全程网办”。

（张源珂）

公安交通管理

【概况】北京市公安局公安交通管理局西城交通支队（简称西城交通支队），是西城行政区道路交通安全管理的职能部门。内设执勤大队和业务职能部门12个。年内，西城交通支队围绕全区各类交通热点、难点问题，铺开各项整治措施。现场执法35万余笔（含鹰眼），同比提升4%。5月后现场执法提升22%，同比提升59%；非现场执法78万余笔，同比提升38%。查处违法停车54.7万余起，贴条17.4万余张；鹰眼执法12.4万余起，同比提升6.26倍；查处非机动违法4.1万余起，同比提升69%。排查280条道路，排查标志、标线、路树遮挡、交通组织类问题765处，施划冷漆标线3732.1平方米、热熔标线8143.38平方米，增设标志80面、护栏322扇；对19处乱点堵点开展治理、对20余所学校医院进行交通设施优化调整。完成勤务3741起，出动警力33696人次。设置中心区防控岗位12处，妥善处置上访、涉警、涉外等各类突发警情250起，查获红色预警人员13人。接待电话咨询5273人次、现场咨询人数2746次；行政复议立案753件，其中区政府行政复议案件29件，同比降低27.3%，行政复议案件办结798件；核查案件273件；行政诉讼39件，国赔202件。

地址：西城区赵登禹路303号

电话：88313209

（杨　阳）

【中心区疫情防控】年内，结合辖区道路实际情况，每周分析新冠肺炎疫情防控岗执法数字，对执法总量低、外阜车执法量低、单日执法量低的岗位及时重点提示，持续对敏感车辆查控、科技系统应用等重点工作进行督办提升。强化政治中心区南部区域防控工作，视频巡检、交通流量查看。周末及工作日晚高峰期间，加强大剧院周边、地铁站、煤市街禁限车种和违法停车治理。加强与邻近支队、分局等相关警种的沟通对接，进一步细化完善一体化防控工作实施方案及措施。做实远端防控，在重要道路口、胡同口设置12处中心区防控岗位，24小时不间断加强卡控检查和执法力度，实时查控过滤风险隐患，及时消除中心区外围安全隐患。

（杨　阳）

【提升122警务效能】年内，制定122接处警工作规范和实施方案，明确考核标准。以西二环路为重点，深挖交通疏导、事故发现处置等方面的规律、细化措施。每日梳理分析各大队事故超时区域和时间特点，监听各大队电台信道，掌握接布警环节存在的问题，精确指导，每周通报。针对122接警、布警、反馈、回访等重点环节，进一步健全完善机制，规范流程标准，强化快清快处，实现秒级响应率100%、布警准确率100%、事故即时回访率100%，重复报警率降低至3%至4%之间，其中二环主路、长安街沿线等重点区域事故现场处置率达到90%，西单大队二环路处警用时实现5分钟以内。

（杨　阳）

【社会交通维稳应急】年内，创新推出“政府购买社会清障服务”救援模式，多次与区城管委、区应急办等相关政府部门沟通，就“政府购买社会清障服务”的新能源汽车道路救援方式达成一致，形成《社会清障服务用于电动汽车道路救援工作流程》《西城区道路救援现场确认单》，破解故障新能源汽车无法及时拖移难题，为交通管理新形势、新问题提供新思路、新方法。深化205应急清障队伍建设，开展应急清障培训，与公交集团开展清障救援工作座谈，就加强合作机制、备勤点位、做好故障车辆的维修清移工作进行交流。增加视频巡检岗位人员，强化对路面事故、坏车突发事件巡控，实现主要道路视频巡检频率提升3%，环路、长安街沿线视频巡检频率提升5%。

（杨　阳）

【铁骑警务建设】年内，推进摩托车巡逻队伍组建，深入摸排各大队车辆、人员、岗位情况，在岗位布局、路线规划、支撑保障等方面认真研究，部署铁骑巡28处。发挥摩托车巡逻队伍扁平化指挥调度机制效能，实现环路警情迅速处警、快速清移、妥善处置，突出发挥铁骑在特勤警卫、维稳防控、高峰疏导、为民服务等方面优势作用。全年铁骑巡执法1.5万余笔，执行特勤警卫任务1200余次。日均处理交通事故97起，约占日均事故总量的75%。

（杨　阳）

【交通秩序保障】年内，强化日常执法，加强“违法高发时段、整治重点地区、潜在安全隐患”工作研判，开展自主警务。强化道路监管维护交通秩序，严格落实路面排查机制，做到渠化调整到位、设施完善到位、施工监管到位，在交通组织及施工监管上精益求精。重大活动期间临时增设禁止外埠车标志11面、禁令标志5面、单行标志1面，临时撤除护栏53扇，实现全国“两会”、党的十九届五中全会等重大安保活动及春节、五一、端午、十一等重大节假日期间道路交通秩序平稳有序。

（杨　阳）

【疏堵工程】年内，配合区政府疏堵工程、新建道路、慢行系统建设，对黑窑厂街北口路口南进口实施工程改造，改善自行车出行环境。完善月坛北街配套设施，规范沿线通行秩序，增设减速让行标志17面、右转弯标志9面。针对核心区内胡同密集、连通性差、易发生拥堵等特点，推进背街小巷微循环建设，通过调整机动车单行、禁行等措施，提升道路通行能力，减少区域拥堵。对塔院胡同、新街口四条、大栅栏地区部分道路的12条道路实施机动车单行措施。对市级挂账19处堵点、乱点，严格销账标准流程，通过采取重新渠化路口车道、规划停车位、增设禁停标志等措施对人民医院周边、大栅栏地区、平安大街国防路口开展治理。推进医院、学校周边综合整治工作，通过增加禁停、注意儿童标志，复划禁停区标线，完善震荡减速标线，复划整条道路交通标线，增设机非隔离护栏等措施对三里河东路铁二中、一五九中学、三十九中学、志城小学、黄城根小学、顺城街小学、椿树馆小学、宣武医院、广安门中医医院等20余所学校、医院进行设施优化渠化调整。

（杨　阳）

【违法综合整治】年内，结合重点区域特点，在德外、长椿街等地区开展公交车道集中整治。加强对什刹海、鼓楼、复兴门桥区、德胜门等地区夜间查控，严查酒驾、货车、涉牌、摩托车炸街等违法行为。加强岗位联动，重点加大供电局路口、煤市街、景山西街等点位禁限车管控力度。围绕辖区“四横、一竖、一环、一区”等重点区域，开展违法停车专项整治。结合舆情热点及摸排实际，对管界商业街区、繁华场所、旅游景点周边，通过“车巡+步巡”方式，加大区域管控力度。针对非机动车行人通行秩序混乱、共享单车乱象等突出问题，依托重点示范路口开展专项治理，做好二环慢行系统工程建设推广和静态停车秩序管控，打造慢行系统示范道路。推进共享单车运维管理新模式，协调区城管委以购买服务的方式，与共享单车运营公司协作，加大对共享单车清理力度，在重点区域增设电子围栏，引导共享单车规范有序停放。

（杨　阳）

【事故预防】年内，发挥区交通安全委员会牵动作用，组织全区38家成员单位重点开展道路隐患排查、事故防控、缓堵治乱、安全宣传工作。分析研判近3年交通事故突出特点，组织协调区安监局、文明办、综治办等部门开展生产经营性道路交通亡人事故压减工作，落实事故预防主体责任。组织排查、治理各类道路隐患38处，安装各类交通标志21处，加装修复交通信号设施、增设隔离设施、加装钢板护栏、减速带等防护设施10处，对2起亡人事故、1起醉酒事故进行责任追查。辖区发生亡人交通事故10起10人，同比下降16.7%，生产经营性交通事故0起。

（杨　阳）

【交通安全监管】年内，按照“三见面、三把关”工作要求，组织各系统、专业街道安联办摸排全区10个驻地、45个驻京办和联络处、119个服务单位的969名交通服务保障驾驶人，签订责任书119份，发放驾驶人交通安全须知969份，检查车辆920辆次，面对面教育驾驶人1638人次。加大安监执法力度，对隐患单位采取“限期整改、约谈曝光、停车整顿、罚款处罚、挂牌整改”一体化执法措施，对1194家单位采取责令限期整改措施，其中682家逾期未改正单位禁止机动车上道路行驶，对17家单位采取罚款处罚。

（杨　阳）

【交通安全宣传】年内，围绕“一盔一带”“减量控大”“零酒驾”单位创建等重点工作和交通安全宣传主题，组织驻区民警，深入社区、单位、学校等开展15场次“七进”宣教活动，发放各类宣传材料10万份。协调驻区新闻媒体通过随警作战、专题采访等形式，开展多角度、全方位的宣传报道，制造正面舆论、营造守法氛围，引导广大交通参与者共同参与和配合道路交通管理工作。今日头条、快手、抖音我局官方账号，邀请新华社、法制进行时、红绿灯、交通台、法制晚报、北京晨报、北京日报、央广101.8都市之声栏目、西城报、搜狐新闻等15家媒体报道西城交通支队开展各类专项工作280余次，刊登局微博350余条。

（杨　阳）

【接诉即办热线派单办理】年内，优化专班平台，发挥7×24小时全响应工作机制优势，落实联勤联动，接局转派单5306件，响应率均为100%。依托“日统计、周通报、月讲评”机制，实现派单处置标准化、流程化和规范化。发挥考评机制对派单办理工作的导向、激励和约束作用，确保措施落到实处。加大重点派单办理监管，采取主要领导负责、提级办理、见面沟通等措施，对承办派单数据加强研判，以高发点段派单为导向，实现从个案分析向综合施策转变。

（杨　阳）

【社区交警工作】年内，以12345热线派单高发、交通问题较突出的社区为重点，以停车难、秩序乱等热点交通类问题诉求为切入点，择优遴选20名社区交警，确定20个重点社区，从“挖潜公共空间，盘活停车资源，规范社区停车入位”入手，最大限度改善社区交通环境。选取广内街道为试点，通过开展社区停车自治、开辟路外停车资源等，配合广内街道共同打造居民停车示范街区样板，逐步在全区推广。

（杨　阳）

交通枢纽管理

【概况】北京市重点地区管理委员会北京北站地区管理办公室（简称重点站区管委会北站办）原北京西直门综合交通枢纽地区管理委员会，是北京市政府派出机构，主要负责组织协调本市重点站区北京北站地区的管理服务工作。10月，原北京西直门综合交通枢纽地区管理委员会正式更名为北京市重点站区管理委员会北京北站地区管理办公室。重新划分管理范围：北侧以北京北站地下转河南侧为界；南侧以西直门外大街北侧辅路北道牙为界；西侧北段以转河东岸为界，中段以高梁桥路东侧道牙西城界至京投置业大厦南北两条道路（不含西环广场塔四楼和京投置业大厦）为界，南段以西环广场西区东侧墙体为界；东侧北段以北京北站东侧墙体为界，中段以北京北站托运处至北京北站停车场外侧机动车道道牙（不含机动车道）为界，南段以西直门北大街西辅路道牙（不含西辅路）为界。新的职责：组织协调本站区平安北京建设、交通秩序、市场秩序、安全秩序、公共卫生等工作；组织协调本站区春暑运、节假日、重大活动等重点时期客运服务保障、优化交通、运力接续和大客流应对疏导工作；组织协调本站区联合执法、联勤联动、城市管理综合行政执法、交通执法等工作；负责本站区日常值守和突发事件应急预案演练、防汛抢险、扫雪铲冰、重大活动保障、接诉即办处理等应急防范及处置工作；负责本站区各项基础设施、公共设施以及牌匾标识、户外广告、公益宣传等设备设施的建设、完善、管理和维护工作；负责本站区思想文化建设、精神文明建设、新闻宣传、舆情监测、社会组织建设及志愿服务工作；负责涉及本站区办、站区城管执法大队、站区事务分中心项目的日常管理、财务预算编制及预算执行工作；负责本站区党建群团工会建设、政务及公文（电子公文）处理、政府绩效管理、购买服务绩效管理等工作；负责对本站区有关单位日常管理工作进行监督、评价、协调工作；负责本站区制度汇编管理、老干部退休服务保障、保密管理、车辆保障、购置服务管理及公务接待工作；完成上级交办的其他工作。新的编制：设综合保障科、城市管理科、安全秩序科、应急工作科4个职能科室。

地址：西城区北礼士路12号南楼1810室

电话：88391764

（蒋　捍）

【新冠肺炎疫情防控】在新冠肺炎疫情防控工作中，重点站区管委会北站办建立职责明确、行为规范、运转有效的协调指挥、预防控制、医疗救治、应急处置和监督管理体系，督促辖区国铁、地铁、城铁、物业管理等单位履行工作职责，落实疫情防控各项要求及责任人。坚持对站区公共场所每日消毒3次以上，及时清运站点垃圾，设立专门防疫废弃用品箱。督促国铁、地铁在进出站口建立红外测温仪10台，手持测温设备50余台。在北京北站规范疫情工作处置流程，协调地铁2号线设置发热病人隔离区，先后处置6起11名发热人员。建立疫情防控四方责任和复工复产信息微信平台，指定专人负责，及时准确收集和上报各类信息，传递和反馈疫情信息，为指导地区成员单位精准防控、科学防控提供支撑，地区各单位工作人员无一人感染病毒。

（蒋　捍）

【综合治理】年内，重点站区管委会北站办在重点时节时段，突出反恐防恐、社会治安重点，多措并举开展工作。按照“三个不能”“三个确保”“五个坚决防止”及“六住”的工作要求，开展专项行动，抓实情报信息、政治安全、社会稳定等工作，确保地区安全。加强对旅店、物流、出租车等行业及群体性事件易发地区的摸排与管控，及时排除各类安全隐患，核查住户租客信息和流动人口情况，建立地区治安防控指挥协调、分析研判、评估预警、部门联动、常态化工作、社会参与等联勤联动捆绑式执法工作机制，提高地区应对社会治安突发事件处理能力和社会治安防控体系水平，确保春节、全国“两会”、清明、国庆节等重大政治活动和重要时间节点的城市运行安全。完成地区烟花爆竹禁放管控工作，签订严守禁放承诺书43份；加强地区管控疏导，出动公安干警近14000人次，安保力量近35000人次以上；落实防汛制度，加强值守巡查，保障地区安全度汛。联合铁路公安、驻地社区开展铁路护路工作，向过往居民宣讲铁路护路政策法规，定期进行巡查，保证地区沿线铁路安全。

（蒋　捍）

【安全生产】年内，重点站区管委会北站办坚持每日巡查制度，在重要时期、法定节日前夕组织执法单位开展联合检查。落实《北京市生产经营单位安全生产主体责任规定》，向地区11家成员单位发放宣传和防护用品200份，滚动播出安全生产公益宣传片，借助新媒体平台宣传安全生产方针、政策和安全知识。定期进行检查督促，出动检查人员700余人次，检查单位1548家，排查企业791家次，发现隐患1205项，核销隐患1205项，下达整改通知书592份，处理电话诉求41起，企业检查覆盖率达100%。9月15至19日，组织应急救援队45人进行为期4天的安全生产应急救援桌面推演和模拟实景演练培训。指导北京北站落实专门密闭车，做好医疗垃圾、重点生活管控垃圾的源头管控、无害化处置。

（蒋　捍）

【城市管理】年内，重点站区管委会北站办按照北京城市《总规》要求，提升精细化管理水平，服务保障城市运行。推进联勤联动捆绑式执法，抓好“门前三包”管理工作。出动执法人员3094人次、行政处罚27起、罚款6.46万元。其中一般案卷23起、罚款6.44万元，简易处罚4起、罚款200元。规范各类违法行为1400余起，发放提示单114份，公示43份。检查垃圾分类相关企业146家941次。燃气安全检查106家次，发现隐患整改22家，发放宣传品480份。检查三类场所疫情防控，排查2092家次，纠正各类防疫不到位问题78起，约谈企业负责人96人次。查处非法营运车辆120余辆，规范网约车运营问题2起，巡游车服务不规范1起，巡游车业内重大违章1起。

（蒋　捍）

【重大活动及节假日保障】年内，重点站区管委会北站办围绕重大节假日、全国“两会”、体制机制改革、京郊铁路怀密线开通等重点时期和重大政治活动，制订专项工作方案和应急预案，落实24小时领导带班制度，加强应急值守，演练应急队伍，加大重点时段、重点保障点位现场巡查督导。京郊铁路怀密线开通前，召开服务保障准备工作谋划会，按期完成站前广场升级改造，科学重塑旅客流线，加强运力接续，提高应对大客流能力，保证京郊铁路怀密线顺利开通。

（蒋　捍）

【宣传活动】年内，重点站区管委会北站办开展新冠肺炎疫情防控、城市治理、铁路护路、反恐防恐等宣传工作。整合利用本地区国铁、地铁、站区办的广播系统、LED屏、网络微课堂、宣传栏、横幅等资源，宣传党和政府对防疫工作的要求，投放个人防护宣传片。开展文化市场“清源”专项行动，采取全面宣传与集中整治相结合的方法，逐个检查地区各类图书音像制品的销售场所，专门清查不法刊物。组织单位主管领导签订《严守禁放规定承诺书》，发放《致全区居民一封信》1000份。7月27日，结合《高速铁路安全防护管理办法》在地区滨河社区设立宣传站，开展地区爱路护路宣传活动。

（蒋　捍）

【领导调研督查】9月30日，北京市委常委齐静，市委宣传部、市发展改革委、市财政局等部门及区企业负责人20余人，到北京北站地区指导京郊铁路怀密线开通工作，乘座S515次列车开展随车调研活动，对站区服务保障工作给予肯定。10月23日，西城区副区长李异一行，到北京北站地区对编制体制改革制工作进行调研，参加北京市重点站区管理委员会北京北站地区管理办公室揭牌仪式。

（蒋　捍）

轨道交通管理

【概况】北京市地铁运营有限公司（简称北京地铁公司）成立于1970年4月15日，是市属大型国有独资公司，是国内最早成立的城市轨道交通运营企业，开通运营了新中国第一条地铁。北京地铁公司定位于“保障城市运行安全，提升城市承载能力，成为国内领先、世界一流的城市轨道交通运营商”。主营业务涵盖运营服务（客运服务、维修服务、车辆厂修）、增值服务（广告、民用通信、文化传媒、商业），关联业务涵盖投融资、新线、更新改造、技术研发、培训咨询、车辆制造。在职员工3万余名，运营16条线路，运营里程525公里，运营车站318座，换乘车站62座。乘客满意率96%。

地址：西城区西直门外大街2号
　　　地铁大厦

电话：62293714

（张　强）

【北京西站实现铁路地铁安检互认】1月10日起，北京西站实现铁路、地铁安检互认，换乘旅客进站只需一次安检。北京西站地下空间封闭为安检互认区，南北穿行需安检。地面一层，地下一、二层10个出入口共设置14台安检机、25个安检门，调配300余名安检员。

（张　强）

【北京地铁实施“测温”进站】1月31日起，在做好新冠肺炎疫情防控中，北京地铁在全路网所有车站采用非配合式热成像体温测试系统、手持式体温监测仪等方式对进站乘客进行体温测试。

（张　强）

【实施超常超强措施提升运力】3月24日，北京地铁公司做好疫情防控期间地铁运营保障，优化网络资源配置和网络客流分析调度，对所辖线路分批采取“超常超强”措施。有10条线路跑进2分间隔，保障出行安全，实现降本增效和员工“零传染”，乘客“零传播”。

（张　强）

【EUHT（5G）技术应用】4月2日，北京地铁公司首都机场线EUHT（超高速无线通信5G）首列车上线运营测试。11月，列车正式上线运营。EUHT综合承载研发试验线工程，实现一张网络对CBTC、CCTV、PIS等多种业务的综合承载，实现EUHT（5G）通信技术在地铁线路的示范应用，解决了车地通讯难题。EUHT可实现地铁站车电视直播、航班信息发布、控制中心调看车载视频、乘客紧急对讲等多项功能。

（张　强）

【地铁票务互联互通】6月5日起，北京、呼和浩特两地正式实现地铁乘车互联互通，业务范围包括：行程记录、线上补票等功能。

（张　强）

【北斗“空间数字化”应用建设】9月7日，北京地铁公司《基于北斗的地铁公共安全应急管理系统》获中国卫星导航定位协会科技进步二等奖。系统在地铁1号线四惠站试验的各项指标都达到国际领先水平，实现北斗和地铁的深度融合。用北斗时间全面替代地铁系统的GPS时间，建立地铁地上地下统一空间基准，构建用于生产指挥的高精度可测量实景化的空间数字化地图，提供连续定位服务，为乘客提供站内外一体化导航，为运营生产提供人机料等生产要素的定位，为网络化高效运营管控提供技术条件。

（张　强）

【机场线智能招援系统投入使用】9月25日，北京地铁线上+线下招援系统在首都机场线上线运营，是北京地铁所有车站中第一个实现乘客与工作人员音视频对话的系统。利用互联网+智慧地铁技术，采用“求助去中心化”设计，通过大数据分析，在乘客进出站、购票、刷卡、乘车等环节的走行路径上设置多处求助二维码。当乘客遇到困难时可利用手机微信扫码，与携带移动应答终端和固定应答终端的工作人员取得音视频联系，形成随时随地线上招援系统，更好地提升乘客出行自助化程度。

（张　强）

【北京地铁技术创新研究院成立】 11月12日，北京地铁技术创新研究院揭牌。研究院作为北京地铁战略规划的顾问及咨询平台、产业发展的支撑及转化平台、凝聚精英的引才及育才平台，借助科技赋能，构建智慧服务新模式，推进服务供给侧结构性改革，提供人民满意的一流服务，实现技术研发、成果转化、业务拓展等方面的体制机制突破。

（张　强）

【《首都智慧地铁发展白皮书》发布】 11月12日，《首都智慧地铁发展白皮书》发布。《首都智慧地铁发展白皮书》以构建超大城轨交通高效运输与安全服务新体系新模式为目标，以乘客、企业和政府的多元需求为驱动，形成首都智慧地铁系统架构，提出首都智慧地铁“1+4+1”的系统组成，形成未来首都智慧地铁建设的顶层设计和技术蓝图。

（张　强）

【1号线、八通线贯通工程改造】 11月29日，地铁1号线、八通线贯通运营拨线改造工程第二阶段完工。工程主要解决1号线与八通线换乘困难、客流拥挤严重问题，缓解高峰客流拥挤压力，提高沿线居民乘车便捷性，实现城市中心区与副中心无换乘衔接。

（张　强）

【京沪地铁乘车二维码互联互通】 12月1日起，北京市民可以使用亿通行App乘坐上海地铁，上海市民可以使用Metro大都会App乘坐北京地铁，两款App支持京沪两地跨城轨道交通刷码乘车，出行更便捷。

（张　强）

【地铁3条运营线路安装AED】 12月3日，北京地铁公司在完成第一批1号线22座车站安装AED（自动体外除颤仪）的基础上，完成第二批2、13号线35座车站的AED安装，中心城区3条骨干线路所有车站均安装AED设备配置。

（张　强）

【续签友好合作和伙伴关系协议】 12月8日，北京地铁公司和莫斯科地铁公司以视频方式举行《莫斯科地铁公司北京地铁公司友好合作和伙伴关系协议》续签仪式。

（张　强）

【地铁房山线北延段开通】 12月31日，地铁房山线北延段开通，北延段运营里程4.8公里，设车站4座。截至年底，北京地铁公司运营线路达16条，运营里程525公里，运营车站318座，换乘车站62座。

（张　强）

北京北站

【概况】 北京北站位于北京市西城区，紧邻二环路西直门桥，是西直门交通枢纽重要组成部分，可换乘地铁2号线、4号线、13号线，紧邻西直门北大街、西直门外大街等多条主干道。北京北站始建于清光绪三十一年（1905年）原名西直门站，1988年正式改名为北京北站。2007年北京北站新站房正式开建，2009年1月16日开通运营。2016年11月1日，为配合京张高速铁路施工，北京北站封闭改造。2019年12月30日，京张高铁开通，北京北站恢复运营。北京北站是京张高铁始发站，途经线路有京包客运专线、北京市郊铁路S5线、京张高速铁路，同时自下花园北站引出的崇礼支线是2022年北京冬奥会交通运输服务的重要组成部分。北京北站位于京张高铁起点，主体建筑面积2.14万平方米，中心里程为20.52公里，设6台11线，其中正线2条，到发线9条。有贵宾室2个、候车室2个、售票厅2个、售票窗口16个、自动售票机14台、电梯14部（扶梯12部、直梯2部）。北京北站行政机构设行政办公室、劳动人事科、财务收入科、职工培训科、客运业务科、技术科、安全科、设备科8个职能科室，辅助生产机构设安全生产调度指挥中心，党群组织设党委、纪委、工会、团委，辖党群工作科，下设经营开发部、信息化车间和42个中间站（车间）及二拨子、八达岭西、七间房3个线路所，227个班组。年内，获国铁集团全国铁路文明单位、全路关心下一代工作先进集体，获集团公司宣传思想文化先进单位、春运宣传先进单位、五四红旗团委、十三五企业文化建设优秀单位、纪检监察工作先进集体。北京北站职责范围：负责旅客、货物运输组织和运营管理。

地址：西城区西直门北大街北滨河路1号

电话：51828043

（刘宇　何苗苗）

【管辖范围】北京北站主要担负京张高铁、京通线旅客列车和S2、S5、S6市郊旅客列车始发终到任务，日常图接发高铁动车组列车56对，高峰图接发高铁动车组列车75对，日均接发普速旅客列车18对。管辖京张高铁20.01公里至88公里6个高铁站、京包线42.99公里至84.5公里8个中间站、京通线1.25公里至116公里14个中间站、京承线15.6公里至127公里12个中间站和东北环线0公里至1.59公里2个中间站。有货场4个、货物线12条、专用线37条、专用铁道1条，配属调车机1台、区域调车机5台。管辖的京张高铁是世界首条智能高铁，为2022年北京冬奥会的重要交通保障设施。

（刘　宇）

【生产与经营指标】年内，北京北站运输收入76984.5万元，超指标119%，其中客运收入56675.9万元、货运收入20308.6万元，其他收入858.57万元。旅客发送量506.1万人，货运发送量109.1万吨。劳动生产率6.86次/人日。截至年底，连续安全生产3146天，实现第8个安全生产年。

（刘　宇）

【迁址更名】根据集团公司《中国铁路北京局集团有限公司关于通州车务段迁址更名的通知》（京铁劳〔2020〕525号），原通州车务段于2020年12月28日由北京市通州区五里店西路31号迁址至北京市西城区西直门北大街北滨河路1号，更名为北京北站。

（刘　宇）

【新线开通】年内，北京北站保障9月30日京通线电气化改造和怀密线引入北京北站工程开通，6月30日通密线开通运营和12月1日延庆支线开通运营。在京包线、京通线、东北环线实施兼职并岗和班制改革，减少岗位94个用工94人；对管内14个客运站重新核定工作量，内部挖潜客运人员52名支援京张高铁车站。以京承线为试点，实施集中代管账模式。开展普速生产生活设施修缮工程，投入486.81万元，完成京包线6站、京通线13站房屋整修。

（刘　宇）

【特色服务】北京北站设运输服务项目，旅客只需携带简单行李方可在站候车。雪具运输服务滑雪爱好者需通过12306、95572网站、客服电话等线上渠道预约或者线下办理业务即可享受到门到门、门到站、站到站、站到门的取送货服务。

（何苗苗）

【冬奥服务保障】年内，北京北站迎接2022年北京冬奥会提高旅客服务质量和冬奥会运输服务保障工作，组织客运岗位全体职工开展作业指导书、服务礼仪、基础外语及手语培训。组建外语、手语培训小组，利用交接班、闭站后或业余时间安排学习，要求完整背诵英文对话内容、理解语句含义，顺畅做出规定场景的手语动作和手势标准，做好冬奥客运服务人才储备工作。

（何苗苗）

【车间消防基础建设】年内，北京北站推进消防安全责任制，落实管理责任与具体措施和消防安全网格化管理，清晰划定各使用单位消防安全管理责任区，杜绝“无人管”盲区，消除火灾隐患。站内消防大修改造施工进场，对已达到使用年限的消防设备进行维护和更换，检测、调试和维修火灾报警系统设备。车间现有1184个消防喷淋头、450个火灾探测器、47个手动火灾报警按钮、93个消火栓报警按钮、21个消防电话以及信号和控制模块等部件完成整体更换工作。

（何苗苗）

邮　电

中国邮政集团有限公司北京市西城区分公司

【概况】中国邮政集团有限公司北京市西城区分公司（简称邮政西城区分公司）是邮政北京市分公司下属城区分公司。所辖道界服务面积50.7平方公里，与西城区行政区划面积一致。服务人口129.8万人。承担着为党中央、国务院、全国人大、全国政协等党政机关、企事业单位及金融街众多企业总部、社区百姓提供邮政通信服务的重要职责（辖区内有党中央、国务院、人大、政协等党政机关50余家，中央单位1456个、央企总部42个、街道15个、社区261个、大专院校12个）。机关内设：市场营销部、服务质量部、金融业务部、集邮与文化传媒部、渠道平台部、运营管理部、寄递部、综合办公室（安全保卫部）、财务部、人力资源部、党委党建工作部、纪委办公室、工会办公室13个职能部室；下挂客户营销中心（下挂市场部）、中邮保险中心（下挂金融业务部）、客户营销中心和客户支撑中心（下挂寄递部）4个挂靠机构；下辖13个邮政支局、57个邮政所（其中含36个支行，26个纯邮政所），11个寄递营业部；有12个投递部，配设投递普邮道段315条（含机车道段39条）。主要经办国际和国内函件、包裹、小包、特快专递、汇款、报刊订阅和零售、集邮业务和集邮品制作、商业信函制作、邮政贺卡、定制邮资封片、代理保险及金融类代办业务，代收代缴业务、代售机票业务、分销商品销售等。年内，实现业务收入6.6亿元，多项重点业务发展亮点频现。

地址：西城区南礼士路头条5号

电话：68023282

（杨晓凤）

【《庚子年》生肖特种邮票】1月5日，邮政西城区分公司在中国政协文史馆举行《庚子年》特种邮票首发式。

（杨晓凤）

【非遗文化主题邮局】1月16日，邮政北京分公司在地安门邮政支局设立北京非遗文化主题邮局，隶属于邮政西城区分公司，地址：西城区地安门外大街81号。主题邮局营业期间启用“非遗文化主题邮局”日戳，推出“非遗文化”系列彩色邮资机戳，邮资机戳图案包括毛猴、彩塑京剧脸谱、北京鬃人、曹氏风筝等12个非遗项目，每月的10日和邮迷见面。

（杨晓凤）

【《众志成城　抗击疫情》特种邮票】5月11日，《众志成城　抗击疫情》邮票首发，邮票1套2枚，邮票图案名称分别为：众志成城、抗击疫情。全套邮票面值2.4元。西城区域内13家邮政窗口全部线下对外销售。

（杨晓凤）

【巴塔木彩虹邮乐园主题邮局】7月1日，邮政北京分公司在西城区红居街设立巴塔木彩虹邮乐园主题邮局，隶属于邮政西城区分公司集邮与文化传媒部，地址：西城区红居街10号院3号楼底商。

（杨晓凤）

【合作共建】7月21日，邮政西城区分公司与西城消防救援支队开展共建活动，就企业消防安全工作达成4项共识。

（杨晓凤）

【《辛丑年》特种邮票开机】9月1日，“2021年《辛丑年》特种邮票开机仪式”在北京邮票厂印刷车间举行。中国邮政推出“辛丑年”牛年开机彩色KJ–2邮资机宣传戳一枚，在牛街邮政支局对外启用，寓意“牛气冲天”。宣传戳使用1天。

（杨晓凤）

【《故宫》邮票暨宫廷文化展】9月25日，邮政西城区分公司与太和木作联合开展“故宫邮票暨宫廷文化展”。

（杨晓凤）

【校园中邮阅读数字图书馆】12月1日，北京首座校园中邮阅读数字图书馆在西城区展览路第一小学上线，提供1000册电子图书、1000种精品电子期刊和100种报纸的正版同步数字读物，满足学校180名教职工随时在PC端及移动端的数字阅读需求。

（杨晓凤）

【生肖文化主题邮局】12月28日，邮政北京分公司在牛街邮政支局设立“生肖文化主题邮局”，启用“北京生肖文化主题邮局”邮政日戳、“牛气冲天”新式文化邮戳、开业邮资机宣传戳和“五牛图”纪念戳、十二生肖纪念戳。推出“北京·生肖文化主题邮局”开业纪念封和彩色邮资机宣传戳纪念封、《五牛图》戳卡集等邮品，定期举办各类生肖主题集邮展览。

（杨晓凤）

【境内支局】西城区境内13个邮政支局：地安门邮政支局（9支）、中南海邮政支局（17支）、西长安街邮政支局（31支）、西单邮政支局（32支）、西四邮政支局（34支）、百万庄邮政支局

（37支）、西外大街邮政支局（44支）、三里河邮政支局（45支）、阜成门邮政支局（47支）、永安路邮政支局（50支）、牛街邮政支局（53支）、马连道邮政支局（55支）、马尾沟邮政支局（464支）。

（杨晓凤）

【两会邮政服务】全国“两会”期间，邮政西城区分公司为6个驻会服务网点、2个会议网点、15个人大代表团的1354名代表和工作人员提供投递服务。邮件前端处理、盘运安检函件22993件，快递包裹3448件，集邮品45袋；完成辖区8家代表驻地及人大、政协机关邮件报刊投递服务工作，投递报刊28706份，邮件15551件，特快专递邮件2578件，集邮品13袋。

（杨晓凤）

【中央巡视信箱邮政服务】邮政西城区分公司地安门支局、西长安街支局、百万庄支局、西外大街支局、阜成门支局所属5个投递部担负着党的十九届中央第五轮、第六轮31家中央巡视单位巡视信箱投递服务。投递各类邮件5.4万件，无一差错。收到巡视组表扬信13封。

（杨晓凤）

【邮速资源整合】年内，邮政西城区分公司完成与区寄递事业部资源整合工作。以“合理整合拆分、明确管理归属及功能、规划场地资源、提升揽投能力”为原则，按照“标快+快包”与普邮分网投递模式进行组织，压缩成本，优化揽投网点，完成全区11个营业部和12个普邮包裹投递部重组和道段整合。

（杨晓凤）

【邮政“双十一”】邮政西城区分公司“双11”两轮高峰日投递进口量7.23万件、7.12万件。期间，将“四个到位”融贯生产运行全过程。资源运筹保障到位，224台PDA、210辆新两轮电动车、600个头灯、195辆小推车11月1日前全部投入到各营投部。激约机制落实到位，制定旺季期间包快投递专项奖励政策。灵活调度支撑到位，强化过程管控，均衡组织营投作业。联动应战协作到位，12个支局、11个营业部、12个投递部按区域形成三大网格，强化沟通，相互配合，协同作战。

（杨晓凤）

【邮政服务质量】年内，执行“两清”标准，处理用户来电来信申诉1795件，做到100%落实处理、100%回访确认。寄递环节落实“加强寄递邮件安全管控提升邮政服务质量”要求。客服中心以“服务升级、管控升级”为目标，完成客服指标。制定《窗口服务大提升专项整治活动方案》，建立检查、考核机制、四级关键人制度。用户满意度98分、满意率99.7%，“有责申诉量”保持较低水平。

（杨晓凤）

中国联合网络通信有限公司北京市分公司

【概况】中国联合网络通信有限公司北京市分公司（简称北京联通）隶属中国联合网络通信有限公司，负责北京市信息化基础设施建设，在全市范围内为公众客户、商企客户和政府机构等客户提供包括固定电话、移动电话、数据传输、互联网、宽带接入等基础电信业务、国际业务、创新业务和增值电信业务及与上述业务相关的行业应用、系统集成、技术开发、技术服务、信息咨询、工程设计施工等相关服务。北京联通下设6个市区分公司，其中二区、三区、八区分公司为西城区提供服务。分别是二区分公司西直门营销服务中心；三区分公司西单营销服务中心、厂甸营销服务中心、樱桃园营销服务中心、广外营销服务中心；八区分公司展览路营销服务中心。北京联通在西城区境内的其他单位有：北京联通电子商务运营中心（西单北大街129号）；北京联通维护中心（复兴门内大街97号长话大楼）；北京联通产品支撑中心（西长安街11号电报大楼）；北京联通网运中心（二七剧场路17号）；北京联通大客户中心（复兴门南大街6号）。

地址：西城区骡马市大街9号

电话：66036215

（李浩然）

【创新服务模式】3月3日，北京联通面向用户成功上线“线上服务全自助专区”，提供业务办理、疫情动态追踪、周边权益领取于一体的综合型服务，满足用户的多样化需求。

（李浩然）

【互联网便民服务】6月17日，随着北京市新冠肺炎疫情防控应急响应级别的提升，北京联通114认真贯彻落实本市防疫工作相关部署，推出线上预约“核酸检测”“上门送药”“医生在线”等多项便民举措，让市民足不出户即可享受专业迅捷的医养健康服务。

（李浩然）

【疫情期间服务保障】7月11至17日，北京联通配合西城区政府防疫，利用“人防+技防”的立体防控模式，结合人脸识别系统、智能测温、北京健康宝数据对接等功能部署智慧门禁系统，分别在白纸坊街道、广安门外街道、陶然亭街道、牛街街道的21个小区，开展53场次支撑活动，引导居民现场采集信息。

（李浩然）

【重要通信保障任务】年内，完成全国“两会”、中德欧会议等重保工作，开通专线351条，普话保障91部。按照重保要求统一部署，提前做好清网排障、预案及应急方案制定、重保及备用线路开通测试、重保人员安排调度，配合完成应急演练等相关工作。

（李浩然）

【光网络升级建设】年内，在千兆光网络建设方面，建设并开通10GPON端口4216个，可满足约765个小区、42.14万户千兆网络需求，千兆小区覆盖率62.76%。继续开展宽带无条件受理工程，对覆盖死角进行补点，发起补点工程810个，解决近1000余户宽带业务需求。

（李浩然）

【5G基站共建共享】年内，与中国电信共建共享开工5G站点1694个、完工1690个、开通1583个，初步于核心区域建成网络覆盖及感知领先的5G网络。

（李浩然）

【接诉即办保障】年内，北京联通完成西城区12345接诉即办厂甸坐席外包职场的建设工作。北京联通发挥大数据和互联网+服务的优势，为西城区开展的“街乡吹哨、部门报到”发挥最大作用和效能。

（李浩然）

【界内营业厅】北京联通在西城区有14个营业厅：西单营业厅，地址：西单北大街129号；长话大楼营业厅，地址：复兴门内大街97号；长椿街营业厅，地址：槐柏树街13号；广外营业厅，地址：广安门外大街383号；樱桃园营业厅，地址：新安北里一巷11号；西单北大街营业厅，地址：西单北大街甲133号；马连道路营业厅，地址：马连道路甲10号楼西102号；陶然亭营业厅，地址：太平街6-6富力摩根大厦E座底商；金融街营业厅，地址：金融大街21号；车公庄营业厅，地址：西直门南大街甲19号；展览路营业厅，地址：展览馆路7号；西直门营业厅，地址：西直门北大街32号枫蓝国际购物中心A座一层。

（李浩然）

（责任编辑　孙凤霞）

城市管理

北京西城年鉴2021

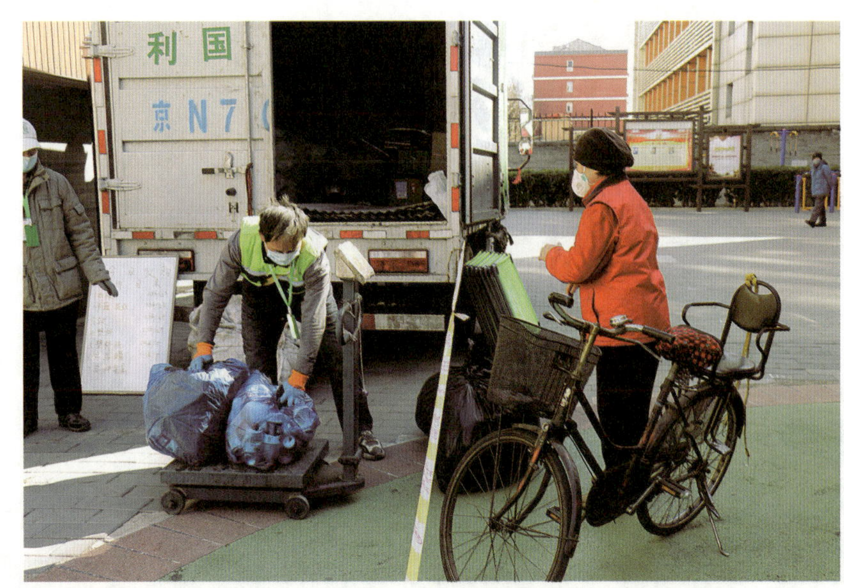

3月，大栅栏街道开展再生资源回收活动（大栅栏街道 供图）

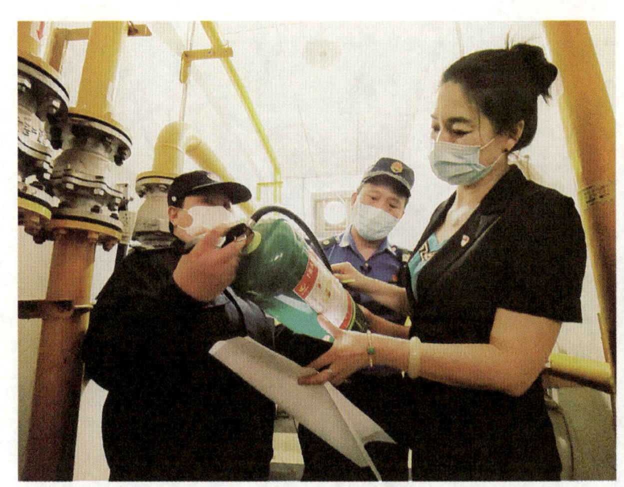

5月19日，区城管执法局联合区应急局对辖区单位开展燃气安全和垃圾分类双项检查（区城管执法局 供图）

6月11日，椿树街道联合校场口消防救援中队、万豪酒店开展安全生产月消防综合应急演练（刘鹜 摄）

7月7日，西城区组织2020年防汛综合演练（区应急管理局 供图）

8月13日，市自来水集团闸门抢修人员在车公庄西现场抢修（市自来水集团 供图）

10月，区城管执法局对辖区各施工工地开展建筑垃圾处置检查（姜真 摄）

10月12日，广安门外街道建成厨余垃圾就地化处理驿站（广安门外街道 供图）

10月20日，西城区开展2020年突发事故应急演练（闻昭 摄）

综　述

北京市西城区城市管理委员会（简称区城管委）主要负责西城区城市环境建设、城市管理的综合协调，市政基础设施、市政公用事业、市容环境卫生、能源日常运行、交通管理和水行政管理工作。内设办公室、法制科、计划财务科、环境建设规划科、环境建设协调科、交通综合科、静态交通管理科、市政管理科、街景管理科、环境卫生管理科、固体废弃物管理科、市容环境整治科、供暖管理科、能源协调科、水务管理科、宣传科、人事科、党群工作办公室等18个机构。下属5个事业单位：节水办公室、水务管理中心、停车管理中心、市政市容管理中心、个体出租管理站。年内，区城管委以疫情防控为主线，完成区域景观提升、重大活动环境保障、交通治理，保障市政基础设施平稳有序运行。立足区域品质提升，拆违11.37万平方米，超额10%完成任务；实现24条林荫道路、551条背街小巷、9个架空线入地片区整体亮相，城市环境品质更趋优美。全年处理垃圾42万吨，实现垃圾分类覆盖全区。完成梁园胡同1号院热力管线更换改造、200户老楼通气等改造工程。全区124条道路建成近8000个电子停车泊位，实现道路停车电子收费全覆盖。6处河湖入选北京市“优美河湖”，位列全市第一，供热考核全市第一。2020年首都城市环境建设管理委员会办公室全年考核，西城区成绩位列核心区第一，被评为“首都环境建设先进区”。

地址：西城区北礼士路12号

电话：88391619

（杨梦婕）

市政管理

【新冠肺炎疫情防控】年内，为应对突发新冠疫情，区城管委牵头区城市运行生活保障与应急协调组，梳理完善工作机制，开展每日会商，推动垃圾清运、市政设施保障、交通领域防控保障，维持城市治理高标准运行。疫情初期，即开展口罩分类投放收运处理，布置废弃口罩收集桶1665组，累计清运废弃口罩200万余个。加强疫情隔离点周边水电气热保障，搭建核酸检测点围挡9734米，配合北京急救中心平整消杀场地2700平方米。加强交通领域防控保障，开展各类共享单车消毒、清运工作，确保“一用一消”，每日消毒单车3万余辆。完成6次扫雪铲冰、9次大风天气、20余次水电气热应急抢险保障，确保疫情防控下城市平稳有序运行。现场勘察区内核酸检测点位，组织相关人员进行核酸检测，接种疫苗。开展隔离酒店燃气安全大检查，组织机关党员干部进街道社区参与防疫值守。关心爱护一线防疫工作者，为各街道发放共享单车骑行月卡1万余张。

（杨梦婕）

【市政基础设施建设】年内，区城管委继续实施景观提升、惠民利民、市政设施、生态环境“四大工程”。完成5条道路疏堵、30条道路大中修、24条老旧排水管线改造。通过热源整合解决4家单位供热问题，改造增设无障碍设施公共卫生间56座。推进德胜门外大街甲22号、安德路75号老楼通气，更换改造梁家园胡同1号院热力管线。排查全区有路无灯道路，为26条有路无灯道路安装路灯。新建新能源汽车充电桩35个、充电站3个，让群众能在0.9公里内找到充电设施。启动林荫计划三年行动，完成建设24条林荫道路。牵头组建工作专班，完成文明城区创建任务，开展多部门联合检查10次，办理市级环境台账535处，处置办结率100%。西城区被评为“首都环境建设先进区”。

（杨梦婕）

【架空线入地整治】年内，区城管委加强与各指挥部和属地街道办事处工程项目衔接，完成9个片区架空线入地工程，涉及什刹海、西长安街、大栅栏和金融街4个街道。电力部分完成91条胡同24公里，路灯部分完成100条胡同23.5公里，拔除电杆750根，新建综合杆884基。加快推进通信架空线入地结转项目的验收结算，组织开展撤线拔杆，净化城市道路空间环境。

（杨梦婕）

【整治提升背街小巷】年内，

制定出台《西城区关于优化整合街巷管理一线力量的工作手册》，建立以街巷长为主体的街巷管理体系，统筹以社区工作者、街巷物业、小巷管家、科站队所为主，以社区网格员和其他协管员力量为辅，以街巷自治理事会为载体的街巷“团组式”管理模式。建立长效管控机制，1225条背街小巷实现每周全覆盖检查，4000条小巷实现共建共治。551条背街小巷通过市级验收，打造完成50条示范达标精品街巷。人定湖北巷和文华胡同获评北京市“最美街巷”。

（杨梦婕）

【疏解整治促提升】年内，继续推动“疏整促”工作，进一步优化首都核心区控规版图。全年拆除违法建设11.37万平方米，确保新生违建“零增长”，保持“开墙打洞”动态清零。规范广告牌匾337块，查处消除燃气和电力设施隐患问题10个。做好公厕无障碍设施改造及保洁服务管理，为群众提供优质服务。

（杨梦婕）

【静态交通管理】年内，区交通委继续贯彻落实《北京市机动车停车条例》和《北京市非机动车管理条例》。推进道路停车改革，在11个街道、84条道路开展居民自治停车管理，缓解周边居民的停车难题。推进新建停车泊位1000个，在8个街道开展停车泊位错时共享，为机关单位解决内部车位不足的困难。推进机动车停车场备案“一网通办”，机动车停车场备案登记共398处、77434个泊位。全区124条道路、近8000个电子停车泊位，全部实现道路停车电子收费。建设停车诱导系统。

（杨梦婕）

【交通综合治理】年内，区城市管理委（区交通委）制定《2020年西城区交通综合治理行动计划》。加强中小学、医院周边及旅游大客车整治。完成儿童医院等6处学校医院周边交通综合治理。启动鼓楼西大街“静稳街区”交通综合整治项目，通过清理占道停车、整治人行步道等方式，解决沿线机动车占压慢行空间停放问题，使整个鼓西大街形成静态街区。推动共享单车综合治理，建立电子监测围栏平台，覆盖全区所有地铁站出入口和230多处重点区域的重要路段。在金融街地区部署蓝牙嗅探与蓝牙道钉相结合的“入栏结算”停放模式。加快智能交通应用，推进安装金融街重点地区25处智能信号灯、106套违法停车自动抓拍设备，实现违法停车监测全覆盖、取证无死角，规范区内停车秩序，保障重点道路的交通秩序。

（杨梦婕）

【河湖治理】年内，区水务局发布2020年西城区总河长1号令，推进河长制在“有实”基础上向更大范围、更宽领域、更深层次实施。高标准完成河湖巡查任务，11628人次巡河48868公里，人均巡河997公里，全市排名第一。继续开展“清河行动”和河湖“清四乱”，严格水务执法，完成执法检查367次。落实汛期值守制度，汛前组织开展“清管行动”，完成管线养护21.3公里，完成6处低洼院落海绵改造项目。6月底前完成22项水务行政执法职权下放，指导部分街道完成水务行政执法处罚程序，完善河湖精细化治理体系。推动水务集中管理平台二期项目建设，实现5G智能无人船试航巡河检查和水质监测，稳步提升管水治水智慧化能力。年内，西城区6处河湖入选北京市“优美河湖”，位列全市第一。

（杨梦婕）

【垃圾分类】年内，区城管委紧盯减量化、资源化、无害化目标，按照“政府推动、全民参与，因地制宜、循序渐进，突破难点、建立互信，持之以恒、落实责任”的原则，开展垃圾分类。居民家庭厨余垃圾分出量从5月初的日均32吨提升到日均225吨；其他垃圾产生量平均680.94吨，减量33.1%。完善基础设施，建设垃圾分类驿站16个、大件垃圾中转站15个，安装宣传栏4322个，703个小区实现再生资源预约上门回收。组织线上线下各类宣传活动2616场，68万余人参与；入户指导居民开展垃圾分类，入户宣传率95%。开展爱国卫生运动，发动驻区单位在职党员、老党员先锋队、志愿者等社会力量2.5万余人参与“桶前值守”。研究制定《生活垃圾分类、减量以奖代补资金管理办法》，示范片区覆盖全区15个街道。

（杨梦婕）

【城市管理精细化、智慧化】年内，区城管委持续加强改革创新，提升城市精细化、智慧化管理水平。推进拆除违建，治理开墙打洞，助推街区更新。推动建设水务智慧化管理平台二期，形成5G智能巡河新模式。开展城市管理精细化、智慧化综合巡查，全年采集案件9.5万件，完成公共服务设施破损脏污、垃圾桶站设置及周边环境、废弃立杆普查、架空线设置不规范、红线外道路破损、外墙立面破损、机动车乱停放、环境脏乱点问题、店内店广告牌匾等9个专项普查工作，并推动整改。完成三批次共计504条背街小巷区级核验，完成包括重大活动保障、专项普查、月报和街道办事处体检等90余份报告。汛期，完成应急保障工作，重点排查全区雨水篦子，发现苫盖、堵塞问题1000余处并及时处理解决。完成劳动节、国庆节、爱国卫生运动、金融街论坛等节假日及重要活动周边保障工作。总结形成广告牌匾智慧化安全管理经验，在全市推广。推进“城市大脑”建设，为城市管理赋能提质。

（杨梦婕）

【解决群众热线诉求】年内，区城管委入户走访300余次，访民情听民意，与15个街道结对，解决环境脏乱、乱停乱放等问题。全年受理诉求5945件，其中“接诉即办”诉求5694件，解决率89.71%，满意率91.43%，综合成绩90.60。加强“未诉先办”，聚焦群众诉求集中的核心区停车、道路维护、环境改造，施工管理等问题，利用大数据研究规律性，通过一个诉求解决一类问题，通过一个案例带动一片治理，不断提升群众的获得感、幸福感、安全感。

（杨梦婕）

信息化城市管理

【概况】西城区全响应服务中心（简称区全响应中心）是区政府负责全响应服务、市民服务热线、推进“城市大脑”建设工作的正处级机构。内设办公室、指挥调度科、综合协调科、综合督查科、专项督查科、考核评价科、监督员管理科、调研分析科、网通科、分中心管理科、法宣科、党群办、人事科、热线工作科、统筹科、应急处置科等16个职能科室。年内，区全响应中心落实“接诉即办”各项要求，解决民生领域重点难点问题和历史遗留问题。强化行业统筹、突出同向发力，推动城市管理和“接诉即办”工作高质量落实，不断推进网格化城市管理、“城市大脑”等工作精细化、智能化，进一步增强人民群众的获得感、幸福感和安全感。

地址：西城区二龙路27号

电话：88064954

（李文敏）

【新冠肺炎疫情防控】年内，随着全国疫情的发展变化，中心强化责任担当，坚决落实各级工作部署，打好疫情防控阻击战。抓全员管控；抓全流程管控，对疫情案件专人跟踪督办，形成严密的防控体系；抓全动态管控，针对每次关联疫情对全体人员开展地毯式筛查，与每人签订非必要不出京、非必要不邀请、有来访必报备承诺书。结合“接诉即办”，及时核查并反馈市民反映的解决不满意以及未及时解决的小区疫情防控不到位问题。加强上报处置公厕、暴路垃圾、动物尸体、垃圾填埋场等可能致疫的环境类问题。

（李文敏）

【统筹协调“接诉即办”】年内，区级热线工作专班围绕区域重点热点易发多发问题，每月召开联席会议，分析经验和存在问题，为区、街、部门决策研判、改进工作提供支撑。切实发挥参谋助手作用，全年组织区级专题会议24次。区全响应中心编制区、街、部门、社区机制经验汇编7册。开展各类培训56场，涵盖74家单位约3800余人次。为全区各单位推送工作宣传信息2460余篇，评选30个最美办件人、10个最美办件集体，挖掘热线办理背后的典型故事。5月，新华社以“党建引领小物业、社区治理大民生——《北京市物业管理条例》施行百日观察”为题，通稿发布椿树街道准物业中心案例，《新华每日电讯》头条刊发，数十家网络媒体转载。“接诉即办”政务微博号、头条号发布《紧抓疫情防控不放松！西城在行动!》专题报道。8月，北京电视台“接诉即办”专题片开展选题研讨，编辑播出《大城小院儿》《鼓西大街东段新生记》。全年共办理“接诉即办”15万余件，做到“民有所呼、我有所应”。在全市率先推出“最美”系列征集，打造市民热线的“西城品牌”。

（李文敏）

【全响应网格化城市管理】年内，聚焦城市管理重点，依托网格化管理平台，实现多网融合、一体管理。通过全响应平台设置“吹哨”派单、事件处置、评价考核等工作环节，推动“吹哨报到”精细化、综合化、法治化、智能化。不断推进微循环机制办理城市管理案件。组织全区367名网格员，在1272个网格主动巡查，发现、提交城市环境类问题113.27万件，结案111.75万件，结案率98.65%。全年办理疑难问题库案件428件，其中多次核查不通过案件电话督办332件，现场核实或与相关单位现场确认权属49件（次），确认权属重新派发64件，与区蓟城山水公司协调，通过快速处置机制派发28件，并全部办结。办理市平台委托案件6件。

（李文敏）

【建设城市治理大数据】年内，围绕全区中心工作和重点任务，重塑感知模式、管理模式和服务模式，推进建设城市治理大数据，涵盖大数据基础平台、数据资源规划与建设、大数据应用建设等。按照支撑当下及未来城市治理应用场景建设的需求，建立相对完备的云地基，涵盖云计算、大数据、AI人工智能等服务平台。重点围绕人工智能视频分析、多数据融合算法分析、多图层综合分析和感知事件综合展示调度等方面进行重点探索。主要用于西城大数据中心展示平台数据汇聚、垃圾分类情况监控、环保专题应用、防汛专题应用、视频识别案件流转、热线专题分析等。

（李文敏）

【政府热线与城管网格平台融合】年内，区全响应中心不断探索“网格+热线”服务模式，推进网格化城市管理工作与“接诉即办”服务热线融合，增强主动发现、主动治理能力。“网格+热线”双平台分别运用《城市管理周报》《数据分析月报》《热线工作日报》等形式，跟踪评价城市管理，处理群众诉求，做到步步紧逼、件件紧盯。不断优化城市管理平台、强化监督员队伍考核、督导城市管理热点的高发区域和多发问题，坚持不懈以“常”促“质”，不断推动城市管理案件办理提质增效。通过双平台的相互协作与补充，区街两级职能部门积极行动，“直接联系、秒级响应、快速处理”各类问题。

（李文敏）

【普查巡查保障】年内，区全响应中心贯彻精细化管理理念，围绕市级部署和区级重点任务，巡查督办各项工作。一季度，为保障“相约北京”系列冬季体育赛事，组织全区监督员巡查城市道旗和部分围挡宣传栏，纳入网格化管理。规范盲道类案件上报标准，完成无障碍设施普查工作，全年上报处置盲道类案件784件。落实《西城区打赢蓝天保卫战2020年行动计划实施方案》，启动应急措施应对空气重污染预警。加大对涉煤、大气类环境监管事件、施工工地扬尘以及暴露垃圾渣土等环保类问题的巡查。做好元旦、春节、“两会”、清明、五一、中高考、中秋、国庆等重要时段、重点区域、重点问题的巡查，全年上报处置相关环保类案件152833件。

（李文敏）

【“接诉即办”和城市管理监督考核】年内，区全响应中心围绕全区城市管理和政府热线办理工作，细化考评指标，加强对各街道和部门的绩效考评。出台“新十条”，制定《“接诉即办”协同案件办理实施办法》等，全面规范“接诉即办”工作。确立专班推进、联席会议、点评约谈、复杂案件快速调度等制度，保持“接诉即办”工作高位推动。强化首派负责、科长以上办案、见面办件、内部审核等制度，夯实办件基本功。创新考评机制，更精准地提高每个案件的解决率和满意率。全年编发履职情况评价报告12期，开展居民满意度抽样调查4次，居民对城市环境秩序满意度94.68%，同比提升1.22%。编写《城市管理案件周报》48期，通报城市管理工作情况。

（李文敏）

【重点工作调查研究】年内，区全响应中心围绕大数据分析，构建城市治理的大数据思维、提升“七有”“五性”保障水平、推进城市管理与“接诉即办”系统深度融合，不断提升首都核心区基层治理能力。完成《关于持续推进接诉即办提升群众获得感的实践与思考》《“网格+热线”融合发展研究》《关于接诉即办疑难案件的分析研究》和《西城区城市精细化治理综合分析报告》等调研文章。

（李文敏）

【监督员队伍管理及体制改革】年内，区全响应中心不断完善条款、健全制度，加强规范管理监督员。修订《西城区城市管理监督队百分制考核实施办法》《西城区城管监督员绩效考核暨绩效奖金发放管理办法》。落实《北京市城市协管员队伍管理体制改革实施方案》，起草完成《西城区城管监督员下沉一线工作实施方案》，明确重点工作和任务。先后与市网格办、东城区、朝阳区、石景山区的相关单位联系，完成《关于网格化城市管理相关工作调研》，并拟定《西城区网格信息采集力量规范提升管理工作实施方案》，明确网格化信息采集工作职责和管理责任，推进监督员下沉工作。12月8日，组织区人力社保局、区委社会工委、区民政局、15个街道办事处主管领导和业务部门负责人召开监督员下沉工作部署会，明确监督员下沉后的职责任务、管理方法、监督队的考核方式等。编制《西城区城管监督员工作手册》，规范工作流程，细化问题上报与核实、核查工作标准。

（李文敏）

【城市管理平台运行】年内，区全响应中心持续加强各系统软、硬件运行维护保障工作。全区社区数259个，网格数1272个。全年完成部件更新工作4次，新增部件45235个、废弃部件23840个。完成市级二维码部件试点的普查比对工作，完成防汛数据整理加工工作，完成中央和国家机关办公区集中生活区的数据整理加工工作。

（李文敏）

房屋行政管理

【概况】北京市西城区房屋管理局（简称区房管局）是负责全区房屋行政管理、房屋征收（拆迁）、住房保障工作的政府职能部门，挂北京市西城区住房保障办公室和北京市西城区人民政府房屋征收办公室牌子。内设科室19个，纳入规范管理事业单位11个、全额事业单位2个。年内，区房管局围绕疫情防控等重点工作，切实履行职责，完成房屋管理的各项工作任务。

地址：西城区西直门南小街国英园5号楼

电话：66160375

（姜夕辉）

【保障性住房配租配售】年内，组织召开住房保障政策培训会，就进一步简化保障性住房申请手续、“安居北京网上办公系统”运用、市场租房补贴政策执行口径等问题，进行专题解读与答疑。组织1次经济适用住房选房，监督完成2次共有产权房选房。发放市场租房补贴和公共租赁住房补贴、廉租房补贴共计11867余万元，涉及家庭76020户次。围绕“七有”“五性”中“住有所居”需求，100%完成区需保障家庭。完成区首批产业人才配租金胜嘉园人才公租房入住工作。

（姜夕辉）

【保障性住房后期管理】年内，做好重大活动、节假日期间出租型保障性住房安全隐患排查，发现问题及时整改。全区已入住出租型保障性住房承租家庭2430户，实收租金1041万余元，租金收缴率96%。支付年度出租型保障性住房项目物业管理费259万余元、后期管理服务费610万余元、供暖费16万余元。

（姜夕辉）

【房屋征收（拆迁）】年内，完成征收（拆迁）签约居民102户，影响人口481人，提前完成征收（拆迁）项目疏解整治促提升工作。治理征收（拆迁）工地扬尘取得初步成效，出动836人次对全区66个征收（拆迁）工地共计检查414处次，下发整改通知书15份。完成老墙根中段道路、中南海万善殿项目、地铁十九号线积水潭站、广济寺周边环境整治工程4个项目全部征收工作；国电、茶马北街西口道路改造、马连道东二号路、戊戌维新纪念馆等4个项目的居民征收工作也已完成；北纬路市政道路项目、受壁街项目现场仅剩1户居民；白纸坊重点棚户区改造项目整体完成99.91%，其中光源里项目实现正式房清零。

（姜夕辉）

【普通地下室安全使用综合管理】年内，组织召开西城区普通地下室综合整治工作会议，整治重点为散租住人及经营性宿舍的普通地下室。全年共清退11处，影响人口115人，小旅馆影响人口861人，对普通地下空间违规住人保持动态清零。区政府督查室委托第三方进行实地检查，对检查结果表示满意。

（姜夕辉）

【清理直管公房违规转租转借】年内，持续推进西城区“疏解整治促提升”直管公房专项行动。区直管公房违规清理整治共完成451户，影响人口2403人。其中，完成转租转借293户，影响人口1130人；恢复民租158户，影响人口1273人。大栅栏观音寺老城保护更新项目申请式退租工作累计完成签约1103户，货币签约累计856户，累计腾退面积23852.12平方米，涉及腾退人数3419人。西板桥项目共有52户居民提出退租申请，涉及在册户籍人口143人。

（姜夕辉）

【房屋安全管理】年内，组织德源兴业集团、宣房集团、各街道和区自管房单位、物业服务企业等开展年度房屋安全及防汛检查，力求消灭锁门、拒查户。雨季对辖区危旧房屋、低洼院落等重点部位提前布控，重点监测，确保安全。做好区域内白蚁防治工作。落实相关要求，深入推进安全生产专项整治行动，加强安全生产执法检查，共出动检查人员2万余人次，监督检查企事业单位和场所1.4万余处。

（姜夕辉）

【物业管理】年内，贯彻落实《北京市物业管理条例》，成立区级物业管理工作专班，提高业委会（物管会）组建率、物业管理覆盖率、党组织覆盖率（“三率”）。全区业委会（物管会）组建率86.3%，物业管理覆盖率96.6%，业委会（物管会）和物业服务企业党组织覆盖率99.4%。实现“三无小区”清零，57个综合整治老旧小区全部建立物业管理居民自治组织。制定发布《西城区关于党建引领物业管理提高“三率”的实施方案》和《西城区贯彻实施北京市物业管理条例（2020—2022年）三年行动计划》，制定《业主委员会、物业管理委员会及其党组织运行规则》《街道党组织开展业主委员会（物业管理委员会）、物业服务企业党建工作指引》《社区党组织开展业主委员会（物业管理委员会）、物业服务企业党建工作指引》。在100个小区成功推广使用“北京业主”App，为业主提供信息查询、物业评价等服务。推动94家物业企业投保安全生产责任险，有效遏制安全生产事故。督促10家物业企业完成“一企一标准、一岗一清单”编制。完成52家在西城注册的物业服务企业安全主体责任评估。共出动4276人次检查2138项次，对1家物业服务企业及项目负责人进行信用扣分。审批20笔商品房住宅专项维修资金。

（姜夕辉）

【房地产市场管理】年内，向辖区内中介机构下发《关于严禁房地产经纪机构炒作“学区房”的通知》，约谈链家等企业相关负责人。持续开展门店巡检，出动764人次检查382家机构，处理房地产经纪机构投诉434件，行政处罚14起，处罚金21万元。向市监部门移交15家未在注册地经营的机构；联合市住建委和媒体曝光7家房地产经纪机构发布虚假房源信息、违法群租等行为；将涉嫌非法获取房主信息协助他人虚假网签套取公积金的10家房地产中介机构的涉黑线索，移交区扫黑办、北京市住房公积金中心和北京市住建委做进一步处理。牵头高效平稳处置“蛋壳公寓”暴雷事件，并设立西城区应对蛋壳公寓暴雷风险处置接待点。

（姜夕辉）

【新建商品房预售管理】年内，完成新建商品房签约250套，建筑面积34185.56平方米；完成合同备案注销40起，消费者变更3起，现房销售备案2起；处理商品房投诉40起；资金监管11个项目，监管资金33.71亿元。

（姜夕辉）

【群租房专项整治】年内，完成本年度群租房专项整治工作。在区委区政府的统筹指挥下，区房管局充分发挥群租房治理牵头单位的作用，以“动态清零”为目标，以严防反弹为重点，扎实稳步推进群租房整治。压实责任分工，确保措施落实到位；将群租房治理工作与疫情防控工作紧密结合；联合街道等相关部门，对群租房“零容忍”。全年就群租房行政处罚3起，处罚金6万元；督办群租房案件278起，查实治理100起，涉及340余人，实现“动态清零”。

（姜夕辉）

【房改工作】年内，房改售房单位共97家，累计售出住宅683套，建筑面积5.83万平方米，其中中央单位47家，售出住宅266套2.77万平方米；市属单位20家，售出住宅110套0.75万平方米；区属单位30家，售出住宅307套2.31万平方米。房改调房单位64家，调整住宅259套，建筑面积2.02万平方米，其中中央单位60家，涉及住宅253套1.97万平方米；市属单位2家，住宅2套0.02万平方米；区属单位2家，住宅4套0.03万平方米。使用国有住房出售收入审批共计5家，支取金额293.98万元，用于电梯更换和其他维修。完成中央和国家机关职工已购公有住房腾退14家，累计37套3千平方米。审核住房补贴32家，出具住房补贴普查证明43份，涉及1662人次6656.58万元；受理住宅专项维修资金使用申请26件，涉及13家单位，支取资金703.03万元，工程对应建筑面积21.09万平方米，用于防水维修，电梯改造、更新，消防设施更新等。

（姜夕辉）

【落实私房政策】年内，向法院、公证处出具证明1份，完成评估16份，报送相关请示4份、函7份。出具档案查询结果21份。完成5户标准租私房腾退安置，2户腾退方案报市住建委、区相关部门审批。办理各类信访转办件80件，电话登记单100件，公开申请5件、行政复议1件，行政诉讼2件均在时限内办结。为申请保障房家庭、入学家庭开具证明9份。

（姜夕辉）

【房产测绘成果审核】年内，深入推进“放管服”改革，进一步优化营商环境，贯彻北京市住房和城乡建设委员会《关于调整房产测绘成果审核有关事项的通知》精神，办理楼房房产测绘成果审核5件，建筑面积11.58万平方米；住宅平房的房产测绘成果审核581件，建筑面积2.33万平方米。

（姜夕辉）

【依法行政】年内，组织局长办公会会前学法4次，增强领导干部法治观念和法治思维。组织全体干部职工参与法治培训2次，加强依法行政队伍建设，提高依法行政能力。深入推进重点领域信息公开。主动公开政府信息274条，其中重点领域政府信息49条，受理政府信息公开申请191件，完成区政务服务局公开信息回函28件。接受公民、法人及其他组织政府信息公开方面的咨询764人次。做好行政诉讼（复议）工作，共办理各类案件54件，其中行政复议案件11件，行政诉讼案件37件，民事诉讼案件6件。行政负责人出庭应诉2次。办理人大建议、政协提案共计18件，其中市级人大建议1件，区级人大建议6件，区级政协提案11件，主要涉及征收拆迁、房屋安全、房地产经纪机构监管、物业管理、直管公房等。

（姜夕辉）

【排查调处矛盾纠纷】年内，深入开展矛盾纠纷排查化解工作，先后组织5次摸排，对排查出的96个重点关注人，18件矛盾纠纷，明确责任单位、责任人和包案领导，积极与协办单位沟通，定期进行分析研究，制定详细化解方案，确保化解矛盾。截至12月31日，接待群众来访2143批2645人次，其中群体访6批45人次。办理群众来信563件。

（姜夕辉）

北京德源兴业投资管理集团有限公司

【概况】北京德源兴业投资管理集团有限公司（简称德源集团）为国有独资有限责任公司，西城区人民政府国有资产监督管理委员会为出资人。设集团总部和下属17家二级子公司。公司主要经营范围包括：投资管理、项目投资、房地产开发、资产管理、企业管理、物业管理、房地产价格评估、出租办公用房、出租商业用房、房屋征收、供暖服务、清洁服务、承办展览展示等。年内，德源集团统筹疫情防控和企业经济发展，履行全面从严治党主体责任，加强干部队伍作风建设和人才培养力度，继续推进下属单位事转企工作，加大国有资产监管力度，不断提高企业管理规范化水平，完善企业治理体系。

地址：西城区平安里西大街10号
电话：66168099

（崔　蕊）

【新冠肺炎疫情防控】年内，成立集团疫情防控工作领导小组，发挥物业管理在疫情防控中的堡垒作用，累计投入街巷物业管理人员206人，秩序维护员937人，积极与属地街道办事处、社区联动配合，为辖区居民架起抗疫“防护网”。投入人力物力对原未封闭的老旧小区、单体楼房进行值守管控，同时承担起平房院落、无物业管理小区的防控消杀工作，危急关头体现国企担当。

（崔　蕊）

【减免中小微企业租金】年内，贯彻落实减免中小微企业房租要求，为承租各企业房产用于经营和办公的174个中小微企业减免房屋租金共计1117万元，减免率达100%。

（崔　蕊）

【民生重点工程】年内，完成877间平房翻建、199间平房大修；完成88个院落的雨污水管线改造；完成36栋楼房综合维修；完成如意里小区、塔院胡同12号院综合整治任务。

（崔　蕊）

【防汛工作】年内实现“保安全、不死人”的防汛工作目标。共接到报修电话264个，出动抢修人员627人次，出动抢修车辆7台次，派出巡查1225人次，巡查平房8044间次，楼房585幢次，处理平房漏雨219间、楼房漏雨57间、院落积水28处、地下室进水1处、平房院路面塌陷2处，维护了居民的生命财产安全。

（崔　蕊）

【供暖工作】年内，如期完成供暖费收缴，收缴率达85.6%，完成对冠英园和爱民里等12处锅炉房、居民小区的管线、水箱、补水泵、变频器等设备的更新改造，投入资金近80万元，惠及6000余户居民。

（崔　蕊）

【户厕保洁管理】年内，完成1818座平房院户厕保洁任务，总面积9444.63平方米。坚持高标准，做到365天保洁维修工作不停，检查标准不降。完成户厕维修工作2783件，利用自有资金翻建、修缮户厕25座，更新下水管线24条。

（崔　蕊）

【鼓楼西大街整理与复兴项目】年内，经过三年的立面提升施工，完成143处点位施工，实现整体亮相，得到市、区政府、属地社区、文保专家、相关媒体及当地居民的认可。

（崔　蕊）

【群力胡同防汛配套用房及地下车库工程】年内，基本完成项目周边院落居民解危排险工作，完成全部138根护坡桩施工及西北角烟囱拆除工作，完成地下土方、锚杆施工和智能停车设备招标工作。

（崔　蕊）

【砖塔胡同城市保护更新项目】年内，完成81户居民退租，建筑面积约1752平方米，完成恢复性修建工作一标段点位结构施工作业，完成风貌保护及设施提升设计招标工作。

（崔　蕊）

【西板桥城市保护更新一期项目】年内，片区共有居民174户，共有52户居民提出退租申请，其中直管公产51户（占直管公产比例56%），全部完成签约；私产1户因手续办理问题，相关工作延期。

（崔　蕊）

【征收工作】年内，完成南北长街重点点位征收工作；完成广济寺周边环境整治工程房屋、受壁街市政道路居民房屋、四十四中东侧市政道路建设单位产房屋征收工作；完成南北长街征收项目两处房源300余户居民的集中对接签约工作；全力推动南北长街、地铁19号线平安里站、四十四中东侧路住宅房屋征收后期收尾攻坚工作。

（崔　蕊）

【简易楼腾退】年内，落实区政府相关精神，加大简易楼剩余户的清空力度，腾退简易楼居民11户，腾空简易楼3处。

（崔　蕊）

【深化企业改革】年内，克服疫情带来的不利影响，完成资产评估和10家二级企业工商注册登记；分阶段完成18家事业单位员工转签，新签署劳动合同575

人，在职员工100%完成；设计制定企业薪酬管理体系，修订完善各项配套规章制度。

（崔　蕊）

【**文物修缮**】年内，成立集团老城风貌保护顾问委员会，通过组织有针对性的培训，提升老城修缮施工水平，为恭俭胡同三官庙、庆云寺、三清观三处文物修缮工程提供技术保障，完成年度修缮进度。

（崔　蕊）

【**福绥境大楼项目**】年内，继续推进福绥境大楼项目，完成腾退居民22户，剩余14户；启动抢占房屋的诉讼工作，收回抢占房屋18间。

（崔　蕊）

【**简易楼改造试点项目**】年内，紧扣核心区控规要求和发展目标，选取弘善胡同6号楼、西海南沿17号楼和抄手胡同19号楼三个简易楼作为试点，遵循减量发展、优化功能的原则，启动改造规划设计。

（崔　蕊）

【**物业管理**】年内，郝家湾小区物业管理试点工作取得阶段性成效，成功接管如意里11号楼、大乘巷1、2号楼、羊肉胡同118、120号楼等外单位产权小区物业，为小区居民提供专业化物业服务。

（崔　蕊）

【**接诉即办**】年内，加强高位统筹协调，优化工作方法，配齐工作力量，加强业务培训，实施考核监督。全年共承办案件2213件，其中单独办理1763件、协同办理450余件。在全部有效回访的1216件中，平均解决率64.66%、满意率75.49%，达到全区平均成绩。

（崔　蕊）

【**直管公房管理**】年内，严格执行直管公房管理规定，完成承租人变更手续审批300件，审核自有房产合同210份。推广微信小程序收缴房租，7家管房单位全部开通运行。

（崔　蕊）

【**疏整促工作**】年内，结合疫情防控和直管公房违规转租转借清理工作要求，定期对违规使用的重点房屋进行巡查，共巡查11828次，完成“转租转借”清理12户，涉及人口246人；“商改住”恢复民租126户，涉及人口1075人。

（崔　蕊）

北京宣房投资管理集团有限公司

【**概况**】北京宣房投资管理集团有限公司（简称宣房集团）主要承担西城南部直管公房管理、修缮、防汛、供暖、电梯运行等公共服务职能，从事工程修缮、物业服务以及老旧小区综合整治、房屋解危腾退、文保区房屋保护性修缮、腾退、历史文化名城保护等政府民生工程，承担政府交办的应急抢险任务。年内，宣房集团遵循“走得进去，走得出去”发展方针，聚焦“七有”“五性”，发挥“吹哨报到”和“接诉即办”作用，统筹推进疫情防控和企业高质量发展，扎实做好“六稳”工作，落实“六保”任务，实现“十三五”目标收官，切实践行“红墙意识”和“服务服务再服务”企业精神，完成区委、区政府、区国资委交办的各项工作任务。集团下辖北京宣房房屋经营有限公司、北京宣房大德置业投资有限公司、北京宣房楼宇设备公司、北京轩方装饰工程有限责任公司、北京宣房建筑工程有限责任公司、北京宣房大厚投资管理有限责任公司、北京宣房物业管理有限公司、北京宣房正阳经济贸易有限公司、北京市红义物业管理公司、北京宣房拆迁有限责任公司等10个全资子公司。管理直管公房182万平方米、老旧危改小区及其他物业小区近100万平方米，负责房屋供暖面积253.68万平方米，管理锅炉房29处、锅炉73台、电梯82部、高层楼房二次供水23处。截至年底，企业资产总额39.1亿元，净资产15.4亿元，实现营业总收入40985万元，利润总额1333万元，上缴税金3244.5万元，国有资产保值增值率100.5%，成本费用利润率3%，职工年人均收入增长率10.16%。

地址：西城区右安门内大街15号

电话：63524624

（姜　楠）

【**房屋安全检查**】年内，集团完成46514间65.91万平方米直管平房和18767间25.01万平方米私房的安全检查，对存在安全隐患的房屋采取加固措施。

（姜　楠）

【信息化建设】1月1日，集团正式启用协同办公平台传递工作信息，提升工作效率和管理质量。新冠肺炎疫情防控期间，充分发挥办公系统的信息化功能作用，下发疫情相关文件资料97份，统计上报各类信息报表1147份次，减少人员流动聚集和纸质公文统计报送，防止交叉感染。

（姜　楠）

【复兴医院局部改造】2月3日，所属轩方装饰工程公司用时3天，完成区委、区政府交办的首都医科大学附属复兴医院隔离观察新型冠状病毒疑似感染者楼房改造项目，增设可容纳60个床位的隔离病房30间，实现污染区和洁净区的分离。

（姜　楠）

【冬季供暖】年内，所属宣房楼宇设备公司严格落实北京市城市管理委员会延长供热时间的要求，加大管线管网巡视力度，采取锅炉房和换热站封闭式管理等措施，累计出动维修、抢修人员18627人次，解决居民室内暖气不热问题6848户，检修供暖外线3132米，更换供热管线1846米，维修锅炉27台，清洗板式换热器13台，维修水泵125台，保证了29处锅炉房、73台锅炉设备平稳运行，实现253.68万平方米房屋、35965户居民24小时正常供暖，室温达到18℃标准，完成2019—2020年度供暖季供热服务保障工作。

（姜　楠）

【辖区房屋安全度汛】5月29日，集团召开2020年防汛工作动员部署会，部署辖区防汛保障工作，制定防汛工作意见和应急预案，签订防汛安全责任书，组建8支160人的抢修抢险队，1支40人的准专业化防汛抢修抢险队，组织参加防汛演习。至9月15日全市正式下汛，完成区房屋管理局委托的私房安全检查和汛期房屋抢修任务，连续35年实现了直管公房“少塌房、不死人、安全度汛”的工作目标。参汛员工发扬“阴天就是预警，雨声就是命令”的房管传统，严格落实24小时值班值守，领导带班，雨前、雨中、雨后巡查等制度，提升应急处置能力，及时排除险情。汛期6883人次参加防汛值班，接报修电话543个，出动抢险人员882人次，外出巡查1441人次，苫盖漏雨平房630间，确保辖区房屋安全度汛。

（姜　楠）

【潭柘寺平原村精品民宿】9月27日，为落实区委、区政府关于西城—门头沟两区结对协作发展框架协议，推进门头沟潭柘寺精品民宿项目，所属宣房大厚投资管理公司成立了全资子公司北京宣房潭柘文化旅游发展有限公司，发挥地缘文化旅游资源优势，以潭柘寺千年古刹所在地平原村作为项目实施地点，打造精品民宿“门头沟小院+”田园综合体。

（姜　楠）

【区武装部营区维修工程】11月12日，所属轩方装饰工程公司承建的西城区武装部营区维修工程通过竣工验收，粉刷墙面1800平方米，更换室外地面700平方米、室内塑胶地面240平方米、暖气片70组，实现产值203.82万元。

（姜　楠）

【区公安分局热力改造工程】11月17日，所属宣房楼宇设备公司，受北京市西城区城市管理委员会委托，完成市公安局西城分局梁家园办公区西楼、北楼热力系统改造工程，涉及供热面积约4400平方米，更换楼内管线1300米、散热器212组，工程投资180万元。

（姜　楠）

【马连道中街33号楼综合修缮】11月30日，受区政府委托，集团承建的马连道中街33号楼综合修缮项目通过竣工验收，将老城腾退空间改造升级为北京小学分校教育用房，优化资源配置，弥补基础教育短板，缓解广外学区学位紧张问题，项目总投资8692万元。

（姜　楠）

【泰安里文物后期利用】不断探索新市区泰安里文物活化利用可持续发展模式，确定“泰安里文化艺术中心”的功能定位。12月，编制的文物活化利用方案，通过西城区首批文物建筑活化利用招标评审。

（姜　楠）

【新冠肺炎疫情防控】年内，成立新型冠状病毒感染肺炎防控领导小组，制定应急预案和防控指南，制作集团疫情防控点位分布挂图，对212个防控点位划分责任区域，实施每周全覆盖监督检查，实行军事化挂图指挥作业，保证各项疫情防控措施落实落地。选派人员参加新国展集散点境外返京人员分流转送、北京西站集散点分流、西城区核酸检测点等志愿服务任务，601名员工深入社区，坚守疫情防控工作一线。贯彻落实上级关于支持中小微企业应对疫情影响保持平稳发展的要求，完成小微企业和个体户租金减免工作，惠及企业81户，减免金额851.28万元。

（姜　楠）

【直管平房修缮改造】年内，完成平房翻建900间11889.47平方米，涉及居民547户，房屋综合修缮1416间16847.62平方米，涉及居民1018户，更新改造雨污水户线100处，工程投资692万元。

（姜　楠）

【直管楼房修缮改造】年内，完成直管楼房综合修缮42栋，涉及楼房挑顶、上下水改造、楼房污水外线改造、老旧电线改造及楼房防水等工程，工程投资639.65万元，惠及居民2035户。

（姜　楠）

【民生保障工程】年内，有序推进京报馆（邵飘萍故居）、云南新馆、华康里及五道庙四处文物修缮，盆儿胡同62号院5栋住宅楼，四平园小区，马连道中里一区2—11号楼，万明路18号院1号、2号楼，及永安路北6号楼小区综合整治，2020年上下水专项工程；完成禄长街头条1号、2号楼综合整治工程，惠及居民160户，工程投资276.67万元；完成31户居民新增峰谷电表工程，工程投资约16万元；对6栋直管楼房加装了无障碍专项行动楼梯扶手及标识，惠及居民384户，项目投资约4.76万元。

（姜　楠）

【观音寺片区申请式退租】年内，所属宣房房屋经营公司与北京大栅栏投资有限责任公司联合成立北京大栅栏安创置业有限公司，作为观音寺片区申请式退租工作实施主体，参与城市更新、环境提升工作。

（姜　楠）

【文保院落保护利用】年内，做好文保院落收尾及看护工作。完成京报馆、五道庙、云南新馆、华康里文保院落，与北京市西城区文化和旅游局移交工作；实现绍兴会馆全院腾空、晋江会馆整体利用；完成华康里1户居民、浏阳会馆1户居民腾退。

（姜　楠）

【疏解整治促提升工程】年内，所属宣房房屋经营公司联合社区继续加强直管公房违规转租转借清理工作，共清理居民281户，涉及884人；企租用房恢复居住功能32户，涉及人口198人。

（姜　楠）

【直管公房租金收缴】年内，所属宣房房屋经营公司加强房屋租赁基础管理，全年应收租金2813.22万元，实收租金2728万元，同比持平，租金收缴率达到91.14%。

（姜　楠）

【直管电梯维修养护】年内，加强对管辖的82部电梯维修管理和养护，实行单梯运行、每日交替消毒等措施，保证电梯安全运行。11月18日，所属宣房楼宇设备公司完成小红庙乙4号院远程数字网络传输电梯监控中心改造，整合27栋楼51部电梯的监控、对讲、远程控制系统，解决了原架空线路易受恶劣天气、树木倒伏等外力因素影响引发设备故障及安全隐患问题。

（姜　楠）

【高压水泵安全运行】年内，坚持对23处高层楼房二次供水水箱的封闭管理。9月26日，所属宣房楼宇设备公司完成马连道中里一区2号楼等11处无负压供水设备的改造，更新老化锈蚀管道30余米、倒流防止器22处，保障居民生活用水卫生。

（姜　楠）

【供暖费收缴】年内，所属宣房楼宇设备公司面对新冠疫情入户难、催缴难等困难，通过白广路收费厅服务人员宣传、微信公众号推广、电话催缴等形式，引导居民使用远程缴费或线上电子支付。2019—2020年度供暖季收缴采暖费7763.74万元，其中非现金支付方式收费5857.86万元，占比75.45%。

（姜　楠）

【法源寺文保区保护提升项目】年内，集团完成牛街地区法源寺文保区南半截和天景胡同部分景观提升及沿街建筑修缮整饬、烂缦胡同131号（原粟海酒店）外立面改造、北边界停车场施工建设等工程。所属宣房大德投资置业公司利用天景胡同6号腾退房屋，植入文创咖啡店、广德楼文化空间等便民商业和文化商业服务设施，形成了整院植入文化展示与交流业态。

（姜　楠）

【专项课题研究】年内，所属宣房大德置业投资公司完成《法源寺历史文化街区智慧管理试点研究》《历史街区共生院落设计与管理运维研究——以法源寺历史街区为例》课题研究，并获得结题验收报告。在《城市建筑》《城市建设理论研究》等相关学术期刊公开发表专业论文4篇。其中共生院课题中“Coliving·共生院落——法源寺历史文化街区更新改造项目”获评德国“标志”设计大奖Iconic　Awards中最高奖项——创新建筑系列至尊奖。

（姜　楠）

【清理“僵尸企业”】年内，落实区国资委推进清理“僵尸企业”工作要求，完成所属北京市宣武区房地产交易所和北京业成物业管理中心工商注销。

（姜　楠）

【退休人员社会化管理】年内，部署推进退休人员社会化管理工作，接洽档案数字化加工商北京北控三兴信息科技有限公司，建立退休社会化管理长效机制。新办理退休手续的人员做到随退随转，存量退休人员已签信息表1883人，签字完成率91.41%，完成区国资委企业退休人员社会化任务考核指标。

（姜　楠）

【爱国卫生运动】年内，全面落实《西城区关于深入持久开展新时代爱国卫生运动三年行动计划》要求，成立爱国卫生工作领导小组，有序推进爱国卫生运动，组织职工开展居家、办公环境大扫除，动员党员干部参加社区组织的生活垃圾分类宣传动员、桶前值守等志愿活动，累计开展周末卫生日活动4次。

（姜　楠）

【落实社会服务承诺】年内，践行企业“服务服务再服务”精神，认真抓好向辖区居民公开承诺的房屋维修、水电急修、防汛、锅炉供暖、电梯安全运行5项服务内容，落实上下水、电、管线、供暖、防汛抢险及房屋零修、急修共计24227件。所属宣房房屋经营公司一至四分公司和红义物业管理公司水电急修队、宣房楼宇设备公司供暖电梯急修队24小时坚守岗位，抢修抢险及时率100%，共收到表扬信14封、锦旗31面。

（姜　楠）

【完成脱贫攻坚任务】年内，通过“产业扶贫+消费扶贫”模式，助力对口扶贫的河北省张北县落花营村获得收益83024.84元，惠及全村394户979人，经河北省贫困退出考核，完成脱贫攻坚任务，整村出列，建档立卡贫困户全部脱贫。

（姜　楠）

【接诉即办】年内，建立“接诉即办”案件联席会工作机制，成立信访积案化解工作组，定期召开热线办理调度会，实行领导包案，实现积案化解与稳控。接办1695件；完成区信访系统来信、来访81件，市长信箱11件，出具复查报告15件，城市运行管理1件；接待群众来访87人，集体访2批13人，接听群众来电800余次；承办区人大代表会办建议1件。

（姜　楠）

西城区房屋征收事务中心

【概况】北京市西城区房屋征收事务中心（简称区房屋征收中心），是区政府直属正处级全额拨款事业单位，受西城区政府房屋征收办公室委托，承担房屋征收与补偿的具体工作。主要职责：贯彻执行国家和北京市有关房屋征收与补偿工作的法律、法规和政策，并就相关政策开展调查研究，提出对策建议；协助区房屋征收办编制房屋征收补偿安置方案并征求意见，公布、公示房屋征收与补偿相关政策；调查登记房屋征收范围内的房屋权属、区位、用途、建筑面积等；组织协调和综合管理房屋征收与补偿过程中房屋测绘、评估、拆除、法律服务等专业性工作。负责征收资金的使用和管理；负责安置房源和周转房源的筹集、使用和管理等；委托相关单位对征收项目实施征收；负责被征收房屋拆除工程的监督和房屋征收现场管理；负责征收档案的归纳、整理、移交，承办区政府交办的其他事项。内设办公室、财务审计科、法制信访科、房源管理科、征收补偿一科、征收补偿二科6个部门。事业编制39人，设主任1人、副主任2人、科级领导职数6正8副。年内，区房屋征收中心征收补偿一科获“北京市三八红旗集体”荣誉称号。

地址：西城区培育胡同15号

电话：81025911

（李　娜）

【北马连道改造】实施红居北街东段（北马连道）微循环道路改造工程项目房屋征收。项目位于广安门外街道，道路起点为南新里三巷，终点为手帕口南街。涉及居民22户、单位产2户，均完成签约。

（李　娜）

【六十六中附属设施建设】实施北京第六十六中学附属设施建设工程项目房屋征收。项目位于牛街街道，即枣林前街与南线阁街交叉口东北侧，南至北纬路规划路（枣林前街）北红线，北至六十六中学，西至六十六中学，东至水利部规划路西线（学校东墙）。涉及居民18户、单位产1户，均完成签约。

（李　娜）

【官园危改小区集中绿地建设】实施官园危改小区集中绿地建设工程房屋征收。项目位于新街口街道，南至规划大玉胡同，北至西廊下胡同，东至西廊下胡同，西至规划大玉胡同，涉及居民2户。截至年底，1户进入法院执行阶段，1户协商解决中。

（李　娜）

【德胜里西路及教场口西路工程】实施德胜街道德胜里西路及教场口西路道路微循环工程项目房屋征收。项目位于德胜街道，德胜里西路起于德胜里西路（东西段），止于教场口西路；教场口西路起于规划安康西路，止于1号路（西邻新街口外大街，东邻德胜门外大街，南邻冰窖口胡同，北邻新康路）。涉及居民11户（含1户新增）、单位产5户。年底11户居民和4户单位产完成签约，居民签约率达100%，总签约率93.75%。

（李　娜）

【茶马东路改造】实施马连道东二号路（茶马东路）道路改造工程项目房屋征收。项目位于广安门外街道，南起茶马街（马连道东四号路），北至茶马北街。项目涉及单位产2户，其中1户已签约并拆除，1户协商以产权置换等方式征收。项目内1处变电站未移改，项目签约率50%。

（李　娜）

【茶马北街西口道路改造】实施茶马北街西口道路改造工程项目房屋征收。项目位于广安门外街道，西起北京西站南路（区界），东至茶源路。项目涉及居民5户、单位产1户，均已完成签约。截至年底，单位产剩余1间房屋未移交，征收办向单位发第一次催告。

（李　娜）

【老墙根中段道路改造】实施老墙根中段道路改造工程项目房屋征收。项目位于广安门内街道，西起下斜街，东至广安胡同。涉及住宅83户（含两处无关联自建）、非住宅3户，均完成签约。

（李　娜）

【广安门车站西一号路项目】负责广安门车站西一号路道路工程项目房屋征收，实施征收前期调查中。项目位于广安门外街道，西起莲花河东侧路，东至广安门车站西街。项目涉及单位产7户（以调查结果公示为准）。

（李　娜）

【19号线一期工程牛街站项目】实施北京市轨道交通19号线一期工程牛街站项目房屋征收。项目位于广安门内街道，南至两广大街，北至思源胡同，西至下斜街，东至北段为回民中学西墙，南段为回民中学西侧自然门家常菜西。涉及居民189户、单位产12户。181户居民和9户单位产完成签约，居民签约率95.7%，单位签约率75%。年底，区征收办开展对剩余居民的裁决谈话工作并启动后续法律程序。

（李　娜）

【十四中初中部操场项目】实施北京市第十四中学初中部操场等附属设施建设工程项目房屋征收。项目南侧为十四中自有用地北边界，北侧为荧光胡同，西侧为十四中自有用地东边界，东侧为国家发改委住宅小区西侧围墙。涉及约19户居民、1户单位产（以调查结果公示为准）。年底选定评估机构。

（李　娜）

【椿树馆街道路项目】实施椿树馆街（广安门车站东街—广安门南滨河路）道路工程项目房屋征收。项目西起广安门车站东街，东至广安门南滨河路，涉及37户居民、3户单位产。1月23日对暂停公告进行延期，7月27日张贴征求补偿方案征求意见稿。

（李　娜）

【手帕口南街综合项目B地块项目】负责实施手帕口南街综合项目B地块园林景观工程项目房屋征收。项目南至小红庙一巷，北至规划红居北街，西至远见名苑南区，东至手帕口南街道路。涉及136户（住宅成套楼居民128户、平房居民4户、非住宅4户），5月17日协商选定评估机构，7月3日投票选定评估机构。年底，因立项单位改制，前期手续过期，该项目暂缓实施。

（李　娜）

【手帕口南街82号院项目】负责手帕口南街82号院项目房屋征收。选定拆迁公司和评估公司，实施前期调查工作。项目南至规划加油站，北至小红庙一巷南，西至现状道路，东至广安门车站西街新线，共涉及9户，其中8户住宅、1户非住宅（以调查结果公示为准）。

（李　娜）

【戊戌维新纪念馆保护利用项目】负责实施戊戌维新纪念馆保护利用工程项目房屋征收。项目位于南横西街与菜市口大街交叉口西北角，占地面积2670平方米。涉及被征收居民57户、单位产2个。年底，累计居民签约56户、剩余1户，单位产签约1个、剩余1个。

（李　娜）

【大栅栏历史文化展览馆项目】负责实施大栅栏历史文化展览馆保护利用工程项目一期、二期工程房屋征收。项目位于大栅栏西街最西端，用地规模2660平方米。一期被征收居民14户，年底累计签约14户，签约率100%。二期被征收居民35户、单位产2个，年底居民累计签约28户，剩余居民7户、单位产1个。

（李　娜）

【琉璃厂艺术文化馆项目】负责实施北京市琉璃厂艺术文化馆建设工程项目房屋征收。项目位于和平门外，琉璃厂西大街与南新华街交汇处，用地规模3740平方米。涉及居民19户、单位产4个。年底居民签约17户，剩余居民2户，签约率90%，单位产签约1个，剩余单位产3个，签约率25%。

（李　娜）

【北纬路中学改扩建二期项目】负责实施北纬路中学改扩建二期工程项目房屋征收。项目位于北纬路46号，总用地面积13532.675平方米。项目南至禄长街头条、禄长街二条，北至北纬路（市政代征地），西至学校控规用地西红线，东至禄长街西红线。涉及居民39户、单位产4个。年底累计居民签约35户，剩余居民4户，签约率89.7%。单位产签约2个，剩余单位产2个，签约率50%。

（李　娜）

【陶然亭路项目】实施陶然亭路项目房屋征收。项目位于陶然亭路，用地总规模约4.4万平方米。西起菜市口大街（规划路名为内环西侧路），东至太平街（规划红线宽40米，全长约1100米）。涉及居民28户、单位产7户。年底累计居民签约23户，剩余居民5户，签约率82.14%，单位产签约1个，自行退线1个，剩余单位产5个，签约率14.29%。

（李　娜）

【白纸坊东街道路项目】实施白纸坊东街道路工程项目房屋征收。项目位于白纸坊东街，用地规模约3.6万平方米。西起右安门内大街，东至菜市口大街，规划道路宽40米，长约900米。涉及居民8户、单位产6个，年底累计居民签约6户，剩余居民2户，签约率75%，剩余单位产6个。

（李　娜）

【传统银钱业博物馆保护利用项目】实施钱市胡同传统银钱业博物馆保护利用工程项目房屋征收。项目位于大栅栏历史文化保护区珠宝市街西侧，用地规模约2713平方米。南侧东段至钱市胡同以南22米外现有建筑外墙，南侧西段以钱市胡同7号院、廊房三条胡同2号院南侧为边界；北侧以珠宝街35号及旁门、钱市胡同1号、3号、5号、7号、珠宝市街35号、廊房二条28号建筑外墙及廊房三条2号院北墙为边界；西侧以廊房三条2号院为边界；东侧至珠宝市街。据初步统计征收面积约3647.02平方米。涉及居民71户，单位产10个，年底累计居民签约69户，剩余居民2户，签约率97.1%，剩余单位产4个。

（李　娜）

【里仁街道路项目】实施里仁街（右安门内大街—菜市口大街）道路工程项目房屋征收。项目西起右安门内大街，东至菜市口大街，用地规模约22175平方米。征收范围涉及里仁街1号、3号院2号楼南侧平房（部分）；里仁街2号、4号院平房（部分）、里仁街乙8号平房（部分）、里仁街8、8号后门（部分）、里仁街8号及8号旁门（部分）；里仁街10号（部分）、里仁街12号（部分）、育新街旁门9号（部分）；育新街3号、3-2（部分）；信建里3号楼东侧平房（部分）；信件里1号楼东侧平房（部分）（以规划范围为准），涉及约13户，居民6户，单位产7个（以调查结果公示为准）。12月11日对该项目房屋征收补偿方案征求意见。

（李　娜）

【自新路道路项目】实施自新路（里仁街—白纸坊东街）道路工程项目房屋征收。项目南起里仁街，北至白纸坊东街。用地规模约4530平方米。征收范围涉及自新路24号（部分）、永乐里10号院西侧平房、自新路42号旁（公厕）、里仁街1号院平房、白纸坊东街2号（部分）、自新路50号北侧平房（部分）（以规划范围为准）。总户数约7户，3户居民，4个单位（以调查结果公示为准）。12月11日对该项目房屋征收补偿方案征求意见。

（李　娜）

【半步桥（南北向）道路项目】实施半步桥（南北向）道路工程项目房屋征收。项目北起白纸坊东街，南至半步桥（东西向）。用地规模约16375平方米。征收范围涉及半步桥街4号（部分）、半步桥街4-7、4-6、半步桥街6-2、6-4、6-5（部分）、6-6、6-7（部分）、半步桥街6号（部分）、半步街桥6号旁门（部分）、半步桥街14号（部分）、半步桥街28号、半步桥街30号、30-4号、半步桥街32号、半步桥街32号旁、半步桥街34号、半步桥街34号旁、半步桥街42号西侧绿地围墙、半步桥街48号西侧停车场（以规划范围为准）。总数约50户，45户居民，5个单位（以调查结果公示为准）。

（李　娜）

园林绿化管理

西城区园林绿化局

【概况】北京市西城区园林绿化局（简称区园林绿化局），挂北京市西城区绿化委员会办公室（简称区绿化办）牌子，是负责区园林绿化工作的政府部门。主要职责是：制定区园林绿化发展中长期规划和年度计划并组织实施；组织、指导和监督区内城市绿化美化和养护；组织、协调重大活动的绿化美化及环境布置工作；管理和保护区内绿地和林木资源；负责本区公园、风景名胜区的行业管理；承担区绿化委员会的具体工作。下设办公室、计划财务科、规划建设科、园林管理科、绿化科、法制科等六个科室。年内，区内新增城市绿地8200平方米，新建屋顶绿化1.03万平方米、垂直绿化1148延长米。截至年底，全区绿地面积1101.28公顷，绿化覆盖率（含水面）31.80%，绿地率21.96%，人均绿地9.76平方米，人均公园绿地4.83平方米。公园绿地500米服务半径覆盖率达97.57%。屋顶绿化总面积27.88万平方米、垂直绿化6万延长米。累计创建花园式单位466个、花园式社区25个。园林绿化局管辖的古树名木1656株，其中一级古树255株、二级古树1400株、名木1株。

地址：西城区槐柏树街12号

电话：68025953

（范慧英）

【新冠肺炎疫情防控】贯彻执行中央、市、区各级政府决策部署，迅速响应，精准施策，构建园林行业防疫工作体系。制定疫情防控方案，落实责任，做好疫情监测报告、宣传教育和应急准备，加强公园景区客流管控、测温、扫码入园和环境消杀，加大野生动物疫源疫病监测和野生动物保护执法检查力度。发布疫情防控动态100余条，在各区属公园门口及活动广场悬挂安全提示标牌200块、横幅270条，开展公园绿地疫情防控检查60余次。2月3日至8月7日，选派机关21名党员干部轮流下沉西长安街、金融街、陶然亭、月坛、广外等街道社区，充实一线防疫力量。

（范慧英）

【全民义务植树活动】4月11日，在广外莲花河滨水绿道“荷香园”景区举办全民义务植树日活动，区四套班子领导参加。栽植油松、大叶女贞等苗木120余株。宣传推广首都“互联网+全民义务植树”，通过“绿色西城”微信平台宣传义务植树。在人定湖基地和万寿基地推出12场植树劳动和认种认养、抚育管护等活动。出台《西城区绿地树木认建认养工作细则》，对外公布10处公园、绿地，供社会单位、家庭、个人认建认养，推出顺成公园绿地抚育管护项目。

（范慧英）

【推广园艺文化】上半年，受疫情影响，园艺文化推广中心各驿站把现场体验活动调整为线上微信课堂，持续做好园艺知识宣传普及工作，共推出线上课堂17期。下半年，在做好新冠疫情防控常态化的同时，举办园艺培训、园艺体验和自然笔记等园艺文化推广活动443场。在北京国际花园节“市民花园竞赛”活动中，西城区推荐的“一米阳光”阳台花园、“留云观花影”阳台花园和“静馨园”迷你花园三个作品，分获最高大奖、金奖和银奖。

（范慧英）

【绿化建设】持续推进“留白增绿”，利用拆违腾退空间和边角地，新建荷香园、融乐园、逸彩园等6处口袋公园和4处微绿地，新增城市绿地8200平方米，完成全年任务的117%。全区公园绿地500米服务半径覆盖达97.57%，在全市监测评价“宜居性”方面，西城区排名第三。积极开展空间拓绿，新建奇安信安全中心办公楼等9家单位屋顶绿化1.03万平方米，完成全年任务的103%，新建北京四中广外分校周边等8处垂直绿化1148延长米，完成全年任务的114.8%，构建出多层次立体绿色空间。

（范慧英）

【花卉布置】春夏季，在金融街、西单、前门等主要道路和大街，布置地栽花卉35处2.55万平方米，在7处重要节点点缀花球95个。国庆、中秋双节前夕，在6处城市广场绿地重要节点布置主题立体花坛，在二环路、三环路（西城段）、两广路等重要道路沿线栽植地栽花卉35处1.92万平方米，对金融街3条大街灯杆进行花艺美化。

（范慧英）

【创建花园式单位】通过走访调查、动员部署、技术指导和督促检查等方式，发动社区、单位积极参与。年内，创建首都绿化美化花园式单位1个（区财政局），花园式社区1个（广外街道蝶翠华庭社区）。

（范慧英）

【园林绿化管理】加强对公园绿地的养护和检查，做好绿地浇水、修剪、病虫害防治、补植、施肥和保洁等工作，完成重大活动、重要节日绿化保障任务。持续开展杨柳飞絮治理，协调区城管委、北京蓟城山水投资管理集团、北京环雅丽都投资有限公司和各街道办事处，做好湿化、喷水和药物防治。全年投入资金49万余元，治理杨柳飞絮1万余株。为17家中央直属单位提供飞絮治理指导，并协助中直机关完成800余株杨柳树的药物防治。持续治理不文明游园行为，做好节假日运行服务保障，进一步提升公园品质和综合服务水平。西城区在全市城镇绿地管护等检查评比中，综合排名前列。

（范慧英）

【古树名木保护管理】加强古树日常保护监督检查，督促社会单位和居住区落实古树保护措施。依据最新古树名木普查数据，编制《西城区古树名木资料汇编》，健全“一树一档”制度。开展古树名木长势评估和复壮保护工作，组织专家会诊长势衰弱的古树，提出复壮保护意见。年内，共完成31株古树复壮保护工作，并做好汛期古树抢险和舆情处理工作。

（范慧英）

【垃圾分类】将垃圾分类作为推进生态文明建设、改善公园环境的重点工作，持续加大投入，规范分类标准，强化宣传培训，完善运行机制。区属公园共设置四分类垃圾桶94组、二分类垃圾桶891组、垃圾分类公示牌43块。平均每周劝导游客正确投放垃圾200余次。全年处理园林废弃物1.1万余吨，生产改良基质8000余吨，减量约3000吨，实现了园林绿化废弃物减量化、资源化和无害化处理。

（范慧英）

【政民互动】以提高依法行政效能和打造阳光服务政府为目标，创新工作思路，优化工作机制，推动政民互动常态化。年内，多次组织会议开放、政务开放和政府向公众报告等活动，邀请区人大代表、政协委员、街道办事处、社区居民和驻区单位代表等参加。通过座谈会、专题研讨、实地参观和园艺体验等方式，让社会各界系统了解推动园林绿化建设的重要举措和工作成效，搭建起公众了解政府工作、参与政务服务、表达心中诉求的平台。

（范慧英）

【安全生产监管】结合“城市安全隐患治理三年行动”和“安全发展示范城区”创建工作，开展隐患大排查474家次，出动人员948人次，查出并督促整改隐患433处，实现园林绿化行业零事故。开展安全培训6次，聘请专业部门对基层单位进行安全生产责任评估，进一步规范相关制度，健全风险防控措施。完善安全应急机制，协调区公园管理中心和蓟城山水集团成立11支470人的应急抢险队伍，处置倒伏树木95株、树木折枝502起。

（范慧英）

【行政执法】利用世界湿地日、北京湿地日、国家宪法日和爱鸟周等加大法制宣传力度，共制作宣传展板16块，悬挂横幅10条，发放园林绿化法规宣传材料5000余份。全年开展专项执法检查122次，处理涉绿案件线索2起、野生动物保护违法线索2起，解救国家一级保护动物1只。针对官园地区非法交易野生鸟类问题，协调街道、城管等部门开展为期6周的联合执法，解救野生鸟类40只，有效打击了非法商贩的嚣张气焰。

（范慧英）

【政风行风专项治理整顿】按照市政府专项清理整治工作统一部署，从上年5月开始专项清理整治绿地认建认养及公园配套用房出租中存在的侵害群众利益问题。截至年底，共发现绿地认建认养方面存在问题2处，已全部整改；公园配套用房存在问题47处139个，整改138个，清理整治完成率99.3%。

（范慧英）

【规划编制】按照区委区政府工作部署，结合全区园林绿化建设现状及发展需求，完成《“十四五”时期西城区园林绿化事业发展规划》和《西城区绿化系统规划》初稿，保障绿地增量空间，优化绿地结构布局，明确未来园林绿化建设发展方向，为相关部门决策绿地建设管理提供思路和依据。

（范慧英）

【第九次园林绿化资源调查】按照市园林绿化局统一部署，于上年6月启动园林绿化资源调查，年底完成复查和资料提交工作。相关数据经市园林绿化局审核通过后，本年10月通过专家审核验收。

（范慧英）

【成立西城区公园管理中心】精心组织筹备，周密制定机构设置方案，稳步推进组建西城区公园管理中心。10月16日，区公园管理中心正式挂牌成立。中心是区园林绿化局所属相当副处级财政补助公益一类事业单位，主要职责是：负责区属登记公园的组织人事、劳动和社会保障、财务管理、审计和安全保卫等工作；指导区属登记公园的规划、建设、管理、服务、科技等方面工作并监督实施。内设办公室、公园管理科、公园建设科、安全应急科、综合服务科、监察科、组织人事科等7个科室。事业编制35人，临时编制29人。

（范慧英）

西城区园林市政管理中心

【概况】北京市西城区园林市政管理中心（简称区园林市政管理中心）为西城区人民政府直属相当正处级全额拨款事业单位。主要职责是：承担全区园林绿化养护和市政道路、设施维护工作；受区有关部门委托承担区属园林市政工作项目立项、工程质量监管、掘路费收取等工作；组织实施园林市政道路应急抢险、重要节假日和重大活动花卉布置等事务性、服务性工作；负责部分区属公园的管理；承办区政府和上级业务指导部门交办的其他事项。编制79人，内设14个科室。下辖月坛公园管理处、人定湖公园管理处、万寿公园管理处、宣武艺园管理处、滨河公园管理处、苗木园艺队、德外绿化队、月坛绿化队、和平门绿化队、广外绿化队、市政工程管理处、北京奇石馆等12个正科级事业单位。附属单位有北京三海投资管理中心、北京什刹海旅游开发有限公司、北京市绿美园林工程服务中心、北京鑫雅市政建设工程处、北京涵意科技有限公司5家企业，和东坝苗圃、顺义苗圃2处苗木基地。4月10日，经西城区区委同意，区园林市政管理中心转企改制为北京蓟城山水投资管理集团有限公司，收回事业编制，成立国有独资公司，由区国资委按照区委区政府授权管理。注册资本金6亿元。改制后的有限公司为独立企业法人，承接区园林市政管理中心的资产、业务、人员以及债券债务。

地址：西城区右安门内西街18-1号

电话：52684005

（王　旭）

【绿化建设】年内，完成什刹海后海绿道景观提升、西单文化广场景观提升、城市森林等共计14项工程。打通2800米后海环湖步道，增加15处观赏平台，营造约2000平方米的水生种植区，完成1.4公里什刹海环湖绿道（一期）项目的整体提升改造。完成广阳谷城市森林北扩，新增森林面积约11000平方米。西单文化广场景观提升工程共栽植乔灌木168株，林下地被及花卉4283平方米，园路铺装约1500平方米。

（王　旭）

【绿化养护】年内，完成补植乔灌木156株，绿篱及色块苗木173056株，草坪50725平方米，打孔复壮国槐、毛白杨等1880余株。更换了28株病虫害严重、倾斜中空等长势衰弱的行道树。加强对696006平方米滨水绿道特级绿地的养护管理。治理杨柳飞絮9900余株。设置美国白蛾监测点476个，覆盖全区15个街道办事处。采用天敌治虫方法释放周氏啮小蜂3212万头，有效抑制了美国白蛾蔓延。

（王　旭）

【花卉布置】年内，完成主要节假日和金融街论坛年会的环境布置与保障花卉布置工作。共布置主题立体花坛6处，布置35条大街及地块沿线花卉，其中地栽花卉面积19213平方米；在二环、三环路主要桥区6块绿地内布置缀花花球、花卉小品85个，2条大街布置了灯杆花卉55根，形成点、线、面相结合的整体花卉布局。

（王　旭）

【百万鲜花及都市菜园项目】年内，百万鲜花进社区及都市菜园项目共开展438场次活动，21.6万人次参与，赠送活动材料39.3万份。全区20家驿站共开展663场活动，17.1万人次参与。

（王　旭）

【公园管理】年内，全区21个公园共接待游人1774万人次。月坛公园开展珍爱生命，远离毒品、义务植树和世界无烟日等活动；宣武艺园开展新春送福、学雷锋、树木认养等活动；万寿公园开展百姓摄影比赛、花卉养护知识讲座、多肉植物组合体验课、第三届迎春杯老年门球赛、绿植养护讲座、绿色阅读等活动；滨河公园开展植树节、野生动物宣传、红十字会应急救护宣传等活动；人定湖公园开展多肉组合盆栽、兰花展、组合盆栽、禁毒宣传等活动。全年累计举办各类宣传活动120余次。

（王　旭）

【区属道路养护】年内，维修沥青65068平方米，铺装人行步道34992平方米，石材铺装3696平方米，维修更换路缘石3237米，维修检查1074座井。对辖区内76条道路进行了空洞检测，累计测线长度375852.3米；对9座桥梁进行日常养护，养护总面积3764.22平方米。

（王　旭）

【区属市政设施养护】年内，共计维修沥青路面11.2万平方米，人行步道4.9万平方米。完成区属4座桥梁荷载检测工作。

（王　旭）

【市政道路大中修】年内，完成33条市政道路大中修工程，总长度10644米；完成沥青总面积53233平方米；步道总面积25863平方米。

（王　旭）

【改造慢行系统】年内，完成16条胡同16公里慢行系统改造工程。翻建改造沥青路面10648.4平方米，翻建改造人行步道7958.3平方米，翻建路缘石1862米，新建彩色沥青路面9523.24

平方米，新建石材阻车桩538根，增设或更换交通护栏396米，安装树池口及篦子50套。

（王　旭）

【疏堵交通】年内，针对区属交通拥堵严重、社会反映强烈的道路节点和路段，采取局部调整、改造和综合管理措施，优化道路。完成南新里三巷、双旗杆东里南路、黑窑厂街、粉房琉璃街4处交通疏堵工程。翻建改造沥青路面4181平方米，人行步道约2064平方米，移伐国槐4棵，新建树池边框42套，翻建路缘石883米。

（王　旭）

【改造市政排水管线】由于历史原因，许多市政排水管网存在管线老化、管径偏小或布局不合理等问题，市政排水管网是城市重要的基础设施，在排水系统中占有举足轻重的地位。年内，园林市政管理中心共完成25条市政排水管线改造，管线总长度6773.88米。

（王　旭）

【掘路修复工程】年内，完成47条掘路修复工程。恢复沥青3788平方米，铣刨1503.5平方米，人行步道4432.8平方米，石材290.5平方米。

（王　旭）

【检测道路】年内，为防止发生道路空洞塌陷等次生灾害，避免道路大面积沉陷，园林市政管理中心在加强市政道路养护日常巡视的同时，运用现代科技手段主动检测道路地下空洞，提前处置路面塌陷隐患，共检测道路97条（市管路7条），总里程65894.9米，完成雷达测线400805.8米。

（王　旭）

【景观照明】年内，完成28处公园绿地、170栋楼体与过街天桥的景观照明设施改造、3条道路景观照明，以及北站广场的照明设施巡查看护、维修保养管护。

（王　旭）

【应急抢险】年内，组成11支共404人的防汛应急抢险队伍，其中10支园林绿化队伍、1支市政队伍。共计抢险树木倒伏95株，树木折枝502处，道路塌陷37处，树木砸车25起、砸房33起，伤人1起。共计备勤18次，备勤人员4730人次，抢险人员3006人次，出动抢险车辆1034台次。

（王　旭）

【桥梁养护】年内，清洁18座桥面栏杆12次，清洁桥梁主体6次。对地处繁华地段的西单商业街1—4号过街天桥进行24小时巡查看护，定期检修保养扶梯，及时维护清洗桥面，检修、更换景观照明。下雨天及时铺设防滑毯，并加派专人进行疏导。

（王　旭）

【无主井盖消隐工程】年内，完成权属无主井盖登记78件。共出动人员272次，车辆78次，维修管线27米，疏通污水管线69.9米，维修检查井10座。

（王　旭）

【都城隍庙养护】年内，完成都城隍庙养护，清洁灯具858件，清洁石材2160平方米，拆换石材21.5平方米，修复石材112平方米，修复石材压顶19米，粘贴墙体仿古面砖20平方米。

（王　旭）

【安全生产管理】年内，召开156次安全工作会，进行安全检查640次，出动1000多人次，检查单位2960家次，下达整改文书126份。组织各类安全生产宣传教育活动198次，参加人数6193人次，组织安全生产培训197次，参加人数6161人次，发放各类宣传材料27360余份。用于安全生产宣传教育培训工作经费10多万元，整改各类一般性安全隐患156处。

（王　旭）

【“安全生产月”宣传】年内，围绕“防风险、除隐患、遏事故”这一主题，面向一线开展形式多样、图文并茂、通俗易懂的“安全生产月”宣传教育活动。共2452人次参与，张贴宣传海报475张，发放各类宣传材料3908份。开展各类应急演练18次，参加人数884人。开展各类安全生产宣传教育培训57次，2115人次参与。排查安全生产隐患186次，消除整改各类安全生产隐患44起。

（王　旭）

【公共自行车后期运营维护】年内，建设公共自行车租还网点208处，投入运营设备7000套，全年累计租车量达236.83万次。共有3.62万人次在西城区使用过公共自行车。累计调度250056辆次，维修10109辆次。客服电话接通量11092次，接通率99%。

（王　旭）

【网格化管理与服务保障】年内，受理城市管理案件2380件，其他信访类案件14件，处理区折子工程1件，承办人大代表建议、政协委员提案3件，回复率和办结率均达100%。

（王 旭）

【接诉即办】年内，受理市热线2008件，接诉办理1378件，办理退回（非权属案件）630件，未办结104件（剔除及挂账处理中案件），解决率92.45%、满意率96.88%，双否率3.12%、单否率7.55%。召开系统热线调度会50余次，专项工作交流会20余次。在西城区年度热线工作考核中，得分在区属企业中位列第一。

（王 旭）

【小微绿地建设和空间立体绿化】年内，完成微绿地建设工程10700平方米，总投资2378万元，提升公园绿地500米服务半径覆盖率。完成屋顶绿化建设12528.5平方米，总投资690万元。

（王 旭）

【金融街品质提升】年内，完成金融街地区品质提升项目。新建塑胶跑道4260平方米，置换绿地3200平方米，设置智能打卡杆37处，智能打卡屏15处、自动售卖机5处、动感单车6辆、健身小屋1处、智能分类垃圾桶24个、智能座椅4个、百米竞赛跑道1条。打造1.4公里的照明景观，设置140套金色投光灯和984套上树投光灯，打亮约120棵二环沿线行道树。设置智能庭院灯128个、草坪灯75套、图案灯95套、地埋灯108套、线型灯330套、软灯带790米、腰鼓灯518套，提升公园内绿地照明功能。

（王 旭）

生态环境保护

【概况】西城区生态环境局是负责西城区生态环境保护工作的政府工作部门。下设办公室、综合科（法制科）、行政审批科、大气环境管理科、污染源管理科、环境安全管理科（安全生产办公室、区环境污染突发事件应急办公室）、督察科、人事财务科、离退休干部科和机关党委；行政执法专项编制机构1个（环境保护监察支队）；规范管理事业单位1个（机动车排放管理站）；全额拨款事业单位3个（环境保护监测站、环保宣传教育科技中心、“煤改电”管理中心）。年内，区生态环境局结合“不忘初心、岗位建功”活动，狠抓干部队伍作风建设，以扎实的工作作风，科学的措施办法，在疫情防控常态化形势下，全力推动区域生态环境质量持续改善。

地址：西城区鸭子桥路39号

电话：66206461

（李 颖）

【区环境质量】年内，全区空气中细颗粒物（PM2.5）平均浓度为40微克/立方米，同比下降9.1%；其他三项主要污染物，可吸入颗粒物（PM10）和二氧化氮（NO_2）浓度分别为58微克/立方米和32微克/立方米，同比分别下降17.1%和20.0%；二氧化硫（SO_2）浓度为4微克/立方米，同比持平。累计达标天数268天，优良天数73.2%。PM2.5累计达标天数324天，累计空气重污染天数10天，累计PM2.5空气重污染天数8天。全年降尘量5.3吨/月·平方公里，同比下降19.7%。地表水水质稳定达标。土壤污染地块安全利用率达90%以上。

（李 颖）

【规范行政许可】年内，依法办理建设项目环境影响评价审批4件，辐射安全许可证93件，放射性同位素备案25件。完成33个政务服务事项的答疑和一窗式受理。完成北京市年度重点推进项目2批共60个项目的帮扶调研工作。按照新名录督促指导注销400家企业的排污许可证并完成登记。年内，完成应发证四个行业的排污许可证核发工作。

（李 颖）

【环境宣传教育】年内，围绕疫情防控、大气污染治理、十三五成果、中央督察进驻西城等开展宣传报道。接待记者咨询、采访等共计80余人次。其中《北京日报》刊登1篇；“京环之声”微信公众号刊登11篇；北京电视台《美丽北京》栏目报道11篇。西城环保微信公众号累计发布文章977篇，总阅读量6.1万次，总分享量1.3万次。北京西城环保微博发布664条，阅读量378万次。利用线上线下相结合的方式，开展“六五”环境日、低碳日、“9·22”世界无车日等环保宣传，参与人数9000人次，发放宣传材料和宣传品18500份。组织中小学生生态环境主题演讲比赛，58所小学参加，收到优秀稿件58篇，25所中学参加，收到优秀稿件58篇。开展线上讲座15次、云课堂13次。以线上线下相结合的方式开展公众开放日活动，3次开放西海水质自动监测站。

（李　颖）

【巩固无煤化成果】联合新街口街道办事处、天桥街道办事处等年度更新重点区域进行摸底调查，掌握居民电采暖设备更新需求，研究制定《西城区2020年煤改电蓄能式电采暖设备更新工作方案》。年内，更新5087户居民的9080台电采暖设备。发放煤改电电费补贴款4批次，金额3588余万元，涉及45000余户居民。制定《西城区2020年新增峰谷电表工作方案》，并经区政府专题会审议通过。安装完成全部73户新增峰谷电表。

（李　颖）

【机动车排放监管】年内，以重型柴油车排放监管为重点，围绕用车排放监管、非道路移动机械排放监管、加油站油气回收系统监管，和老旧柴油货车淘汰四项中心工作，落实北京市生态环境局《2020年移动污染源监管工作方案》及其他各类工作要求。加大监管力度，检查重型柴油车53871辆，处罚排放超标车5699辆；检查非道路机械664台，处罚排放超标非道路移动机械、未进行编码登记机械94台；检查加油站355家次，检测加油站151家次，处罚加油站2家。淘汰老旧柴油货运车4790辆。检查渣土运输车3566辆，处罚1101辆。申请编码登记的非道路移动机械共1220台，审核成功995台。通过遥感监测检查机动车220203辆。

（李　颖）

【大气污染防治】利用“日通报、周调度、月点评”、定期例会和专题会议机制，推进各项任务落实。及时通报空气质量，调度重点工作，推动工作落实。年内，召开大气小组例会10次，通报空气质量、尘土残存量等指标。召开专题会17次调度树坑覆盖、遥感设备建设、旅游大巴车管控、扬尘治理等工作；组织各级领导现场调研12次；政府常务会会前通报20余次。制定打赢蓝天保卫战2020年行动计划实施方案、西城区绿色施工标准、扬尘精细化实施方案等各类方案文件；开展餐饮业油烟净化设备补贴工作，共发放10批次319家单位，补贴金额719万余元。加强监控设备联网，年内联网956家，1334台设备。

（李　颖）

【水环境管理】开展水质评价工作，汇总每周、每月自动站水质监测情况，进行地表水环境质量评价，由河长办通报街道（社区）；整治入河排污口，开展入河湖排口现场调查和分类分级。年内，共计完成156个入河口现场调查，建立区入河排口一口一档基本信息；定期检查医院污水站，对运行情况、污水消毒情况、自行监测情况进行检查指导并及时分析出现问题的原因。

（李　颖）

【编制“十四五”规划】收集调研资料，分三批整理汇总100余份数据台账，梳理“十三五”以来主要目标指标完成情况和工作成效，分析存在的问题和面临的形势，对规划编制实施全程管理；组织召开前期研究和中期结题评审，邀请专业领域人大代表、政协委员、专家学者指导研究报告，并按照专家意见反复修改。对接落实生态环境部、北京市生态环境局最新要求，重点对“十三五”存在的问题提出相应的解决对策，形成纲要文本。

（李　颖）

【编制区生态环境保护职责分工】联合区委编办完成编制区职责分工。根据履职有据、上下对应、符合实际、着眼长远的原则，依据市级职责分工、部门“三定”规定以及污染防治攻坚战任务分解进行编制修订。召开3次专题调度会、座谈会，基本形成一致意见后，再经历7轮沟通，确保每一项职责落到实处，不漏项、不缩水，提升各部门主动开展生态环境保护工作的责任意识。确立西城区生态环境保护责任体系，完善治理体系。

（李　颖）

【生态损害赔偿制度改革】贯彻市政府要求，结合生态损害赔偿案件涉案范围和条件，向区属各成员单位征求案件线索；根据市生态环境局提供的公安刑事案件线索进一步排查，收集处罚案件目录，逐一梳理。区生态环境局与区检察院探讨和交流生态环境损害赔偿工作中遇到的困难和问题，最终确定一起案件，并与园林绿化局、城管执法局多次沟通案件情况、损害赔偿启动程序、文书材料等。后经区园林绿化部门确认修复情况，最终完成了案件的办理流程。实现生态环境损害赔偿案件的“零突破”，推动和促进西城区生态损害赔偿工作。

（李　颖）

【规范行政执法】区生态环境局积极归纳梳理《行政执法考评细则》，定期组织召开执法调度会，规范行政执法，谋划下一步任务，定期在局长办公会上汇报完成情况及存在问题；切实对照《工作要点》，统筹生态环境保护领域行政执法工作；编写并公布2020年度西城区生态环境局法制政府建设报告；制定行政调解组织机构台账、职责清单、调研报告、各季度工作信息及报表、业务培训计划等，为规范行政调解提供制度保障；结合普法责任制清单，对年内普法依法治理工作进行自查。精心组织国家宪法日、宪法宣传周系列宣传活动。通过微信公众号和各类视频，讲解宪法，普及宪法知识。以小程序的方式组织90人进行宪法知识竞答。在多个地点张贴宪法宣传海报。

（李　颖）

【环保督察整改落实】继续抓好中央和北京市环保督察意见的整改落实。对第一轮中央及北京市环保督察反馈意见整改任务进行全面自查自纠。召开13次环保督察未完成案件推进会，对未完成案件多次进行调度。对第一轮中央环保督察未完成案件开展实地督查，下达督办单；做好配合开展第二轮中央生态环境保护督察工作。印发《西城区第二轮中央生态环境保护督察工作方案》。建立信访问责专班，区领导在督察期间共7次进行实地调研、现场调度、召开督办会议等。信访问责专班先后对39个案件举报点位进行现场核查，对整改不到位的单位开具“现场复核函”，限期24小时内全面整改完毕。向中央督察组提供8批15项调阅材料，共计104件。

（李　颖）

环境卫生管理

【概况】北京环雅丽都投资有限公司（原北京西城区环境卫生服务中心），承担西城区主要大街的清扫与保洁，垃圾清运及密闭式清洁站管理，公厕保洁与管理，化粪池的挖掏与粪便清运，部分街道办事处街巷清扫保洁及各种环卫应急保障任务。年内，公司坚持创新思维、辩证思维、底线思维，坚持目标导向、问题导向、效果导向，以高质量发展为主题、以提质增效为主线、以改革创新为动力，加强党的领导，强化党建引领，推进改制方案落实落地、科学构建公司组织架构和体制机制，实施精细管理和绩效考核，大力推进环卫建设，完成核心区环卫保障任务，实现公司经营目标和管理目标。

地址：西城区北营房中街7号

电话：88378410

（尹　健）

【新冠肺炎疫情防控】年内，贯彻落实市区决策部署和区国资委要求，成立疫情防控工作领导小组，公司主要领导任组长。统筹疫情防控期间日常管理、作业消杀、物资采购、宣传引导、督导检查等各方面工作。制定疫情防控方案、应急预案及秋冬季防控措施，全力以赴抓责任，抓落实。提出“零感染、都满意”防控工作目标，建立会商制度。全年召开会商会54次，形成纪要下发基层单位。成立由81名职工组成的垃圾清运突击队，清运区隔离户、定点医院、核酸检测点产生的生活垃圾366.73吨、医疗垃圾15.96吨、废弃口罩37.44吨，如期完成清运保障任务。

（尹　健）

【转企改制】年内，完成2亿元注册资金的占有产权登记、资产清查核验、作业成本核算工作。提前离岗人员、原环卫中心19名调往退管中心的事业编在岗人员及离退休人员的工资、社保关系已经完成转移。公司与职工重新签订劳动合同。组建公司工会和分公司党支部，并选举产生公司职工董事。组建结算中心、集采中心，分工更加细化完善，做到管事有机构，做事有专人。

（尹　健）

【日常环卫保障】年内，高标准做好区内274条主要道路、1065条背街小巷的清扫保洁，1091座公厕和74座密闭式清洁站的管理，以及过街天桥、地下通道、果皮箱的清理清扫保洁。共抽运粪便176938.11吨，清运生活垃圾291459.92吨。配合区城管委对接相关街道和部门，做好厨余垃圾转运工作。共签约餐厨商户3205家，转运餐厨垃圾74396.35吨，签约厨余（小区、果蔬）垃圾993家，转运厨余垃圾42319.7吨。贯彻落实市、区和国资系统有关“接诉即办”的要求，全年召开“接诉即办”调度会34次，专项工作交流会7次，接诉总量1299件，协调退回220件，实际受理诉求937件，协同办理142件。平均解决率90.8%、满意率91.2%。

（尹　健）

【垃圾分类】5月1日《北京市生活垃圾管理条例》正式实施后，公司转变工作观念，加强生活垃圾精细化管理，加快垃圾分类收集、分类运输体系建设，严格执行“不分类、不收运”、“不分类、不进站”的原则，完善收运管理机制，践行区生活垃圾减量化、资源化、无害化的工作目标，初步形成“政府主导、公司带动、属地协同、全民参与”的生活垃圾分类处理体系。自实行《生活垃圾管理条例》以来，全年共分拣厨余垃圾约247吨，分拣低值可回收物约524吨。并对未分类倾倒单位进行劝返、登记、拍照，向倾倒单位发放未分类告知单9023份。对74座密闭清洁站外立面加装垃圾分类标识，对172辆垃圾运输车辆进行外观喷涂，树立环雅丽都公司的全新形象。

（尹　健）

【大气污染防治】年内，加大道路清扫保洁力度，实施道路深度保洁，着力开展步道冲刷、洒水降尘、机械清扫、道路吸尘以及环保子站周边喷洒抑尘剂等多项作业工艺，通过建立“一路一策”和“一巷一册”台账，动态监控调整作业模式和频次，开展“争取一微克、提高洁净度”冬季达标竞赛活动。严格落实工作流程，不断加强尘土污染源控制，注重“抓好每一天、干好每一遍”作业实效，加强道路精细化作业，成功将全区主要道路和试点街巷的尘土残存量控制在每平方米6克以内。

（尹　健）

【日常管理】年内，改革企业经营管理模式，实行经营分析、全面预算管理和组织绩效考核管理，制定相关制度，编制公司季度、年度经营分析报告。申报环卫业务相关资质，取得从事城市生活垃圾经营性清扫、收集、运输服务审批行政许可；取得北京市市级行政事业单位2020—2022年度物业定点服务资格，和ISO质量、环境和职业健康安全管理认证证书，按照各分公司采购需求做好前期采购招标工作。全年共实施重点采购项目39项，实际采购规模9873.21万元，节约资金2104.12万元。严格执行公司设置的相关方案，大幅压缩非生产性人员共计259人，其中转移至国资委退管中心19人，二线转一线198人，退休36人，辞职6人。

（尹　健）

【安全生产与维护稳定】年内，认真落实“抓基层、打基础、苦练基本功”的安全管理原则，以安全生产“零事故”为目标，建立健全工作制度和责任体系，制定、修订安全制度及应急预案。强化监督检查，公司领导带队“四不两直”对基层开展日常、综合、节前专项等安全检查67次，共出动人员193人，检查点位240处次，发现的安全隐患均已落实整改。采用多种方法、多种形式，坚持进行安全宣传教育，组织教育培训97次，发放宣传品970份，参与员工3668人次，营造人人讲安全、学安全的氛围。形成“周有汇报、月有分析、季有总结、年有汇总”的安全管理模式。加强应急处置演练，增强防范处突能力，认真做好矛盾纠纷化解调处工作，确保公司内部安全稳定。

（尹　健）

【履行从严治党主体责任】年内，公司党委、纪委落实全面从严治党主体责任和监督责任。抓好领导班子建设，严格落实民主集中制原则，规范决策程序，实现团结协作、集中统一领导。加大与社区党组织的联系，积极参与桶前值守、垃圾分类等工作，发挥在职党员引领带动作用。抓好督查落实，全年对疫情防控、办公用房、值班值守、公车封停等开展专项督查96次，进行廉政谈话106人次，按规定惩处违纪党员3人，确保公司党委各项决策部署落地落实、取得实效。

（尹　健）

【企业文化建设】年内，坚持公司党委理论中心组学习制度，围绕企业管理、企业经营等问题进行深入交流研讨，推动理论武装走深走心走实。用好“学习强国”平台，建立健全学习管理机制和学习积分制度。继续采取走出去请进来方式聘请专家就企业经营管理状况进行会诊，提升党员干部管理企业的能力。主动与各大媒体沟通交流，注重正面宣传和主动引导，展示环雅丽都企业的新形象。“环雅丽都”微信公众号全年发布图文推送362篇，阅读总量215059人次，制作剪辑视频33个，编辑《环雅丽都信息》37期，被北京电视台、《新华每日电讯》、今日头条、北京西城、北京国资国企党建等多家媒体报道、转发84次。

（尹　健）

【关爱职工】年内，落实“冬送温暖、夏送清凉，一年四季送关怀”工作机制。对在职职工进行防暑降温、防寒保暖和极端天气慰问；两节期间集中慰问全体务工人员和32名困难职工；落实职工医疗互助保障、温暖基金和帮扶救助政策，累计办理、发放各类保险、补助资金19.6万元。维护职工的身心健康和发展权益，组织女职工、劳模参加专项健康体检，设立工会“疫情防控专项资金”47万元，用于疫情防控服务保障和慰问工作，为全体一线职工投保疫情防控专项保险。丰富职工业余文化生活，为公司改革发展凝心聚力。挖掘、选树先进典型，发挥身边榜样示范引领作用。公司总部王宁、第二分公司刘哲获“2020年北京市先进工作者”称号，第六分公司刘磊被授予“北京青年五四奖章”，获评“北京市抗击新冠肺炎疫情先进个人”。

（尹　健）

城市管理执法

【概况】北京市西城区城市管理综合行政执法局（简称区城管执法局），是西城区人民政府领导下、接受北京市城市管理综合行政执法局业务指导的城市管理综合行政执法机构。主要职责是：贯彻实施国家有关城市管理的法律、法规、规章、制度及北京市的有关规定，治理和维护城市管理秩序，研究、提出、完善全区城市管理综合行政执法体制的意见、建议和措施。负责市政府决定由城管执法机关承担的全区市容环境卫生、公用事业、市政、施工现场、园林绿化管理等专业性行政执法工作；负责全区城市管理综合行政执法工作的业务指导、统筹协调和考核监督；负责城管执法人员的专业培训及执法资格管理。负责跨街道城管行政执法的组织调度及市、区交办的重大案件的查处。在职责范围内加强对驻区中央单位、市属单位、驻区部队和区域内企事业单位的服务；承办区政府和上级业务主管部门交办的其他事项。年内，区城管执法局以“做首都标杆、当全国模范”为目标，结合“疏解整治促提升”和重大活动环境保障，加强队伍建设，推进城管体制机制改革。开展“拆除违法建设、大气污染防治、占道经营整治”三大专项行动，提升城市管理水平和环境品质，解决城市痼疾顽症。做好重要节假日、重要活动期间的环境秩序保障任务，有效遏制环境秩序各类违法行为，推进城市环境常态化、精细化管控。努力实现西城区“环境要优美、人口要控制、服务要优质、发展要持续”的目标和“安全、安静、舒适、典雅、古朴”的美好愿景。年内，城管执法局共出动执法人员15.6万人次，执法车辆4.2万车次，开展执法检查31.8万次，立案处罚12666起，罚款911.3万元。共拆除违法建设1585处11.4万平方米，拆除新生违建104处0.29万平方米，确保了西城区新生违建零增长。收到各类群众表扬2500余次，收到表扬信10封、锦旗15面。区城管执法局获“2016—2020年度北京市城管执法系统先进集体”称号。

地址：西城区北滨河路9号

电话：66527042

（付　扬）

【重大活动环境保障】年内，围绕“两会”、五一、十一等重要时期的环境保障，精心组织，科学安排执法力量，加强对会场、驻地等重点区域的盯守检查，做好各项保障工作。共出动执法人员2100余人次，执法车辆400台次，查处各类违法行为129起。

（付　扬）

【新冠肺炎疫情防控】年内，贯彻落实市、区有关新冠疫情防控工作要求，制定《关于执法检查工作中加强疫情防护的规定》《非城管职权问题进行移送的法制意见》等14个涉及疫情防控的法制指导意见，加强对相关场所的监督执法检查，督促相关单位落实责任，对全区235处高风险楼宇实现全覆盖、多波次检查。全年共检查“三类场所”93139家次，录入执法检查单93139张，发现问题3334起，督促完成整改3334起，张贴公示1237张。城管执法局机关选派包括一名局领导在内的18名机关骨干到社区一线参与疫情防控。

（付　扬）

【占道经营整治】年内，持续整治占道经营问题，做到“重视热线办理、重视解决反馈、重视反弹整治”，加大督查考核力度，各街道建立了“问题牵引、数据驱动”执法模式，实时关注群众举报，协调推动解决相关问题。全年共立案查处占道经营问题4186起。全区15个街道占道经营整治实现“动态清零”。

（付　扬）

【疏解整治促提升】年内，开展春雷行动、夏季攻势、蓝盾行动等专项治理。全年共拆除违法建设1585处、面积11.4万平方米，其中拆除新生违建104处，面积2918平方米，确保了新生违建“零增长”。拆除白纸坊棚户改造区全部违建，受到指挥部表扬。

（付　扬）

【下放综合行政执法职权】年内，按照区委区政府关于行政执法改革的总体部署，城管执法局成立工作专班，制定详细工作方案，开展三期岗前培训，推进行政职权划转街道。6月30日前，城管执法局的职权下沉划转工作全部完成。7月起，各街道综合行政执法队正式运行。街道办事处承接行政执法职权共计431项，其中城管执法部门下放职权393项。

（付　扬）

【蓝天保卫战】年内，围绕清洁空气行动计划、大气污染防治“一微克”行动和秋冬季大气污染防治工作，制定空气重染污应急工作预案。解决施工工地扬尘、建筑垃圾、车辆道路遗撒、露天焚烧和使用燃煤从事无照经营等问题。全年查处露天烧烤37起，立案处罚施工扬尘、道路遗撒等问题937起。

（付　扬）

【燃气安全监管执法】年内，持续按照“全覆盖、零容忍、严执法、重实效”的要求，综合检查燃气用户及相关单位使用、储存燃气情况，重点消除餐饮服务单位的燃气安全隐患。共出动执法人员28855人次，监督检查企事业单位和场所28980家次，发现并整改隐患306起。开展安全生产宣传，普及相关安全知识，增强群众安全意识，发放宣传单38389份。

（付　扬）

【宣传报道】年内，通过主流媒体宣传报道城管工作566次，持续更新微信订阅号“西城街巷事”栏目内容，围绕城管职能和典型人物事迹推送图文专栏，共推送图文消息363期，浏览量12.7万余人次。在北京号宣传平台开通“西城城管街巷事”，编发图文消息37篇，累计阅读量达65万余次，结合疫情防控、信访宣传日、安全生产宣传月、“一微克”行动、开学第一课等主题广泛开展社会宣传。

（付　扬）

【生活垃圾分类专项执法】年内，督促全区政府机关、企事业单位、学校、餐饮行业、居民小区等严格落实《北京市生活垃圾管理条例》，通过“送法上门”、“桶前值守”、设卡检查等，加强对居民小区、物业、楼宇的执法检查。全区城管执法系统对生活垃圾分类问题共立案1047起，处罚114.7万元。

（付　扬）

【推广“商户自治”管理模式】年内，城管执法局在区内全面推广商户自治，牵头制定西城区“商户自治”工作方案，整合数据，推动信息共享，为辖区商户、群众搭建协商对话平台。在充分了解各街道执法当前工作情况的基础上，分批次加速推进牌匾安装。组织各执法队、商户进行沟通交流，不断优化、升级“商户自治”App，年内完成全年推广。

（付　扬）

【落实垃圾分类管理】自5月1日实施《北京市生活垃圾管理条例》后，城管执法局第一时间与居住地社区居委会签订垃圾分类承诺书，实现垃圾分类个人自我约束、单位与社区双向监督。局机关党委与广外街道京铁和园社区、牛街街道法源寺社区、月坛街道复北社区开展“一个支部承包一个桶站”工作，加强桶前值守，组织党员到社区，参与垃圾分类宣传。

（付　扬）

水务管理

【概况】2019年，根据《中共北京市西城区委机构编制委员会关于区城市管理委所属事业单位机构调整设置的通知》，调整北京市西城区水务管理中心（区城市部件管理维护中心），编制31人，有工作人员22人。主要负责：海绵城市建设工程的具体实施；再生水监督管理，推广再生水使用；地下水管理和自备井置换；水务监察和执法，水务管理政策具体执行及水务管理相关辅助工作。负责组织协调街道河长（湖长）开展防汛应急工作；城市内涝积水排除工作和道路积水封路、道路塌陷和地下管线应急抢险工作，负责井盖、灯杆、变压器（箱）等城市部件和自来水、电力、燃气、热力等城市运行保障类地下管线的管理和应急维护。

地址：西城区北礼士路12号

电话：88391798

（尤　佳）

【海绵城市工程建设】年内，完成广安西里39号院、西河沿胡同23号院、西河沿胡同17号院、校场头条27号院、校场三条57号院、校场小七条15号院等6个低洼院落的改造，解决低洼院落汛期积水及雨水倒灌等问题。按照防疫工作要求并结合学校教学安排，利用暑期完成北京育才学校初中部和高中部部分区域的透水铺装及管线改造，实现降水就地消纳；完成“2019年西城区海绵城市建设工程回民中学改造方案”设计。推广雨水利用工程建设，响应海绵城市建设和节水型城市建设总方针，年内完成五个街道9项雨水利用工程，更换路面透水砖约1万平方米。

（曹松涛）

【海绵城市建设保障】年内，为贯彻落实北京市海绵城市建设工作联席会议第一次会议精神，区水务管理中心牵头起草《北京市西城区推进海绵城市建设工作方案》，报请区政府同意后，于9月15日以西城区城市管理委员会名义印发相关单位，以制度为依托，高标准、高质量开展海绵城市的规划和建设工作。11月27日，区海绵城市建设工作第一次联席会议召开，由水务局牵头建立区级海绵城市工作联席会议制度。市规划自然委西城分局、区发改委、区财政局、区生态环境局、区住建委、区园林绿化局和各街道办事处等38个部门和单位，明确各自职责分工，加强统筹协调，开展联合行动。各单位配合落实区委、区政府相关决策部署，高效开展工作。

（尤　佳）

【海绵城市建设专项规划】《西城区海绵城市专项规划》于上年11月13日通过区政府常务会审议，结合会议要求进行修改，在加强与市相关部门的沟通协调后，12月14日正式以区城市管理委员会名义印发《北京市西城区海绵城市专项规划》，落实生态文明建设、推进绿色发展的涉水顶层设计，统筹推进海绵城市建设，助力实现水资源高效利用、水环境改善、水生态良好、水安全保障、水文化修复与保护。

（尤　佳）

【海绵城市建设情况调查】年内，根据市水务局要求，为落实《北京城市总体规划（2016—2035年）》和《关于推进海绵城市建设的实施意见》精神，区水务局对全区海绵城市建设情况开展现状调研评估与数据统计，组织专家技术团队对相关单位进行业务指导。结合已有流域汇水分区数据，以及街区、下垫面分布情况，将西城区划分为114个排水分区。截至年底，西城区共填报293个有效项目。其中建筑与小区类项目205个，主要为透水铺装、下沉绿地、屋顶绿化及调蓄池。道路类项目17个，主要为透水铺装、下沉绿地。公园绿地类项目68个，包括透水铺装、下沉绿地及雨水调蓄池等。泵站类项目3个，总容积1.49万立方米。根据调查情况，西城区海绵城市293个有效项目中，已竣工285个。经区水务局邀请第三方技术支撑单位评估，全区现状年径流总量控制率达到60%的区域总面积为14.19平方公里，其中前三门盖板河控制区域达标面积9.08平方公里，其他排水分区海绵措施控制达标面积为5.11平方公里，达标比例27.99%，实现了年内达标面积比例20%的目标。

（尤　佳）

【改造老旧小区内部供水管网】 年内，基本完成老旧小区内部供水管网改造并实行专业化管理。自2017年起至2020年底累计完成139个老旧小区内部供水管网改造。

（曹松涛）

【水务执法】 严格依法行政，强化全区用水行业管理，重点检查监管用水单位、企业落实节约用水责任，洗车行业登记备案、用水规范，在施工地水土保持工作等。年内，完成水务执法检查412件，立案处罚2件，处罚金额5500元。完成22项水务行政执法职权下放各街道，划分区、街共有职权执法范围，移交相关法律法规12项、规范性文件2项、执法文书26项、执法检查单3项、裁量基准权2项。

（曹松涛）

【出台《西城区水土保持规划》】 11月19日，《西城区水土保持规划》通过西城区政府常务会审议。11月30日，区水务局、发展和改革委员会、财政局、北京市规划和国土资源管理委员会西城分局、环境保护局、园林绿化局联合印发《北京市西城区水土保持规划》，为科学谋划“十四五”时期全区水土保持和水生态修复工作打下基础。

（尤　佳）

【防汛工作】 年内，落实水务防汛专项分指挥部各项职责，组织、协调、指导全区水灾害防御工作，实行双岗保障，扎实推进防汛工作，确保安全度汛。开展“清管行动”，完成管线养护21.3公里，清理检查井882座，清掏雨水口1.7万个，疏通支管69.5公里，清理截流设施1350次，入河口168处。完成6处低洼院落改造和16个一般积滞水点的雨前清查和复掏。6月1日，水务防汛专项分指进入24小时全响应应急值守状态，随时接受区防汛指挥部和市水务局调度。防汛责任落实到人，确保区防汛800兆电台、市水务局防汛800兆电台时刻有人应答，值班电话24小时通畅。与道路交通、地下管线防汛专项分指联合备勤，随时做好道路交通、地下管线事故的应急抢险，解决地铁车公庄站外路面塌陷，汇融大厦雨水方沟排水隐患等险情。加强汛期巡查，落实河长防汛责任制，及时传达市里最新指示。动员街道河段长加强雨前、雨中、雨后巡查，降低城市内涝风险。整个汛期，未出现积滞水等险情。

（曹松涛）

【接诉即办】 年内，中心受理“12345”市民服务热线案件共7件，涉及生活服务类用水设施、洗车行业用水规范及向雨水口倾倒污物等问题，均按时办结。

（曹松涛）

节水工作

【概况】 北京市西城区人民政府节约用水办公室（简称区节水办）是主管全区节水工作的具有政府行政职能的事业单位，有工作人员18人。依照法规负责：计划管理驻区社会用水单位；创建节水型单位和节水型居民小区；节水新技术的推广应用和节水型器具的改换装；节水宣传教育；临时用水指标、建设项目节水设施验收的行政许可；监督、检查社会单位节水情况。

地址：西城区北礼士路12号

电话：88391672

（陈艾琳）

【全区用水总量】 区节水办按照“以水定城、以水定地、以水定人、以水定产”的原则控制区域用水总量，强化计划用水和定额管理。年内，市水务局下达给西城区的年度新水用量目标值为11489万立方米，区新水用量实际值为8531万立方米。

（陈艾琳）

【计划用水管理】 年内，编制年计划用水指标，对出现超计划用水的单位依法征收超定额超计划累进加价费。全年区非居民计划用水指标总量为4400万立方米。7—8月，完成全区4735户用水单位的计划指标下达及调整输机工作，年计划用水指标未超出市水务局下达的计划总量。

（陈艾琳）

【用水效率完成情况】年内，市水务局下达西城区万元地区生产总值用水量下降率目标值为3%，实际下降率9.2%。

（陈艾琳）

【收缴超定额超计划累进加价费】年内，为落实《北京市节约用水管理办法》及最严格水资源强管控精神，对区域内用水单位发布了1—7月、1—10月累计用水预警政务短信。完成上年11—12月加价下发和二次催缴工作，共收取加价款36万元，征收的加价全部上缴区财政。

（陈艾琳）

【节水型单位创建】年内，完成创建市级节水型单位10个，创建完成率100%；完成水平衡（合理用水分析）测试的验收工作；利用市拨资金500余万元，对区政府机关服务中心管辖的十二处直属机关，完成改造创建节水型机关自来水管线和中水管道。

（陈艾琳）

【节水行政许可】年内，区节水办行政许可窗口办理西城区核定用水计划指标审批（中小微企业简易办理）行政许可137件、临时用水施工审批2件。受理的节水行政许可全部在办理时限内办结，群众满意率100%。

（陈艾琳）

【节水宣传】为落实节水宣传进社区、进乡村、进企业、进学校、进机关、进公园、进工地，在“世界水日”期间，节水办制作倡导“家庭一水多用”“疫情期间用水问答”为主题的节水宣传片，在君太百货、北京北站、老佛爷商场等公共场所的LED屏上播放。与郭守敬纪念馆合作，于3月27日在直播平台开设“世界水日”公益网络直播课。5月15日全国城市节水宣传周期间，通过组织交流座谈、发出节水倡议、在公共场所大屏幕播放主题宣传片等形式，宣传节水理念；走进牛街街道南线阁、德胜街道人定湖西里等社区，慰问坚守社区一线的工作人员。走进西海公园、北海公园、大观园、宣武艺园等公园，北京四中高中部、二十五中高中部、师大二附高中部等学校，和区委区政府、区人大政协、区城市管理委、区政务服务大厅等党政机关，开展节水宣传。

（陈艾琳）

【节水检查】年内，针对超计划用水单位，主动帮助查找超水原因，提出整改意见。在创建节水型单位验收工作中，在高峰月用水期间（7—9月），加强节水检查，尤其对用水大户（园林、施工、环卫等）进行重点巡查，有效避免浪费用水情况。

（陈艾琳）

消防工作

【概况】年初，根据中央编办下发《关于印发应急管理部消防救援局总队及以下单位机构编制方案的通知》，西城消防救援支队将原有的司令部、政治处、后勤处、防火处四部门合并，重新划分为19个机关处室，下辖9座编制内消防站，30座街道小型消防站。年内，支队完成春节、全国“两会”、“五一”、“十一”等重点时段的消防安保任务，辖区在重大活动期间未发生有影响的火灾事故。完成安装510个电动自行车集中充电柜、9.4万套独立烟感报警器、670栋建筑内物联网远程监控系统，和222栋大屋脊筒子楼简易喷淋加装工程。完成1038组涉及4000余人的秒响应力量组建任务，确保在遇有火情时顺畅调度、及时响应、高效处置。全年共接警1516起，出动车辆3594辆次，警力21564人，抢救被困人员83人，疏散被困人员213人，抢救财产价值75.4万元，参战人员零伤亡。在消防执法过程中，累计检查17961家单位，督促整改火灾隐患17599处，下发整改通知书12564份、处罚决定书445份，查封312处，“三停”（停产、停业、停工）108家，处罚4303900万元，拘留23人；年内有9人立个人三等功，117人获嘉奖，一人被纳入应急管理部消防救援局后备专家人才库。

地址：西城区德胜门东大街119号

电话：84022119-205

（唐赵凯）

【区领导检查辖区人员密集场所】1月19日，区委书记卢映川带队检查顺天府超市等人员密集场所，区人大常委会副主任、街道工委书记魏建明及各职能部门陪同。卢映川详细检查场所是否落实消防安全责任制，消火栓、自动喷淋、灭火器等消防设施器材是否完好有效，疏散通道、安全出口是否保持畅通，内部装修是否使用易燃可燃材料，电器线路是否符合规范要求，以及超市从业人员是否熟悉消防安全常识等情况。

（唐赵凯）

【辖区疫情防控隔离点消防安全】 年内，为做好疫情期间辖区各集中隔离点火灾防控工作，组织各所属街道监督员对速8酒店马连道店、如家快捷酒店广安门店、七天连锁酒店陶然亭地铁站店、北京鲁北枣园宾馆等9处隔离点进行检查。2月20日，开展涉疫场所桌面推演，模拟火场进行火灾扑救全过程洗消演练。利用多媒体形式让全体指战员熟悉涉疫场所内部基本情况、周边道路、水源和重点部位。2月26日，联合金融街、月坛街道，对辖区隔离点及其他涉疫场所进行消防安全检查。重点检查安全出口标识是否清晰、消防设施是否正常运行、疏散通道是否保持畅通、中控室值守人员是否持证在岗等。3月9日，检查辖区9处医学隔离点，重点查看重点部位和大功率用电设备、用氧设备、危险品库房是否落实定时巡查，消防车通道、疏散通道和安全出口是否畅通，因防疫需要关闭的出口是否落实专人值守等。

（唐赵凯）

【“两会”期间消防安保】 做好全国“两会”期间的消防安保执勤工作。5月13日，组织召开勤务规范现场培训会。支队作战训练处、指挥中心以及各大队教导员、消防救援站站长和小型消防站站长共计50余人参加。5月17—18日，采取“远程+现场”模式，开展“两会”住地桌面推演，突击检验各消防救援站对“两会”住地场所的“六熟悉”（辖区道路水源情况、重点单位数量分布情况、重点单位建筑结构和使用情况、重点单位重点部位情况、重点单位内部消防设施和消防组织情况、辖区主要灾害事故和处置对策等）掌握情况，和“1、3、5、10”（1分钟内单位内部自救，3分钟内周边执勤消防员到场，5分钟内周边执勤车组到场，10分钟内增援中队到达现场）灭火救援预案准备落实情况。5月26日，在府右街特勤站举行仪式，表彰全国“两会”消防安保优秀岗位标兵。支队长李兴华向优秀岗位标兵代表颁发表彰证书和奖品。“两会”期间，担负1处会场外围、9处住地、6条行车路线24.4公里的安保任务，投入安保力量940人，消防车98部。全区共接警30起，其中抢险救援16起，重要会议期间未发生有影响的火情事故。在消防执法过程中，共检查各类社会重点单位606家，发现火灾隐患591处，督促整改隐患603处，下发责令整改通知书391份，下发处罚决定书10份，查封8处，“三停”3家，罚款69600元。

（唐赵凯）

【京铁和园车库“1·21”火灾调查复盘研讨会】 7月6日，召开京铁和园车库“1·21”火灾调查复盘暨延伸调查工作研讨会。会上，火调技术处介绍了火灾调查认定工作基本情况。此起火灾是西城区近年来最具难度的调查任务之一。火调处从现场勘验、走访询问、技防侦查等方面介绍了调查工作，沿着事故诱因、起火原因、灾害成因的主线复盘了事故发生发展的过程。法制和社会消防工作处就证据力、履职方式、社会消防管理等方面对调查处理工作进行了客观评价，并提出切实可行的工作措施。支队法律顾问就后续执法工作给出建议。

（唐赵凯）

【消防知识进课堂】 8月24日，西城区消防救援支队走访区教委，共商9月份“开学第一课消防进课堂”。9月7日，按照开学第一课消防知识进课堂要求，联合区教委出台《西城区中小学、幼儿园消防安全工作培训方案》，成立西城区中小学、幼儿园消防安全知识宣传教育领导小组，采取现场授课、网络直播、视频培训等方式，对万余名师生进行“开学第一课”消防安全知识培训。校园消防辅导员分别深入北京四中、第八中学初中部、四十三中、北京市正泽学校等，为在校师生开展以“开学第一课：消防知识进课堂”为主题的消防安全教育活动。9月21日，新街口小型消防站走进志成小学西校区开展“开学第一课”消防知识进课堂活动，全校400多名师生参加。以现场授课、互动问答、观摩体验等方式，讲授如何报警、火场疏散逃生注意事项及日常生活中的防火常识。

（唐赵凯）

【119消防宣传月】 10月10日，组织召开“119消防宣传月”主会场活动策划会，研讨“119宣传月”主会场活动的主题、场地、流程、内容等，明确了各大队、各部门的责任分工和任务目标。11月6日，西城区第三十届“119消防宣传月”启动仪式在159中学举行，区委书记孙军民等领导出席活动，西城区各委办局主要领导、街道、派出所相关人员及消防支队指战员代表和159中学学生1000余人参加启动仪式。自11月开始，消防支队结合火灾防控重点工作，围绕“关注消防、生命至上”的宣传主题，组织开展一系列内容丰富、形式多样的消防宣传活动，让广大群众零距离体验消防、学习消防、了解消防。活动期间，开展各类宣传培训演练活动760场（次），开放消防站420场，累计覆盖16万余人。

（唐赵凯）

【打造消防主题特色餐厅】 11月3日，西城区消防救援支队、西长安街街道和麦当劳餐厅在西单华威大厦举行西城消防主题餐厅揭牌仪式暨西长安街119宣传周启动仪式。西城消防主题体验餐厅是全市第一家消防主题餐厅。餐厅集日常餐饮、消防元素展示、消防常识学习于一体，内设置餐饮、教学、体验三个区域。《人民日报》、《中国应急管理报》、北京电视台、北京青年报等媒体详细报道本次活动。

（唐赵凯）

【“助蕾”爱心活动】 年内，继续帮扶陕西省佳县程家沟希望小学，先后有7个基层队站、28个小型消防站、包括政府专职消防员和文职人员在内的1000余名指战员参加爱心捐助，累计捐助各类衣物355件、文具1567件套、书籍700余本。各爱心捐助站靠日常收集的废旧饮料瓶、报纸等，募集“助蕾”爱心基金6000余元，善款41371元，为程家沟希望小学约170名贫困学生购买了羽绒服、帽子、手套、围巾和防冻伤护肤品等物品。

（唐赵凯）

公用事业

燃气供应与管理

【概况】 北京市燃气集团有限责任公司（简称北京燃气集团）是国有独资公司，业务范围覆盖从燃气输配、销售、科研、设计、施工到燃气设备制造的完整业务领域。注册资金58.84亿元。截至年底，北京燃气集团天然气购入量196亿立方米，实现营业收入427亿元，利润总额40亿元。北京燃气集团京内外运行的管线2.9万公里，调压站（箱）27515座。

地址：西城区西直门南小街22号

电话：66205589

（代伟丽）

【境内燃气供应与管理】 北京市燃气集团有限责任公司第一分公司（简称第一分公司），经营范围包括燃气供应与销售；销售燃气设备用具、燃气专用设备和施工材料、电气设备、家用电器、日用品、厨房用具、卫生间用具、五金交电、家具、装饰材料；检测、检修、安装燃气设备；燃气、热力技术开发、技术转让、技术咨询、技术服务；设计、制作、代理、发布广告；家庭服务；接收委托代售门票、飞机票、火车票。担负着市场开发管理，新用户发展管理，用户服务管理，燃气销售管理，区域内管网的运行、维护、带气作业及急抢修作业（中压A级以下压力级别）、外线拆改迁工程以及部分外线技改工程管理等职能。管辖范围为北京市东城区、西城区。市燃气第一分公司户内服务二所下设西直门、黄城根、温家街、木樨地、西便门燃气服务中心。管辖区域为西城区范围。年内，户内服务二所承担内西城区共38.31万户民用户和3961户公共服务用户（简称公服用户）的燃气设备维报修、巡检、计量仪表管理、新用户发展、收费、增值产品销售等户内服务业务及突发抢修任务。市燃气第一分公司运维工程所（简称工程所）下设运行维护、泄漏检测、带气作业、应急抢修6个班组。年内，工程所承担西城区1012公里燃气管线及设备设施的运行维护、泄漏检测、急抢修及带气作业任务。

（田　欣）

【非居民天然气销售价格调整】 年内，北京市发展改革委根据《国家发展改革委关于阶段性降低非居民用气成本支持企业复工复产的通知》（发改价格规〔2020〕257号），下发《关于阶段性调整本市非居民天然气销售价格的通知》（京发改〔2020〕444号）。自2月22日起至3月15日，城六区供暖、制冷用气2.44元/立方米，城六区工商业用气2.83元/立方米，压缩天然气加气母站（供居民用气）2.12元/立方米，压缩天然气加气母站（供非居民用气）2.35元/立方米。3月16日至6月30日，城六区供暖、制冷用气2.27元/立方米，城六区工商业用气2.58元/立方米，压缩天然气加气母站（供居民用气）2.1元/立方米，压缩天然气加气母站（供非居民用气）2.1元/立方米。该通知规定时间外，非居民用气销售价格仍按京发改〔2019〕1544号文件执行。

（田　欣）

【管理区划调整】 按照北京市燃气集团整体工作部署，年内分公司完成管理区划调整工作，一分公司辖区由二环以内扩大至全部东城、西城区。

（田　欣）

【棚户区改造工程】 年内，第一分公司棚户区改造工程主要为西城区崇教胡同2号。报拆46栋楼2699户。已切除拆除42栋楼2454户，4栋楼245户未切线。

（田　欣）

【管网信息】 年内，西城区管线总长度为1012公里，有125座调压站1040座调压箱。完成西城区草岚子1号院、背阴胡同37号院10个楼锈蚀管改造，惠及366户居民。

（田　欣）

【用户巡检】 年内，户内服务二所完成西城区75808户民用户安全巡检工作，更换胶管822根，发现问题50881个，发放巡检告知单27688张，完成民用维修10019个。完成公服巡检4527块表，用户维报修1370次。民用应查75808户，入户57980户，入户率76.48%。

（田　欣）

【黄城根燃气服务中心】 户内服务二所黄城根燃气服务中心（非居民）负责德胜、什刹海、新街口、金融街、西长安街、广安门内、椿树园、大栅栏、牛街、白纸坊、陶然亭、天桥街道4038户非居民用户的安全巡检、拆改迁装、户内停复气和竣工通气、查表收费、维报修、急抢修、燃气卡相关业务、终端燃气产品及零配件销售及售后、燃气保险销售、整体厨房设计、燃气业务咨询等。提供预约巡检、燃气具安装、维报修等预约服务工作。地址：西城区西黄城根北街5号，电话：66170930。

（田　欣）

【西直门燃气服务中心】 户内服务二所西直门燃气服务中心（民用）负责德胜、什刹海、新街口、金融街、西长安街道100642户居民用户的安全巡检、查表收费、维修、燃气卡相关业务、终端燃气产品及零配件销售及售后、燃气保险销售、整体厨房设计、燃气业务咨询、居民用户的通气、停气、复气、降压作业通知等。提供预约巡检、燃气具安装、维报修等预约服务工作。地址：西城区西直门南小街16号，电话：66176311。

（田　欣）

【温家街燃气服务中心】 户内服务二所温家街燃气服务中心（民用）负责广安门内、椿树园、大栅栏、牛街、白纸坊、陶然亭、天桥街道105455居民用户的安全巡检、查表收费、维修、燃气卡相关业务、终端燃气产品及零配件销售及售后、燃气保险销售、整体厨房设计、燃气业务咨询、居民用户的通气、停气、复气、降压作业通知等。提供预约巡检、燃气具安装、维报修等预约服务工作。地址：西城区温家街2号院，电话：66176268。

（田　欣）

【木樨地燃气服务中心（非居民）】 户内服务二所木樨地燃气服务中心（非居民）负责展览路、月坛、广安门外街道2175户非居民用户的安全巡检、拆改迁装、户内停复气和竣工通气、查表收费、维报修、急抢修、燃气卡相关业务、终端燃气产品及零配件销售及售后、燃气保险销售、整体厨房设计、燃气业务咨询等。提供预约巡检、燃气具安

装、维报修等预约服务工作。地址：西城区木樨地北里6号院，电话：63371076

（田　欣）

【木樨地燃气服务中心（居民）】户内服务二所木樨地燃气服务中心（居民）负责展览路、月坛街道96683户居民用户的安全巡检、查表收费、维修、燃气卡相关业务、终端燃气产品及零配件销售及售后、燃气保险销售、整体厨房设计、燃气业务咨询、居民用户的通气、停气、复气、降压作业通知等。提供预约巡检、燃气具安装、维报修等预约服务工作。地址：西城区木樨地北里6号院，电话：63371076

（田　欣）

【西便门燃气服务中心】户内服务二所西便门燃气服务中心（居民）负责广安门外街道78149户居民用户的安全巡检、查表收费、维修、燃气卡相关业务、终端燃气产品及零配件销售及售后、燃气保险销售、整体厨房设计、燃气业务咨询、居民用户的通气、停气、复气、降压作业通知等。提供预约巡检、燃气具安装、维报修等预约服务工作。地址：西城区西便门东街甲1号，电话：68055470。

（田　欣）

热力供应与管理

【概况】北京市热力集团有限责任公司西城分公司（简称热力西城分公司）是由北京市热力集团有限责任公司区域划分方式组建的大型企业集团分公司。截至年底，管理热力站及锅炉房754座、供热面积3574万平方米。供热服务范围北至北三环裕民路（街），南至右安门东滨河路（街），东至鼓楼外大街、天安门广场西侧为界，西至三里河路（街）。西城分公司设党群工作部、办公室、供热生产部、经营部、财务部、人力资源部、技术设备部、安全保卫部，下设4个供热服务中心和14个供热服务站。担负着西城区集中供热热力站、锅炉房及二次线、楼内系统的运行管理，用户服务、节能降耗及热费收缴，供热相关政府机构提供供热服务。为用户提供供热政策宣传、入户维修、入户巡检、散热器推广及热费收缴等便民服务。地址：西城区玉桃园二区16号楼　电话：59250900

（张春怡）

【供热服务保障】年内，热力西城分公司本着“安全稳定供热优质高效服务”的企业宗旨，建立接诉即办工作机制，对用户投诉做到1分钟接单、10分钟联系、1小时上门、一次性解决。推出“社区供热服务管家”模式，协同社区街道未诉先办。推进户内温度收集工作，安装室温采点256个。11月3日，区委书记孙军民到热力西城分公司实地调研，对社区供热服务管家工作模式及供暖工作准备情况表示肯定。11月11日，市委书记蔡奇到热力西城分公司检查冬季供暖保障工作。

（张春怡）

【检修技改项目】年内，热力西城分公司针对前三门、牛街、西便门、百万庄等低温区及重点投诉区域，实施热力站及锅炉房供热设备及二次管网、楼底盘管、楼内系统的翻修改造，实施技改项目397项投入资金4500万元，涉及用户1.2万户91万平方米，中小修项目19028项投入资金870万元。

（张春怡）

【老旧供热管网改造】年内，改造西城区境内老旧供热管网项目50项，投入资金4200万元，整治范围涉及供热面积近60万平方米，管线长度5公里，包括4个整站、18个楼底盘、12条二次线、7条一次线。

（张春怡）

【评价体系实现按需智慧供热】年内，在集中换热热力站，逐步建立和完善热力站和二网平衡的评价体系。通过节能潜力分析，采用技术升级改造对供热系统、用户室温数据的监测和调节，实现按需供热、智慧供热。预期在2025年底实现单位面积热耗较现在热力站单位面积综合能耗指标2.84吨/万平方米基础上下降5%，达到2.7吨/万平方米，按运行热力站2000万平方米的现状计算，可实现年排放量降低碳280吨。

（张春怡）

【供热收费】年内，与供热管辖范围内的143个社区居委会对接，完成便民服务进社区2410场次，推广电子支付供暖费收回4440万元。开通掌上热力、热水宝App方便居民用户供热报修、生活热水查表缴费，2019至2020采暖季居民入户收费达92.47%。

（张春怡）

【供热锅炉改造】年内，热力西城分公司对既有13座热力站进行设备改造，7座锅炉房并网改造。排查区域内53座锅炉房76.3万平方米，涉及广外街道11座，什刹海街道42座。

（张春怡）

【车公庄中心】车公庄供热服务中心下设4个服务站、10个一体化供热收费管理片区和6个收费网点。供热范围东至地安门内大街，西至三里河路，北至北三环中路，南至月坛北街，涉及展览路街道、新街口街道、德胜街道、什刹海街道。地址：西城区西直门南大街21号楼北侧热力站，电话：68332531。

（张春怡）

【月坛中心】月坛供热服务中心下设3个用户服务站及1个24小时客服专线。供热范围：东至西二环，西至三里河路，北至月坛北街，南至莲石路，为月坛街道办事所辖24个社区及单位提供供热服务。地址：西城区展览路北露园甲3号，电话：68320997。

（张春怡）

【金融街中心】金融街供热服务中心下设3个服务站，供热范围东起中轴路，西到西二环，北起阜内大街，南到广内大街。供热范围：中南海、人民大会堂、全国政协、金融街等单位用户及前三门、槐柏树地区居民用户。地址：西城区核桃园西街36号北方长城光电院内热力站，电话：83116287。

（张春怡）

【槐柏树中心】槐柏树供热服务中心下设4个服务站。负责广外、白纸坊、牛街、椿树、大栅栏、天桥、陶然亭7个街道地区的供热、收费与服务。地址：西城区广安门内街道槐柏树街北里8-1号，电话：83118219。

（张春怡）

电力供应与管理

【概况】国网北京市电力公司（简称国网北京公司）是国家电网公司的子公司，负责北京地区1.64万平方公里范围内的电网规划建设、运行管理、电力销售和供电服务工作。下辖二级单位33个，包括16个供电公司、13个业务支撑机构及4个其他单位。年内，完成售电量1057.5亿千瓦时，同比下降0.4%。

地址：西城区前门西大街41号

电话：63121114

（白雪莹）

【电网概况】截至年底，北京电网共有电厂39座，机组299台（含124台风机+73台光伏逆变器），总装机容量11565.53兆瓦。北京电网共有110千伏及以上变电站579座，变压器1487台，变电容量144040.3兆伏安；110千伏及以上架空线路514条4962.06千米；110千伏及以上电缆线路570条1974.72千米；110千伏及以上架空电缆混合线路402条3588.32千米。

（韩帅斌）

【电网建设与发展】年内，编制“十四五”北京电网规划和11个专项规划。落实首都功能核心区控制性详细规划任务，明确7大类、17项重点举措。500千伏CBD变电工程取得规划意见书和立项核准，取得工程核准42项。开工35千伏及以上工程32项，线路长度240.37公里，变电容量545.9万千伏安。投产35千伏及以上输变电工程45项，线路327.38公里，变电容量689.75万千伏安。投产35千伏及以上迁改工程35项，线路长度127.78公里。获国家电网公司输变电优质工程金奖1项、银奖2项。

（张晶　周晓梅）

【营销工作】年内，促请政府出台低压占掘路“免审批”政策，对外服务承诺压降至10天。服务小微企业0.93万户，平均接电时长5.14天，为客户节省投资约3.95亿元。完成营业基础指标，完成新增接电容量840.54万千伏安，新增用电客户17万户，售电量完成1057.5亿千瓦时，电费回收率100%。落实国家疫情降费政策，减收电费23.08亿元。电能替代及综合能源工作成效显著，累计完成电能替代电量31亿千瓦时，完成综合能源营业收入3.78亿元，同比增加121%。强化计量升级管控，加快高速载波采集推广应用，累计运行400.12万户，更换电池欠压表计48万只。专项开展高损台区攻坚治理，台区线损月度合格率由95.02%提升至97.48%。开展夏、冬两季大负荷用电打击窃电专项行动，发现窃电及违约用电928户，累计追补电量4031.63万千瓦时，补收电费1205.81万元，收取违约金4769.32万元。完善充电网络建设，全年新建充电桩3242个，建成10项公交车充电站外电源工程，完成43座低效充电站迁移及125座充电站环境整治，改造充电桩利用率提升15%。强化营销稽查管控，完成4项专项稽查和1项现场稽查，取得稽查经济成效2295万元。

（白雪莹）

【宣传报道】年内，与国网联动宣传18次，举行新闻发布35次，在各级各类媒体刊发报道2680篇。其中《人民日报》、新华社、中央广播电视总台等中央媒体刊发重点报道228篇。中央广播电视总台播发新闻总时长206分钟，《新闻联播》7次报道冬奥供电保障、优化营商环境、煤改电等重点工作成效。在《北京日报》、北京电视台等市属媒体刊发重点报道262篇，国网网站和行业媒体发稿979篇。公司官方微博发布信息212条，微信公众号发布信息74篇。

（刘丽娜）

【安全生产】年内，持续开展产业单位施工能力标准化建设，落实“五严格五强化”措施。开展“查风险、治违章、抓落实”安全大检查，排查治理风险隐患1995项。严格执行风险管控机制，确保1774项高风险作业安全的可控在控。加大老旧设备改造力度，完成117处输电线路“三跨”治理、16.3公里老旧电缆隧道加固、59座变电站和773座配电站室消防改造。建成全场景网络安全态势感知平台，拦截网络攻击260万次，参加年度网络安全攻防演习任务。完成全国“两会”、服贸会、党的十九届五中全会等重大活动保电，完成保电任务157项291天，实现万无一失保障目标。加强北京电网特性研究，制定分区优化调整方案，有效缓解局部短路电流超标和网架结构性问题。坚持主配网运行分析会商机制，制定5863项风险管控措施。夏冬期间，应对2457万千瓦历史最大负荷考验。

（宗晓茜　李戎）

【新冠肺炎疫情防控】年内，面对新冠肺炎疫情，出台2批14项举措，支援河北疫情防控供电保障。坚持特事特办、急事急办，建成小汤山、地坛等6家医院外电源工程，全国首座气膜式检测实验室仅用8小时通电。投入保障人员6.5万人次、发电车1.3万台次，保障200余户重要客户供电。全市207万户居民享受“欠费不停电”服务，60余家商场享受缓交电费政策。编制217期“复工复产电力指数”。

（白雪莹）

【城区供电】国网北京城区供电公司（简称城区公司）是国网北京市电力公司直属大型重点供电企业，负责首都核心区（东、西城两个行政区）93平方公里、32个街道、200万人口、91万客户的供电服务保障，肩负着确保党政军首脑机关、重大国事外事活动和城市运行安全可靠供电的任务。城区公司内设机构22个（职能部门11个，业务机构11个），受托管理集体企业1家。城区公司辖区内有220千伏变电站6座、容量3840兆伏安，110变电站32座、容量5452兆伏安，110千伏线路101条均为电缆线路。10千伏配电站室657座（开闭站146座、配电室511座）、配变7302台、总容量4290兆伏安，10千伏电缆4604公里、架空线路226公里，电缆化率95.32%。城区公司负责辖区内二级及以上重要客户292户，其中中南海、人民大会堂等特级客户16户，中纪委、中宣部等一级客户114户，占北京公司近三分之一；常态化客户98户，占北京公司70%，其中常态B+类（首长住地）客户38户。年内，完成全国“两会”等政治保电任务90项300天，承担中南海、人民大会堂等重要机构常态保电任务2400项340天，基本实现政治保电“全天候、全时段”。辖区内分布着历史文化保护区、各民族居住区、高端商业区及疏解腾退区，有28万户平房“煤改电”居民、43个集中供暖单位。负荷密度达到2.59万千瓦/平方公里，约是北京市平均水平的20倍，其中第三产业和居民负荷占比高达96%，夏季历史最大负荷为256.5万千瓦约占北京市最大负荷的1/9，冬季最大负荷213.7万千瓦约占北京市最大负荷的1/10。城区公司保持全国文明单位、首都文明单位标兵称号，公司党委获国家电网公司政治思想建设标杆称号，1人获国家电网有限公司青年五四奖章，1人获得国家电网公司抗击新冠肺炎疫情先进个人、优秀共产党员。城区公司全年实现售电量97.24亿千瓦时，城市供电可靠性99.9965%。地址：西城区西直门南小街174号，电话：63128718。

（李　根）

【境内供电及用电量】年内，西城区售电量58.35亿千瓦时，其中工业电量1.36亿千瓦时，建筑业0.82亿千瓦时，交通运输、仓储和邮政业3.24亿千瓦时，信息传输、软件和信息技术服务业1.97亿千瓦时，批发和零售业4.35亿千瓦时，住宿和餐饮业3.41亿千瓦时，金融业1.93亿千瓦时，房地产业11.77亿千瓦时，租赁和商务服务业1.85亿千瓦时，公共服务及管理组织13.24亿千瓦时，城乡居民生活用电14.41亿千瓦时。

（李　根）

自来水供应与管理

【概况】北京市自来水集团有限责任公司是北京市政府所属国有独资公司。主要负责北京市区和部分郊区自来水生产供应，兼营再生水处理、供水工程设计、施工、安装、管网抢修、管件器材、水表制造、供水材料贸易等业务。截至年底，集团日供水能力509万立方米，管网总长度15137公里，供水服务面积1207平方公里，供水用户594万户；自来水销售量10.04亿立方米，营业收入61亿元。

地址：西城区宣武门西大街甲121号

电话：66410088

（宋可名）

【新冠肺炎疫情防控】年内，成立防控新冠肺炎疫情领导小组，制定完善疫情防控工作方案和防控制度体系，开展疫情舆论引导和专项监督检查，确保防控工作落实到位。供水运行服务保障有力，调整制水运行工艺。强化水质全过程监测，配合世卫组织、市疾控中心进行市区饮用水水质评估和水源新冠病毒取样检测。快速解决救护车洗消点及多个定点救治医院用水问题。及时调整查表收费模式，鼓励用户线上报数、缴费。停征1.3万户中小微企业污水处理费2亿元（西城区631家538万元），减免13家中小微企业房屋租金289万元。严格人员管理，调整办公方式。细化工程建设专项防控方案，加强施工现场人员管控。

（宋可名）

【供水情况】年内，实现供水12.17亿立方米。强化保障，完成迎高峰计划297项，成功应对市区331.4万立方米高日水量。完成全国“两会”、中国国际服务贸易交易会等重大会议、活动、节日供水保障31次，保障时长155天。建设邓庄南路供水干线，实施稻香湖加压泵站增容改造，建成永丰临时加压泵站，高效处置北清路沿线地区水压低问题。延庆平原区地表水供水工程（一期）、密云新城地表水厂通水运行，日供水能力增加35万立方米。超额完成自备井置换和老旧小区内部供水管网年度改造任务，置换改造小区（单位）617个（西城区老旧小区改造13个），置换水量6.28万立方米/日，受益人口47万人。完成香山地区自备井置换工程，香山泵站投入运行，为香山地区1600户村民提供市政水。平稳接收燕化职工家属区、燕化田村水厂供水资产。启动首都机场南供水站接收。开工建设央企职工家属区“三供一业”供水分离移交改造项目93处。

（宋可名）

【水质管理】年内，做好长达7个月的南水北调干线检修期间供水安全保障工作，顺利完成南水水源切换。加强水源水质监测，增加实验室检测频率，落实预警机制。选取60个管网点进行加密采样，实时掌握管网水水质情况，安全取用南水5.2亿立方米。强化水质数据分析，检测水源水、出厂水、管网水水质70余万项次。完成大兴新机场供水干线应急补氯，确保大兴国际机场和榆垡等沿线用户水质安全。实现全年水质综合合格率100%。

（宋可名）

【管网安全】年内，新建管网227公里、改造管网300公里。

全力实施亦庄、石景山、十厂等水厂配水干线工程，加快城市副中心、马驹桥、阜石路等供水骨干管网建设。开展管网安全运行隐患排查治理，主动检出破损隐患2043处，节水1500万立方米。完成65处DMA建设，修复暗漏、设备漏水791处。漏损控制"3年行动计划"收官，漏损率降至9.85%，实现"水十条"目标。全年管网压力合格率99.96%，管网修漏及时率100%。

（宋可名）

【对外服务】年内，完成2020年中国营商环境评价，实现供水报装业务全程网办。推进接诉即办工作，处置12345电子派单2.7万余件，在全市接诉即办工作统一考核中综合成绩位列46家国资企业第二名。金牌服务创建不断深入，全面完成二级单位的热线服务系统升级整合；开发微信、支付宝"应收账单、缴费信息"推送功能。上线光大银行云缴费平台。选树金牌营业厅、维修所、博物馆25家，金牌员工134名。制定综合水费欠费催收、营销用户暂停关止、总表入户等6项管理办法和流程。安装智能水表50万支。完成对水量异常水表、DMA小区水表等营销质量核查7.3万户，发现并整改问题557处（西城区核查22171户）。开发扫码换表应用程序、智能远传水表故障维修App。

（宋可名）

【安全生产】年内，实施集团安全生产专项整治3年行动计划，建立问题隐患清单，层层签订责任书。印发《外包项目安全管理暂行办法》。妥善处置郭公庄水厂停电等突发事件。开展安全生产大检查，整改消除各类安全隐患208项。开展风险动态评估，辨识安全风险457项逐一制定技术管理措施。填报隐患排查治理信息17万条，主动发现并整改隐患420项。梳理防汛重点部位1368处，消除隐患161项。开展安全专项活动，对郭公庄水厂膜车间等5个在施工程开展专项安全检查。开展"一盔一带"安全守护及"零酒驾"单位创建活动。完成液氯危化品重大风险源核销。完成12个水厂、11个营业厅以及31座水源井井院安防改造。组织开展抢险抢修演练活动。全年安全生产无事故。

（宋可名）

【区内自来水营销】截至年底，西城区计量水表数量534754支，区内售水量8730.92万立方米，其中居民家庭售水量4302.29万立方米，公共服务售水量4047.57万立方米，生产运营售水量381.06万立方米。区内设收费营业所1处，位于真武庙路四条8号院2号楼三层。

（刘　俊）

【境内管网维修】北京市自来水集团禹通市政工程有限公司长椿街维修所位于西城区槐柏树后街25号。主要负责西城区境内的自来水管网抢修、维修及大小口径管线安装工作。年内，抢修供水管线发生的明漏101处，较上年同期增加39处；暗漏264处，暗漏自检264处，占暗漏总数的100%，较上年同期减少8处。完成零活修理2204户，更换故障水表189只、井盖26处、消火栓13个，解决居民无水、水微问题3280处；大小在施安装工程301户，安装长度13293米。完成集团交办的任务：开消火栓井盖巡检4954处，智能井盖安装952处，帕玛劳数据采集28909次，帕玛劳布设802处，排气门维护72座，大闸维护10座，智能消火栓安装6处。地址：西城区槐柏树后街25号，电话：83129567。

（吴雨霏）

（责任编辑　张振安　孙凤霞）

科　技

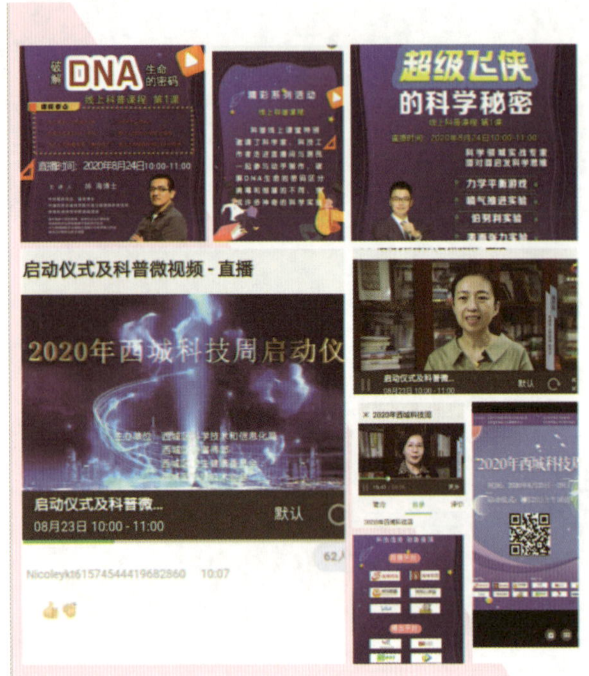

8月23—29日，西城区首次举办网上科技活动周，实现“云山科技周，线上新体验”（区科技和信息化局 供图）

12月25日，西城区召开北京市核算监测统一平台与核酸检测采样设备培训会（区科技和信息化局 供图）

7月，市、区领导视察区运用人脸识别智慧门禁等科技手段助力疫情防控工作（区科技和信息化局 供图）

综　述

年内，西城区高度重视科技工作，积极推动科技进步，在科技创新和成果转化、科技普及、知识产权保护及科技园区建设等方面取得新进展。北京市西城区科学技术和信息化局（简称区科技和信息化局），加挂北京市西城区大数据管理局（简称区大数据局）牌子，是负责全区科技创新、信息化和大数据管理工作的区政府工作部门。全局设办公室、法制科、社会发展科、科技创新科、信息化建设管理科、数据资源管理科、电子政务管理科、信息产业促进科8个内设科室，设信息中心、大数据中心、科技创新中心3个事业单位。年内，区科技和信息局以习近平新时代中国特色社会主义思想为指引，发挥科技、信息化和大数据在经济社会发展、疫情防控、复工复产、社会治理等方面支撑作用，推进区委、区政府决策部署落实到位，全年三公经费零增长；高标准做好接诉即办工作。西城区在全市信用环境监测指数排名第一；区政务网站全国排名第三，全市排名第一。全区高新技术企业870家，技术合同成交额230亿元；软件信息服务业收入586亿元，利润增幅13.5%；科技服务业收入1110亿元，利润增幅77.9%；首次开展“云上”科技周，130余场线上科普活动，让群众足不出户体验科学魅力。

地址：北京市西城区广安门南街68号
电话：83976212

（张　伟）

科技活动

【助力科技企业复工复产】 2至3月，区科技和信息化局编辑整理《应对疫情支持性政策汇编》第一、第二版和《支持疫情防控和经济社会发展相关政策指引（1.0）》，收集国家、市、区各级各部门出台的一系列聚焦疫情防控关键领域、重点行业和中小微企业的支持政策50余项，并通过即时通讯工具、邮件等方式向区内企业发送，以便企业快速全面了解相关政策，促进企业的复工复产。建立科技企业服务微信群，编制防疫及复工复产政策汇编，开展融资需求征集，共征集54家企业融资需求，反馈给相关委办局，及时对接金融机构。对2家企业提出的防疫物资需求，联系区商务局，做好对接服务。落实疫情期间房租减免补贴政策，为园区外科技企业兑现疫情期间房租减免补贴资金24.03万元，涉及10家科技型中小微企业享受房租减免，减免金额共计80.12万元。

（方严松）

【科普工作联席会】 5月，为更好落实《科普法》《科普条例》，依据区科普工作联席会议办公室职责，结合西城区机构改革，各单位职能职责调整、人员变化的情况，区科技和信息化局在原组成成员的基础上进行调整，并征询各成员单位意见，修订科普工作联席会议成员单位职责，明确各单位工作任务，形成规范性文件，为顺利开展科普工作奠定良好基础。调整后的科普联席会议成员单位共40家，分别由25家委办局及15个街道组成。

（曹荣娥）

【科普工作要点】 5月，区科技和信息化局履行科普联席会议成员办公室职责，编制印发《2020年度科普工作要点和计划》，明确科普工作方向和重点，对联席成员单位进行年度工作任务分解和部署，要求各成员单位结合本行业特点，利用“科技周”“科技节”“科普日”“防灾减灾日”“世界环境日”等主题宣传日，依法开展科普法律法规的宣教活动，营造区域共建共享的科普工作氛围，促进区域公众科学素养的提升。

（曹荣娥）

【“中国创翼”创业创新选拔赛】 5月，区科技和信息化局通过政务短信、微信公众号、QQ工作群、电子邮件等方式向全区科技企业进行第四届“中国创翼”创业创新大赛北京选拔赛暨第二届“创业北京”西城区创业创新大赛宣传活动，做好大赛的推广及西城科技企业参赛的组织工作。

（楚　蒙）

【开设“科普之窗”专栏】 6月，区科技和信息化局在区人民政府网站开设科普宣传专栏——“科普之窗”，分科普纵览、科普活动、科普基地申报、相关法律法规4个模块，其中科普纵览板块涵盖卫生健康、消防安全、垃圾分类等领域的科普知识及相关科普活动，对民众关心的热门话题进行科学引导和广泛宣传。

（曹荣娥）

【财政科技专项项目征集发布】6月9日，区科技和信息化局发布通知，公开征集2021年度西城区财政科技专项项目，旨在以《北京市西城区财政科技专项项目管理办法》为依据，贯彻落实北京市高精尖产业发展系列文件精神，围绕区域经济社会高质量发展，发挥科技对区域发展的支撑作用。

（张　超）

【科技政策培训会】6月21日，举办西城区财政科技专项和市高精尖产业技能提升培训补贴政策解读培训会。会议对西城区财政科技专项科技创新类项目申报及实施要点和《北京市高精尖产业技能提升培训补贴实施办法》进行培训。150余位科技企业相关管理人员参加培训。

（方严松）

【科普统计】6月中旬，启动西城区2019年度全国科普统计工作，区科技和信息化局组织开展科普统计在线培训，100家参统单位通过线上数据填报、数据审查、数据分析、数据提交。7月上旬完成西城区科普统计工作。此次科普统计范围涵盖区域内国家机关、街道、中学、图书馆、医院、公园及部分科普基地等单位，对这些单位的科普人员、科普场地、科普经费、科普传媒、科普活动以及创新创业中的科普等6大类124个指标进行统计，获得的数据为全国、北京市和西城区制定科普工作政策提供重要数据支撑。

（曹荣娥）

【技术市场政策培训会】8月21日，区科技和信息化局举办技术合同认定登记及相关税收优惠政策培训会。会议对技术合同认定登记及相关税收优惠政策进行培训。

（方严松）

【科技周活动】8月23日，由区科学技术和信息化局、区委宣传部、区卫生健康委员会、区科学技术协会共同主办的“2020年西城科技周”活动在云端拉开帷幕。启动仪式通过西城网站、西城家园、科普中国、Bilibili直播、网易云课堂等多家媒体同步播出，由疫情防控、科技助力、美好祝福、领导致辞、科学之声等6部分组成。活动持续至8月29日，全区各委办局、各街道线上线下组织开展科普活动130余场，通过互动体验、讲座、比赛、观影等形式，了解垃圾分类、卫生健康、科学教育、消防安全等领域的科普知识。

（曹荣娥）

【财政科技专项联席会】9月3日，区科技和信息化局组织召开西城区财政科技专项联席会议工作会，会议通报2021年度区财政科技专项项目征集与评审专家构成情况，介绍上年科技创新项目结题验收、延期、撤项等事项。12月23日，再次召开西城区财政科技专项联席会。会上区科技和信息化局汇报2021年度西城区财政科技专项计划的有关情况，各成员单位原则同意区科技和信息化局汇报并提出建议：加强财政科技专项在“数字经济”应用场景的支持力度；加大项目成果对区域贡献的总结和凝练；加强财政科技专项对科技企业支持的宣传力度。区科技和信息化局根据会议建议，修改完善汇报材料后，报区政府专题会审议。

（张　超）

【接受执法检查】9月8日，区科技和信息化局技术合同登记处接受北京技术市场管理办公室的现场执法检查。检查采取随机抽查的形式，所查合同均符合《认定规则》要求，市场办对检查结果表示肯定，并在市技术市场执法监督工作情况通报会上，作为检查合同全部合格的登记处得到表扬。

（冯　帆）

【创新创业活跃度指标评价】9月25日，区科技和信息化局参与“2020年中国营商环境评价创新创业活跃度指标评价”北京市现场填报工作的场外支撑工作。按照市科委的部署，在西城园管委会、区财政局、区金融街服务局等相关部门的支持下，实时报送西城区出台的关于创新创业相关政策及工作成效材料。

（方严松）

【完善科技成果转化机制】10月30日，区科技和信息化局发布关于印发《建立健全西城区科技成果转化议事协调机制工作方案》的通知，为推动科技成果转化，建立西城区促进科技成果转化议事协调联席会，成员单位由区委组织部、区发改委、区科技和信息化局等14个政府部门组成。方案明确了重点任务及成员单位工作职责分工，形成全区促进科技成果转化“一盘棋”工作格局。

（郭志娥）

【西城区科技秀】 11月至12月，区科技和信息化局以全面提升公众科学素养为目的，采用线上线下结合的形式，组织开展科普进社区、进学校、进场馆系列科普活动。以“趣味垃圾废分类”“灵动思维”“人工智能”“防灾减灾”为主题，在区科技馆、北京市第一六一中学分校、北京市第二实验小学白云路分校、月坛街道全总社区，组织开展科普互动体验活动，受益人数约400人次。活动以问卷的形式进行抽样调查，结果显示70.73%非常满意。

（曹荣娥）

【科技企业专题培训】 12月2日，举办西城区科技企业《民法典》合同编专题培训会。会议对《民法典》合同编立法的亮点和适用进行讲解，科技企业管理人员与区科技和信息化局工作人员共80人参加培训。

（方严松）

【技术市场执法检查】 年内，针对技术交易中虚假技术或虚假技术信息开展执法检查，完成执法检查案件量103件，执法检查中未发现违法案件。

（郭志娥）

【科技创新规划编制】 年内，完成《西城区“十四五”时期科技创新发展思路与措施》课题研究，全面梳理　“十三五”期间科技工作成绩及存在的问题，分析当前形势，研究“十四五”时期科技工作着力点，初步形成《西城区“十四五”时期科技创新发展规划》文稿。

（郭志娥）

【支持科技企业应对疫情融资服务】 疫情期间，联系驻区银行，推动做好西城区科技企业金融服务。将工行长安支行、建行西四支行和招行北京分行小企业金融服务部的服务小企业的金融产品通过即时通讯工具发送给企业，助推企业实现快捷融资。

（方严松）

【科技型中小企业评价及技术合同登记】 年内，西城区取得科技部全国科技型中小企业入库编号的企业161家，区内两个技术合同登记处共认定登记技术合同521份，合同总金额17.59亿元。

（苏胜宇　冯帆）

【促进企业融资】 年内，北京中关村科技融资担保公司为西城区78家企业提供133项融资担保，担保金额共计8.86亿元，其中科技企业56家，共计90项，担保金额6.31亿元。

（方严松）

【技术市场统计年报编制】 年内，与北京技术市场协会合作完成《北京市西城区技术市场统计年报（2020）》编制。对上年度西城区技术市场总体情况、西城区输出技术和吸纳技术情况、专利技术交易情况、技术市场服务“一带一路”建设的情况、辐射“京津冀”地区技术交易情况、驻区院所技术交易情况、中关村西城园技术交易情况等内容进行了分析，上年度全区输出和吸纳技术合同成交额突破600亿元。

（冯　帆）

【科技统计手册编制】 年内，与北京科技统计信息中心联合编辑《2020西城科技统计手册》。主要反映2015至2019年西城区域内科技单位、科技人员、科技经费、科技活动和科技产出的基本情况。

（方严松）

科技成果

【技术交易市场成交额】 年内，西城区实现输出技术合同成交额230亿元，同比增长2.22%，实现吸纳技术合同成交额462.9亿元，同比增长11.6%。

（郭志娥）

【9个项目获区优秀人才项目资助】 年内，完成年度西城区优秀人才培养资助项目的征集和推荐工作，共征集科技人才项目24项，其中9个项目获得支持，支持资金总计84.4万元。

（郭志娥）

【新增园区外高新技术企业55家】 年内，区科技和信息化局共辅导112家园区外企业申报国家高新技术企业，88家企业获得国家高新技术企业资格，其中新申报企业55家。

（郭志娥）

【71个项目获得区财政科技专项立项】年内，区科技和信息化局组织申报2021年度西城区财政科技专项项目，经区政府审议，71个项目列入立项计划，拟支持金额2823.63万元。其中可持续发展类15项，拟支持金额1237.63万元，科技创新类56项，拟支持金额1586万元。

（郭志娥）

【市级科技技术奖提名工作】年内，完成2020年度北京市科学技术奖提名工作，通过区科技和信息化局提名16个项目，其中个人奖2项、项目奖14项（技术发明奖3项、科技进步奖10项、自然科学奖1项）。

（郭志娥）

【23项成果入选新技术新产品】1月16日，在市发改委、市科委等六部门联合发布的第十一批北京市新技术新产品（服务）名单中，园区企业恒华伟业、正安维视、矿冶科技集团等14家高新技术企业自主研发的“安全监控管理平台”“行人搜索系统”“尾矿库安全在线监测系统”等23项技术成果入选，涵盖新一代信息技术、节能环保、高端装备制造、航空航天、科技服务业5类高精尖技术领域，将推广应用于数据处理和存储服务、信息系统集成服务、互联网信息服务、软件开发、发电与电力供应等众多经济领域。

（曾庆艳）

【4项成果入选抗疫三新清单】2月4日，中关村管委会发布“抗击疫情的新技术新产品新服务清单”，包含86家中关村企业的138项新技术新产品新服务，西城园区企业京金吾公司测温通过式金属探测安检门、医联网公司蓝牙电子体温计和健康手环、奇安信集团研发的蓝信移动工作平台等4项自主创新技术产品入选。

（曾庆艳）

【7家企业入选金融科技百强】6月29日，2020第四届金融科技与金融安全国际云峰会暨2020中关村“番钛客”金融科技国际创新大赛启动仪式在线举办。园区企业网联清算、联动优势、国政通科技、奇安信集团等4家企业上榜2020中国金融科技专利技术100强榜单，网联清算、博雅正链、知因智慧、联动优势、爱保科技、奇安信集团等6家企业上榜2020中国金融科技竞争力100强榜单。

（曾庆艳）

【39个项目获市科学技术奖】8月17日，市政府发布《关于2019年度北京市科学技术奖励的决定》，西城区有33家单位的39个项目获2019年度北京市科学技术奖，其中北京建筑大学等7家单位获科学技术进步奖一等奖、奇安信科技集团股份有限公司等21家单位获科学技术进步奖二等奖、首都医科大学宣武医院等2家单位获自然科学二等奖、北京市轨道交通建设管理有限公司等3家单位获技术发明二等奖。

（郭志娥）

【金科新区企业网联清算获奖】9月24日，在2019年度银行科技发展奖颁奖仪式上，金科新区企业网联清算有限公司的“非银行支付机构网络支付清算平台”项目获2019年度银行科技发展奖最高奖项——特等奖。

（曾庆艳）

【7家企业入围“1+4”百强企业】10月10日，在2020北京民营企业百强发布会上，园区企业北京数知科技股份有限公司和嘉友国际物流股份有限公司上榜“北京民营企业百强”第59、73位，奇安信科技集团股份有限公司、北京数知科技股份有限公司、北京柠檬微趣科技股份有限公司、北京星际荣耀空间科技有限公司、北京恒华伟业科技股份有限公司上榜“北京民营企业科技创新百强”第7、62、75、85、94位，北京柠檬微趣科技股份有限公司上榜“北京民营企业文化产业百强”第13位；奇安信科技集团股份有限公司和北京三夫户外用品股份有限公司上榜“北京民营企业社会责任百强”第3、87位，北京三夫户外用品股份有限公司和北京柠檬微趣科技股份有限公司上榜“北京民营企业中小百强”第65、73位。

（曾庆艳）

（责任编辑　郝慧芳）

教　育

1月13日，北京市校外教育“和合佳音”特色项目成果推广活动暨西城区七彩梦想演出季——和合佳音之“融”音乐会举行（姜真 摄）

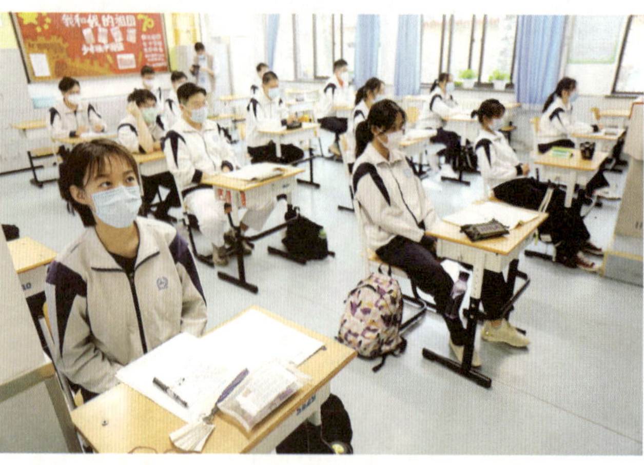

4月27日，全区32所中学的6304名高三学子重返校园（闻昭 摄）

7月7至8日，相关部门和单位做好高考保障工作（西城报 供图）

9月30日，北京启喑实验学校附属幼儿园揭牌仪式举行（北京启喑实验学校 供图）

10月24日，西城区举办中小学生天文竞赛（区教委 供图）

11月14日，2020年西城区中小学生体能比赛举行（区教委 供图）

11月21日，第二届西城区中小学生冬奥知识竞赛落幕（区教委 供图）

12月12日，西城区举办青少年机器人大赛（区教委 供图）

12月22日，区教委学前教育科、区教育研修学院学前部联合举办“走进童心世界 做专业爱心幼儿教师”师德展示会（区教委 供图）

综　述

中共北京西城区教育工作委员会、北京市西城区教育委员会（简称区教委）设职能科室33个，在职人员136人。区教委辖属教育单位223个（幼儿园87所、小学57所、中学41所（十二年一贯制学校3所、九年一贯制学校2所）、中等职业学校4所、特殊教育学校2所，工读学校1所，校外教育单位12个，其他法人单位19个（含成人学校2所）。

年内，招生52156人（幼儿园9825人、小学21066人、初中12984人、普通高中7930人、特殊教育学校87人、工读学校0人、中等职业学校264）；毕业34102人（幼儿园6356人、小学12406人、初中8911人、普通高中6329人、特殊教育学校97人、工读学校3人、中等职业学校0人）；在校生178045人（幼儿园23498人、小学99221人、初中34781人、普通高中19689人、特殊教育学校353人、工读学校2人、中等职业学校501人）。教职工总数20109人（幼儿园4429人、小学6673人、中学8061人、中等职业学校681人、特殊教育230人、工读学校35人），其中高级职称3359人（中学2346人、小学590人、中等职业学校225人、特殊教育33人、幼儿园165人）、中级职称5770人（中学1940人、小学2889人、中等职业学校251人、特殊教育85人、幼儿园605人）。北京市特级教师82人、北京市骨干教师173人、北京市学科教学带头人36人、北京市骨干班主任47人。全年教育经费总投入99.68亿元，固定资产净值30.75亿元。设立学区11个。

年内，区教委认真贯彻市区各项决策部署，统筹推进疫情防控和教育教学工作，完成学位保障、资源建设、队伍建设等市区重点任务。西城区获批普通高中新课程新教材实施国家级示范区，西城教委获“全国未成年人思想道德建设工作先进单位”称号，被市委市政府评为北京市抗击新冠肺炎疫情先进集体。

统筹推进疫情防控和教育教学工作。作为疫情防控“学校工作组”主责单位，落实落细市区防控要求，坚持“日报告”制度，建立动态台账，持续抓实抓细校园防控措施，保障师生生命安全和身心健康。搭建线上学习平台，做好线上线下教学衔接，建立疫情防控常态化下课程教学机制。完善市、区、校心理健康教育指导服务体系，加强学生理想、心理、学习、生活、生涯规划等方面指导。

“五育并举”落实立德树人根本任务。挖掘“抗击疫情”教育资源，对学生进行生命教育、爱国主义教育，在文明城区创建工作中取得新成绩。把握新课程新教材国家级示范区示范校建设契机，发布研究课题46个，深入推进高中课程改革。全区高考本科上线率90%，基本实现西城教育“本科普及化”“成就每一名学生”的目标。组织阳光体育、艺术展演等系列活动，在科技比赛中一等奖获奖人数蝉联全市第一。

围绕“七有”“五性”需求提升教育公共服务水平。聚焦群众反映问题，成立10个热线工作小组，着力提升教育治理能力。完成辖区内多年无办学资质的兴华小学校址回收工作，安置学生近600名。新增公办园4处、民办园5所，学前学位2000个，提高普惠性幼儿园覆盖率至82.49%；新增义务教育在校学生数1.25万余个，在区学位保障专班统筹下，多措并举、稳步推进学位保障工作。

完善体制机制实现干部教师队伍建设新进展。加强年轻干部考察和遴选，全力促进年轻干部成长。研究制定《教育人才引进管理办法》，面向全国引进名校长和优秀教师。加大教师招聘工作力度，全年共引进、招聘教师1101人，培训新教师1577名，调整认定3名师工作室7个，导师团27名成员对37家聘任单位进行指导。

家校社协同育人终身教育体系不断完善。开创“西城校长讲家教”网上课堂，启动中小学家长学校云课堂，进一步强化家校协同育人机制。深化市民学习基地建设，6个项目获“北京市终身学习品牌项目”，搭建市民学习平台，市民终身学习基地总数达101家。

部门联动平安校园建设工作再深入。加强校园安全隐患排查，建立隐患台账，跟进督导整改。以问题为导向，“学校吹哨，部门报道”，深化校园周边综合治理。加强后勤管理，完善学校应急预案，开发安全教育课程，强化师生安全避险教育。

完善招生入学办法，落实核心区控规精神。在义务教育招生入学中，全面推动多校划片和六年一个学位政策落地。10月底完成全年疏解15所教育培训机构任务，完成率100%。

在教育交流和帮扶中发挥引领辐射作用。推进北京城市副中心、雄安新区4所分校建设，选派55名教师到河北省、内蒙古自治区开展教育人才交流，连续三年实现交流人数递增。接待教师交流6批次159人，分布于全区30余所学校。利用网络平台开展远程教育合作，新疆维吾尔自治区、内蒙古自治区等地共计5000余名干部教师注册并使用西城教育研修网。

地址：西城区广安门内大街165号

电话：66201155

（杨海蓉）

学前教育

【概况】年内，西城区有幼儿园90所，其中区教委直属园30所、街道园10所、驻区部门园13所、企事业单位2所、部队园3所、民办园29所、3所学校（附设幼儿园班）。离园幼儿6356人，入园幼儿9825人，在园幼儿23498人。教职工4229人，其中专任教师2625人。全区市级社区早期教育示范基地幼儿园32所、市级示范幼儿园23所、一级一类幼儿园44所。西城区学前教育贯彻国家、市、区有关教育会议精神，落实第三期学前教育行动计划，持续关注学前教育的普及、普惠、优质等问题，更新观念，创新管理，完善学前教育公共服务保障体系，提升治理能力，办人民满意学前教育。坚持依法行政，规范学前教育管理；多措并举增加学前教育学位供给；加强师资培养培训，全面提高队伍综合素质；加强质量监控，不断提高安全办园水平；完善机制，保障学前教育事业健康发展。

（王丽萍）

【复园暨招生工作部署会】5月22日，区教委召开2020年西城区学前教育学段复园暨招生工作部署会。区教委主任赵蓬欣，区纪委区监委驻区委教工委区教委纪检监察组组长康彦参加会议并讲话；各级各类幼儿园书记、园长，社区办园点负责人120余人参加。会议传达市教委、市卫健委《关于印发幼儿园复园工作评估要点的通知》、市教育系统新冠肺炎疫情防控小组《关于印发北京市幼儿园做好复园期间新冠肺炎疫情防控工作的通知》、市教委《关于做好学前教育招生工作的通知》精神，部署西城区2020年幼儿园复园开学工作方案。解读《关于西城区2020年学前教育阶段招生工作的通知》，就指导思想、工作原则、招生办法、工作要求等有关问题作说明。

（王丽萍）

【领导调研幼儿园】11月4日，市政府副市长卢彦、副秘书长陈蓓、市教委副主任丁大伟等到西城区松树阳光幼儿园和曙光幼儿园调研学前教育三年行动计划落实情况及幼儿园安全和秋冬季传染病防控工作。卢彦肯定了2所幼儿园的工作成绩，提出要继续抓好疫情防控工作、预防秋冬季传染性疾病爆发、加强安保，确保入园离园期间安全有序，要加强对视频监控的检查巡查。要严格落实幼儿园封闭管理。加强食堂管理、严格控制幼儿园举办托班。民办幼儿园和社区办园点、加强信息管理、做好热线和信访工作，提高解决率和满意度。

（王丽萍）

【师德展示会】12月22日，区教委学前教育科、区教育研修学院学前部联合举办李楠、杜楠“走进童心世界做专业爱心幼儿教师”师德展示会。区教委领导、各幼儿园业务副园长、教师代表共200余人参会。展示会通过现场加网络直播的方式，以专题短片、主题汇报、座谈等多种形式进行。西城区曙光幼儿园老师李楠以《在研究的路上遇见生命的印记》为题，分享“从初识教育到走近童心再到同生共长”的专业成长历程与心得体会。槐柏幼儿园老师杜楠以《爱润童心，情暖教育》为题，分享在教育实践中的案例和感受，以及对教育事业的理解和追求。

（王丽萍）

【幼儿园疫情防控工作部署会】 12月30日，区教委学前教育科、督学科联合召开视频工作会议，部署西城区幼儿园疫情防控工作。区政府教育督导室、学前科相关人员，各幼儿园园长、社区办园点负责人，共120人参加会议。会议部署了幼儿园疫情防控及寒假轮休放假工作方案，严格落实疫情防控从严从紧进入战时状态的总体要求，参照全市中小学寒假放假工作的安排，严格坚守两条工作底线：疫情防控必须求严，决不放松；放假轮休必须求稳，休中保稳。做到两个确保：继续开园，必须严格防疫确保安全；放假轮休，必须做好沟通确保平稳。

（王丽萍）

【政协提案、人大议案答复】 全年共办理西城区人大代表建议3件（其中1件会办）、政协提案3件（会办），共计6件：《关于“解决西城区幼儿园入园难问题”的建议》《关于“对中国地质调查局职工子女入园入学给予优惠政策”的建议》《关于“进一步完善社区保障体系”的建议》《关于“发挥民营企业优势，统筹解决0—3岁婴幼儿照护服务”的提案》《关于“推进普惠性幼儿托班建设”的提案》《关于“推进社区幼儿托管服务”的提案》，代表们对处理情况和答复意见表示肯定。

（王丽萍）

【新增幼儿园及幼儿园班】 年内，区教委审批1所民办幼儿园：德胜盛德幼儿园，可开设9个教学班，可招收幼儿270名。1所教委办附设幼儿园班：启喑幼儿园可开设教学班共计12个，可招收幼儿360名。

（王丽萍）

西城区幼儿园一览表

表1

园名	地址
北京市西城区长安幼儿园	前门西大街139号
北京市北海幼儿园	地安门西大街22号
北京市西城区棉花胡同幼儿园	棉花胡同78号
北京市第六幼儿园	旧鼓楼大街大石桥胡同43号
北京市西城区曙光幼儿园	后广平胡同1号院1号楼
北京市西城区西四北幼儿园	西四北三条11号
北京洁如幼儿园	什坊小街宏英园17号楼
北京市西城区洁民幼儿园	裕中西里36号楼
北京市西城区民族团结幼儿园	新明胡同乙1号
北京市西城区虎坊路幼儿园	虎坊路甲14号
北京市西城区实验幼儿园	南新华街21号
北京市西城区名苑幼儿园	广外红居街16号
北京市西城区长椿街幼儿园	西便门东里11号
北京市西城区槐柏幼儿园	槐柏树街南里10号楼
北京市西城区和平门幼儿园	上斜街66号
北京市西城区小百合幼儿园	长椿街甲1号
北京市宣武回民幼儿园	南横西街119号
北京市西城区三教寺幼儿园	里仁街12号

续表1

园名	地址
北京市第四幼儿园	广外莲花河胡同3号
北京市西城区三义里第一幼儿园	广安门外三义东里9号
北京市西城区三义里第二幼儿园	三义西里7-2号
北京市西城区马连道幼儿园	广安门外红莲中里10号
北京市西城区信和幼儿园	马连道路15号院5号楼
北京市西城区红山幼儿园	广安门外大街305号二区10号楼
北京市西城区广安幼儿园	广安门车站西街2号院15号楼
北京市西城区华新幼儿园	西四北四条8号
北京市第十五中学附属陶然亭幼儿园	育新街2号
北京市西城区育民五一幼儿园	真武庙二里5号楼
北京市西城区教育研修学院附属幼儿园	西四北五条甲1号
北京市西城区大栅栏幼儿园	小沙土园12号
北京市西城区什刹海街道大拐棒幼儿园	大拐棒胡同15号
北京市西城区新街口街道果子市幼儿园	鼓楼西大街169号
北京市西城区新街口街道高井幼儿园	西直门内大街高井胡同16号
北京市西城区金融街街道新京畿道实验幼儿园	二龙路京畿道小区12号
北京市西城区月坛街道办事处第一幼儿园	三里河北街23号
北京市西城区展览路街道北营幼儿园	北营房西里
北京市西城区大栅栏西柳树井幼儿园	珠市口西大街111号
北京市西城区大栅栏大安澜营幼儿园	大栅栏大安澜营胡同13号
北京市西城区南菜园幼儿园	菜园街五层公寓楼2号
北京市西城区樱桃园幼儿园	右内大街53号
中共中央组织部机关服务中心幼儿园	西单北大街小酱坊胡同31号
中共中央办公厅警卫局北长街幼儿园	北长街89号
北京市公安局幼儿园	松树街7号
中国儿童中心实验幼儿园	平安里西大街43号
中共中央直属机关事务管理局实验幼儿园	新风街1号院甲2号楼
公安部幼儿园	木樨地北里2号
国家发展和改革委员会三里河幼儿园	三里河一区丙68号
物资机关幼儿园	月坛北街25号院
中国石油天然气集团公司机关服务中心幼儿园	六铺炕三区甲15号
北京市农业农村局幼儿园	裕中西里甲1号
北京市人民政府机关事务管理办公室幼儿园	广安门内长椿里2号
国家机关事务管理局花园村幼儿园广源分园	广外大街305号三区8号楼
机械机关幼儿园	百万庄北街2号

续表1

园名	地址
北京印钞有限公司幼儿园	白纸坊街23号
华电（北京）热电有限公司幼儿园	天宁寺东里4号
北京军区空军蓝天宇锋幼儿园	平安里群力胡同17号
中国人民解放军北京卫戍区直属机关幼儿园	定阜街3号
中国人民解放军解放军报社幼儿园	阜外大街34号
北京市西城区幸福泉幼儿园	冠英园西区8号
北京市西城区广电银河艺术幼儿园	育德胡同15号
北京市西城区幸福时光陶然幼儿园	黑窑厂西里甲11号
北京市西城区里仁街幼儿园	宏建北里13号
北京中铁信达经贸有限公司幼儿园	广外车站东街甲5号
北京市西城区警娃艺术幼儿园	太平里甲6号
北京市西城区汇佳北欧幼儿园	马连道路80号院
北京市西城区宝威幼儿园	白云路4号
北京市西城区蓝色未来幼儿园	小马厂路1号院
北京市西城区普林斯顿幼儿园	广安门内大街广安胡同康乐里12号
北京市西城区官园幼儿园	西直门南小街甲188号
北京市西城区亲育代幼儿园	北礼士路135号内35号楼
北京市西城区悠米幼儿园	菜市口莲花胡同11号
北京市西城区海思幼儿园	育新街47号清芷园12号楼
北京市西城区威廉和玛丽幼儿园	陶然亭路2号9号楼1层
北京市西城区诺博幼儿园	北露园2号楼
北京市西城区红黄蓝幼儿园	南菜园乙一号院2号楼3号楼
北京市西城区乐百灵幼儿园	红居街远见名苑C座10-8底商
北京市西城区松树阳光幼儿园	百万庄中里46号
北京博雅汇英幼儿园	双柳树二条1号
北京市西城区美仁幼儿园	西便门西里5号楼
北京市西城区爱知湶幼儿园	广外鸭子桥路1号院5号楼
北京智慧摇篮幼儿园	老墙根街101-105号
北京市金色启蒙幼儿园	虎坊桥魏染胡同36号
北京青蛙和蟾蜍幼儿园	南纬路31号西侧
北京永远的孩子幼儿园	马连道南街16号院1号楼
北京爱之源幼儿园	北礼士路西六条1号
北京市金融街惠泽幼儿园	西绦胡同甲26号
北京德胜盛德艺术幼儿园	德胜门外大街10号

基础教育

【概况】年内，西城区有小学57所，一贯制学校3所，民办学校2所；教学班2660个，在校生99221人，学龄儿童入学率为100%；教职工6673人，其中专任教师6586人。普通中学共有41所。按办别分：教育部门办39所（含北师大办3所）、民办2所。按类别分：初级中学3所（教育部门办）；九年一贯制学校2所（教育部门办1所、民办1所）；完全中学32所（含北师大办2所）；高级中学1所（北师大办）；十二年一贯制学校3所（教育部门办2所，民办1所）。有在校学生54470人（初中34781人、高中19689人），其中北京市户籍学生50910人（初中31639人、高中19271人），非本市户籍学生3560人（初中3142人、高中418人）。教职工8061人（含一贯制学校小学部），专任教师6147人（初中3415人、高中2732人），专任教师中本科以上学历毕业6136人（研究生毕业2131人、本科毕业4005人）。

小学工作坚持以“校校精彩、人人成功”为教育追求，以质量提升和特色建设为主线，以队伍建设为根本，推进学校内涵发展，全面提高办学水平，促进小学教育优质均衡可持续发展，促进学生综合素质的全面提高。

中学教育以疫情防控和分阶段线上、线下教学为核心任务，有序推进教育教学工作和德育工作。统筹西城区中学线上学习平台，坚持五育并举，指导学校有序开展线上教育教学工作。继续开展德育干部协作组交流活动，强化队伍建设。开展各项专题教育活动，强化理想信念和爱国主义教育。加强毕业年级质量监控，顺利完成中高考相关工作。把握普通高中新课程新教材实施国家示范区、示范校建设契机，推动高中教育高质量发展。建立“1+2”工作模式，加强教学工作研讨和教育教学视导，促进区域教育优质均衡发展。

（方光志　王贞荼）

【教师资格国考面试】按照市教委要求，组织开展教师资格国考面试工作。1月4日、5日，开展2019年下半年教师资格国考面试工作，承担学段学科为幼儿园，高中语文、高中数学、高中英语、高中化学、高中生物、高中地理、高（初）中日语、高中体育、高中美术，小学语文。参与考生2619人、考官222人，单日考场74个。

（匡健敏　李芹）

【四、六年级区级质量监测】1月8至10日，在前期研制监测工具的基础上，西城区首次实施四年级和六年级语文、数学、英语学科以及体育健康和视力的质量监测。通过分析收集到的数据形成区级总报告以及63个校级报告，做到“一校一报告”。

（王锦红）

【年检工作部署会】1月15日，区教委召开民办学校2019年年度检查和2020年换发办学许可证工作动员部署大会，传达市教委民办学校分类管理的有关精神以及关于进一步加强民办教育培训机构安全管理的通知，下发《北京市西城区教育委员会关于民办学校2019年年度检查和2020年换发办学许可证工作的通知》，全区210余所民办学校校长及财务人员参加会议。

（王竞艳）

【西城数字学校建设】2月，结合区域实际，区教委组织西城教育研修学院、西城教科院、校外教研室的专业力量，开发建设西城区小学线上学习平台。2019—2020学年度第二学期，区级平台共提供小学线上课程1100节，为“停课不停学”提供重要资源保障。7月，西城区进一步统筹中小学线上学习平台，加速平台升级，建立北京西城数字学校。9月7日起，北京西城数字学校以周为单位为小学一至六年级学生提供语文、数学、英语、科学、音乐、道德与法治学科线上学习课程。2020—2021学年度第一学期，北京西城数字学校共提供小学线上课程1449节。

（谢　歆）

【线上教育教学】受新冠肺炎疫情影响，2020年春季学期延迟开学。区教委坚持五育并举，对学校线上教育教学任务进行部署和指导。多次制定并下发相关工作方案，统筹线上学习平台建设工作，保证线上教学顺利进行。2月17日至7月10日，区级平台提供中学线上课程2602节，为市级平台提供中学线上课程461节。其中专门为中小学生定制10门综合实践课程，结合居家生活开发涉及家政、厨艺、非物质文化遗产类等近30节的劳动教育课程。向提出需要帮助的北京市6区8所学校近万名师生提供“西城区线上学习平台”使用权限，与兄弟区县学校共享西城教育资源。

（陈甜甜）

【“西城校长讲家教”课程】新冠肺炎疫情期间，为做好家校协同育人工作，加强对家庭教育的有效指导，帮助家长构建和谐的亲子关系。4月13日至30日，通过“西城区中小学线上学习平台”，面向全区中小学生家长推送“西城校长讲家教”网上指导课程，邀请西城区7位特级校长和优秀校长代表授课。具体分为小学阶段、中学非毕业年级和初高三毕业年级三个阶段，连续推送三周，每周各推送一节，家长可通过学生的账号进入平台收看。这是西城区在探索家校协同育人新模式的一次有益尝试。

（石　虹）

【“紫禁杯”优秀班主任评选】4月27日，向全区各小学下发《关于评选2020年北京市小学“紫禁杯”优秀班主任的通知》，收到市级“紫禁杯”优秀班主任申报材料47份，涉及47所学校。经过区级、市级评选，最终14人被评为市级“紫禁杯”优秀班主任，北京市“紫禁杯”特等奖1人、一等奖6人、二等奖7人。6月，评选出北京市第三十一中学梁蕴民等区级优秀班主任101名，从中推荐北京市第一六一中学姜丹等17名班主任参评北京市“紫禁杯”班主任并获批准，其中北京市第十四中学李存秀获北京市“紫禁杯”班主任特等奖。

（赵嫣娜　詹小雪）

【“紫禁杯”优秀班主任工作室学校优秀工作坊】按照《北京市教育委员会关于加强北京市“紫禁杯”优秀班主任工作室区级工作站和学校工作坊建设的通知》要求，北京教育科学研究院班主任研究中心、北京市“紫禁杯”教育奖励基金管理委员会组织开展北京市“紫禁杯”优秀班主任工作室学校优秀工作坊（简称“学校优秀工作坊”）评选活动。6月，根据学校自荐、事迹材料审查与综合考量相结合的原则，按照市级“紫禁杯”优秀班主任工作坊的评优条件，根据本校“紫禁杯”优秀班主任工作坊在实际工作中的情况，推荐北京市第八中学和北京市第一六一中学参评并获通过。

（詹小雪）

【全国特色学校遴选】4—8月，组织各中小学参加全国校园足球、篮球、排球、冰雪特色学校和奥林匹克示教育范学校遴选工作。2所学校获全国校园足球特色学校称号，9所学校获全国校园篮球特色学校称号，6所学校获全国校园排球特色学校称号，2所学校获全国冰雪运动特色学校称号，7所学校获全国奥林匹克教育示范学校称号。

（刘　瑶）

【毕业年级市区评优推荐】5月，在区级评选的基础上，全区369名初三学生、149名高三学生获市级三好学生称号、60名高三学生获市级优秀学生干部称号。北京师范大学第二附属中学刘度同学获北京市优秀学生称号。推荐获批初中市级先进班级体9个，高中市级先进班级体6个。完成2019—2020学年度区级三好生、优秀学生干部的申报审批、档案留存和证书发放工作，发挥优秀学生的榜样引领作用。

（詹小雪）

【兴华小学治理】兴华小学因无合法办学资质、占用公办校资源、违规招收学生以及存在疫情防控风险和安全隐患等问题，区领导和相关部门高度重视，召开专题调度会3次。2月18日，区长孙硕主持召开关于兴华小学治理工作调度会，研究部署和推进整治工作。制定《推进兴华小学终止办学的工作方案》，成立5个工作组，分别负责约谈沟通、教师学生安置、学校校园管理以及舆论宣传、法律支持、维护稳定等方面的保障。本着平稳解决问题的原则，教委与举办者深入沟通，劝说举办者主动终止办学，共同就学生安置和教师分流的问题交换意见，形成共识。教委将在校学生600余人分别安置分流至辖区内11所小学，解决孩子就学问题。6月底，区教委收回兴华小学校舍。

（王竞艳）

【普通高中学业水平合格性考试】年内第一次普通高中学业水平合格性考试于1月5日至7日进行。报考情况如下：语文3033人，数学1723人，英语2478人，政治6115人，物理5668人，化学265人，生物332人，历史212人，地理141人，总计6699人，总计19967科次。共设12个考点，安排688场次考试。受疫情影响，第二次高中学考合格考调整到9月23日至25日进行。报考情况如下：语文915人，数学727人，英语795人，思想政治287人，物理188人，化学6141人，生物6128人，历史6603人，地理6578人，总计报考28362科次，总报考人数7973人。共设14个考点，安排1223场次考试。

（吴献平）

【秋季招生】8月，区教育考试中心高招办完成秋季招生考试工作，全区高考报名总人数为6689人。普通高考：报名人数为6652人，其中221人参加31所高职自主招生（专科）并被提前录取。全区共有6409名考生报名参加普通高考，其中报名参加本科考试6385人，实考考生6294人，上本科线人数5218人，本科上线率82.90%；只报统考三科（专科）24人，实考考生2人。中学应届实考人数4908人，上本科线人数4378人，本科上线率89.20%，专科上线率100%；本科录取4476人，本科录取率91.19%。截至9月底，全区普通高考共计录取5905人（含高职自主招生），录取率为93.82%。高职单考单招：报名人数为37人，其中33人参加30所高职自主招生并被提前录取；有4名考生报名参加考试，实考人数1人，录取人数1人。截至9月底，高职单考单招共计录取34人（含高职自主招生），录取率为100%。

（王 清）

【特长生测试】西城区严格执行市教委有关规定和测试标准，结合新冠肺炎疫情防控要求，规范工作程序，严肃工作纪律，采取学校线下招生，科室线上审核的方式，确保特长生测试工作公平公正、有序进行。5月18日—6月22日，完成高中阶段招收体育、艺术、科技特长生测试工作，审核各类特长生416人，其中体育103人、艺术142人、科技171人。

（毕正勇 刘瑶 白羽）

【中考中招工作】年内，中考报名8962人，有升学资格考生8631人，其中京籍考生8421人，非京籍九种情况考生87人，非京籍随迁子女考生109人，非京籍既符合九种情况又符合随迁子女的考生14人。第一次机考报考人数8667人，另有日语考生35人。第二次机考报考人数5594人，另有日语考生19人。8587名考生参加文化课考试。2020年西城区考生提前招生批次录取1336人，占15.5%；校额到校批次录取1313人，占15.2%；统一招生录取5813人，占67.4%。录取总计8462人，总升学率为98.0%。

（吴献平）

【义务教育阶段招生】年内，西城区严格落实新冠肺炎疫情防控要求，继续加大单校划片和多校划片相结合的入学方式，确保义务教育阶段入学工作平稳有序推进。按照市教委“公民同招”的统筹规划，第一年实行民办中小学与公办学校同步报名、同步录取的入学办法，采取电脑派位方式录取。小学入学新生21174人，北京市户籍适龄儿童19930人（其中居民户籍18732人、集体户籍1194人、本市无房家庭4人），非本市户籍适龄儿童1244人。北京小学、京华实验学校、铁路第二中学、正泽学校、北师大亚太实验学校五所小学同步面向适龄儿童开展报名、电脑派位工作；学区派位稳步推进，录取新生416人；新增北京市铁路第二中学（小学部），并面向本区户籍适龄儿童招生，为更多适龄儿童提供优质学校的就读机会。初中录取新生13025人（本市户籍11940人、非本市户籍1085人）。2020年对口直升派位录取比例增至80%，共录取1090人。民办学校北师大亚太实验学校共录取355人。特色校北师大实验华夏女子中学、北京市回民学校、外交学院月坛中学、西城区外国语学校四所中学，共录取429人。学区派位录取8990人。

（袁 伟）

【市第三批义务教育学校管理标准化建设验收】下半年，区教委组织西城区18所尚未达标学校

（小学7所、九年一贯制学校2所、中学9所）做好第三批义务教育学校管理标准化验收申报工作。通过行政推动、专业支持、学校自主“三位一体”的互动运行机制，推进落实《义务教育学校管理标准》，做好标准化建设工作经验的总结和梳理，提升学校治理能力和治理水平。通过三年三批达标验收工作，西城区实现义务教育学校全面达标。

（王锦红）

【家长学校网上课堂】8月，西城区启动区级中小学生家长学校网上课堂。面向新学年入学的小一、初一和高一，三个起始年级的学生家长，定期推送网上课程。8月邀请北京市“紫禁杯”优秀班主任特等奖的代表、西城区心理健康教育学科带头人、北京市首批心理健康教育兼职教研员，结合学段衔接为家长提供辅导与支持。9月结合家长实际需求，以新生入学适应期出现的问题为主题，聚焦家校共育，西城区三位优秀校长结合多年的管理实践为家长们支出实招，引领家长们更加科学有效地指导、帮助孩子们顺利度过新生适应期。11月针对家庭教育中较为关注、困惑的主题，邀请北京师范大学教授、博士生导师，家庭教育指导领域的专家边玉芳，以《学会沟通建立良好亲子关系》为题，结合各学段学生的身心特点，为家长们提供具有针对性的指导和帮助。12月临近期末复习，邀请区内三位优秀校长以良好学习习惯养成为主题，协助家长引领学生顺利度过新学段的第一次期末复习。

（石　虹）

【德育工作典型案例征集】暑期，按照市教委工作部署，西城区遴选学校参加首批“一校一案”落实《中小学德育工作指南》典型案例推荐评选工作。全区遴选报送11所学校的12个案例。北京市西城外国语学校的《有机整合德育途径，建设“积极德育”体系》入选首批“一校一案”落实《中小学德育工作指南》典型案例。

（詹小雪）

【民办学历教育学校】截至9月1日，西城区有民办学历教育学校2所（九年一贯制学校1所，十二年一贯制学校1所），小学在校生2315人（北京市户籍1557人），教学班84个，一贯制学校小学部专任教师218人。中学在校生831人（北京市户籍634人），其中初中769人（北京市户籍579）、高中62人（北京市户籍55人）；26个教学班，其中初中23个、高中3个。教职工369人（含一贯制学校小学部），初中专任教师71人、高中专任教师25人。

（费　非）

【班主任基本功培训与展示活动】9月，市教委启动第四届北京市中小学班主任基本功培训与展示活动。经过校级推荐、区级选拔，历经近三个月学习、提升、磨合，西城区中学选拔出9位年龄在40周岁（含）以下，担任班主任3年（含）以上的现岗班主任参与活动。通过提交主题班会方案，现场展示带班育人方略、情景问答及魅力展示等环节，最终北京市第八中学黄亚庆、北京市回民学校杜怡（初中组），北京市第十三中学李晓彤、北京师范大学第二附属中学曹连洋（高中组）等四位老师获一等奖，北京市三帆中学吴雯懿、北京启喑实验学校李智玲（初中组），北京市第十五中学郭东辉、北京师范大学附属中学胡文潇（高中组）等四位老师获二等奖，北京市第三十五中学刘宣仪（初中组）老师获三等奖，北京市第八中学黄亚庆老师同时获得最佳班会奖。小学有8名班主任参加市级评审，一等奖4名、二等奖2名、三等奖2名。

（詹小雪　赵嫣娜）

【环保演讲比赛】9月至10月，区教委和区生态环境局共同组织开展第二十四届小学生“我爱地球妈妈”环保演讲比赛。本届比赛围绕“疫情下的绿色生活”征稿，经历稿件征集、专家评审、演讲比赛3个阶段，共计61名小学生参加、58人获奖，其中一等奖20人、二等奖38人。

（赵嫣娜）

【学生科技节活动】9月，2020年西城区学生科技节正式启动，历时4个月，开展区级科技竞赛活动15项，校级科技节系列活动70余项，全区10万名中小学生参与。

（张雅楠）

【国家学生体质健康标准测试】9

月至12月，完成西城区2020年国家学生体质健康标准测试和数据上报工作顺利，全区中小学生国家学生体质健康标准测试合格率97.9%。教育部和市教委两级上报系统上报率均达100%。

（毕正勇）

【教材、教辅材料排查】9月，西城区各小学将学校课程计划报教委备案。区教育科学研究院课程教材中心组织相关人员对学校课程备案材料进行审核。12月9日，区教委小学教育科联合区教育科学研究院课程教材中心召开2020学年度课程计划区级审核反馈会。会议针对学校国家课程设置中存在的主要问题与17所学校进行沟通与反馈。学校结合反馈意见进一步调整课程计划。9月至12月，区教委对全区小学校本教材和各类教辅材料进行全面排查，进一步强化课程教材监管，夯实教材管理责任，确保教材正确的政治方向和价值导向。

（谢　歆）

【国家义务教育质量监测】9月28日，西城区20所样本学校完成2020年国家义务教育质量监测任务。监测对象为五年级和九年级学生、样本校校长，参测年级在四年级和八年级时相应的科学教师、道德与法治教师、班主任教师以及具备条件的学校配备的心理健康教育教师。监测内容为义务教育阶段学生科学学习质量、德育发展状况以及课程开设、条件保障、教师配备、学科教学和学校管理等相关影响因素。全区585名学生参加科学、德育测试，313名教师（含20名校长）参加教师问卷填答。

（王锦红）

【教师节表彰】9月，经区委教育工委、区教委决定，18人获“霍懋征奖”称号，783人获西城区教育系统“优秀教师”称号，330人获西城区教育系统“优秀教育工作者”称号，189个集体获西城区教育系统“优秀集体”称号。

（李晓琳　张捷莹）

【教师资格认定】10月，区教委受理申请初级中学、小学、幼儿园教师资格人员353人，认定合格人数330人，其中认定合格幼儿园教师资格44人、认定合格小学教师资格229人、认定合格初级中学教师资格57人。

（匡健敏　李芹）

【西城区小学2020年质量报告会】10月16日，区教委召开西城区小学2020年质量报告会。会议采取“线上+线下”相结合的形式召开，区各小学书记、校长、教学主管干部260余人参加了线下会议，部分教育教学干部、学科组长、教师代表通过视频形式参会。会议通报2019年区级质量监测实施情况，宣读语文、数学、英语3个学科年度质量报告，解读六年级学生体质健康监测及视力状况报告。会议要求学校准确把握教育质量的内涵，树立科学全面的质量观，认真处理好讲政治与讲学术的关系、教育质量与教育均衡的关系、线上教学与线下教学的关系、德育管理与心理疏导的关系。

（谢　歆）

【青年教师风采展示活动】10月23日，区教委通过视频方式召开西城区小学首届青年教师风采展示活动闭幕暨西城区小学第十四届“西城杯”课堂教学评优活动启动会。会上首届青年教师风采展示活动获奖教师代表进行说课展示；西城教育研修学院小学部总结首届青年教师风采展示活动，并解读第十四届“西城杯”课堂教学评优活动方案。首届青年教师风采展示活动自上年11月启动，历时近1年，评出一等奖143人、二等奖192人。全区各小学教学干部、教师代表通过观看直播参会。

（谢　歆）

【参加北京市中学生田径运动会】10月23日至25日，组队参加北京市中学生田径运动会。西城区代表队共有48名学生和8名教练员。最终获得高中组团体总分第三名，初中组团体总分第四名，打破1项运动会纪录。

（刘　瑶）

【首届中小学生体能比赛】针对学生居家学习期间体能有所下降的情况，为促进学校广泛开展全员参与的体育比赛，9至11月举办首届西城区中小学生体能比赛，通过班级赛、年级赛的形式，提高学生参加体育锻炼的兴趣。11月14日，区级决赛在北京三十五中学举行，比赛共有68所小学、30所中学的1020名学生参赛。

（刘　瑶）

【学生思想道德发展测评调研】年内，参与市教委组织开展的“2018年北京市中小学生思想道德发展测评”工作。10月29日，市教委基教一处委托北师大中国基础教育质量监测协同创新中心，以及相关专家组成测评调研组，走进育民小学和156中学，听课、查阅档案、考察校园、访谈（班主任、品德教师、心理健康教师和家长四方面人员，除育民小学和156中学外，黄城根小学、厂桥小学和宣武外国语学校的相关人员一同前往156中学参加访谈），区教委副主任唐挈做了关于测评结果的改进和提升情况汇报。考察组对两所迎检学校给予高度评价，对区教委的工作予以肯定，各位领导和专家就实地调研的整体情况进行具体反馈，建议西城区进一步加强育人使命意识，聚焦体系建设，深入教学研究，继续在全市发挥引领作用。

（詹小雪）

【中小学生冬奥知识竞赛】11月5日至21日，举办第二届西城区中小学生冬奥知识竞赛，结合新冠肺炎疫情的实际情况，设计了线上线下多元竞赛途径，以线上初赛、现场决赛的多重方式呈现。区级初赛为期4天，全区91所学校20610名同学参加线上答题。11月21日，决赛在宣武少年宫进行，采取网络直播的形式进行。三场累计点击量94.8万，访客数8.07万。

（刘　瑶）

【中小学生艺术节】11月，西城区举办学生艺术节（个人展演项目），参与学生近万人。由西城区少年宫、宣武少年宫、金融街少年宫、西城区青少年美术馆分项目承办，涉及表演类（西乐、民乐、声乐、舞蹈、京昆、曲艺、朗诵）和作品类（绘画、书法、摄影、工艺、非遗）两大部分。

（白　羽）

【教育科研月主题分论坛】11月26日，区教委在西单小学召开“为师生发展赋能——在日常改进中自主发展”西城区教育科研月主题分论坛。按照防疫要求，会议线上线下同步召开。首都师范大学项目专家团队，小学教育科全体成员，“高校支持西城区小学发展项目”第一、二期项目学校校长，第三期项目学校校长及班子成员50余人参加现场会议。全区其他学校干部、教师代表通过观看直播参会。与会人员观看视频短片“一场静悄悄的变革——西城区五校UDS项目建设巡礼”，回顾第三期项目推进情况。首都师范大学项目组专家做“在日常改进中自主发展”主题报告。新世纪实验小学、椿树馆小学、顺城街第一小学、西单小学、香厂路小学五所项目学校校长干部分享三年来的实践探索与工作成果。

（谢　歆）

【中学生时事辩论赛】11月至12月，市教委指导，北京青年报社主办第四届北京中学生时事辩论赛，全市16个区（含燕山地区）的42支学校代表队参加。经过初赛、复赛、半决赛、决赛56场比赛的考验，最终北京市第八中学获初中组冠军，北京师范大学第二附属中学获得高中组亚军，北京市第一五六中学获初中组优秀组织奖。北京市第八中学郭乙儒、张尹初、刘长田、王芷涵，北京市第一五六中学宁皞凡、鄢宇阳，北京师范大学第二附属中学任益里、张朝阳等分别获初、高中组优秀辩手称号。北京师范大学第二附属中学冯雨彤获最佳辩手奖。北京市第八中学李雷、陈志军，北京市第一五六中学李春来、王丽丽，北京师范大学第二附属中学杨都乐、陈昭等被评为优秀指导教师。

（詹小雪）

【教育教学视导工作】为促进区域校际间交流，进一步提高学校教育教学质量，区教委分别于11月2日、12月7日组织中学教学、德育干部对北京市第三十九中学、北京市回民学校进行教育教学视导。视导活动包括三项环节：听取学校汇报，检查工作档案；推门听课、听班会；组织教师、学生座谈。区教委以年度教学视导为契机，建立完善“1+2”常态化工作模式，即每学年召开一次中学教学工作研讨会，视导2所中学，以交流助发展，以视导促提升，切实提高学校育人质量。

（陈甜甜）

【疫情期间房租减免补贴】根据《西城区关于落实北京市进一步支持中小微企业应对疫情影响保持平稳发展若干措施的通知》

《北京市西城区财政局关于申报疫情期间减免中小微企业房租补贴有关情况的通知》文件精神，为更好地发挥财政资金引导带动作用，区教委按要求组织实施对民办学校（包含学历性民办学校、民办幼儿园及校外教育培训机构）租金减免的扶持政策。制定《北京市西城区教育委员会关于民办学校申报疫情期间减免房租补贴有关工作的通知》，指导民办学校组织开展材料申报，并通过聘请第三方按照通知文件要求，核验项目材料。截至11月底，补贴共计支出12615952.20元。

（王竞艳）

【“学习抗美援朝精神”教育】11月，按照教育部办公厅《关于在中小学组织开展抗美援朝精神教育活动的通知》要求，区教委组织各小学结合学校实际开展主题教育活动。各学校深刻领会抗美援朝精神教育的重大意义，在全国开展“五个一”教育活动的基础上，结合本校的教育重点，不断丰富教育的形式和内容，激励全体学生锻炼顽强的意志品质，好好学习奋发向上，努力成为德智体美劳全面发展的社会主义建设者和接班人，做担当民族复兴大任的时代新人。

（赵嫣娜）

【“学习新思想，做好接班人”教育】12月，区教委小学教育科围绕“学习新思想，做好接班人”主题活动，组织西城区58所小学站在培养什么人、怎样培养人、为谁培养人的高度，开展系列教育活动。各校通过系列学习，引导学生感悟习近平总书记的领袖魅力，增强了自尊心、自豪感、自信心，勇于实践，弘扬奋进的精神。西城各小学创新教育形式，教育引导学生牢固树立永远跟党走的理想信念，激发当好社会主义合格建设者和可靠接班人的使命担当。

（赵嫣娜　王竞艳）

【普通高考英语听说考试】12月12日，北京市2021年高考第一次英语机考西城区组考工作完成。全区共有5804名考生参加考试，全区设27个考点，共计185场次，涉及特殊考生7人。西城区副区长、区教工委书记缪剑虹，区教工委副书记、区教委主任赵蓬欣全程在“高考指挥部”坚守，把控全局。赵蓬欣与北京教育考试院院长李石柱视频通话，汇报西城区2021年高考英语机考工作，并对英语机考考场建设提出设想，李石柱对西城区的考试工作及考场建设的想法表示认可。区卫健委选派27名有经验的医生作为防疫副主考参与考试期间的疫情防控，指导做好校园防疫工作。

（郝　颖）

【金帆艺术团、金帆书画院评审验收】根据市教委对学生金帆艺术团和金帆书画院的管理规定，每三年要对全市的学生金帆团、金帆书画院进行评审认定工作。西城区制定西城区学生金帆团、金帆书画院评审工作方案并开展西城区的自评自查工作，按要求完成市级评审和新团申报工作。

（白　羽）

【转学工作】义务教育阶段转学工作在近年来学位持续紧张的背景下，仅限小学三至五年级可办理转入手续，全年接收转入西城区学生862人，其中春季320人、秋季542人。

（袁　伟）

【学校新冠肺炎疫情防控】年内，根据市区疫情防控要求，区教委坚决贯彻落实上级指示精神，着眼“全员、全场景、全流程”管理，强化“五个群体”“三个场景”“十二个环节”的全覆盖、全场景、全流程管理，落实上级疫情防控要求，完成疫情信息和数据统计报送，协调相关部门开展核酸检测、处置疫情突发情况，制定《西城区教育系统新型冠状病毒感染肺炎疫情消毒管理规范》《中小学校新型冠状病毒肺炎防控指南》《西城区2020年春季学期高三年级试开学日常防疫工作指导意见》《西城区教育系统防控新型冠状病毒感染的肺炎疫情健康教育工作方案》《体温监测方案》《应急预案》等制度、文件和方案35个，指导各单位开展疫情防控，保障教育系统工作顺利进行。

（毕正勇　麻涛）

【人才引进】年内，区教委克服疫情影响组织两批公开招聘，共招聘应届毕业生783人、社会人员154人。其中中学234人、小学521人、学前167人、其他单位15人；博士6人、硕士254人、本科615人、大专（学前）62人。应届毕业生中，京籍生源670人、非京生源113人。招聘其他专技人员53人（校医、财务52人，技工1人），直属单位管理人员8人。调入178人、调出86人，区教委所属单位间流动66人，安置军转随军退役士官8人，引进博士后2人。

（田桂华　申海峰）

【新入职人员培训】年内，区教委新入职人员区级集中通识培训，首次全部采取线上课程的形式，1429名教师（包括代管园）参加培训。新任教师培训考核与北京市“启航杯”新任教师教学风采展示活动相结合，以网络课程的形式进行。西城区最终选派59人参加市级展示活动，获得一等奖10项、二等奖16项、三等奖26项、鼓励奖7项。

（李晓琳　李琳）

【骨干教师评选】年内，区教委组织开展新一届特级教师、市级学科教学带头人和骨干教师、市级骨干班主任推荐工作，以及区级学科带头人和骨干教师、区级骨干班主任评选工作。18人获“北京市特级教师”称号，36人获“北京市学科教学带头人”称号，173人获“北京市骨干教师”称号，47人获“北京市骨干班主任”称号，1305人获“西城区学科带头人”称号，3349人获“西城区骨干教师”称号，199人获“西城区骨干班主任”称号。

（李晓琳　张捷莹）

【职称评审】年内，全区职称评审聘任工作，涉及高级教师510名、一级教师770名，推荐正高级教师18人参加市级评审。

（李晓琳　陈然）

【年度考核】2019—2020年度教职工考核和师德考核工作中，对获得嘉奖和记功人员进行奖励。结果如下：实有工作人员16763人，参加考核人数16391人，未参加考核人数372人。其中优秀3252人，占参加考核总人数19.84%；合格12934人，占参加考核总人数78.91%；基本合格53人，占参加考核总人数0.32%；不合格1人，占参加考核总人数0.01%；未定等次151人，占参加考核总人数0.92%。

（李晓琳　陈然）

【支教工作】2020—2021年区教委共派出22名教师赴新疆和田支教、3名干部教师赴西藏拉萨支教。做好西城区教育系统脱贫攻坚个人和集体奖励推荐工作，推荐个人奖励25人，其中5人推荐记功奖励、20人推荐嘉奖奖励；推荐脱贫攻坚集体奖励21个，其中18个单位推荐记功奖励、3个单位推荐嘉奖奖励。

（梁勇　陈然　田桂华）

【民办学校】截至12月31日，西城区通过2019年年审的民办学校182所，其中27所民办幼儿园、154所民办非学历培训机构、1所民办学历学校。教职工4411人，年招生人数约62万余人次，结业人数约43万余人次，年纳税6776余万元。

（王竞艳）

【民办学校表彰】12月，根据《中华人民共和国民办教育促进法》要求，区教委开展民办学校先进个人和优秀集体的评选表彰工作。通过各校自评、学校自荐等形式申报材料，经专家小组初评、集中述职、现场考评等形式，评选出23个优秀集体和44名先进个人，对评选出来的先进个人和集体进行网上公示。

（王竞艳）

【民办培训机构压缩疏解】根据区政府关于疏解非首都核心功能工作要求，截至10月底，区教委依法依规、有利有序完成全年15个培训机构的压缩任务，并在市区两级“疏解整治促提升”综合信息调度平台上完成具体培训机构名称、位置、任务等基本信息的填报和压缩机构任务销账工作，完成市区两级主管部门关于压缩机构工作进度核实工作。

（王竞艳）

【民办教育协会脱钩工作】根据区委社会工委区民政局、区发展改革委等八部门联合下发的《北京市西城区全面推开行业协会商会与行政机关脱钩改革工作方案》要求，区教委制定西城区民办教育协会脱钩改革实施方案，并严格依法依纪依规进行民教协会各项脱钩任务，于11月底完成协会脱钩工作。

（王竞艳）

【民办学校继续教育培训】12月1日至3日由区教委民教科主办、西城区民办教育管理中心承办的“2020年西城区民办学校（幼儿园）新任校长任职资格暨校长（法人）继续教育及从业人员培训班”开班。此次培训邀请教育部门领导和专家学者围绕依法依规治校、提高学校治理水平、推进民办学校特色优质发展、建设安全校园等内容进行了授课解析和实际指导。培训会就民办教育常见法律问题风险防范、居安思危，思则有备，有备无患、规范管理，促进民办教育健康发展、财务规范管理及校区安全等方面进行了详细解读及培训。全区240余名民办学校的校长、法人、财务人员、行政负责人、安全员参加培训，通过现场考核的培训人员颁发相应的岗位资格合格证书。

（王竞艳）

【审批工作】年内，共审批民办幼儿园3所、培训机构2所，分别是北京市金融街惠爱幼儿园、北京市西城区嘉泊幼儿园、北京市西城区爱知淏幼儿园、北京市西城区正泽实训中心、北京北语金融街培训中心有限公司。

（王竞艳）

【民办学校年检及管理】为贯彻《中华人民共和国民办教育促进法》《中华人民共和国民办教育促进法实施条例》《北京市实施〈中华人民共和国民办教育促进法〉办法》《北京市民办非学历教育机构管理工作的若干意见》和各级各类民办学校、民办幼儿园（简称民办学校）的设置标准，认真落实《国务院办公厅关于规范校外培训机构发展的意见》，强化对民办学校的监督与管理，依法规范办学行为，提高教育质量，区教委对区属各民办学校进行2019年年度检查工作和2020年换发办学许可证工作。经初审和复审，182所民办学校（幼儿园）通过年检，并统一换发2020年民办学校办学许可证。年内，区教委加大对民办学校办学行为的整治力度。严格审批标准，重点对办学场地不达标、超范围办学、超时限收费、虚假招生广告、内部管理严重混乱、存在重大安全隐患等问题的学校进行整治处理。并及时约谈学校，针对问题及时整改。

（王竞艳）

西城区中学一览表

表2

校名	地址
北京市第三中学	富国街3号
北京市第四中学	西黄城根北街甲2号
北京市第七中学	安德路69号
北京市第八中学	学院小街2号
北京市第十三中学	柳荫街27号
北京市第十四中学	莲花河南街2号
北京市第十五中学	育新街2号
北京市第三十一中学	西绒线胡同33号
北京市第三十五中学	赵登禹路8号
北京市第三十九中学	西黄城根北街6号
北京市第四十三中学	后孙公园37号
北京市第四十四中学	三里河南横街1号
北京市第五十六中学	文兴街3号
北京市第六十六中学	枣林前街111号
北京市第一五六中学	太平仓胡同16号
北京市第一五九中学	王府仓胡同23号
北京市第一六一中学	南横西街94号

续表2

校名	地址
北京市第一六一中学分校	月坛北街18号
北京市月坛中学	南礼士路二条1号
北京市徐悲鸿中学	右安门内西街甲10号
北京市鲁迅中学	新文化街45号
北京市铁路第二中学	月坛西街5号
北京教育学院附属中学	新街口四条48号
北京市育才学校	东经路21号
北京市回民学校	广内大街225号
北京市西城外国语学校	西直门外南路6号
北京市宣武外国语实验学校	莲花河胡同4号
北京师范大学附属中学分校	太平街西巷4号
北京师范大学第二附属中学西城实验学校	安德路116号
北京师范大学实验二龙路中学	大木仓胡同39号
北京师范大学实验华夏女子中学	红莲中里12号
北京市第十三中学分校	西绦胡同59号
北京师范大学附属实验中学分校	辟才胡同80号
北京市三帆中学	德外新风街7号
北京师范大学附属中学	南新华街18号
北京师范大学第二附属中学	新街口外大街12号
北京师范大学附属实验中学	二龙路14号
北京师范大学亚太实验学校	昌平区北七家镇曹碾村西北
北京市西城区京华实验学校	教育街1号
北京市正泽学校	小市口胡同8号
北京市和平门中学	南新华街15号
北京市什刹海体育运动学校（北京市第100中学）	地安门西大街57号

西城区小学一览表

表3

校名	地址
北京市西城区育翔小学	马甸南村乙14号
北京市西城区师范学校附属小学	六铺炕北小街3号
北京市三帆中学附属小学	裕中西里29号
北京市西城区五路通小学	什坊街甲6号
北京市西城区黄城根小学	黄城根北街3号
北京市西城区厂桥小学	地安门西大街167号

续表3

校名	地址
北京市西城区鸦儿胡同小学	鸦儿胡同25号
北京雷锋小学	旧鼓楼大街西绦胡同甲2号
北京市西城区西什库小学	刘兰塑胡同14号
北京市第十三中学附属小学	西煤厂胡同7号
北京市西城区什刹海小学	地安门内大街恭俭胡同41号
北京市西城区自忠小学	府右街丙27号
北京市第一六一中学附属小学	北长街71号
北京市西城区力学小学	力学胡同47号
北京市西城区顺城街第一小学	前门西大街135号
北京第一实验小学	南新华街17号
北京市西城区炭儿胡同小学	炭儿胡同11号
北京市西城区新世纪实验小学	南纬路2号
北京市西城区香厂路小学	香厂路31号
北京第一实验小学前门分校	和平门外东街甲5号
北京第二实验小学玉桃园分校	西直门内大街玉桃园三区10号
北京市西城区志成小学	新街口东新开胡同20号
北京师范大学京师附小	西四北四条47号
北京第二实验小学	新文化街111号
北京市西城区奋斗小学	闹市口大街月台胡同15号
北京市西城区西单小学	中京畿道1号
北京市西城区宏庙小学	西单北大街宏庙胡同13号
北京市西城区华嘉小学	西廊下胡同34号
北京第二实验小学涭水河分校	受水河胡同45号旁门
北京市宣武师范学校附属第一小学	右安门内大街26号
北京市西城区白纸坊小学	白广路乙27号
北京市第八中学附属小学	福州馆街3号
北京市西城区陶然亭小学	龙泉胡同5号
北京市第十五中学附属小学	白纸坊东街27号
北京市西城区实验小学	南菜园街35号
北京市西城区阜成门外第一小学	阜成门外大街甲10号
北京市西城区展览路第一小学	百万庄中里7号
北京市西城区进步小学	榆树馆胡同1号
北京市西城外国语学校附属小学	北礼士路133号
北京建筑大学附属小学	文兴街4号
北京第二实验小学白云路分校	白云路2号

续表3

校名	地址
北京市西城区育民小学	真武庙头条8号
北京市西城区中古友谊小学	三里河一区39号
北京市西城区三里河第三小学	三里河三区36号
北京市西城区复兴门外第一小学	复兴门外大街地藏庵23号
北京小学	槐柏树街9号
北京市西城区康乐里小学	储库营康乐里2号
北京小学广内分校	北线阁街2号
北京市宣武回民小学	牛街西里一区5号
北京市西城区登莱小学	登莱胡同29号
北京第二实验小学广外分校	广安门外红居南街2号
北京小学天宁寺分校	天宁寺前街35号
北京小学红山分校	广安门外大街305号二区12号楼
北京市西城区青年湖小学	广外街道鸭子桥北里13号
北京市西城区椿树馆小学	广安门外南街43号
北京市西城区三义里小学	广外三义里4号、5号
北京市西城区红莲小学	红莲中里14号

西城区特殊教育学校一览表

表4

校名	地址
北京启喑实验学校	西城区西直门内大街东教场胡同5号
北京市西城区培智中心学校	西城区西直门外大街德宝新园23号
北京市西城区育华中学	昌平区沙河镇七里渠南村531号

成人教育

【概况】年内，西城区职业教育学校4所，教职工681人，学生839人。西城区成人教育学校3所，教职工219人，学生数3537人。充分发挥职业教育的资源优势，研发中小学线上劳动技术教育课程，召开西城区职业教育工作推进会，参与京津冀协同发展及援疆支教帮扶工作，加强学区教育资源的统筹管理，依托社区教育资源，开展线上丰富优质规范的社区教育培训课程，组织市民学习周活动，不断深化学习型城区建设工作。

（李同焕）

【高等教育自学考试】区教育考试中心自考办负责西城区范围内和全市部分专业高等教育自学考试的报名、组考、毕业审核等工作。全国高等教育自学考试笔试每年4月、10月考试。自考办年内受理各类考试报名共8115人次，20257科次，新生注册922人，使用13所（次）中学作为考点校，组考893场次。办理自考毕业初审426人（专科148人、本科278人）。

（李　飞）

【成人高等学校招生】年内，成人高考的考试科目同上年，报名方式采用网上报名。因受新冠肺炎疫情影响，考生不到现场进行确认，改为网上审核。专升本验证工作仍采用网上验证的方式，报考专升本的考生进行网上报名时，学历证书的相关信息直接经教育部高等教育学生信息网的数据库进行比对和审验，通过后才能确认报名信息。西城区网上报名总计1203人，实际缴费1203人，其中高中起点专科为268人、高中起点本科为129人、专科起点本科为806人。共设置成人考试考点校3所，考场46个。

（李　飞）

【职成教育服务京津冀协同发展】年内，区教委参与京津冀协同发展和援疆工作，有30人次教师重点支持河北省张北县、阜平县和内蒙古自治区喀喇沁旗、鄂伦春自治旗以及新疆等地的职业教育帮扶工作。

（李同焕）

【毕业年级教育教学管理】年内，西城区职成学校克服疫情带来的影响，利用线上线下多种方式，做好毕业年级教育教学管理工作，确保职业教育与成人教育毕业年级学生顺利毕业。

（李同焕）

【劳动课程研发】年内，职业学校结合自身优势，围绕中小学线上劳动教育课程需求，研发职业教育劳动技术课程34门，涉及家政、厨艺、非遗技艺、综合实践等多个门类，服务学生劳技教育，有效提升学生综合素养。

（李同焕）

【职业教师参与学区制管理】年内，为进一步做好疫情期间各学区的学区管理工作，职业教师参与各学区入学资格认定等相关管理工作。有28名职业学校教师服务学区管理工作。

（李同焕）

【区职业教育工作推进会】10月17日，区教委召开西城区职业教育工作推进会。会议下发《关于进一步推进西城区职业教育改革发展的意见》，围绕职业教育基本定位、职业教育社会化服务、培养什么样的人才、专业发展、产教融合校企合作、师资、制度保障等问题，明确了职业教育未来发展的路径举措。

（李同焕）

【市民学习周活动】10月中旬至12月中旬，西城区组织第十八届市民学习周活动。以“共建共享、智学西城”为主题，共计80项活动，完成北京市学习型城市建设五年行动计划的总结验收和展示工作。

（李同焕）

【组建职业教育专家咨询指导队伍】11月25日，区教委成立西城区职业教育专家咨询指导委员会，聘请有较高理论水平和丰富实践经验的专家、学者及工作者对西城区职业教育工作进行理论和实践的咨询和指导，推动职业教育工作深入开展。

（李同焕）

【北京市终身学习品牌项目】根据北京市遴选年度终身学习品牌项目的相关工作要求，面向全区市民学习基地单位开展遴选工作，6个项目获“北京市终身学习品牌项目”。通过品牌项目的示范引领，促进区域学习基地建设水平整体提升。

（李同焕）

【市民终身学习基地】年内，区教委搭建市民学习平台，加强资源共享，在前期76家市民终身学习基地基础上，年度继续遴选增加25家市民终身学习基地，总数达101家。继续依托社区教育学校服务体系，开展线上丰富、优质、规范的社区教育培训；升级改造数字化社区教育网络建设，加强网络学习资源建设。5人获“北京市第十一批首都学习之星”称号。

（李同焕）

【学区制建设】年内，区教委继续推进学区理事会机构搭建，做好学区制建设工作。新街口、展览路、西长安街、德胜、广外、月坛、什刹海、陶白、大春天、广牛等10个学区成立学区理事会。各学区办公室深入开展学区共享资源的调研，在辖区中小幼学校与社会资源之间搭建桥梁；参与学区校外培训机构专项治理整改工作；配合相关部门开展学校安全检查工作。各学区初步建立教育资源统筹以及教育服务社会、社会支持教育的多元平台。

（李同焕）

北京市西城经济科学大学暨西城区社区学院

【概况】北京市西城经济科学大学（西城区社区学院）是西城区人民政府举办，北京市人民政府批准，国家教育部备案的独立设置成人高等学校。学校职能是培养大专、中专学历教育各方面人才，开展各类岗位培训、继续教育和社区教育。设置3个教学系（基础系、经管系、艺术系）。占地面积0.68万平方米，校舍建筑面积1.52万平方米，绿化用地面积120平方米。图书馆（室）藏书6.71万册。固定资产总值1586.44万元，其中教学、科研仪器设备总值691.19万元。学校信息化经费投入827.67万元，拥有计算机430台，网络多媒体教室50个。教职工125人，其中高级职称25人、中级职称43人。专任教师46人；开设教学班34个。全年在校生790人，其中传媒本科学生622人、本校专科生168人、传媒本科毕业生138人、本校专科毕业生269人。年内，学校本着面向社区、服务居民的办学宗旨，制定和完善学校多项规章制度，召开教代会会议，完成校内第九轮岗位聘任和七、八级管理岗位职员和领导干部聘任工作。在疫情严峻形势下，停课不停学，保障全年教学任务完成，实现线上教学实践新突破，应对疫情抓住时机，强化德育教育。完成专业人才培养方案的更新和修订，持续推进学习支持服务建设，推进校企合作，巩固合作新成果。探索管理服务新模式，实现线上论文答辩。细化教学管理环节，做好全程教学质量监管。

地址：西城区南草厂街63号院

电话：66560169

（张筱杰）

【合作办学】年内，经科大推进与北京和合谷餐饮管理有限公司的战略合作，深入校企合作，与和合谷企业合作招生21人，企业定制班（专科）1个。10月，举办和合谷企业定制班2018级毕业典礼及2020级开学典礼。在总结校企合作经验和成果的基础上，不断深化、巩固学历继续教育和非学历继续教育相结合的校企合作人才培养新模式。

（张筱杰）

【学润西城三体一化建设】年内，经科大完成“西城区学润西城‘三体一化’建设项目”的立项申请、平台建设及验收等系列工作。通过对市民参与终身学习进行实时记载、认证、兑换，实现个性化时代的学习资源智能推送，为市民终身学习成果认证制度提供了更好的技术保障，加强信息化、网络化、社会化的终身学习支持服务体系建设。作为北京市西城经济科学大学暨西城区社区学院十四五规划的重点推进项目，学润西城“三体一化”建设项目是致力于打造集“PC端网络学习平台”“移动端App及小程序”“智慧终端设备”三个终身学习服务载体于“学润西城”这一个学习品牌的信息化建设项目，“三体一化”项目作为西城终身学习平台的窗口，进一步运用信息化的手段促进学习型城区建设，并为社区居民服务做出贡献。年内，经科大社区教育开发的“学润西城”微信公众号累计阅读量8825次，共5603人阅读、503人分享，较往年有明显增长。疫情期间编发的“战疫有我　西城在行动”“致敬英雄　战疫联防”等图文推送单条阅读量在200次以上，单条阅读量最高峰值达428人。

（张筱杰）

【教研科研】年内，组织全校专业技术人员参加市人力资源和社会保障局组织的“专业技术人员及事业单位工作人员公共知识专题培训”等在线培训；组织“拓宽视野创新思维——后疫情时代社区教育”研讨会等，线上和线下继续教育并举，提升教师综合素质和水平。完成西城区学习型城区研究中心科研项目工作，出版《法律大讲堂》《垃圾分类》《妇幼维权指南》等社区教育课程，制作完成55门微课程。其中11个系列课程在北京开放大学举办的优质课程评选中被评为优质课程，学校被评为优秀组织奖。

（张筱杰）

【新冠肺炎疫情防控】年内，经科大按照上级疫情防控工作要求，成立疫情防控工作领导小组，明确防控任务和工作要求，制定并实施《北京市西城经济科学大学新型冠状病毒感染肺炎疫情防控工作预案》《北京市西城经济科学大学关于新冠肺炎疫情防控期间实行弹性工作的决定》《2020年春季学期教育教学和管理工作实施方案》《2020年春季学期延迟开学新阶段线上教育教学和管理工作方案》《2020年冬季疫情防控工作方案和预案》等，修订疫情防控管理制度，严格落实"四个非必要"工作要求，维护学校正常的教学秩序和校园稳定。6月20日至8月7日，组织40名党员干部和群众，到广外街道7个社区开展防疫工作，为全面打赢疫情阻击战贡献力量。

（张筱杰）

【社区教育】年内，共开设7门社区教育特色课程，全年教学服务达1198人次，共计168课时。以品牌活动为引领，组织开展"同舟共济翰墨有情"——纪念抗美援朝70周年西城区市民书画精品展、第十八届市民学习周开幕式等专题活动，开展市民大课堂、培训讲座等多种形式学习活动，为市民参与终身学习、展示学习成果搭建了平台。推广市民终身学习成果认证制度，加强认证单位和认证管理员队伍建设，对124家认证点、124名认证管理员及402名普及宣传员进行分级评定，并进行积分兑换奖励和补贴工作。全年参与认证制度学分认证课程的有10个街道26个社区，申报课程共104门，总量达3090课时。全年评审出社区老年教育特色课25门375课时。完成"西城区学润西城'三体一化'建设项目"的立项申请、平台建设及验收等系列工作。

（张筱杰）

【业务培训】9月1日，西城区会计人员线上培训系统正式上线开课。西城经科大培训中心建立完整的线上教学平台，丰富平台知识内容与形式，打造常态化网络交流平台，总在线学习人数1200人，在线师生互动300人次。在会计继续教育中发挥线上网络教育和线下现场教学的各自优势，为西城会计人员培训服务。在疫情常态化管理前提下，全年为区委组织部、区财政局、区市场监督管理局、区应急管理局、区退役军人服务管理局等单位开展培训项目6个，线上培训约1240人次，线下培训约550人次。

（张筱杰）

【优秀信息稿件评选】11月6日，西城经济科学大学暨西城区社区学院举办"齐心抗疫　智学增效"为主题的西城区社区教育系统优秀信息稿件征集及评选活动。来自全区各街道文明市民中心校和社区教育学校共70名专兼职信息员参与投稿，由区融媒体中心专家组评选出优秀信息稿件34篇。

（张筱杰）

【书画精品展】11月17日，由西城经济科学大学暨西城社区学院举办的"同舟共济翰墨有情"——纪念抗美援朝出国作战70周年西城区市民书画精品展开展，共展出精品书画70余件。

（张筱杰）

北京宣武红旗业余大学

【概况】北京宣武红旗业余大学占地面积7415平方米，产权校舍建筑面积10480平方米。全年教育经费投入2918.38万元，其中国家拨款2807.14万元、自筹经费111.24万元。固定资产净值639.97万元，其中教学、科研仪器设备净值220.56万元。图书馆建筑面积300平方米，藏有纸质图书6.54万册、电子图书4800册。拥有计算机370台、4间大型多媒体教室、11间标准多媒体教室。学校信息化经费投入70万元，主要用于笔记本计算机更新和第5计算机教室更新；信息化设备资产639.28万元，网络信息点400个，上网课程24门。红旗大学是在教育部备案的市属独立设置成人高校，设有右安门1个校区，设置5个教学系，2个教学站。开设10个专业，覆盖6个学科。教职工70人，其中专任教师38人，包括教授2人、副教授14人。聘请校外教师30人，其中副教授6人。年内，专科学历在校生336人，招生128人，毕业139人；北京理工大学继续教育学院红旗大学教学站在校生79人，毕业32人；北京理工大学远程教育学院红旗大学学习中心在校生219人，毕业151

人；北京交通大学继续教育学院红旗大学教学站在校生232人，招生118人，毕业112人。

年内，北京宣武红旗业余大学坚持疫情常态化管理，防控防疫教学全覆盖，落实停课不停学的工作要求，利用优质在线课程平台及在线课程教学资源，依托各种现代信息技术手段开展线上教学。坚持以科研促教研，以学习促发展，完成4项市规划和市成教学会课题的开题、中期、结题工作，2项区级优秀人才资助项目的资金审计落实和2项区人才资助项目申报。首次购买10人团队版的知网研学平台研学服务，并开展相关线上研学培训。完成学报编委会调整，组建校内编校队伍。面向西城区教育系统10家单位开展16场系列专题讲座，培训580人次；开办4场教育系统继续教育专项培训系列课程，培训360人次；举办2次西城区人社局素质讲座，培训150人次。完成新街口街道机关理论干部学习的首场培训。面向全区15个街道开展西城区市民终身学习服务基地认定工作，共遴选推荐25个学习基地单位，截至年底，西城区市民终身服务基地数量达101家。11月，学校参与西城区第十八届全民终身学习活动周的筹备工作，红旗大学的“德润西城”道德讲堂主题实践活动和广外社区教育学校的“双提升”家庭教育模式实践探索获评北京市学习品牌项目。社区教育学校以腾讯直播形式，开设“古代散文鉴赏”和“摄影初级”2门课程，参与480人次；携手白纸坊社区教育学校举办线上专题讲座4场，参与180人次。社区家长学校举办亲子教育活动2场，携手“新东方教育集团”开展线上家庭教育专题讲座6场，共计参与1400人次。

地址：西城区右安门内大街29号

电话：63547937

（海玥佳）

【多元化教学途径全覆盖】年内，学校落实疫情防控工作要求，制定《北京宣武红旗业余大学2020年春季学期开学的工作安排》《北京宣武红旗业余大学延期开学在线教学工作实施方案》。上半年，组织专科学历教育3个年级31个专业班级开展线上教学活动，共开设75个线上专业课程学习班。各专业任课教师通过微信、QQ、课堂派、MOOC平台等途径，开展直播、群会议、资源分享、作品赏析、组内讨论，达成“停课不停学”。

（海玥佳）

【新冠肺炎疫情防控】6月至8月，北京宣武红旗业余大学作为区教育系统唯一被抽调参与社区联防联控的单位。6月19日，学校党员、积极分子、共青团员和群众递交防疫“请战书”，区委组织部首批抽调30人组成防疫志愿队，分别派往金融街、西长安街、什刹海、新街口、展览路、白纸坊6个街道支援社区联防联控工作。7月10日再次抽调20人支援社区联防联控工作。

（海玥佳）

【教育扶贫】10月，北京宣武红旗业余大学响应骨干教师中长期对口扶贫工作，选派联合办学部老师姚茜前往河北省阜平县职业技术学校支教，为期7个月。

（海玥佳）

【新增亲子教育实践基地】10月20日，广外社区家长学校新增三义里第二幼儿园为亲子教育实践基地。广外社区家长学校亲子教育实践基地成员单位增至3家。

（海玥佳）

【线上老年教育】年内，老干部大学首次提供多种网络教育学习资源，通过电视、电脑、手机等多种渠道自主学习，以在线直播、录课、在线点评、微信教学等方式与学员开展互动，实现“停课不停学”“停课不停教”。创办老干部大学微信公众号，并开通线上报名及缴费系统。

（海玥佳）

西城区境内高等院校一览表

表5

校名	地址
北京市行政学院	车公庄大街6号
中央音乐学院	鲍家街43号

续表5

校名	地址
中央广播电视大学	复兴门内大街160号
中国人民公安大学	木樨地南里1号
中国道教学院	白云观内
外交学院	展览馆路24号
北京建筑大学	展览馆路1号
北京军地专修学院	新风街7号
公安部高级警官学院	木樨地南里甲1号
北京教育学院	德胜门外黄寺大街什坊街2号
北京联合大学继续教育学院	丰盛胡同13号
北京宣武红旗业余大学	右安门内大街79号
北京广播电视大学宣武分校	菜园街13号
北京市西城经济科学大学	西直门内南草厂街22号

西城区境内职业高中一览表

表6

校名	地址
北京市外事学校	西直门内永祥胡同3号
北京市西城职业学校	百万庄大街19号
北京市财会学校	西便门内大街69号
北京市实验职业学校	菜园街13号

教育督导

【概况】区督学科是教委加强教育行政监督，行使素质教育综合督导职能的专门机构，其主要职能是依法对区内普通中小学校、幼儿园工作进行监督、检查、评估、指导。有专职督学11人、兼职督学27人。年内，按照市区教委要求，督学科落实责任督学挂牌督导制度，对全区所有中小学校、幼儿园开展经常性督导。结合疫情防控、开学情况、安全工作及心理健康教育等方面开展专项督导；研究制定《西城区线上教学指标体系》，编印《西城区中小学校综合督导材料汇编》，完善《2019—2021年西城区幼儿园办园质量督导评估工作手册》，对8所小学校开展全面实施素质教育综合督导，对22所幼儿园开展办园质量督导评估。

（马　蕊）

【素质教育综合督导】下半年，依据《北京市普通中小学校全面实施素质教育评价方案》以及西城区督导评价指标体系与细则，区教委与相关直属单位对红莲小学、北京第八中学附属小学、西单小学、北京第二实验小学玉桃园分校、北京师范大学京师附小、新世纪实验小学、北京建筑大学附属小学和香厂路小学八所小学校进行全面实施素质教育综合督导。督导后汇总分析收集的信息，肯定各单位近三年工作中取得的主要成绩，针对存在的主要问题提出具体建议，形成督导评价意见。分别召开督导反馈会，向被督导单位进行督导回复。

（马　蕊）

【幼儿园办园质量督导评估】下半年，依据《北京市幼儿园办园质量督导评估标准》《2019—2021西城区幼儿园办园质量督导评估工作手册》，区教委对悠米幼儿园、悠米幼儿园广外分园、中共中央办公厅警卫局北长街幼儿园、普林斯顿幼儿园、中共中央组织部机关服务中心幼儿园、乐百灵幼儿园、北京印钞有限公司幼儿园、公安部幼儿园、北京军区空军蓝天宇锋幼儿园、中国人民解放军解放军报社幼儿园、国家机关事务管理局花园村幼儿园广源分园、市政府机关幼儿园、国家发展和改革委员会三里河幼儿园、中共中央直属机关事务管理局实验幼儿园、北京永远的孩子幼儿园、汇佳北欧幼儿园、广电银河艺术幼儿园、中国人民解放军北京卫戍区直属机关幼儿园、蓝色未来幼儿园、北京市农业农村局幼儿园和爱知湶幼儿园22所幼儿园进行办园质量督导评估，肯定各园取得的主要成绩与特色，针对存在的主要问题提出具体建议，形成督导评估意见和等级，并将评估结果在教委网站公示。

（马　蕊）

（责任编辑　郝慧芳）

文　化

4月23日“世界读书日”，市民到公共阅读空间感受阅读带来的快乐（闻昭 摄）

5至6月，西城区举办老字号非遗文化宣传月活动（闻昭 摄）

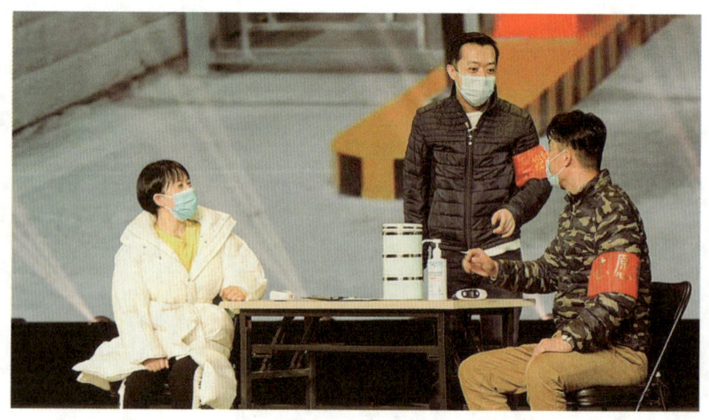

6月19日，“2020西城区百姓戏剧展演”开启云端演出（区文旅局 供图）

7月24日，首都电影院西单店、大观楼影城等7家电影院恢复营业（于志强 摄）

8月6日，区非物质文化遗产保护中心举办2020年西城区“传统文化体验之旅·非遗体验DIY夏令营”开营活动（于志强 摄）

9月24日，以城市为主题的参与式开源创新城市探索馆——德胜城市探索中心对公众开放（于志强 摄）

9月25日至11月30日，举办2020北京大栅栏琉璃厂商业文化旅游购物节（姜真 摄）

9月26日，以“弘扬民族艺术，坚定文化自信”为主题的椿树街道第四届琉璃厂文房四宝艺术节开幕（于志强 摄）

国庆、中秋期间，什刹海景区游人如织（西城报 供图）

综　述

西城区是北京营城建都的肇始之地，是唯一能够反映北京都城历史变迁的代表性地区，唯一能体现北京建城、建都历史变迁全过程的区域。全区共有全国重点文物保护单位44处，市级文物保护单位59处，区级文物保护单位86处，其中国家级占全市的33%，市级占全市28%。有三级非遗保护项目208项，涵盖非物质文化遗产保护项目10大类别。国家级非遗保护项目在北京市占比29%，国家级非遗代表性传承人在北京市占比37%。有文化市场经营单位1750家，其中以国家大剧院、北京音乐厅、天桥艺术中心、天桥剧场等为代表的营业性演出场所42家，占全市49.4%。以国家京剧院、中央芭蕾舞团、中国广播艺术团等为代表的文艺表演团体66家，占全市20.5%。以中国地质博物馆、首都博物馆、北京天文馆等为代表的博物馆29家，占全市15.23%。有北京风雷京剧团、北京杂技团、北京皮影剧团3家区属艺术院团，是北京市唯一拥有区属专业艺术演出团体的区。

（赵　臣）

文化事业

【概况】 西城区文化和旅游局（简称区文旅局），下设办公室、政策法规科（研究室）、行政审批科、产业发展科（文创科）、公共服务科、非物质文化遗产科、文物科、文化建设科、对外交流与合作科、文化活动科、行业管理科、安全与应急科（假日办）、财务审计科、党群工作办公室、人事科、离退休干部科。年内，区文旅局聚焦《北京城市总体规划（2016—2035年）》落地和全国文化中心建设，一手抓新冠疫情防控，一手抓年度任务落实，如期完成年度各项目标任务。文化服务设施网络更加完善，有序推进历史文化传承保护，持续增加优秀文化产品和服务，满足群众精神文化需求。全年开展各级各类文化活动6282场，参与群众834.9万人次，其中线上活动1179场，点击量779.7万次。

地址：西城区后广平胡同26号

电话：66561230

（赵　臣）

【中轴线申遗和文化遗产保护】 年内，聚焦中轴线申遗，建立目标项目化、项目台账化、监督管理考核闭环化工作体系，全力推动，定期调度，加快落实。完成粤东新馆、宜兴会馆文物腾退，加速推进京报馆、云南新馆等7个修缮工程。历代帝王庙以新面貌对外开放。向社会公布第一批15处区级文保单位建控地带，发布并启动首批7个文物建筑活化利用项目。实施濒危非遗项目纪实纪录工程，举办北京非遗时尚创意设计大赛，进一步彰显西城历史文化魅力。

（赵　臣）

【文艺精品创作】 年内，充分利用区文艺创作扶持专项资金，激励社会力量创作文艺精品，52个反映建党100周年、抗击疫情等主题的创作入围扶持评审程序。发挥区文化馆骨干作用，创作上演抗疫话剧《北街南院》、评剧《天使的责任》，为抗击疫情的干部群众增添正能量。

（赵　臣）

【文化产品供给】 年内，推进区、街道、社区三级服务网络建设，街道、社区文化设施建有率100%。新增实体书店、阅读空间14家，36家书店被评为年度北京市特色书店或最美书店。以线上线下相结合的方式，举办百姓戏剧展演、什刹海文化旅游节和中国童书博览会等品牌文化活动，焕发区域文化活力。

（赵　臣）

【文化团队建设】 全区有群众文化团队531支，其中公共文化机构主办的文化团队5个，群众自发组织的文化团队526个，文化服务志愿者267人，经常参加活动31万人次，团队活动内容涵盖舞蹈、歌唱、声乐、戏曲等。获得市级以上奖项21个，其中，区图书馆“文化助盲”志愿服务项目获评全国学雷锋志愿服务“四个100”最佳志愿服务项目，话剧《北街南院》、广场舞《北京四季》等5个剧目获得北京市群众系列文化活动大赛金奖或一等奖。

（赵　臣）

公共文化服务设施

【概况】全区共有701个公共文化服务设施，总面积119.07万平方米。其中市级及以上公共文化服务设施2个，区级图书馆2个、文化馆2个，街道综合文化中心15个、社区综合文化室262个，文化广场55个，电影院16家，社会力量建设的公共文化服务设施273个，其他公共文化服务设施90个，基本形成覆盖均衡、便捷高效的公共文化服务网络。

（赵 臣）

【西城区图书馆】1月24日，为做好新冠疫情防控，有效避免可能因人群聚集带来的传染风险，西城区图书馆闭馆，暂停到馆读者服务和展览、讲座等活动。闭馆期间，免除外借文献逾期费用。5月19日，西城区图书馆恢复开馆。到馆读者需提前预约，出示本人身份证、健康码和预约信息，经体温检测合格后入馆。

（赵 臣）

【成立西城区阅读推广中心】4月13日，依据《中共北京市西城区委机构编制委员会关于成立北京市西城区图书馆和北京市西城区阅读推广中心的批复》成立西城区阅读推广中心，属相当科级财政补助公益一类事业单位。主要职责是统筹规划、管理社会力量参与公共阅读服务，承担辖区阅读服务布局规划和相关服务体系建设，组织实施辖区大型阅读推广活动，协调、动员社会资源参与公共文化服务。

（赵 臣）

【新增16家特色阅读空间】11月18日至12月11日，西城区阅读推广中心组织完成西城区特色阅读空间考评工作，39家特色阅读空间通过考评，同比新增16家。其中包括新落户西城区、被北京市评为“最美书店”的钟书阁老佛爷店。

（赵 臣）

西城区博物馆、文化馆一览表

表7

名称	地址
北京鲁迅博物馆	阜成门内大街宫门口二条19号
民族文化宫博物馆	复兴门内大街49号
中国地质博物馆	西四羊肉胡同15号
中国古动物馆	西直门外大街142号
宋庆龄故居	后海北沿46号
北京天文馆	西直门外大街138号
首都博物馆	复兴门外大街16号
北京古代建筑博物馆	东经路21号
徐悲鸿纪念馆	新街口北大街53号
郭沫若纪念馆	前海西街18号
梅兰芳纪念馆	护国寺街9号
中国佛教图书文物馆	法源寺前街7号
北京市古代钱币展览馆	德胜门东大街9号德胜门箭楼下
北京市白塔寺管理处	阜内大街171号
北京郭守敬纪念馆	德胜门西大街甲60号
北京红楼文化艺术博物馆	南菜园街12号
古陶文明博物馆	右安门内西街12号（大观园北门）
中国钱币博物馆	西交民巷22号

续表7

名称	地址
恭王府及花园	前海西街17号
慈悲庵	太平街19号
北京戏曲博物馆	虎坊路3号
中国印钞造币博物馆	西直门外大街甲143号
北京宣南文化博物馆	长椿街9号
北京李大钊故居	文华胡同24号
北京历代帝王庙博物馆	阜成门内大街131号
北京通信电信博物馆	骡马市大街9号
北京空竹博物馆	广安门内街道小星胡同9号
北京菜百黄金珠宝博物馆	广安门内大街306号
中国工艺美术馆	复兴门内大街101号
西城区第一文化馆	西直门内大街147号
西城区第二文化馆	福长街四条2号

西城区图书馆一览表

表8

名称	地址
西城区图书馆	后广平胡同26号、教子胡同8号
西城区青少年儿童图书馆	西直门内大街69号
德胜街道图书馆	新明胡同甲1号
什刹海街道图书馆	刘海胡同11号
西长安街街道图书馆	东斜街53号、小六部口胡同36号
大栅栏街道图书馆	杨梅竹斜街甲125号、西河沿228号
天桥街道图书馆	禄长街头条甲二号地下一层
新街口街道图书馆	西直门内大街235号、宫门口三条乙1号
金融街街道图书馆	太平桥大街107号地下2层
椿树街道图书馆	骡马市大街9号
陶然亭街道图书馆	粉房琉璃街160-9号、菜市口大街甲2号院9号楼
展览路街道图书馆	展览馆路甲18号
月坛街道图书馆	月坛南街19号院4号楼
广内街道图书馆	下斜街一号东楼二层
牛街街道图书馆	牛街东里一区18号楼
白纸坊街道图书馆	枣林前街16号
广外街道图书馆	广安门车站西街2号院17号楼二层

文化活动

【概况】结合区域文化特色，紧贴时代主旋律，以文化惠民“365工程”为依托，开展“一街一品”文化活动，完善供需对接机制，提供“菜单式”“订单式”服务，为人民群众提供丰富多彩的优秀精神文化产品。全年开展各级各类文化活动6282场，参与群众834.9万人次。其中线上活动1179场，点击量779.7万次。

（赵 臣）

【2020年百姓戏剧展演】3月1日至12月31日，区文旅局主办、区第一文化馆承办2020年百姓戏剧展演系列活动。以线上线下互为支撑的全新形式，共推出26部重点剧目，其中线上剧目10部、线下剧目16部，共演出30场次。线上西城百姓剧院网站点击量619872人次，播放量310234次。西城文化云平台点击量978720人次，浏览量136550人次。线下演出8场，文化云平台直播受众258261人次。

（赵 臣）

【清明诗歌朗诵会】4月3日，“忆满京城·情思华夏——2020年清明诗歌朗诵会”在西城区文化馆录播。艺术家借助诗歌的力量，缅怀追忆逝去的亲人。线上活动点击量1570余人次。

（赵 臣）

【“世界读书日”线上活动】4月21至23日，区青少年儿童图书馆推出“书海寻宝大闯关，你来阅读我买单”主题线上活动。活动设置好书推介、有奖知识问答、轻松小游戏等板块，依据青少年儿童不同年龄设置4种不同难度的题目，增强青少年儿童参与活动的兴趣。区特色阅读空间在世界读书日期间也开展了丰富多彩、形式各样的阅读活动。

（赵 臣）

【阅读春天暨第三届海棠诗会】4月23日，西城区阅读春天系列活动启动仪式暨“海棠花开·爱在新时代——第三届海棠诗会”在线直播。

（赵 臣）

【《中国青年》网络视听诗歌朗诵会】5月2日，第82期星期朗诵会“《中国青年》网络视听诗歌朗诵会”在区文化馆举办，歌颂在社会主义建设和新冠疫情防控中的英雄和优秀青年，抒发奋勇前进的壮志豪情和浓厚的爱国情怀。同步举行的线上活动点击量达1240余人次。

（赵 臣）

【阅天下·邂逅图书馆之美主题活动】5月25至29日，西城区青少年儿童图书馆开展“阅天下·邂逅图书馆之美”主题活动，由中国新闻出版研究院国民阅读研究与促进中心兼职研究员刘颖主持，邀请倪晓建、王升山、马光复、李金龙和霍金华担任“图书馆宣传大使”，引导青少年走进图书馆、利用图书馆，提升阅读素养和能力。

（赵 臣）

【第四届PAS·中国国际打击乐艺术节】6月15日，第四届PAS·中国国际打击乐艺术节在西城区文化馆缤纷剧场开幕。活动采取云直播形式，通过网络平台播放国内外大师的演出，线上浏览量达3085224次。

（赵 臣）

【京剧行当艺术经典剧目展演】9月1日至12月31日，区政府和国家京剧院共同主办“京剧行当艺术经典剧目展演”。活动属以京剧行当“生旦净末丑”为主题的五年系列项目推广工程。采取线上线下相结合的方式，历时4个月完成大型剧目展演2场、小型剧目驻场演出20场，在国家京剧院畅和园剧场、梅兰芳大剧院等举办了京剧化妆课、经典剧目赏析课、京剧名家大讲堂等24场活动。

（赵 臣）

【京剧票房大赛】9月2至4日，2020西城区京剧票房大赛在区文化馆小剧场举办。共22支队伍参赛，展示优秀京剧“票友”艺术风采，丰富群众文化生活。

（赵 臣）

【第六届中国童书博览会】10月4至13日，由中国出版协会书香中国、北京阅读季领导小组指导，西城区委区政府主办，区委宣传部与文旅局承办的第六届中国童书博览会，在天宁1号文化科技创新园举办。活动立足国际视野，搭建儿童阅读、家庭分享、行业创新、产业发展等四位一体的线上线下儿童阅读推广服务平台。

（赵 臣）

【青青草文学社大讲堂】10月5日至11月15日，西城区青少年儿童图书馆举办“青青草文学社大讲堂”。坚持关注阅读、寓教于乐、贴近读者理念，采用线上线下相结合的方式，推出作家教你写作文、诗意人生和老北京文化3个系列讲座，聘请专家学者指导青少年儿童阅读写作，普及传统文化知识，让青少年儿童在聆听高品质、多样化的讲座中，传承中华优秀传统文化，营造和谐健康、向上向善的文化氛围。

（赵　臣）

【第十五届中国国际合唱节】10月5至31日，由文化和旅游部国际交流与合作局、北京市教育委员会、西城区人民政府、中国合唱协会、国际合唱联盟等联合主办的第十五届中国国际合唱节以全线上的形式举行。合唱节由会议论坛、展演及评测、教育交流、文化惠民、扶贫公益5个板块构成，举办了开幕式、专场音乐会、专家点评、合唱论坛、合唱创意大赛、中国合唱新作品音乐会、合唱指挥大师班、合唱公益活动、闭幕式音乐会等线上活动117场。来自55个国家和地区的专家学者以及450支合唱团的20000余合唱爱好者参加。其中，开幕式在国内外20余个平台线上播放，同时在线观看最高达800万人，累计观看人次1200万。

（赵　臣）

【第四届老舍戏剧节】10月22日至12月31日，由区文旅局支持，北京市演出有限责任公司与北京天桥艺术中心管理有限公司共同主办第四届老舍戏剧节。本届戏剧节由剧目展演和戏剧茶馆文化两个板块组成，共组织了13部、23场演出和8场内容多元、形式多样的戏剧主题活动，线上线下近百万人次参与演出和相关活动。

（赵　臣）

【重阳节专场演出】10月24日，“同心同筑中国梦·孝满京城暖人心”2020年西城区重阳节专场演出在区文化馆举办。以独唱、重唱、诗歌朗诵、京剧、相声、魔术、民乐联奏等形式，让老年观众度过一个快乐、幸福、温馨的重阳节。

（赵　臣）

【儿童阅读周】12月2至31日，由区委宣传部、文化和旅游局、教育委员会主办，区阅读推广中心和学生活动管理中心承办儿童阅读周活动。活动主题为“插上阅读的翅膀，看见更大的世界”，40余所学校177个班级，逾3万名学生参与。

（赵　臣）

文化遗产保护

【概况】积极推动大运河遗产点位文物保护，编制《区文旅局关于进一步加强西城区一般不可移动文物保护管理的实施方案》，向社会公布第一批15项区文保单位保护范围建控地带，发布文物建筑活化利用计划。整合博物馆资源，构建博物馆体系。挖掘辖区内红色遗迹，释放红色旅游的教育功能和效果。继续推进非物质文化遗产名录体系建设，实施西城记忆·濒危非遗项目纪实纪录工程，持续开展“四节一日”传统节日传统文化活动，彰显历史文化名城魅力，增强文化自信和向心力。

（赵　臣）

【首批文物建筑活化利用】1月6日，向社会发布首批文物建筑活化利用计划，包括歙县会馆、晋江会馆、梨园公会、钱业同业公会、聚顺和栈南货老店旧址、西单饭店旧址、新市区泰安里等7处腾退文物建筑。有13家机构的14个利用方案入围专家评审。

（赵　臣）

【京报馆等7项文物建筑修缮工程开工】5至6月，受新冠疫情影响暂停施工的京报馆、五道庙、云南新馆、华康里、三清观、庆云寺、恭俭胡同三官庙等7项文物建筑修缮工程，通过防疫安全检查，陆续复工。

（赵　臣）

【非遗时尚创意设计大赛】6月10日至12月31日，由区文旅局主办，区非物质文化遗产保护中心承办的“民间瑰宝·魅力之都”2020北京非物质文化遗产时尚创意设计大赛，在中国传媒大学、北京服装学院、北京联合大学、北京城市学院、北京高级美术技工学校等五所高校开展。大赛面向社会公开征集设计方案229件，评选出一等奖2件、二等奖4件、三等奖6件、优秀奖20件、应用转化潜力奖3件。印刷作品集500册。

（赵　臣）

【“非遗演出季”系列活动】6至11月，文旅局主办2020年非遗演出季活动，集中展示西城非遗项目。推出“雅乐尚韵”——传统音乐线上专场、“精武·传承”——传统武术专场、相声专场、“礼赞”——献礼全面建成小康社会主题新作品专场等5场线上线下演出，展示中华文化的独特魅力。

（赵　臣）

【招募非遗项目传承志愿者】7月20日至12月5日，区非物质文化遗产保护中心主办的第七届“民间瑰宝·记忆西城”西城区非物质文化遗产项目传承志愿者招募活动，受到社会2400余人次关注，485人报名参与。遴选了47名学员跟随药香制作技艺、京绣、面塑、彩蛋绘制、大悲拳五个非遗项目传承人，接受24课时专业培训，并在规定时间内完成作品，在结业仪式上展示。

（赵　臣）

【非遗体验DIY夏令营】8月1至30日，由区非物质文化遗产保护中心主办的第六届传统文化体验之旅·非遗体验DIY夏令营，在京彩瓷博物馆、戴月轩总店、三石斋风筝店、北京琴书非物质文化遗产传承基地、彩砂工艺黄小群大师工作室、荣宝斋、六必居等7家非遗场馆举行，共组织活动200余场，接待学生及家长5000余人。

（赵　臣）

【七夕节】8月25日，“爱满京城·相约幸福”2020年七夕节文化活动在大观园举办。活动以“祈福、爱情、幸福、美满”为主线，弘扬传统文化，展现非遗风采、普及科学知识。

（赵　臣）

【非遗传承进校园】10至12月，由文旅局主办，常青藤可持续发展研究所承办的非遗传承进校园活动广泛展开。区内15所学校参与，开设18个项目38个班级课程，258课时，受到校方及同学们的好评。

（赵　臣）

【中秋游园赏月活动】10月1日，“月圆京城·情系中华”——2020年西城区中秋群众游园赏月活动，在月坛公园举办。活动汇集了诗歌朗诵、戏曲专场演出、非物质文化遗产展览展示、拜“兔儿爷”、团圆寄语、游园互动等内容，利用投影、投射、彩幕技术，增加了时光隧道、太空人互动快闪、月旅印记、月宫霓虹打卡、汉服互动、十二生肖创意拍照等众多项目。

（赵　臣）

【首届大运河非遗论坛】11月14至15日，区委宣传部、区文化和旅游局与北京联合大学北京非物质文化遗产学院共同发起，携手大运河沿线多家单位，举办大运河非遗论坛。论坛以“融汇贯通南北对话”为主题，旨在探索建立大运河沿线非遗交流对话机制，搭建南北非遗融合创新发展平台，聚集大运河非遗智力资源，积极探索我国非物质文化遗产的研究、传承与传播。

（赵　臣）

【京津冀非遗精品展】11月19至25日，由区文化和旅游局，天津市和平区文化和旅游局、河东区文化馆，河北省阜平县文化广电和旅游局、张北县文化馆共同策划的京津冀非遗精品展在北京天桥艺术中心举办。参展非遗作品50件，既体现了当地独特的文化特色，又展现出非遗传承人高超的制作技艺。

（赵　臣）

【长椿寺中路岁修工程竣工】11月25日，长椿寺中路岁修工程完工，并通过北京市文物工程质量监督站验收。工程严格按照原形制、原结构、原工艺、原材料，采用传统的施工工艺修缮，保持原汁原味。

（赵　臣）

西城区全国重点文物保护单位一览表

表9

名称	时代	地址	公布时间（年）
北海及团城	明、清	文津街1号	1961
妙应寺白塔	元	阜成门内大街171号	1961

续表9

<table>
<tr><th colspan="2">名称</th><th>时代</th><th>地址</th><th>公布时间（年）</th></tr>
<tr><td colspan="2">北京宋庆龄故居</td><td>现代</td><td>后海北沿46号</td><td>1982</td></tr>
<tr><td colspan="2">恭王府及花园</td><td>清</td><td>前海西街17号、柳荫街14号</td><td>1982</td></tr>
<tr><td colspan="2">郭沫若故居</td><td>现代</td><td>前海西街18号</td><td>1982</td></tr>
<tr><td colspan="2">大高玄殿</td><td>明</td><td>景山西街21号、23号</td><td>1996</td></tr>
<tr><td colspan="2">历代帝王庙</td><td>明、清</td><td>阜成门内大街131号</td><td>1996</td></tr>
<tr><td colspan="2">南堂</td><td>明、清</td><td>前门西大街141号</td><td>1996</td></tr>
<tr><td colspan="2">景山</td><td>明、清</td><td>景山西街44号、景山后街11号</td><td>2001</td></tr>
<tr><td colspan="2">白云观</td><td>明、清</td><td>西便门外白云观</td><td>2001</td></tr>
<tr><td colspan="2">中南海</td><td>明、清</td><td>1711信箱4号乙</td><td>2006</td></tr>
<tr><td colspan="2">德胜门箭楼</td><td>明、清</td><td>北二环中路</td><td>2006</td></tr>
<tr><td colspan="2">北京鲁迅旧居</td><td>民国</td><td>阜成门内宫门口二条19号</td><td>2006</td></tr>
<tr><td colspan="2">清农事试验场旧址</td><td>清</td><td>西直门外大街137号</td><td>2006</td></tr>
<tr><td colspan="2">月坛</td><td>明</td><td>南礼士路</td><td>2006</td></tr>
<tr><td colspan="2">醇亲王府</td><td>清</td><td>后海北沿44号、鼓楼西大街156号</td><td>2006</td></tr>
<tr><td colspan="2">广济寺</td><td>明</td><td>阜成门内大街25号</td><td>2006</td></tr>
<tr><td colspan="2">北平图书馆旧址</td><td>民国</td><td>文津街7号</td><td>2006</td></tr>
<tr><td colspan="2">北京国会旧址</td><td>民国</td><td>宣武门西大街57号</td><td>2006</td></tr>
<tr><td colspan="2">京师女子师范学堂旧址</td><td>民国</td><td>新文化街45号</td><td>2006</td></tr>
<tr><td colspan="2">利玛窦和外国传教士墓地</td><td>明、清</td><td>车公庄大街6号</td><td>2006</td></tr>
<tr><td colspan="2">西什库教堂</td><td>清</td><td>西什库大街33号</td><td>2006</td></tr>
<tr><td colspan="2">国立蒙藏学校旧址</td><td>清</td><td>小石虎胡同33号</td><td>2006</td></tr>
<tr><td colspan="2">关岳庙</td><td>民国</td><td>鼓楼西大街149号</td><td>2006</td></tr>
<tr><td colspan="2">天宁寺塔</td><td>辽</td><td>天宁寺前街甲3号</td><td>1988</td></tr>
<tr><td colspan="2">牛街礼拜寺</td><td>明、清</td><td>牛街18号</td><td>1988</td></tr>
<tr><td colspan="2">先农坛</td><td>明</td><td>东经路21号、南纬路27号</td><td>2001</td></tr>
<tr><td colspan="2">法源寺</td><td>清</td><td>法源寺前街5号</td><td>2001</td></tr>
<tr><td colspan="2">安徽会馆</td><td>清</td><td>后孙公园17.19.21.23.25.27号</td><td>2006</td></tr>
<tr><td colspan="2">报国寺</td><td>清</td><td>报国寺前街1号</td><td>2006</td></tr>
<tr><td colspan="2">国民政府财政部印刷局旧址</td><td>清</td><td>白纸坊街西街23号</td><td>2006</td></tr>
<tr><td rowspan="4">大栅栏商业建筑</td><td>瑞蚨祥</td><td>民国</td><td>大栅栏街5号</td><td rowspan="4">2006</td></tr>
<tr><td>谦祥益</td><td>民国</td><td>珠宝市街5号</td></tr>
<tr><td>劝业场</td><td>清</td><td>廊房头条17号</td></tr>
<tr><td>祥义号门面</td><td>民国</td><td>大栅栏街1号</td></tr>
<tr><td colspan="2">李大钊旧居</td><td>民国</td><td>文华胡同24号</td><td>2013</td></tr>
<tr><td colspan="2">梅兰芳旧居</td><td>现代</td><td>护国寺街9号</td><td>2013</td></tr>
</table>

续表9

名称	时代	地址	公布时间（年）
明北京城城墙遗存（西便门段）	明	复兴门南大街	2013
克勤郡王府	清	新文化街53号	2013
辅仁大学本部旧址	民国	定阜街1号	2013
盛新中学与佑贞女中旧址	民国	教场胡同2号、教场胡同4号	2013
万松老人塔	元	西四南大街43号旁门	2013
基督教中华圣公会教堂	民国	佟麟阁路85号	2013
西交民巷近代银行建筑群	民国	西交民巷17号、23号、50号	2013
大运河（北京市西城区）	元、明	地安门外大街（含万宁桥）	2013
长椿寺	明	长椿街9号、11号	2019
湖广会馆	清	虎坊路3号、5号	2019

北京市文物保护单位一览表

表10

名称	时代	地址	公布时间（年）
程砚秋故居	现代	西四北三条39号	1984
齐白石故居	民国	跨车胡同13号	1984
升平署戏楼	清	西长安街1号、大宴乐胡同11号	1984
郑王府	清	大木仓胡同35号	1984
礼王府	清	西黄城根南街7号、9号，颁赏胡同19号	1984
庆王府	清	定阜街3号、德胜门内大街甲254号	1984
福佑寺	清	北长街20号	1984
广化寺	元、明	鼓楼西大街鸦儿胡同31号	1984
护国寺金刚殿	元	护国寺西巷	1984
都城隍庙（寝殿）	元、明、清	成方街33号	1984
吕祖阁	清	明光胡同6号、新壁胡同41号	1984
火德真君庙	元、明、清	地安门外大街77号	1984
昭显庙	清	北长街71号	1984
天主教圣母会法文学校	清末	前门西大街137号	1984
西四北三条11号四合院	民国	西四北三条11号	1984
西四北六条23号四合院	民国	西四北六条23号	1984
前公用胡同15号四合院	民国	前公用胡同15号	1984
西四北三条19号四合院	民国	西四北三条19号	1984
西交民巷87号和北新华街112号四合院	民国	西交民巷87号、北新华街112号	1984

续表10

名称	时代	地址	公布时间（年）
涛贝勒府	清	柳荫街25号、27号、乙27号	1995
北京水准原点旧址	民国	西安门大街1号（一部南门）	1995
富国街3号四合院	清	富国街3号	1995
平绥铁路西直门车站旧址	清末	西直门外北滨河路1号	1995
百万庄路8号墓园石刻	清末	阜成门外百万庄路8号	2001
贤良祠	清	地安门西大街103号	2001
旧式铺面房	清末	地安门外大街50号、52号	2001
会贤堂	清	前海北沿18号	2003
拈花寺	明	大石桥胡同61号	2003
地安门西大街153号四合院	清	地安门西大街153号	2003
阜成门内大街93号四合院	民国	阜成门内大街93号	2003
雪池冰窖	清	雪池胡同10号	2003
恭俭冰窖	清	恭俭五巷5号	2003
皇城墙遗址（西城区）	明、清	西长安街	2003
三圣庵	清	黑窑厂胡同14号	1984
陶然亭慈悲庵	元	陶然亭公园内	1984
湖南会馆	清	烂漫胡同101号、103号	1984
中山会馆	清	珠朝街5号	1984
正乙祠	清	西河沿220号	1984
杨椒山祠	明	达智桥胡同12号及旁门、校场三条2号	1984
康有为故居	清	米市胡同43号	1984
朱彝尊故居	清	海柏胡同16号	1984
《京报》馆	民国	魏染胡同30号、32号	1984
盐业银行旧址	民国	前门西河沿7号	1995
交通银行旧址	民国	前门西河沿9号	1995
粮食店第十旅馆	清	粮食店街73号	2001
金中都太液池遗址	金	广安门外南街77号	2001
云绘楼清音阁	清	陶然亭公园内	2001
德寿堂药店	民国	珠市口西大街75号	2003
纪晓岚故居	清	珠市口西大街241号	2003
原京华印书局	民国	南新华街177号	2003
醇亲王府（南府）	清	鲍家街43号、甲2号	2011
广福观	明	烟袋斜街37号、大石碑胡同6号	2011
清学部遗存	清	教育街1号宣内17号	2011

续表10

名称	时代	地址	公布时间（年）
清稽查内务府御史衙门	清	陟山门街5号	2011
兆惠府第遗存	清	前井胡同3号	2011
中国地质调查所旧址	民国	兵马司胡同15号	2011
张自忠旧居	民国	府右街丙27号	2011
浏阳会馆（谭嗣同故居）	清	北半截胡同41号、南半截胡同6号、8号	2011
绍兴会馆	清	南半截胡同7号	2011

西城区级文物保护单位一览表

表11

名称	时代	地址	公布时间（年）
三官庙	明	西海北沿29号	1989
净业寺	明	德胜门内西顺城街46号	1989
双寺	明	双寺胡同11号、西绦胡同2号	1989
普济寺（高庙）	明	西海南沿48号	1989
棍贝子府花园	清	新街口东街31号	1989
德胜桥	明	德胜门内大街	1989
摄政王府马号	清	后海北沿43号	1989
大藏龙华寺	明	后海北沿23号	1989
寿明寺	明	鼓楼西大街79号	1989
小石桥胡同24号宅园（盛园）	清	小石桥胡同24号、后马厂胡同17号	1989
银锭桥	明、清	后海北沿东端	1989
鉴园	清	小翔凤胡同5号	1989
正觉寺	明	正觉胡同9号、甲9号	1989
魁公府	清	宝产胡同甲23号、25号、27号、29号，赵登禹路58、60号，四根柏胡同18号	1989
旌勇祠	清	旌勇里3号	1989
保安寺	元	地安门西大街133号、135号	1989
天寿庵	明	龙头井街42号	1989
玉皇阁	元	育强胡同甲22号	1989
翠花街5号四合院	民国	翠花街5号	1989
元大都下水道	元	西四路口	1989
清真普寿寺	明	锦什坊街63号	1989
永佑庙	清	府右街1号、3号	1989

续表11

名称	时代	地址	公布时间（年）
万寿兴隆寺	明	北长街39号	1989
洵贝勒府	清	背阴胡同37号	1989
仪亲王府	清	府右街137号	1989
霱公府	清	西绒线胡同51号	1989
永寿寺	明	三里河前巷1号	1989
马尾沟教堂	民国	车公庄大街6号	1989
陆谟克堂	民国	西直门外大街141号	1989
护国双关帝庙	元、明、清	西四北大街167号、甲167号	2007
阿拉善王府	清	毡子胡同7号	2007
法源清真寺	清	德胜门外大街200号	2007
镶红旗满洲都统衙门	清	新文化街137号	2007
吕祖宫	清	复兴门内北顺城街15号	2007
西四街楼	清	西四北大街255号、阜成门内大街1号	2007
圆广寺大殿	明、清	阜成门外大街7号楼—1号	2007
清端顺长公主墓碑	清	德胜门外大街冰窖口胡同75号	2007
清乾隆汇通祠诗碑	清	德胜门西大街甲60号汇通祠内	2007
天主教圣母圣衣堂	清、民国	西直门内大街130号	2007
中央医院旧址	民国	阜成门内大街133号	2007
平民中学	民国	西四北二条58号	2007
为宝书局	民国	地安门外大街156号	2007
粤东新馆	清	南横西街13号	1986
沈家本故居	清	金井胡同1号	1986
荀慧生故居	清	山西街甲13号	1986
崇效寺藏经阁	明	崇效胡同9号	1986
宝应寺	明	登莱胡同29号	1986
东南园四合院	清	东南园胡同49号	1986
北师大旧址	近代	南新华街13号、15号、17号	1986
北师大附小旧址	近代	南新华街18号	1990
林白水故居	近代	骡马市大街9号	1990
萧长华故居	清	西草厂街88号	1990
谭鑫培故居	清	大外廊营1号及旁门	1990
王瑶卿故居	清	培英胡同20号	2009

续表11

名称	时代	地址	公布时间（年）
钱市胡同炉房银号建筑群	清	钱市胡同1-8、10号，珠宝市街37号、39号	2009
前门清真礼拜寺	清	扬威胡同9号，茶儿胡同2号，笤帚胡同甲1号	2009
琉璃厂火神庙	清	琉璃厂东街29号	2009
五道庙	清	铁树斜街143—149号、樱桃斜街96—104号	2009
梨园公会	民国	樱桃斜街65号	2009
裕兴中银号	民国	施家胡同11号	2009
青云阁	民国	大栅栏西街33号	2009
护国观音寺	清	樱桃斜街4号、6号、6号旁门、8号	2009
泰丰楼饭庄西楼	清	煤市街33号、杨梅竹斜街4号	2009
晋江会馆（林海音故居）	清	南柳巷40号、42号	2009
北京东方饭店初期建筑	民国	万明路11号	2009
宜兴会馆	清	效尉营胡同44号	2009
新市区泰安里	民国	天桥仁寿路6—16号	2009
圣安寺	金	南横西街119号	2009
莲花寺	明	永庆胡同37号	2009
商务印书馆	民国	琉璃厂西街36号	2009
永兴庵	明	南柳巷45号	2009
余叔岩故居	清	异地迁移待复建	2009
尚小云故居	清	异地迁移待复建	2009
圣祚隆长寺	明、清	西四北三条3号	2011
什刹海寺	明、清	糖房大院27号	2011
福善寺	清	柳荫街26号、28号	2011
双吉寺	清	原双吉胡同3号	2011
陈垣故居	民国	兴华胡同13号	2011
西板桥	清、民国	景山后街10号	2019
嵩云草堂	明、清	达智桥胡同55号、57号	2019
山左会馆	清、民国	校场头条17号	2019
武定侯街23号四合院	民国	武定侯街23号	2019
砖塔胡同关帝庙	清	砖塔胡同68号、敬胜胡同甲11号	2019
庆云寺	明、清	景山后街10号	2019
恭俭胡同三官庙	明、清	恭俭胡同43号、45号	2019
金井胡同近代建筑	民国	金井胡同3、5号、上斜街42号	2019

西城区非物质文化遗产代表性项目一览表

表12

序号	类别	项目名称	项目级别		
			国家级	北京市级	西城区级
1	民间文学（6项）	北京童谣	★	★	★
2		北京回族民间故事			★
3		北京建城传说			★
4		什刹海的传说			★
5		北京灯谜			★
6		京味儿小说语言			★
7	传统音乐（10项）	京都北韵禅乐		★	★
8		白纸坊挎鼓		★	★
9		北京道教音乐			★
10		古代诗词歌曲			★
11		昆曲工尺谱			★
12		北京十番乐			★
13		弦索十三套			★
14		九嶷派古琴艺术			★
15		汉乐筝曲			★
16		三弦演奏			★
17	传统舞蹈（2项）	白纸坊太狮	★	★	★
18		大栅栏五斗斋高跷秧歌		★	★
19	传统戏剧（4项）	昆曲	★	★	★
20		河北梆子	★	★	★
21		北京皮影戏	★	★	★
22		西城皮影（德顺班）			★
23	曲艺（17项）	单弦牌子曲	★	★	★
24		岔曲		★	★
25		北京评书	★	★	★
26		相声	★	★	★
27		京韵大鼓	★	★	★
28		梅花大鼓		★	★
29		北京琴书		★	★
30		联珠快书		★	★
31		天桥拉洋片			★
32		天桥双簧			★

续表12

序号	类别	项目名称	项目级别		
			国家级	北京市级	西城区级
33		评书（北京）			★
34		铁片大鼓			★
35		快板			★
36		河南坠子			★
37		西河大鼓			★
38		双簧			★
39		梅花大鼓			★
40	传统体育、游艺与杂技（32项）	抖空竹	★	★	★
41		天桥中幡	★	★	★
42		天桥摔跤	★	★	★
43		口技	★	★	★
44		八卦掌	★	★	★
45		牛街白猿通背拳	★	★	★
46		祁家通背拳			★
47		六合拳		★	★
48		孙式太极拳		★	★
49		北京鬃人		★	★
50		梅花桩拳（小架）		★	★
51		天桥摔跤（2）			★
52		北京赛活驴			★
53		天桥穆派戏法			★
54		牛街掷子			★
55		三皇炮捶拳			★
56		陈式太极拳			★
57		踢花毽			★
58		天桥盘杠			★
59		七巧板			★
60		古彩戏法（杨小亭）			★
61		形意拳			★
62		少林八法拳			★
63		耍花坛			★
64		爬杆			★
65		陈式太极拳			★

续表12

序号	类别	项目名称	项目级别		
			国家级	北京市级	西城区级
66		戳脚翻子拳			★
67		大悲拳			★
68		清拳			★
69		善扑营掼跤功夫			★
70		踢冰核儿（冰蹴球）			★
71		天桥杂耍			★
72		北京内画鼻烟壶	★	★	★
73		内画鼻烟壶		★	★
74		北京仿古瓷		★	★
75		北京刻瓷		★	★
76		北京砖雕		★	★
77		彩塑京剧脸谱		★	★
78		古建油漆彩绘		★	★
79		京派剪纸（申沛农）			★
80		北京玉雕（一魔）			★
81		裕氏草编			★
82		铜印钮雕刻			★
83		毛猴			★
84		金石篆刻			★
85	传统美术（36项）	脸谱绘制			★
86		面人			★
87		彩蛋绘制			★
88		北京宫廷补绣			★
89		北京彩塑			★
90		面塑			★
91		北派雕钮			★
92		传统灯彩			★
93		绳结艺术			★
94		象牙雕刻			★
95		北京绒鸟（绒花）			★
96		彩砂工艺			★
97		北京葫芦烙画			★
98		核雕			★

续表12

<table>
<tr><th rowspan="2">序号</th><th rowspan="2">类别</th><th rowspan="2">项目名称</th><th colspan="3">项目级别</th></tr>
<tr><th>国家级</th><th>北京市级</th><th>西城区级</th></tr>
<tr><td>99</td><td rowspan="9"></td><td>北京宫廷团扇</td><td></td><td></td><td>★</td></tr>
<tr><td>100</td><td>木版年画</td><td></td><td></td><td>★</td></tr>
<tr><td>101</td><td>京彩珐琅瓷</td><td></td><td></td><td>★</td></tr>
<tr><td>102</td><td>京刻细陶</td><td></td><td></td><td>★</td></tr>
<tr><td>103</td><td>指画</td><td></td><td></td><td>★</td></tr>
<tr><td>104</td><td>研花葫芦</td><td></td><td></td><td>★</td></tr>
<tr><td>105</td><td>京作核雕</td><td></td><td></td><td>★</td></tr>
<tr><td>106</td><td>京绣</td><td></td><td></td><td>★</td></tr>
<tr><td>107</td><td>满文书法</td><td></td><td></td><td>★</td></tr>
<tr><td>108</td><td rowspan="24">传统技艺（79项）</td><td>北京宫毯织造技艺</td><td>★</td><td>★</td><td>★</td></tr>
<tr><td>109</td><td>木版水印技艺（荣）</td><td>★</td><td>★</td><td>★</td></tr>
<tr><td>110</td><td>古字画装裱修复技艺（荣）</td><td>★</td><td>★</td><td>★</td></tr>
<tr><td>111</td><td>古籍修复技艺（中国书店）</td><td>★</td><td>★</td><td>★</td></tr>
<tr><td>112</td><td>内联升千层底布鞋制作技艺</td><td>★</td><td>★</td><td>★</td></tr>
<tr><td>113</td><td>王致和腐乳酿造技艺</td><td>★</td><td>★</td><td>★</td></tr>
<tr><td>114</td><td>六必居酱菜制作技艺</td><td>★</td><td>★</td><td>★</td></tr>
<tr><td>115</td><td>张一元茉莉花茶制作技艺</td><td>★</td><td>★</td><td>★</td></tr>
<tr><td>116</td><td>鸿宾楼全羊席制作技艺</td><td>★</td><td>★</td><td>★</td></tr>
<tr><td>117</td><td>天福号酱肘子制作技艺</td><td>★</td><td>★</td><td>★</td></tr>
<tr><td>118</td><td>仿膳（清廷御膳）</td><td>★</td><td>★</td><td>★</td></tr>
<tr><td>119</td><td>烤肉季烤羊肉制作技艺</td><td rowspan="2">★</td><td rowspan="2">★</td><td>★</td></tr>
<tr><td>120</td><td>烤肉宛烤牛肉制作技艺</td><td>★</td></tr>
<tr><td>121</td><td>一得阁墨汁制作技艺</td><td>★</td><td>★</td><td>★</td></tr>
<tr><td>122</td><td>传统药香制作技艺</td><td>★</td><td>★</td><td>★</td></tr>
<tr><td>123</td><td>砂锅居全猪席烹制技艺</td><td></td><td>★</td><td>★</td></tr>
<tr><td>124</td><td>护国寺清真小吃制作技艺</td><td></td><td>★</td><td>★</td></tr>
<tr><td>125</td><td>柳泉居京菜制作技艺</td><td></td><td>★</td><td>★</td></tr>
<tr><td>126</td><td>瑞蚨祥中式服装手工制作技艺</td><td></td><td>★</td><td>★</td></tr>
<tr><td>127</td><td>马聚源手工制帽技艺</td><td></td><td>★</td><td>★</td></tr>
<tr><td>128</td><td>戴月轩湖笔制作技艺</td><td></td><td>★</td><td>★</td></tr>
<tr><td>129</td><td>“正兴德”清真茉莉花茶制作工艺</td><td></td><td>★</td><td>★</td></tr>
<tr><td>130</td><td>戏曲盔头制作技艺（李继宗）</td><td></td><td>★</td><td>★</td></tr>
<tr><td>131</td><td>北京风味小吃制作技艺</td><td></td><td>★</td><td>★</td></tr>
</table>

续表12

<table>
<tr><th rowspan="2">序号</th><th rowspan="2">类别</th><th rowspan="2">项目名称</th><th colspan="3">项目级别</th></tr>
<tr><th>国家级</th><th>北京市级</th><th>西城区级</th></tr>
<tr><td>132</td><td rowspan="33"></td><td>宫廷奶制品制作技艺</td><td></td><td>★</td><td>★</td></tr>
<tr><td>133</td><td>小肠陈卤煮火烧制作技艺</td><td></td><td>★</td><td>★</td></tr>
<tr><td>134</td><td>“爆肚冯”爆肚制作技艺</td><td></td><td>★</td><td>★</td></tr>
<tr><td>135</td><td>京胡制作技艺</td><td></td><td rowspan="2">★</td><td>★</td></tr>
<tr><td>136</td><td>洪广源派京胡制作技艺</td><td></td><td>★</td></tr>
<tr><td>137</td><td>北京鸽哨制作技艺</td><td></td><td>★</td><td>★</td></tr>
<tr><td>138</td><td>毛猴制作技艺</td><td></td><td></td><td>★</td></tr>
<tr><td>139</td><td>金属工艺品锻錾工艺</td><td></td><td></td><td>★</td></tr>
<tr><td>140</td><td>绢人制作技艺</td><td></td><td></td><td>★</td></tr>
<tr><td>141</td><td>锦匣制作技艺</td><td></td><td></td><td>★</td></tr>
<tr><td>142</td><td>叭叭鼓制作技艺（张氏）</td><td></td><td></td><td>★</td></tr>
<tr><td>143</td><td>荣宝斋装帧技艺</td><td></td><td></td><td>★</td></tr>
<tr><td>144</td><td>汲古阁拓片制作技艺</td><td></td><td></td><td>★</td></tr>
<tr><td>145</td><td>北京花茶拼配工艺</td><td></td><td></td><td>★</td></tr>
<tr><td>146</td><td>桂香村南味食品制作技艺</td><td></td><td></td><td>★</td></tr>
<tr><td>147</td><td>同和居鲁菜烹制技艺</td><td></td><td></td><td>★</td></tr>
<tr><td>148</td><td>峨嵋酒家川菜烹制技艺</td><td></td><td></td><td>★</td></tr>
<tr><td>149</td><td>曲园酒楼湘菜制作技艺</td><td></td><td></td><td>★</td></tr>
<tr><td>150</td><td>丰泽园鲁菜制作技艺</td><td></td><td></td><td>★</td></tr>
<tr><td>151</td><td>翰林谭家菜制作技艺</td><td></td><td></td><td>★</td></tr>
<tr><td>152</td><td>羊头马白水羊头制作技艺</td><td></td><td></td><td>★</td></tr>
<tr><td>153</td><td>马家老铺酱烧牛羊肉制作技艺</td><td></td><td></td><td>★</td></tr>
<tr><td>154</td><td>“户部街马记”酱烧牛羊肉制作技艺</td><td></td><td></td><td>★</td></tr>
<tr><td>155</td><td>“年糕钱”年糕制作技艺</td><td></td><td></td><td>★</td></tr>
<tr><td>156</td><td>天源酱菜制作技艺</td><td></td><td></td><td>★</td></tr>
<tr><td>157</td><td>“豆腐脑白”豆腐脑制作技艺</td><td></td><td></td><td>★</td></tr>
<tr><td>158</td><td>门框胡同褡裢火烧制作技艺</td><td></td><td></td><td>★</td></tr>
<tr><td>159</td><td>大和恒米面加工技艺</td><td></td><td></td><td>★</td></tr>
<tr><td>160</td><td>北京雕漆</td><td></td><td></td><td>★</td></tr>
<tr><td>161</td><td>金漆镶嵌</td><td></td><td></td><td>★</td></tr>
<tr><td>162</td><td>花丝镶嵌</td><td></td><td></td><td>★</td></tr>
<tr><td>163</td><td>传拓技艺</td><td></td><td></td><td>★</td></tr>
<tr><td>164</td><td>曹氏风筝</td><td></td><td></td><td>★</td></tr>
</table>

续表12

序号	类别	项目名称	项目级别		
			国家级	北京市级	西城区级
165		山核桃工艺品制作技艺			★
166		古琴斫制技艺			★
167		古建筑模型扎小样			★
168		北京金漆镶嵌			★
169		手工书画装裱修复技艺			★
170		蜡果制作技艺			★
171		北海公园标本菊传统养殖技法			★
172		金氏风筝扎制技艺			★
173		北京景泰蓝制作技艺			★
174		羯子李白汤羊蝎子制作技艺			★
175		奶酪魏奶酪制作技艺			★
176		砂板糖制作技艺			★
177		北派舞狮道具制作技艺			★
178		聚顺和茯苓夹饼传统制作技艺			★
179		泰丰楼鲁菜制作技艺			★
180		厉家菜制作技艺			★
181		茶汤李茶汤制作技艺			★
182		二胡制作技艺			★
183		筋角弓制作技艺			★
184		宫灯制作技艺			★
185		北京糖画			★
186		北京吹糖人			★
187	传统医药（14项）	宫廷正骨	★	★	★
188		鹤年堂中医药养生文化	★	★	★
189		王氏脊椎疗法	★	★	★
190		清华池修治脚病传统技艺	★	★	★
191		崇厚堂沈氏女科疗法		★	★
192		凤阳门正骨千手大法			★
193		正筋疗法			★
194		北京马应龙眼药制药技艺			★
195		王氏脑中风疗法			★
196		经筋骨推拿疗法			★
197		龟息按摩技法			★
198		“癣药刘”皮癣疗法			★

续表12

序号	类别	项目名称	项目级别		
			国家级	北京市级	西城区级
199		“济安堂”王回回膏药			★
200		锭子药手工制作技艺			★
201	民俗（4项）	厂甸庙会	★	★	★
202		鸿宾楼“老堂经”			★
203		老北京叫卖			★
204		法源寺丁香赏花习俗			★

西城区非物质文化遗产代表性项目名录扩展项目名录

表13

序号	类别	项目名称	项目级别		
			国家级	北京市级	西城区级
1	传统美术（1项）	面塑			★
2	传统技艺（3项）	花丝镶嵌			★
3		北京雕漆			★
4		古琴斫制技艺			★

西城区非物质文化遗产传承人一览表

表14

类别	项目名称	姓名	性别	出生年份	批次		
					国	市	区
民间文学	北京建城传说	王作辑	男	1948			三批
	北京灯谜	翟鸿起	男	1943			三批
		王　谦	男	1945			四批
传统舞蹈	白纸坊太狮	王建文	男	1964	三批	一批	一批
		杨敬伟	男	1958	四批	三批	二批
		丁　磊	男	1979			四批
		汤　尧	男	1988			四批
		蒋　涛	男	1977			四批
		谢东明	男	1979			四批
	大栅栏五斗斋高跷秧歌	张全增	男	1933		二批	一批
		田学明	男	1964			四批
传统音乐	京都北韵禅乐	朱锡全	男	1926		三批	二批
		吴颖超	女	1933			二批

续表14

类别	项目名称	姓名	性别	出生年份	批次		
					国	市	区
		刘爱君	女	1948		四批	三批
		朱月鸾	女	1951			四批
		金永利	男	1949			四批
	白纸坊挎鼓	李双义	男	1947			四批
	汉乐筝曲	钱　芳	女	1975			四批
	三弦演奏	马小祥	男	1969			四批
	九嶷派古琴艺术	杨　森	女	1980			四批
	弦索十三套	谈龙建	女	1952			四批
	古代诗词歌曲	王苏芬	女	1943			三批
传统戏剧	北京皮影戏	路宝刚	男	1964	五批	四批	一批
		陈　睿	女	1995			四批
		张　杰	女	1988			四批
	昆曲	侯少奎	男	1940	二批	国补	一批
		杨凤一	女	1964	二批	国补	一批
		白士林	男	1938		二批	一批
		丛兆桓	男	1931	三批	二批	一批
		韩建成	男	1939	三批	二批	一批
		王大元	男	1941	四批	三批	二批
		马玉森	男	1940		二批	一批
		周万江	男	1940		二批	一批
		张毓文	女	1946	五批	二批	一批
		乔燕和	女	1943		三批	二批
		王建平	男	1964			二批
		侯宝江	男	1946			二批
		刘国庆	男	1943			二批
		王德林	男	1943			二批
		白晓华	女	1943			二批
		张敦义	男	1945			二批
		张国泰	男	1943			二批
		顾凤莉	女	1941			四批
		侯广有	男	1936			四批
		林　萍	女	1937			四批
		王小瑞	女	1946			四批

续表14

类别	项目名称	姓名	性别	出生年份	批次		
					国	市	区
		候长治	男	1934			四批
	河北梆子	刘玉玲	女	1947	四批	二批	一批
		王凤芝	女	1941		二批	一批
		李二娥	女	1947		三批	二批
		彭艳琴	女	1956			二批
		殷新泉	男	1949			三批
		张树群	男	1957			四批
	西城皮影（德顺班）	路连达	男	1938			一批
曲艺	北京评书	连丽如	女	1943	三批	二批	一批
		贾建国	男	1942			二批
		王玥波	男	1978			四批
	岔曲	张蕴华	女	1948	四批	二批	一批
		希婉英	女	1952			一批
		马　岐	男	1940			一批
		马小祥	男	1969			一批
	单弦	赵玉明	女	1929		四批	三批
		马增蕙	女	1936	五批	四批	三批
	联珠快书	章学楷	男	1936		二批	一批
		王玥波	男	1978			二批
	北京琴书	王树才	男	1968		三批	一批
		刘砚声	男				一批
	京韵大鼓	李　想	女	1984			二批
		张曦文	女	1978			四批
		种玉杰	男	1959	五批	四批	三批
	相声	张志强	男	1959			二批
		常贵田	男	1942			四批
		康有纯	男	1957			二批
	双簧	莫　岐	男	1940			四批
	铁片大鼓	王淑玲	女	1968			四批
	快板	李　菁	男	1978			四批
	河南坠子	杨惠乔	女	1978			四批
		马玉萍	女	1936			四批
	梅花大鼓	何　丹	女	1980			四批

续表14

类别	项目名称	姓名	性别	出生年份	批次		
					国	市	区
	西河大鼓	贾建国	男	1942			四批
		钟喜荣	女	1960			四批
	评书（北京）	马　岐	男	1940			三批
传统体育、游艺与杂技	天桥中幡	傅文刚	男	1961	一批	一批	一批
		傅思超	男	1981			四批
		傅文友	男				一批
	天桥摔跤	张　伟	男	1988			四批
	抖空竹	张国良	男	1955	一批	一批	一批
		李连元	男	1946	一批	一批	一批
	北京鬃人	白大成	男	1939		一批	一批
		白　霖	男	1979			一批
	八卦掌	孙志均	男	1933	四批	三批	二批
		赵大元	男	1944			二批
		王尚智	男	1947			二批
		李秀人	女	1953			三批
		韩　杰	男	1931			三批
		马传旭	男	1934		四批	三批
		高继武	男	1942			三批
		刘敬儒	男	1936	五批	四批	三批
	口技	牛玉亮	男	1938	四批	三批	二批
		方浩然	男	1990			四批
	天桥摔跤	刘金辉	男	1956			四批
	六合拳	曹凤岐	男	1948		四批	三批
	孙式太极拳	孙婉蓉	女	1928		三批	二批
		孙宝亨	男	1933			二批
		孙　扨	男	1970			三批
	牛街白猿通背拳	李占华	男	1942		三批	二批
		李树成	男	1959			三批
		王建华	男	1951			三批
		钟宝义	男	1954		四批	三批
	祁家通背拳	戴振川	男	1955			二批
	五行通背拳	马启华	男	1954			二批
	梅花桩拳（小架）	韩建中	男	1942		四批	三批

续表14

类别	项目名称	姓名	性别	出生年份	批次		
					国	市	区
		韩　超	男	1968			三批
	三皇炮锤拳	庞连福	男	1955			三批
	六合拳	李炎荣	男	1944			四批
	大悲拳	贾淑敏	女	1946			四批
	清拳	王福民	男	1959			四批
	形意拳	张增记	男	1959			三批
	陈式太极拳	田秋信	男	1942			四批
		陈敬东	男	1969			四批
		谢志根	男	1938			四批
	戳脚翻子拳	洪志田	男	1946			四批
		钟海明	男	1950			四批
	少林八法拳	曾皑洁	男	1961			三批
	踢冰核儿（冰蹴球）	周红旗	男	1958			四批
	穆派戏法	田学明	男	1964			三批
	耍花坛	周仁喜	男	1953			三批
	天桥杂耍	黄淑英	女	1944			四批
		张燕荣	女	1938			四批
		赵　艺	女	1974			四批
	爬杆	于　健	男	1953			三批
传统美术	北京内画鼻烟壶	刘守本	男	1943	三批	一批	一批
		杨志刚	男	1963		四批	一批
		王东萍	女	1963			四批
	内画鼻烟壶	姚桂新	女	1954			二批
	北京砖雕	刘海荣	女	1969			四批
		张　彦	男	1965		四批	二批
	泥塑彩绘脸谱	佟秀芬	女	1956		四批	二批
		林泓魁	男	1983			三批
	北京玉雕	苏然	男	1971		四批	四批
	北京刻瓷	陈永昌	男				三批
	脸谱绘制	郭石刚	男	1980			三批
	北京彩塑	张忠强	男	1963			三批
	彩蛋绘制	赵　伟	女	1951			三批
	毛猴	姜守煜	男	1944			三批

续表14

类别	项目名称	姓名	性别	出生年份	批次		
					国	市	区
	象牙雕刻	李万顺	男	1944			三批
	北京绒鸟	张燕霞	女	1952			三批
	彩砂工艺	黄小群	女	1953			三批
	传统灯彩	余光亮	男	1962			三批
	京彩珐琅瓷	徐立宾	男	1986			四批
	京刻细陶	王永健	男	1959			四批
	传拓技艺	马国庆	男	1956			三批
	绳结艺术	李　钉	女	1952			三批
	京绣	李凤茹	女	1955			四批
		郭　培	女	1967			四批
		洪　涛	女	1942			四批
	指画	韩玉麟	男	1944			四批
	木板年画	张　阔	男	1959			四批
	满文书法	黎姝宏	女	1969			四批
		安双成	男	1942			四批
	京作核雕	马　宁	男	1980			四批
	砑花葫芦	徐连龙	男	1968			四批
	北京宫廷团扇	梁季兰	女	1943			四批
	北京葫芦烙画	王兆庚	男	1963			三批
	古建油漆彩绘	李海先	男	1961			四批
		李燕肇	男	1966			四批
	面塑	杨　帆	男	1976			四批
	核雕	卢晓荣	男	1960			三批
区级341人（包含19人已去世人员）、市级81人、国家级39人							

文化市场监管

【概况】年内，同源发布行政许可及备案类事项流程，38个事项全部纳入“一窗式”综合受理，为企业提供一致化、无差别的审批服务。全年办理行政许可、注册备案等2961件，无差错。出动执法人员7340人次，检查文化经营单位3670家次，行政立案47件，违法行为纳入检查率90%，执法人员执法率100%。

（赵　臣）

【撤销北京新星娱乐城】11月4日，依据《北京市西城区机构编制委员会关于撤销区文化委所属北京新星娱乐城的通知》，北京新星娱乐城注销手续全部完成。

（赵　臣）

【菜百黄金珠宝博物馆备案】11月10日，北京菜市口百货股份有限公司设立的北京菜百黄金珠宝博物馆在北京市文物局正式备案。菜百黄金珠宝博物馆是西城辖区内在“十三五”期间新增的唯一一家博物馆，也是西城区首家区属商业企业博物馆。

（赵　臣）

【完成经营类事业单位改革】年内，根据《中共北京市委办公厅、北京市人民政府办公厅印发〈北京市关于从事生产经营活动事业单位改革的实施意见〉的通知》《西城区经营类事业单位转企改制工作方案》和《西城区事业单位转企改革人员安置工作意见》，完成首都电影院、红楼电影院、胜利电影院和新街口电影院的撤销相关工作程序，全部完成经营类事业单位改革改制工作。

（赵　臣）

【行政许可数据】年内，共办理行政许可及备案类事项1211件。其中，出版物零售企业新设立87家，变更54家，注销19家；出版物连锁分支机构备案15家；歌舞娱乐场所变更7家，注销1家；网吧变更1家，注销1家；电子游艺娱乐场所变更2家，注销1家；演出场所经营单位备案1家，变更4家；文艺表演团体设立2家，变更14家，延续43家；电影放映经营单位设立1家，变更1家；艺术品经营单位备案13家，变更2家，注销2家；有线广播电视网络工程验收3家；营业性演出新审批822台、7244场次；营业性演出变更94台、营业性演出注销11台；因疫情撤销之前已审批的演出199台、1309场次；旅行社分社撤销2家；旅行社网点撤销8家。经营单位登记注册1750家。其中，演出场所经营单位登记备案42家（舞台51个，观众坐席32582个）；出版物零售企业登记注册718家；出版物连锁分支机构登记备案31家；文艺表演团体登记注册66家；电影放映单位登记注册17家；艺术品经营的单位登记备案296家；有线电视站、共用天线设计、安装单位登记注册23家；有线广播电视网络工程验收登记注册5家；互联网上网服务营业场所（网吧）登记注册94家；歌舞娱乐场所（歌厅）登记注册86家；电子游艺娱乐场所（电子游艺厅）登记注册21家；印刷企业登记注册104家；旅行社分社登记备案19家；旅行社网点登记备案225家；迷你歌咏亭经营企业登记备案3家。

（赵　臣）

文　创

【概况】北京市西城区发展服务中心（简称区发展中心）、北京市西城区文化创意产业促进中心（简称区文促中心），是区政府直属相当正处级公益一类财政补助事业单位，由区文化和旅游局代为管理。下设办公室、文创品牌科、文创园区科、文创服务科等4个职能科室。主要职责：协助文创园区基地的建设、管理、服务等工作；落实市文化创新发展专项资金项目，区文创产业发展专项资金项目；协助推进文创产业服务体系建设；组织、参与文创产业宣传推介和重大活动；协助推进和落实文创产业重大项目建设；负责文创产业空间资源的调查、分析、整合及利用；完成区委、区政府交办的其他任务。

地址：西城区西直门南小街国英一号502

电话：58562977

（付冰洁）

【新冠肺炎疫情防控】1月31日，按照《西城区文化和旅游局新型冠状病毒感染的肺炎疫情防控领导小组工作方案》的要求，抽调干部参加区文旅局疫情防控工作组，负责落实116家酒店及北京动物园景区的疫情防控工作，做好实地摸排、政策宣传及复工复产工作。2月19日，成立区发展服务中心（文促中心）疫情防控工作领导小组，负责全面协调、组织中心疫情防控工作。制定《新型冠状病毒感染的肺炎疫情防控工作方案》《应对新冠肺炎疫情防护措施》等方案，落实疫情防控任务。

（付冰洁）

【市级文化园区申报】3月，根据《北京市级文化产业园区认定管理办法（试行）》要求，会同区委宣传部，组织区内文创园区的建设运营管理机构申报认定评审工作。经过报名、初审等环节，共推荐18家文创园区上报市委宣传部。

（吕晓鸥）

【专项巡察整改】4月28日至6月30日，区委第一巡察组巡察文促中心工作。9月24日，巡察组提出中心六个方面存在的16个问题。中心随即召开行政办公会，成立“中心落实巡察整改工作专班”，梳理问题、建立台账、制定整改方案，明确时限，推进整改落实，确保高质整改按时到位。10月28日向区委巡察办报送《关于落实区委第一巡察组反馈意见的整改问题台账》，12月30日报送《关于落实区委第一巡察组反馈意见的整改情况报告》。

（付冰洁）

【兑现资金补助政策】5月至7月，落实西城区房租减免补贴政策，对具有区级及以上资质的文化创意产业、示范园区（基地），且已为入驻中小微企业减免房租的非区属国有企业提供资金补助，为8家市级园区补贴502万元。

（汪　洋）

【举办文创大赛西城分赛场】6月至8月，举办以“中国式新生活新场景应用”为主题的2020北京文化创意大赛初赛西城分赛场。共征集375个文创项目，覆盖文化、科技、金融等多个领域。在西城区分赛场获奖的20个项目中，有9个在北京赛区的筛选中入围北京市百强榜单，2个进入全国总决赛，其中中国音网项目最终获得全国总决赛二等奖。

（马一超）

【协办茶文化主题赛区】6月至8月，由北京市文化创意产业促进中心主办，西海48文化创意产业园承办的北京市文创大赛·茶文化主题赛在西城区举行。大赛主题是“茶之国饮”，以“共品茶香，共享美好”为理念，从茶产业、茶文化的角度，多层面地继承、挖掘、展现中国优秀的茶文化。

（马一超）

【13家文化产业园获评市级称号】7月13日至19日，市委宣传部公示“2020年度北京市级文化产业园区拟认定名单”，西城区13家文化产业园区入选。其中“新华1949”文化金融与创新产业园、中国北京出版创意产业园等2家园区入选“市级文化产业示范园区”；西什库31号、经济日报文化金融融合创新园等2家园区入选“市级文化产业示范园区（提名）”；北京DRC工业设计创意产业基地、北京文化创新工场车公庄核心示范区、北京天桥演艺区、天宁1号文化科技创新园、北京设计之都大厦园区、国家音乐产业基地中唱园区、繁星戏剧村、中国文化大厦文化科技创新园、北京坊等9家园区入选“市级文化产业园区”。

（吕晓鸥）

【参加第15届文博会】9月5日至10日，第15届中国北京国际文化创意产业博览会（简称文博会）在中国国际展览中心举办。西城区以“中国式新生活—创意引领生活”为主题，遵循“国际化、创意化、科技化、场景化、生活化”原则，展现西城重要创新成果，打造具有鲜明西城特色的主题展。此次展览通过线上线下相结合的方式，布置了一个主形象区和四个分展区，共展出20多类300余件产品，参展企业50余家，现场交易额及意向签约额280余万元，参与人次30余万。

（马一超）

【发布三年行动计划】9月8日，发布《西城区文化产业提升发展三年行动计划（2020—2022）》。计划分总体要求、重点任务和保障措施三大板块，加大文化产业投入力度，按照“补短板、抓重点、促提升、谋生态、成示范”发展路径，部署推动全区文化产业提升发展。

（刘一迪）

【兑现天桥艺术大厦租金补贴】9月，根据《关于印发入驻天桥艺术大厦机构租金补贴实施办法的通知》和《关于印发补贴入驻天桥艺术大厦工作室租金的通知》，协调相关单位成立工作专班，聘请第三方机构审核，按程序完成兑现2016年7月1日至2019年1月12日期间的天桥艺术大厦机构及工作室租金补贴。

（丁艳艳）

【北京国际设计周西城分会场】9月26日至10月7日，以“中国式新生活”为主题，举办北京国际设计周西城分会场活动。围绕创意设计领域产业链与生态圈，共推出三大板块、九个分会场63场活动，打造西城文化创意新品牌。

（马一超）

【兑现“房租通”政策资金】

12月，落实北京市“房租通”相关政策要求，召开“房租通”政策资金发放对接会，核实60家疫情期间“房租通”资金支持单位情况，“房租通”资金166万余元发放到位。

（汪　洋）

【建立园区复工复产台账】年内，建立园区企业复工复产台账，具体分析入驻园区企业运营情况，总结常态化疫情防控中先进的做法和经验，形成典型案例。

（汪　洋）

【菜西片区产业提升】年内，启动菜西片区产业提升研究课题，从区域调研、案例参考、更新策略、区域规划及提升、品牌运营建议、开发流程建议等六方面，完成《菜市口西片区产业提升发展研究报告》。

（丁艳艳）

【拓展老旧厂房文化空间】年内，根据北京市《关于保护利用老旧厂房拓展文化空间的指导意见》《关于推动老旧厂房拓展文化空间指导意见落地实施的工作方案》和《保护利用老旧厂房拓展文化空间项目管理办法（试行）》精神，完成《西城区保护利用老旧厂房拓展文化空间工作机制（征求意见稿）》。明确规范相关部门在老旧厂房保护利用、组织方式、项目申请立项、施工验收、文物保护项目办理、登记注册等方面的职责。完善行政审批流程，促进资源统筹规划应用。

（丁艳艳）

档案管理

【概况】北京市西城区档案馆（简称区档案馆）是中共北京市西城区委直属事业单位。内设办公室、党群工作办公室、档案管理科、档案利用科、机关文档科、档案编研科、展陈征集科、信息化科、档案鉴定科等9个科室。区档案局（馆）于上年3月底开展机构改革，区档案馆归口区委办管理，为地级国家综合档案馆，是集中管理全区档案的文化事业机构。主要职责是：收集保管对国家和社会具有保存价值的档案资料；开发档案信息资源，为社会提供服务。是区政府信息公开查阅场所和市爱国主义教育基地。年内，面对突如其来的新冠疫情，区档案馆举全馆之力，下沉社区参与防控，先后选派46名同志支援金融街、月坛、广内、广外等4个街道22个社区防控一线工作。在国际档案日，以线上线下相结合的方式开展系列宣传，涵盖网上展览、开放档案、档案征集、查档体验、主题征文等多项活动。深入挖掘档案文化，微信号“西城档案”发布原创图文45篇，编印出版《西城追忆》2期，在喜马拉雅平台推送10篇音频文章；与区文保所合作，出版发行口述史编研著作《平淡天真——我的父亲爱新觉罗·载涛》，接收2017—2018年度“四名”汇智计划项目档案资料电子文件4080件。区档案馆档案全宗230个，馆藏档案资料74.87万卷（件、册、张），其中纸质档案67.6万卷/件，照片5.33万张，底图3402张，资料1.3万余册，机读目录465.42万条，数字化馆藏档案60.3万卷/件，15114.63GB。

地址：西城区广安门南街68号

电话：83976506

（陈璐璐）

【档案利用服务】做好档案利用服务工作。年内接待机关、企事业单位、团体和社会公众查阅档案共计8631人次，7829卷，514件。出具证明材料6023份，利用数字化档案5994件，扫描16202页。电话咨询6186人次，窗口咨询229人次。通过微信号查档1359人次，1236卷，73件，出具证明材料1289份。实现民生档案跨馆利用，受理跨馆91人次，95卷（件），协办93人次。接办“接诉即办”热线23件，协查办理区政府办依申请公开2件。服务机关查档2217卷件，提供利用17个部门109人次，协助信息公开查档18次，复印打印档案780页。办理24次11个部门的外借档案1609卷件。

（陈璐璐）

【基础业务】接收区产业促进局2010—2019年文书档案1297件，会计档案187卷，数码照片26组54张进馆；接收区委办、区纪委等部门档案共计4238卷件，进行代管；加强珍贵和特色档案征集，多渠道发布《西城区档案馆关于征集新型冠状病毒肺炎疫情防控档案资料的通告》，丰富重大突发公共卫生事件相关档案资料，共征集书画照片资料47件1099张；征集到刘凤梧（平西抗日游击队三总队队长）《回忆平西游击队第三总队》（油印本）、李海涛（李大钊族侄）《一次隆重的葬礼》（原稿）；扎实推进档案到期开放鉴定，严格落实鉴定细则。完成1986年原西城档案鉴定复审工作18286件，拟开放13760件；1987年原宣武档案鉴定初审37946件，拟开放14520件，延期开放23426件；1987年原西城档案开放鉴定初审58247件，拟开放15719件，延期开放42528件；完成1987年原西城和原宣武的档案鉴定开放复审工作；1988年原西城档案开放鉴定60489件，完成初审38841件；1988年原宣武档案开放鉴定37773件，完成初审32773件。

（陈璐璐）

【档案信息化】做好全馆数字化原文档案数据的备份及备份数据核对整理工作。以移动存储介质的形式报送市馆，共拷贝馆藏民生档案数据约1.9TB。全力配合区委办档案管理系统建设，撰写并提交《机关文档系统功能需求》《档案数据拷贝同意书》等相关工作材料，为新系统开发应用提供档案数据6085条。

（陈璐璐）

【档案编研开发】微信号“西城档案”发布原创图文45篇，总关注人数1809人，公众号图文阅读总数达91585次88653人；编印《西城追忆》两期，共计39篇文章、139张图片、6000册；在喜马拉雅平台推送10篇音频文章，收听量近500次；与区文保所合作，出版发行口述史编研著作《平淡天真——我的父亲爱新觉罗·载涛》。多渠道发布《西城区档案馆关于征集新型冠状病毒肺炎疫情防控档案资料的通告》，充实重大突发公共卫生事件相关档案资料。接待区属企业翔达公司、社会机构清华同衡公司来馆查阅各类资料15册，为天桥历史街区更新研究和首都照相馆、致美斋申请中华老字号提供参考。年内共编印10期《档案传真》。面对突如其来的疫情，为尽快给区领导应对疫情提供决策依据，通过查阅千余份2003年西城（宣武）区防治“非典”疫情期间有关来京人员防控的相关档案，编印《档案传真》防疫专刊，供区领导部署基层疫情防控参考。

（陈璐璐）

【“档案日”活动】6月9日，开展“档案日”宣传活动。通过微信公众号举办《档案见证西城小康路》网上展览，精选馆藏50余张照片进行对比，展现十余年来西城区拓展绿色空间，建设历史文化街区胡同立体绿廊，创建“花园式单位”“花园式社区”，打造绿色宜居城区的成效。开设《北京西城报》档案日专刊，围绕档案日主题，开展征文活动；发布档案征集令，向全社会征集新冠肺炎疫情相关档案资料，全面真实记录西城区在此次疫情抗击中的珍贵记忆和宝贵经验，充实有关重大突发公共卫生事件的馆藏资料；开展“西城档案”微信公众号预约查档体验活动。档案日期间，向各界发放《兰台小红工作记》宣传册、宣传海报、《北京西城报》档案专刊等1000余份。

（陈璐璐）

【档案安全】严格按照“全覆盖、零容忍”的标准，开展安全检查，逐项检查消防报警、防盗报警、监控、温湿度控制系统、电源电线等设施设备，严格执行各项安全管理制度，在库房新加装14个高清摄像头，确保档案安全。持续对档案库房、文献室、实物档案库房等进行安全巡查，排查安全隐患，做到不留死角，确保档案安全万无一失。汛期加强档案安全排查，将有安全隐患的23个全宗8801盒档案转移至安全区域。

（陈璐璐）

【档案馆两馆融合建设】建设一座面积达标、功能完备、服务一流的新型档案馆，推进数字档案馆建设，提升档案管理现代化水平，是西城档案事业“走向依法管理、走向开放、走向现代化”的物质保证。区档案馆以融合推进档案馆新馆建设与数字档案馆建设为目标，组织全馆同志集中开展业务学习；选派业务骨干外出考察两馆融合建设情况；成立两馆融合建设专班，完善组织架构，明确工作机制，数字档案馆建设组与新馆建设组分别开展工作交流与研讨，初步形成两馆融合建设流程，明晰建设工作任务；区委常委、区委办主任徐利多次到档案馆调研，与馆领导班子共谋建设大计。

（陈璐璐）

地方志工作

【概况】中共北京市西城区委党史工作办公室（北京市西城区地方志编纂委员会办公室）是区委、区政府主管党史、地方志工作的职能部门（简称区史志办）。地方志工作的主要职责是：按照《地方志工作条例》和《北京市实施〈地方志工作条例〉办法》，依法组织、指导、督促和检查全区地方志工作；拟定地方志工作规划和编纂方案；组织编纂地方志书和地方综合年鉴；收集、整理、保存地方志文献和资料，组织整理旧志；组织开发利用地方志资源；推动地方志理论研究和学术交流，组织开展业务培训。年内，编纂出版《北京西城年鉴（2020）》，完成《北京年鉴（2020）》西城区情的供稿任务，完成发放《北京市西城区志（1994.1—2010.6）》《北京市宣武区志（1995.1—2010.6）》，推进《北京市西城区地名志》编写进度，完成《北京市西城区地名志》政区聚落、陆地水系部分总撰稿。做好地方志宣传及开发利用，收集整理地情资料。

地址：西城区南菜园街51号

电话：83975321

（齐　田）

【年鉴编纂】年初，完成《北京西城年鉴（2020）》编纂准备阶段的任务，包括组建年鉴编委会，确定主编和编辑部组成人员，把握年鉴定位，确定整体工作计划，编制编纂方案。根据市志办要求，调整年鉴栏目设置，制定框架结构和编写规范；确定全书整体规模与栏目设置；提请编委会审定编纂方案与工作计划。新冠疫情来袭，区年鉴编纂出版工作面临严峻挑战，年鉴编辑部及时调整工作计划和思路，取消原定的全区年鉴编纂工作会议，要求各责任编辑抢抓工作主动，改变“等会议召开、靠领导讲话、要文件通知”的传统做法。3月13日下发征稿通知，启动《北京西城年鉴（2020）》组稿工作。编辑部工作人员利用疫情防控工作间隙，以电话、邮箱、微信、QQ等方式将通知精神传达至各供稿单位，落实全区202家年鉴供稿单位的相关责任人，建立完善疫情之下的供稿网络，第一时间落实供稿工作任务。通过发放上年度年鉴、发放网络辅导培训课件和一对一沟通等方式，培训撰稿人，确保其掌握供稿标准，保证供稿质量；通过网络专题研讨、学习专题文章等方式，提高编辑业务水平。进一步完善编校机制、实行目标责任，细化工作流程，强化组稿、编辑、审稿等环节。经过各责任编辑的努力，到截稿时收到80%的稿件，又经反复沟通，6月底收齐稿件。各责任编辑抓紧时间整理、审核稿件，并依据编写规范进行编辑，确保年鉴编纂工作按时间节点推进。

（齐　田）

【为《北京年鉴》供稿】6月，根据市志办要求，区史志办完成为《北京年鉴（2020）》的供稿工作，撰写区情8000余字，其中组稿“北京金融街”2000余字，图片20张。客观反映辖区政治、经济、文化、社会等各方面发展变化概貌；突出疏解非首都功能、提升城市品质和区域文化软实力、改善与促进民生等方面情况。

（齐　田）

【年鉴出版】12月，区地方志编纂委员会办公室编纂的《北京西城年鉴（2020）》由中华书局出版。年鉴设区情概述、特载、专文、大事记、中国共产党西城区委员会、西城区人民代表大会常务委员会、西城区人民政府、中国人民政治协商会议西城区委员会、民主党派、人民团体、法治、军事、功能区建设、经济管理、工商、金融、城市建设、交通邮电、城市管理、科技教育、文化旅游、卫生体育、社会生活、街道、人物、统计资料、附录等27个一级栏目，下设162个二级栏目、116个分目、2479个条目，前插专题图片47张，文中彩插106张，统计资料收录26张表格，卷末附索引。全书共109.7万字。年鉴在上年基础上进行了全新改版。改版后将一级栏目“区情概况”改为“区情概述”，下设“基本地情”和“2019年经济和社会发展情况”两个二级栏目，“法治·军事”

拆分为两个独立的一级栏目，“体育·卫生”调整为“卫生体育”。图文并茂是此次改版的重中之重，改版后每个一级栏目下增加了专题照片，起到补充文字信息量、加深读者印象、调节美化版面的作用，提高了年鉴的资料价值和使用体验。

（齐　田）

【地名志、典编纂】年内，完成《中华人民共和国标准地名词典》《北京市地名志》西城区部分材料的审核、查阅、修改工作，补充资料40余万字，成稿约30余万字。修改完善西城区地名志资料长编，以二普资料为基础，多渠道补充资料，注重挖掘地名信息，完善词条释文内容，遵守体例规范，力求释文要素项目齐全，调整篇目结构，编写历史地名词条释文。完成《北京市西城区地名志》初稿约150余万字，选定图片200余张。与北京市测绘院协商制作地名志地图18幅，为15个街道量身定制地名图。志书全面记述西城区地名演变、发展的历史与现状，是北京市第二次全国地名普查成果转化工作的组成部分，主要包括自然实体、政区聚落、交通设施、名胜古迹、公共建筑等。年底，部分篇章进入总纂阶段，12月，完成《北京市西城区地名志》政区聚落、陆地水系部分总纂稿，全文约8万余字。

（齐　田）

【基层修志】年内，区地方志编纂委员会发挥统筹协调作用，创新工作方法，统筹做好地方志工作的组织协调和督促指导。强化对志书、年鉴编纂出版的规范管理，严格执行地方志书、年鉴审查备案制度。疫情期间，通过电话、网络、微信等线上指导街道修志人员，对《天桥街道志》反馈审读意见和修改建议达50余条。《天桥街道志》作为中国名镇志文化工程丛书之一，通过中国地方志指导小组复审，进入出版环节。《大栅栏街道志（1993—2010）》作为北京市街道系统二轮志首部志书，通过复审，根据市志办要求，区志办对问题进行整理汇总，反馈修改意见100余条。年内，该书进入终审定稿阶段。

（齐　田）

【地方志宣传及开发利用】年内，发挥地方志资源在地方公共文化服务中的重要作用。疫情期间，通过微信、QQ、电话等方式，联系参编单位200余家，其中驻区单位50余家，共计发放二轮《西城区志》《宣武区志》《北京西城年鉴（2019）》5000余册，广泛开展志书进机关、进军营、进企业、进学校、进社区活动，受到社会各界好评。

（齐　田）

【二轮修志经验总结】年内，区史志办责编根据北京地方志学会征集二轮修志经验文章的通知精神，撰写2篇论文向学会投稿，题目分别为《浅谈地方志编修工作中的组织与管理》《浅谈二轮修志资料收集整理的方法和渠道——以〈北京市宣武区志（1995.1—2010.6）〉地方志一节的撰写为例》，共计1.5万余字。

（齐　田）

【地情资料收集整理】年内，把资料工作作为地方志一项重要的基础性工作抓实抓好，从软件、硬件两方面强化资料工作，夯实地方志工作基础，开拓社会用志途径。规范整理地情资料，归类整理归档二轮修志以来征集的电子资料、纸质资料和年鉴供稿单位提供的资料；加快地方志基础建设，通过征集、购买、交换等方式新增各类资料书籍100余册，充实地情资料室文献；完善地情资料室的检索服务功能，规范管理，更好地提供资料查询阅览电话咨询服务，全年提供区属单位及社会公众查阅检索服务50余人次。

（齐　田）

【政务服务】年内，配合区政务服务管理局完成各项政务服务工作。完成“北京市政务服务事项管理系统”中与地方志工作相关的权力事项条目的填写；配合“2020年度政务事项标准化核查工作”，核查修改管理系统中的核心要素；配合做好国务院第七次大督查迎检准备工作，参与深化“放管服”改革优化营商环境专题培训；履行“双公示”职责，全面梳理和明确区史志办的行政许可和行政处罚事项目录，签署全量公示承诺书；参加区公共信用信息服务系统“双公示”数据填报系统操作培训；定期上报“全程网办”工作情况、办事数据汇聚情况。全年共报送各类数据和清单7次，修订管理系统后台信息5次。

（齐　田）

西城区文学艺术界联合会

【概况】北京市西城区文学艺术界联合会（简称区文联）是西城区各文艺家协会及文艺工作者组成的人民团体，是北京市文联的团体会员，是西城区委、区政府联系区内文学艺术界的桥梁和纽带，是繁荣发展区文艺事业、建设社会主义先进文化的重要力量。区文联下属区作家协会、区戏剧家协会、区美术家协会、区书法家协会、区摄影家协会、区长城摄影协会、区民间艺术家协会、区音乐家协会、区舞蹈家协会、区曲艺家协会等共10个文艺家协会。现有理事194人、主席1人、常务副主席1人、副主席22人。区文联机关内设办公室、组联部、事业发展部，在职人员12人。年内，区文联坚持以人民为中心的工作导向，大力弘扬社会主义核心价值观，着力开展“深入生活，扎根人民”文艺采风和志愿服务，团结引导广大文艺工作者，推动西城区文学艺术事业的繁荣发展。

地址：广安门南街68号

电话：83976551

（王　崇）

【“福满京城·春贺神州”春节慰问活动】1月7日，区文联、书协在三义东里社区文化活动中心举办送福字、送春联活动；区文联、美协在冬奥组委首钢办公区为冬奥组委工作人员送福字、送年画；区文联、书协在气象宾馆商务楼给一线职工送福字、送春联。1月14日，区文联、美协在广外街道红莲中里社区举办给居民送福字、送年画活动。

（王　崇）

【迎新春慰问演出】1月9日，由北京市文联主办，北京曲协承办，区纪委、监委和文联协办的“我们的中国梦·文化进万家——‘莲韵西城区’首都曲艺家走进西城区纪委区监委专场演出”，在区缤纷剧场举行。1月10日，由北京市文联主办，北京曲协、区文联、妇联承办的北京曲协“一城三带”主题创作展演暨2020年西城区各界女性迎新春慰问演出在老舍茶馆举行。全国和北京市三八红旗奖章获得者、三八红旗集体代表，北京市妇女代表，西城区党政机关事业单位非公领域妇委会代表，巾帼苑各分会代表、最美家庭代表、港澳台同胞代表、以及来自西城区各行业的优秀妇女代表200余人共迎新春佳节。

（王　崇）

【迎新春民间手工艺作品展】1月20日，由区委宣传部、区文联主办，区民协、区第一文化馆承办的“福满京城，春贺神州”迎新春民间手工艺作品展览在西城区第一文化馆开幕。40余位民间艺术家参与，共展出150件作品。

（王　崇）

【京津冀书法交流特别展】6月12日，由西城区文联，天津市静海区文旅局，河北省石家庄市文联，和唐山市路北区人大、路北区委宣传部主办的“以艺抗疫——京津冀书法交流特别展”，在唐山市李明久艺术馆开幕，展览邀请四地书法家创作140余件作品。

（王　崇）

【京韵剧源系列活动】9月2日，由区委宣传部、区文联、文旅局、融媒体中心联合主办的“京韵剧源——西城区2020京剧发祥地艺术季”在北京天桥艺术中心开启。活动为期12天。9月7日，主题演讲“京剧百家讲”诚邀多位京剧名家揭秘京剧背后的故事，来自不同行业的多位专家就京剧艺术的传播与发展各抒己见；8日，“京剧不夜城”“青年武戏专场”在天桥艺术中心小剧场演出，7名青年京剧演员为观众奉献精彩的节目；9日，举办“戏迷票房专场演出”；10日晚，风雷京剧团演出京剧《剑锋山》；11日晚，北京京剧院”专场演出传统骨子老戏《龙凤呈祥》；12日晚，国家京剧院带来了《四进士》；13日晚，举办“京韵剧源——西城区2020京剧发祥地艺术季”系列活动的重头戏闭幕盛典，百年名剧汇集一台，《红娘》《打龙袍》《锁麟囊》《贵妃醉酒》《罗成叫关》《空城计》等经典唱段依次呈现，名家流派接连登场。

（王　崇）

【美协大讲堂】9月15日，由区文联主办、区美协承办的“西城区美协大讲堂专题讲座”在区美术培训学校举办，区美协会员，广内、牛街街道美术爱好者和西城区美校教师等约50余人参加。

（王　崇）

【迎中秋文艺演出】9月25日，由区文联主办，区音协、曲协、舞协、剧协和区第一文化馆、百花深处艺术团承办的“月圆京城·情系中华”——2020年西城区文学艺术界联合会迎中秋文艺演出，在区文化中心缤纷剧场举行。

（王　崇）

【区书法美术摄影民间手工艺作品展】9月26日，由区委宣传部、区文联主办的“以艺抗疫——西城区书法美术摄影民间手工艺作品展”在区第一文化馆展厅开幕。展览共展出区书协、美协、摄协、民协推荐的作品近120件。

（王　崇）

【戏曲绘画作品展】9月26日，由区委宣传部和区文联、椿树街道共同举办，西城区美协承办的“国粹之光·纪念徽班进京230周年——西城区戏曲绘画作品展”在一得阁美术馆开幕。

（王　崇）

【第九届大美西城区美术作品展】10月16日，由区委宣传部、区文联主办，区美协承办的“守望相助、心手相牵——第九届大美西城区美术作品展”在北京民族文化宫展览馆拉开序幕。展览从200余件送展作品中精选出国画70幅，油画31幅，雕塑作品3件，版画、新型复合材料画2幅，植物科学画4组幅参展。作品中有反映奋战在抗击疫情一线的广大医务工作者、社区志愿者和最美逆行者的优秀作品。

（王　崇）

【重阳摄影展】10月25日，由区文联主办，区摄协、长城摄影家协会承办，大观园管委会协办的“孝满京城·德润人心——秋光·敬老·感恩”重阳摄影展在大观园开幕。展出作品以风光和生态、人像和人文纪实为主，有115位作者的180（组）幅作品参展。

（王　崇）

【重阳京津冀曲艺专场演出】10月22日，由区文联主办、区曲协承办、区第一文化馆协办的“孝满京城·德润人心——西城区文联京津冀重阳曲艺专场演出”在西城区第一文化馆上演，来自京津冀三地的艺术家为京城观众献上了一台精彩的曲艺节目。

（王　崇）

【艺术讲堂】10月20日，由区文联主办，区民协承办的“西城区文联艺术讲堂”第一讲在北京四十三中学举办，讲座邀请区民间艺术家协会副主席赵伟讲授《非遗中华三绝彩蛋艺术之美》。10月22日，“西城区文联艺术讲堂”第二讲在椿树街道百姓文化之家举办，邀请区书法家协会主席冷万里讲授《临摹与创作》。11月18日，“西城区文联艺术讲堂”第三讲在西城区第二文化馆多功能厅成功举办，邀请区舞蹈家协会副主席原亮讲授《大型群众文化活动的组织与策划实施》。11月30日，“西城区文联艺术讲堂”第四讲在金融街街道文化活动中心举办，特邀北京长城摄影协会主席杨晓利讲授《手机摄影技法与画面表现》。

（王　崇）

【第十一届北京青年相声节】11月6日，由北京市文联主办，北京曲协、区委宣传部、区文联承办，区曲协、区第二文化馆协办的“第十一届北京青年相声节系列活动——相声作品比赛颁奖暨优秀节目展演”在天桥剧场举办。共收到14个省、直辖市、自治区报送的参赛作品73个，其中新作品63个，占报送总数的86.3%。最终评选出48个作品入围决赛。11月3至5日，决赛在西城区第二文化馆天桥艺术剧场进行，由赵连甲、李国盛、廉春明、李增瑞、崔琦、赵福玉、武宾七位艺术家组成的评委选出一等奖5个，二等奖15个，三等奖27个，组织奖12个。

（王　崇）

【古建筑保护书法作品展】12月17日，由区文联主办、区书协承办的“温故知新——西城区古建筑保护书法作品展”在北京九千堂美术馆开幕，展出了50余幅与西城区古建筑相关的诗词楹联的书法作品。

（王　崇）

【“小康西城区——中国梦”摄影展】12月19日，由区文联主办、长城摄影协会承办的“小康西城区——中国梦”摄影展在区第一文化馆开幕。影展以“小康社会”“绿色共享”为主题，共收到200多位作者的近千幅摄影作品，经过特聘专家评选，最后选出72位作者的100幅摄影作品正式展出。

（王　崇）

【“走近北京2022冬奥会”书画摄影展】12月22日，由北京市西城区、延庆区、河北省张家口市联合举办的“走近北京2022冬奥会”第四届书画、摄影主题作品展，在北京首钢冬奥组委开幕。共有160余幅美术、书法、摄影作品参展。题材以冰雪为主。

（王　崇）

西城区社会科学界联合会

【概况】北京市西城区社会科学界联合会（简称区社科联）是中共北京市西城区委领导下的人民团体，是区委、区政府联系社会科学界专家学者和社会工作者的桥梁和纽带。履行与社会科学界团体和社会科学界人士的联络、协调、管理和服务职能，组织开展学术研究、理论宣传、社科普及、决策咨询和对外学术交流等活动，推动西城区哲学社会科学事业发展。下设办公室和学术活动部，编制10人。年内，区社科联发挥资源优势，围绕老城保护与复兴、社会管理、应急管理和基层社会治理等主题开展课题研究，完成课题10项；围绕社会热点开展社科普及活动，编辑出版图书6册，举办专题讲座2场；举办“第九届社会科学普及周”和“第十九届丁香诗会”；扶持社科类社团组织社科普及活动339场次；编辑发行《西城社会科学》6期，刊登各类稿件84篇。参与防疫抗疫，全年派出下沉干部300余人次。

地址：西城区东桃园胡同2号北院

电话：88391758

（吴艳梅）

【走访专家委员】1月20至22日，区社科联领导分别走访看望王东、邬沧萍、李连仲、郑光中、吴建雍等二十余位区社科联名誉主席、顾问、常委、委员，送去新春问候，征求他们对区社科联工作的意见和建议。

（吴艳梅）

【第二届委员会常委会第四次会议】4月3至9日，召开社科联第二届委员会常务委员会第四次会议和第二届委员会第三次全体会议。受疫情影响，会议以函询的方式审议通过区社科联党组书记、常务副主席张新华所做《北京市西城区社会科学界联合会2020年工作报告》；决定免去叶宝祥区社会科学界联合会第二届委员会秘书长职务；任命窦淑龄兼任秘书长；增补王一牛等14人为区社科联委员。

（吴艳梅）

【落实意识形态工作责任制】社科联党组研究制定《2020年西城区社科联党组理论学习中心组学习安排》和《西城区社科联2020年意识形态工作要点》。围绕习近平总书记在“不忘初心　牢记使命”主题教育总结大会,和统筹推进新冠肺炎疫情防控和经济社会发展工作部署会议上的重要讲话精神，开展集体学习24次、交流研讨4次。研究制定《〈西城社会科学〉管理办法》，加强意识形态阵地建设管理。

（吴艳梅）

【社团工作】8月6日，区社科联召开社科类社团组织工作会，说明2020年常规社科普及项目立项情况。社科联与参会社团组织负责人就2020年支持项目签订合同，要求社团组织注意抓好意识形态领域和疫情防控中的安全工作。

（吴艳梅）

【重点课题研究】年内，共完成课题研究10项，其中包括2018年度重点课题《中国共产党初心视阈下西城早期红色文化研究》和《北京西城老城文化深化研究》。与德胜街道共同完成《新时代德胜街道社会治理模式研究》。围绕促进老城保护与复兴，与清华同衡研究院合作开展《北京西城老城格局与整体风貌研究》和《北京西城河湖水系保护与生态环境优化研究》课题研究，已完成初稿。与北京市社科院、北京古都学会合作完成《北京西城老城文化深化研究》课题，进入成果转化阶段。与军事科学院合作开展《西城红色文化深化研究》课题研究，已完成初稿。与中国艺术研究院戏曲研究所合作开展《西城京剧文化研究》课题研究。围绕加强新时代西城区社会公共管理、应急管理和基层社会治理体系与机制研究，梳理和探索西城区提升城市治理现代化水平的思路、举措和路径，启动《新时代西城区基层治理研究》课题。组织撰写《从基层治理看"接诉即办"》专题文章，发表在7月8日《北京西城报》第三版。与北京社科院、北京古都学会合作完成《元明清时期首都治理及民国时期北平城市治理研究》课题，时任区委书记卢映川高度重视该研究课题并给予充分肯定。

（吴艳梅）

【出版社科图书】年内，编辑出版图书6册。编撰完成《西城区京剧史料辑要》，全书约40万字，系统梳理西城区域内京剧的起源、发展、现状和前景，填补此领域研究空白。出版《"红墙意识"理论与实践》，获北京市第十六届哲学社会科学优秀成果二等奖。继续编辑《治理的工具箱》系列丛书，其中的《金融篇》和《文化篇》已出版，《传媒篇》进入修改阶段。组织编写《先声与火种——西城红色故事集萃》，收录红色故事35篇共15万字，重点反映从五四运动到新中国成立，西城红色文化产生、形成、发展过程中出现的突出人物、重要事件，及围绕红色遗存发生的故事。

（吴艳梅）

【第九届社科普及周】9月24至28日，由北京市委宣传部、市社科联、西城区委、区政府联合主办，市社科联科普工作部、区委宣传部和区社科联承办的主题为"推进文明实践·决胜全面小康"的"2020·北京社会科学普及周暨西城区第九届社会科学普及周"举行。受疫情影响，普及周首次在人民网、人文之光网以线上形式亮相。社科普及周期间，同步举办第六届"人文之光"社科知识竞赛，5.1万人次参与。举办"北京老城更新创新实践·满足美好生活需求"和"回顾北京城建发展史·再创首都文明新辉煌"首都文化知识普及讲座。发挥西城区图书馆社会功能和教育基地作用，举办"社会主义核心价值观"线上展览，线上科普讲座和"共聚力·建小康"主题书展等活动。

（吴艳梅）

【第十九届丁香诗会】4月21日，举办第十九届线上丁香诗会。诗会由区社科联和区委宣传部、区文旅局、北京法源寺、区宣南文化研究会共同主办。受疫情影响，全部采用线上录制、线上活动的方式。人民网、光明网、千龙网、北京西城报等媒体报道了本届诗会。

（吴艳梅）

【专题讲座】在第九届社会科学普及周期间，组织社科讲座两场。9月27日，由区社科联专家委员、北京师范大学文化创新与传播研究院副院长杨越明教授主讲"北京老城更新创新实践，满足人民美好生活需求"。28日，由区社科联专家委员、原武汉大学考古系主任、北京市文化发展中心主任王光镐教授主讲"回顾北京城建发展史，再创首都文明新辉煌"。

（吴艳梅）

【扶持社团发展】年内，继续以项目征集方式鼓励和支持社科类社团组织紧贴群众需求，发挥专家资源优势的讲座、咨询等社科普及活动。在社科联的支持指导下，各社团组织适时开展线上和线下社科普及活动。组织开展"城市阅读课堂"系列讲座、"外交官带你看世界"专题讲座、心理健康知识进社区，和社会科学知识系列宣讲活动。新冠疫情期间开展网络心理咨询，组织"网络科普夕阳红"文化普及讲座、书香驿站祖孙学园、朗诵艺术直播课堂等各项活动共339场，受众突破两万人。

（吴艳梅）

【防疫抗疫】针对新冠疫情，社科联成立以党组书记为组长，班子成员为副组长的疫情防控工作领导小组，制定《区社科联应对新型冠状病毒防疫防控工作方案》和《防疫物资管理制度》。按照区委统一部署，社科联选派2名骨干下沉德外大街东社区参与社区疫情防控工作。疫情期间，共派出下沉干部316人次。

（吴艳梅）

【媒体管理与宣传】年内，制定完善《〈西城社会科学〉管理办法》，规范管理期刊。《西城社会科学》共出版6期，刊登各类文章84篇，40余万字。围绕疫情防控工作，增设《应对疫情》专题栏目，刊登委员撰写的抗击疫情文章，并整理编辑两万余字的《应对疫情大事记》；刊登社科方面研究成果，选登红色文化、老城保护、社会治理等课题；全年刊登社科委员理论文章29篇。

（吴艳梅）

北京天桥盛世投资集团有限责任公司

【概况】2014年12月24日，北京天桥盛世投资集团有限责任公司（简称天桥盛世集团）成立，作为西城区国资委直接监管企业，承担西城区文化产业发展平台职能。总资产49亿元，净资产44亿元。拥有全资子公司3家，控股及授权管理企业38家。持有物业18万平方米，商业类资产7万平方米，文化类资产11万平方米。业务范围涵盖天桥演艺区建设及整体规划，文化及配套设施建设以及运营，老城改造更新。资产经营涉及文化类资产和商业类资产的空间经营；演艺涉及演出内容制作、天桥艺术中心等剧场运营、3家传统院团传承发展；影视涉及以“首都电影院”为核心品牌的连锁影院经营，影视内容制作业务等；文化创意及广告活动涉及文化创意产品开发、传统文化及艺术培训、品牌市集活动、文创园区策划及运营、户外媒体经营和公关等。

地址：西城区天桥南大街1号北京天桥艺术大厦A座5层

电话：83197717

（于赛赛）

【新冠肺炎疫情防控】新冠疫情暴发，天桥盛世集团即刻成立疫情防控工作领导小组，明确责任，细化分工，统筹做好疫情防控。配合天桥街道实施多级网格管控，做好社区封闭式管理、入户登记、测量体温等工作，形成联防联控、群防群治局面。年内，落实对中小微企业租金减免236.82万元。天桥艺术中心与全国200家剧场联名承诺，退还因疫情取消演出的定金。对接北京市对文创园区的“房租通”补贴政策，推动落实区政府对天桥艺术大厦2016—2019年租金补贴政策，涉及企业36户、工作室6户，补贴金额2631万元。

（于赛赛）

【天桥艺术中心稳步发展】年内，天桥盛世集团与中演院线作为天桥艺术中心股东完成签署第二个五年战略合作备忘，持续推动天桥艺术中心健康稳定发展。艺术中心全年演出244场，观众8.8万人次，举办线上活动33场，累计参与观众88.42万人次。歌剧《盼你归来》成为疫情影响下北京演出市场逐步复苏的标志性事件。中国首部线上音乐剧《一爱千年》、云互动栏目《无人之境——剧场对世界的告白》完成直播，取得较大社会反响。

（于赛赛）

【首都电影院再登全国票房首位】面对疫情对影院行业带来的重大影响，首都电影院在做好疫情防控的基础上，采用创新模式，打造全新多元娱乐空间——首都电影院高端品牌“Cinema Park”。通过预售管理、票价调整、优化政策、设备升级等策略，快速拉动经营复苏。首都电影院西单店自10月起保持在全国影院票房排名第一的位置，并以近1900万元的票房成绩，跃居全国影院票房排名首位。

（于赛赛）

【打造“天桥盛世出品”影响力】年内，高标准推动内容制作迈上新台阶。集团首度试水影视剧市场，投资的电视剧《幸福里的故事》在北京卫视、广东卫视、爱奇艺、腾讯和优酷视频首播，同期收视率保持全国前二。该剧是集团履行品牌传播职能、布局新业务、拓展产业链的重要手段。精品话剧《北京法源寺》10月再度回归，在国家大剧院连演8场。“京味儿”话剧《牛天赐》通过创新运营管理模式引爆市场，第二轮演出票开售58秒即全部售罄，实现社会效益与经济效益相得益彰。

（于赛赛）

【三大院团发展】风雷京剧团在坚持传承京剧文化传统的同时，做出新的探索和尝试，骨子老戏《剑锋山》、新编京剧《五丑四美图》、跨界话剧《胡同里的他俩》相继在天桥艺术中心上演，并获评中央宣传部、文化和旅游部、广电总局“全国服务农民、服务基层文化建设基层文艺院团先进集体”。北京杂技团以“天桥”为主题，组织编创新剧目，完成原创剧本及方案24项，开创“探秘工坊”亲子体验新模式，以“现场教学+零距离观摩”传播杂技艺术。北京皮影剧团坚守非遗传承，研发皮影短剧教学课程，打造校园皮影戏文化教育品牌，并完成创作舞台剧《水漫金山》剧本，和跨界影戏舞台剧《影戏传奇》的复排工作。

（于赛赛）

【传统文化空间运营】大观园举办“印象红楼”文创市集和“周末百姓大舞台”演出活动，结合园内空间和传统文化资源，与专业机构探索开发精品红楼梦游学课程和相关产品。湖广会馆有序恢复文化活动，德云社相声、伶票京剧展演、京剧行当艺术经典剧目展演陆续亮相。安徽会馆将科技与文化深度融合，创新研发驻场沉浸式演出模式，联合中国戏曲学院成立“中国戏曲学院继续教育部教学实践基地”“中华优秀传统文化传承基地”，打造西城区文化名片和国家级戏曲文化艺术展示中心。年内，天桥印象博物馆组织活动38场，天桥文化探访方案被区委宣传部列入北京中轴线保护基金重点项目。

（于赛赛）

【文创业务板块】年内，考察河北阜平北京文创园项目，共同推进合作项目发展。围绕产业规划定位，在大观园凹晶溪馆建立“印象红楼”文创商店，打造时尚生活创意空间，在栊翠庵后院开设书店，植入全新衍生产品，打造新生活阅读空间。天桥艺术文创商店秉承“艺术融入生活”的理念，推出丰富多彩的剧目原创衍生品。

（于赛赛）

【文物保护利用】年内，湖广会馆文物修缮工程正式列入国家文物局2021年重点文物保护修缮计划。按照中轴线申遗工作要求，推进先农坛内育才学校、教育学院及教职工宿舍的腾退搬迁。宜兴会馆项目28户全部完成腾退。

（于赛赛）

【扶贫工作】年内，集中采购扶贫对口帮扶项目内蒙古自治区喀喇沁旗贵宝沟村日光温室大棚硬果番茄，形成有效的扶贫联动机制。采取助学帮扶和医疗帮扶形式，解决鄂伦春旗诺敏镇胜利村、东新发村建档立卡贫困户子女的就学及医疗问题。

（于赛赛）

【商务空间运营】年内，调整租金价格体系，进一步优化天桥演艺区入驻企业的产业结构。细化园区客户服务，推动建设园区信息化运营管理平台。结合园区核心产业客户需求，优化园区文化特色服务，与5家工作室签署战略合作协议。开展国有资本金预算申请，提升服务品质。天桥演艺区获市委宣传部颁发的“北京市级文化产业园区”牌匾和北京市版权局颁发的“北京市版权保护示范园区和版权服务中心”牌匾。

（于赛赛）

北京市大碗茶文化发展有限公司

【概况】北京市大碗茶文化发展有限公司（简称大碗茶公司）下设党办、公司办公室、财务部、审计部、人力资源部、行政部，下辖北京老舍茶馆有限公司、北京大碗茶茶叶有限公司和北京震云阁工艺品有限公司3家股份制企业。经营项目包括茶座、演出、餐饮、茶产品、工艺品销售等。全年实现销售收入2277万元，利润-451万元，上缴税金88.84万元。

地址：西城区前门西大街正阳市场3号楼

电话：63021741

（王捷　毛乃雅）

【首都院士专家迎新春】1月8日，2020年首都院士专家新春联谊会在老舍茶馆举办。来自中国科学院和中国工程院的81位院士携家人，与来自社会各界的专家学者共300余人欢聚一堂，畅叙情谊，共迎新春。中国科学院院士合唱队演唱《我的家在中国》，老舍茶馆演员表演京剧、曲艺等国粹艺术。

（王捷　毛乃雅）

【区各界女性迎新春慰问演出】1月10日，由北京市文联主办，北京曲协、西城区文联、妇联承办的北京曲协“一城三带”主题创作展演暨2020年西城区各界女性迎新春慰问演出，在老舍茶馆举行。全国和北京市三八红旗奖章获得者、三八红旗集体代表，北京市妇女代表，西城区党政机关事业单位非公领域妇委会代表，巾帼苑各分会代表、最美家庭代表、港澳台同胞代表、以及来自西城区各行各业的优秀妇女代表200余人欢聚一堂，共迎新春佳节。

（王捷　毛乃雅）

【助力抗疫】2月10日，公司党支部书记尹智君带领公司14名党员和3名入党积极分子到大栅栏街道前门西河沿社区，参与新冠疫情防控值守。2月25日，在首都新冠疫情防控关键阶段，公司领导来到大栅栏街道办事处和前门西河沿社区，将210盒菊花茶送给奋战在一线的基层公务员和社区干部。2月28日，公司党支部组织党员捐款1290元。3月26日，为支援武汉抗击新冠疫情，老舍茶馆将2000箱5万瓶新开发的茉莉花茶茶饮运抵湖北武汉，捐赠给华中科技大学同济医学院附属同济医院和武汉市公安局武昌分局。7月15日，北京疫情出现反弹，老舍茶馆将茉莉花茶茶饮料送至北京医院、地坛医院、民航总医院和北京复兴医院，慰问坚守在一线的医务工作者。

（王捷　毛乃雅）

【老舍茶馆牌匾亮相首都博物馆】6月2日，因新冠疫情一度关闭的首都博物馆地下一层恢复开放，《读城——探秘北京中轴线》特展再次对社会公众展出。作为京味儿文化代表的老舍茶馆牌匾，被收入此次展品中，与众多老字号牌匾一同作为城市文脉的重要组成部分在“探·大国意蕴”板块展出。

（王捷　毛乃雅）

【党建交流】6月12日，丰台区直机关工委副书记何勤兰、副书记赵军和丰台区直机关工委12个党建协作组成员单位负责人到老舍茶馆参观。11月17日，公司党支部同西城区大栅栏街道延寿街社区党委开展党建引领社区共建活动。12月3日，公司党支部党员、入党积极分子和企业骨干员工近40人到北京易和律师事务所昌平分所，与易和律师事务所党支部开展党建交流。双方商定在政治理论学习、企业资源共享和基层组织互动等方面深入合作。

（王捷　毛乃雅）

【交流访问】7月23日，公司董事长尹智君率管理团队到北京国际汉语研修学院，与校方探讨老舍茶馆文化商学院发展事宜。8月26日，尹智君赴全国妇联出席由全国妇联和世界中餐业联合会联合举办的“节粮爱粮”座谈会并发言。10月20日，率经营团队赴内蒙古三胖蛋食品有限公司北京办公区参观，与三胖蛋食品营销公司总经理王非围绕品牌发展规划、产品研发设计、市场营销进行交流，商讨下一步合作计划。11月2至4日，赴湖北省五峰土家族自治县出席“2020第三届中国茶旅大会暨宜昌宜红茶推介会”，并作题为《文化创意产业在当代的应用》的发言。12月4至6日，赴厦门参加由中国茶叶博物馆、海峡两岸（厦门）文化产业博览会组委会和台湾顶级工艺协会联合主办的第五届东方茶席大赛，并担任评审专家。

（王捷　毛乃雅）

【连锁经营】8月18日，湖北省房县西关印象老舍茶馆开业。房县老舍茶馆主营品茗、茶艺、休闲、特色茶餐等，为当地旅游观光、文化交流、联谊交往创造一个新的人文空间。

（王捷　毛乃雅）

【慰问演出】8月25至28日，在区委宣传部的指导下，老舍茶馆与中国煤矿文工团共同策划四场以抗击新冠肺炎疫情为主题的舞台剧《英雄的土地》，邀请在疫情防控一线工作的首都医护工作者、社区志愿者、党员、公安干警等500余人观看。《英雄的土地》被北京市委宣传部列入北京抗疫题材重点舞台作品。

（王捷　毛乃雅）

【服务全国“两会”】5月21至28日，全国“两会”期间，公司党支部书记尹智君带领党员、入党积极分子和骨干员工，同大栅栏街道办事处的干部、前门西河沿社区的社工们一起推出流动大碗茶摊，为执行安全保卫任务的公安干警、消防队员、志愿者以及环卫工人送上香醇解渴的大碗茶。

（王捷　毛乃雅）

【新品发布】9月9日，老舍茶馆在前门总店举行“行走的大碗茶”新品发布会，公布老舍茶馆新品茶饮料和未来产品规划。来自社会各界的70余位嘉宾出席。

（王捷　毛乃雅）

【参展交流】9月5日，由商务部和北京市政府共同主办的以“全球服务，互惠共享”为主题的“2020年中国国际服务贸易交易会”在北京举办。老舍茶馆作为国家AAA级景区（点）和北京礼物文创企业参展，展示了五环茶礼盒、造型茶、福寿至臻礼盒、新柑白茶等京味儿文化茶礼。公司推出的茉莉茶茶饮料、红茶茶饮料、京味儿布偶兔爷等文创产品广受欢迎。10月22至25日，由中国茶叶流通协会、北京市西城区人民政府、湖南省益阳市人民政府共同主办的“2020北京国际茶业展、北京马连道国际茶文化展、安化黑茶（北京）文化节”在北京展览馆举行。老舍茶馆在现场设立大碗茶品饮区，并参与茶空间评选等活动。经活动组委会评选，老舍茶馆前门总店内的四合茶院，获评第二届“马连道杯”最美茶空间，四季·北京茶茶艺表演获得2020“马连道杯”全国茶艺表演视频选送大赛三等奖。11月16至18日，2020中国国际旅游交易会在上海举办。老舍茶馆以“游茶馆、赏京味、知古今、品香茗”为主题，在北京旅游委展区设立展位，推介具有京味儿特色的茶礼品和文创产品。12月8至10日，2020中国——东盟博览会旅游展在桂林举办，老舍茶馆展示推广品牌形象，宣传推介自主开发的精品旅游线路、旅游特色商品和文创产品。

（王捷　毛乃雅）

【2020海峡两岸茶文化交流会】10月28日，由中华茶人联谊会、北京市茶业协会、北京海峡两岸民间交流促进会和台湾中华茶文化学会联合主办的“2020海峡两岸茶文化交流会”在北京老舍茶馆举办。来自两岸茶业商协会代表、茶企代表、茶文化专家等近百位嘉宾通过线上、线下不同方式参与交流。

（王捷　毛乃雅）

【文化演出走进山东德州】11月12日，老舍茶馆演员走进山东德州祝阿小镇，为当地百姓带去一场传统曲艺、京剧戏曲、歌舞表演等内容的京味儿文化艺术盛宴。

（王捷　毛乃雅）

【企业管理商学院启动】12月15日，老舍茶馆企业管理商学院启动仪式在北京老舍茶馆前门总店艺苑厅举行。来自京内外的茶叶界、文化界、旅游界的50余位嘉宾莅临现场。

（王捷　毛乃雅）

（责任编辑　张振安）

旅　游

3月，西城区32家区属公园加强疫情防护（于志强 摄）

8月22日至10月8日，大观园恢复“周末百姓大舞台”演出（北京大观园供图）

9月，2020年中国国际服务贸易交易会北京国际旅游博览会西城展区（区文旅局 供图）

综　述

年内，西城区共有规模以上住宿业法人单位180家。规模以上住宿业法人单位累计实现营业收入37.4亿元，同比减少48.0%，平均房价461.9元，平均出租率39.0%，与去年同期相比平均房价下降56.9元，平均出租率下降36.8%。其中星级饭店实现营业收入19.5亿元，同比减少47.4%，平均房价533.3元，平均出租率36.5%。

（赵　臣）

旅游景点

【A级旅游景区（点）】全区有A级旅游景区21家。其中5A级旅游景区1家，4A级旅游景区8家，3A级旅游景区11家，2A级旅游景区1家。

（赵　臣）

【星级宾馆、饭店】全区有星级宾馆、饭店57家。其中五星级宾馆、饭店3家，四星级宾馆、饭店14家，三星级宾馆、饭店21家，二星级宾馆、饭店19家。

（赵　臣）

西城区主要景点及景区一览表

表15

名称	地址	开放时间（年）	等级	评定时间（年）
恭王府博物馆	前海西街17号	2008	5A	2012
北海公园	文津街1号	1925	4A	2001
景山公园	景山西街44号	1928	4A	2001
北京天文馆	西直门外大街138号	1957	4A	2012
北京海洋馆	高粱桥斜街乙18号	1999	4A	2001
北京动物园	西外大街137号	1908	4A	2001
什刹海风景区	前海西街	1992	4A	2009
首都博物馆	复兴门外大街16号	2005	4A	2008
陶然亭公园	太平街19号	1955	4A	2002
北京大观园	南菜园街12号	1985	3A	2009
北京市宣武艺园	槐柏树街12号	1953	3A	2010
大栅栏商业街区	廊房二条	—	3A	2010
湖广会馆大戏楼	虎坊路3号	1996	3A	2008
月坛公园	月坛北街甲6号	1955	3A	2007
中国地质博物馆	西四羊肉胡同15号	1959	3A	2004
中国古代钱币展览馆	德胜门东大街9号	1993	3A	2010
老舍茶馆	前门西大街正阳市场3号楼	1988	3A	2008
宋庆龄故居	后海北沿46号	1982	3A	2013
宣南文化博物馆	长椿街9号	2005	3A	2010
金中都公园	广安门南滨河路辅路	2013	3A	2013
历代帝王庙	阜成门内大街路北	2004	2A	2006

西城区主要宾馆饭店一览表

表16

名称	地址	星级
北京金融街威斯汀大酒店	金融大街乙9号	五星
北京金融街丽思卡尔顿酒店	金城坊东街1号	五星
北京国宾酒店有限责任公司	阜外大街甲　9号	五星
北京市民族饭店	复内大街51号	四星
深圳大厦有限公司	广安门外大街1号	四星
北京港中旅维景国际大酒店	广内大街338号	四星
西单美爵酒店	宣武门内大街6号	四星
北京广州大厦有限公司	西单横二条甲3号	四星
前门饭店	永安路175号	四星
北京国二招宾馆	西直门南大街6号	四星
北京翔达国际商务酒店有限公司	广安门内大街169号	四星
北京金色夏日商务酒店有限公司	西便门内大街85号	四星
中国职工之家	真武庙路1号	四星
北京国宏宾馆有限公司	木樨地北里甲11号	四星
新大都饭店	车公庄大街21号	四星
北京德宝饭店	德宝新园22号	四星
北京国谊宾馆	文兴东街1号	四星

旅游活动

【第十九届什刹海文化旅游节】8月20日至10月30日，区文化和旅游局主办第十九届什刹海文化旅游节。活动以线上活动为主、线下活动为辅的形式开展，涵盖1场开幕式、5场亮点活动、4大板块共十二项活动。今日头条、腾讯网、亚洲在线等160余家媒体报道了“京剧快闪”“西城晨昏线”“师云”“产品推荐直播月”等特色活动，展示区域文化底蕴，发挥拉动区域经济作用。

（赵　臣）

【参加中国国际服务贸易交易会北京国际旅游博览会】9月5至10日，组织辖区34家旅游企业参加中国国际服务贸易交易会北京国际旅游博览会。各参展企业以认真的状态和专业素养展示了西城区旅游企业的良好形象。

（赵　臣）

【参加2020中国国际旅游交易会】11月16至18日，文旅局组团赴上海参加由文化和旅游部举办的2020中国国际旅游交易会，展示西城区文化和旅游发展成果，推广辖区酒店、景区等旅游企业。

（赵　臣）

【参加2020海南世界休闲旅游博览会】11月19至22日，文旅局组团赴海南省海口市参加由北京市文旅局主办的2020海南世界休闲旅游博览会，展示西城区文化和旅游发展成果，推广辖区酒店、景区、剧院等旅游企业。非遗（脸谱）列为北京市主推展示项目。

（赵　臣）

旅游管理

【三星级及以下饭店等级复核】9月至10月，由市、区级宾馆酒店评审员组成3个复核检查组，对北京广运宾馆、北京护国寺宾馆等14家饭店进行检查复核，完成年度复核任务。

（赵　臣）

【旅游服务设施升级改造】9月30日，完成北京海洋馆、老舍茶馆、北海公园、陶然亭公园、大观园旅游景区的2座旅游厕所以及休闲座椅、无障碍坡道验收工作，项目补助资金40.0613万元。

（赵　臣）

【住宿业转型升级工作专班成立】10月1日，西城区人民政府办公室印发《西城区住宿业转型升级工作方案》，成立西城区住宿业转型升级工作专班。下设“一办三组”（统筹协调办公室、政策研究组、综合实施组、应急保障组），统筹协调办公室设在区文化和旅游局，负责全面工作。专班任务目标是：以三年为整治周期，对全区住宿业全面实施转型提升，实现规模总量有序下降、产业结构显著优化、综合品质明显提升的任务目标。其中，区属产权性质的宾馆酒店全部实现“关转提”；非区属产权性质的其他宾馆酒店，按市场化运作方式，有序实现“关转提”。对存在违章建设、安全隐患大、利用地下空间经营的等低效社会旅馆，加大综合执法检查力度，引导其有序退出住宿业市场。

（赵　臣）

【社会旅馆关停或转型】年内，实现关停或转型社会旅馆共计12家。其中关停8家，转型4家。

（赵　臣）

【行政许可数据】年内，共办理行政许可及备案类事项1211件。其中，旅行社分社撤销2家；旅行社网点撤销8家。经营单位登记注册1750家。其中，旅行社分社登记备案19家；旅行社网点登记备案225家。

（赵　臣）

什刹海风景区

【概况】北京市西城区什刹海风景区管理处（简称管理处）为什刹海街道办事处下属副处级全额拨款事业单位。下设办公室、人事科、财务科、安全生产管理科、工程管理科、特色商业街区管理科、交通管理科、旅游资源管理科、信息管理科、文化产业促进科、公共事务管理科、水域管理科、特许经营管理科、环境保障科等14个科室，1个党总支，3个党支部。年内，管理处针对新冠疫情，坚决贯彻市、区、街道工作部署，落实“吹哨报到”和安全管理机制，完善“接诉即办”机制、景区服务保障机制、群众参与机制，健全以“河长制”为统领的水环境治理体系，落实疏解整治任务，不断提高景区治理能力。

地址：西城区德内大街羊房胡同甲23号

电话：83223826

（邱　爽）

【景区疫情防控】年内，响应市、区、街道疫情联防联控工作机制，发挥党员干部带头作用，自1月24日起，安排64名党员干部下沉社区，支持社区疫情防控工作，抽调景区行政综合执法中心安保力量负责景区及周边23个路口的疫情防控值守，严防景区公共活动场所人员聚集，做好荷花市场核酸检测值守工作。成立疫情防控复工复产小组，抓好景区周边6个社区内单位复工复产和疫情防控，做好景区商户来京人员登记，共计组织执法力量3000余人次，抓实抓细景区周边已复工复产的600余家单位疫情防控检查执法。

（邱　爽）

【完善景区安全预警系统】年内，持续做好景区客流统计监测，完善景区客流预警与应急广播联动发布系统，更新12个高清视频监控终端，针对大客流等突发情况，提前研判，及时预警，自动响应，降低大规模人群聚集可能造成的疫情传播风险。落实景区人防技防物防措施，加强应急值班值守，及时有效应对景区突发事件。

（邱　爽）

【游客接待中心运营】5月1日，

什刹海游客接待中心重启对外运营，通过合作，更好地为游客提供旅游信息咨询、查询、讲解、游程安排等服务，发挥游客中心服务、引导、文化传播、对外交往的窗口作用。组织“文化和自然遗产日特别活动”线上直播1场，线上文旅讲座和导览活动5场。

（邱　爽）

【第四期特许经营胡同游复产复工】受疫情影响，自1月24日起第四期特许经营胡同游停运109天。10月19日第四期特许经营胡同游恢复运营后，加强运营秩序管理，严格落实疫情防控各项措施。全年人力客运三轮车共接待40813人，同比减少94.61%；国内人数37495人，同比减少93.42%；国外人数3318人，同比减少98.24%。

（邱　爽）

【第五期人力客运三轮车胡同游特许经营招标】1月，完成《什刹海地区人力客运三轮车胡同游第五期特许经营实施方案》，通过区政府向市文旅局呈报并收到复函。12月，向区政府呈报“关于第五期特许经营招标相关工作的请示函”，并收到批复。12月14日发布第五期特许经营招标公告，完成招标报名和售卖标书工作。

（邱　爽）

【排查景区经营单位安全隐患】按照市安委会通知要求，对景区经营单位进行了5轮安全隐患排查。累计检查经营单位700余家，发现安全隐患95家，经过复查完成整改40家。继续推广经营单位安全生产公示牌，对景区经营单位实现安全生产管理制度化、规范化、标准化。

（邱　爽）

【整治恭王府周边环境】按照市区相关要求和街道办事处整体部署，对恭王府周边65处建筑进行环境整治，拆除32处违法建设662.49平方米，封堵90处开墙打洞，拆除不规范户外广告牌匾104处，拆除违规占道台阶15处，拆除违规栏杆40余延米，关停商户24家。

（邱　爽）

【推行河长制】落实属地职责，统筹做好水域日常维护，有效解决什刹海水域存在的问题。苗木队全年出动6570人次清理水面漂浮水草351吨。保洁队每日出动63人次清理日常垃圾，全年出动22995人次，共计清理垃圾17108吨，大件堆物堆料216吨，清掏雨水篦子45处。

（邱　爽）

【地外大街及景区非机动车管理】继续做好地安门外大街及景区非机动车停车管理工作，完善巡查制度，派专人定期检查。组织专业管理公司，加强引导规范停放，累计规范引导、摆放非机动车50余万车次。协调各共享单车公司累计清运共享单车12万余车次，有效缓解景区共享单车压力。组织景区保安公司、物业公司、社区志愿者等社会力量参与景区非机动车停车管理。

（邱　爽）

【景区防恐防暴挡车桩】为确保居民和游客的人身安全，完成反恐、防爆任务，根据区防恐办要求，每日14：00至次日0：00升起挡车桩并安排人员值守，确保公务车辆及附近居民车辆顺利出行。建立巡查机制，定期巡查景区现有的，分布在18个点位的62根防恐防暴挡车桩，发现问题及时组织专业力量维修养护。

（邱　爽）

【整治景区环境秩序】充分发挥景区行政综合执法中心作用，通过吹哨报到机制，把哨“吹准”“吹实”“吹响”，结合“扫黑除恶”工作，全面整治景区环境秩序问题。全年共治理噪音扰民178次、流浪乞讨26人次、卖艺卖唱26次；配合相关部门治理违章停车贴条19张、锁车8次，查扣非法运营黑电动三轮车9辆，销毁黑电动三轮车41辆；清理僵尸车2辆，清理堆物堆料7处；治理非法游商498人次、店外经营542次、违规演艺65次、吧托揽客64次；治理非法早市12次，规范门前三包174次，关停违规商户7次。协助公安部门处理溺水事件2起。

（邱　爽）

【重大重要活动保障】围绕重大活动、重点节日，加大对景区商户、文保单位、游船码头的安全检查力度，排查安全隐患并及时通知相关责任单位进行整改，做到有问题早发现，早解决。组织特勤队员疏导大客流5次，重大节日及重要活动保障12次，领导检查及调研保障16次。

（邱　爽）

【评比特色街与“星级商户”】 加强对特色街的管理，不断提升特色街环境品质，打造优美和谐特色街。继续推进“星级商户”评比，以共治、共建、共享模式促进街区管理。全年按季度共进行了4次评比，评出“五星”“四星”“三星”商户28家。

（邱　爽）

【景区活动备案与管控】 按照《什刹海景区疫情防控工作方案》要求，在新冠疫情防控期间，景区实行封闭式管理，避免因人员聚集带来的风险。对已登记备案而未结束的活动，电话告知延期或取消；如有特殊需要，按照景区防控要求，严格登记相关材料、审核人员信息、测量体温等。共登记备案各类活动33场次，活动人数达2076人次，叫停和不予登记备案12场次。

（邱　爽）

北京大观园

【概况】 北京大观园占地面积11万平方米，是以《红楼梦》为蓝本建成的古典文化园林，集红楼文化、古典园林、旅游经济、博物馆功能等为一体。大观园以正门、“曲径通幽”石嶂、沁芳亭桥、省亲牌坊、顾恩思义殿及大观楼为中轴线，以湖相隔，东部主要为诸钗居住处，西部有怡红院、栊翠庵凹晶溪馆和凸碧山庄等景点30余处。北京大观园管理委员会·北京红楼文化艺术博物馆为全民所有制自收自支事业单位。主要业务范围包括：为中外游客提供传统园林环境和旅游场所，丰富群众文化活动；承担大观园的绿化美化、花卉栽培种植养护，和园林建筑的修缮与管理责任；完善博物馆功能，负责布展、展品征集和充实馆藏；展示打造红楼文化品牌；协助影视拍摄，提供涉外接待及导游服务。全年接待游客49万人次。

地址：西城区右安门内西街18号

电话：83556399

（赵斐斐）

【新冠肺炎疫情防控】 1月24日（农历除夕）至5月7日，按照市文物局要求，北京红楼文化艺术博物馆和大观园暂停开放，取消一切公众活动。2月15日至8月13日，大观园共派出9名干部到天桥社区参与疫情防控各项工作。6月15日至7月14日，大观园南广场和西门区域作为新冠病毒核酸检测点实施检测筛查，闭园1个月。

（赵斐斐）

【百姓周末大舞台】 8月22日至10月8日，大观园恢复“百姓周末大舞台”演出活动，每周六、日的上下午各演出一场。演出形式有京剧、评剧、河北梆子、歌舞、杂技等。和韵京剧团演出的《岳母刺字》《廉锦枫》《游湖》《双阳公主》等节目让游客们感受中华传统文化的魅力。

（赵斐斐）

【与央视全面战略合作】 9月开始，大观园与中央电视台开展全方面战略合作，《衣冠中国》《跟着课本去旅行》《金牌喜剧班》等节目在园中取景拍摄，全方位呈现大观园景观。

（赵斐斐）

【“印象红楼”文创店】 10月1日，位于大观园西侧凹晶溪馆的“印象红楼”文创店开业。红楼梦纪念品销售区展示相关主题纪念品，文创产品销售区以《红楼梦》为主题设置文化故事展示。

（赵斐斐）

【文化主题活动】 10月1至3日，在西门广场与元妃省亲牌坊区域举办“印象红楼”文创古风市集，近20家原创国潮品牌参与活动，包括代表北京记忆传统的面塑和花丝镶嵌、古典与现代相融合的头花配饰、汉服游园体验等。11月，大观园与《人民日报》新媒体合作，开展“国潮文化”主题直播活动，传播红楼传统文化。12月，大观园联合多家媒体开展“白雪红梅，盛世大观”主题游园直播活动。

（赵斐斐）

【景观环境改善】 年内，喷灌面积增至2000平方米，完成暖香坞周边四块绿地的喷灌工程，采用新技术实现自动喷灌。完成潇湘馆西侧、暖香坞西侧草坪改造，种植苔草1800平方米，增加种植水生植物2500平方米。结合水体治理增加荷花、睡莲、菱角等绿化景观。摆放3000盆鲜花布置国庆花坛，通过专项整治，美化园内环境，提升园内品质。根据疫情防控需要制作安装料场大门，修整南门广场，更换园内无障碍坡道23处。完善卫生间和无障碍设施，改造围栏使轮椅更方便进入南门广场，维修南门内东侧路面，完成凹晶溪馆文创店和栊翠庵书屋装修，进一步做到与原著统一，营造美观、舒适、安全的旅游参观氛围，提升园区品位。

（赵斐斐）

（责任编辑　张振安）

卫　生

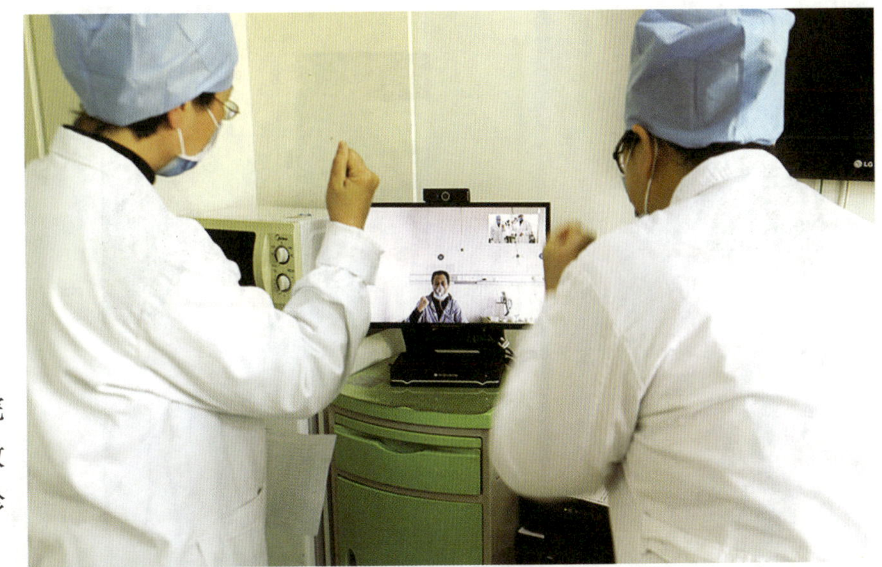

1月26日，北京市回民医院被确定为西城区新冠肺炎医疗救治定点医院。诊疗专家用远程诊疗系统和病患沟通（于志强 摄）

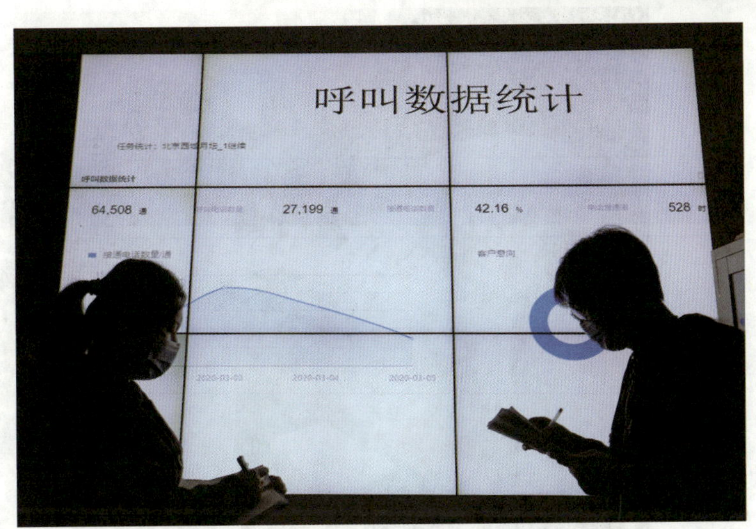

3月，月坛街道利用大数据统计系统管控辖区内居民健康状况（闻昭摄）

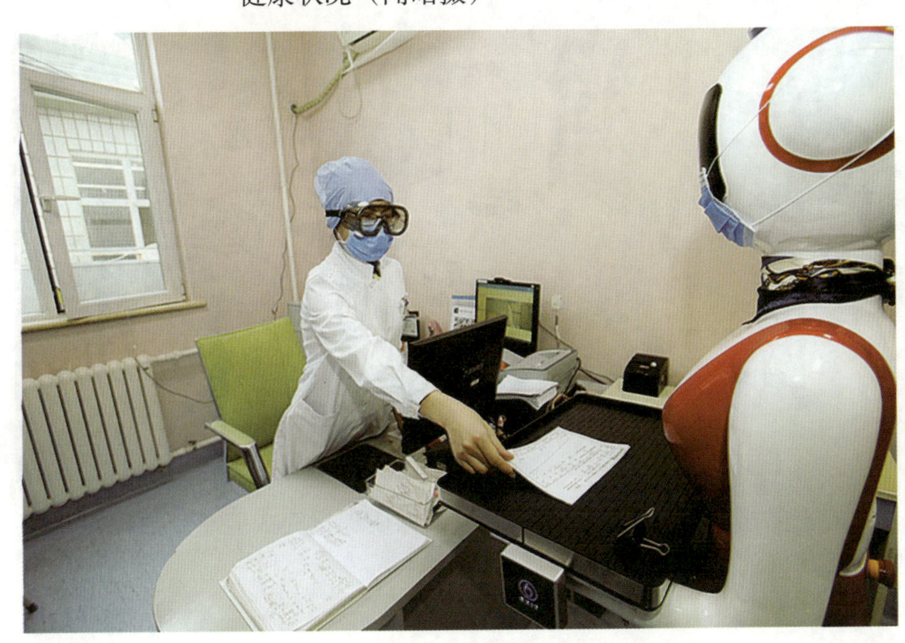

3月，德胜社区卫生服务中心，“送药机器人”帮患者安全取药（刘骜 摄）

6月28日，西城区首辆核酸检测移动采样车开进北展广场（于志强 摄）

8月17日，广外医院与广外社区卫生服务中心举办2020年度“中国医师节”庆祝活动（刘鹜 摄）

12月15日世界强化免疫日，西城区多家医疗机构开展健康宣传、知识讲座等活动（刘鹜 摄）

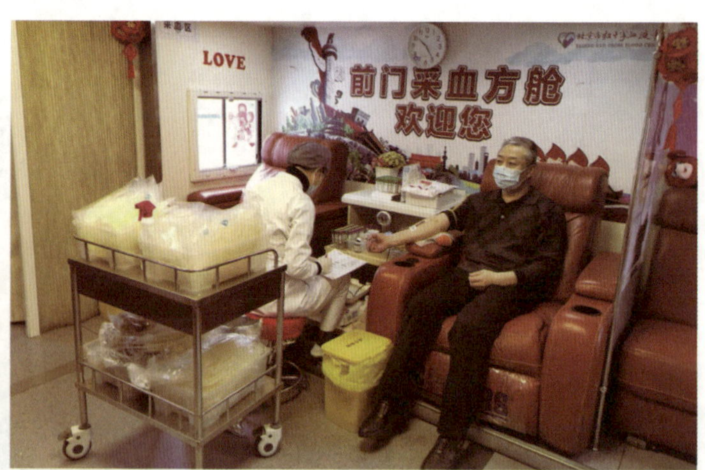

疫情期间，西城区保质保量完成应急献血工作（区卫健委 供图）

医疗卫生

【概况】西城区卫生健康委员会（简称区卫健委）是负责全区卫生健康工作的政府部门。年内，辖区内医疗卫生机构699家，其中营利机构326家、非营利机构373家，医疗机构671家。卫技人员总数（含中央、市属医院，不包括部队医院）39832人，其中执业（助理）医师（包括西医、中医、中西医结合）14205人，注册护士17740人，实有床位总数17259张。平均每千常住人口拥有卫技人员36.01人，执业（助理）医师12.84人，注册护士16.04人，床位15.6张。全年户籍人口出生10879人，死亡20297人，自然增长率-6.3‰。全区常住人口110.6214万人，常住人口密度为每平方公里2.18万人。因病死亡人数10603人，占死亡总人数的96.03%。死因顺位前十位的排列为：恶性肿瘤、心脏病、脑血管病、呼吸系统疾病、损伤和中毒、内分泌营养和代谢及免疫疾病、消化系统疾病、神经系统疾病、精神障碍和泌尿生殖系统疾病。户籍人口期望寿命84.26岁，其中男性81.88岁，女性86.66岁。年内，全区卫生健康系统总收入613460.86万元，其中一般公共预算财政拨款收入233047.04万元，政府性基金预算财政拨款收入12373.99万元，事业收入361928.91万元，其他收入6110.92万元；总支出615745.68万元，使用非财政拨款结余2398.40万元。计划生育财政总投入4439.55万元。

地址：西城区枣林前街2号院1号楼

电话：82061987

（马　蕊）

【卫生改革】继续落实医耗联动综合改革，改善群众就医体验。推进分级诊疗，建设国务院城市医联体试点。辖区所有二级及以上医疗机构全部实行非急诊预约就诊。落实康复治疗师转岗和康复试点建设，确定区展览路医院和广外医院为康复试点单位，继续完善区域康复服务体系。推进复兴医院—月坛社区卫生服务中心，和宣武医院—回民医院—牛街社区卫生服务中心两个国家级紧密型医联体试点，完善协作机制，健全组织管理，探索“六个一体化”（管理一体化、医疗一体化、公共卫生一体化、健康信息一体化、医联体品牌一体化、医保一体化），促进优质医疗资源上下贯通。试点建设健康服务联合体，制定实施意见和工作方案，试点建设月坛健联体，为试点地区居民提供全方位的健康服务。进一步完善重大疫情防控机制，加快推进公共卫生治理体系和治理能力现代化，以西城区区委、区政府名义制定印发《加强西城区公共卫生应急管理体系建设三年行动计划（2020—2022年）》，完善疾病预防控制体系和应急医疗救治体系，建立健全公共卫生应急管理保障支撑体系和突发公共卫生事件应急指挥体系。

（马　蕊）

【社区卫生服务】全年门诊302.87万人次，家庭医生上门服务1.57万人次。家庭医生签约42.8万人，签约率37.61%；重点人群签约29.4万人，签约率97.79%。203名二、三级医院专家下社区出诊，累计门诊1596人次，举办健康教育讲座6场次，会诊16人次，上转患者9589人次、下转4900人次。建立居民个人电子健康档案98.61万份，建档率86.73%，使用率58.8%。培养合格家庭保健员500人。年内，完成建设全新的社区卫生管理和综合服务信息系统，实现各社区卫生服务机构互联互通。在社区卫生服务中心推广分时段预约诊疗服务。优化诊疗服务流程，通过健康自助检测开展健康咨询、健康信息采集、自助检查、健康指导等服务。完成建设家庭医生定向分诊系统，实现医患固定。全区15个社区卫生服务中心均实施“智慧家医”模式，通过使用家医App，提供线上检验检查结果查询、移动支付和儿童计划免疫线上预约服务。

（马　蕊）

【社区卫生服务机构标准化】全区已建成12家社区卫生服务中心，80家社区卫生服务站。年内，推进广外、天桥和金融街三家无实体中心建设，其中广外和天桥社区卫生服务中心项目已进入招投标阶段，金融街中心完成装修方案及立项申报审批。

（马　蕊）

【社区卫生改革】社区卫生体系建设持续落实“两个允许”（允许医疗卫生机构突破现行事业单位工资调控水平，允许医疗服务收入扣除成本并按规定提取各项基金后主要用于人员奖励）政策，合理确定绩效工资总量，在原有基层医疗卫生机构绩效工资基础上，核定绩效工资总量，建立动态增长机制，与区域公立医院绩效工资衔接。制定《西城区家庭医生签约服务绩效考核奖励办法》，在区级绩效考核基础上，根据签约服务人数按年补助签约服务费，家庭医生签约经费的70%左右经专项考核后用于家庭医生团队人员奖励。建立收支结余可分配机制，在财政对基层医疗卫生机构保障范围和水平不降低的基础上，允许将医疗服务收入扣除成本并按规定提取各项基金后主要用于人员奖励。

（马　蕊）

【社区为老服务】老年人健康管理率47.43%。全区进行中医药健康管理的65岁以上老年人共87286人，覆盖率45.23%。试点推行高龄、失能老年人“一键家医”服务，使特殊老年人家庭与家庭医生服务团队实现有效沟通。为65岁以上失能老人提供上门健康体检、健康指导等服务。稳步推进为65岁以上诊断明确、病情稳定的行动不便老人送药上门。与民政局商定将每年一次免费健康体检的范围扩大到所有困难家庭。家庭医生服务团队通过电话、微信、智能外呼平台等，对重点签约人群（老年人、慢性病患者、孕产妇、儿童等）进行健康随访，做好新冠疫情期间健康宣教和指导。在保障用药安全的条件下，根据病情需要为居民开具三个月长处方，减少居民到医疗机构就诊次数。与居委会对接，保证居家隔离慢性病人员用药。为长期卧床等特殊患者，提供上门换胃管、尿管等服务。

（马　蕊）

【健康扶贫和对口支援】年内，健康扶贫项目共派出48名卫生技术人员对口帮扶河北省张北县和阜平县；派出33名卫生技术人员对口帮扶内蒙古自治区喀喇沁旗和鄂伦春自治旗。在生态涵养区支援协作项目中，共派医师765人次驻门头沟区，接诊患者2547人次，住院患者925人次，培训门头沟区医务人员386人次；接收门头沟区进修15人次，门头沟区简易转诊患者3人次至西城区。

（马　蕊）

【慢性病管理】年内，完成500名家庭保健员的强化培养和考核发证。按照国家基本公共卫生服务规范，落实服务项目。持续做好慢性病管理工作，其中高血压患者管理10.62万人，规范管理率78.23%；糖尿病患者管理5.22万人，规范管理率79.01%。

（马　蕊）

【中医药服务】年内，试点建设北京“中医药文化体验馆”。遴选新街口社区中心和展览路社区中心为“中药文化体验馆”建设单位。完成年度绩效考核，优化各病区优势病种诊疗方案，加强临床路径管理，提升临床路径入组率和完成率，鼓励使用中药饮片，发挥中药治病的特色优势。开展冬病夏治“三伏贴”工作，96家医疗机构贴敷18562人。组织辖区7家中医院和15家社区中心参加中医药文化节，宣传西城区突出的中医药文化特色。协调广安门中医院专家团队，利用西城区名中医身边工程15个团队，在社区举办2020年“服务百姓健康行动”大型中医义诊宣传活动。

（马　蕊）

【传染病管理】年内，法定传染病发病6402例，发病率为563.06/10万。甲乙类传染病发病率76.25/10万。其中甲类传染病无发病和死亡病例报告；乙类传染病发病867例，发病率为76.25/10万。报告死亡病例15例，报告前三位病种为肺结核、梅毒和痢疾；丙类传染病发病5535例，报告发病率为486.81/10万，报告死亡病例4例。

（马　蕊）

【性病艾滋病防治】五种性病报告新发病人数776例，报告新发艾滋病200例，其中现住址为西城区的性病发病数403例，累计管理艾滋病病人1294例。年内完成性病就诊者、社区暗娼、社区吸毒人员、孕产妇、流产妇女的哨点监测831人次。29个HIV初筛实验室筛查各类重点人群521656人次，检出HIV抗体阳性258人次。接待自愿咨询检测1756人次，检出HIV抗体阳性

76人次。开展高危人群干预和流动人口干预38489人次。全年共随访辖区艾滋病病毒感染者和病人1294名，随访检测率96.6%，并为其中98.3%的患者提供结核病转介筛查服务。

（马 蕊）

【结核病防治】年内，全区肺结核报告人数469人，医疗机构病人报告率100%。新登记管理肺结核病人191人，其中本市152人，外埠39人，无因肺结核死亡患者。

（马 蕊）

【地方病防治】年内，受新冠疫情影响，仅开展针对8-10岁儿童、育龄妇女、成年男性碘营养状况监测。共采集学生家中200件食盐样品，经检测合格碘盐食用率为90.50%；采集学校食堂和西城区所有学生配餐点实验样品14件，合格碘盐14件；本年度育龄妇女尿碘中位数146.5μg/L、成年男性尿碘中位数为164.5μg/L，依据世界卫生组织推荐的各类人群碘营养水平标准，西城区育龄妇女及成年男性碘营养状况适宜。

（马 蕊）

【精神疾病防治】全区精神障碍患者5955人，其中严重精神疾病4886人，报告患病率4.144‰。社区管理患者3572人，住院患者947人。社区坚持治疗患者4258人，免费服药患者3203人。年内，全区未发生严重精神障碍患者肇事肇祸事件。

（马 蕊）

【慢性非传染性疾病防治与管理】巩固国家级慢性病综合防控示范区成果，继续开展全民健康生活方式行动，申请创建示范机构7家，其中示范餐厅2家、示范食堂2家、示范社区3家，并通过市级验收。培训健康指导员100人。在全民健康生活方式日、高血压日、世界卒中日、联合国糖尿病日，开展主题宣传活动。在15个街道新增15支共计270人的毛巾操队，4年间累计成立54支队伍1230人。持续开展高血压患者自我管理小组（15个）及糖尿病同伴支持（15个）活动。在2个机关企事业单位建立健康自我管理小组，组织健康讲座和健步走活动。开展心血管病高危人群早期筛查与干预，高危人群初筛1024人，检出高危231人，长期随访2331人。脑卒中高危人群随访2966人。完成城市癌症早诊早治评估问卷1530人，筛查高危883人，完成高危临床检查516人。肿瘤患者随访3256人。辖区6家机关单位311名职工参加第五届"万步有约"职业人群健步走激励大奖赛。

（马 蕊）

【计划免疫】年内，全区共接种免疫规划疫苗200585人次，非免疫规划疫苗150143人次，免疫规划疫苗报告接种率达99%以上。学龄前本市儿童、外来儿童建卡建证63826人，建卡建证率100%。继续加强流动儿童免疫工作，落实查漏补种，补卡率、补证率均为100%。开展麻疹、水痘等疫情应急接种，涉及麻风、麻风腮和水痘3种疫苗，共接种274人次。为外来务工者接种麻风疫苗1328人次，流脑疫苗1050人次，未接到疑似预防接种异常反应报告。9月24日至12月31日，全区累计接种流感疫苗218523支。60岁以上老年人接种率83.68%，中小学生接种率92.57%，达到北京市要求。

（马 蕊）

【职业卫生监测与评价】全区接触有毒有害物质作业单位88家，接触职业危害因素职工1749人，实际体检1036人。有放射诊疗医疗机构单位140家、放射卫生技术服务机构3家，监督覆盖率100%。实施行政处罚7起，罚款3.2万元。报告职业病3例，其中煤工尘肺新病例1例、矽肺死亡病例1例、石棉肺晋级病例1例。尘肺新病例回访率100%。对辖区职业病报告单位开展职业病报告工作督导和信息档案核查4次。

（马 蕊）

【健康教育与健康宣传】持续开展健康教育和健康宣传。充分利用新媒体传播手段，加大爱国卫生运动和健康促进宣传。组织各街道、社区引导居民通过家园App、社区通、微信、微博、抖音、头条等新媒体平台，收听收看防控新冠疫情宣传，在公共场所、社区张贴健康宣传海报，利用各类户外电子宣传屏、楼宇电视等媒介滚动播放健康宣传视频。进入疫情防控常态化后，采取新媒体与传统媒体相结合，统筹线上、线下新闻宣传和社会宣传，利用各类卫生宣传日、健康北京宣传周、组织专项宣传活动等方式，宣传20项健康北京行动、公共卫生知识、健康科普知识、首都市民健康公约、健康文明法规条约等，助力群众增强健康意识，掌握健康技能，养成健康的生活习惯。利用“西城健康教育”官方微博和微信公众号发布信息3391条，累计阅读量385万。辖区各级医疗机构举办线下健康大课堂1405场，受众33604人次；线上健康大课堂503场，受众31110814人次。组织居民健康素养线上竞赛。设计“提‘素’大比拼”微信小程序，组织、动员居民参与全市性竞赛答题，号召居民利用常设的“健康小课堂”微网页进行碎片化学习。

（马　蕊）

【妇女保健】年内，辖区孕产妇死亡人数为0。婚前检查人数6179人，疾病检出人次数411，婚检率38.86%。

（马　蕊）

【儿童保健】年内，新生儿死亡12人、死亡率1.24‰，婴儿死亡18人、死亡率1.86‰，5岁以下儿童死亡25人，死亡率2.58‰。新生儿出生缺陷发生率31.14‰，主要出生缺陷病种为：先心病、外耳及其他畸形、隐睾、肾积水、肾脏异常。0至6岁儿童50817人，系统管理率96.96%，儿童健康管理率98.09%。

（马　蕊）

【计划生育技术管理】全年计划生育手术6169例，手术并发症人数0。

（马　蕊）

【卫生监督】年内，辖区共有各类公共场所经营单位1734户，监督11578户次，监督覆盖率99.48%，合格率97.29%，对220户单位实施行政处罚，共计处罚29.8万余元。

（马　蕊）

【医疗卫生监督检查】年内，辖区共有医疗机构621家，监督4050户次，合格率99.55%。实施行政处罚16户次，罚款10.55万元。共有传染病与消毒单位653家，监督11945户次，合格率99.20%。实施行政处罚73起，罚款3.30万元。结合新冠疫情防控形势，组织开展冬春季传染病防治专项整治10余项，组织开展打击“黑诊所”专项整治等医政专业行动6个，组织开展医疗机构口腔放射诊疗专项行动。联合公安、市场监管等部门开展8次联合执法行动。开展公共卫生专项治理，包括环境秩序、公共场所从业人员健康、集中空调通风系统、职业卫生等专项检查，密切配合属地各部门完成综合整治各项工作。完成“扫黑除恶”专项治理、“地下旅店”疏解整治、多部门防疫联合检查、“接诉即办”联动、城市建设专项体检、预付费领域专项整治等。年内，按要求办理医师多点执业1266人次。

（马　蕊）

【医疗服务和效率】全年门诊21231320人次，急诊1264279人次，出院452369人次，病床使用率65.44%，平均住院日（不含精神专科医院）8.01天，住院病死率0.61%，全年住院手术人次253049人。医护比80.07%。

（马　蕊）

【医疗质量管理】年内，新成立麻醉、康复质控专业委员会。已建立13个医疗质量控制专业委员会，包括护理、病案、急诊、血液净化、医院感染管理、药事、医学检验、医学影像（放射）、医疗管理、医学影像（超声）、口腔、麻醉、康复13个专业，共聘任11名主任委员，22名副主任委员。完成上年度医疗质量实地督导检查评估反馈报告并下发各区属医院。根据新冠疫情防控的整体要求，上半年主要以各质量控制组及北京市各专业质控中心开展的线上专题培训活动为主，下半年以线上线下相结合的方式开展活动，累计开展质控活动线上30次，线下2次，各专业岗位技术人员参与培训达1万余人次，提升了区属医院相关专业领域的管理能力和技术水平。

（马　蕊）

【医院感染管理】制定印发《西城区卫生健康委员会关于进一步加强院感防控工作相关要求的通知》《西城区医疗机构内发生新冠肺炎情况应急处置方案》等文件。与辖区三级、二级医疗机构签订《医院感染管理与控制责任书》，一级及以下医疗卫生机构签订《医院感染管理与控制承诺书》，督促指导医疗机构不折不扣落实“四方责任”。建立西城区医院院感防控专家指导工作机制和院感防控驻点工作机制，对辖区内各级各类医院院感防控工作开展拉网式督导检查，发现问题建立台账，提出整改意见并督促医院及时整改到位。

（马　蕊）

【护理工作】年内，在二级以上医院所有病房开展“优质护理服务示范”工作。中国医学科学院阜外医院、北京大学第一医院、北京大学人民医院、首都医科大学宣武医院、北京友谊医院、北京积水潭医院、北京儿童医院被评为优质护理示范医院。中国医学科学院阜外医院急诊室和急诊病区、北京大学第一医院妇科二病房、北京大学人民医院急诊科、北京友谊医院急诊科留观室、首都医科大学宣武医院急诊科、北京积水潭医院创伤骨科老年病房、北京儿童医院临时血五病房、北京安定医院一病区、中国中医科学院广安门医院十一病区、北京市回民医院新冠肺炎隔离病区、西城区广外医院康复科，被评为优质护理服务示范病区。

（马　蕊）

【血液管理】年内，全区献血需求7722单位，完成献血9159.90单位，全市排名第一。受新冠疫情影响，街头无偿献血完成24477人次44420.35单位，比上年下降42.17%。开展血费直接减免工作，全年辖区各医院返还血费79人次32220元。

（马　蕊）

【医学教育】完善继续教育管理机制，鼓励支持线上学习，加强项目监管，规范管理西城区18个继续医学教育基地和25个继续护理学教育基地。对上年度区级继续医学教育项目，组织专家现场评审、网上审核及公布。通过网络远程教育与实地培训相结合，教学和自学协同发展，提升学习质量。抽组13名专家分别对辖区三甲医院、区属医院和社区卫生服务中心的医药技及护理专业人员进行学分审验，合格率100%。加强生物医学研究伦理管理，辖区内设立伦理委员会的医疗机构达22个，已向执业登记机关备案12个，递交年度报告23份，审查项目2876个，批准项目2672个，开展跟踪审查4910个，已在医学研究登记备案信息系统登记项目1857个。持续推进西城区第二批中医药传承工程，46名中医药师（3名对口支援人员暂缓跟师）通过跟师学习、独立临床实践、理论学习，不断提升中医药专业素养。

（马　蕊）

【科研项目申报与管理】实施2020年度青年科技人才（科技新星）培养项目30个。11人参加2020年北京市卫生健康人才骨干培训。展览路医院参加2020年度中医药传统技能传承工作室建设申报工作。2020年住院医师规范化培训招录28人，首都卫生发展科研专项2020年度项目立项7个。

（马　蕊）

【计生服务】全区避孕药具发放网点共708个，其中24小时发放网点240个，保障有需求的群众方便快捷地领取避孕药具。年内共发放避孕药14142板，避孕套326.4万支，为医疗机构提供宫内节育器2000套。

（马　蕊）

【计生关怀】年内发放扶助金共计4076.64万元。发放独生子女父母一次性经济帮助173人173万元。为全区特扶人员发放“两节”慰问金440.22万元。发放中秋、国庆等节日活动慰问款466.38万元。

（马　蕊）

【暖心计划】年内，西城区计生协与中国人寿保险股份有限公司北京分公司联合开展意外伤害保险，为特扶人员3924人缴纳安康保险费共计156960元。联合北京创意集品公司为15个街道特扶家庭开展了制作“剪纸风格软陶夜灯”手工活动。举办活动24场，800人参加。

（马　蕊）

【3岁以下婴幼儿服务】根据《北京市人民政府办公厅关于促进3岁以下婴幼儿照护服务发展的实施意见》，开展辖区婴幼儿托育机构情况摸底，梳理任务分工。加强与市场监管局、编办、消防、教委等部门的数据交换和信息对接，做好婴幼儿托育机构备案准备。通过走访、座谈、听取人大代表、政协委员的意见建议，开展实地调研，收集机构在

备案过程中遇到的困难，及时反馈市卫健委，为建立长效机制提供参考。截至年底，西城区注册的婴幼儿托育机构有40余家。

（马　蕊）

【老龄健康工作】全区常住人口及户籍人口中，60周岁及以上老年人287321人，65岁及以上人口201032人，80周岁及以上老年人口73166人，占老年人口25.4%，百岁以上老年人249人。投入运营的各类养老服务机构86家，其中区级养老机构2家、街道养老机构11家、街道养老照料中心25家，社区养老服务驿站48家。医养结合养老机构8家。实现养老机构、辖区基层卫生机构和医养结合签约的医疗机构全面对接。推进养老服务设施与附近医疗机构签订医养结合协议。截至年底，运营的养老机构与附近医疗机构签约率达100%；辖区的48家养老服务驿站中，39家与附近医疗机构签订医养结合协议，签约率79.59%。推进创建老年友善医疗机构。年内，全区共23家机构获评为友善医疗机构，比率为63.9%。年内，确定西城区德胜社区卫生服务中心、广内社区卫生服务中心、牛街社区卫生服务中心、新街口社区卫生服务中心等4家单位为“北京市老年健康服务示范基地”。德胜街道社区卫生服务中心被评为“全国敬老文明号”。

（马　蕊）

西城区区属卫生机构一览表

表17

机构名称	地址
首都医科大学附属复兴医院	复兴门外大街甲20号
北京中医药大学附属护国寺中医医院	西城区棉花胡同83号
北京市宣武中医医院	西城区万明路13号
北京市第二医院	西城区宣内大街油坊胡同36号
北京市西城区展览路医院	西直门外桃柳园西巷16号
北京市丰盛中医骨伤专科医院	西城区阜内大街306号
北京市西城区平安医院	西城区赵登禹路169号
北京市肛肠医院	西城区德外大街16号
北京市西城区广外医院（北京市西城区广外老年医院）	西城区广外三义里甲2号、西城区上斜街61号
北京市西城区妇幼保健院（北京市西城区妇幼保健计划生育服务中心）	西城区平原里小区19号楼、北京市西城区平原里小区21号楼
北京市回民医院	西城区右安门内大街11号
北京市西城区结核病防治所	油坊胡同52号
北京市西城区精神卫生保健所	西城区赵登禹路32号
北京市西城区疾病预防控制中心	德外大街38号
北京市西城区卫生局卫生监督所（机关）	西城区枣林前街2号院
北京市西城区动物卫生监督所	西城区白纸坊西街17号院9号楼底商
北京市西城区椿树社区卫生服务中心	西城区琉璃厂西街63、64号
北京市西城区金融街社区卫生服务中心	西城区阜内大街306号
北京市西城区广内社区卫生服务中心	西城区校场五条49号

续表17

机构名称	地址
北京市西城区德胜社区卫生服务中心	西城区德外大街34号
北京市西城区新街口社区卫生服务中心	西城区后半壁街19号
北京市西城区大栅栏社区卫生服务中心	西城区煤市街152号
北京市西城区展览路社区卫生服务中心	西城区阜外北大街201号
北京市西城区什刹海社区卫生服务中心	西城区正觉夹道甲13号
北京市西城区陶然亭社区卫生服务中心	西城区陶然亭路12号
北京市西城区天桥社区卫生服务中心	西城区北纬路11号
北京市西城区牛街社区卫生服务中心	西城区培育胡同15号
北京市西城区广外社区卫生服务中心	西城区广外三义里甲2号
北京市西城区首都医科大学附属复兴医院月坛社区卫生服务中心	西城区复兴门外真武庙六里7号楼
北京市西城区西长安街社区卫生服务中心	西城区油坊胡同52号
北京市西城区白纸坊社区卫生服务中心	西城区新安中里4号；西城区枣林前街70号中环办公楼3楼333、334室
北京市西城区社区卫生服务管理中心	西城区枣林前街2号
北京市西城区卫生健康委员会信息中心	西城区枣林前街2号

西城区境内三级医院一览表

表18

机构名称	地址
北京大学第一医院	西城区西什库大街8号
北京大学人民医院	西城区西直门南大街11号
中国医学科学院阜外医院	西城区北礼士路167号
北京积水潭医院	西城区新街口东街31号
首都医科大学附属北京安定医院	西城区德胜门外安康胡同5号
首都医科大学附属北京儿童医院	西城区南礼士路56号
首都医科大学附属北京友谊医院	西城区永安路95号
中国中医科学院广安门医院	西城区北线阁5号
首都医科大学宣武医院	西城区长椿街45号
中国医学科学院北京协和医院（西院）	西城区大木仓胡同41号
北京急救中心	西城区前门西大街103号
中国人民解放军第三〇五医院	西城区文津街甲13号
火箭军特色医学中心（原火箭军总医院）	西城区新街口外大街16号

爱国卫生工作

【概况】 西城区爱国卫生运动委员会（简称区爱卫会）是区政府议事协调机构，由43个部门组成，委员会下设办公室，负责全区爱国卫生工作。年内，做好新冠肺炎疫情防控，以疫情防控、环境卫生、复产复工为重点，开展线上线下宣传，及时发布疫情防控和健康科普知识。发挥社区公共卫生委员会作用，组织动员各单位、社区开展环境卫生整治，清理堆积杂物，消除卫生死角；动员社区家庭开展室内卫生环境整治。加强无烟环境建设，强化控烟工作机制，创建第三批控烟示范单位；做好冬春季灭鼠、灭蟑和夏季灭蚊蝇等重点病媒生物防制；组织开展健康素养促进行动和健康宣传周活动；重视爱国卫生传统，坚持开展爱国卫生月和城市清洁日活动，巩固国家卫生区建设成果。

地址：西城区枣林前街2号

电话：83365451

（薛　云）

【新时代爱国卫生运动三年行动计划】 根据疫情防控常态化工作需要，制定《西城区关于深入持久开展新时代爱国卫生运动的三年行动计划》，以区疫情防控领导小组名义印发全区，明确各专项工作组和主要委办局的工作职责。9月9日，区疫情防控领导小组爱卫工作组召开工作部署会，区委组织部、区委宣传部、区城管委等20余个委办局、15个街道负责爱国卫生工作的主管领导参会。会上，区卫健委从指导思想、工作目标、工作原则、组织建设、专项行动、工作职责、保障措施等六个方面，明确各部门的工作职责和任务。

（薛　云）

【领导调研爱国卫生工作】 9月19日，市委书记蔡奇到陶然亭街道南华里社区察看卫生服务站、垃圾站和物业公司，了解家庭医生签约服务和垃圾分类情况。蔡奇要求社区卫生服务站指导居民做好公共卫生和疾病预防工作；将社区公共卫生纳入社区治理体系，让群众参与进来；生活垃圾分类要从家庭抓起，加强入户指导、桶前值守，推动养成良好习惯。

（薛　云）

【宣传《首都市民卫生健康公约》】 5月2日，健康北京行动推进委员会发布《首都市民卫生健康公约》。西城区动员全区上下各级党政机关、企事业单位、医疗机构、中小学校和社区，采取多种形式广泛宣传，在各类重点场所张贴宣传海报，在社区内悬挂宣传横幅，利用医疗机构大厅电子屏、电梯等候厅电视，普及公约内容。全区通过微信公众号和西城家园等融媒体平台累计推送1451条相关信息，累计受众43.68万余人次，制作悬挂横幅309条，印制张贴海报1.45万余张，利用电子屏和制作宣传展板860块，印制和发放折页2.2万余份。

（薛　云）

【爱国卫生基层组织】 按照“条块结合，以块为主”的原则，督促各单位建立爱国卫生组织机构。向全区印发《关于加强新时代爱国卫生组织体系建设的通知》，要求各单位开展“认门行动”，参与社区各项爱国卫生活动。区疫情防控领导小组爱国卫生运动工作组分别召集十五个街道办事处和相关行业主管，协调中央在京单位的区属相关职能部门召开工作专题会，部署建立区爱国卫生组织体系，要求区属各职能部门协调、督导所负责的单位建立爱国卫生组织机构。各街道、社区安排专人对辖区单位全面开展“敲门行动”。截至年底，区新建爱国卫生基层组织11120个，其中社区259个，实现100%全覆盖，建立机关企事业单位爱国卫生组织2211个，建立非公单位爱国卫生组织8649个。

（薛　云）

【病媒生物防制】 专群结合，组织专业队伍全面开展除“四害”行动。6至9月，全区统一开展夏季灭蚊蝇活动，动员和发动居民群众清理病媒孳生地，组织专业消杀队伍对农贸市场、地下管井、河湖绿地等重点场所做好除害灭杀工作。结合“周末卫生大扫除”，组织居民、志愿者整治环境卫生，翻盆倒罐，清除废旧轮胎等易积水物件。共发动各类志愿者3.5万人次，聘请专业防治队伍583支，清理卫生死角

9700余处，清理蚊蝇孳生地13300余处，使用灭蚊药6256公斤。冬季统一灭鼠活动中，全区累计设立（维护）毒饵站2.88万个，投放鼠药5181公斤，出动专业人次3261人次，累计开展2510次环境治理活动。

（薛 云）

【爱国卫生月】4月，组织开展以“防疫有我，爱卫同行”为主题的第三十二个爱国卫生月活动。以“五个一”（面向全区居民发放一封居民倡议书和文明公约；组织广大党员开展一次承诺践诺活动；组织一次以爱国卫生运动为主题的党日活动；开展一次志愿服务活动；举办一场以爱国卫生运动为重点的健康科普讲座）的形式组织开展活动。4月11日，区四套班子领导深入社区基层联系点，参与卫生大扫除。4月18日，市领导、区四套班子领导同社区干部、驻区单位和志愿者等一同参与社区爱国卫生大扫除，集中清理堆积杂物，科学开展消毒。4月24日，结合第四个城市清洁日开展家园清洁统一行动，巩固爱卫月活动成果。爱国卫生月期间，全区共出动10.07万人次，清理各类垃圾4393.08吨，处理病媒生物孳生地1.97万处，整治各类市场183个。

（薛 云）

【冬春季爱国卫生运动】发动全区各街道、各社区组织开展爱国卫生运动。专项整治与常态化工作相结合，重点对背街小巷、老旧小区等开展环境卫生治理。做好公共区域消毒，加强对值班岗亭、电梯、小区门禁设施、垃圾收集点等公共场所和设施的清洁消毒。截至4月底，共出动14.33万人次，清理各类垃圾2154.5吨，清理病媒生物孳生地8081处，整治各类市场219个，重点场所消杀4898万平方米。

（薛 云）

【居民健康素养线上竞赛】8至9月，区爱卫会办公室继续深入开展“竞赛比拼我参与·健康提‘素’我先行”——北京市居民健康素养线上竞赛。利用新媒体手段设计“提‘素’大比拼”微信小程序，在规定的时间内组织、动员居民参与全市性竞赛答题。以赛带学，号召全区居民利用常设的“健康小课堂”微网页进行碎片化学习。全区共有31994人利用小程序进行注册，22312人完成答题。38所医疗机构，82所大、中、小学校，47所幼儿园，228个街道社区，317个机关，企事业单位参加活动。最终答题人数位列全市第四，答题正确率居全市第一。

（薛 云）

【贯彻落实《北京市控制吸烟条例》】全面推进无烟西城建设，定期召开控烟工作协调会，部署世界无烟日、冬季控烟等各阶段控烟任务。重视控烟执法职权下放，6月28日将控烟执法6项处罚职权移交各街道办事处。上半年，区卫生监督所出动监督员3556人次，对辖区内单位进行控烟执法检查1778户次，发现不合格单位46户，责令整改42户。下半年处罚权移交街道办事处后，继续加大控烟执法检查力度，区卫生执法监督站与城管执法队进行联合检查，现场指导执法队进行控烟执法，确保执法工作的连贯性。7至12月，出动执法人员1.63万人次，检查各类控烟责任单位1.38万户次，共发现违法吸烟或控烟管理问题375户次。以“世界无烟日”为契机，开展形式多样的宣传活动。区爱卫会累计制作各类控烟标识27000个，海报、纸质宣传品2.2万份，冰箱贴等实物宣传品7000份。全区共有5个单位被授予2019年度首都控烟管理先进集体，15人被授予2019年度首都控烟管理先进个人。

（薛 云）

【整治筒子楼、简易楼等重点区域卫生】落实市、区两级领导批示，在筒子楼、简易楼等重点地区持续开展爱国卫生运动，将疫情防控工作与爱国卫生活动相结合，提高公共卫生服务水平，改善市民居住环境。由区房管局牵头制定《关于加强筒子楼、简易楼内外环境卫生整治提升工作方案》，区爱卫办依托社区公共卫生委员会，发动相关职能部门、责任单位和社区，不断加大筒子楼、简易楼清洁整治力度。全区15个街道的筒子楼、简易楼均有专人负责爱国卫生工作，并将简易楼、筒子楼的爱国卫生工作纳入日常管理。总体改善了筒子楼内外环境，除四害、垃圾分类、健康公约等宣传工作基本到位。

（薛　云）

【周末卫生日活动】建立常态化的“周末卫生清洁日”活动机制。发挥好“小巷管家”“西城大妈”等基层群众的名片效应，调动社区各方力量参与社区环境治理，提高公共卫生服务水平，改善群众居住环境。重点整治筒子楼、简易楼等的环境卫生，组织产权单位、物业单位、社区党员干部、志愿者集中清理楼道废弃物，整治楼道、公用厨房、厕所等公共区域环境，清理楼外绿地，清除卫生死角。擦拭科普画廊、宣传栏，清理小广告，开展公共环境消毒。辖区1627个单位，累计动员党员干部、社区居民等10.51万人次，清理卫生死角2.39万处，清除各类垃圾1.53万吨。

（薛　云）

【创建北京市控烟示范单位】组织动员辖区内32家机关事业单位，参与创建第三批控烟示范单位。8月18至21日，区爱卫办、区疾控中心组成2个督导组，联合对32家控烟示范创建单位开展中期督导，围绕申创单位控烟工作组织机构、管理制度及室内全面禁烟、宣传活动、戒烟服务等几个方面进行检查。针对评估中发现的问题，督促各单位及时整改。9月16日，市级专家组验收我区控烟示范单位创建工作，西城区32家申创单位全部通过，成功创建为北京市无烟示范单位。

（薛　云）

（责任编辑　张振安）

体　育

1月14日，西城区首届“京宝儿杯”传统冰雪项目运动会暨第六届京津冀冰蹴球邀请赛开幕（于志强 摄）

6月10日，西城区举办群众身边体育健身设施建设三年行动计划新闻发布会（区体育局 供图）

7月28日，广安门外街道冰雪体验中心启用（广外街道 供图）

7月31日，西城区举办庆祝申冬奥成功五周年活动（于志强 摄）

9月19日，2020年西城区全民健身体育节篮球联赛开幕（于志强 摄）

10月17日，"熙诚杯"太极拳冠军王中王争霸赛现场（区体育局 供图）

综　述

西城区有区属综合体育场馆4个（含游泳馆2个、体育场2个，不包括学校和驻区中央、北京市单位的体育场馆），室外全民健身器材4445件。全区有裁判1058人、国际级裁判28人、国家级裁判141人、一级裁判459人、二级裁判309人、三级裁判121人、教练员61人。年内，西城区做好疫情防控各项工作，推进体育事业管理和体育体制改革，推动全区体育公共服务体系建设，创建国家全民运动健身模范区，实现全民健身示范街道全覆盖，日益呈现体育事业全面发展的良好态势。

新冠肺炎疫情防控。建立健全疫情防控机制，坚持每日汇报制度，强化应急值守，建立值班台账，科学有效做好疫情防控各项工作。落实防控措施，在疫情防控期间关停辖区内所有体育经营单位，暂停举办各类体育赛事和健身培训。加大检查力度，做到检查全覆盖，确保疫情防控各项工作落到实处。有针对性的对有意开业的体育经营单位开展巡察、复查和夜间抽查。局属各场馆按市防控要求阶段性闭馆，同时加强场馆维护消毒。开展防疫应急预案演练，各馆分别设置入口和出口，划出1米线，定时通风换气。提供广安体育馆作为湖北返京人员分流场地，6月17至28日成立核酸检测“火眼实验室”；广安体育场作为核酸采样点，全力保障采样及实验室建设。选派35人次下沉社区参与疫情防控，1人协助区卫健委做好区级防疫；抽调2人参与新国展防范境外输入病例防疫，3人参与在鄂北京人员返京分流工作。组织党员捐款19570元支持疫情防控。

助力体育行业复工复产。开展复工复产企业专项检查，建立具备复工复产条件的健身场所台账。对照《体育生产经营单位复工复产疫情防控事项清单》逐一检查复工复产单位，把防疫措施抓实抓细，确保体育经营单位未达标不开放。根据《北京市体育局对疫情期间受影响的冰雪场所水电补贴的公告》和《京财科文指〔2020〕1241号滑冰滑雪场所水电成本补贴》，补贴陶然亭滑雪场水电成本8万元。根据人力社保部门关于援企稳岗培训补贴相关要求，7家体育经营单位领取社保人员培训补贴。制定《西城区体育局新型冠状病毒肺炎疫情期间对企业减免租金进行补贴方案》，为辖区内体育经营单位减负。截至年底，对符合申报的15家体育经营单位补贴房租925816.29元。局属各场馆严格按照疫情防控及复工复产相关要求适时开放场馆，并认真做好预约信息登记、健康码核验、测温、巡场监督等工作，确保群众安全、健康开展运动训练。每天分时段对场地、设备设施、公共用品用具进行清洁消毒，对器械采取“一客一消”并做好记录。以体育场馆标准化服务认证要求开展管理工作。场馆开放期间，月坛体育馆参办各类赛事13次，入场总人数3200人次，接待健身2.68万人次；月坛综合训练馆接待健身、训练7.7万人次；广安体育馆接待健身、训练7.32万余人次，承接大型活动5次；广安游泳网球馆接待健身、训练10.37万人次；德胜体育中心接待健身近1万人次。

编制西城区“十四五”时期体育事业发展规划。成立课题组，经案面研究、定性定量调查和广泛征求各方面意见，完成规划编制，并通过专家评审。依据西城区“十四五”发展总体部署和任务要求，未来五年，将全面提升西城区体育综合实力，努力实现与区域经济社会发展水平相适应，与“健康西城”理念相协调，与人民群众多元化体育需求相吻合的全面、均衡、优质的体育事业发展局面。

发布实施《西城区群众身边体育健身设施建设三年行动计划（2020—2022年）》。为解决中心城区“去哪儿健身”的突出问题，提升“七有五性”服务保障水平，推进全民健身国家战略，经过走访街道，踏勘场地，组织调研和专家评审，完成计划编制。经过三年的不懈努力，构建“布局均衡、多元融合、开放惠民、科技智慧”的体育场地设施建设发展格局。年均新增体育场地设施面积2万平方米，每个街道每年至少新增1处体育健身场地，全面建成滨水健走步道体系，建立智慧体育服务体系，显著提升体育场地设施质量。促进“一刻钟健身圈”品质提升，初步体现“城市即体育公园”。

制定西城区竞技体育赛事激励办法。为表彰在国内外重大体育赛事中取得优异成绩的西城区运动员、教练员和在该成绩取得过程中做出过杰出贡献的管理人员、科研人员等，依据北京市体育局、北京市残联等部门对重大体育赛事获奖人员的相关奖励办法，制定《西城区竞技体育赛事激励办法》，鼓励他们奋勇拼搏，再创辉煌，推动西城区竞技体育事业不断向前发展，助力实现西城区由体育大区发展成为体育强区的目标。

办理议案提案督查和政府服务热线。年内，办理人大建议1件、政协提案8件。完成督察案件12件。受理市政府服务热线168件，满意率、解决率比上年大幅提高。

（吴文秀）

群众体育

【概况】北京市西城区体育局（简称区体育局）是西城区人民政府的体育行政主管部门，负责指导和管理全区的体育工作。下设办公室、群众体育科、体育市场管理科、青少年训练科、科技教育科、国有资产管理科、党群工作办公室。下属事业单位有：少年儿童业余体校、社会体育管理中心、广安体育馆、体育训练中心、体育科学研究所、月坛综合训练馆、月坛体育馆、武术和棋类运动管理中心、广安游泳网球馆和体育宫（已停业）。年内，面对新冠疫情带来的困难和影响，区体育局坚定信心，统筹疫情防控和各项工作，强化责任意识，勇当先锋，敢打头阵，努力推动各项工作落实。

地址：西城区南礼士路乙9号院2号楼

电话：68026788

（吴文秀）

【创建“国家全民运动健身模范区”】年内，完成西城区模范区创建工作报告、西城区创建工作成效表、西城区创建工作特色案例，正式向国家体育总局申报。陶然亭、天桥、白纸坊、椿树、西长安街、德胜6个街道创建成北京市全民健身示范街道，实现北京市全民健身示范街道覆盖全区。

（吴文秀）

【健身科普大讲堂】疫情防控期间，通过线上线下相结合的方式，开展全民健身科普讲座7次，科学健身大讲堂6场。针对不同人群提供居家健身“小妙招”系列健身方法。“体育西城”微信公众号发布“居家健身”系列指导60余条。

（吴文秀）

【社会体育指导员培训】年内，以线上线下相结合的方式，开展滑雪、冰壶、武术（健身气功、太极拳）、花棍、围棋等社会体育指导员5项5场培训。推荐国家级社会体育指导员10人，北京市岗位培训社会体育指导员73人，一级社会体育指导员38人，培训二级社会体育指导员98人，三级社会体育指导员356人。全年共培训各级别社会体育指导员575人，其中“冰雪类”社会体育指导员224人。

（吴文秀）

【裁判员培训】区级协会自主培训篮球三级裁判87人，二级裁判37人；足球二级裁判27人。市级协会代培各类二级裁判125人，三级裁判75人。全年注册裁判246人。

（吴文秀）

【群众体育活动】结合疫情防控实际情况，适时开展“全民健身体育节”“一区两品”群众系列体育活动，全力打造全民健身品牌赛事。组织开展深入基层、贴近百姓的徒步大会、篮球联赛、和谐杯乒乓球赛、武术比赛、社体指导员表彰展示等活动。举办西城区全民健身体育节篮球赛总决赛、区优秀指导员展示、线上马拉松比赛、区“迎国庆”台球团体赛、区旱地冰壶比赛、区体育系统定向越野比赛等多项体育赛事，1500余人参与。开展“全民健身日”系列活动，组队参加北京市第四届柔力球公开赛、2020年金融界足球联盟五人制联赛。组织“7·31申冬奥成功5周年纪念活动”，实现京津冀三地连线，观看人数达569367人。组织冬奥我先行线上全民健身冰雪运动大讲堂、线上马拉松、“和谐杯”乒乓球比赛、《国家体育锻炼标准》达标测试（广外站）、线上马拉松和西城区优秀社会体育指导员表彰和展示活动。体育节期间，创新采用线上线下相结合的方式，利用平面媒体、线上媒体、自媒体等宣传渠道，间接覆盖达290万余人。8月8日全民健身日，月坛体育馆、综合训练馆、广安体育馆、游泳网球馆分时段预约免费开放，香炉营社区篮球场、乒乓球场、五人制足球场、陶然亭街道文体活动中心恢复对外免费开放，各街道社区开展了丰富多彩的全民健身日活动。

（吴文秀）

【冰雪运动】举办2020年西城区全民健身冰雪季活动。建立完善“线下+线上”的推广模式，利用互联网技术开展线上培训讲座、展示体验、竞赛竞答及直播互动。京津冀冰蹴球、冰龙舟邀请赛共39支队伍270人参加；西城区冰蹴球、冰龙舟邀请赛共111支队伍755人参赛；冰嬉表演共20场，2.5万观众参与。开展以冰蹴球项目为重点的普及推广活动，在国际冬季运动（北京）博览会上启动京津冀冰蹴球大赛。组织冰雪主题宣传活动。举办冬奥知识讲座、冰雪知识展览共30场，组织开展各类冰雪赛事活动，参与人数近30万。庆冬奥五周年直播活动观看人数达56.9万人。

（吴文秀）

【第五次国民体质监测】完成2020年西城区第五次国民体质监测工作，共抽样测试来自8个街道、14个单位的有效样本3515人，其中20～59岁成年人2478人，60～79岁老年人1037人。

（吴文秀）

【全民健身活动状况调查】落实《北京市体育局关于开展2020年全民健身活动状况调查的通知》，认真组织实施，完成了国家监测点西城区6个街道13个社区286名调查对象的全民健身活动状况问卷调查。

（吴文秀）

【体育设施】铺设8处共5公里健身步道，建设7处多功能场地，10块足球场地（1块3人制足球场地，9块笼式足球场地），7处仿真冰场地。为北滨河公园、陶然亭公园、营城建都公园更新全民健身器材19件，为新华社北京分社办公区安装器材5件。

（吴文秀）

【体医结合】与北京市疾控中心合作，完成三套“老年人防跌倒毛巾操”的编排校稿和印发；初级、中级和高级版的三套挂图已发放到部分老年市民手中。与颐寿轩养老院合作进行护工“椅子操”技能培训。与广外医院合作研发“坐式毛巾操”，供住院老年病人使用。与西城区医学会合作研发“养生保健毛巾操”，并对社区小教员进行培训。

（吴文秀）

武术运动

【武术网络大赛】5月1日至7月31日，举办2020海峡两岸武术网络大赛，报名人数达4338人，拍摄视频5469部，点击人数66万余人，覆盖人群400万人次。

（吴文秀）

【武术交流】海峡两岸武术交流活动暨第三届《武艺天下》武术·书画·摄影交流汇于9月18日开幕，以“文化同源、武学同宗”的理念，为海峡两岸武术文化搭建交流平台，共同提升中华文化国际影响力。武术交流活动期间，开展书画摄影培训4次，105人参加。活动展出《武艺天下》签约书画家在抗击疫情期间创作的336幅书画和摄影作品。国人拳道功夫会馆、北大荒合唱团、金乐舞蹈团表演了精彩的文艺节目。

（吴文秀）

【太极拳比赛】举办2020年“熙诚杯”太极拳冠军王中王争霸赛（含网络赛），分线上和线下展开。8月初至9月10日举办线上赛（网络赛），经过几轮选拔，从370名运动员中选出24名参加线下冠军赛。10月17日，在西便门明长城遗址城墙举行线下擂台赛，24名武者现场比拼。赛事采用逐级淘汰制，最终决出冠亚季军。

（吴文秀）

【“武•道论”品牌赛事】5月15日，2020年西城区武术运动培训推广及“武·道论”品牌赛事启动。根据新冠疫情防控的整体形势和要求，赛事采用网络线上培训、线上比赛的方式举办。历时6个月完成八式功法教练员网络培训，八式太极调理功法门头沟区网络培训，通背拳活步八式功法网络培训，机关、社区及辅导站八式太极调理功法培训，八卦掌定式八掌网络培训，太极八法五步网络培训，门头沟骨干人员培训。训练营网络课，共计培训1500人次。“武·道论”网络比赛分为功法类、拳术类和器械类，共设5个项目，完成1000个参赛视频，上传网络参赛视频1588个。

（吴文秀）

【健身气功】年内，全区注册健身气功辅导站点38个、428人，上传指导视频300多个，和573个居家录制的健身气功功法视频。

（吴文秀）

【“全国武术之乡”建设】自2016年西城区向国家体育总局申报“全国武术之乡”称号以来，“武术之乡”建设取得丰硕成果。西城区作为首都核心区，传统武术历史悠久，现有非物质文化遗产拳种12个，代表性传承人20多位，积淀了丰厚的武术文化资源。在创建全国武术之乡过程中，西城区确立以武术文化加互联网平台的核心发展理念，挖掘传统武术文化理论，利用互联网传播手段，开展各类培训400余场，参训人员达10万余人次，使武术运动成为西城区全民健身的重要项目。打造国家、市、区、街道多层级赛事体系，举办各类赛事活动近百场，两万余人参赛，并在全国首创网络武术赛事平台，用现代科技手段推动武术运动的普及发展。多形式扩展武术文化的影响力，先后推出儿童剧、话剧、武艺天下、海峡两岸书画展、红墙武影武术人物展等一系类武术文化品牌项目，观演、观展人数近万人，并与区重点医院合作开展医武结合试点工作，指导患者近2000人次。

（吴文秀）

青少年体育

【体育业训】新冠肺炎疫情期间，调整训练计划，将训练模式改为视频训练，确保教练员、运动员的身体健康，减少队员流失，保证重点队员的身体机能水平。恢复日常训练后，严格落实各项防疫措施，统计汇总复训人员健康信息，要求各项目教练员详细记录训练情况，为运动队提供消毒用品并加强内部管理，对复训情况进行现场监督，确保运动员健康安全。

（吴文秀）

【青少年运动员】年内，注册运动员3800多人。审核健将2人、一级运动员69人，审批二级运动员105人，三级运动员13人。

（吴文秀）

【人才质量与效益】年内，西城区输送的运动员取得优异成绩，其中西城区少年儿童业余体校输送的刘雨辰、冯彦哲获得2020年羽毛球全国锦标赛双打第一名，宋兆祥获得2020年全国跆拳道-87公斤级第一名，黄嘉康、王桢沣同队友获得全国橄榄球冠军赛第二名。西城区训练中心输送的运动员马龙和队友获得卡塔尔公开赛男双冠军、乒乓球全国锦标赛男双冠军，本人在国际乒联总决赛上第六次夺得男单冠军，获得WTT澳门国际乒乓球赛男单冠军。王楚钦和队友获乒乓球全国锦标赛混双冠军、卡塔尔乒乓球公开赛混双亚军。穆文喆获得2020年全国跆拳道锦标女子73公斤以下级冠军。西城区运动员在北京市锦标赛获得63个第一、58个第二、35个第三；北京市U系列比赛获得20个第一、29个第二、30个第三。

（吴文秀）

体育安全生产

【概况】年内登记备案的体育经营单位156家。其中从事游泳项目的45家。通过年审且登记备案在册的体育类民办企业25家。其中隶属体育系统的4家，隶属教育系统的11家，隶属街道社区的4家，个体经营的6家。

（吴文秀）

【安全检查】体育专职安全员和体育安全执法人员组成4个安全检查小组，采取分片负责、横向到边、纵向到底、全覆盖、零容忍、严执法、重实效的方式，不间断地对责任区内体育经营单位进行安全检查。检查小组细致，全面，严格，有序地开展日常检查工作，确保有效实施安全生产监管措施。做好冬季冰雪期、夏季游泳高峰期、元旦、春节、全国“两会”、安全生产月、冬春季火灾易发期、五一假期的安全检查，重点对人员密集场所，高危险性体育经营单位、地下空间体育活动场所进行全方位、全过程检查，确保节日和重点时期的安全。抓好安全生产联合执法检查，10月前，组织安监、公安、卫生、教委、消防、各街道办事处等部门，对全区30家游泳场馆进行联合执法检查暨秋冬季疫情防控专项检查。

（吴文秀）

【重点时期专项工作】学习和研讨中共中央办公室、国务院办公厅《关于全面加强危险化学品安全生产工作的意见》，并把相关内容纳入区体育局的隐患排查治理体系。对照《涉及危险化学品安全风险的行业品种目录》，根据体育行业特点，把所有体育经营单位危化品纳入台账管理，并在日常执法检查中重点检查危化品的使用和存放。在特殊时间段对危化品进行专项突击检查。

（吴文秀）

【体育经营单位预付费】与区市场监管局探讨体育经营单位预付费工作，引入第三方平台，将商户电子签约制引入体育行业，进一步加大体育市场经营的透明度。将选取2—3家诚信经营单位进行试点工作，预建立消费环境建设工作长效机制，促进预付式消费有关行业、领域健康有序发展。与相关部门探讨体育部门预付费合同（包括电子版）的范本，用于推广和应用。在与西城区各体育生产经营单位签订《诚信公约》基础上，结合北京市体育场所逐步开放政策，除了基本的疫情防控、安全检查外，对已复工复产企业的预付费情况进行再次摸排，进一步加强体育市场管理，规范健身场所预付消费，维护市场公平竞争秩序，保障消费者合法权益，促进首都体育事业与体育产业繁荣与稳定。

（吴文秀）

（责任编辑　张振安）

社会生活

1月14日，广安门外街道举办退役军人新年联欢会（广外街道 供图）

4月，区人力社保局劳动能力鉴定中心开展非接触式鉴定（区人力社保局 供图）

4月19日，区双拥办联合区司法局为驻区部队官兵开展“法律进军营 开启新航道”为主题的云课堂活动（区双拥办 供图）

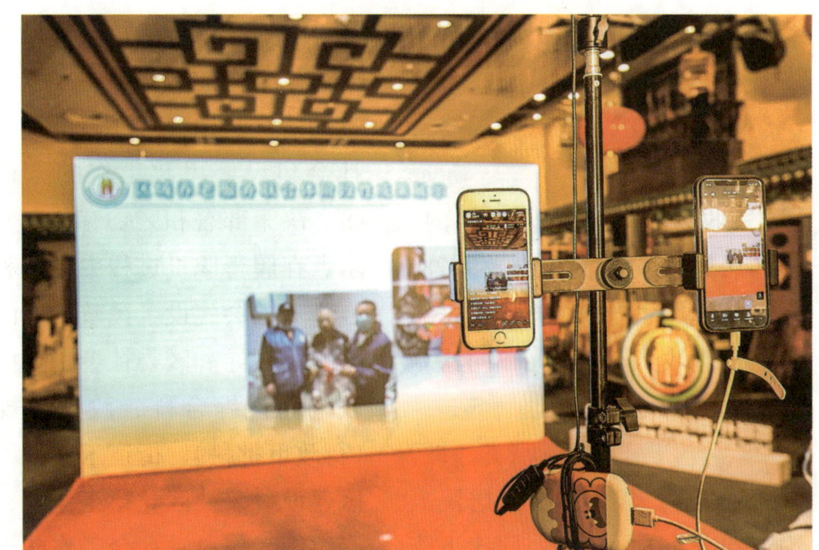

5月18日，西城区首个区域养老服务联合体落户什刹海，完成“云”启动（刘骜 摄）

7月30日，展览路街道举办第七届“立功在军营 家属享荣光”表彰活动（展览路街道 供图）

年内，残疾人双创基地对残疾人开展技能培训（区残联 供图）

居民生活

【居民收入及职工收入】年内，全区居民人均可支配收入90286元，比上年增长2.3%。居民人均工资性收入52003元，同比增长2.0%。

（肖　路）

【居民支出】年内，全区居民人均消费支出51466元，同比下降3.7%，其中食品烟酒支出10141元，比上年下降4.1%；衣着支出2256元，比上年下降19.5%；生活用品及服务支出2982元，比上年增长6.3%；医疗保健支出4168元，比上年下降1.8%；交通通讯支出4833元，比上年下降5.0%；教育文化娱乐支出4310元，比上年下降29.3%；居住支出21528元，比上年增长6.9%；其他用品和服务支出1249元，比上年下降26.6%。

（肖　路）

【居住条件】年内，人均住房建筑面积为22.2平方米，比上年增长0.1平方米。自有住房占房屋产权的比重为67%，比上年下降0.8个百分点。

（孙海花）

社会建设和民政工作

【概况】中共北京市西城区委社会工作委员会北京市西城区民政局（简称区委社会工委区民政局）是西城区开展社会建设和民政民生工作的部门。主要职责是贯彻落实党中央、北京市委关于社会建设、民政工作的方针政策、决策部署和区委有关工作要求，在履行职责过程中坚持和加强党对社会建设、民政工作的集中统一领导。区委社会工委区民政局内设综合科、政策法规科（行政审批科）、街道工作科、社区建设科、社区党建工作科、社会组织工作科、社会工作队伍建设科（志愿者和社会动员工作科）、养老工作科、社会福利和慈善工作科、社会救助科、社会事务管理科、计划财务科、机关党委、工会、离退休干部科等15个行政科室，福利生产办公室、救助管理站、婚姻登记服务中心等8个事业单位。年内，区委社会工委区民政局贯彻落实党的十九大精神，强化党建引领，加强资源统筹，勇于改革创新，推动协同共建，推进新冠肺炎疫情防控和“十四五”规划等重点工作。承办市级绩效工作35项，区级专项考核7项、绩效任务30件，京津冀协同发展及疏非控人任务2件、禁限目录任务2件，涉及养老家庭床位建设、社会救助审批权下放、社会心理服务站建设的考核任务提前完成。办理人大政协提案议案42件、“两会”期间委员代表意见39件。

地址：西城区安德路甲69号

电话：83418000

（陈　阳）

【新冠肺炎疫情防控】年内，建立新冠肺炎疫情防控工作机制，成立疫情防控工作领导小组，制定下发《织密扎牢社区防控网工作方案》，细化养老、婚登、福利救助、捐赠等领域措施，形成疫情防控“1+5”制度体系。完成全区数据核查、社区防控部署督导、境外人员返京前端防控、在鄂人员返京分流等重点任务。将养老机构服务管理、婚姻登记窗口服务、困难群体救助等业务领域服务任务前移，维护疫情防控“零报告　零感染”局面。坚持党建引领，发挥街道社区党建工作协调委员会作用，调动物业、辖区单位等力量参与疫情防控。坚持联防联控，指导街道社区建立干部包片、志愿者动员等制度，通过“敲门行动”开展三轮兜底排查，48.9万户居民实现全覆盖，建立民政领域防控网。坚持大数据思维，依托“西城家园”，在防控宣传、居民行程登记、企业复产等工作中发挥作用。建立民政领域防控网，养老机构防控实现封闭式管理。压实“四方责任”，建立等级防控、应急响应、常态化管控、重大事项会商机制，解决老年人日常就医、基本生活服务、心理解压等方面问题，机构运转有序。流浪乞讨人员保护性救助实现“应收尽收”，采取联合救助、集中保护性救助方式，随发现随救助随隔离。发挥街道督导员、社区儿童主任作用，掌握服务人员情况，补充防疫物资配备。婚登服务实现不扎堆，针对登记高峰日，严格预案管理、优化服务流程、提高服务质量，形成疫情防控常态化“515”模式。社会兜底性救助实现“一个不漏”，实行社会救助审批简易程序，加大临时救助，困难群众生活得到保障。为1万余名参与疫情防控社区工作者和协管人员发放补助3854万元，发放3585份北京消费券。接收抗疫捐款230余万元、共产党员献爱心捐款612万元。坚持大数据思维，依托“西城家园”，在防控宣传、居民行程登记、企业复产等方面发挥作用，发布8196条信息，传递1.5亿人次。

（陈　阳）

【社会救助】年内，发放低保金1.94亿元，实施各类专项救助支出1712万元，开展“两节”走访慰问支出4913.87万元，惠及1.4万余人。制定困难家庭关爱扶助行动计划，发放各类救助金近3亿元，向1.4万名困难群众发放“消费暖心券”423.6万元。保障困境家庭服务对象入住社会福利机构的基本服务需求，发放入住补贴562万元。实施无障碍设施建设3年行动计划，整改点位1573个。推进社会心理服务体系建设试点工作，建成16家社会心理服务中心站点。巩固社会救助审批制度改革工作，开展审批权限下放政策培训，落实街道审核审批主体责任，探索形成部门定政策、社区申报、街道审批、部门监管救助服务新模式。探索建立以家庭为单位的救助帮扶体制，成立以区委书记、区长任组长的工作专班，制定《西城区全面加强困难家庭关爱扶助行动计划》，召开新闻发布会，全面启动包括35条措施67项具体任务的关爱扶助，涵盖17个委办局和15个街道。开展“一户一策”扶助专项行动。实地调研9129户困难家庭，确认全面扶助家庭4096户，重点扶助家庭2023户，定向扶助家庭977户，待分类预警2033户。建立在职党员、社区志愿者等组建的关爱扶助队伍，一对一结对帮扶。推进区智慧关爱扶助平台建设，9129户困难家庭信息全部录入系统，服务端口延伸各个社区，初步实现对社会救助对象精准服务和动态管理。按照中纪委社会救助3年专项行动方案，打好3年专项治理“收官之战”。开展社会救助专项治理，通过实地检查、重点抽查和不定期巡查方式，对社会救助资金及工作落实督查。推进流浪乞讨人员救助，建立救助管理工作联席会机制，细化39个成员单位主体责任，开展集中救助19次，实现反应快速、服务高效的全覆盖精准救助模式。全面启动保护性救助，实现流浪乞讨人员动态清零。截至10月底，救助422人，街面劝导97人。

（陈　阳）

【养老服务】年内，制定《北京市西城区家庭养老照护床位运营管理办法》，给予家庭养老照护床位基础配置、基础服务补贴、床位补贴等政策支持。通过政策宣传、服务商遴选、信息化产采购、入户服务、线上监管等环节，签约服务机构35家，家庭养老床位服务对象1444人。养老机构防控实现封闭式管理，压实“四方责任”，建立等级防控、应急响应、常态化管控、重大事项会商机制，解决老年人日常就医、基本生活服务、心理解压等问题。实现养老服务机构和老年餐桌覆盖率100%。新增家庭养老照护床位1500张。实施无障碍设施建设3年行动计划，整改点位1573个。推进津冀蒙养老服务协同区域战略合作，制定《西城区户籍老年人赴津冀蒙异地康养扶持运营补贴的办法》。对异地康养的西城老年人每人每月600元入住补贴，给予入住机构市内养老机构相同的床位运营扶持，受理已经入住异地康养机构满3个月的异地康养补贴申请500人，对集中入住人数较多的机构提供集中上门办理服务。与河北省保定市阜平县签订战略合作协议，将定点扶贫与区域养老服务战略合作融合。加强与廊坊市战略合作，重点推进北三县的异地康养，提升区域战略合作水平。组织全区所有养老机构院长、社区养老服务驿站站长、养老护理员参加职业技能培训、护理知识培训和专业技能培训，提升养老服务机构服务品质和能力。制定《西城区“七有”“五性”老有所养养老护理员能力提升三年培训方案》，完成9484名养老护理员培训。

（陈　阳）

【困境儿童服务保障】年内，保障困境家庭服务对象入住51家社会福利机构管理。实现困境儿童和分散供养人员防控服务“全覆盖”。1至9月，发放入住补贴422.6万元666人次。做好困境儿童服务保障，为66名困境儿童发放生活费和物价补贴113.3万元。开展60名散居孤儿、事实无人抚养儿童巡视探访，通过委托服务方式，建立一人一档。落实散居孤儿助学金发放，为6名儿童发放助学金6万元。开展儿童服务政策宣讲培训，全区274名儿童主任和儿童督导员参加培训。推进新街口、西长安、牛街、德胜街道儿童之家示范建设，15个街道建设儿童之家149家。

（陈　阳）

【残疾人服务保障】年内，发放困难残疾人生活补贴2630.82万元、重度残疾人护理补贴1392.75万元，惠及1.2万人次。规范档案管理，建立一人一档，分街道分补贴类型整理归档，建立电子台账。严格审批程序，推进全程网上办理，压缩办理时限，加强台账制度管理，确保系统数据与实际数据精准同步。

（陈　阳）

【吹哨报到】年内，落实市级改革任务，制定40项改革重点任务，涉及物业管理、接诉即办、“七有五性”等方面，形成市民诉求集中问题任务表挂账督办。以前期调研、专题调度、督促检查及跟踪反馈方式，推动改革任务落实。建立以街道为中心的双周调度会制度，召开专题调度会8次，解决一批重点难点问题。建立“吹哨报到”改革任务月报制度，掌握各单位重点任务进展。将区级部门下放“六权”纳入“街道吹哨　部门报到”考核细则。

（陈　阳）

【街道工作改革】年内，开展全区《北京市街道办事处条例》培训，理顺条块关系，梳理76个区级职能部门、50个区属议事协调机构和15个下设工作小组机构情况，制定区街工作关系衔接导图，提升基层治理效能。推动综合执法，形成“区街联席会议、区街综合执法、现场办公督办、信息数据共享、案件移送协查、法制指导监督”6个机制，430项执法权交接街道，推动拆除违法建设、治理开墙打洞、占道经营等问题治理。整合基层力量，完善协管员配套制度，建立基层力量台账，梳理社工、协管员、街巷长等7大类19837人。8月，安监、食药、流管3个部门近1500名区级协管员下沉街道管理。优化街道绩效考核体系，居民满意度测评分值为51%。

（陈　阳）

【基层党组织建设】年内，落实区街社区三级党建协调委员会，完善街道工委对地区治理重大工作领导体制，落实“三项清单”和“四个双向”机制，挖掘地区资源1602处、对接居民需求1022项、实行党建项目479项。创建名书记联盟，形成党建引领、带教培养、交流互访、社区督导、信息枢纽等功能的基层党建服务平台，培育基层治理带头人和优秀后备人才。

（陈　阳）

【社区治理】年内，开展民生工作项目37个，完成民意立项专项培训，涉及老旧小区改造、物业管理、垃圾分类等方面，其中区级项目3个、街道级项目14个、社区级项目20个。创新发展基层民主协商，申请成功国家级基层民主协商标准化示范点，初步形成标准体系框架。推进社区议事协商常态化和“社区、街道、区”三级协商联动。完成16个社区协商议事厅示范点和26个楼门院治理示范点建设。打造社区活动品牌，改变集中举办社区邻里节活动形式，开展每月主题活动，提前设置主题。通过“西城家园”网络平台播放与互动等系列活动，在广内街道设立区邻里节主会场，综合展示邻里节成果，展示社区最美抗议人风采。拨付300万元资金支持各街道社区服务站转型升级，变办公式环境为生活场景和服务场景，126个社区完成“四务合一”转型，提供一站式服务。推进社区减负增效，规范社区机构挂牌、表彰和创建工作等目录；严格社区工作准入，临时性社区工作申报制度，与区督查室开展社区减负工作督查和抽查。

（陈　阳）

【社会组织服务管理】年内，依法做好社会组织审批和年检，全区登记在册各类社会组织585个，其中社会团体141个、民办非企业单位444个，年检率85.8%，合格率79%。推进社区社会组织管理，严格社区社会组织备案条件，鼓励公共卫生、应急救援、法律援助、心理干预等类型社区社会组织发展，完成9个街道社区社会组织联合会。推进行业协会商会管理，指导7家行业协会商会脱钩，加强22家行业协会商会管理服务，坚持党的全面领导、遵纪守法、加强自身建设、规范各类收费、发挥服务功能、自觉接受监督等方面承诺。开展社会组织扶贫，参与张北、阜平、喀喇沁旗、鄂伦春四个地区贫困村结对帮扶，区级社会组织与4个地区37个贫困村签订52份帮扶协议，捐资捐物总金额46.61万元。

（陈　阳）

【社会管理】年内，规范疏解对象及报送程序，加强督导指导，全区压缩疏解1295人，占需要疏解总数100.7%。召开社工招录工作预备会，了解街道社区工作者缺额情况，形成社工招录名额配备和有序招录。开展社区工作者“五项能力”培训，打造“全科社工”。落实市级5个志愿服务项目，做好志愿者服务队伍监管，对50个志愿服务组织行政检查，为732名疫情防控志愿者上保险。

（陈　阳）

【婚姻登记服务】年内，办理各类登记22959件，查档4548余次，上门服务32次。开展延时服务和志愿服务，建立“好差评”系统，提升服务水平。加强与住建委、房管、交管等部门数据共享，减少群众跑动次数。开通“西城家园”线上排队叫号系统，实现登记高峰日“线上取号、无声叫号、实时查看、及时提醒”。

（陈　阳）

【殡葬服务】年内，完成疫情防控期间清明节预约祭扫宣传工作。审批受理丧葬补贴190件。开展殡葬领域专项整治，建立全区殡葬销售服务网点台账，指导医疗机构服务自评，开展联合执法检查38次，执法9起，维护殡葬服务市场秩序。

（陈　阳）

【行政区划管理】年内，定期对跨界区域排查，协助街道、委办局等执法部门对边界界定21次，确保边界地区无矛盾纠纷。

（陈　阳）

【见义勇为权益保护】年内，完成见义勇为行为确认4起5人。落实见义勇为人员健康体检、重大节日慰问等权益保护政策。组织开展见义勇为宣传月活动，弘扬社会正气正义。探索建立见义勇为联合评审工作机制，提高见义勇为行为确认的科学性。

（陈　阳）

【慈善救助与福彩销售】年内，开展“慈善北京　爱在西城”宣传活动，参与第七届“慈善北京”成果展，展示书画成果22幅。推广社区慈善帮扶站建设达到58个社区。募集善款1000多万元，创历史新高。持续开展助困、助医、助老等11个慈善救助项目，支出889.15万元。截至10月底，完成福彩销售1.3亿元。

（陈　阳）

【社区心理服务站】年内，组建专家督导团队，指导完成16个社会心理服务站点建设。建立西城区社会心理服务人才库和专家库，开展社会心态监测调研，完成调研报告8篇。

（陈　阳）

【“十四五”规划前期研究】年内，总结“十三五”时期西城区社会建设和民政工作成果，形成“十四五”规划前期研究报告，对接核心区控规、市区工作要求，形成“十四五”规划征求意见稿，明确全区社会建设和民政工作发展方向和路径。

（陈　阳）

【“西城家园”社会治理平台】年内，完成线上“吹哨报到”接通服务群众“最后一米”的“西城家园”社会治理平台建设，涵盖全区48个部门，32类508项办事事项。108万居民实名入驻“西城家园”，在线党员84785名和7224名政府和社区工作者，1007名街道及“一委七办四中心”人员、综合治理工作站专员全天候接收“社区吹哨”资询。

（陈　阳）

【接诉即办】年内，受理群众诉求448件，内容集中养老工作与社区疫情防控。所有诉求件响应率做到100%。满意率和解决率综合评分位居全市中上水平。

（陈　阳）

【信访工作】年内，受理、办理信访事项19件次，接待来访5批次，没有因信访失误造成集体性上访事件发生。做好重要时间信访矛盾排查，处理信访积案1

件次。

（陈　阳）

【安全生产】年内，定期研究全区安全生产，做好疫情防控，依托专职安全员，组织开展对养老机构、彩票销售网点的安全检查、夜查等工作。对彩票销售点、养老机构、局外设科室安全检查225人次，处理隐患618处。

（陈　阳）

【依法行政】年内，制定依法行政和行政执法任务分解书，采用局长办公会督办和执法案件办理研判会相结合方式，推进依法行政和行政执法，完成行政执法1384件。

（陈　阳）

人力资源和社会保障

【概况】北京市西城区人力资源和社会保障局（简称区人力社保局）是负责全区人力资源和社会保障的区政府工作部门。主要职责：贯彻国家关于人力资源和社会保障方面的法律法规、规章、政策和北京市的相关规定，研究制定全区人力资源和社会保障管理方面的管理措施，拟订全区人力资源和社会保障事业发展规划，并组织实施和监督检查；负责拟订并组织实施全区人力资源市场发展规划，依法管理人力资源市场，促进人力资源合理流动、有效配置；负责全区促进就业工作，完善公共就业服务体系，落实就业创业及就业援助政策，实行职业资格证书制度相关政策，实施面向劳动者的职业培训制度，贯彻高校毕业生就业政策及技能人才的培养和激励政策；负责管理辖区养老、失业、工伤保险工作，贯彻社会保险规定，指导全区社会保险经办机构依法开展社会保险具体工作，负责对社会保险基金的收支、管理情况进行监督检查；负责全区机关事业单位人员工资、福利和分配制度改革工作，贯彻机关事业单位工作人员工资、福利、津贴和补贴政策，落实机关企事业单位工作人员工资增长和支付保障机制，执行机关事业单位工作人员离退休政策；负责会同有关部门指导全区事业单位人事制度改革，管理全区专业技术职称工作，贯彻专业技术人员管理和继续教育政策，落实全区事业单位人员和机关工勤人员管理政策，落实博士后管理制度，负责积分落户工作；负责高层次人才选拔、培养和管理服务，负责引进国外智力工作，参与全区人才管理工作；负责承担以区委、区政府名义及各系统表彰、奖励的管理工作，负责中央和北京市级表彰、奖励或授予荣誉称号的区级人选推荐管理工作，负责承办区政府授权管理的人事任免相关事项；负责贯彻劳动关系政策，完善劳动关系协调机制，负责落实企业工资政策，指导全区劳动人事争议调解仲裁工作，组织实施劳动保障监察，依法纠正和查处违反劳动保障法律、法规或者规章的行为，落实各项童工、未成年工和女职工劳动保护政策；按照“管行业必须管安全、管业务必须管安全、管生产经营必须管安全”的要求，承担相关安全生产工作职责；完成区委、区政府交办的其他任务。全局下设20个内设机构、12个事业单位。

地址：西城区西直门南小街20号

电话：66206008

（张　梅）

【新冠肺炎疫情防控】年内，应对疫情防控形势和经济下行压力影响，稳企业保就业、扩岗位促就业，支持重点群体就业，预防规模性失业风险，制定《北京市西城区应对疫情影响保就业促稳定若干措施》。加强政策宣传，推出援企稳岗政策服务包，公布办理流程图、联系人及电话，利用区政府官网、微信公众号等平台宣传。制作政策二维码、录制“快板说政策”“付姐算账”系列短视频，满足企业“应知易知”需求。西城区稳就业保就业经验，被人社部在全国范围推广。

（闫娟娟）

【对口帮扶劳务协作】年内，围绕《北京市西城区对口帮扶和支援合作工作要点》，与对口帮扶地区人力社保部门开展劳务协作帮扶，做好精准服务。与各帮扶地区联合举办劳务协作培训班64期，精准实施一地一策；根据各地特色开设培训项目，通过开展“送教上门”、就地培训等方式培训建档立卡贫困人员3494人，就业率88.6%。举办致富带头人创业培训班11期357人，成功创业234人，成功率

65.5%。带动1057名贫困人员就业。新建14个致富带头人实训基地，带动204名贫困人员就业。受帮扶地区贫困人员实现就业11163人，其中来京实现稳定就业824人；就近就地实现就业9260人；其他省份实现就业1079人。获北京市扶贫援合办“扶贫协作组织工作奖”。

（闫娟娟　贾子辰）

【**接诉即办**】年内，承办市民服务热线12345诉求5109件。全年平均解决接诉即办率为82.52%，平均满意率为92.44%。

（方向伟）

【**就业重点工作指标完成情况**】年内，城镇登记失业人员实现就业13337人，完成任务指标的133.37%，就业率为65.57%；累计帮助9707名就业困难人员实现就业，完成任务指标的138.67%，就业率为74.68%。城镇登记失业率为1.51%；累计认定“零就业家庭”51户，辖区“零就业家庭”保持动态脱零。

（闫娟娟）

【**充分就业区创建**】年内，以持续创建充分就业区为目标，创新服务方式、加大工作力度。打造公共就业服务品牌，明确就业“三必管”（管行业必须管就业、管属地必须管就业、管生产经营必须管就业）机制，创建360个公共就业服务机制，建立企业服务专员机制。15个街道达到充分就业街道标准，259个社区达到充分就业社区标准，创建率100%。全区劳动力就业率98.92%，其中单位就业率91.62%，被认定的就业困难人员就业率86%。西城区被评为“2020年度北京市充分就业区”，连续7年创建成功“充分就业区”。

（闫娟娟）

【**创业带动就业**】年内，举办第二届创业创新大赛，62个项目报名参赛，涉及新材料能源、装备制造、医疗健康、互联网TMT、文化创意、现代服务业、人工智能等方向。大赛选出18个获奖项目，推荐参加北京市创业创新大赛，西城区获二等奖1个、三等奖1个、优秀奖2个及获优秀组织奖。创业担保贷款申请成功放款5人，额度110万元；全区实现创业850人，完成指标任务的106.25%；创业带动就业3731人，完成指标任务105.10%；用人单位新招用就业困难人员1322人，完成指标110.17%。

（李　剑）

【**职业技能提升行动**】年内，成立技能提升行动专班。会同行业主管部门认定公布2460家以训稳岗和以工代训重点行业中小微企业名单。结合进千门走万户活动，为百余家企业送政策上门，建立3个覆盖1000余家重点行业中小微企业和困难企业的微信群，宣传惠企政策。制作政策服务包二维码、满足企业“应知易知”需求，实现惠企政策“尽知尽享”效果。组建企业帮帮团，“点对点”“一帮一”指导4000余家企业、18.4万名职工开展以训稳岗培训和普惠型一次性培训，提前半年完成市折子工程考核指标，拨付9万余名职工培训补贴1.19亿元，审核量居全市第三。指导11家企业3228名职工，开展覆盖19个中、高级职业工种新型学徒制培训，拨付培训补贴606.4万元，培训量居全市第二。

（贾子辰）

【**职业技能培训机构管理**】年内，组织西城区定点培训机构在全市首创利用钉钉App对失业人员开展线上培训，制定应对疫情失业人员线上培训补贴政策，培训失业人员1839人次，1206人实现灵活就业，48人实现单位就业。印发《西城区职业技能培训机构管理规定》，要求培训机构按照有关规定落实疫情防控和预付式消费纠纷处置要求。疫情防控期间，组建疫情通报微信群，建立日报告制度，实现培训机构京外、境外返京员工情况全覆盖。确保有序复工复产，对培训机构3轮专项检查，指导37家培训机构落实弹性工作制等复工复产要求。

（贾子辰）

【**援企稳岗**】年内，拨付促进就业政策资金80591.73万元。其中拨付企业失业保险费返还4179家企业66509.57万元，政策覆盖约100万名企业职工；拨付困难企业失业保险费返还81家企业2138.71万元，涉及2159名企业职工；拨付滞留湖北临时性岗位补贴1646家企业697.93万元，涉及4532名滞留湖北职工；拨付以训稳岗精准支持临时性岗位补贴794家企业3030.26万元，惠及19677名企业职工；技能提升补贴资金拨付4036笔721.35万元；春节期间，复工复产一次性吸纳就业补贴受理、拨付1家企业0.6万元；拨付享受北京市用人单位岗位补贴和社会保险补贴5626.72万元，涉及491家用人单位7413名城乡就业困难人员；拨付西城区普通岗位补贴、限定类岗位补贴、低龄退休岗位补贴、稳岗补贴、就业奖励及劳务补助、一次性就业奖励，创业升级奖励1866.6万元。

（李　剑）

【**社区就业**】年内，推行“灵活就业社会保险补贴人员信息采集”制度，按月汇总灵活就业政策人员申报、停止、招工等数据情况，加强区、街两级信息互通，确保信息比对准确性；对街道日常工作“疏漏点”进行街道承诺限期整改和区部门落实整改。全年审核、审批灵活就业社会保险政策9304人，享受灵活就业社会保险政策人员32619人，拨付社会保险补贴资金3.51亿元，帮扶16人自谋职业（自主创业），拨付社会保险补贴和创业奖励资金27.19万元；为420名就业困难人员进行安置人员认定，安置社会公益性就业组织工作。社会公益性就业组织在岗人员931人，拨付市、区两级岗位补贴5695.37万元。通过社区就业岗位安置城乡就业困难人员9288人，完成指标137.56%。

（吴述伟）

【**高校毕业生就业**】年内，全区高校毕业生5760人，其中困难家庭毕业生49人。通过实名登记、职业指导、就业见习、岗位推荐措施，开展困难家庭毕业生一对一精准帮扶，5674人实现就业，其中有就业意愿的困难家庭毕业生全部实现就业，全区高校毕业生就业率达98.5%。

（路　丹）

【**失业人员服务管理**】年内，指导各街道及时、准确填报失业人员信息，实时掌握失业人员的动态状况。落实就业失业登记业务网上办理，为失业人员提供便捷线上服务。元旦、春节前开展困难失业人员“送温暖”慰问活动，慰问困难失业人员2065人，发放补助金103.25万元。

（闫娟娟）

【**公共就业服务**】年内，摸查全区就业困难人员，提供一对一职业指导服务，摸查率100%。开展“春风行动”“就业援助月”“民营企业招聘月”“高校毕业生就业服务月”及“金秋招聘月”等活动。采集空岗信息63294个，举办各类线上线下招聘会107场，提供岗位近4.5万个。成立就业服务专员队伍，其中辖区公共就业服务机构就业服务专员298人，企业联络员102人。

（黄　敏）

【**人事档案管理**】10月26日，北京市人力资源市场信息系统——流动人员人事档案公共服务管理子系统上线运行，西城区人事档案管理进入数字化集中管理“互联网+档案”新模式。以“信息跑路代替群众跑腿”优化服务理念和服务流程，原15天的档案服务业务周期缩短至4天。西城区人力资源公共服务中心接收个人存档人事档案27787份，转出个人档案30139份，现存个人档案228799份，现有委托存档单位9770户。

（马勇　冯　雪）

【**国有企业退休人员社会化管理服务**】年内，制定《西城区国有企业退休人员社会化管理工作方案》，通过增设国有企业退休人员档案接收窗口，采取区、街、企业三部门联动，提供“一对一”“点对点”管家式服务等方式，满足各类企业移交档案需求，提高档案接收效率。通过企业提供政策培训、关系转移培训的“双培训”方式，帮助企业理顺工作流程，解决企业移交困难。做好退休人员自我管理和自我服务互助小组的指导工作，各街道发挥自管组织作用，引导退休人员回归社区，通过参加自管组织参与地区服务。加强标准化、精细化服务，通过提供变更医院、手工报销药费、业务咨询等服务事项，组织退休人员开展线上书法、摄影展等文娱活动。核准国有企业1478家、20万名退休人员社会化管理申请，接收国有企业退休人员10.4万名。

（赵　嘉）

【**社会保障管理服务**】年内，完成18284名参保人基本养老保险待遇核准。完成79家参保单位企业年金备案，覆盖职工约1万人，覆盖697家参保单位，职工约11万人。完成疫情防控期间工伤认定，全年办结工伤认定

1579件。组织1228人参加劳动能力鉴定，鉴定结论连续8年保持零改变。对因疫情防控成为工伤者主动服务，率先在全市范围开展视频鉴定。优化医疗鉴定专家队伍建设，完成全部历史档案电子化加工。各项社会保险待遇按时足额支付，为1.51万人次支付工伤保险待遇，为1785名外埠城镇职工和农民合同制工人发放失业保险待遇，享受养老保险待遇人员41.29万人。调整基本养老金，人均养老金为4791元，同比增幅7.37%。

（官瑾　郝晓影
马振玺　杜文芳）

【**社会保险费收支**】年内，受北京市社会保险费减收、免收和缓缴政策影响，全区三项社会保险收入大幅下降，养老、失业、工伤三项社会保险费累计收缴191.79亿元，同比减少38.24%，三项社会保险基金累计支出274.62亿元，同比增加6.43%。

（杜文芳）

【**社会保险基金监督管理**】年内，强化社会保险基金风险管理，维护社保基金安全。按照人力社保部统一部署开展职业技能培训资金管理风险专项检查和社保基金专项检查，强化基金管理风险防控。开展社会保险基金管理风险警示教育，强化社会保险工作人员的基金风险防控意识。加强事中监督检查，依托社会保险基金监督系统筛选重点疑似数据，开展对业务和经办人员“双随机”检查16次，推动相关部门制度和流程的规范。处理北京市社会保险基金监督系统预警疑似数据1704条。配合国家审计署和北京市审计局审计。内控监督检查社保业务19.81万笔。社保稽核受理投诉举报案件1023件，补缴社保费用1.99亿元。

（杨萍　杜文芳）

【**社会保险经办服务**】年内，推出“零跑腿”“不见面”办理方式，规范标准化流程，群众可以通过发送电子邮件、邮寄快递、“西城人社”微信公众号等方式办理业务，材料合格即办理，办理结果和材料不合格原因通过电子邮件、电话等形式反馈。新开办企业参保登记流程优化，全流程集成至“e窗通”平台办理，实现企业开办全业务一站式办理。养老保险跨省转移可通过国家社会保险公共服务平台和北京市社会保险网上服务平台两种办理方式全程网上办。开展企业社保户注销业务改革，与区政务服务局协调合作，通过引入区块链技术和告知承诺办理制度，实现社保户注销业务线上一次办理完成。优化业务办理流程，由“群众跑”变为“信息跑”“内部查”，加强各业务环节协调，完善业务办理流程，增加内部流转方式，避免办事人重复排队和来回跑路，优化4大类近20项业务流程。

（杜文芳）

【**“西城人社”微信预约**】7月12日，“西城人社”公众号微信预约功能扩大服务范围，将人力资源公共服务中心、联合办理窗口、接访中心以及进驻社保中心大厅的税务征收等业务纳入微信公众号预约取号。注册84745位用户，新增纳入的各类业务完成预约、现场取号约1.2万笔。

（杜欣蓓）

【**延时办理暖心服务**】年内，推行法定工作日“早晚弹性办”“午间不间断”和“周末不休息”延时服务制度，区社保中心8月17日正式实施，区人力资源公共服务中心9月5日正式实施，提升服务大厅全方位、全时段、全覆盖的政务服务能力。区公服中心延时办理业务总量约8100件，区社保中心延时办理业务总量约15532件。

（马勇　杜文芳）

【**人才服务**】年内，根据北京市人才引进工作的要求，制定人才引进计划，引进高层次人才125人，其中金融机构63人、科技企业47人；引进非北京生源应届毕业生249人。全区388人获积分落户资格。

（李曜　周婕）

【**高技能人才培养**】年内，重视技能人才培养，北京印钞厂高级技师任忠一获评享受北京市政府技师特殊津贴。为北京城市排水集团有限责任公司和北京同仁堂连锁药店有限责任公司开设两个高技能人才技师研修班。

（贾子辰）

【**北京市工作居住证办理**】年内，配合新政优化办理流程，精简办理材料，录制“北京市工作居住证个人新办系统录入指南”微视频，办理北京市工作居住证5876人次。配合疫情防控，593

家单位通过线上办理北京市工作居住证4968人次，占全年办理量的84.5%。

（路　丹）

【留学回京报到业务办理“网上通道”】3月23日，制定《疫情期间京籍留学人员报到手续办理指南》，公服中心开始线上办理留学人员回京报到手续。截至年底，邮箱受理留学人员回京报到人数151人，现场受理2人，线上办理量占比98.7%。

（马　勇）

【事业单位管理】年内，面向应届毕业生、社会人员、退役大学生士兵等群体开展事业单位招聘4场，招聘工作人员1099人。开展事业单位岗位设置管理，做好岗位设置方案核准，完成对区教委、区卫健委等系统所属事业单位变更后的岗位设置方案审核，对各单位岗位聘任结果备案。深化中小学教师职称改革，16人获正高级教师职称，462人获高级教师职称，601人获一级教师职称，直接认定初级教师职称450人。开展中关村领军人才正高级工程师职称评审直通车区域推荐工作，4人获正高级工程师职称。

（赵三春　段颖）

【工资福利和退休】年内，完成机关单位科级及以下晋升级别1422人，人均月增资额38.01元；级别工资档次晋升6975人，人均月增资额110.49元；事业单位有28家单位晋升薪级。

（纪　舒）

【劳动关系重点工作指标】年内，全区3577家监控范围内企业实现劳动合同签订率100%、续订率97.73%。完成257家企业特殊工时审批，涉及职工16.93万人。受理39家劳务派遣企业的经营许可、延续、变更、转移事项，涉及劳务派遣职工6余万人。办理民办职业技能培训机构行政许可事项7项，变更2项。签订集体合同用工单位617家，涉及职工5.23万人。315家企业通过承诺制完成集体合同备案。辖区范围内表彰99家和谐劳动关系星级单位。排查辖区内354家企业裁员风险，未发生企业主动经济性裁员报告事项。

（寇芸生）

【裁员风险预警】年内，以西城区协调劳动关系三方委员会为平台，出台《西城区建立劳动关系风险监测预警方案》文件。首次以区三方委员会名义制定区级裁员预警方案，理顺区三方委员会、区各行业主管部门、各街道三方委员会各自职责，各司其职，按照事前、事中、事后原则，开展裁员风险预警工作。

（寇芸生）

【劳动人事争议仲裁】年内，引入工会调解组织现场办公，由工会专职调解律师开展案前调解服务。将“互联网+调解”深入15个街道，发挥线上平台化解争议方便快捷优势。利用“腾讯视频”网络会议室形式，开展调解技巧及疫情期间新出台法规政策培训，提升调解员业务水平，调解成功率大幅提升。开通邮寄立案绿色通道，方便群众疫情防控期间立案维权。与区法院、区仲裁院召开业务研讨会，破解涉疫情案件处理难题。深入辖区企业开展“政策宣讲进企业助力复工复产”活动，解答劳动法规政策，助力企业复工复产。做好接诉即办工作，将争议化解在源头为民解困。受理劳动人事争议案件4859件，结案率100%，审限内结案率99.98%。调解方式结案2644件，调解率54.41%；终局裁决案件758件，案件终结率70%。

（王学聪）

【劳动保障监察】年内，完成北京市人力社保局《2020年行政执法考评指标》任务2698件，达到100.08%；检查各类单位5514户次，涉及劳动者12.32万人。受理投诉举报案件264件，为524名劳动者解决工资待遇708.5万元。办理12345热线案件1200余起，为1340名劳动者解决工资待遇1084.5万元；行政处罚案件22件，涉及金额8.2万元。处置各类群体性突发事件46起，为424名农民工解决工资524万元。开展《条例》普法宣传及培训活动，对辖区182家建筑企业开展专题培训，发放建筑施工企业劳动保障政策法规汇编2000余份。做好根治欠薪考核迎检工作，组建“国考迎检”工作专班，制定迎检工作方案，召开工作调度会，推动重点指标落实。创新工作模式，疫情防控期间制作发布助力企业复工复产二维码政策服务包，采取主动服务、柔性执法相结合方式，向属地120座楼宇、

1300多家企业覆盖宣传，涉及复工复产人数2万余人。

（张睿嘉　付国栋）

医疗保障

【概况】北京市西城区医疗保障局（简称区医保局）是负责区医疗保障的正处级区政府工作部门。主要职责：贯彻落实国家、本市有关医疗保险、生育保险、医疗救助等医疗保障制度的法律法规和政策规定；负责拟订和组织实施区医疗保障相关实施细则、办法等；负责辖区医疗保障基金支付预算、管理及拨付工作；承担辖区内中央在京机构公费医疗管理等工作。内设行政科室3个，下辖参照公务员法管理事业单位1个。年内，区医保局坚持“立首都标杆　创全国示范”工作目标，提升“首善标准”，履行政治敏锐性职责，以党建为引领，以从严治党为保障，以服务社会服务群众为根本，适应常态化新冠肺炎疫情防控新形势，推动医疗保障制度改革，创新工作思路，维护医保基金安全，优化经办模式，提升服务品质，落实各项医保政策，完成全年工作任务。

地址：西城区西直门南小街20号

电话：66206084

（张明月）

【医疗保险基金管理】年内，全区医保审核结算1650.13万人次，同比下降32.05%；医保基金收入126.8亿元，同比下降9.1%；医保基金支出116.28亿元，同比下降16.84%；跨省异地住院直接结算审核10.17万人次，涉及费用25.56亿元，同比下降2.71%。

（张明月）

【公费医疗管理】年内，完成上年度享受中央公费医疗人数核定，向184个账户管理单位近12万人拨付标准经费5.99亿元。搭建驻区中央享受公费医疗单位与合同医院沟通服务平台。

（张明月）

【新冠肺炎疫情防控】年内，落实国家医保局“两个确保”和医疗保障相关政策。落实经费保障政策，对于确诊参保患者医疗费用实施基本医保、大病医保、医疗救助及财政补助综合保障。对异地就医患者先救治后结算，个人均不用支付理疗费用，让患者放心就医。落实药品采购政策，疫情防控初期，对收治患者定点医疗机构提前拨付医保基金。为需要紧急采购的医疗物资开辟绿色通道，让医院放心救治。落实放宽门诊开药政策，允许医疗机构根据慢性病病情需要，延长开药量并纳入医保报销范围。开启“互联网+医保复诊”就医模式，方便患者开药、取药，降低感染风险，让市民放心预防。落实医保缴费减半征收政策，单位缴费率由10.8%降至5.4%。2至7月，实现基本医疗保险和生育保险累计减征32.68亿元，惠及单位2.7万家。

（张明月）

【领导调研】12月15日，国家医疗保障局党组书记、局长胡静林赴西城区就“‘十四五’全民医疗保障规划编制征求参保人意见”调研。市政协副主席、市卫生健康委主任、市医保局局长于鲁明，市医保局党组书记马继业，区委副书记、区长孙硕陪同调研，党组书记、局长尹一新参加座谈。

（张明月）

【接诉即办】年内，落实北京市接诉即办改革要求，建立党组会双周剖析热线诉求案例制度，把接诉即办作为党组工程重点推进。建立“前、中、后”诉求协同办理机制，集聚全局力量打通各个堵点抓落实，对反映出来的问题认真抓整改，把热线诉求办理作为提升社会治理能力的突破口。完善“未诉先办”流程，发挥“66007070”政务服务咨询分流诉求作用，发挥典型经验案例的指导作用，加强宣传，从源头化解矛盾。

（张明月）

【医疗保险基金监管】年内，建设“大数据智能分析系统”，实现对171家定点医疗机构现场检查全覆盖。采集医保、HIS、财务等八类数据5.5T，从医保检查和审计监督两个角度，法律法规、行业标准、成熟案例三个维度，构建258个数据模型，形成109个检查方法，现场检查异常数据347万余条，查处各类违规资金3000余万元。区委上报的微改革事项，被北京市委改革办采用，刊登《北京改革情况交流》供市委市政府主要领导参阅。

（张明月）

【医疗救助】年内，完成社会救助对象日常救助和补充医疗救助4.2万人次4018.51万元；符合城乡居民大病保险费用救助条件545人，拨付救助款813.1万元；符合城镇职工大病保障条件2204人，拨付救助费用1702.1万元。建立全市首个“社会救助对象医疗救助服务”区块链场景落地，实现住院押金院端直接减免。

（张明月）

【政务服务改革】年内，全面优化医保经办模式，推进“非接触方式”，开通网上办、邮寄办，推行法定工作日延时服务制度；开启大户预约受理模式，对大户企业预约时段办理业务，避免大厅拥挤。配合市局取消部分证明材料，简化程序、便民利民。打造智能医保办事大厅，通过微信小程序等信息化建设项目，升级大厅叫号和办事系统，提高医保大厅办事效率。拍摄“保哥聊医保”系列宣传微视频，营造医保政策宣传“网红”效应。

（张明月）

【国家组织药品带量采购】年内，启动第二、三批国家组织药品集中采购改革，对32种和55种通用名药品价格项目调整，涉及高血压、糖尿病、肿瘤、精神疾病、抗感染等治疗领域用药，单一药品最大降幅约91.3%。

（张明月）

【京津冀医用耗材联合带量采购】9月，首次医用耗材联合带量采购启动，区医保局配合市级部门部署，对人工晶体类耗材价格调整，加强对辖区医疗机构医用耗材采购使用和医保政策执行的监管。12月，对冠状支架耗材价格调整，产品平均价格从1.3万元左右降至700元左右。

（张明月）

【京津冀异地持卡结算】年内，推进医院信息系统改造升级，辖区友谊医院、复兴医院等4家三级医院率先启动京津冀异地就医普通门（急）诊直接结算，为方便区域参保人就医、实现京津冀一体化及扩大试点范围做好准备。

（张明月）

【国家医保电子凭证】年内，推进脱卡结算，制定方案，对辖区所有定点医疗机构进行信息系统验收，宣武医院成为全市首家通过验收的机构。为实现平稳改革，区医保局实行24小时连续值守，派出30个督导组对重点医疗机构培训督导，确保2021年1月1日零点全面启用国家医保电子凭证结算。

（张明月）

【城乡居民参保】年内，承担城乡居民医保职责，完成城乡居民集中参保工作，推动和指导日常经办业务下沉15个街道社保所，方便群众办理城乡居民医保业务。参保缴费26.2万人，实现1.2万名免缴人员应保尽保。

（张明月）

民族宗教

【概况】北京市西城区民族宗教事务办公室（简称区民族宗教办）是西城区政府负责民族宗教工作的职能部门。设综合科、民族科（行政审批科）、宗教科。主要职责是：贯彻落实国家有关民族、宗教工作的法律、法规、政策及北京市的有关规定；拟定民族、宗教工作规划并组织实施；指导、检查、监督本区相关部门开展民族、宗教工作；负责调查研究本区民族、宗教工作情况，组织民族、宗教工作学习交流活动；负责培训民族、宗教干部；联系民族、宗教界人士，依法保护少数民族公民、信教群众在区境内的合法利益；依法对区民族宗教事务进行管理。年内，区民族宗教办在区委区政府的领导下，以党的十九大精神和习近平新时代中国特色社会主义思想为指导，贯彻中央和全市民族宗教工作会议精神，增强“四个意识”，坚定“四个自信”，做到“两个维护”，践行“红墙意识”，推进新冠肺炎疫情防控和各项工作，做好“两手抓”“两不误”，实现全区民族宗教领域疫情“零感染”，推进民族宗教工作，为全区发展稳定、疫情防控做出贡献。

地址：西城区二龙路27号

电话：88064187

（白红雨）

【民族工作】年内，召开统战工作领导小组民族宗教工作专题会，部署民族宗教工作，制定《西城区贯彻落实〈北京市民族团结进步创建三年行动计划〉工作方案》《任务分解方案》《2020年西城区民族团结进步创建工作方案》《西城区贯彻落实〈关于全面深入持久开展民族团结进步创建工作铸牢中华民族共同体意识的意见〉的工作措施》等文件，明确创建“六大工程”内容。完善《西城区民族政策宣传员管理办法》，规范创建工作行为，系统谋划全区的民族工作。

（管　琳）

【民族团结创建】年内，印发《2020年西城区民族团结进步创建工作方案》，开展民族团结宣传月、周、日系列宣传活动。5月14日，区民族宗教办党组书记、主任韩俊田为区纪委监委系统近300人进行线上民族宗教知识培训。编写《西城区民族团结进步创建工作学习培训材料汇编》5000册，发放西城区民族工作重点单位。结合疫情防控工作，带领民族工作重点街道开展民族政策宣传活动。举办第二届“德邻杯”民族团结舞蹈大赛。拍摄民族团结进步创建宣传片等，“化整为零”“见缝插针”地开展多种形式民族团结宣传工作。

（管　琳）

【民生服务保障】春节期间，为77名生活困难少数民族群众发放补贴3.85万元。争取清真企业扶持，申报市级少数民族经济发展专项资金（清真）项目，拨付市级第一批资金276万元，拨付市级第二批资金45万元，扶持6家清真企业，推荐1家市级规范化清真特色餐厅并完成补助发放。审批清真食品生产加工经营许可5件、中国公民民族成份确认7件。开展清真食品市场检查300余次，答复办理清真食品生产加工经营许可咨询80人次、解答更改民族成份咨询150件次。区回民殡葬管理处为信仰伊斯兰教10个少数民族亡人提供殡葬服务317人次。

（管　琳）

【开斋节筹备】开斋节前，召开开斋节安全保障工作协调会，提出具体要求。相关部门及街道针对6处宗教活动场所制定外围环境安全保障等方面工作方案和应急预案。开展综合检查和联合执法，区委书记卢映川、区委常委、区委统战部部长程昌宏、副区长李异带队检查清真寺安全。相关部门对所有商户安全隐患大排查。联合清真食品商会做好会员监督监管，杜绝“清真不真”现象。属地街道加强走访、了解民需，召开民族宗教重点人士、特困人员、志愿者慰问，重点社区小型乡佬座谈会，了解需求、掌握动态。各街道通过“西城家园”等电子平台发布慰问信，社区到穆斯林居民家中赠送慰问信，做好穆斯林群众思想引导工作。发挥阿訇、管委会和骨干乡佬作用，引导信教群众克服麻痹松懈思想，从教义教规角度理解支持宗教节日的疫情防疫安排。

（钟　润）

【开斋节安全服务保障】5月24日是信仰伊斯兰教的回族、维吾尔族等10个少数民族的节日——开斋节，成立总指挥部和6个分指挥部，协调相关安全保障工作。牛街礼拜寺、德外法源清真寺、正源清真寺、三里河清真永寿寺、前门清真寺、后河沿清真寺等6处宗教活动场所，严格执行暂停开放、暂停集体宗教活动的“两暂停”措施，认真遵守疫情防控规定。北京市副市长、市公安局局长亓延军，市委统战部副部长、市民族宗教委主任钟百利，市委统战部副部长刘先传、市民族宗教委副主任周景晓到牛街礼拜寺检查；区委区政府领导卢映川、孙硕等分别到各清真寺慰问杨冠军阿訇和刘克杰阿訇并看望穆斯林群众，表示节日祝福，慰问安全保障人员。各成员单位主要领导带班带岗，投入公安、城管、食药、工商、街道、社区、礼拜寺志愿者等安全服务保障力量700余人，负责社会面管控、市场环境、宣传引导、寺外保障等服务保障，引导穆斯林群众有续、无接触的在寺院门口交菲德尔也贴，疏导穆斯林群众约5800人，确保开斋节安全有序和谐平安。中国国际广播电台波斯语专家马亚西而（伊朗籍）到牛街地区采访报道。

（钟　润）

【新春茶话会】1月17日，举办民族宗教界代表人士新春茶话会。区四套班子领导与李光富、演觉、宗性、黄信阳、刘克杰、杨冠军、李山、杜凤英等民族宗教界代表人士欢聚一堂，共庆新春佳节，区长孙硕介绍区情。举行“不忘初心　五教同行”书画作品交接仪式，西城区宗教界代表人士赠送《社会和谐　五教同光》和《盛世全光》书画作品。卢映川代表区委、区人大、区政府、区政协，向全区少数民族同胞、宗教界人士和广大信教群众，致以新春问候和敬意。

（钟　润）

【新冠肺炎疫情防控】年内，按照北京市民宗委《关于做好我市宗教活动场所有序恢复开放相关工作的通知》精神及疫情防控要求，推进宗教活动场所有序恢复开放。区民族宗教办会同区疫情防控指挥部等单位对辖区18处宗教活动场所开展有序恢复开放综合评估，严格落实疫情防控四方责任。7月24日，召开相关单位和属地街道宗教活动场所有序恢复开放工作部署会，要求各职能部门和属地街道指导各宗教活动场所按照《北京市宗教活动场所有序恢复开放工作方案》等要求，制定完善宗教活动场所恢复开放方案和预案，组织各宗教活动场所开展对标自评、综合评估、联合检查、全面消杀、有序开放、舆情监管和服务保障。为228名教职人员发放93万元的疫情困难补助。区领导带队走访北京市佛教协会会长胡雪峰。区民族宗教界捐赠价值1346.17万元善款和物资。

（钟　润）

【圣诞节】12月25日是天主教、基督教的圣诞节，为应对12月24日辖区出现无症状感染者的突发情况，确保宗教领域疫情防控措施落实，向区卫健委、属地街道和三处教堂传达市民族宗教委关于宗教活动场所做好疫情防控常态化工作要求，提出取消圣诞节宗教活动的决定，及时张贴公示公告，加强宣传引导，做好已预约信教群众的宣传解释工作。24日平安夜，区委书记孙军民、区长孙硕带队检查宗教活动场所疫情防控落实情况，慰问宗教界代表人士。300余名工作人员负责场所外围安全服务保障工作，做好宣传解释，防止人员聚集，确保区圣诞节期间各宗教活动场所全员健康和场所安全。

（钟　润）

【慰问困难少数民族群众】年内，落实“七有”“五性”相关要求，开展困难少数民族群众慰问工作。慰问困难少数民族群众76人，发放慰问款3.85万元。

（管　琳）

【慰问宗教活动场所】3月2日，韩俊田带队到辖区宗教活动场所走访慰问，赠送约2万元生活物资。检查各场所疫情防控情况，了解具体困难和交流相关工作。

（钟　润）

【宪法进宗教活动场所】全国第七个国家宪法日和第三个“宪法宣传周”期间，全区宗教界响应《西城区2020年“12·4”国家宪法日暨宪法宣传周系列宣传活动实施方案》要求，结合国旗、宪法和法律法规等“四进”宗教活动场所为主题的和谐寺观教堂创建活动，18处开放的宗教活动场所设置普法宣传栏。开展专题讲座、座谈讨论、知识竞赛等宪法学习宣传活动。

（钟　润）

【和谐寺观教堂创建】5月13日，组织和谐寺观教堂创建部署会，区级宗教团体、宗教活动场所负责人参加。传达部署《2020年西城区以“四进”为主题开展和谐寺观教堂创建活动实施方案》《西城区宗教活动场所安全管理工作实施意见》和《开展反恐工作督导检查的通知》文件精神，提出开展和谐寺观教堂创建活动要求。

（钟　润）

退役军人事务

【概况】2019年3月，在原区民政局退役军人优抚安置、军队离休退休干部休养管理、双拥优抚职责和区人力社保局军官转业安置职责及军队有关职责基础上，职能归口管理，合并组建成立北京市西城区退役军人事务局（简称区退役军人局）。区退役军人局作为区政府正处级工作部门，负责全区退伍军人教育管理、服务保障、安置和权益维护、拥军优抚等工作。设有办公室、安置和就业创业科、优抚科、双拥工作科、思想政治和权益维护科（军休服务管理科）5个行政科室。下辖21个事业单位：西城区军队离休退休干部安置事务中心、西城区军队离退休干部房屋管理中心、西城区军队离退休干部党建工作中心、西城区军队离退休干部文化工作中心、西城区军队离退休干部财务管理中心、西城区军队离退休干部宣武活动中心、西城区军队离退休干部双秀活动中心、西城区退役军人服务中心、区军队离退休干部休养所13个。区退役军人局主要职责：贯彻落实党中央关于退役军人的方针政策、决策部署和市、区有关工作要求，负责全区退役军人教育管理、服务保障、安置和权益维护、拥军优抚、拥政爱民、落实军队离休退休干部政治待遇和生活待遇等工作。

地址：西城区南菜园53号院5号楼

电话：83925828

（梁春芝）

【服务保障体系建设】 年内，培育4个特色街道服务站示范点和11个社区服务站标杆，社区成立工作领导小组，建立服务管理体系。建成广外街道精准就业帮扶援助、广内街道“老兵之家”、什刹海街道老北京特色权益维护、月坛街道“3456”全周期服务模式4个特色服务品牌，在全区推广。加强基础建设、夯实退役军人服务工作基础，学习宣传有阵地，以解决实际问题为导向，服务退役军人再就业。巩固退役军人服务站工作机制，形成社区党委书记亲自抓，社区服务站站长、副站长齐抓共管工作格局。建立完善日常走访、生活困难优待、就业创业优待等各类优待机制制度，确保退役军人服务质量。

（梁春芝）

【抚恤优待和褒扬纪念】 年初，组织到2名立功的部队官兵家中看望慰问，为辖区户籍2名立功受奖现役军人家庭送立功喜报。春节期间，优抚对象2036名，走访20户优抚对象家庭，发放慰问金264万余元。4月1日，根据新冠肺炎疫情防控要求，开展线上线下相结合的“致敬2020清明祭英烈”活动，设立网上祭英烈专栏，全区5处零散烈士纪念设施祭扫。4月2至20日，组织各街道对上年度中央转移支付资金使用绩效情况开展自查，涉及资金6919.74万元。“八一”建军节期间，为2018至2019年度90名立功受奖的义务兵发放军功奖励5.1万元；对全区1697名优抚对象开展慰问活动，发放慰问品84.85万元。完成《西城区退役军人事务局行政事项工作手册》。举办优抚工作培训，街道40余名优抚专干、退役军人服务站工作人员参加，规范优抚工作流程，部署重点工作。9月9日，协助区人武部举行辖区新兵入伍欢送仪式，赠送纪念品。9月30日，在陶然亭公园高君宇烈士墓举行公祭活动，区四套班子领导、各街道负责人、人民团体负责人，烈属代表、老战士代表、学校师生代表、解放军和武警官兵代表、公安干警代表、各界干部群众代表等160余人参加活动。区退役军人局开展走访慰问抗美援朝老英雄、纪念章颁发仪式、主题队日等系列活动。6至12月，组织“抗美援朝入朝作战70周年纪念章”个人申报，看望慰问抗美援朝老战士。各街道举行纪念章颁发仪式，发放纪念章491枚。10月23日，联合区教委、区团委举行“致敬抗美援朝　争做时代新人”主题队日活动。11月11至13日，组织80余名重点优抚对象疗养。11月，向征兵高校及个人拨付2018、2019年度入伍义务兵优待金及家庭补贴1599.91万元。全年发放因公牺牲和病故人员死亡一次性抚恤金168人次6738.88万元。为24名军休所病故军人遗属发放定期抚恤金及慰问金112.83万元，丧葬费4.06万元。

（梁春芝）

【退役军人和随军家属就业创业】 4月8日，面向全区97家机关、事业、企业单位，开展退役军人统计调查，涉及在编人员52530名，梳理近3400名退役军人，完成《2020年西城区各单位退役军人统计调查报告》及《西城区2020年度退役军人安置预分计划》。9月17日，组织全区年度符合政府安排工作退役士兵安置双选洽谈会，区委常委、武装部部长蔺伟，区政府副区长李异到场巡视，13家区属单位参会。年度接收31名退役士兵，安置事业单位及区属企业。11月6日，组织全区自主就业退役士兵适应性培训，从区情介绍、业务培训、就业指导、职业规划等方面安排9个学时培训，本年度接收246名退役士兵全员参会，参训率100%。12月16日，组织计划分配军队转业干部安置双选洽谈会，43家接收安置任务单位、各部队移交组及待安置军转干部参会，接收48名军转干部全部安置行政及事业单位。

（梁春芝）

【军队离休退休干部工作】9月18日，退役军人事务部党组成员、副部长朱天舒到区军休干部双秀活动中心考察调研和座谈交流区军休文化建设情况。听取军休干部对军休服务保障及思想政治引导意见建议等情况。区军休安置事务中心召开军休干部持卡就医部署会，分批发放医疗卡3575名。9月16日，市安置事务中心副主任王俊录到本区调研考察持卡就医、文化活动及军休榜样评选情况，听取汇报。11月20日，区军休办党委邀请中国人民解放军军事科学院世界军事研究部原副部长罗援将军做“大疫过后的世界战略格局”主题报告。

（梁春芝）

双拥工作

【组织机制和规划部署】年内，区委书记、区长担任区双拥工作领导小组组长，区委常委会两次听取双拥工作汇报，区四套班子领导慰问部队、参加国防教育、参加重大双拥活动。根据区机构改革情况，调整完善双拥工作领导小组成员单位，修订工作职责；补充联络员队伍，建立沟通和协调平台。编制有指数，经费有保障。根据区疫情防控部署，加强线上联系，及时了解军地需求，解决实际问题。

（李章开）

【国防教育和双拥宣传】春节期间，举办《柳荫下　红墙边　爱军爱到心里面》慰问演出。“八一”建军节，推出《深情柳荫红墙　共写双拥篇章》宣传教育短片。9月30日烈士纪念日，在陶然亭公园高君宇墓举办公祭活动。参观“铭记伟大胜利　捍卫和平正义——纪念中国人民志愿军抗美援朝出国作战70周年主题展览”。疫情防控期间，开展“重回军营　向军营敬礼”线上活动。保持双拥创建“十连冠”目标，评选13家“首都拥军优属拥政爱民模范单位”和15名“首都拥军优属拥政爱民模范个人”代表，其中1名获全国“爱国拥军模范”称号。开展助力军人荣誉体系活动，评选表彰年度“红墙卫士”158名、“好军嫂”58名。

（李章开）

【双拥创建和迎检工作】6月2日，全国双拥办调研组到西城区调研。北京市双拥办组织的创建检查评比中，再次排名全市第一。10月20日，全国双拥模范城（县）命名暨双拥模范单位和个人表彰大会上，西城区获“全国双拥模范城”称号，实现“十连冠”目标。

（李章开）

【拥军优属】年内，建立拥军服务卡和工作台帐，明确服务部队的内容、项目及完成时限。每季度召开一次牵头部队会议，收集部队需求信息，听取意见建议。春节前夕和“八一”期间，区委区政府向部队赠送价值800余万元慰问品。各街道组织走访慰问驻街各基层部队，举行小型座谈，给官兵送去节日祝福，赠送慰问品。各单位分别召开军转干部、军嫂、退伍老兵及优抚对象座谈会。做好“三后”服务工作，完成军转干部、退役士兵接收安置任务。深化军嫂就业服务，组织专场招聘，搭建线上服务平台，开展“温暖军嫂”活动，帮助随军家属实现就业愿望。配合区教委完成驻区部队军人子女入学升学任务。支持部队疫情防控，区双拥办、街道为部队捐赠口罩2万余只。

（李章开）

【拥政爱民】年内，驻区部队支持西城区各项建设事业，完成党和国家重要会议、重大活动安全维稳与服务保障任务。连续14年开展“帮困助残送温暖”活动，每年筹资37.5万元，慰问750户困难居民。参与全国文明城区创建，“疏解整治促提升”专项行动、城市治理、便民利民、公益事业及植树造林等工作。开展爱老助老、帮困助学活动，近千名空巢老人和贫困学生得到官兵照顾和资助。部队医疗机构坚持开展便民义诊、免费体检等活动。有关部队选派优秀官兵，完成学生军训任务。疫情防控期间，为辖区捐赠消毒液、为什刹海街道提供500多平方米疫苗接种点。

（李章开）

【文化双拥】年内，开展“送知识　送图书　送科技　送法律　送文化”进军营活动。将军营文化纳入区域文化建设格局，举办军地文化沙龙和文体活动，共建学习型军营。疫情防控期间，开展“法律进军营　开启新航道”线上活动，提升官兵网络信息安全防范意识。区第一图书馆坚持做好驻区部队官兵阅读服务，邀请专家教授走进军营专题讲座。陶然亭街道书香驿站举办“国防知识讲堂”进社区活动，邀请军事专家讲座。各街道结合重大节日和纪念活动，开展军地联谊、非遗进军营等文化双拥活动。什刹海、西长安街、展览路、广外等街道开展双拥“五好”、最美士兵、最美军嫂评选表彰活动。

（李章开）

残疾人事业

【概况】 西城区残疾人联合会（简称区残联）是中共西城区委、区政府领导下的残疾人群众团体组织。内设办公室、组织联络部（康复部），下设西城区残疾人劳动就业服务所、西城区残疾人文化体育活动中心、西城区残疾人职业康复中心3个全额拨款事业单位。区政府残疾人工作委员会秘书处设在区残联。区残联是将残疾人自身代表组织、社会福利团体和事业管理机构融为一体的残疾人事业团体。履行“代表、服务、管理”职能，即代表残疾人共同利益，维护残疾人合法权益，开展各项业务和活动，为残疾人服务，承担政府委托的部分行政职能，发展和管理残疾人事业。区残联接受区委领导，业务上接受市残联指导，指导辖区15个街道开展残疾人工作。截至年底，全区持有第二代中华人民共和国残疾人证42707人。

地址：西城区西直门内南小街国英园4号

电话：83539004

（朱轶琳）

【新冠肺炎疫情防控】 年内，对全区84家残疾人温馨家园、职业康复站、助残组织等残疾人服务机构实施常态化防控管理。将特殊困难残疾人纳入社区防控统一保障，解决残疾人合理诉求。将社会各界捐赠的口罩、消毒液等疫情防控物资送到防控一线、残疾人服务机构和困难残疾人家中，确保困难残疾人群体和残疾人服务机构实现“零感染”。

（朱轶琳）

【残疾人康复服务】 年内，开展残疾预防工作，推进任务指标落实，免费孕前优生健康检查率、新生儿及儿童残疾筛查率、儿童康复服务率、残疾人基本康复服务率均达到100%。为943人审核1353件辅助器具，补贴经费219万元。未持证残疾儿童纳入康复保障范围，近200名残疾儿童和383名成年人享受专项康复补贴，提供康复服务7629人次。为3408名有需求的肢体、精神、智力等类别残疾人及家属开展康复知识培训，提供服务10175人次，超额完成市政府实事工程任务。残疾人康复服务覆盖率在“七有五性”指标中，继续保持较高水平。

（朱轶琳）

【无障碍环境建设专项行动】 年内，接待中残联、市人大、市残联、市无障碍专班到西城区考察调研无障碍建设10次。副区长李异主持召开西城区无障碍专项行动专班工作例会14次。完成无障碍设施点位整改1300个，完成无障碍设施侵占违规行为整治3000余个，通过市残联无障碍监督员考核持证人员103人。

（朱轶琳）

【市领导调研体验无障碍设施】 5月26日，市委常委、组织部部长、市专项行动工作组执行组长魏小东，副市长、市专项行动工作组执行组长杨晋柏到西城区金融街街道政务服务中心、工商银行金融街支行等无障碍环境建设重点区域，考察残疾人现场体验专项行动整改情况。市政府副秘书长李志杰，市残联理事长吴文彦，市残联党组书记郭旭升，区委副书记、区长孙硕，副区长李异，区残联党组书记、理事长孟红伟等陪同调研。

（朱轶琳）

【无障碍市县村镇创建】 11月5日，中国残联副主席吕世明带队到西长安街街道开展“十三五”期间无障碍市县村镇创建验收检查，查看西绒线胡同等13个点位。市委副秘书长李必友，市专项行动工作组副组长、市残联理事长吴文彦，区委领导朱国栋、缪剑虹等陪同调研座谈。

（朱轶琳）

【残疾人社会保障】 年内，4983人享受生活补贴，7286人享受护理补贴，656人享受居家助残服务补贴，57名残疾学生或困难残疾人子女享受助学补贴。629人享受城乡居民养老保险补贴，4971人享受自主创业就业社会保险补贴，103人享受一次性补缴社会保险费补贴。残疾人纳入全区临时救助体系，按照临时救助标准1.5倍给予救助。核查3800余名享受残摩车燃油补贴人员信息。推进区级职康中心建设。

（朱轶琳）

【“一人一案”精准帮扶】 年内，出台《西城区困难残疾人“一人一案”精准帮扶实施方案》和《西城区残疾人基本公共服务目录》，解决一户多残、老残一体、孤残重残、多重残疾等特殊困难家庭残疾人需求。建立全区7977名困难残疾人精准帮扶台账，实施动态管理。落实“五包一保”（五包：包定期访视、包应急帮扶、包政策宣传、包政务帮扶、包心理疏导。一保：确保残疾人及其家庭出现突发困难时，社区、村“两委班子”和街道残联能够第一时间知晓，得到及时有效帮助，确保残疾人群体不出现冲击社会道德底线事件）联系人制度，区、街、社区三级单位组织紧密配合，针对帮扶人情况开展政策比对、衔接、落地。通过入户、电话、网络等形式，对困难残疾人群体开展问需帮扶活动。

（朱轶琳）

【残疾人就业】 年内，贯彻“六稳六保”要求，确保全区23家帮扶性就业基地96名人员在疫情期间不失业。落实援企稳岗政策，联合区人力社保局举办线上专场招聘会，9家用人单位提供岗位20余个。“希联圆梦”双创基地举办“73号云上嗨”主题活动，残疾人创业者、残疾人非遗手艺人、基地创业导师等在线直播带货残疾人文创产品。审核安排残疾人就业用人单位2105家、残疾职工6345人，11家区残工委成员单位安置62名残疾人，新增残疾人就业333人。建设6家市级残疾人职业技能基地，组织300人次开展手工制作、咖啡冲调、面点制作等多项培训。

（朱轶琳）

【残疾人维权】 年内，1个区级法律援助服务站和20个示范残疾人温馨家园法律援助服务工作站，为残疾人提供就近就便的法律咨询和代书服务300余人次。为重度残疾人提供上门法律咨询和代写法律文书65人次。办理接诉即办134件，及时响应率100%，解决率65%，满意率86%。

（朱轶琳）

【对口扶贫】 7月17日，通过视频方式召开对口扶贫工作推进会。区残联、河北省张北县、阜平县和内蒙古自治区喀喇沁旗、鄂伦春旗残联，各地残联相关负责人等20余人参加会议。会议邀请北京市残联组联部领导就《关于做好温馨家园对口帮扶工作的通知》具体指导。北京市公益文化传播中心领导就温馨家园运营在线指导培训。总结2019年扶贫项目情况，通报上半年扶贫工作情况。9月16日，区残联以视频会议形式与河北省张北县、阜平县，内蒙古自治区喀喇沁旗、鄂伦春自治旗召开对口援建第二次联席会，共商加大温馨家园扶贫协作工作。区残联党组成员与4地残联领导交流做好受援地区疫情防控期间温馨家园建设、运营管理和困难解决办法。12月29日，视频方式召开对口扶贫援建工作第三次联席会，总结全年扶贫工作，通报发现问题的整改情况。年内，发挥辖区残疾人服务品牌优势，移植温馨家园项目，助力对口帮扶河北两个县、内蒙两个旗，投入80万元建成4个残疾人温馨家园，为当地残疾人免费提供就业培训、重残托养、日间照料、辅具服务、文化体育等活动场所。

（朱轶琳）

【温馨家园综合改革购买项目签约】 11月9日，举办西城区温馨家园综合购买项目签约仪式，签约6个项目覆盖7个街道19个温馨家园，涉及技能培训、文化体育、居家上门等服务领域，完成服务率不低于残疾人户籍居住人口总量40%、服务满意度不低于80%年度目标。

（朱轶琳）

【第二届主席团第五次全体会议】 11月20日，区残联召开第二届主席团第五次全体会议暨区残疾人工作委员会工作会，主席团委员、残工委成员单位及各街道办事处参加。会议审议通过调整西城区残联第二届主席团副主席、委员的建议，审议通过调整西城区残联执行理事会理事长的建议和兼职副理事长人选的建议。贾志新当选西城区残联第二届主席团副主席、执行理事会理事长，王俊友、刘跃新当选执行理事会兼职副理事长。贾志新代表残联理事会作《凝心聚力　共克时艰　全力以赴决胜残疾人全面小康》报告。副区长、区残联第二届主席团主席、区残工委主任李异出席会议并讲话。会议现场首次采用无障碍视听会议设备，以“语音转文字”形式将现场信息传递听力言语残疾人委员。

（朱轶琳）

【第19个国际残疾人日】 12月3日第19个国际残疾人日，采用网络直播方式展现辖区残疾人事业成果和新时代残疾人精神风貌，传递全区残疾人兄弟姐妹共庆节日、喜迎小康、同启新征程心情，营造良好社会助残氛围。

（朱轶琳）

【残疾人重大体育赛事激励机制】 年内，第123次区政府专题会审议通过，区财政局、区体育局、区残联联合出台《西城区竞技体育赛事激励机制》，明确西城区输送和培养的在国内外重大体育赛事中取得优异成绩的运动员、教练员嘉奖标准，建立市级残疾人体育赛事激励长效办法。将嘉奖经费列入下年度工作预算，落实自2015年以来国内外重大体育赛事和2018年市残运会比赛嘉奖待遇历史遗留问题。

（朱轶琳）

红十字事业

【概况】 北京市西城区红十字会（简称区红十字会）是中国红十字会的地方组织，是西城区人民政府直接联系从事人道主义工作的社会救助团体，依法取得社会团体法人资格，独立自主地开展工作。按照西城区行政区域划分，下设15个街道红十字会及区直机关、教育、卫生、国资、侨联、志愿者6个系统工作委员会。有基层组织382个会员93261人，团体会员101个，志愿者2986人。

地址：西城区南菜园街51号

电话：83975413

（赵博文）

【红十字组织建设】 年内，区红十字会召开第二届理事会第4次会议，聘请区长孙硕为名誉会长、区委副书记张立新为名誉副会长。选举李异为会长、柴丽敏为常务副会长，调整增补理事28名、常务理事10名，审议通过区红十字会上年工作报告和财务支出情况报告。按照新修订的《中华人民共和国红十字会法》《中国红十字会章程》有关规定，规范管理基层红十字组织，完善更新全区60余家会员单位基础信息。9月3至4日举办红十字系统专兼职干部和骨干志愿者培训班。

（赵博文）

【新冠肺炎疫情防控】 新冠肺炎疫情发生后，区红十字会按照全国总会、市会和区委、区政府防疫工作要求，接收社会捐款捐物。制定《西城区新冠肺炎疫情防控商品供应组关于捐赠款物使用管理办法》等制度，在全市率先规范接受国（境）外疫情防控捐赠物资。截至年底，接收疫情防控捐赠款物、上级下拨款物共计1548.86万元，发放款物合计1493.53万元，结余善款55.33万元，用于后续疫情防控工作。配合全区核酸检测，向中国红十字总会、北京市红十字会申请调拨帐篷510顶发放各街道及相关单位。承担区疫情防控捐赠物资管理和发放，自2月8日至12月底，接收防疫物资品种23种78批8536217件（套）；消毒液40414公斤。陈莹获中国红十字会2020年抗击新冠肺炎疫情先进个人。

（赵博文）

【募捐救助】 年内，发放救助款198.78万元，救助1189人。元旦、春节送温暖活动中，为710户困难群众发放救助金71万元；向15名大病患儿发放救助金32.6万元；救助困难人员48人，发放救助金31.5万元；向17名贫困学生、困难群众发放救助金3.18万元；定向捐助4名贫困大学生2万元；向11名贫困艾滋病患者发放“红丝带”定向救助金2.2万元；为29名“非典”后遗症患者发放生活补助金15.3万元；“99公益日”活动救助320人32万元。为区内2名白血病患儿申请中国红基会“小天使基金”救助金6万元。

元旦、春节和中秋、国庆期间，分别出资1.99万元和1.6万元购买物品，慰问区颐寿轩敬老院、金秋园敬老院和陶然亭敬老院。申请并取得公益性捐赠税前扣除资格。与府右街宾馆签订年度定向捐助协议，募集善款3.18万元；爱心人士定向捐助3名困难学生1.5万元；9月7至9日，在北京市红十字基金会指导下参与腾讯公益“99公益日”活动，上线“北京西城助困有您”项目，为全区320户政策边缘困难家庭募得家庭救助款32万元，12月完成发放。

（赵博文）

【应急救护培训与救援】年内，在“世界红十字日”“世界急救日”“防灾减灾日”等重要节点，组织应急救护培训，宣讲自救互救、防灾避险知识，提高公众自救互救意识和技能。为提高辖区机关、企事业单位、社区居民，特别是学校和特殊行业从业人员应对灾害和突发事件能力，先后对中化集团、北京展览馆、天桥集团演艺中心、北京大学国家发展研究院、北京市公安局刑侦总队、区纪委监委、西城消防支队等重点单位和从业人员培训。疫情防控常态化后，线下培训授课的同时，创新培训方式，加大线上培训力度，根据不同群体需求，制作有针对性的培训课件，结合新媒体特点，开展系统网络直播授课，推动形成线上线下相结合、量质并重的应急救护培训模式。开展4学时心肺复苏和8学时救护技能培训71期，5063人取得救护技能证或单项技能证；继续举办安全知识大讲堂，全年普及人数约3.6万人。西城区红十字会获中国红十字会2020年度抗击新冠肺炎疫情暨红十字应急救护知识竞赛活动单位组织一等奖，文菁获中国红十字会2020年度抗击新冠肺炎疫情暨红十字应急救护知识竞赛一等奖。

（赵博文）

【红十字志愿服务】截至年底，建立志愿服务基地8处。25支志愿服务队中，有5支在“志愿北京”平台注册，志愿者521人，活跃志愿者200余人，累计志愿服务时长37521小时。志愿者参与社区疫情防控，搬运防疫物资，通过一对一热线咨询普及宣传防控疫情知识，诠释“人道、博爱、奉献”的红十字精神。红十字青少年志愿者利用手抄报、图画、书法、录视频等形式，为一线医务人员、解放军战士、建筑工人送去祝福。疫情期间687人次志愿者参与防疫活动，服务时长2683小时。

（赵博文）

【造血干细胞捐献】年内，“牵手希望”志愿者服务队坚守在西单联通献血舱，宣传无偿献血和造血干细胞捐献的重要意义，截至年底招募造血干细胞捐献志愿者282人。2位造血干细胞捐献者顺利完成造血干细胞采集，帮助2名患者重获新生。

（赵博文）

【红十字青少年工作】年内，持续推进应急救护培训进学校、进幼儿园，提高师生自救互救知识与能力，为中小学补充配备外伤急救包3000个。

（赵博文）

【红十字文化传播与宣传】年内，运用官网、微信公众号等自媒体平台，宣传区红十字会会员投身抗击疫情一线、关心关爱一线工作者和志愿者参与疫情防控等事迹。全年发送防疫要闻、政策规定、防控知识、工作动态、先进事迹等信息1232条。结合抗击疫情工作重点，制作纸巾、海报等带有红十字元素的宣传品，发放到街道社区及相关单位，宣传红十字文化和防疫知识。为全区各街道市民中心和部分社区免费配置包括外伤急救包、应急救护手册、手电、灭火毯、充电器、征求意见本等物品在内的“红十字便民服务箱”。区红十字会获2020年度中国红十字会总会报刊宣传先进集体一等奖、中国红十字《博爱》理事会2020年度优秀理事单位称号，张柯获2020年度中国红十字会总会报刊宣传先进个人二等奖。

（赵博文）

【对外交流和对口帮扶】9月8日，区红十字会到内蒙古赤峰市喀喇沁旗红十字会开展精准扶贫调研工作，向喀喇沁旗红十字会援助15万元，用于“博爱家园”项目建设。

（赵博文）

消费保护

【概况】北京市西城区消费者协会（简称区消协），是隶属北京市西城区市场监督管理局的社会组织。内设4个科室，下辖17个分会。年内，区消协依照区市场局党组的工作部署和市消协的工作安排，围绕“凝聚你我力量”年主题，加强《中华人民共和国消费者权益法》（简称《新消法》）的宣传，扩展消费维权机制建设，为消费者与经营者搭建和谐消费平台，提高经营者自律经营，引导其树立诚信经营为荣，损害消费者权益为耻的诚信经营理念，净化区域消费环境，营造科学、节能、环保的消费气氛。向广大消费者普及科学知识、消费常识，更好地服务区域经济发展，为政府提供服务百姓消费真实情况。

地址：西城区南草厂街冠英园西区5号

投诉电话：66168698

（王　妍）

【受理投诉】年内，区消协接待电话、来人咨询200余人次，受理96315热线投诉工单859件，调解消费者投诉328件，为消费者挽回经济损失54.67万元。发放宣传材料2100余份，受益消费者1500余人。

（王　妍）

【3·15宣传咨询】年内，根据疫情防控要求，围绕“凝聚你我力量”年主题，开展线上线下消费维权和诚信经营活动。利用区市场局微信公众号及短信发送方式，线上宣传消费者掌握的相关知识，播发“3·15”宣传口号、投诉举报途径及电话等。区消协与区市场局消保科汇集消费案例，编发消费提示进行线上宣传，提示消费者相关消费风险，倡导科学理性消费，提升自身消费维权意识。开展“网上消费维权大讲堂”活动，强化消费教育引导。以李智消费大讲堂为载体，在区市场局公众号播放“3·15”专题讲座，宣传消费维权知识。在《西城报》刊发“3·15”专版报导。加强新闻媒体宣传，利用广播、微博、微信、户外电子显示屏等媒介宣传，增强活动正面宣传效果，倡导品质消费理。针对重点行业经营主体做好约谈指导，针对投诉举报相对集中的网络交易经营主体，加强教育引导，视情采取“一企一策”、专题约谈指导等方式，明确问题整改方向，推进网络交易经营者落实主体责任，净化辖区消费环境，提示消费者提高消费安全防范意识，维护自身合法权益。

（王　妍）

【“诚信服务承诺单位”发牌】6月2日，召开“诚信服务承诺单位”会议，表彰上年度“诚信服务承诺先进单位”3家企业，为“诚信服务承诺单位”9家企业授牌，鼓励企业参加消法及相关知识培训，维护消费者权益，弘扬诚信为荣的精神，树立诚信经营正气。

（王　妍）

【回访诚信服务承诺单位】9月22日，区消协领导回访“诚信服务承诺先进单位”西单商场和长安商场，听取情况提出指导建议。年内，通过建立定期回访诚信服务承诺单位工作机制，向企业宣传区市场局消费维权要求，探索和构建“商家投诉不出门就地就近得解决”的消费调解激励机制。

（王　妍）

【诚信经营座谈会】12月18日，联合区市场局餐饮科、消保科召开餐饮企业诚信经营座谈会，邀请区饮食行业协会和15家餐饮企业代表参会，座谈分析投诉案例，发放《图解新消法》和《消费维权典型案例手册》，加强法律法规学习与诚信经营交流，加强行业自律，坚守社会责任，营造放心消费环境，提升西城区餐饮企业诚信服务水平。

（王　妍）

【消费纠纷人民调解员等级评定实施细则】年内，按照《北京市人民调解员等级评定办法（试行）》及《北京市西城区人民调解员等级评定实施细则（试行）》文件要求，本区作为全市人民调解员等级评定的先行试点，区消协结合区消调委组织建设、工作原则及主要任务，立足消费纠纷领域调解情况调研，撰写《北京市西城区消费纠纷人民调解员等级评定实施细则（试行）》，启动消费纠纷人民调解员等级评定。采集资料、撰写实施细则、征求专家意见等环节得到区司法局、区人民调解员协会、市场局消保科、法制科及行业专家、律师支持。

（王　妍）

【消费维权之星评选】年内，参加北京市“消费维权之星”评选活动。经过北京市消费者协会审议评选，西城消协分会宋文、王春花入选“消费维权之星”提名。

（王　妍）

（责任编辑　晏畅　张振安）

街 道

北京西城年鉴2021

1月16日，牛街街道“绿洲”心理关爱工作室成立（牛街街道 供图）

4月，展览路街道组织开展爱国卫生月活动，宣传疫情防控及健康卫生知识，创造干净、整洁的人居环境（展览路街道 供图）

5月，什刹海街道启动2020年“疏整促”工作（什刹海街道 供图）

5月27日，区社保局“七有”“五性”就业工作指导培训会举办（椿树街道 供图）

8月24日，西长安街街道2020年小区物业服务企业联盟成立（西长安街街道 供图）

9月16日，白菜湾社区养老服务驿站开业，探索“物业+养老”服务模式（广安门外街道 供图）

9月26日，“白塔寺论谈”2020主题活动启动（新街口街道 供图）

10月9日，德胜街道政务服务大厅升级改造完成，正式对外办公（刘骜 摄）

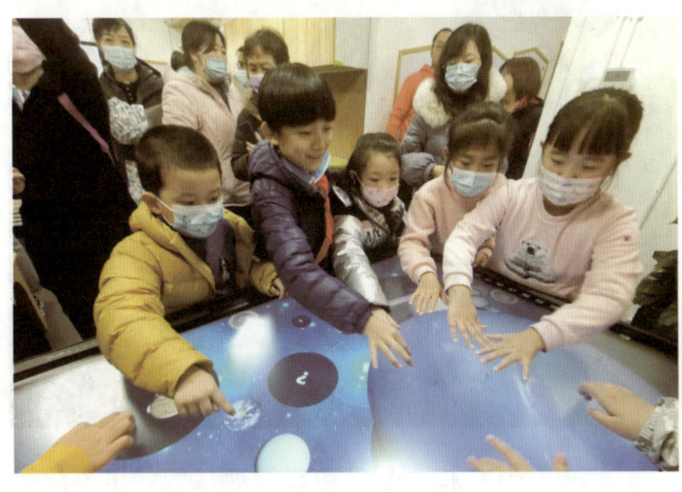

11月29日，陶然亭街道儿童中心落成（姜真 摄）

12月4日，文华胡同、人定湖北巷被评为“十大北京最美街巷”（金融街街道 供图）

12月18日，天桥街道举行福长街社区居委会成立揭牌仪式（天桥街道 供图）

年底，广安门内街道百姓文体活动中心面向公众试营业（闻昭 摄）

年内，白纸坊街道10个社区服务站完成转型升级（姜真 摄）

年内，大栅栏巾帼助老服务队在疫情防控入户排查登记之余开展助老服务（大栅栏街道 供图）

年内，月坛街道累计组织开展社区邻里节活动80余场（闻昭 摄）

综　述

西城区划分为德胜街道、什刹海街道、西长安街街道、大栅栏街道、天桥街道、新街口街道、金融街街道、椿树街道、陶然亭街道、展览路街道、月坛街道、广安门内街道、牛街街道、白纸坊街道、广安门外街道共15个街道，263个社区。

各街道设工委和办事处，依据法律、法规、规章和上级党委、政府的授权，代表区委区政府对辖区党的建设、公共服务、城市管理、社会治理等行使综合管理职能，全面负责辖区地区性、社会性、群众性工作的统筹协调。按照街道三定方案，街道工委、办事处设置以下7个内设机构，综合办公室、党群工作办公室（人大代表工作委员会、总工会、团工委、妇联）、平安建设办公室（政法工作办公室、人民武装部、司法所）、城市管理办公室（城管执法队）、社区建设办公室、民生保障办公室（残联）、地区协调服务办公室（统计所）。此外，各街道还设有街道纪律检查工作委员会（监察组）。15个街道均建有党群服务中心、全响应街区治理中心和市民服务中心三个科级事业单位。年内，面对疫情大考，克服重重困难，团结一心、砥砺奋进，完成年度各项任务。

各街道扎实有序推进疫情防控和复工复产。快速有力阻断疫情传播。面对突如其来的新冠肺炎疫情，各街道成立疫情防控专班，第一时间开展“敲门行动”，完成全覆盖兜底社区排查，构建形成动态监测的全社会防控网络。严格有序、分类分级实施小区封闭式管理，全力做好患者救治，严格开展集中隔离医学观察。加强信息发布和舆情引导，及时回应社会关切。全面落实高风险地区人员入境进京闭环转运，实现境外输入零感染。多方挖掘潜力筹集防控物资，建立“应急保供储备库”，启动生活必需品“点对点”应急补货机制，实现社区生活必需品“无接触配送”全覆盖，保持市场有效供应。安全有序推动复工复产。严格落实“三防”“四早”“九严格”要求，建立公共场所疫情防控程序制度，严密抓好商务楼宇、商市场、施工工地等重点场所管控。扎实有效做好常态化疫情防控。加强核酸检测能力建设，累计检测160万余人次，最大核酸检测能力达到10.4万份/天，“应检尽检”“愿检尽检”需要充分满足。探索社区技防新模式，在全市首推智能门禁系统建设。严密排查市场冷库冷链疫情传播风险，启动全区冷链及餐饮食品单位从业人员七日一轮核酸检测，开展高频次、全方位的常态化监督检查。

各街道依法科学治理取得实效。“疏整促”和街区保护更新持续发力。深入落实“双控”“四降”要求，年度人口调控目标全面完成，“疏整促”专项行动持续推进。拆除违建11万余平方米，关停或转型小旅馆12家，完成9个片区架空线入地工程，拔除电线杆755根。34个老旧小区综合整治稳步推进，小马厂南里等5个小区全部完成。增设电梯19部。237个院落雨污水管线和24个小区老旧供暖管网改造顺利完成。新建和提升便民商业服务网点42个、百姓生活服务中心5个，基本便民商业服务功能实现社区全覆盖。551条背街小巷通过市级验收，人定湖北巷和文华胡同获评北京市最美街巷。统筹推动“四个条例”落地。围绕431项行政执法权力下放向街道赋权赋能，安监、食药、流管3类1480名区级职能部门协管员下沉街道管理使用。创新推进垃圾分类，增设大件垃圾转运点15个，组织各类宣传活动2616场，机关干部、社会力量3.8万人次参与桶前值守。推进“两网融合”，703个小区实现再生资源预约上门回收。居民家庭厨余垃圾日均分出量225吨、分出率21%，其他垃圾日均产生量681吨，生活垃圾减量率38.5%。4312组垃圾桶站实现规范化建设、桶站值守率100%。11个小区获评全市垃圾分类示范小区，垃圾分类专项工作排名全市前列。建立“数图合一”智慧物业管理系统。948个小区实施物业管理，覆盖率97.6%。组建业委会（物管会）854个。物业管理“三率”保持城六区领先位置。全区95个“三无小区”建立物业管理长效机制，有效解决了困扰群众的小区脱管失管问题。落实《北京市文明行为促进条例》，推动文明规范融入市民生活。区域环境品质进一步提升。深入开展打赢蓝天保卫战年度行动计划和秋冬季大气污染综合治理攻坚行动，深化“每一天每一微克”行动。完善空气重污染过程应对措施，细颗粒物（PM2.5）年均浓度40微克/立方米、同比下降9.1%。持续压实河湖长制，各级河湖长巡河4.6万公里，6处河湖入选北京市优美河湖。新建6处口袋公园和4处小微绿地，新增城市绿地8200平方米，完成屋顶绿化1万余平方米、垂直绿化1148延长米。创建花园式社区1个、花园式单位1个。编制实施道路林荫计划，建成槐柏树街等24条慢行林荫示范路，更好满足市民林下行需求。

建成牛街莲花胡同等5处停车设施，增加泊位320个。11个街道、84条道路实施居住停车管理，15个街道开展停车设施有偿错时共享。

各街道文化建设成果丰硕。区域文明水平不断提升。围绕“共抗疫情　决胜小康”主题，线上线下开展百姓宣讲活动，讴歌伟大抗疫精神。组织新时代文明实践活动5000余场，惠及近30万人。开展光盘行动。历史文化传承保护持续推进。完成北海医院、东天意市场降层拆除和粤东新馆、宜兴会馆文物腾退。历代帝王庙以新面貌对外开放。京报馆、庆云寺等修缮工程加速推进。砖塔胡同、西板桥、观音寺片区申请式退租工作和灵境胡同33、35号居民房屋腾退工作全部完成。打造“步行优先、林荫覆盖、留住记忆”的“稳静街区”，鼓楼西大街保护更新实现精彩亮相。第一批15处区级文保单位建控地带向社会公布。新建14家阅读空间和实体书店，33家书店获评北京特色书店，3家书店获评北京最美书店。举办“京韵剧源”、百姓戏剧展演、什刹海文化旅游节、老舍戏剧节、中国童书博览会和第十五届中国国际合唱节等品牌活动。开展线上线下文化活动6282场次，线上观看点击量779.7万次，线下活动覆盖55.2万人次。

各街道民生保障能力持续提升。社会保障扎实有力。出台困难家庭关爱扶助行动计划，发放各类救助金2.2亿元，向1.4万名困难群众发放“消费暖心券”423.6万元。保障困境家庭服务对象入住社会福利机构的基本服务需求，发放入住补贴562万元。助力1万余名失业人员就业，连续六年获评北京市充分就业区。创新推动科技赋能医保基金监管改革，医保基金更加安全。社区卫生服务中心与驻区养老机构加强服务对接，医养结合率100%。实现养老服务机构和老年餐桌覆盖率100%。新增家庭养老照护床位1500张。实施无障碍设施建设三年行动计划，整改点位1573个。推进社会心理服务体系建设试点工作，建成16家社会心理服务中心站点。在施政策性住房项目有序推进，菜园街、光源里棚户区改造安置房项目全部实现开工建设，群众居住条件持续改善。健康西城全面推进。申报创建国家全民运动健身模范区，实现全民健身示范街道全覆盖，推动篮球联赛、徒步大会等群众体育赛事活动深入发展。发布实施群众身边体育健身设施建设三年行动计划，铺设健走步道5公里，新建社会足球场10个、多功能运动场7个、仿真冰场7块。全面开展新时代爱国卫生运动。

基层社会治理创新实现新突破。坚持党建引领深化改革创新。不断完善“吹哨报到”机制，推动40项改革任务落地。制定“七有”“五性”指标保障工作方案和专项行动计划，不断提升服务群众水平。落实接诉即办改革各项要求，建立健全高位推动、每日调度、统筹推进机制，全力抓好和科学规范12345市民热线办理各项工作。万人诉求量始终处于全市低位行列，未诉先办工作成效突显。社区服务效能显著提升。大力推进社区服务站转型升级，便民利民事项纳入全科社工综窗服务，实现“四务合一”一站式办理。持续推进社区减负增效，社区填报区级表格事项由95项压减至5项。成功申请国家级基层民主协商标准化试点，搭建7373个四级协商议事厅，建成16个社区级示范厅和26个楼门院治理示范点。依托“西城家园”打造线上社会治理平台，81.25万居民实名入驻，

8.5万名党员在线亮身份，畅通服务群众“最后一米”。社会事业实现新发展。持续加强退役军人服务保障体系建设，培育4个特色街道服务站和11个社区服务站标杆。扎实做好抚恤优待和褒扬纪念工作，多渠道促进退役军人和随军家属就业创业。落实《北京市民族团结进步创建三年行动计划（2018—2020）》，推进民族团结进步创建与和谐寺观教堂创建，全区民族团结、宗教和睦。15个街道大力开展第七次全国人口普查工作，6800余名普查员、204.8万人次社会力量积极参与，西城区业务考核通过率全市排名第一。

（林　琼）

德胜街道

【概况】德胜街道位于北京市西城区的东北部，与朝阳、海淀、东城三区接壤。辖区面积4.14平方公里，有20个社区，户籍人口141442人，流动人口28256人；年内地区出生人口1148人，死亡人口1344人；中央单位219个、市属单位192个，高等院校2所，中学4所，小学5所，幼儿园5所；卫生医疗机构7个；公园4个。辖区内有回族、满族等36个少数民族7000余人，是北京市13个重点民族街道之一。辖区内有6964家企事业单位，包括中国工程院、孔子学院总部、中国交通建设股份有限公司、国家核电技术公司等多家中央单位及法源清真寺、民族团结幼儿园等民族特色单位。年内，街道获评首都拥军优属拥政爱民模范单位、北京市安全生产先进单位。

地址：西城区教场口街9号院丙9号

电话：82060677

（孙海龙）

【新冠肺炎疫情防控】年内，根据科学防治、精准施策的要求，街道工委、办事处成立党政一把手为组长的工作专班，制定新冠肺炎疫情防控方案和各项工作制度，明确职责任务，完善应急响应处置预案，细化突发事件工作流程，有针对性地指导地区开展防控工作。建立应急物资储备机制，全面确保常态化防控物资储备充足。扎实做好常态化疫情防控工作，严格落实进出小区测温、查证、验码，做好返京和临时出入人员登记等工作。动员在职党员、各类志愿者、区派干部、机关干部和社区工作者共同参与189个卡口的值守工作，安装智能门磁、监控、门禁等10余种3100余件技防设施，服务各类居家观察人员9356人，核查市区下派大数据300余批次2万余人次，做好重点区域来京人员摸排工作，实现零输入、零感染、零疑似。推动复工复产，地区21家楼宇、598家入驻复工企业和712家七小门店建立楼长、店长制，了解企业动态需求，指导落实防疫措施。严格市场防疫和环境消杀，对七小门店、商超、酒店旅馆等定期开展联合执法，强化对重点部位重点人群的督促检查。

（孙海龙）

【平安建设】年内，全面深化平安德胜建设，持续推进禁毒、防火、交通安全、扫黄打非、反恐防暴宣传、技防建设等重点工作。整体谋划“疏解整治促提升”工作，拆除违建125处0.39万余平方米。整治废品回收点59处；整治无证无照经营110个，取缔占道经营52个，小餐馆整治取缔19个；继续保持新开个体工商户零增长。疫情期间规范小区出租房屋，及时清理地区群租房，保持地区普通地下室、辖区民防工程整治成果，严防问题反弹，共计影响人口10884人。启动“科技巡安”项目，形成秒级响应、分钟处置综合应急联动机制，拓宽应急响应的覆盖面，群众安全感达到99%以上。街道综治中心规范化建设稳步推进，社区综治中心运转良好。召开53场矛排会，用大概率思维应对小概率事件。治理城市安全隐患，扎实推进安全生产三年行动，出动检察人员7230人次，整改安全隐患13438处，安责险工作始终保持全区领先。为60周岁以上老人家庭安装独立式烟感报警器，在马甸社区试点安装防止电动车乘梯上楼的技防设施，夯实消防安全体系建设。落实《食品安全法实施条例》，推动“四个最严”要求落地，保障群众舌尖上的安全。完成全国“两会”、党的十九届五中全会保障等重点工作任务，城市运行安全有序。

（孙海龙）

【城市管理】年内，稳步推进街区整理，整修整新整治有机配合。推进城市公共空间改造提升试点工程，推动德胜门文化街区改造提升项目。继续开展城市更新工作，落实新一轮背街小巷精细化整治提升三年行动计划，提升交界地带和中小学周边环境品质，完成25条精品街巷设计施工，65条示范街巷全部通过达标验收，人定湖北巷获评年度北京市最美街巷。推进留白增绿工作，地区新增绿地920平方米。改善老旧小区居住环境，推进双旗杆东里小区、教场口6号院、教场口9号院、六铺炕二区中北片区、人定湖西里1–18号楼、裕中西里片区等改造项目。启动五路通街、五路通北街等4条规划道路征收工作，推进德胜里三区扩征项目实施，协调小西天东里拆迁项目中区属公房撤管，协助并督促北京邮电大学如期完成回迁工作，切实改善群众居住环境，消除地区低洼院落安全隐患。谋划全域停车自治，在35条街巷胡同、2250个车位开展收费工作，定期开放办理入口为居民补办停车优惠证，全年办理发放停车自治卡12668张。深化“每一天每一微克”专项执法行动，全年大气污染防控取得优异成绩，地区细颗粒物平均浓度52微克/立方米，同比下降1.89%，PM2.5和TSP数值处于较低水平。持续压实河湖长责任，加大河湖巡查力度，街道级河长巡河805人次，完成巡河3161公里。地区722处桶站点撤桶并站减少为355个，其中204个桶站点加装视频监控和语音提示装置，为居民分类做好提示。完成垃圾分类驿站建设1个，居民垃圾分类承诺书签订率98.28%，桶前值守率100%。开展三个“1+3”普及宣传工程，“两桶一袋”发放率53%，促进辖区居民形成源头减量、源头分类的好习惯。推广复制新风街1号院垃圾分类模式，6个社区19个小区10096户，分3个片区根据小区不同条件分类开展试点，安装智能垃圾桶。

（孙海龙）

【社区建设】年内，落实《物业管理条例》《生活垃圾管理条例》。克服老旧小区多、物业管理范围基数大的难题，通过“街道、社区、业委会+居民党支部”的党建引领联动体系形成全方位指导，成立业委会33个（全年新组建20个）、物管会91个，业委会成立数量居西城区首位，地区物业管理覆盖率达100%。推动落实业委会、物管会和物业企业党组织覆盖工作，104家业委会、物管会和72家物业企业的党组织覆盖率达到100%。11个“三无”小区引进物业服务、共享物业服务、小区业主自治服务等三类不同形式的物业服务模式，取得良好的社会效果。

（孙海龙）

【民生保障】年内，持续提升社会保障工作水平，运用各类救助政策，做好各类困难群众帮扶工作，发放各种社会保障金和残疾人慰问金4279.17万元，向627名困难群众发放消费暖心券30.42万元。加大就业保障工作力度，助力730余名失业人员就业。完成为民办实事项目13个。完善养老与便民服务体系，发放老年优待证、养老助残卡及各种老年补贴，建设德胜老年人安全与健康科技服务中心，签约西城区家庭养老照护床位112张；完成异地养老66人，养老服务机构和老年餐桌覆盖率100%。做好辖区内8家标准化菜店和5家百姓生活服务中心的物资组织和消杀防控工作，保障居民生活必需品的有效供应，为稳定百姓菜篮子提供支撑。在群众家门口增加体育健身设施，开展“德邻文化中心”“书香德胜”项目、组织法治讲座100场，为老旧小区居民安装信报箱、晾衣杆、安装楼道便民扶手、安装C级锁芯、燃气报警器。婴幼儿早教平台服务2629课时，受惠人群3.2万余人次。开展无障碍环境建设，整改点位49个，通过云课堂丰富残疾人新冠肺炎疫情期间生活。做好退役军人、少数民族群众、困难青少年等群体的服务保障工作，继续开展“民族团结惠”系列主题活动，加强对口帮扶贫困地区脱贫工作。优化政务服务中心服务环境，政务服务大厅硬件改造升级，开展人员业务能力培训提升，一窗通办业务达201项。在西城区街道级政务服务大厅中率先引入AED自动除颤仪，完成全部工作人员急救培训。全年接待来人来电咨询和处理各类事项46899人次，网办数量5197件，采取午间不间断、周六不打烊的方式，为1793人次办事群众提供错峰、延时服务。

（孙海龙）

【党建工作】年内，注重通过"党建引领、文化聚力"不断提升社会治理能力，通过新冠肺炎疫情"大考"，把党的政治优势、组织优势转化为基层治理优势和治理效能，使德胜地区治理能力更加适应居民需求。为社区赋权赋能，发挥基层党组织战斗堡垒作用，深化基层群众自治实践。打通党建和社区治理最后一公里。推进区域化党建工作，发挥各级党建协调委员会的作用，推动实现多元治理。利用社区党组织吹哨报到快处机制，配合市民热线接诉即办工作，发挥社区主观能动性，整合运用各类资源，及时处置涉及社区疫情、管理、安全等方面的各类问题。用法治精神融入基层社会治理，做好城管、公安、市场监管等执法力量下沉工作，运用法治思维和法治方式推进治理、破解难题。推进社区"两委"换届选举筹备工作，坚持树立鲜明用人导向，选配年轻化、高学历人才进入社区"两委"班子。选聘党建指导员队伍，对应建未建党组织的两新组织建立台账集中攻坚，建立两新组织党组织63个，实体覆盖率提升至30%以上。实施处级领导联系"两新"党组织工作机制，坚持定期走访联系对象，指导企业开展党员摸查、支部组建等工作，探索"两新"组织党员作用发挥机制，推动党建工作与企业发展和地区建设同频共振、互融共进。

（孙海龙）

【接诉即办】年内，将工作重心从接诉即办前移至主动治理，强化热线工作的组织领导和统筹调度力度，层层压紧压实工作责任。地区15万人诉求量长期低位运行，形成主动治理、未诉先办的德胜模式。通过一个诉求解决一类问题，一个案例带动一片治理的工作方法，走访居民7386户、企业3000余家，收集整理各类问题2276条，多渠道感知社情民意，体察民情民需，以全面问题清单把握关键症结，实现未诉先办。梳理地区老旧电梯维修更换、小区管道老化与物业管理、"三供一业"改造等矛盾集中点和热线高频诉求点，逐一建立台账，通过加快实施老旧小区改造、组建物管会与业委会等方式从源头上解决问题，以重点突破带动整体工作。全年受理群众诉求件8615件，解决率88.72%、满意率92.29%，解决小西天东里供暖问题、新外大街28号院自来水管线问题等一批群众诉求集中的老大难问题，接诉即办平均成绩稳步提升。

（孙海龙）

什刹海街道

【概况】什刹海街道位于西城区东北部，东起旧鼓楼大街，地安门内、外大街，与东城区相邻；西至新街口南、北大街，西四北大街，与新街口街道相连；南起景山前街、文津街、西安门大街，与西长安街街道相接，北至德胜门东、西大街，与德胜街道接壤。辖区面积5.8平方公里，有大街20条、胡同街巷205条。规模以上单位133家、规模以下单位2720家，6所中学、7所小学、8个幼儿园、1个社区教育学校。社区居委会22个，户籍人口45963户118061人，常住人口29803户71231人。什刹海街道西海南沿获评北京最美街巷。筒子河获评北京优美河湖。街道"温馨家园"被北京市残联认定为北京市温馨家园改革示范基地。"一米阳光"残疾儿童家庭心理支持项目被北京市残联评为发展进步项目。

地址：西城区地安门西大街141号

电话：83223600

（汤佳琳）

【新冠肺炎疫情防控】针对严峻的新冠肺炎疫情形势，街道工委组建疫情防控工作领导小组和"一办十组"指挥体系，以"四个管住"举措坚决筑牢红墙边第一道防线。社区牵头管住面，由处级领导担任临时支部书记、社区书记任副书记，成立22个疫情防控临时党支部和108个党小组，进驻防控一线。从大年三十开始，对辖区居民和单位开展全面入户摸排工作，覆盖29104户70836人。干部担当管住片，将

649名区、街道、社区的党员、干部和社工纳入社区网格。在全市率先开创分区分级精准防控的模式，把22个社区划分为8个街区，区分全天封闭、24小时通行、分时段通行3类，设置管控卡口141个，对29处失管、半失管小区实行封闭式管理，制发实名出入证9万余张，“京心相助”扫码13970人，实现凭证出入、远端管理、平台登记、宣传动员、民生服务、技防保障6个全到位。单位联防管住线，打破条块分割，发挥党建引领作用，在抗疫一线组建84个临时党支部，发动辖区内的700多家中央机关、市属单位，“六小”“两新”企业和军民志愿者参与防疫工作。发动群众管住点，“西城大妈”、楼门院长、在职党员、退役军人和志愿者共2449人投身卡口值守、政策宣传、清洁消杀工作。保障居民群众正常生活，指导14家生活性服务业网点有序营业、供应物资，4家养老照料中心全部实施封闭式管理。社区依托养老配餐中心为空巢老人、“三无”老人配送爱心营养餐2万余份。社区向辖区内的老人和居家观察人员上门配送蔬菜包、主食包和日用品1万余次约11吨，为720余户特困老人配送公益蔬菜2770公斤，为176户失独家庭送去健康防疫包。统筹推进疫情防控和复工复产，针对地区产业数量多、规模小的特点，对2116家单位开展“三防三查”，对12处楼宇实施“双楼长”制，督促各单位错峰上下班，采取50%人数轮流上班等办法降低传染概率。抽调86名执法人员分36个小组，和工地、卫生、综治三个专业检查小组，重点监控易产生人员聚集的场所。严密排查市场餐饮冷链疫情传播风险，确保全部进口冷链食品安全、包装安全、全程可追溯。在秋冬季疫情出现反复时，实施错峰执法，白天做到检查全覆盖，夜间开展执法巡查工作，每日从7个工作组抽调15名检查人员，督促企业不松懈，严格落实季节性疫情防控要求。

（汤佳琳）

【党建工作】年内，加强街道工委对社区治理工作的统筹领导，进一步健全完善社区治理体系，认领34项93条重点党建任务，对标首都社区治理20条工作要求，明确62项具体任务。强化基层组织力提升，筹备社区“两委”换届选举，对标“十不能”，系统梳理269名党员社工任职资格。成立什刹海街道党群服务中心党委并举行授牌仪式，发布主题党课、健康讲堂、民俗传承、场所开放、交流展览、信息公告等六大类服务项目。22社区全部落实项目清单公示，延伸建立楼门院党建协调小组15个。众筹辖区单位资源137项需求99项，初步达成项目66个，为社区百姓、辖区单位解难事、办好事。结合2019年底社区巡察整改，制定《党服经费及党建费用支出审核流程》，围绕“七有”要求和“五性”需求，培育智慧社区建设、温暖夕阳助老爱老等品牌项目，实施便民服务、关爱帮扶、志愿公益、安防设施、环境整治132个，涉及资金483万余元。充分发挥名书记作用，依托3名政治素质过硬、党建经验丰富的名书记，帮带新提任的社区书记、书记带副书记、副书记带党务专干、党务专干带发展对象和积极分子，全面提升基层党组织领头羊能力。柳荫街社区党委书记作为西城区社区名书记代表，列席北京市名书记交流会，分享优秀经验。

（汤佳琳）

【城市管理】年内，拆除违法建设1.4万余平方米，辖区内新生违法建设零增长。启动恭王府周边环境治理，关停违规经营商户24家，同步实施景观节点亮相、胡同空间净化、社区自治停车、历史风貌恢复等工作。完成前海西街、龙头井、三座桥绿化改造，文保区环境品质明显提升。鼓楼西大街街区更新项目精彩亮相，成为核心区控规发布后首个实现整体亮相的街区。以中轴线申遗保护和大运河文化带建设为重点，配合市区职能部门，实施北海医院和天意商城降层项目。加快推进贤良祠文物保护利用。启动西板桥一期城市保护更新，推动申请式退租与恢复性修建。围绕中南海周边，西安门、西什库两大街区立面提升改造项目II期竣工。以新三年行动计划为抓手，对护国寺东巷、大红罗厂街等胡同开展集中整治，拆除违法建设68处，提升胡同立面2300余平方米，通过验收82条，20

条胡同被北京市文明办评为文明街巷，打造后马厂胡同夹道长寿巷，东煤厂胡同新增146平方米小微绿地。加大河湖巡查力度，督促区级河长巡河69人次，街道级河长巡河8600人次，完成巡河3.8万公里，清理河床351吨。扎实推动环境污染防治，什刹海地区细颗粒物平均浓度40微克/立方米，同比下降9.1%。推进垃圾分类，优化调整370组桶站布局，桶站建设全面实现“四有”达标，街道自管清运的厨余垃圾每日收运11吨，同比上升60%。建立452名街道垃圾分类指导员队伍，固定值守率100%。落实《北京市物业管理条例》，成立大红罗厂3号院业委会1个、物管会46个，物管会（业委会）成立率86.4%，业委会（物管会）党组织覆盖率100%。街道整合地区23家物业服务企业，牵头建立物业服务企业联盟并成立临时党支部。推进爱民里小区、区级文保单位毡子胡同7号物业管理。实施交通综合治理，通过党建联席会对接市场资源，为鼓西大街沿线居民协调3处停车场215个车位，实现全线无违规占用步道停车，在兴华、旌勇里等4条街巷施划车位115个，吹哨交通管理部门对爱民街规划实施交通组织，全社区实施停车自治。

（汤佳琳）

【社区建设】年内，持续深化吹哨报到和接诉即办机制改革。部署推动吹哨报到40项重点任务落地。受理市民热线群众诉求8644件，推出接诉即办新十条措施。制定“七有”“五性”指标保障工作方案和专项行动计划。率先开展市民服务热线“最美”系列活动。优化完善社区治理体系。推进社区减负增效和居民自治，编写部门向社区交派工作指导目录，细化121条事项，实现部门围着社区转、社区围着基层治理转。建设居民家门口的会客厅，编制《社区服务站工作手册》，全面推行全科社工一站式服务和前台总负责制，指导12个服务站转型升级改造。推进社区分层协商，利用“社区通”“西城家园”搭建云协商平台，围绕疫情防控、环境整治、停车秩序累计开展97次线上协商，推动爱民里小区、兴华22号等老旧楼院实现自治网络与设施修缮双突破双提升。推进行政执法职权下放工作，全年处罚400起罚款28.3万元，其中重大行政执法案件36件，开展重大行政决定集体讨论3次；拆除违法建设41处2700平方米。编制《什刹海街道综合行政执法手册》。主动对接司法、生态环境等部门，开展联合检查、信息共享、法制培训和执法实践操练。探索创立“一线执法+现场审核”模式，开展现场执法10余次。结合接诉即办，推出街道社区两位一体多元调解三级响应工作机制，有效推动重点难点案件依法依规解决。

（汤佳琳）

【民生保障】年内，率先实践“区域养老服务联合体”，形成4家敬老院、1家照料中心、5家驿站，1家配餐中心、1家健康小屋机构养老和居家养老双轨并行、多元参与的结构布局，4家养老机构入住老人144位，5家养老驿站16项专业服务11497人次。配餐中心服务75574人次，培训重度失能老人护理员850人，家庭养老照护床位服务签约158户。社区志愿助老服务网络登记在册的“海心”志愿者220人，比上年增长162%。完善全民全周期健康服务体系。以海馨健康小屋和心理健康服务中心/站为抓手，为地区居民提供生命全周期的健康服务。“空中课堂”推出健康阅读345篇、直播课89讲，累计听课15487人次。建立街道+社区心理健康服务网络，开展个案咨询、家庭咨询、成长小组等常态化、专业心理服务，填补公共心理服务空白。全年民生保障类项目投入财政资金1.1亿元。困难群众救助服务所依托“海益汇”爱心平台优势，主动发现和接待困难群众103人，新增定向结对帮扶92户、非定向物质帮扶100户，精准帮扶服务286户。开展陪同就医、危机介入、青少年正向发展、照料探访等在内的重点个案帮扶服务225人次。“一米阳光”创新“1+1+1”模式，即一个残疾儿童家庭+一个志愿者家庭+一个心理咨询师结对子，开展残健融合活动，为残疾儿童融入社会搭建平台。街道退役军人服务站获评全国示范型服务站。烟袋斜街“老兵之家”正式挂牌对外开放，依托四个主题展室及12个功能活动室建立老兵合唱团、书画社、器乐社、棋牌社等，代表西城区迎接全国双拥办、北京市双拥办复核。立足地区产业优势和专业优势，整合16种农副产品，帮助贫困地区销售农副产品24万元；援建的六个产业项目竣工，对口帮扶的三省五地均按时完成脱贫任务。

（汤佳琳）

【平安建设】年内，对标长安计划2.0版，把党建引领与平安社区创建有机整合，统筹安全隐患排查、矛盾化解和法律服务，可防性案件发案6件，同比下降80%，基本实现“发案少、秩序好、社会稳定、群众满意”的目标。深入推进“六清”行动，开展综合治理180次，查处非法运营车辆209辆，罚款62万，拘留274人。践行新时代“枫桥经验”，协同公安派出所，谋划社区平安建设工作站和社区警务工作站两站一体试点，推进实体运行，强化三项机制，建强四支队伍，实现五大功能，把警力下沉到社区，把平安送到居民身边。治理城市安全隐患，挂账隐患销账率95%。启动综合执法月，发现并整改安全隐患6000余项。安责险工作始终保持全区领先。集中开展涉气涉爆专项清查，监督检查七小门店近2000家、企业240家，打击处理违法犯罪人员34人。

（汤佳琳）

【精神文明建设】年内，围绕中轴线拓展高品质公共文化空间，对刘海胡同11号院进行精细化与艺术化重塑。与广福观什刹海文化展示中心、护国寺64号党群服务中心构建起散发古风古韵、融入现代生活的新时代文明实践空间体系。培育地区社会组织的“孵化器”，引进优质社会资源参与地区社区治理。建设儿童喜爱的垃圾分类微缩博物馆，面向职场白领营造心理减压与专业健身场地，为老年居民提供集预防保健、全科医疗、身体护理、中医诊疗、主食烘焙等多位一体便民服务。举办文化活动、展览45场次，参加人数2400余人次，重阳节孝星评选活动登上央视新闻。

（汤佳琳）

西长安街街道

【概况】西长安街街道位于西城区东部，东以天安门广场西侧路、中山公园、故宫西墙为界与东城区毗邻，南以前门西大街、宣武门东大街中心线为界与大栅栏、椿树2个街道交界，西以西四南大街、西单北大街、宣武门内大街西侧便道为界与金融街街道相接，北以西安门大街、文津街南路边缘、故宫北筒子河中心线为界与什刹海街道为邻。辖区总面积4.24平方公里，有街巷胡同105条，其中一、二类大街13条。中央单位10家、市属单位26家、驻京办4个、区属单位25家。社区居委会11个，户籍人口24991户75085人，实有人口29229人，流动人口11954人。出生471人，其中二孩139人。年内，街道获评全国“扫黄打非”先进集体、全国第四批智慧健康养老示范街道，完成全国示范型退役军人服务站、无障碍环境市县村镇创建、全市生活垃圾分类示范片区验收。

地址：西城区西绒线胡同甲7号

电话：66035449

（傅瑞钧）

【新冠肺炎疫情防控】年内，设立“一办七组”，以宣传、查人、管控为重点，综合运用人防、物防、技防手段，迅速打响疫情防控阻击战。1月23日（大年三十）起，全体干部停休上岗，投身人员摸排、宣传劝导、环境消杀、卡口值守等工作。新发地疫情爆发后，24小时内完成宣武门教堂、新壁街停车场、和平门小区3个核酸检测点的选址布置与居民组织动员工作，5天内完成2万多名居民的咽拭子采样，实现辖区居民应检尽检、愿检尽检。对5处百姓生活服务中心、19处便民菜点加强指导，完成东斜街百姓生活服务中心升级改造，确保供需匹配；坚持为特困家庭、独居老人、残疾人、居家隔离人员等送菜送药送口罩；临时救助38人次、发放救助款9.96万元，确保困难群体基本生活不受影响；开展爱国卫生运动，组织周末清洁日活动60余次，7000余人次参与，清理杂物近300吨；稳步推进363家七小门店、27家楼宇的复工复产，加强与18家中央市属单位的服务对接，对31家企业开展协税护税。组织动员282名街道干部、1109名在职党员、128名市区下沉干部、270名小区物业、平房区准物业和志愿者参与84处卡口值守任务。辖区实现零事故、零疑似、零感染。

（傅瑞钧）

【平安建设】年内，深入实施“长安计划”，按扫黑除恶专项斗争要求加大天安门广场周边等重点区域的秩序整治，确保地区安全和谐稳定。完成特殊时期全国“两会”服务保障任务。加强新冠肺炎疫情期间矛盾纠纷化解，妥善处置新一代商场租户纠纷事宜，全年开展矛盾排查7次、调解35件，社区矛盾调解体系构建初显成效。组织开展扫黄打非、禁毒行动，社会环境持续净化。全地区秩序类警情下降75.8%，群众安全感位列全区第一。深入发挥首家街道办事处宪法宣传落实及推广中心作用，坚持主任办公会会前学法制度，有序推进法治政府建设。制定《西长安街街道安全生产专项整治三年行动方案》，全年开展安全生产检查7890次，发现整改隐患2108个。新建小型消防站1座，持续开展安全领域的宣传、排查、清理、整治行动，火灾同比下降25%，火情接警同比下降27.5%，秒级响应、分钟处置能力不断增强。投入254万在20个小区开展智慧平安小区建设，年检更换灭火器3000余个，配备30套投掷型灭火弹，有效提升社区技防水平。22处人防工程的安全动态管理与防汛监管及时有效。完成征兵、民兵重组和国防教育。基本完成应急预案修订工作，加强值班工作手册管理及队伍建设。完成区街居三级视频会议系统设置与调试，年内实现街道综治中心对11个社区高清会议视频联动。

（傅瑞钧）

【城市管理】年内，注重中央政务功能保障，推进南北长街、万寿兴隆寺项目，巩固太仆寺街区成果，不断提升中南海周边环境品质。保障中组部东楼建设工程，解决工地扰民问题。成立黄南45号院改造施工工作协调专班，协调产权单位、施工单位、物业公司，做好宣传走访、来电来访接待、沟通协调等工作。承接北京市服务中央单位和驻京部队试点工作，提供专窗、一网、限时办结服务，推动“四个服务”水平上台阶。全年开展协税护税走访800余次。疏解减量提质，拆除并销帐违建21处5250.62平方米，其中拆除宣内大街临1号违建2200平方米。PM2.5平均浓度同比下降18%，降幅全区第一，空气状况持续好转。街区保护更新，北新华街环境整治、西交民巷品质提升工程基本完成。92条背街小巷基本实现市级达标。改善民生，实施地区无障碍设施建设，通过国家级无障碍环境市县村镇创建验收。利用社区卫生服务中心西侧地块（450平方米）做冰雪运动体育设施规划。完成灵境胡同33、35号院整院33户居民腾退工作，重启停滞多年的社区综合服务中心建设。启动980平方米的西绒线银龄养老照料中心建设，可容纳43张床位。全面开展8个社区服务站转型升级、东斜街53号文化活动中心升级改造。

（傅瑞钧）

【社区建设】年内，把握党组织领导基层社会治理主线，以贯彻落实“四个条例”为抓手，全面推进基层治理各项机制完善，提高基层治理水平。对标《北京市街道办事处条例》，对接下沉执法力量，以社区、街巷为轴心组建两个社会治理团队，完成一线力量优化整合试点工作。对标《北京市生活垃圾管理条例》，规范桶站标识、结合居民意见撤桶并站，全域230组桶站均达标；在垃圾楼增设称重设备实施精细治理，固化分类清运回收闭环，餐饮企业垃圾分类100%达标；29%的常住居民参与在线积分换购；115名分类指导员及400余名地区在职党员、志愿者广泛开展桶前值守。对标《北京市物业管理条例》，优化平房区物业管理模式，成立小区物业服务企业联盟，成为全区实现物管会组建率、物业管理覆盖率、党的组织工作覆盖率均为100%的三个街道之一。对标《北京市文明行为促进条例》，开展文明家庭、院落、街巷、商户评选，将条例内容纳入居民公约，通过西城家园、红墙长安、长安街时讯等广泛宣传，稳步提高居民思想觉悟和文明素养。

（傅瑞钧）

【民生保障】年内，扎实推进“七有”“五性”。狠抓就业、保障权益，实施“一人一策”就业帮扶，完成年度就业任务。加强劳动保障，全年受理案件83起，涉及582人53万元。完成家庭养老照护床位服务签约83张，完成率184%，提前两年完成1155名养老护理员三年培训指标。保障特困、完善配套，解决130户低保、低收入和计生特困家庭住房困难，保障率100%。精细梳理、精准扶助，按照“一户一档一策”原则，精准扶助服务21户困境家庭126次，发挥困难群众救助服务所作用，救助流浪人员94人次。开展残疾人主题康复活动64场。落实脱贫攻坚任务，组织发动企业、部门投入87.8万开展消费扶贫，走访6个扶贫点、慰问困难群众60户。有序推进第七次全国人口普查工作，为推动地区发展提供数据支撑。重点提升政务窗口服务品质，实施早晚弹性办、午间不间断、周六不打烊，推进悉心听、全程跟办服务，全年获居民感谢信67封。深化接诉即办工作机制，根据居民诉求制定为民办实事的任务清单，完成低洼院改造等10件实事，解决居民20年未通燃气等一批历史遗留问题。将接诉即办数据导入红墙E表格分析平台，编制典型案例、梳理共性问题、研究解决方案，小切口解决大问题，提升为民服务效能。全年共受理诉求2755件，收到锦旗44面、感谢信4封。

（傅瑞钧）

【党建工作】年内，加强两新组织阵地建设，依托清华大学学生社会实践基地，引入清华师资和学生力量参与需求调研、功能规划、空间设计，重点打造街道级党群服务中心（东松树4号），提升地标性党群服务中心（西单国际）。完善社会动员机制，坚持每季度向群众通报工作，每月依托“社区议事厅”开展工作，引入专业力量开展协商议事培训，增强居民协商意识和能力。机关党员“进千门走万户”走访单位、居民11083家，解决问题4443件，实现三年走访基本全覆盖。落实意识形态工作责任，舆论引导能力稳步提升。在《北京日报》等主流媒体刊登文章100余篇；在人民网、新华网等网络媒体刊登报道260余篇；在“红墙长安”微信公众号推送信息544条，近3000人次参与互动。围绕接诉即办等11项专项监督开展日常检查工作，作风建设持续向好。

（傅瑞钧）

【精神文明建设】年内，开展系列线上新时代文明实践活动，线上公益微课堂、心灵成长健康营等惠及地区居民5000人次；结合《北京市文明行为促进条例》，开展“文明行为随手拍”系列活动；助力西城区全国文明城区创建，开展“做西城文明市民，创全国文明城区”新时代文明实践主题月活动；推进群众性精神文明创建工作，与地区国网信通公司等文明单位在新冠肺炎疫情防控期间密切开展志愿共建服务，推动文明单位履行社会责任。组建街道百姓宣讲团，倡导红墙人讲身边事，营造社会正能量。选送地区新时代文明实践基地5名宣讲员参加全市基层理论宣讲骨干示范培训班。获评北京市2018—2020年度首都文明单位标兵，通过第六届全国文明单位复查。创新机制，将文明城区创建与背街小巷治理工作相结合，利用“街巷吹哨，部门报道”机制，发挥街巷长的调度作用，开展不间断巡查，发现问题当场联系有关责任部门解决。制作21套社会主义核心价值观展板，在辖区张贴摆放。组织“文明城区创建主题推动日”活动，设置1个主会场、13个分会场，发放《致居民一封信》和《倡议书》6000余份，发放宣传品2000余份。地区创建办自查小组开展专项督导7次，完成文明城区测评任务。

（傅瑞钧）

大栅栏街道

【概况】大栅栏街道位于西城区东南部，东起前门大街西侧，西至南新华街，南起珠市口西大街，北至前门西大街。辖区面积1.26平方公里，街巷113条。有中央单位5个，市属单位15个，区属单位50个，中、小学3所，幼儿园6所。社区居委会9个，户籍人口20451户，53874人，流动人口13292人。年内，获评北京市抗击新冠肺炎疫情先进集体、北京市安全生产先进单位、2018—2020年度首都文明单位标兵。

地址：西城区棕树斜街26号

电话：63031052

（赵恩瑜）

【新冠肺炎疫情防控】年内，紧密对接疫情防控形势，快速组建、高效运行“1+8+9”组织指挥体系，召开73次专题研讨会，推进全方位宣传、全社会动员、全领域摸排、全范围检测等各阶段重要任务。结合辖区胡同特点实施社区封闭式管理，设置21个登记点位，封闭29个不具备消防车辆通行条件的胡同口，设置围挡44处2000余米，对出入人员测量体温并核验出入证，确保24小时人员值守。制定“147”常态化防控机制，发挥各基层党支部、广大党员的先锋模范作用，动员社区工作者、机关干部、市区各方面支援干部、人大代表、政协委员、志愿者等一线力量17.3万人次，完成2268位居家观察和集中观察人员管控、12797人次核酸检测。建立“1234”工作法，持续抓好市场防疫。率先完成前西大街2、4、6、8号楼永久性护栏改造，加装智慧门禁系统，受益居民600余户，地区疫情防控工作取得阶段性胜利，全域实现零感染工作目标。

（赵恩瑜）

【城市管理】年内，构建“一主一核多元”的党建引领物业管理新模式，筹备成立厂甸11号院和前门西河沿社区楼宇物业管理委员会，健全完善“党建+物业”社区治理体系，实现物业管理服务“三率”百分百覆盖。建成街道垃圾分类宣教室和文化长廊，优化161组桶站设置，发动各方力量3.4万人次参与桶前值守，形成“设桶+守桶+倒桶”的科学化、闭环式管理模式。围绕431项下放执法权限，规范43种执法文书，强化业务培训，梳理权责清单，确保综合执法权限下放。持续推进落实“疏解整治促提升”专项行动，拆除违法建设5016.21平方米，清理直管公房转租转借29户，消减不规范小餐馆6户，拆除胡同内临街违建2444.29平方米，95条街巷完成市级“十有十无”验收达标。推动落实市区关于“再增一条杨梅竹斜街”指示，实施五道街、堂子街、铁树斜街、樱桃斜街、臧家桥胡同交通微循环措施，推进观音寺、西单饭店和五道庙等重点历史文物节点保护修缮，完成煤市街箱变迁移和架空线入地工程。启动海绵城市项目，为53处院落铺设管线透水砖，实施年度清管行动，保障地区汛期安全。打造全区首批集智慧、健康和生态于一体的群众公共活动空间，推动小空间大生活厂甸11号院改造试点项目。成立24小时全天候待命煤改电维修服务队，打造煤改电用户半小时服务圈，确保街道平房煤改电用户温暖过冬。

（赵恩瑜）

【社区建设】年内，制定街道吹哨报到16项工作任务，精准服务解决群众问题。优化整合基层一线力量，完成首批社会服务、综合治安、城市管理三类队伍62名下沉协管员工作交接。以百顺、铁树、前西、三井、石头社区为试点，推进社区服务站功能转型，制定社区个性化菜单式服务目录及120项政务服务指南。推动“西城家园”治理平台和“社区通”的普及应用，注册用户3.2万余人，使用率超过80%。推广社区参与式协商工作机制，将停车自治、物业管理、垃圾分类等居民利益相关的工作列入协商议题，推动民意立项和社区协商结合。通过各种形式向居民通报事项1337次，发挥社区联系群众的桥梁纽带作用，调处邻里纠纷55件，调解成功率91.6%。拓展社会组织服务，引进律师团队为辖区群众提供法律服务，全年受理咨询405件，参与重大矛盾调解11起。建成大栅栏街道心理服务中心，推动便民服务走进最后一公里。

（赵恩瑜）

【民生保障】年内，新建1所普惠性幼儿园（大栅栏幼儿园），提供学前教育学位210个，有序保障适龄儿童入学。实施无障碍环境建设三年行动计划，探索预约服务机制，通过软性服务确保特殊人群体验无障碍服务。发布大栅栏街道养老服务体系新三年行动计划，拓展“1512+”服务模块，实施幸福研修院等品牌项目，不断完善以居家养老为基础、社区养老为依托、机构养老为补充、医养结合的养老服务体系，满足不同层次养老服务需求。推动异地康养落地，先后9批次赴津冀蒙7市（区）、10县（区）共25家养老机构实地考察，组织56人参加现场体验，与河北张家口、永清、三河及内蒙古乌兰察布等地5家养老机构建立异地康养合作关系，挂牌永清县艳阳村舍养老机构服务合作基地，促进京津冀蒙养老服务一体化多元化发展。开放银鹤苑养老驿站、文体活动中心、民俗图书馆、益民书屋等服务设施场地，提供延时服务，辐射居民万余人次。

（赵恩瑜）

【社会服务】年内，坚持执政为民的工作理念，办结门道灯安装、院落改造、燃气线路更换等民生实事11项。开展居家养老巡视服务，为46名AB类特殊空巢老人提供亲情服务项目，举办亲情陪伴、集体生日会、秋游等各类活动，服务1500余人次。为街道养老助残服务中心配置AED（自动体外除颤器），利用微信公众号普及AED功能，为居民生命安全提供保障。上线二代小度智能语音设备，为社区空巢、高龄、困难老人发放200台二代小度，为居民提供社区团购、链接三家医院专家等服务。打造“112N”社会化退休人员管理模式，帮助1031名企业退休人员实现社区养老，为街道现有社会化退休人员和辖区国企大批量的退休人员提供专业、系统的管理和多种类、多形式服务。搭建“D360”就业服务体系，38家企业累计发布2951个岗位，全年登记失业人员就业618人，安置困难人员就业405人。

（赵恩瑜）

【平安建设】年内，在重大活动，“两会”期间启动社会面防控53天，出动志愿者10万余人次，服务时长达12万小时。恢复道路监控、人流预警、应急广播线路240路，提升街道事态感知能力。建立秒响应力量，以街道综治中心为指挥中枢，各社区、重点单位微型消防站、保安公司为分指挥中枢，辖区物业保安、街巷保安、夜间巡防队保安、社会单位值班保安组成防火单元，通过物防、技防、人防并举实现24小时全覆盖。强化日常执法检查，对各类违法行为实施行政处罚557起，罚款27.35万元，开展经营单位检查3884次，发现隐患4146处，隐患整改率100%。加强国防后备力量建设，完成221名基干民兵和630名民兵应急分队的整组任务，兵役登记100人，征集新兵2名。打造“1+7+4+N”平安建设体系，增设300余个监控探头点位，构建由机关、社区干部、网格长、街巷长、执法人员、楼门院长、志愿者、保安等力量组成的60个联动网络，实现对网格内人、地、物、事、组织对象底数清、情况明，提高“网络+实体”社会面防控水平。

（赵恩瑜）

【接诉即办】年内，建立健全1-2-4-9-6热线办理体系，制定20条工作措施，推广“急诊、门诊、理疗”诉求精准分诊模式。建立社区热线“解剖室”，汇集吹哨报到、在职党员双报到、居民协商议事会等工作平台，通过周例会、周督查、周通报、周反馈工作制度，群策群力化解居民矛盾。打造“圆桌工作法”，以平等对话协商会议形式针对居民诉求牵涉的各利益方、各相关部门，面对面讨论商议解决方案。发起“夸夸我的好街坊”“小社区、大战场”活动，广泛宣传未诉先办解民忧事例，持续开展“办公桌”前移，持之以恒做好“去病治根”工作。

（赵恩瑜）

【精神文明建设】年内，围绕“爱祖国，爱人民——文明西城创建有我”主题，线上线下同步开展百姓宣讲活动，全面开展“光盘行动”“垃圾分类·生活新时尚”“党旗下的坚守”“文明健康，有你有我”等文明实践主题推动月活动，以实际行动践行《北京市文明行为促进条例》。组织志愿活动，加强文明规范宣传引导，开展“爱在大栅栏”“最美家庭”等评选表彰活动。年内，街道获评首都文明单位标兵，百顺、前西和延寿社区获评首都文明社区。

（赵恩瑜）

【党建工作】年内，持续拓展“1+4+4”党建模式，全力打造机关党建红色微系列、社区党建四合院、区域化党建红色坊间、跨区域党建流动的红墙卫士等四大特色党建品牌。紧抓社区党建，制定《街道社区党组织评价标准》，全面提升党组织服务群众经费使用效益和社会效应。做实双报到机制，调动741名回社区报到党员，充实社区建设力量。开展坊间YI家党建计划，以北京坊商圈党建服务中心为载体，进一步提效升级预约式、菜单式企业服务。推进区域化党建活动，发挥党建协调委员会、党建协调小组作用，召开街道党建协调委员会全体会议，制定三项清单，实现地区资源与需求的有效对接。建立健全工会服务体系，成立北京坊商圈楼宇工会联合会，完成159家企业合同签订。与北京工业大学城建学部党委、民建西城区委、张家口、山东临沂驻京流动党员联合党委共建，为地区各项事业发展提供重要支持，开展扶贫助困，采购扶贫产品63.52万元。

（赵恩瑜）

【政务建设】年内，深化政务公开和信息公开，编制北京市政务公开全清单，主动公开机构职能、规划建设、业务动态、法律文件等信息。邀请顾问律师成员提供法律建议200余条，参与街道重大事项协调会10余次。实施北京消费季提振消费行动服务保障，落实节假日商业街区人流量监测、公共服务设施电子标注和游客秩序维护。推行午间服务不间断、周六业务不打烊，建立健全首问负责制和一次性告知制等长效机制，增设“悉心听”窗口，在疫情防控常态化形势下，推出容缺服务、帮办代办服务等。做好年报统计和四经普收官，形成《北京市西城区大栅栏商业街老字号企业未来发展方向及规划引导》报告，助力地区老字号企业高质量发展。有序推进第七次全国人口普查工作，共摸排街道建筑物3768处，住房单元2.6万个，普查对象近7万名。

（赵恩瑜）

【文体活动】年内，举办线上第五届文化体育节，开展武当太极拳进社区活动，推动全民健身工程。启动“纪念徽班进京230周年”系列活动周，全方位打造沉浸式京剧盛宴，提升大栅栏“京剧发祥地”品牌影响力。编写《阜盛廊房》，赋予“大栅栏故事”系列文化书籍新的内容。编撰街道地方志、地名志，更新街巷词条762个，整合优化地区“非遗”资源，举办胡同记忆座谈会等活动64场，守护老城记忆。依据清代历史地图对辖区两条街道进行历史地名恢复，恢复大栅栏西街为“观音寺街”，杨梅竹斜街部分恢复为“一尺大街”。依托铁树斜街87号城市生活体验馆，举办瑜伽、剪纸、面塑、空竹等各类文化活动，辐射居民4277人次。打造2.0版京城文化新地标，引进中服免税旗下第一家市内免税店——北京坊CNSC中服免税店北京坊店。打造北京坊新春文化坊会、东邻西坊生活节等，为大栅栏周边在地居民提供读书、观影、用餐、健身、艺术鉴赏等多维度活动。举办坊间美食季、文化季、京台文化交流会，联合国家大剧院举办北京坊新年音乐会。

（赵恩瑜）

天桥街道

【概况】天桥街道位于西城区东南部，东起前门大街、天桥南大街、永内大街与东城区天坛为邻；西至虎坊桥、北纬路、太平街与陶然亭街道接壤；南起永定门护城河为界与永外大街相望；北至珠市口大街与大栅栏街道交界。辖区面积2.07平方公里，辖区企业1538个，个体425个。社区9个，户籍人口18641户53765人，流动人口8224人。年内，出生298人，死亡938人。年内，街道在疫情防控、城市管理、社区建设、社会治安综合治理、民生保障、党的建设等方面都取得新进展。

地址：西城区北纬路9号

电话：83133818

（冯奕宁）

【新冠肺炎疫情防控】年内，成立由街道党政主要领导任组长的新冠肺炎疫情防控工作领导小组，研究制定街道防控工作方案，健全完善“1+6+8”组织体系，建立党建引领+双楼长工作模式。召开疫情防控周例会40余次。动员在职党员390余人、社区党员志愿者400余人参与卡口值守等疫情防控工作。在防疫一线按网格成立41个临时党支部。先后4次对接区委组织部，安排80余名市、区下派干部到社区参与防控工作。街道99个党组织全部参与疫情防控工作，2021名党员防疫捐款21万余元。下发指导社区工作提示87篇，各类工作方案、预案10套。组织社区对地区12933户常住居民开展多轮摸排，摸清8类人群情况，建立并更新相应台账及统计表。实时更新北京市疫情跟踪数据报送系统，辖区返京人员8090人次，截至10月底接收188批次3204人次（人次不含武汉疫情）区派大数据人员名单。摸排723家社会单位、30家宾馆酒店、7家药店，建立工作台账。与社区卫生服务中心配合开展各类风险人员追访1万余人次。与社区防控组和区转运专班密切配合，共转运湖北返京人员167人（含武汉35人），境外返京人员25人，其他中高风险地区26人，对居家隔离的入境人员严格落实24小时看护措施。设置卡口49个，配备60余名物业人员协助卡口管理，组织60名保安在地区17个夜晚开放的卡口开展防控。换发三代出入证103514人次，电子出入证覆盖率100%。指导物业服务企业加强对物业小区的消杀，组织18名背街小巷准物业人员平均每日消杀90条次街巷、160处次平房院落及8个次无管理主体小区。利用“京韵天桥”微信公众号等媒介，发布疫情防控相关政策类、知识类信息，市级媒体刊登防疫信息90篇，区级媒体刊登防疫信101篇，制作防疫微视频3个。利用户外LED电子显示屏滚动播放疫情防控相关宣传内容30余条。制作宣传海报2135张，为居家隔离人员发送宣传页4000份，为各社区制作宣传展板196块。梳理推出各社区经验做法430篇，《天桥街道社区疫情防控工作简报》7期，典型经验做法56条，社区好人好事60篇。履行防疫物资申请发放签领程序260余次。累计收到捐赠物资40余批次，口罩3万余个。组织核酸检测20余场2万余人。

（冯奕宁）

【城市管理】年内，通过“疏解整治促提升”专项行动，影响人口1438人。拆除违法建设90处5803.3平方米，封堵“开墙打洞”8户，清理执照85家，查处取缔无照经营商户82家；规范餐饮单位35家，整治违法群租房5户，清理直管公房违规转租转借32户，华康里腾退114户，剩余3户。宜兴会馆28户、仁寿路44户全部腾退完毕。庆成宫中院5户由北京古代建筑博物馆诉至区法院进行审理。板章路腾退19户、永内西街北里腾退191户、大保吉巷34号腾退22户、荣光胡同16号腾退13户、荣光胡同80号腾退12户。北纬路道路征收项目征收完成67户、永安路道路征收项目征收完成166户。联合区教委治理地区民办小学（原北京市西城区兴华小学），共疏解教职工及临时工640人。联合区生态环境局开展19次专项联合执法检查，整改7家单位。联合平安建设办公室、民生保障办公室联合执法检查工地28处172处次，针对扬尘问题处罚31200元。空气轻中度污染期间共出动执法力量219人次，检查在施工地143处次，查处违法违规施工行为9起，检查餐饮商户76家次，移送环保问题线索9起。街道河长巡河1022次，河长办巡河375次，社区巡河261次，共计巡河3909.55公里。启动扫雪铲冰工作预案及应急预案，动员成员单位、社会力量700余人次开展扫雪铲冰工作。开展汛前安全隐患排查，督促专业部门清掏430个雨水篦子，排查3处明河排水口隐患，安装162张检查井防坠网。汛期参与抢险备勤1594人次，雨前、雨中外出巡查520余人次，共处置树木倒伏3棵、树木折枝21棵，房屋漏雨5间，院内滞水2起，道路下陷9处，道路短时滞水20处，电线断线2起，平稳度过汛期。开展生活垃圾分类联合执法检查19次，日常检查122次，检查党政机关生活垃圾分类79处次，检查居住小区生活垃圾分类264处次，检查社会单位生活垃圾分类575家次。开展生活垃圾分类宣传活动158场，入户宣传904次，发放分类垃圾桶7800余组，可回收物收集袋900余个、办理厨余垃圾积分卡7263张。建成1处大件垃圾回收转运处理站，实现大件垃圾就地分类破碎处理，日压缩处理能力达10吨。完成再生资源回收中转站建设，优化收运体系，实现线上预约与线下定时定点收运无缝衔接。优化调整生活垃圾分类桶站至133组，并按规范化建设标准统一制作安装公示栏及信息牌，配齐雨搭和开桶吊环。在福长街南口西侧、虎坊路北口东侧、永安路东口北侧、珠市口西大街永安路社区段、东经路东侧、赵锥子胡同、鹞儿胡同试行“垃圾不落地”。安排133名垃圾分类指导员定时到岗开展桶边指导。发挥党建引领作用，发动街道干部、社区工作者、在职党员、地区志愿者、地区单位工作人员、物业单位员工等1400人参与社区垃圾分类工作，开展桶前值守。基本完成鹞儿胡同、校尉营胡同、九湾胡同等28条背街小巷的整治提升任务。启动鹞儿胡同建筑修缮和景观提升及雨污水改造工程。其中雨污水改造基本完工。处理居民12345热线问题1128件，协同办理106件。

（冯奕宁）

【社区建设】年内，对禄长街、天桥小区、香厂路社区居委会进行规范化装修，永安服务站完成升级改造。制定并下发《天桥街道社区月协商工作方案》，截至10月底，8个社区共计组织开展106次议事协商工作，将虎坊路社区“同心圆”居民议事厅打造为社区协商议事厅示范点。开展“社区领军人”专题培训、组织社工代表前往老墙根社区学习交流、开展心理指导师专题培训。调整《天桥街道社区工作者管理办法》，完善行为守则、考勤休假、首问责任、处理办法、人事档案管理等方面。将天桥北里3号楼地下空间西13室建设为天桥街道社会心理服务中心，完成环境改造、设备购置等一系列工作，面向全体社工开展一次心理压力现状测评及需求分析，面向地区居民开展心理知识科普讲座7场、心理团体体验活动8场。办理主办与协办12345案件累计181件。做好未诉先办工作，了解居民诉求，各社区入户走访累计39234户，收集诉求26594件。

（冯奕宁）

【平安建设】年内，按照市、区的统一部署，制定《天桥街道2020年扫黑除恶专项斗争工作要点》《天桥街道关于进一步加大力度打好扫黑除恶专项斗争收官战的实施意见》。全国“两会”期间，发动1290名平安志愿者全员上岗开展巡逻防控，组织30名保安维护“三办”周边秩序、看护过街天桥、地下通道；开展“两会”期间地区文化市场专项检查，联合街道综合执法队检查相关场所8家。大力推进智慧平安小区建设，结合疫情防控卡口技防门禁安装工作，组织多轮次智慧平安小区建设点位勘察、梳理汇总，完成14个建设项目的招投标工作。加大群租房整治力度，共入户核查11处，确认群租房5处，整治5处，影响24人，实现群租房动态清零。街道安全生产检查队出动4508人次，检查地区企业2254家次，覆盖率100%。发现隐患4510项，整改4341项，整改率为96.25%，开展夜查工作8次，约谈问题较严重企业21家，工地备案总数31个。整理并上报年度5个区级消防挂账隐患点位。完成2000户独立智能烟感安装台账的摸排及火灾隐患重点楼房、院落的消防水喉首批共110台的设计、安装工作。接待信访群众56人次，接办市、区转来的信访案件35件次。吹哨报道研究有关信访问题3次。完成信访来访信息录入工作，对接西城综治中心大数据平台，补录信访事项24件。开展新冠肺炎疫情防控与“两会”等矛盾纠纷排查化解工作2次，为异地返城知青发放节日慰问金11.16万元。走访矫正对象41人次，日常谈话92人次，处理矫正平台286次，社会调查核实4人。走访排查“两类人员”300余人次。针对青少年开展系统性和层次性的法治宣传教育，普法宣传10次400余人次。针对流动人口、老年人、残疾人等特殊群体，发放普法宣传品1000余份，个案咨询8人次。人民调解案件31件。

（冯奕宁）

【民生保障】年内，完成保障性住房申请397人次，资格复核597人次，变更407人次，取消资格66人次，办理补贴领取登记、复查登记、跨区等业务50人次。按要求约谈6人次。组织参加选房5批次66人次。接待群众来电来访550余人次。处理12345市民热线13件。落实“9+1”政策保障，审批通过57户低保、13户低收入家庭待遇，调整

209户低保、低收入家庭原享受待遇标准。审核发放低保金611户1010人1474万余元。低保医疗救助2609人次326万余元。发放低保、低收入人员新冠肺炎疫情生活补贴994人19.88万元。“两节”慰问困难群众1572户100.98万元。开展携手慈善送温暖救助80人16万元。开展25次涉及66名流浪乞讨人员的集中救助活动。全面推进西城区国有企业退休人员向社会化退休转移的工作，承接企业退休人员2700人，电子档案录入6900份，实际管理人员超过1万人。重点开展清洁能源自采暖补贴工作，审核477人，发放补贴304678.05元；开展三项为老及百家圆梦服务工作，为60至79周岁低保低收入老人提供三项为老服务665人次。家庭养老照护床位完成签约74人。异地康养完成14人。家庭照护员培训582人。适老化改造52人。持续开展“春风行动”“百日千网”等主题线上线下招聘活动15场，75家企业参与，发布招聘岗位417个，线上信息浏览量7100余次。

（冯奕宁）

【党建工作】年内，发布《关于禄长街头条小区业主自愿申请成立业主大会的公告》《关于组建禄长街头条小区物业管理委员会的公告》，根据报名情况确定物管会组成人员，成立5个物业服务企业联合党支部，18个业委会（物管会）临时党支部，党的组织覆盖率达到100%，对其余物业企业派党建指导员定期指导，实现党的工作全覆盖。组织“两新”组织党员职工开展学习实践活动，直接服务839人次，间接服务1566人次。通过开展集中攻坚行动，非公企业党组织覆盖率和社会组织党组织覆盖率100%，实体党组织覆盖率达26%，同比提升16.7%。从业人员50人以上的非公企业党员覆盖率达到100%，有党员的非公企业和社会组织党组织覆盖率达到100%。所有非公企业和社会组织党的工作覆盖实现100%。制定《天桥街道“两新”组织党建调研方案》，采取听、访、谈、查等调研方式掌握“两新”组织党建情况。组织指导员开展7次学习活动，全面提升指导员能力素质。完成227名党员的组织关系转接手续。

（冯奕宁）

【文体活动】年内，借助“文化畅读”等线上平台，举办天桥撂地儿文化、漫游先农坛等十期天桥文化大讲堂，近100万人次参与。联合天桥民俗文化协会、天桥印象博物馆等单位，举办10余场具有天桥民俗文化特色的传统节日活动和现代节日活动，受众人群近1000人。开展“天桥尚冰雪、全民迎冬奥”冰雪系列活动、第二届“天桥杯”乒乓球友谊赛等体育活动20余场。邀请专家学者线上讲座，开展线下实践指导，带领地区450余名文艺骨干到天桥艺术中心观看《英雄儿女》等惠民演出，举办“党旗引领成长，红色点亮青春”第二届天桥杯文艺大赛。组织开展文化进万家“天桥民俗梦　非遗过大年”、清明节“祭先农、植五谷、抗疫情、保健康”等活动，200余人参与。开展《书香天桥、点燃智慧阅读》为主题的征文、摄影和赠书活动。开展迎新春、三八抗疫、迎端午惠职工、夏日送清凉、中秋国庆双节慰问等普惠活动5场。结合“四个条例”开展“垃圾分类定向越野活动”活动。

（冯奕宁）

【接诉即办】年内，制定《天桥街道“接诉即办”工作措施》《天桥街道市民服务热线群众诉求事项办理工作责任追究制度》等制度规定，结合专题组织生活会制定《天桥街道“接诉即办”工作整改措施》，细化7大类24项具体措施，着力解决办案不见面、责任摘出去、没有尽力办等问题。获评北京市年度接诉即办改革工作先进集体。全年天桥街道有效受理居民拨打12345市民服务热线反映诉求4663件，市中心有效回访量1431件，响应率100%，解决率96.16%，满意率97.55%。

（冯奕宁）

新街口街道

【概况】新街口街道位于西城区北部，东起新街口南、北大街，西四北大街与什刹海街道为邻；西至西直门南、北大街，阜成门北大街与展览路街道相接；南起阜成门内大街与金融街街道接壤；北至德胜门西大街与海淀区隔街相望。辖区面积3.7万平方公里，社区居委会21个，综合服务站1个。户籍人口39770户110504人，常住人口34479户89372人。户籍新生人口645人，其中一孩429人、二孩及三孩216人，死亡1601人。有社会单位3265家，其中中央单位124家、市属单位106家、区属单位179家，中、小学11所，幼儿园9所，社区教育学校1所，少年宫2所，成人高等学校1所。年内，街道在党的建设、疫情防控、城市管理、社区建设、民生保障等方面取得新进展。获北京市抗击新冠肺炎疫情先进集体、首都拥军优属拥政爱民模范单位，西四北三条社区获评全国文明单位，玉廊东园小区获评北京首批垃圾分类示范小区。潭西胜境获评北京市优美河湖。

地址：西城区西直门内大街128号

电话：66002800

（孔翔宇）

【新冠肺炎疫情防控】年内，新冠肺炎疫情爆发，街道第一时间将21个社区划分为122个防控网格，辖区共有247个出入口，实施封闭94个，153个未封闭点位设置执勤岗位，全面实施区域封闭管理。街道区域化党建38家成员单位382名在职党员到社区报到，每日动员辖区志愿者1300余人参与社区防控。建立临时党支部，设置党员先锋岗，形成党群联心、疫情联网、部门联派、网格联户、社会联动工作格局。疫情防控初期，社区干部全面排查居民3.5万余户9.1万余人，地区单位2572家2.7万余人。排查登记过程中，街道利用“三色表”标注重点人员信息，方便分级分类管理，使用A（区级派发名单）、B（摸排居民湖北返京）、C（摸排单位湖北返京）三类表格，实现后续隔离管理规范有序。利用西城家园App、“京心相助”信息采集平台鼓励返京人员主动登记。通过线上登记和线下随访，确保社区来京人员报到登记全覆盖。严格居家隔离管理，每日2次随访，实时掌握居家人员身体和心理健康，了解生活困难和需求，提供送菜上门、贴心送药、代交各项费用等暖心服务。在新发地批发市场发生聚集性疫情和西城出现1例无症状感染者后，街道紧急动员，迅速行动，利用新街口足球场设置核酸采样点，实现辖区单位和居民应检尽检，核酸采样工作经验在市新闻发布会上介绍，并受到国内外多家媒体宣传报道。

（孔翔宇）

【城市管理】年内，落实《北京市生活垃圾管理条例》，制定《新街口垃圾分类精细化管理行动方案》，新建垃圾分类驿站2个，规范设置桶站401组；发动辖区党政机关、社会单位、物业、社区、作业单位和垃圾分类第三方等责任主体共同参与垃圾分类，1289名志愿者参与社区桶前值守。通过微信公众号、《新街口之声》报纸、“社区通”开展新媒体宣传解读新政，开展有奖扫码答题、录制垃圾分类视频、制作线上垃圾分类小游戏系列宣传培训活动100余场，张贴宣传海报2000余份，布置公示栏401处，悬挂横幅405条，发放宣传页3万份，制作原创公益展板18块、公益围挡260平方米，设计制作垃圾分类手册与条例手册1.1万册。开展小手拉大手、积分奖励、百家商户“精准分类”等活动，实施平房区垃圾不落地，促进源头减量。开展日常绿化养护，修剪树木500余处，完成东光胡同等8处裸地绿化，新增绿地1400余平方米，增设花箱37处。河长巡河313次684公里。行政处罚878起520060元。查处非法小广告18起罚款5000元；治理占道经营63起罚款52200元。查处施工工地56起罚款368800元。拆除违法建设87处10466.97平方米。完成食品巡查抽检2082户次408批次，合格率99.3%；药品、保健品抽检26批次，合格率100%；对违法行为实施各类行政处罚25件，罚没款17.28万元。开展安全生产宣传体验活动和安全技能大练兵、安全文化进社区巡回展活动。全年累计检查各类生产经营单位8783家次，覆盖率100%。发现各类隐患4481项，全部完成消隐。

（孔翔宇）

【社区建设】年内，以西四北六条、西四北三条社区为试点推进社区服务站转型升级，提升社区治理和服务能力。推进六合胡同

3号、西四北五条胡同27号楼门院治理示范点建设，西四北六条社区协商议事厅示范点建设，组织多方参与协商解决难点问题，激发社区共商共治活力。开展社区议事协商160余次，产生五条15号“石老娘之家”“妈妈粥坊”项目协商、如意里12号楼上下水改造、智能门禁安装、西里一区6号楼兵乒球场地改造等议事协商案例。将公共卫生、文明行为、垃圾分类等纳入公约内容，共修订居民公约20余条。举办“白塔夜话”，邀请单霁翔先生讲述古都北京的文化魅力，采取线上+线下形式，推进文物活化利用，近30万人观看，打造区域历史文化名城保护特色活动品牌，助力控规落地实施。新建2家养老服务驿站，新增养老照料床位248张，签约家庭养老照护床位92张；推进如意里11号楼、大乘巷教师楼等老旧小区综合改造和桦皮厂8号楼拆除重建，新增玉桃园百姓生活服务中心，安装23组电动自行车充电设施，解决周边19个居民楼和平房院居民电动自行车安全充电问题。在宫门口头条甲18号院试点小巷管家套餐式物业服务，组建物联会，实施老旧小区差异化考评机制，街道业委会、物管会组建率达97.67%，物业管理覆盖率98.8%。购买社会组织服务项目22个，涉及资金823万余元、社会组织11个；以“白塔新辉”文化品牌为抓手，举办新春笔会、“抗疫”舞台剧暨第三届白塔新辉歌唱大会、“白塔杯”象棋邀请赛等系列主题活动；开展“程砚秋在新街口”京剧艺术展、国粹进社区等主题传统文化活动，“新街口冬奥行”冰雪普及活动，“五家为邻　感谢有你”邻里节活动。

（孔翔宇）

【民生保障】年内，街道发布就业信息共1141条，其中北京新街口微信公众号就业信息推送441条；新街口就业服务QQ群成员866名，用工单位近300家，发布信息700余条。辖区新增登记失业人员1104人（其中就业困难700人），实现就业人员1025人（其中就业困难735人），空岗信息采集4019个，职业指导233人；新增参保“一老一小”“无业”968人，为1868人报销药费830万余元，办理申领、补换社保卡手续3851人次；社会化管理退休人员18016人，1213人享受清洁能源自采暖补贴。政务大厅接待24030人次，办理事项28367个，窗口咨询19293个，电话咨询18444个，延时服务1351人次。公租房资格家庭1794户，已解决704户，待解决1090户；领取各类补贴家庭836户；受理新申请、资格变更867户，签订家庭市场租房补贴合同259户，完成955户家庭复核。接待群众来电来访6101人次；解决住房困难家庭55户。户籍二孩以内生育登记640人，其中网上登记622人，再生育（二孩以上）审批14人；流动人口生育登记（生育服务联系单位）87人；办理独生子女父母光荣证28个；为362人发放独生子女父母年老一次性奖励36.2万元，为1087名个人存档人员发放独生子女父母奖励费6.3万元，为19位失独家庭人员发放一次性经济帮助款19万元；慰问计生特扶家庭和困难家庭近750人次25.5万元，为伤残、特扶人员购买家政服务7万元，特扶家庭325人投保安康意外保险1.3万元，为37名失独和伤残独生子女家庭免费办理公园年票3706元，为151名特扶人员办理生日卡3.02万元；为23名特扶人员报销住院津贴3.74万元；发放避孕药具100785支。办理老年优待证19人次；为90岁以上高龄老人发放补贴508.95万元10179人次；为95岁以上老年人发放医疗补助64人次1.92万元；高龄老人失能照护服务2311人次；洗浴、代换煤气、上门理发为老服务51人次；老年人巡视服务签约558户，巡视5794人次；助餐服务7006人次；为困难孤寡老人送奶4342人次、送餐267人次；为“三无”老人服务送餐2239人次。“两节”走访慰问各类困难人员3856人次251.71万元；临时救助56人次27.19万元；发放爱心卡807户48.42万元；新生助学15人5.86万元；发放冬季取暖补贴334户，45.41万元；街道自主资金救助6人4.57万元。广济寺捐资19.68万元帮扶困难群体143人；开展慈善助学、助老、助医等救助299人、累计帮扶73.88万元。慰问老知青100余人次2.5万元。

发放灵活就业保险补贴496人620.8万元、养老助残补贴（16-59岁无业重残）54人5.4万元、重度残疾补贴49人4.9万元、轻度残疾补贴2人0.1万元。享受大病医疗残疾人213人。花钱买岗位补贴残疾人47人，补贴金额50.5万元。享受花钱买服务政策9人。享受燃油补贴残疾人356人，补贴金额9.412万元。为低保低收入人员、特困供养人员和困境儿童发放新冠肺炎疫情生活补助24.97万元。

（孔翔宇）

【平安建设】年内，完成全国“两会”、服贸会、十九届五中全会等重大活动及节假日、敏感期安保维稳任务，累计启动社会面一级防控等级28天，三级防控等级8天，发动群防群治力量8.78万人次。落实新冠肺炎疫情期间管控措施，指导监督辖区内20家商务楼宇、12家商市场、951家门店、134处地下空间等场所及单位的疫情防控工作，对7处失管楼房小区及白塔寺片区11处胡同路口安排夜间保安力量，实施24小时封闭式管控。完成基础型封闭小区80个，全部安装人脸识别系统。对辖区单位开展消防检查1262家，发现火灾隐患或违法行为1280处，督促整改隐患或违法行为1352处，下发责令改正通知书984份，行政处罚决定书25份，临时查封决定书29份，责令“三停”单位8家，金额合计22.9万元。受理民间矛盾纠纷案件1372件，调解成功1356件，达成口头协议273件，书面协议1076件；开展普法活动15场，惠及辖区居民3000余人。地区实际列管社区服刑和刑满释放“两类”人员174人（其中社区服刑人员24人、刑满释放人员150人），居住地核查9次，开展社会调查3次，宣告接收8人，按期解除社区矫正10人；办理接收刑满释放人员49人，按期解除安置帮教25人，转走安置帮教3人；开展全面走访排查5次，走访约谈“两类”人员560余人次。打造“胡律师说法”普法品牌，开展普法宣传进社区、进机关、进学校、进军营等活动23场，发放普法宣传资料3000余份。

（孔翔宇）

【精神文明建设】年内，设计制作围挡2200余平方米，“核心价值观”主题展板901块、软硬质横幅604条；组织观看爱国主义教育影片《八佰》《夺冠》，参观纪念中国人民志愿军抗美援朝出国作战70周年主题展览；设计制作新街口街道文创产品，飞行棋800套、扑克牌1000套、卡通人物形象2个，表情包16组，推进文明行为深入人心；开展礼让斑马线舞蹈展演、文明养犬21天习惯养成线上云打卡、垃圾分类线上有奖知识答题、开设《物业管理条例》解读云课堂及《文明行为促进条例》微课堂；组建7人宣讲队伍，开展“守正初心　奋进百年”百姓宣讲活动，讲述新冠肺炎疫情发生以来，抗击疫情、守护生命、服务群众的感人故事。完成25期《新街口之声》出刊和发行工作，《北京新街口》公众号平台推送信息700余篇，先后推出新街口战“疫”故事、党旗飘扬　新街口战“疫”行动系列报道20余篇。组建市级网评员队伍6人，区级网评员队伍21人，汇总报送舆情信息1543篇。新街口城市森林核酸检测采样点工作作为典型经验在北京市新型冠状病毒肺炎疫情防控工作第128场新闻发布会介绍，代表北京形象接受境内境外媒体采访；全年共得到包含路透社、CNN、NBC在内的多国境外媒体、中央电视台、北京电视台等多家中央、市级媒体等采访报道106次。开展“我们的节日”主题活动，弘扬传统、倡导文明，其中“国粹新街口　花好月圆夜”中秋节特色活动，参照春晚分会场的形式，分设南北两个活动现场，同步连线，加入灯会、汉服、剪影等中国传统元素，500余人次参与。依托国家京剧院、梅兰芳大剧院、程砚秋故居等丰厚的文化资源，开展“程砚秋在新街口”京剧艺术展等活动，开设微信公众号国粹新街口专栏，打造“国粹新街口”品牌阵地。

（孔翔宇）

【双拥共建】年内，“两节”期间走访慰问辖区8支共建部队，发放慰问品11.4万元；走访慰问贫困战士30人，发放慰问金1.5万元；“八一”期间，慰问辖区共建单位和基层连队，发放慰问品6.47万元，慰问贫困战士发放慰问金1.5万元；为143名优抚对象发放伤残抚恤金171.78万元，护理费16.67万元，报销医药费5.25万元。为4名困难优抚对象发放中央优抚救助金2万元。组织优抚对象参观抗日战争纪念馆；开展“老兵口述历史”启动仪式，为21名抗美援朝战士配送抗美援朝纪念章，纪念中国人民志愿军抗美援朝出国作战70周年，营造纪念英雄先烈、铭记伟大历史的红色传承氛围。

（孔翔宇）

【党建工作】年内，加强基层党组织建设，开展党支部“评星定级”，从严教育管理党员，49个社区党支部被评定为“四星”，比上年度提高15.4%。推行在职党员参与社区治理“红色账户”项目，1289人签订《生活垃圾分类承诺书》，参与社区桶前值守。新冠肺炎疫情防控期间，动员在职党员900余人次参与巡查值守、餐饮配送等志愿服务。年内，成立业委会（物管会）、物业企业、街道物联会党组织86个，物业管理党组织覆盖率达95.8%。组建“绿色天使”“家园卫士”“邻里守望”等党员志愿队伍，开展为老服务、环境治理、民事调解、综治维稳等；建设“初心小屋”“妈妈粥坊”“红色小院”等小微阵地，提升党建服务、引领、凝聚地区基层治理水平。开展非公企业和社会组织“两个覆盖”集中攻坚行动，实现党组织覆盖率21%，党的工作覆盖率100%。成立楼宇流动党员志愿服务队，参与楼宇社区疫情防控出入口执勤，守护楼宇职工居民平安；开展七一宣传、迎国庆摄影展、中秋灯会等各类主题党日活动；围绕“四个条例”开展垃圾分类宣传讲座、“焕新楼宇·文明行”等各类普法、宣传活动；全年共开展各类主题活动300余次，覆盖楼宇各类人群1万余人次。针对社区及“两新”组织党支部书记、专职党务工作者、新党员、入党积极分子、流动党员、基层党员开展线上、线下分层分类培训。制定社区书记能力提升计划，综合考虑人员现状、知识能力需求，提升社区书记基层治理能力。帮扶慰问困难党员101名，送慰问金20.9万元、慰问品101份。组织开展“众志成城、抗击疫情”党员捐款活动，辖区154个基层党组织2899名党员捐款339875元。七一共产党员献爱心捐款238138.6元，其中党员2600人、群众220人。

（孔翔宇）

金融街街道

【概况】金融街街道位于西城区中部，东起西四南大街、西单北大街，西至西二环路，南起宣武门西大街，北至阜成门内大街。辖区面积3.78平方公里，有街巷122条。社区居委会20个，户籍人口11.8万人，从业人员29.5万人。有法人单位2517个，商务楼宇76座。高等院校1所，中学4所，小学6所，幼儿园4所，卫生医疗机构3个。

地址：西城区太平桥大街107号
电话：66219688

（夏爱军）

【新冠肺炎疫情防控】年内，将疫情防控作为一项重要政治性任务、为民服务的具体举措，成立领导小组和工作专班。广泛开展敲门行动，完成多轮地毯式摸排，对辖区居民逐一进行排查。织牢织密社区防控网，开发疫情监控信息系统，将19个社区细化成172个网格，临街楼房及平房院落全部实行封闭管理。疫情攻坚阶段，在原三十五中设立核酸检测站，为辖区单位、企业、居民进行核酸检测，国家卫健委检查时给予充分肯定，路透社、法新社等15家境外主流媒体以及国内多家媒体广泛宣传报道。在31个小区率先安装39个门禁系统，使用率位居全区前列。全力保障企业复工达产，全市范围内率先实现复工率100%目标。成立商务楼宇防疫工作专项领导小组，物业指定专人与街道干部共同实名制落实双楼长制，对64栋商务楼宇大厦3137家企业单位全覆盖，街道相关职能科室联合开展检查，查找盲点，消除盲区，20多万从业人员实现零感染。

（夏爱军）

【城市管理】年内，作为全区党建引领物业企业和业主委会员参与社会治理工作的两个试点街道之一，街道第一时间成立专班，统筹推进工作落实。对辖区内58个小区47个物业管理单元，推动业委会（物管会）、物业管理、党组织全覆盖。新组建8个业委会、34个物管会，成立48个临时党组织，物业管理、业委会（物管会）组建、党的组织覆盖率，都实现年初制定的三个100%目标。在完成“三率”目标基础上，广泛征求居民意见，形成物业管理问题清单，逐项落实，切实解决好居民的操心事、烦心事、揪心事。全面落实垃圾分类，分类站点值守、垃圾分类配套设施安装，实现桶站达标率、桶前值守率两个100%的目标。67个支部参与一个党支部守一个桶站工作。在社区设置积分兑换驿站，近3万人次参与垃圾分类工作，垃圾分出率、减量率稳步提升，丰融园社区入选北京市第一批生活垃圾分类示范小区。按精治类、达标类、维护类三大类开展背街小巷精细化治理，完成精治类街巷49条，达标类街巷4条，文华胡同获评北京十大最美街巷。持续开展疏整促行动，涉及人口2010人，拆除文华胡同33号、华远街置地星座8楼楼顶等5400余平方米的违法建设。开展大气污染防治工作，严格PM2.5监测，全年增绿1030平方米。综合行政执法队全年对450处三类场所检查录入7983次，立案处罚475起。

（夏爱军）

【社区建设】年内，针对街道实际，拆分民康社区，新设立华嘉社区，调整后社区总数增至20个。坚持优中选优原则，新招录15名社区工作者。探索社区参与式协商治理模式，以丰汇园、京畿道、民康三个社区为示范点，推动“一厅两院”建设，深入打造社区居民自己的议事厅、楼门院。在丰汇园、京畿道社区新建2个社会心理服务站，完成砖塔、丰盛、宏汇园、温家街、受水河、教育部、丰汇园、手帕、二龙路、东太平街等10个社区服务站转型升级改造。开展周末清洁日、爱国卫生月活动，建立爱卫组织1765家，开展各类清洁日18次，6.3万余人次参与。北京金融街大酒店、凯晨世贸中心创建市级无烟示范单位。针对疫情实际，利用云课堂为居民讲解垃圾分类、人口普查、防灾减灾、养生防病、冬奥会等常识，开展线上端午节体验、再生资源体验、庆祝故宫600岁、迎冬奥知识竞猜、网络夕阳红电脑班培训、科普之夏等活动。举办欢欢喜喜过大年文艺演出、迎新年戏曲演唱会、冬奥会冰雪运动体验，丰富居民文体生活。组织辖区居民参与献血活动，累计献血10.06万毫升。在光彩胡同8号、温家街胡同1号、宏英园13号，分别新增1家百姓生活服务中心，提供一站式服务和家政家装维修定制服务。

（夏爱军）

【民生保障】年内，精准聚焦，践行以民为本，解决特殊群体生活困难问题，发放各类救助金2000余万元。城镇登记失业人员就业人数689人，创业72人，带动就业279人，享受灵活就业保险补贴1867人，发放失业保险金2584人次。办理公租房、公租房补贴、市场租补贴新备案家庭136户，完成地区280户家庭市场租补贴调标工作，开展公租房轮候家庭、已入住家庭、公租房补贴和市场租补贴复核工作22个批次900户。19户低保、大病、重残困难家庭参加公租房意向登记和选房工作，31户经济适用房轮候家庭参加选房工作。加大对地区人力资源市场秩序专项检查，对辖区建筑施工11个政府项目、47支施工队伍、1782名农民工拉网式检查。协助区人社局排查2起劳动纠纷举报案件，处理2起因劳动用工争议的12345热线案件，调解3起劳动争议案件，帮助7名农民工催要拖欠工资。全市范围内率先对政务服务大厅无障碍设施进行改造升级，温馨家园、砖塔养老站、党建楼宇等无障碍设施达到精品示范。退役军人登记及采集信息3540名，悬挂光荣牌3278块。为46名符合保险补缴条件的退役士兵，完成登记和网上申报工作。

（夏爱军）

【平安建设】年内，时刻把确保辖区安全、居家居民安全作为第一要务。大力践行“红墙意识”，完成全国“两会”、金融街论坛年会等重要会议的安全保障任务。加强综治中心建设，12个社区建成独立的功能健全、设备完善、作用明显的社区综治中心。开展安全生产专项整治三年行动，全年检查6132次，发现整改隐患2425个。加强秒响应队伍建设，为社区微型消防站等单位购买便携式细水雾灭火装备，及时清理堆物堆料，有效遏制火情。持续开展居民停车自治，进一步改善辖区环境。广泛开展“七五”普法活动，开展普法宣传26场次，调解重大矛盾纠纷8例，司法所获全国公共法律服务先进集体。充分发挥群防群治力量作用，严格重大节日、重要活动、重点人员、特殊点位管控，落实重点信访问题领导包案，有效维护社会稳定。坚持有情有法有策，扎实做好接诉即办工作，全年受理群众诉求5562件，年度平均分97.52分。

（夏爱军）

【精神文明建设】年内，践行文明条例，做好争创全国文明城区、双拥模范城“十连冠”工作，发放一封信、宣传折页、口罩各2.2万份。伊豆野菜村（北京）餐饮管理有限公司西城第一分公司等5家商户当选为首都级文明商户，皮库胡同等5条街巷当选为首都级文明街巷，大唐国际发电股份有限公司等5个单位当选2018—2020年度首都文明单位，温家街社区等5个居民委员会入选2018—2020年度首都文明社区。围绕疫情防控、垃圾分类、接诉即办、人口普查等工作，深入开展宣传报道，全年《金融街周报》、“北京金融街”微信公众号共发布信息1000篇，《金融街街道核酸检测进行中》微信推文，单篇阅读量近2.5万人次；《美国CNN记者：终于发现了北京的“秘密”》的报道，先后在人民日报、央视新闻频道、北京日报等多家重量级媒体刊发。制定《金融街街道重大宣传环境布置管理办法》，围绕社会主义核心价值观、重点工作开展，累计更换辖区工地围挡5200余平方米，制作120余条硬质横幅，为19个社区更换宣传栏展板1500余块，为7处树形快闪装置更换内容4次。向地区青少年、团员青年征集以“同心战疫、为爱加油”为主题的影像、书画、手工作品等200余幅。依托兴融中心社区青年汇和晶华商务楼宇社区青年汇，全年举办线上线下活动130余场。

（夏爱军）

【统筹发展】年内，深入开展第七次全国人口普查工作，划分普查区19个，普查小区338个，标绘建筑物3061个，招聘普查员和普查指导员332人，短表登记4万余户14万余人，长表登记2000余户7000余人，国家副总理韩正到丰融园调研时给予充分肯定。建立一楼一专员服务机制，及时解读优惠政策，将服务卡、服务包等送进企业，新增发服务包11家、服务卡13家，完成43家重点企业共计3200万元的综合贡献奖励发放工作。联合税务、财政等部门，引进工银瑞信基金管理有限公司落户，挽留方正富邦基金管理有限公司、首京建设投资管理（北京）有限公司。深化全受理、主动办、送上门服务理念，借助互联网+政务服务，为居民开展线上+线下预约服务及延时服务，接待居民2万余人次，线下办理业务1.6万件，网上办理6000余件，免费邮寄近1100件。全市首个前置医疗救助区块链应用平台落地金融街街道市民服务中心，《开创服务新模式，打造群众满意的政务服务中心》被北京市评为政务服务优秀案例。西城区在街道召开政务服务标准化工作现场会，金融街街道在全区深化“放管服”改革优化营商环境工作部署会议会上介绍经验。

（夏爱军）

【党建工作】年内，强化党建责任制，进一步形成工委书记负总责，分管领导具体抓，所属各党组织共同抓，一级抓一级的党建责任机制。细化分解基层党建工作重点任务，制定街道层面具体措施101条。提升基层党务干部工作能力，127名支部书记参与基层党支部书记培训班。强化人才后备储备，持续推进社区党组织负责人阶梯培养工程。探索建立“两新”组织党建工作培训与街道党校分校培训深度融合机制。加强党建引领，强化基层党组织在街道中心工作中的作用，组织101个党组织、2487名在职党员“双报到”，疫情期间累计发动890名在职党员回社区报到，对在职党员单位发放反馈函557份。

（夏爱军）

椿树街道

【概况】椿树街道东起南新华街中心线与大栅栏街道交界，西至宣武门外大街中心线与广安门内街道相邻，南起骡马市大街中心线与陶然亭街道接壤，北至宣武门东大街中心线与西长安街街道隔路相望，南北长约1250米，东西宽约900米，区域面积1.09平方公里，辖区51条街巷，4条主干道。7个社区居委会。地区登记人口约5.4万人，户籍人口约3.9万人，其中常住人口总数约3万人。有蒙古族、满族、壮族、哈萨克族等11个少数民族，是全区辖区面积最小、人口密度较大的街道之一。椿树地处高端产业发展带和传统文化保护带交汇处，区域经济以批发零售、金融保险、房地产和现代服务产业为主。辖区企业1296家。梨园文化历史悠久，尚小云、荀慧生、余叔岩等京剧名家的故居坐落于此，有安徽会馆、原京华印书局等4处国家级、市级文物保护单位。

地址：西城区椿树园小区11号楼甲1号

电话：63103648

（刘　蕾）

【新冠肺炎疫情防控】年内，街道做好新冠肺炎疫情防控工作，开展辖区重点人员核查管控，建立湖北返京人员、境外返京人员、新发地风险人员、大连、青岛、新疆、天津、上海等中高风险地区及各类居家观察人员台账，为核酸检测提供数据；在北京市疫情跟踪报送系统报送人员管理信息7055条，居家医学观察2985人次，集中医学观察61人次，社区关注3840人次，其他管控措施169人次；社区落实居家隔离观察责任，保障居民生活秩序；新发地批发市场疫情排查692人，重点人员502名，共计排查人员10万人次。宣传疫情动态，张贴宣传展板、防疫小贴士、宣传条幅35条；安装智能人脸识别防疫门禁系统5处，安装电子封条（门磁）和电子围栏（摄头）等设备263户。成立9个社区临时党支部，发动区域化党建成员单位参与疫情防控，累计发动党员1000余人次。完成辖区消杀，购买75%医用酒精740升，加香甲酚皂溶液100升，垃圾分类红桶50个，小垃圾袋2000个，大垃圾袋500个。出动作业人员200余人次；每天3次以上背街小巷洒水降尘；消杀垃圾桶400余个，公共设施176处，电梯间172个，清运车50辆，消防通道46个，下水井口42个，布置口罩收运桶65个，收取废弃口罩20513个，消杀公共区域面积1万余平方米。成立一把手负责制的养老服务机构疫情防控工作专班，统筹街道社区卫生服务中心与养老服务机构对接，执行疫情信息日报告、零报告和有事即报制度；为养老机构提供口罩500只，84消毒液62桶，酒精20斤，免洗洗手液20瓶。为辖区特殊老年人建立疫情期间工作台账，每日各社区上报老年人情况统计表，每周上报老年人帮扶表；巡视项目运营方每日上报巡视每日情况统计表等，精准掌握疫情期间老年人情况；为老人提供生活采买260次，送餐服务33次，安全巡视9325次，精神慰藉605次，消毒物资57份；指导第三方社会组织主动向老人拨打关爱电话1.3万余次；达到辖区老年人零感染成立联合检查组，监督企业防疫工作；加强日常监督，辖区8个商务楼宇落实双楼长管理制；共检查商务楼宇、商场、餐馆三类公共服务场所3059家次，发现问题48处，张贴公示17张；处理涉疫投诉，化解企业和员工，企业和居民矛盾，制定《椿树街道疫情期间房产中介进出小区看房管理制度》，执行一店一证，一带一看房。

（刘　蕾）

【党建工作】年内，制定《2020年度基层党建工作任务清单》《2020年党建工作要点》。利用区域化党建引领基层治理平台，将辖区物业企业党组织等纳入党建工作协调委员会，引导物业企业党员和业主委员会党员参与社区基层治理试点工作。为社区两委换届工作摸底走访调研，掌握社工队伍情况。落实整改区委巡查组反馈意见，完成巡查整改报告。完成8个非公党组织按期换届选举工作，3个单位办公地迁出、退休党员人数较多的支部转出或撤销。帮扶、慰问党员100余人次。组织开展“全面小康、与爱同行”共产党员献爱心活动，各机关支部、社区党委、非公企业党组织等1027人共同参与，募集捐款82337元。区委党校椿树分校举办基层党务工作者及新党员联合培训班1次，“党务微课堂”3次，基层党支部书记云课堂1次，新党员示范培训班1次，党员发展对象培训班1次。

（刘 蕾）

【精神文明建设】年内，街道举办第四届琉璃厂“亮灯祈福·迎春灯谜”活动，1000条原创谜条吸引居民群众广泛参与，同时还有逛文创集市、体验非遗剪纸活动；召开第四届琉璃厂文房四宝艺术节，荣宝斋、一得阁、戴月轩、宏宝堂、中国书店等琉璃厂百年老字号企业参与，开幕式上企业代表分享历史人文故事，开展“穿越时空”文化打卡游戏，线下参与800人，线上参与2000人次；组织“初心如磐担使命守护家园迎‘椿’暖”主题党日暨椿树“幸福小院”项目发布仪式云直播，辖区党组织45个，党建协调委员会成员单位党组织36个和居民群众代表1000余人观看。“嗨椿树”微信公众号用户量达4000，总体阅读量达16万，在人民网、新华网、北京时间等近30家外媒发布报道150余条；组建7个社区百姓宣讲团，举办宣讲活动20余场。

（刘 蕾）

【接诉即办】全年累计受理居民诉求2373件，案件解决率79.39%，满意率88.24%，同比分别提升12.55%和12.69%，其中典型案件81件；落实推进政务服务“一门、一窗”受理工作，政务服务事项136项。

（刘 蕾）

【养老助老服务】年内，落实“七有五性”老有所养专项工作。截至8月底，完成34张家庭养老床位任务；对已签约的老人建立社区家庭养老照护床位人员台账；根据居民需求，向区民政局申请增加床位，新增签约10人；完成290名家庭养老护理员培训任务，并按照民政局要求组织第二批学员200人参与预报名；完成异地康养任务指标11位。

（刘 蕾）

【民生保障】年内，共办理新增低保人数27户37人，新增低收入8户21人，发放低保金5877393.85元，发放低收入学生补贴22682.50元；发放特困儿童补助金26户30人3.6万元，发放低保电价补贴11507.04元，协助区民政局向低保、低收入家庭发放新冠肺炎疫情慰问大礼包452份；窗口受理救助738人次，发放救助金122万余元；城乡居民基本医疗保险新参296人，增员493人，减员30人，变更信息405笔；报销药费554人次，金额近270万元；申请丧葬金25人12.5万元，全年补支养老金近20万元，受理清洁能源自采暖补贴358人，支付自采暖补贴近25万元；社会化退休人员5224人，接收国有企业实行社会化管理人员近1300人，组织退休人员线上活动40余场；城镇登记失业人员实现就业444人，完成全年指标143%，其中单位就业50人，占登记失业人员的11.2%；发放失业金100万余元，申请享受社会保险补贴350余人次；零就业家庭保持动态为零；接待个人求职90余人，完成困难人员求职摸排150人，通过网络及微信等方式举办线上招聘会6次；公益性就业组织服务职工270人次；全年接收档案1512份，信息采集电子台账1845份。

（刘 蕾）

【双拥共建】年内，街道宣传退役军人政策，完成退役军人保险接续45人，组建“首都老兵”志愿服务队，在抗击新冠肺炎疫情中发挥积极作用；拍摄“兵支书”微视频；推进“六必访”工作，走访慰问退役军人120余人次；开展创建全国示范型退役军人服务站工作，梳理、汇总迎检材料18大项68类；截至10月，累计采集退役军人数据1153人。

（刘 蕾）

【社区建设】年内，召开街道社区代表会，街道办事处、派出所、市场监管所、防火办和社区卫生服务中心5家单位分别作工作报告，街道代表、社区居民代表、驻区单位代表及部分人大代表和政协委员作为评议代表通过扫码线上评议的方式对街道各职能部门进行评议打分；组织社区工作者座谈会，参加西城区社区工作者专业能力建设培训、西城区百名英才培训班等分层分类培训，实施优才计划项目，提高社区工作者能力；推进宣东社区、梁家园社区、香炉营社区用房和警务室等改造工程；对辖区社区划分进行重新调整，涉及规模调整社区6个；推动社区服务站转型升级试点，对琉璃厂地区服务站实施改善提升，进一步推广西城家园、社区通应用，建立椿树街道社会心理服务中心，完善社区服务。基层自治项目，在宣东社区和琉璃厂西街社区探索创建“幸福小院”，推进“京彩琉璃”居民议事厅和楼门院示范点建设；完成辖区共7个小区物管会的组建工作，物管会中社区两委100%交叉任职及物管会（业委会）辖区全覆盖。

（刘　蕾）

【**文体活动**】年内，举办“椿”满梨园——第十八届“椿树杯”北京市社区京剧票友大赛纪念徽班晋京230周年伶票京剧展演活动；完成安徽会馆启动应用工作，挂牌“椿树街道传统文化共享空间”；借助街道百姓文化之家、椿树书苑两大公共文化服务平台，结合疫情防控，开展“椿之韵”系列精品课程、“椿之艺”知识讲堂、“椿之云”文娱活动广场、“悦万卷”云课堂等线上线下活动近600场。完成北京市全民健身示范街道创建工作，组织居民参与健康国民体质测试，建设冰蹴球场地，推广冰雪运动；建立综合性健身场所，修缮篮球运动场。建立街道科普教育基地，建成街道科普互动区和创客空间，涵盖科普内容22项。

（刘　蕾）

【**卫生健康服务**】年内，为做好计生家庭的帮扶、慰问、奖励工作，开展健康咨询和义诊、优生优育指导、流动人口健康讲座等卫生健康宣传服务活动40场；做好严重精神病障碍患者日常监护；组织红十字培训2次，分15次组织参加无偿献血161人次；组织“99公益日”捐款行动。开展月末清洁日等群众性爱国卫生活动；聘请专业公司对地区除四害消杀服务2次。

（刘　蕾）

【**城市管理**】年内，街道开展百万鲜花进社区等一系列活动，提升居民爱绿护绿意识；召开园艺培训绿色沙龙10余场，发放花卉盆栽1.1万余盆，维修大树37棵；对248处行道树裸地管理较薄弱部位的树坑安装树坑防尘箅子；完成吉祥头条、万源夹道等9条胡同环境整治验收；结合梁家园街区整理，整治京报馆旧址周边环境；设立国庆花坛，包含大型树木38株，各类花卉288.7平方米；开展垃圾分类工作，开展垃圾不落地、桶前值守等活动，为居民发放垃圾袋2000份、垃圾分类宣传品8000份；为四合上院等小区及公共区域宣传栏发放或者更换垃圾分类宣传指引47处；在辖区各个防疫卡口发放致居民一封信1万份，印制北京生活垃圾全程分类手册等7500份，新条例手册600份，实现垃圾分类知识全覆盖；四合上院小区获评北京市2020年第一批生活垃圾分类示范小区。街道努力打赢蓝天保卫战；成立椿树街道准物业服务中心，实现平房区物业管理全覆盖。宣东花园路、东椿树、联通周边等街巷推广自治停车工作，完成自治停车车位362个，配合区城管委停车中心做好宣外、宣东、香炉营、南新华街及椿树园周边的路侧电子停车优惠办理，配合交通部门做好西草厂、东椿树、前青厂的交通微循环，实施单向行驶交通规则，早高峰期间设置停车协管员予以疏导；街道“疏整促”专项行动，以腾退空间利用为目标，开展集中整治；为有效解决电动车停车、充电等民生问题，利用腾退空间，推进和外西里4号楼西侧自行车棚改造，实现自行车集中停放、集中管理、集充，避免火灾发生。

（刘　蕾）

【**综合执法普法**】年内，街道综合行政执法处罚372起，处罚金额148160元，其中一般案件160起，处罚金额14.41万元，简易案件212起，处罚金额4060元；与北京西城法院联合普法，辖区居民、人民调解员，与来自中国日报、科技日报、中国妇女报、法制日报的10余家媒体记者136人参加；召开涉家庭房产纠纷典型案例新闻通报会，西城法院多名法官在线讲解，和街道司法所现场连线视频，并在微信群文字直播与参与者互动实况。

（刘　蕾）

【**大数据应用**】按区科信局要求，完成《椿树街道全响应网格化大数据应用平台项目》软件测评和安全测评，且通过终验。在街道背街小巷治理、接诉即办等多项工作中发挥作用。

（刘　蕾）

陶然亭街道

【**概况**】陶然亭街道位于西城区

东南部，东起太平街、虎坊路一线，西至菜市口大街中心线，南至护城河中心线，北至骡马市大街中心线。辖区面积2.14平方公里，有10个社区，街巷51条，其中44条背街小巷。27家中央单位和26家市属单位。街道常住人口约4.22万，流动人口1.33万。出生人口333人，死亡人口457人，中学4所，小学3所，幼儿园6所，卫生医疗机构2个。
地址：西城区黑窑厂街22号
电话：52683713

（寿雨晴）

【新冠肺炎疫情防控】年初，第一时间成立疫情防控专班，构建“1+8+10”工作指挥体系，动员1965位居民、73家基层党组织主动参战，构建全社会防控网络。设置3个核酸检测点，做到“应检尽检、愿检尽检”。封闭临时出入口40个，设立38个检查值守站点，成立27个临时党支部，保证社区封闭管控到位。推广智能门禁系统、建立应急储备机制，严查市场餐饮冷链传播风险，确保长效常态防控。安全有序推进复工达产，严格落实“三防”“四早”“九严格”要求，实施“双楼长”制，“一楼一策”指导商务楼宇；发挥街巷长作用，“六步六查”严控七小门店，密切关注员工健康监测和个人防护，严格检查食堂宿舍、员工密度、流量控制等防控措施。优先安排176家蔬果超市、理发、维修等与居民生活联系密切的商户复工。为居家隔离人员提供垃圾处理、快递上门等一站式服务。组建心理疏导服务队，开通暖心电话，开展心灵减压视频讲座，为居民架设起一座心理防疫的“空中疏导桥”。8个便民果蔬站、3家百姓生活服务中心保供稳价，定期为1200余户高龄、低保对象免费送菜上门。发布画册《你的样子》，宣传褒扬“十佳百优”抗疫先锋，弘扬传播抗疫精神。

（寿雨晴）

【城市管理】年内，两个“关键小事”实现突破。出台“红色物业”1+5系列文件，梳理26个居住小区需求，成立“红色物业”联盟，组建物管会22个，街道党组织覆盖率100%、业委会（物管会）组建率96.2%、物业服务覆盖率100%，28栋失管楼房全部建立物业管理长效机制。高标准实施垃圾分类，向1.7万户居民发放“两桶一袋”，200组桶站完成规范化建设，智能垃圾分类驿站投入使用，密闭式垃圾处理中转站完成改造，实现自动称重、数据上传等功能，1550名志愿者主动参与桶前值守，中信沁园当选首批北京市垃圾分类示范小区。深化“一微克行动”，提高14类污染源管控水平，多措并举控制扬尘污染，完成8700余平方米屋顶保洁，更新大吉巷拆迁区、国家药监局工地等裸地苫盖3.6万余平方米，做好中信城三期1.5万平方米绿地补植，完成红土店南里、黑窑厂西里小区9750平方米绿地改造提升，地区累计降尘量5.6吨/月·平方公里，为全区最低。深入落实河长制，做好水务集中管理平台对接，河长巡河1395次，累计3738公里。开设6处电子停车场，车位524个，为辖区880位居民审核办理路侧停车优惠证，缓解辖区停车压力。15条背街小巷通过市级验收，3383平方米胡同立面还原历史风貌。新建3处口袋公园，改造金盛元百姓生活服务中心，打造畅柳园小区周边道路交通微循环，完成南横东街街区整治。

（寿雨晴）

【疏解整治促提升】年内，拆除违法建设50处1.12万平方米，累计影响人口变动856人次。组建四平园小区综合改造整治项目现场办公室，7名楼宇负责人对1927户居民开展入户调查，开辟临时停车场，加强噪音巡查整治，供暖管网改造有序展开。落实“拔钉子”行动，云南新馆实现全面腾退，“一户一策”开展龙泉胡同4栋简易楼腾退。

（寿雨晴）

【社区建设】年内，文化服务体系不断健全。陶然书苑、文体中心、书香驿站的文化供给能力显著提升。打造儿童中心，宣扬六德文化，扩展儿童活动空间；落成“陶然亭记”街区展示中心，记录地区历史沿革，提供实景文化体验；开放街道图书馆，举办特色阅读和荐书活动，营造老城书香氛围；新建数字非遗馆，开展手工体验、文化交流，数字化再现非遗魅力；建设仿真冰场、乒乓球中心，扩大辖区体育健身场所。深化社区治理改革创新。

完成5个试点社区的服务站转型升级，打造“公共客厅”，培养全科社工提供菜单式服务、一站式办理。打造“北岸幸福家”党建品牌，建立福州馆社区三方联动机制，设置壹瓶社区协商议事厅，形成居民积极参与、社区分层协调的基层微治理新模式。强化“西城家园”推广使用，扩展居民线上参事议事渠道，动员7567名居民实名入驻“西城家园”，让更多居民参与社会治理。筹备社区“两委”换届工作，加强社区带头人队伍建设。不断增强社会治理合力。每月面向居民召开街道公共沟通通报会议，持续巩固“里仁之家”“儒福里42号院”“书香驿站”等参与型协商工作成果，依托陶然书苑等阵地培育、指导具有陶然特色的内生自治组织，引导各方力量积极参与社会治理，增加社会粘性。常态化推进爱国卫生运动，发动居民参与周末清洁日，培养55名健康生活方式指导员，倡导“光盘行动”等健康生活理念。新冠肺炎疫情期间为辖区居民提供基本生活保障，组织太平天和及龙泉脉集生鲜两家百姓生活服务中心开展“线上选购线下定点”蔬菜配送进社区活动，完成蔬菜配送1000余次。

（寿雨晴）

【民生保障】年内，做好弱势群体保障，累计发放低保及低收入救助金814万元，发放临时救助金40万元，医疗救助1616人次128万元，发放残疾人生活补贴2203人次95万元，发放护理补贴3668人次61万元。做好养老服务，发放养老服务补贴2679人次47万元、失能老年人护理补贴6501人次42万元、高龄津贴26283人次423万元。为47位90岁以上高龄老年人发放保险补贴1.41万元。慰问地区525名高龄、空巢、独居老人7.87万元。为地区550名高龄空巢独居老人发放应对极端天气应急食品1.65万元，提供上门家政、助浴服务17.05万元。街道实现就业528人，其中就业困难人员就业365人，失业人员就业率62.86%。户籍劳动年龄人口中有劳动能力和就业、转移就业愿望的15556人，实现就业15481人，就业率99.52%。入户探访辖区18位特困供养人员，掌握人员基本情况和救助需求。为恒颐复健之家提供政策指导，发挥专业康养机构优势，推进陶然亭街道敬老院入住率，开展家庭养老照护床位建设，有48户家庭完成签约服务。推进老年人异地康养工作，11位辖区老年人实现异地康养。新冠肺炎疫情期间加强养老服务机构封闭式管理，排查疫情防控风险，确保养老服务机构的安全和稳定。为分散供养特困人员寄发口罩等基本防护用品，为10个社区、204名高龄老人、61名低保残疾人配送免费应急蔬菜。政务服务中心受理业务35500件。

（寿雨晴）

【平安建设】年内，坚持每周三处级干部信访接待，每月矛盾排查调处，组建舆情员队伍，提供法律援助，做好矫正帮教，构建矛盾多元化解机制。调动“西城大妈”等群防群治力量，保障重点节点、重点区域绝对安全，完成全国“两会”、十九届五中全会等服务保障任务。持续深化“六清”行动，推进扫黑除恶工作法治化、制度化、常态化。新建红土店消防站，提升四平园消防站，秒级响应、分钟处置能力不断增强。城市运行着力补齐短板、堵塞漏洞、消除隐患，编织全方位、立体化的公共安全网。建立健全应急值守制度，强化突发事件现场指挥调度。严格落实安全生产属地责任，全年共出动检查人员5000余人次，发现并整改一般隐患7000余次，季度检查覆盖率达100%。加强风险隐患管控，指导385家企业完成风险源填报，开展一岗一清单试点，完成平房住户煤改电线路隐患排查，提升风险预判处置能力。持续推进智慧小区建设，安装楼宇防盗系统32套，建成人脸识别门禁系统23处。依托街道安全宣教中心，开展“七进”活动，提升群众安全防范意识。

（寿雨晴）

【精神文明建设】年内，建立宣传引导“3+10+N”体系，打造宣传员、舆情员、网评员3支队伍，动员10个社区宣传力量，广泛发动辖区热心读者和群众，做好地区舆论引导及宣传信息收集工作。建立完善宣传员、舆情员、网评员培训制度，创新利用网络云课堂每月开展线上培训，定期组织经验交流座谈及调研。

加强地区各类信息传播渠道融合管理，制定《陶然亭街道2020年融媒体中心运营方案》，组建街道融媒体中心，构建上下贯通、区域联通、平台互通、外宣畅通的宣传格局。自有媒体实现提档升级，街道《陶然之窗》报出版常规刊21期、特刊1期，发行报纸22万份。建立舆情处置及流转制度，及时有效处置虎坊桥麦当劳员工不戴口罩等舆情案件40个，有效化解地区意识形态风险。开展社会主义核心价值观宣传，在虎坊路选址设计社会主义核心价值观主题文化墙，营造良好宣传氛围。扎实做好全国文明城区测评迎检。成立陶然亭街道文明城区创建与迎检工作领导小组，研究制定《陶然亭街道2020年全国文明城区创建与迎检工作方案》。深化文明创建，打造三张“陶然文明品牌”，打造陶然“17510”新时代文明实践工作体系。制定《街道新时代文明实践所（站）建设工作方案》，打造“陶然十个文明”行动助推文明行为促进条例贯彻落实。开展“居家、就餐、待人、用语、出行、购物、娱乐、等候、养犬、经商”陶然十个文明引导行动，制定街道学习宣传贯彻《北京市文明行为促进条例》实施方案。打造“陶然先锋榜样”加强地区道德建设。围绕抗击新冠疫情主题，开展系列宣传活动。制作画册《你的样子》，举办“陶然抗疫先锋”展览，展现陶然人抗击疫情的经历与故事；深入挖掘地区疫情防治防控先进典型，开展“十佳百优”抗疫先锋评选，全方位展现地区干部群众在新冠肺炎疫情防控中勇于担当、勤于作为的良好风貌。以“六德”教育为抓手，加强未成年人思想道德建设，举办第五届“六德”陶然娃评选活动，以榜样人物教育引导地区青少年自强、成才。

（寿雨晴）

【**双拥共建**】年内，完成地区2083名退役军人基础服务工作。发放“中国人民志愿军抗美援朝出国作战70周年”纪念章2人。慰问辖区部队及困难战士11.55万元，慰问优抚对象、复退军人8.13万元，发放地退人员及无军籍职工过节费1.89万元，发放15名地退人员补助92万元，发放42名优抚对象抚恤补助76万元，发放34名无军籍职工各项经费235万元。邀请辖区部队参与文明城区创建工作，推进军地交流互动。

（寿雨晴）

【**党建工作**】年内，探索做好基本任务、夯实基础工作、强化基层组织，标准化建设、有形化建设、项目化推进、系列化开展，党旗飘起来、党徽戴起来、党员干起来的“三基四化三起来”城市基层党建新模式。召开“1+10”街道、社区两级党建工作协调委员会会议，增补中海物业等5个成员单位，9个单位主动认领疫情防控常态化值守点位。采取两类项目、三级吹哨、四级联动方式，抓好街道“吹哨报到”改革35项重点任务清单落地落实，助力解决“大吉片”拆迁区地块管理等15个问题。推行区域化党建项目认领制，形成34个资源清单、17个需求清单、16个项目清单，红色教育、文化惠民等5大类16个区域化党建项目广受好评。街道召开加强党建引领、打造“红色物业”启动大会，构建“1+5”制度体系，成立“一办五组”专班统筹推进成立物管会等“3+7”试点项目。深化党建引领“街道吹哨、部门报到”向社区治理延伸，构建以社区党组织为核心，社区居民、居委会、业委会、物业服务企业、产权单位、职能部门、社会组织等多元主体共同参与的“一核多元”社区治理新格局。以解决群众“七有”“五性”需求为导向，举办31场座谈会，发放580份调查问卷，“一小区一报告”差异化物业管理服务方案初步形成。建立每季度调研基层党建工作制度，实地了解党建工作开展情况，形成《社区党组织班子运行情况分析报告》。壹瓶社区党支部树牢“疫情是检验基层党组织的试金石”理念，开展果蔬订购、法律咨询、“祖孙学园”等6项便民服务，社区服务、活动、办公面积增至428平方米，《北京西城报》以《“后进”社区有“后劲”》为题，介绍壹瓶社区党支部做法。

（寿雨晴）

【**接诉即办**】年内，坚持群众诉求就是哨声，把接诉即办作为“一把手”工程，结合“吹哨报到”制度，打通为民服务最后一公里。坚持主要领导每日调度、处级领导包片负责、科级干部进门入户，制定首接负责、见面办理、领导盯案、统筹调度、诉求分析、办理激励、监督问责等7项机制，连夜吹哨、紧急修复陶然北岸道路塌陷，5次入户、改造调整垃圾桶站解决排水隐患。重点攻坚脏乱差、停车难等居民关切问题，完成南华东街、双柳树胡同单行单停改造，设置绿化安全岛，在黑窑厂街北口增设左转弯道，开展地锁拆除专项行动，拆除地锁600余个。全年响应12345工单4737件，解决率92.39%，满意率94.03%。

（寿雨晴）

展览路街道

【概况】展览路街道位于西城区西北部，东起西直门南大街、阜成门南、北大街与新街口和金融街街道相接；西至三里河路、动物园西墙与海淀区甘家口街道相邻；南起月坛北街与月坛街道相连；北至南长河、西直门北大街与海淀区北下关街道相望。辖区面积5.87平方公里，有一、二类大街22条，街巷、胡同34条。户籍人口14.69万人，常住人口11.56万人，流动人口3.2万人。年内，出生1551人，死亡1770人。辖区内有大学2所、中学4所、小学7所、幼儿园8所、职业学校1所、培智学校1所、社区教育学校1所、图书馆1所。11月20日，北京市西城区人民政府批复同意拆分展览路街道露园社区居民委员会，新设立扣钟社区居民委员会。

地址：西城区车公庄大街13号

电话：68314941

（姜　彤）

【新冠肺炎疫情防控】年内，成立疫情防控领导小组及工作专班，构建党委、居委会、服务站、楼院、地区单位五位一体防控网，动员辖区单位1000余家及在职党员、楼门院长、居民志愿者等5000余名，参与防控社区卡口195个。开展大规模人员摸排，核查外地返京3万余人，居家隔离1.1万余人，集中隔离800余人，管控密接200余人，转运、管控湖北返京人员500余人，核查、管控新发地相关人员5000余人，排查登记境外返京600余人，核查外地中高风险地区来京人员2000余人。核酸检测地区居民75188人次。6月，在北京展览馆南广场设置核酸检测采样小组30组，全市首批配备核酸检测采样车1辆。6月23日，中央政治局委员、国务院副总理孙春兰到北展广场检测点视察核酸检测工作，中央政治局委员、北京市委书记蔡奇陪同。开展夏日大规模核酸检测8次、中小规模核酸检测8次，共计检测地区居民63269人。12月，组织辖区餐饮、冷链、七小门店等单位每周开展一次核酸检测，开设北展广场、街道党群服务中心、北营森林公园三个核酸检测点，共计检测11919人，结果均为阴性。成立展览路商务楼宇疫情防控和复工复产工作组，将辖区32栋楼宇（含宾馆、酒店）纳入疫情防控体系，建立由政府和企业共同管控楼宇的“双楼长”机制。签订《疫情防控承诺书》32份，督促企业落实主体责任。建立并上报楼宇紧急联系人和消杀员制度，组织各楼宇进行疫情应急演练32次。完成复工复产领域相关1115家企业开展“大调研　大服务”活动的政策上门和政策宣讲服务。

（姜　彤）

【城市管理】年内，拆除违法建设535处18887.02平方米。拆除南营房1—24栋、百万庄地区违法建设371处7023.21平方米。对背街小巷持续动态管控，完成39条街巷精治任务，整治首环办环境脏乱点73处。疫情期间开展公共区域喷雾消毒，设置193个废弃口罩回收点，定点消毒；对91栋直管公房楼房、1栋非产权楼房、240间平房每日消杀。接管和认领22个非专业化物业管理小区。落实垃圾分类条例，加强硬件设施改造，制作宣传栏和公示牌375套；开展宣传活动157场，落实北京市“物质+文明”双积分政策，居民按厨余垃圾、可回收物重量获得积分；检查餐饮单位合同签订、分类效果、垃圾转运2564次，处罚98家，罚金11.3万元。以市委党校空气监测国控子站为重点开展大气染污防治工作，加强子站周边清扫保洁，做到每天清扫4遍、洒水3遍，严防扬尘污染；成立环保巡查队伍，对复工复产工地开展巡查和执法监查。落实河长制，巡河480人次1342.56公里，处理问题245个，组织联合执法50余次，规劝野游、垂钓人员180次。加强古树管理和巡查，完成第36个首都义务植树节宣传活动，建立地区杨柳树飞絮台帐，危险树木抢险修剪417株、伐树32株。开展低洼路段、积水点、危房危树等防汛隐患排查，建立防汛安全隐患台帐，组建300人的抢险队伍，及时处置地铁6号线C口外北侧地面塌陷、三里河路至古脊椎动物馆（含此处地下通道倒灌雨水）沿线线道路积水等险情。与中国地质调查局合作，引入先进的道路检测专用探地雷达，为展览路地区主要道路开展地下空洞等全面检测，为道路修复提供决策依据。

（姜　彤）

【社区建设】年内，落实《北京市物业管理条例》，制定《街道物业管理委员会工作办法》《筹备及成立程序》《物管会议事规则》《管理规约》等系列规范性文件，完善小区基础台账信息，将原有332个老旧小区规划为142个小区，成立物业管理委员会119个。完成11个试点社区服务站转型升级工作，22个社区设置全科社工综合受理岗，实行全科受理、一人多岗、一岗多能。实施全响应服务制，为居民提供延时、预约服务。建立完善社区月协商工作机制，将楼门院建设、议事厅示范点建设、社区服务站转型升级、社区邻里节活动、居民公约修订以及居民关注的热点难点问题作为分层议事协商内容，线上、线下同步开展议事协商工作，累计参与8000余人次。优化整合各类基层一线力量，区级部门垂直管理协管员下沉街道统一管理，其中流动人口和出租房屋管理员97人，安全生产专职安全员22人，食品药品监督管理员9人。成立街道社会心理服务中心，开展心理科普宣传讲座10场、团体辅导活动6场、百人心理培训48课时、精准化个体服务60人次等心理服务活动，受益居民1100人次。开展“艺术家进社区”活动、“科普之夏”系列活动、科普大课堂讲座、社区邻里节系列活动等活动1048场，惠及5万余人次。完成非京籍儿童入学材料审核工作，审核通过72人。

（姜　彤）

【平安建设】年内，完成全国“两会”安保及地区安全稳定工作。新冠肺炎疫情期间处理不配合社区防疫工作管理人员12人，调解纠纷203起。对不稳定因素开展摸排，研究制定有效应对措施，处理不稳定因素63件次。开展网上人民调解及法律援助工作，网上咨询730人次，线上人民调解31起，现场调解143件，社区调解1180件，成功率100%。整合公安、交通、消防等执法力量，响应解决居民问题3856个。整治群租房60户，影响259人，拆除上下铺132张，隔断面积68平方米。妥善处置蛋壳公寓爆雷风险，对接41套蛋壳房源及房主、87名租客，化解矛盾33家，手拉手签约22家，无突发性和群体性事件发生。落实安全生产责任制，检查生产经营单位10392家次，发现隐患17479项，现场整改12795项，限期整改4846项，下达《安全生产责令改正通知书》4684份，全部按照规定时限落实复查。开展经营性瓶装液化气“清零”行动，率先在全市实现地区经营性瓶装液化气清零。一家四代“西城大妈”获《人民日报》点赞，登上“传红色基因承优良家风”版面。推进车公庄北里37、38号楼智慧小区建设，完成防疫卡口技防设施升级63处，可防性案件发案2起，同期下降95.65%，刑事警情同比下降24.19%，治安警情同比下降71.10%，居民安全感满意度稳步提升。加大电动自行车消防安全综合治理力度，全年安装充电柜34组，阻人系统试点工作获北京市市长陈吉宁重点批示。

（姜　彤）

【精神文明建设】年内，推进文明城区创建迎检，择优推荐首都文明单位，开展公共文明习惯养成、垃圾分类放生活新时尚、践行文明条例助力文明城区创建等新时代文明实践活动。加强未成年人思想道德建设，开展4期展展课堂，引导青少年践行文明条例。组建“心手相连　守望春天”街道百姓宣讲团，开展系列云宣讲。组织党员干部分三批次参观纪念中国人民志愿军抗美援朝出国作战70周年主题展览。组织街道金色年华舞蹈队参加北京市礼让斑马线广场舞比赛并成功入围决赛，参与市级巡演。在自有媒体开设抗疫路上的硬核书记、我在一线、下沉干部战疫日记等专题专栏，挖掘报道先进典型20余篇，3人被北京市和西城区选树为典型。

（姜 彤）

【民生保障】年内，受理各类保障性住房申请1091份，完成21户大病重残家庭专项配租；开展无障碍环境建设，11个点位44个元素全部整改完毕，完成无障碍监督员体验督查；为200名困难残疾人免费体检。加强生活性服务业网点的建设规范和管理，建立防疫服务站，协调各类企业，以居民线上订单、组织专用配送、指定点位取货等方式，实现无接触配送，保障百姓生活需要。加深养老服务菜单化、精准化，发放补贴946万余元，巡视空巢、独居、孤寡老人2.8万余人次。两节期间走访慰问低保、残疾等各类特殊群体2820户次，发放慰问金、物品折价共计165.61万元。实施精准帮扶救助，通过临时救助、自主救助、教育救助、大病救助、慈善助医救助、慈善助老救助、绿色押金垫付、冬季采暖补贴、精神障碍患者监护人看护补贴等各种形式救助困难群体，发放救助金566万余元。加强对流浪乞讨人员的街面巡查，给予12名流浪乞讨人员生活帮助；疫情期间为25位重大疾病人员发放500个口罩。

（姜 彤）

【社会服务】年内，政府热线12345平台，接收下派大信访案件10965件，办结回复8276件，响应率100%，按期办结率100%，街道接诉即办工作全市排名第28名，西城区排名第2名。实现就业1130人，登记失业人员就业率65.13%；实现创业53人，创业带动就业266人，完成指标的100%。建立用人单位户数200家，招聘单位户数建档29家。举办春风行动和就业援助网络招聘月、金秋网络招聘会等线上招聘会，提供岗位上千个，缓解疫情期间企业用工短缺问题。做好退役军人事务工作，完成全国示范型退役军人服务站创建，受理咨询300余人次，退役军人及其他优抚对象信息采集7033人次，悬挂光荣牌5885次，优抚事项办理22人次，保险接续390人，春节走访退役军人10户。社保服务和政务服务共同纳入综合窗口受理，减少居民跑动次数。受理、办结各类服务事项36900件，提前办结率100%，全年办件零超时。推进志愿服务、帮办代办等服务举措，打造十分钟优质政务服务圈，开放早、中、晚以及周六的延时服务，每周平均延时办理20例左右，解决群众的办事难题。设立独立的服务中央单位和驻京部队窗口，为辖区273家中央单位和驻京部队提供方便快捷的政务服务。

（姜 彤）

【党建工作】年内，聚焦党建引领基层治理，提升基层党组织的政治功能和组织力。成立中共北京市西城区委展览路街道机关党委，加强机关党的建设。开展社区党组织班子建设自评，做好社区“两委”换届筹备工作，资格预审核查人员549人，调整社区党组织设置，成立扣钟社区党委，滨河社区由党总支调整为党委。做好疫情防控常态化下的党员教育管理工作，组织党员轮训、社区党组织带头人和党务工作者培训，开展生活困难党员、老党员走访慰问2314人次。制定《2020年度展览路街道工作和“吹哨报到”改革重点任务清单》，明确36项任务目标和部门责任。在社区值守点、卡口点等疫情防控一线建立22个疫情防控临时党支部，深化“双报到”工作，通过结对共建、资源共享、活动联动、党员联管等方式，动员在职党员积极参与社区疫情防控、物业管理、垃圾分类工作；总结宣传社区抗疫一线涌现出的典型案例和感人事例，将22个社区225人先进事迹汇编成《展览路街道抗疫逆行者风采录》。成立加强党建引领物业服务管理工作领导小组，制定《关于加强党建引领组建住宅小区物业党组织的工作方案》，推进“双向进入、交叉任职”工作模式，召开街道物业党组织成立大会，成立117个业委会（物管会）党支部、19个社区物业联盟联合党支部和30个物业企业临时党支部，物业企业党组织覆盖率100%。

（姜 彤）

【第七次全国人口普查】年内，

签发西展办发〔2020〕1号文件，成立由街道主要领导任组长的领导小组，下设领导小组办公室，建立22个由社区书记担任小组长的普查小组。按照政府主导、三方协助的模式，选聘普查指导员138人，普查员534人，历时10个月，完成68258户的摸底工作，68264户207822人的短表登记工作，完成4708户14754人的长表登记及12448个行职业的编码工作。

（姜　彤）

月坛街道

【概况】月坛街道位于西城区西部，东起复兴门南、北大街及阜成门南大街西侧，与金融街街道相接；西至三里河路中心线东侧，与海淀区羊坊店街道相邻；南到莲花池东路，与广安门外街道相望；北至月坛北街中心线，与展览路街道比邻。辖区面积4.13平方公里，一、二类主要大街11条，胡同43条。驻区内副部级及以上中央单位22个、大学1所、中学5所、小学6所、幼儿园6所、医院2所、大型商场10家、体育场馆2个、文化古迹4处、公园4处。有社区居委会26个。户籍42471户，常住人数92417，流动人口数26965。年内，获评全国模范人民调解委员会、首都全民义务植树先进。

地址：西城区三里河一区5-7

电话：51813703

（王　佳）

【新冠肺炎疫情防控】年内，全力以赴做好疫情防控，第一时间成立疫情防控工作领导小组专班，制定工作方案，开展疫情防控各项工作，严格有序、分类分级实施小区封闭式管理，妥善处置复兴医院聚集性病例，成功阻断疫情向街道、社区扩散。动员680余家共建单位在职党员、21家单位职工、“西城大妈”、区街干部及物业等总计3900余人投入到辖区144个白天点位和79个夜间点位的值守，实施各出入口24小时全天候值守，为辖区居民的生命健康筑起安全屏障。坚持以居民便利为中心，分别在白云路西侧绿地、蓟丘驿站和月坛公园，设立南北3个核酸集中检测点，累计完成检测4万余人次。加强技防应用，在全市率先使用智能门禁系统，实现地区1000余户居家隔离人员实时监控，该系统后在全区、全市推介。应用百度智能云外呼、“电子门岗”、红外体温仪和1.4G政务专网等。完善指挥协调和组织管理体系，完成庆祝建党100周年、全国“两会”等重大国事活动服务保障任务，统筹安排重大活动期间交通、环境、秩序保障工作，累计发动群防群治力量1.58万余人次，常态化保障机制更加健全。

（王　佳）

【城市管理】年内，依据“吹哨报到”机制共联合开展251次综合执法行动。接到群众反映的地桩地锁、“噪声扰民”、非法办学、非机动车占道等城市环境秩序管理案件79件，全部按时办结。协调地区各职能部门，集中力量解决私装地桩地锁、违法建设等居民关心的重点难点问题。累计拆除辖区私装地桩地锁357个；清理占道非机动车547辆；综合执法过程中，清除大量的违规广告牌匾、私装门头和私装构筑物。实现“十有十无”背街小巷全部达标，精治类验收达标街巷31条。综合行政执法队行政处罚共计886起，罚款额75万余元。持续推进疏解整治促提升专项行动，全年拆除违建7410.57平方米，影响人口2781人。做好大气污染防控，加强地区清扫保洁，全年共出动70817人次、作业车辆9690台次、洒水5425吨，PM2.5显著好转，TSP位居全区前列。建立志愿者巡河队伍，加强河道14个排水口水质监测和日常巡控。全年街道河长共巡河744人次，巡河里程596.727公里。不断挖掘地区停车资源，地区共有17条道路的路侧停车位，共计946个路侧停车位对地区居民开放。全面落实物业管理工作，实现有物业服务企业实施专业管理的小区116个，专业物业管理覆盖率95.1%；有保安、保洁等服务机构实施准物业管理的小区6个；无物业管理的小区0个。提高社区垃圾分类水平，制作发放各类宣传品67170件，入户发放垃圾分类知识手册3.7万份，社区垃圾分类知晓率达到100%。发动社会力量1398人参与“桶前值守”。加强地区餐厨垃圾管理，地区310家餐饮单位在全区率先100%签署餐厨垃圾规范收运协议。

（王　佳）

【社区建设】年内，推进街道社区服务站转型升级，整合126项便民利民事项纳入全科社工综合窗口服务。扎实做好进千门、走万户工作，共走访居民9490户、单位889个，收集问题2309个，解决问题1538个。重点推进社会路社区协商议事厅建设，推进参与型分层协商民主自治建设。完成汽北社区心理服务站建设，开展社区工作者心理减压课程，加强社工队伍心理素质能力建设。完成汽北社区老旧小区3个楼门院文化试点建设，提升社区品质。严格落实社区首问责任制，全面推进全科社工培养，提升社区服务能力。进一步严格工作纪律，加强社区财务、公益金项目、重大事项的公开公示，严格请销假审批程序，加强社区考勤管理，按季度加强对社区的抽查检查力度，加强对社区工作者的考核管理，提升社区工作效率。筹划社区居委会换届选举。加强社区摸底调查，提前统筹谋划社区居委会换届选举工作，合理调配社工队伍，进一步优化社区居委会班子，夯实社区治理基础。

（王　佳）

【社会保障】年内，以困难群众台账为依据，入户走访402人次，实施社会救助万余人次。严格落实特扶帮扶政策，慈善助老医疗救助91人，金额2.77万元；办理春雨大病救助35人次，金额9.24万元；为225名优抚对象发放慰问金和抚恤金；低保人员医疗救助841人次；医疗保险药费报销1613人次。“两节”走访慰问期间，为3000多个地区困难群众家庭发放价值143.2万元的节日慰问金、慰问品。为144名伤残军人、伤残国家机关工作人员、伤残人民警察发放伤残抚恤补助金280余万元。开展临时救助、专项救助，帮扶特困人员总金额达31.09万元，其中办理临时救助13人次，金额达4.94余万元；为6名供养人员支付供养费等26.14万元。为做好困境儿童保障工作，为5户低保家庭重残儿童发放生活补助46人次，金额3.22万元；为2户事实无人抚养儿童发放生活补助9人次，金额2.44万元；为4名成年孤儿落实安置帮扶工作，资金达2.1万元。加强学校公共卫生安全联防联检，走访排查地区民办教育机构24家，完成地区非本市户籍适龄儿童入学证明审核工作，60名学生入学。深化拓展“启航计划”，开展“春风送暖、圆梦月坛”线上就业指导，实施一对一帮扶。累计帮助566名就业困难人员实现就业。依托5家市级示范温馨家园，为地区2657名残疾人开展康复医疗、入户体检、技能培训、普法宣传等一系列精准服务项目。全年发放社保卡1162张，为99名参加城乡居民医疗人员核对个人信息，核实已补助信息，为16岁以上外国、外阜就读的466个学生办理保险转入，为78人办理异地就医，为1537人办理信息变更，为2268人办理保险减员，为132人办理社保卡信息同步，为15人办理退费。

（王　佳）

【平安建设】年内，针对老旧居民小区、大屋脊筒子楼片区、平房院区等区域消防安全定向开展隐患大排查、大整治，整治各类隐患7043项，地区事故防范能力明显提升。推进地区生产经营单位安全生产工作，共检查生产经营单位6959家次，发现隐患14468项。开展儿童医院周边和白云观观前街秩序综合整治“并肩治乱”专项行动，收缴非法出版物120余册，打击假道士2人。发挥街道大数据平台优势，将智慧门禁、大数据对比、智能识别、物联网等新技术纳入老旧小区改造过程中，加强重点区域的技防设施建设，进一步推进“雪亮工程”建设，形成服务便捷、管理精细、环境宜居的“智慧平安社区”。完成23处建设任务清单。持续加大消防基础设施建设，在长安街南北各建一座小型消防站，在地区重点隐患部位配置消防应急箱和灭火弹。推进电动车充电设施集中建设，安装充电柜132台，充电桩170个，实现26个社区集中充电设施全覆盖。成立700余人的防火志愿队，组建以街巷物业为主的消防秒级响应队伍，实现火情火灾防治秒级响应。完成年度月坛兵役登记人员411名，首批达到百分百的登记率；入伍人员5名，在

15个街道排名第一。

（王　佳）

【精神文明建设】年内，广泛开展群众性精神文明创建活动，推进6个新时代文明实践中心建设。完成全国文明城区复查测评工作，推动价值引领、倡导文明新风、营造良好氛围。坚持正面宣传和报道，利用微信平台、《人文月坛》周报、《穿过幸福时差》系列丛书等阵地，打造网上网下“同心圆”，形成主流舆论强势。全年发布微信公众号205期598条，出版各类报刊专刊57期，制作、配合区相关部门悬挂横幅780条，展板5050块，出版《穿过幸福时差》系列丛书第11册，记录月坛抗疫故事，弘扬地区正能量。

（王　佳）

【社会服务】年内，街道信访投诉60个，回复率100%。健全矛盾纠纷排查化解机制，全面推广并落实人民调解系统的应用，实现调解协议电子留存，共录入调解案件199件；聘请法律专家，调解疑难复杂矛盾纠纷231件，达成书面调解协议150件（经法院确认80件），调解咨询540件。推进社区矫正和安置帮教工作，司法所接收矫正对象276名，解除矫正258名。开展上门服务，为新增的3家重点企业上门递送金融服务卡、感谢信和专项服务包，征求并向区属相关部门反映意见建议2条。为18家地区纳税企业发放奖励资金760万元。确定100家税收重点企业安排处级领导定期走访。协助青海省玉树州囊谦县毛庄乡完成文化旅游开发项目，打造具有高原生态民族特色的藏族生态文化旅游度假综合体。全面打造省级生态文明示范村孜荣村，受益贫困人口519人，建档立卡就业人数15人。与青海省囊谦州毛庄乡党委联合开展“捐资助学献爱心”活动，捐助书包、文具套装各1000套，价值20万元。为内蒙古赤峰市喀喇沁旗王爷府镇投资3万元，在下瓦房村建设爱心超市一处。扎实开展社区与贫困村结对帮扶工作，组织铁二一社区、社会路社区和汽北社区为龙泉关镇捐赠棉被25套，王爷府镇、油蒌沟镇捐赠学习用品100套。

（王　佳）

【为老服务】年内，围绕“四型月坛”目标，多措并举持续提升居家养老服务品质。无围墙敬老院累计服务29006人次，完成“七有五性”指标中家庭照护者培训920人指标，家庭养老床位51张指标。做好24小时智能实时监测居家老人的日常生活数据、健康数据进行实时监测。疫情期间，月坛线上课堂上线，乐活堂开展120余节线上直播课，服务3.2万人次。课程内容涉及健康体适能、音乐辅疗、园艺辅疗、大脑体操、认知游戏等非药物辅疗技术相融合。开展“创意”厨房展示、“乘风破浪的奶奶”、月坛线上直播作品展等线上主题活动，服务3845人次。疫情期间，暂停7家养老驿站的运营，对3家养老院实施封闭式管理，采取家属视频探视方式。开启社区蔬果直通车、建立蔬菜配送群，结合线上商城、叫号发放等创新举措，把果蔬从菜地和批发市场直接送到老人手里，成为菜篮子工程的一种全新尝试。深入挖掘社区资源，结合老人需求意愿，选举优质服务商纳入新建成的复北社区养老服务驿站。街道正式运营7家社区养老服务驿站，提供6大类功能40余小项服务内容，全年服务29006人次，日间照料459人次。

（王　佳）

【文化活动】年内，按照“一街一品”发展思路，举办“白云杯”太极邀请赛等传统文化节日活动，全年累计组织开展社区邻里节活动80余场。开展“北京中轴线文化云游”“温暖衣冬”等活动，联系多家区域化团建单位开展交友联谊、五四青年节等活动。月坛街道图书馆共接待1199名读者，办理图书借阅1548册，办理图书退还1092册，物流图书配送和接受共140册，接待电话咨询平均每月120人次。为改善阅读环境和空间氛围打造，图书馆设计并制作横牌匾、路引标识牌、图书馆墙面展板、设备管理制度上墙和图书馆门口的遮雨棚等，市级区级文委抽样检查各项指标均合格。

（王　佳）

【党建工作】年初，搭建“恒华七月”党群服务中心，辐射周边8栋商务楼宇的“两新”组织活动阵地，由点及面的精准布局以党建带动群建，推动工会、团委、妇联、统战等群团组织建设，实现楼宇党群工作全覆盖。组织开展党员志愿活动392次，累计参与9711人次，党员为群众办实事好事893件。组织26个社区党组织和8个商务楼宇完成439家“两新”组织摸排工作，通过集体学习、“制度上墙”和“非公党建论坛”等方式，推进“两新”党组织规范化建设。持续推进党组织和党的工作“双覆盖”，推广双圆工程监理有限公司党建示范点经验，提升非公党建质量和水平。发挥党建工作协调委员会作用，召开街道党建工作协调委员会会议2次，召开社区党建工作协调委员会会议87次，街道社区共征集需求清单55项，资源清单95项，项目清单45项。围绕疫情防控、物业管理、垃圾分类等，不断深化所属190个党支部规范化建设，推进组织力提升。

（王　佳）

广安门内街道

【概况】广安门内街道（简称广内街道）地处北京中心区西南，位于西城区中部偏西，东至宣武门外大街与椿树街道毗邻，西隔广安门北护城河与广外街道相连，南至广安门内大街，北至金融街，东西最长处2130米，南北最宽处1200米，面积2.43平方公里，有大街11条，胡同68条。辖区内有中、小学校6所，青少年科技馆1所，幼儿园6所，卫生医疗机构3家。辖区法人单位2403个。社区居委会18个。户籍人口3.13万户8.96万人，常住人口2.77万户7.42万人。广内街道严格落实首都城市战略定位和区委区政府各项工作部署，全面推进疏解整治、基层治理、民生保障、环境建设等各项工作，多项工作受到市、区表彰。

地址：西城区感化胡同3号院12号楼

电话：83172780

（邓　飞）

【新冠肺炎疫情防控】年内，启动一级响应，整合公安、食药、工商、社区卫生服务中心等职能部门力量，成立工作专班全面统筹。持续开展“敲门行动”，完成三轮兜底排查。设立93个社区卡口，出入证分类检验+智能人脸识别，严格实施24小时封闭式管理。每日消杀无死角，保证地区环境安全洁净。街坊邻居、社区工作者、菜店老板齐上手，“机器人智医助理”线上问诊，为6998名居家观察人员高效服务。组成联合执法小组，“一楼一策”指导地区商务楼宇、商场超市、餐馆、工地等生产经营单位落实防控措施，确保复工复产安全有序。新发地市场聚集性疫情期间，按照应检尽检，愿检尽检原则，规划设置3处核酸检测点，完成4万余名居民核酸检测。发布“邻里守望、关爱行动”志愿者招募令，地区2000余名居民志愿者参与卡口值守、环境消杀等各项任务。500余名地区人大代表、政协委员、在职党员放弃休息时间在防控一线值守。区司法局、区生态环境局、区委党校等单位派干部支援防控工作。

（邓　飞）

【社会保障】年内，全年救助各类困难群体2879人，制定《保就业促稳定若干措施》《促就业社会保险补贴及奖励实施办法（试行）》，全面提升疫情期间就业服务。成立社区“老兵驿家”“老兵之家”志愿服务队，获评北京市退役军人工作先进集体。全年养老助餐服务6000人次。为4000余名80岁以上老年人送上生日贺卡和牛奶。帮助180名60至79岁低保低收入老人解决洗浴、理发、送煤气等生活困难问题。为298名签约独居、高龄老人提供精神慰藉服务。28户家庭签约入住公租房。对7处低洼院进行防汛改造。开展煤改电安全检查及应急维修服务，惠及居民3000余户。增设便民服务网点、便民菜店、临时蔬菜零售点8处。建成广内街道心理服务中心和报国寺等2处文体活动中心。

（邓　飞）

【社区建设】年内，持续推进“小切口，微改革”，完成核桃园、报国寺等社区服务站转型升级，打造集党务、政务、便民生活、公益志愿于一体的社区“公共客厅”。联合中国青年政治学院，开展社工分类培训，建成一支全科社工队伍。启动社区两委换届工作，进行社区“两委一站”班子调研，做好人员摸底，为社区换届奠定扎实基础。招聘社工和党务工作者62名，协管员、网格员等各类一线力量1094人全部完成整合下沉。策划举办邻里文化节，并作为全区主会场，得到人民日报、北京日报等多家新闻媒体报道。坚持民生工作民意立项，停车自治、物管会组建等项目有效实施。开展分层协商，将楼门院建设、社区服务站转型升级等居民关注的难点热点问题统一纳入。有效发挥公益金带动作用。建立协商议事厅示范点。周密实施第七次全国人口普查，保证数据真实准确。为民办实事12件。办理人大建议、政协提案2件。受理依申请公开9件。持续落实日调度、周会商、月总结办理模式，协调热线问题解决。将热点、疑难问题详细分类，做好预判，力争未诉先办。全年受理市民服务热线案件6000余件。在政务大厅设立综合窗口，160余项业务纳入“一窗”集中办理。全面推行“早晚弹性办、午间不间断、周六不休息”服务，共收到表扬信29封。

（邓　飞）

【平安建设】年内，完成新冠肺炎疫情期间全国“两会”、服务贸易交易会、党的十九届五中全会等重大会议活动服务保障任务。成立地区消防应急救援秒响应处置队，设置6处工作站。完成20项一般安全生产隐患整改。重新规划设置14处应急避难场所。新装电动自行车充电桩12组、充电柜16组。新装烟感报警器5848个。清理占用消防通道45处。开展反恐、非法集资、反邪教警示教育宣传工作。落实安全生产专项整治三年行动计划。开展地区安全生产百日行动，对辖区重点行业领域全面摸底排查，加强矛盾纠纷源头治理。依托“诉源直通车”工作机制，累计调处矛盾纠纷52件，办结信访案件62件，街道处级领导约访、接访23批次。为辖区居民提供法律咨询500件次。

（邓　飞）

【城市管理】年内，有效对接环境保护、市政管理、大气污染、河湖保护、禁止垂钓、控烟等六大类执法权下放，完善落实行政执法全过程记录、执法公示、重大执法决定法制审核三项制度，大力开展综合执法。落实《北京市物业管理条例》，探索制定物管会工作导图、筹备方案、议事规则、管理规约等“一揽子”文件。出台《广内街道党建引领推进物业管理工作方案》，对组建程序、人员构成、任职条件、选聘规则进行细化规范，形成长效机制。以广安门北街20号院为试点，在《北京市物业管理条例》实施一个月内，正式完成小区物管会组建。年内组建业委会（物管会）41个。以《北京市垃圾分类管理条例》为依托，全面实施生活垃圾分类管理。明确辖区各单位垃圾分类责任人，建立检查台账，现场指导、督促，抓好前端落实。撤桶并站，优化桶站设置，组织志愿者进行桶前值守，配备垃圾分类指导员提供专门指导。实行一户一编码、定时专人收、积分回馈实、集中分拣快的“四步管理法”，平房区垃圾不落地基本实现。建成大件、装修垃圾投放点、分类驿站，安装厨余垃圾就地处理设备、智能垃圾分类箱。桶站升级全部完成。联合街巷物业提供再生资源回收服务。康乐里小区入选第一批北京市生活垃圾分类示范小区。有效落实“一微克”行动，严格开展在施工地检查，加强洒水降尘，做好扬尘管控。累计巡河1911.63公里，处置整改问题156起。南护城河（西便门至广安门桥段）被评为北京市优美河湖。

（邓　飞）

【疏解整治】年内，完成核桃园西街、槐柏树北头条、槐柏树北五条等3条为民办实事任务街巷环境精细化整治提升。完成核桃园西街、槐柏树街等26条背街小巷市级验收。开展康乐里小学、广安门中医研究院、广义街学而思学校周边环境整治，缓解交通拥堵。对辖区全部28处住人地下空间进行复查，防止问题反弹。清理群租房屋36处，直管公房违规转租转借27处。对新生违建零容忍。拆除违法建设8000平方米。占地500平方米的三庙社区花园建成开放，吸引居民回归社区，参与社区建设。与清华大学合作，开展危旧小区改造、公共空间提升、小区适老化改造等微更新设计专题研究。完成长椿街24号楼、大星胡同南口微更新项目设计。实施广义街甲3号楼前护栏、便道改造。新增绿化面积2100平方米。

（邓　飞）

【精神文明建设】年内，广泛开展学习教育。打造“云直播”线上学习教育平台，开展“初心薪火相传，使命勇担在肩”百姓宣讲云直播活动，传递文明向上的积极氛围。定期对街道范围内的意识形态领域重大问题进行研究分析，针对重大敏感时间节点、重大舆情热点、重大决策部署、重大活动组织、突发事件处置等提前进行专题会商研判，确保社会面稳定。有序促进文明城区创建，在18个社区持续深化民风建设，居民公约上墙推广，18个“最美家庭”带动弘扬优良家德家风。深入开展《北京市文明行为促进条例》学习宣传教育活动，打造“线上阵地、代言人物、线下活动”三位一体的品牌化管理模式。开办垃圾分类云课堂并进行线上答题，邀请文明达人代表在直播间分享感悟。根据广内象来街历史典故，创作文明行为促进引导员“小象安安”。开展“广内文明行，共绘文明城”线上全民打卡系列活动、“小手拉大手，文明分类一起走”垃圾分类主题活动等10余场。结合各项中心工作，在北京电视台等电视媒体上推出电视新闻报道21篇，在《北京日报》《北京晚报》《北京西城报》等平面媒体刊登各类文章76篇，在人民网、千龙网、新华网、今日头条等网络媒体上推出报道43篇。《广内之声》出版39期。“掌上广内”公众号累计推送文章584篇。

（邓　飞）

【双拥共建】年内，开展“万名代表下基层”开门立法工作，组织市、区人大代表研读《北京市物业管理条例（草案）》《北京市文明行为促进条例（草案）》，广泛征求意见建议。开展人大代表联系选民月活动，组织代表为“十四五”规划建言献策。开展民族团结宣传月活动，营造地区民族团结、民族和睦的良好局面。组织代表、委员参加街道重点工作情况汇报会、年中工作通报会、社区代表大会，广泛征求工作意见建议。建立地区侨胞侨眷名册、重点户和困难户名册。通过记者访谈、文艺演出等方式与台湾当地乡、里互动交流，对地区少数民族、归侨、侨眷、黄埔老人等各类统战人士走访慰问。

（邓　飞）

【党建工作】年内，坚持“纵向同轴、横向同心”组织力建设构架，增强内生动力。抓实“双报到”工作，做实街居两级党建协调委员会，凝聚辖区党组织和党员的政治力量，1000余名在职党员、254个楼门院党小组、73个辖区单位党组织、22个“两新”党支部积极挖掘自身资源优势，组建各类专业志愿服务团队为地区群众提供服务。

（邓　飞）

牛街街道

【概况】牛街街道位于西城区南部，东起菜市口大街，西至广安门南街，南起南横西街、枣林前街，北至广安门内大街。辖区面积1.44平方公里，社区居委会10个，居住着23个民族。户籍人口18813户54493人，其中男性27124，女性27369，流动人口11066人，少数民族流动人口1264人，出生327人，死亡942人。驻地中央单位129个，市属单位49个，区属单位125个。辖区内有中学1所、小学2所、国家级宗教院所2所、特殊教育学校1所、幼儿园2所，敬老院2所。年内，街道热线平台共接办居民诉求4249件，接诉即办工作考核成绩明显提升。

地址：西城区牛街8号

电话：63533407

（李　楠）

【新冠肺炎疫情防控】年内，组建新冠肺炎疫情防控领导小组，实行处级领导包干社区和街道机关全员停休上岗应急机制，成立10个社区疫情防控临时党支部，开展线上线下宣传，压实“四方责任”。动员地区各方力量参与疫情防控，人大代表、政协委员、各类统战人士，地区商会、西城大妈、街巷长等志愿者，共12万人次参与到地区69个社区卡口值守。大年三十，组织街道、社区工作人员开展全覆盖兜底排查。建立企业、居民、居家隔离及密接触人员、返京人员四本台账。新发地市场疫情发生后，街道三天内组织完成集中核酸检测采集工作，共检测居民近2万人。对市场餐饮冷链开展高频次、全方位的常态化监督检查。

（李　楠）

【城市管理】年内，对标北京新总规和核心区控规，持续推进街区整理和疏整促专项行动。按照“杜绝新生、消灭存量”要求，完成钢院社区、南线阁5号院等处拆违2500余平方米，疏解治理地下空间、群租房等64处，影响人口1250人。完成9条背街小巷的整治提升，德泉胡同、登莱胡同、白广路二条等三条胡同通过市级验收。制定《街道无障碍设施改造三年计划》，完成对牛街大街等26个点位700个元素的无障碍改造。细微颗粒（PM2.5）累计平均浓度41微克/立方米，下降幅度14.6%，列全区第二。加大对辖区工地、道路、小区内部的日常降尘管控，确保抑尘效果。加大综合执法处罚力度，对未有效采取抑尘措施、苫盖不严等行为立案处罚，处罚金额12万元。修订污染防治方案、预案和制度措施，更新14种污染台账，完成124家餐饮单位油烟排放升级改造。落实河长制各项工作制度，全年巡河近700公里。结合社区“月末清洁日”，发动社区党员、志愿者对社区大件垃圾实行集中清运，共清运建筑垃圾和废旧家居1000余吨。规范大件垃圾收运流程，在东里社区、西里二社区等设5处大件垃圾存放点，西里一区建设1处垃圾分类生活驿站。举办垃圾分类宣传活动150余场，张贴、发放各类宣传材料4.6万余份，签订承诺书1.5万余份，牛街东里社区被评为北京市垃圾分类示范小区。地区内32个物业项目全面实现党组织覆盖率、物业服务率、业主组织组建率100%，业委会比例达到18.8%。

（李　楠）

【社区建设】年内，完成牛街西里二区社区等5个服务站转型试点，打造更贴民意的百姓会客厅。在10个社区服务站实施菜单式服务，实现一站式办理。围绕疫情防控、垃圾分类、物业管理、文明行为引导等重点内容，修订社区居规民约。编写《牛街街道社区工作者岗位说明书》，152名社区工作者完成人岗匹配线上测试。年内，街道、社区共吹哨289次，解决居民高频集中反映的物业管理、老旧小区治理、违法建筑拆除等共性问题213项。发挥党建协调委员会“四个双向”机制，梳理资源、需求、项目清单71项，回应群众诉求。依托牛街街道社区社会组织联合会平台，鼓励优秀社区社会组织参与市区赛事活动，牛街民族之音京剧团获西城区票房大赛一等奖。促进企事业单位资源开放，广安门体育场限时为老年人免费提供健身场地。

（李　楠）

【民生保障】年内，开展困难家庭“一户一策”扶助专项行动，建立286户低保困难家庭档案，发放各类社会救助、医疗救助、临时救助金980余万元，完成低保、大病重残、复转军人20户家庭选房工作。地区失业率1.15%、就业率67.17%，列全区第四。对413名家庭照护者开展技能培训，完成44名重度失能老人家庭养老照护床位签约服务，协助24位老人完成异地康养申请。为100名困难残疾人提供免费体检服务。对困境儿童分类造册跟踪，组织开展困境儿童和留守儿童关爱保护活动31次。对地区200余家企业进行劳动保障法律法规、社保缴纳“减缓免”政策等多项培训，检查用工单位128户，保障劳动者权益。丰富辖区退役军人文化生活，通过全国示范型退役军人服务站验收。开展“绿洲”心理援助工作，线上服务群众近8000人次。落实《西城区群众身边体育健身设施建设三年行动计划（2020—2022年）》，对室外262件体育健身器材进行质量检查，新增更新29件，建成法源寺广场露天棋苑。利用地下腾退空间建成邮政惠民生活驿站，新增4个社区流动菜站。开展民族特色“书香牛街”文化系列活动125场，读者参与6000余人次。建成北京市首家街道群团服务中心。开展“互联网+消费扶贫”活动。为青海玉树囊谦县吉尼赛乡学校捐赠图书1800册。开展企业大走访、大服务工作，处级领导带队走访企业100余家。完成全国第七次人口普查工作。

（李　楠）

【平安建设】年内，全年启动一级防控22天，三级防控8天。发动群防群治力量3万余人次参与巡逻执勤，完成“两会”“两节”等重要时段的服务保障。开展流动人口、出租房屋排查，共核实流动人口10948人，出租房屋3871户。举办线上、线下普法宣传活动30余场，受众1.7万余人。全年排查矛盾纠纷25件，受理信访事项303件，积案结案率100%。推进智慧平安小区建设，将京心相助、北京健康宝、电子出入证、人脸识别等技术手段应用于社区防控工作中，在牛街东里、钢院等14个小区安装213套门禁，为居民办理门禁卡3.91万张。清理春风社区私装地锁430余个，安装停车管理系统，实现网上登记、审核、缴费。开展安全生产专项整治三年行动，累计检查生产经营单位4808家次，排查处理各类隐患4211项。建成街道第二座小型消防站，为6个社区安装270个智能充电设施。街道获评北京市“应急宣传进万家”最佳实践活动奖。

（李　楠）

【精神文明建设】年内，出版《今日牛街》普刊23期（其中防疫专刊4期）专刊1期，推出评论性文章21篇，开辟88个特色专题专版报道，刊登新闻稿件302篇，推树各类典型人物60个。“北京牛街”微信公众号，推出微信239期文章496篇。全年中央市区各类新闻媒体共刊登报道牛街方面的新闻132篇次，其中市级媒体20篇次，中央电视台1篇次，中央国际广播电台1篇次，北京电视台8篇次，北京电视台“缤纷西城”栏目1篇次，《北京西城报》48篇次，人民网16篇次，其他网络媒体转载37篇次。策划拍摄《身边文明从我做起》8集系列短视频，讲述百姓身边的文明微故事。围绕学雷锋、文明健康、党旗下的坚守、垃圾分类、文明节俭等主题，开展环境清扫、值守站岗、文明引导、线上讲座、守桶护桶等新时代文明实践活动和志愿服务近100场次。疫情期间，地区1926名志愿者加入“身边·守望”志愿服务，提供代购送餐、义务理发、心理咨询、清扫消毒、包岗值守等服务。

（李　楠）

【统战工作】年内，利用牛街微信公众号，组织特色线上互动活动，举办“匠心知味”线上厨艺直播，制作涵盖服务礼仪、特色菜烹饪、小吃制作等内容的七集培训视频。开展民族团结创建特色文体活动，举办牛街街道第五届“民族团结杯”篮球邀请赛。建立辖区少数民族流动人口档案，设计制作服务指南汇编。组建“战疫情奔小康·奋斗有我”百姓宣讲团，讲述地区居民的抗疫故事。重要节日以“处带居、六联系”的形式，结合领导班子与党外人士交朋友机制，走访慰问街道近950余户民族、宗教、归侨侨眷、港澳台眷属、牛街商会负责人及少数民族困难群众。

（李　楠）

【党建工作】年内，街道利用红色四合院和红色会客厅两个党建活动阵地开展活动20余场，近1000人次参加。录制基层党委书记微党课5堂，名书记工作室交流研讨2次，线上教育49堂。利用“双报到”机制，发动59个地方党组织、46个支部推进垃圾分类桶前值守工作，组建盯桶守桶垃圾分类服务志愿队2支，其中地方党组织及在职党员垃圾志愿队744人、社区党员群众志愿队1056人。接收区派干部35人次参与疫情防控工作。开展党建协调会成员单位线上会商机制，梳理认领区党建任务33项。巩固“不忘初心　牢记使命“主题教育成果，对社区工作者思想状况和社区工作开展调研。制定街道工委全面从严治党主体责任及重点工作任务清单。

（李　楠）

白纸坊街道

【概况】白纸坊街道位于西城区南部，东起菜市口南大街与陶然亭街道为邻，西至西护城河与广外街道和丰台区交界，南起南护城河与丰台区相望，北至南横西街、枣林前街与牛街街道接壤。辖区面积3.11平方公里，有主要大街12条、胡同76条，社区居委会19个。户籍人口35820户，常住人口105076人，流动人口17499人。驻区单位2773个，其中中央单位53个，市属单位101个，区属单位164个。有成人教育学校3所，中学（含职高）6所，小学4所，幼儿园7所，医院5所。年内，白纸坊街道获评北京市控烟示范单位、创建白纸坊街道生活垃圾分类示范片区；创建万博苑小区生活垃圾分类示范小区；获水利部“保护水资源，建设幸福河”评选优秀奖以上等次。

地址：西城区樱桃二条8号

电话：83512187

（周　青）

【新冠肺炎疫情防控】年内，新冠肺炎疫情期间，制定《白纸坊街道新型冠状病毒肺炎疫情防控工作方案》《白纸坊街道社区疫情防控工作大检查工作方案》《白纸坊街道应对秋冬季疫情防控工作预案》及各类工作提示、流程，平稳渡过武汉、新发地、大连、青岛等聚集性疫情阶段；维护疫情跟踪系统2万条返京人员信息。组织辖区常住居民57745人完成核酸检测；配合区巡查组做好每月一次常态化巡查检查，对境外直航返京人员及第一入境点返京人员做好闭环管理。

（周　青）

【城市管理】年内，推进万寿公园街区风貌提升和健身步道建设；深化建功南里街区的整理，对南菜园西二条拆违整治，打造无违建街区，推进海友酒店院内730平方米违法建设拆除工作；完成无障碍设施专项改造提升项目台账点位42处；通过街巷环境整治，完成8条街巷环境提升，修复路面1600平方米，立面美化2000余平方米，调整、新增绿化面积300平方米，增设3处便民车棚等设施；完成18条街巷精细化管理验收，14条验收通过；推选监狱西墙外胡同参加市、区级优美街巷评选活动；超额完成“疏解整治促提升”专项行动有关任务指标。超额完成拆违7000平方米工作任务，经拆除68处，面积7836.69平方米；封堵“开墙打洞”违法建设实现动态清零；留白增绿1200平方米，建成口袋公园1处。设置59个垃圾分类宣传站点，张贴海报5600余张，发放垃圾分类宣传折页6万余张，开展宣传活动114场。发挥党员、楼门长、志愿者等力量，组建垃圾分类宣传队伍，实施站前宣传，与西城家园、微信群等线上宣传方式相结合，确保居民知晓率100%；信建里小区整治，拆除违法建设16处300平方米、私设地桩地锁130余个、清理清运院内垃圾100余车次320立方米，在小区大门安装智能车牌识别系统；完成小区环境改造设计方案及工程量清单、资金测算。

（周　青）

【社区建设】年内，成立5个小区业委会，60个小区成立物管会。发放宣传材料600余份。组织会议20余场次。突出抓好19个社区班子和社工队伍的管理和服务，加大培训和考核力度，围绕社区自治、社区动员等主题开展多种形式培训；利用“社区议事厅”线下平台，以疫情防控、垃圾分类、物业管理、文明行为引导等工作为重点内容，运用参与型社区分层协商方法修订完善居民规定19个，推进社区参与型协商。在两个小区开展楼院“微更新”，做好楼门环境提升、楼门文化建设、居民骨干培养，同时加强楼门院长队伍建设，实现楼院“软硬”环境双更新、双提升。年内，联合古陶文明博物馆为19个社区青少年开展“古陶文明科普行”活动，参观讲授和制作体验等科普活动。开展公益讲座，疫情期间坊间书阁举办“战疫微课堂”，开展书法、面塑、剪纸、瑜伽等7个门类的线上课程。

（周　青）

【民生保障】年内，全面落实应保尽保政策，依托困难群众救助服务所，实现精准救助各类人群全覆盖，全年为117名困难群众办理临时救助金27.81万元；为33名困难群众办理住院周转金27.8万元；为666户低保发放爱心卡生活补助金33.3万元；为8户低保发放新生教育救助金5.5万元；为92名低保家庭儿童发放儿童救助金11.04万元；为19名特困供养等救助对象支付机构供养费43.35万元、药费44.64万元；为散居孤儿5人支付基本生活费4.58万元。走访困难残疾家庭902户，发放慰问金39.1万元；发放扶残助学补助2.11万元。养老助残补助新申请95人，变更32人，现享受助残补助516人，发放补助金额58.72万元；新办理灵活就业社保补贴27人。继续深化拥军优抚工作，为121名优抚对象发放“两节”慰问金15.73万元，报销药费1.65万元。八一慰问为83人发放慰问品

4.15万元，为6名义务兵发放家庭优待金39.33万元；为17名抗美援朝老战士发放慰问品0.85万元；携手梧桐花香培训中心，开展残疾人日间康复照料。建立精神残疾人日间康复照料站，开展精神残障人士日间康复照料小组活动。完成各类保障性住房申请登记213户，保障性住房资格变更285户次终止58户，资格复核12次共计292户，市场租房补贴签约及续约129户，解锁各类情况锁定家庭218户，三房轮候家庭3户。针对辖区具有公共租赁住房备案资格的低保、低收入、大病、重残等特殊人群，组织参加市投、区投选房4次。完成市场租房补贴档案整理、登记、装订成册84件。

（周　青）

【平安建设】年内，提升应急响应能力，配备治安巡逻车8辆、消防巡逻车4辆，在地区60个坊间巡更点动态巡逻；加大智慧平安小区建设，增设局域网监控150路，安装楼宇对讲151处，为地区平房院、失管小区、散居楼房等区域增设行人出入口门禁系统58处，实现平房院全覆盖；对高发案点位优先配备面部识别系统43处；安装公共电动自行车充电桩28处72组，无物业管理区域实现全覆盖；加强安全生产监管，健全隐患上报—整改—销账闭环处理平台，台账完善率一直保持100%，台账新增核销及时率100%；加大执法检查力度，检查各类生产经营单位4962家次，出动检查人员9000余人次，发现整改隐患3452处，检查实地经营单位覆盖率100%；开展“压反弹、保秩序”黑车黑摩的波次集中整治行动。组织黑车黑摩的整治清理81次，共出动民警139人次，保安156人次，批评教育28人，有效治理白纸坊地区黑车乱象。大力推进依法行政工作，结合行政执法改革，制定街道重大行政执法决定事项目录，组建案件审理委员会和法制审查团队，聘请法律顾问团队；落实政务公开，公开行政处罚事项430项、社会服务类信息378条；利用街道人民调解中心和社区公益法律顾问这支队伍，让专业力量参与到社区法律咨询、法律服务活动；加大法制宣传力度，以“七五”普法为主线，开展法律援助、司法大讲堂等活动。

（周　青）

【精神文明建设】年内，深化新时代文明实践所建设，在街道党群活动中心和平原里南区重点打造新时代文明实践主题文化墙。以新时代文明实践周活动为依托，以志愿服务队伍为抓手，引导19个社区先后开展“垃圾分类放　生活新时尚”“践行文明条例　助力文明城区创建”“做西城文明市民创全国文明城区”新时代文明实践主题教育活动。发挥新媒体、传统媒体相结合的传播优势，建好“坊间微动力”微信公众平台，发布政策解读、坊间文化、身边好人故事等内容。以“坊间少年、初心闪亮”为主题，结合防疫、垃圾分类等重点工作推进，设计6场青少年思想道德教育线上活动，开展百姓宣讲活动，成立“情暖坊间”百姓宣讲团，以防疫和全面建成小康社会为主题，挖掘地区8家单位职工优秀故事宣讲拍摄。向区报送“北京榜样”等先进人物事迹30人次，为典型人物拍摄微视频，制作宣传展板在相关社区公示，激励人们崇德向善、见贤思齐。开展“福满京城　春贺神州”白纸坊驻区单位新春团拜会活动，200名驻区单位人员参加。组织19个社区以线上线下相结合的方式，开展100余场端午、中秋、重阳等传统节日庆祝活动。在微信平台开通“云课堂”，宣传《北京市文明行为促进条例》，倡导文明行为，设计制作标示牌400余块、展板1000块、横幅25块，在地区重点商户、饭店、酒店、银行、19个社区院落及街巷张贴。开展“制止餐饮浪费　践行光盘行动”专项督导检查工作，年底检查餐饮单位、文明单位101家，坚决遏制餐饮浪费行为。

（周　青）

【党建工作】年内，白纸坊街道结合新冠肺炎疫情防控工作开展“疫情防控在行动，坊间党员亮承诺”“五个比一比”活动，120名党员干部和社工、志愿者进行宣传褒扬，设立党员责任区61个，直属党组织党员、133家党建协调委员会单位签订合力战疫承诺书、发动党员志愿者、在职党员3000余人协同一线防控，利用两批次疫情防控专项党费

52万元购买防疫物资，对3547名一线防疫人员进行慰问，辖区党员4380人、党组织193个为抗击新冠肺炎疫情捐款56万元。疫情期间递交入党申请书的群众37人，入党积极分子136人。年内，研究基层党建工作13次，细化分解落实基层党建重点任务清单39项，实地走访社区开展谈话、摸底调研3轮次，对基层党建述职渠道反映的5项问题进行有效整改，细化17条措施，每月汇总督办；党建协调委员会对接资源清单64项，需求清单26项，对接8个项目，录制党组织抗击疫情和党建工作宣传片。发动党员志愿服务队参与垃圾分类281个次、在职党员2000余人次、街道社区党建协调委员会参与垃圾分类单位91个次、796人次，成立62个物管会（业委会）临时党支部、1个智慧物业中心实体党支部、1个物业联盟临时党支部，物业企业党组织覆盖100%，制定物业企业、业委会（物管会）党支部工作指引，向物业企业党支部送党旗、送牌匾、送书籍、送政策，开展“垃圾分类党员先行”、观影观展等主题党日活动，制定《白纸坊街道工委关于加强和改进党建引领社区治理的实施意见》，细化20余项具体措施逐条分解落实；新成立3家非公企业实体党组织，非公企业党组织覆盖率94%，社会组织党组织覆盖率100%；40个“两新”党支部疫情防控捐款率超95%；完成共产党员献爱心，发动党员3177人，群众311人共捐款32万元；接收国有企业退休人员党员组织关系450人；完成151个党支部评星定级。

（周　青）

【为老服务】年内，白纸坊街道成立“七有五性”老有所养工作专班，细化职责分工，定期开展工作例会，学习掌握政策精神。9月底完成家庭养老床位、居家养老护理员培训工作，异地康养完成25人入住，完成任务指标36%。为老服务队先后2次组织社区老龄主任业务培训，在疫情期间为困难老人提供48次生活采买服务，6次上门送餐服务及部分医疗服务。完成90周岁及以上无保障老人办理城镇居民基本医疗保险、高龄老人津贴、80周岁以上老人居家养老补贴、百岁老人祝寿、失能老人评估申请办理、老人优惠免费体检、重阳节慰问、适老化老人家庭改造申请等相关为老服务工作。打造“窗帘约定”为老志愿服务项目品牌，并融入邻里关系促进、疫情防控常态化等工作中。在白纸坊东街31-1号3层楼整体打造成为以“医养结合”为特色的右北大街社区养老服务驿站，为居家老年人提供“社区护理+居家护理+医疗衔接”三大服务。

（周　青）

【坊间文体】年内，白纸坊街道大力发扬地区文体文化，打造“坊间”文化品牌。联合古陶文明博物馆为19个社区青少年开展“古陶文明科普行”活动，参观讲授和制作体验等科普活动；开展传统文化学习课程，以预约送书上门、讲座、线上图书推荐会、读者线上知识问答等形式，宣传推广全民阅读；开展公益讲座，疫情期间坊间书阁举办“战疫微课堂”，开展书法、面塑、剪纸、瑜伽等7个门类的线上课程共70节，累计超过140小时；开展“小小聪明豆”暑期夏令营活动。坊间书阁共开展114场读者活动，累计参与人次21419人。完成19个社区421件健身器材的检查，为8个社区更换68件器材、其中智能器材47件，智能化率69%。对位于崇效寺社区东南角的文体广场进行整体设计和布局，局部绿化提升；健身场地地面翻修；增设围网护栏。对冰雪体验中心部分场地布局进行调整和改造，增加仿真冰场、仿真雪项目，场馆突出青少年冬奥知识普及和冰雪运动功能，为冬奥储备新生力量。组建19支武术健身团队，完善街道健身团队组织，。新安中里的通背拳武术队获评西城区优秀健身团队，进一步推动“武术之乡”工作发展。

（周　青）

广安门外街道

【概况】广安门外街道（简称广外街道）位于西城区西南部，东以西护城河为界；西沿马连道北路、湾子街至太平里，与丰台为邻；南起广安门南滨河路向西沿鸭子桥、广安门火车站专用线莲花河故道与太平里相接，亦与丰台区相连；北以北京西客站、莲花池东路为界，与海淀区毗连。有2条过境河流，莲花河由西向南斜穿地区中央，境内流长2570米；西护城河从地区东侧流过，境内流长2640米。辖区面积5.49平方公里，常住人口19.12万人，38个社区居委会，10个业主委员会，78个物业管理委员会。年内，街道新生儿登记1060人，注销户口2117人。辖区法人单位8600家，其中中央、市属单位91家，地方单位259家，其他8250家。中学4所，小学9所，幼儿园8所，公办养老服务机构2所，医院1所，社区卫生服务站9个。街道设8个职能部门，4个事业单位。

地址：西城区广安门车站西街
　　　17号11号楼

电话：63316600

（雷　玥）

【新冠肺炎疫情防控】年内，成立街道疫情防控工作领导小组，实现疫情防控责任35个社区全覆盖。建立每日疫情工作会商会制度、重点难点工作专题会制度，及时研判辖区疫情形势，研究解决工作中存在的难点和薄弱环节。创新“大区域联防”模式，将22处失管小区和7处平房院落划分成多个大区域，实行区域性的夜间管控，统筹解决失管小区夜间疫情防控难题。动员多方力量参与“外防输入、内防扩散”。全面推行返京居民信息登记系统，准确及时收集居民的基础信息、健康情况、行动轨迹等数据。发挥居民自治组织“瞭望哨”作用，担起疫情防护线。成立居家隔离人员生活垃圾清运队，点对点服务阻断传染源。稳妥处理天陶红莲菜市场疫情，严格落实7个社区18个小区封闭应急措施，做好居民生活服务应急保障，指导菜市场有序复市。组织8个核酸检测点高效运转，完成地区89697位居民核酸检测。落实“双楼长”制，兜底地区商务楼宇防控工作。建立联合验收机制，严格把关施工工地复工。成立联合指导组，指导地区14家茶叶市场疫情防控工作，建立由广外市场监管所行业监管和社区属地管理“双兜底”工作机制，严格把关“七小”门店复工复产。帮助293名失业人员实现再就业。

（雷　玥）

【城市管理】年内，拆除违法建设175处17226.67平方米，其中拆除森源大厦院内12处违法建设约4800平方米；拆除广外老年公寓楼顶违建1000余平方米；治理开墙打洞7处；治理群租房43户；完成严控地下空间反弹等其他任务，共涉及4959人。制定《居民大件垃圾、建筑垃圾管理办法》，建立完善收运处理体系。建设1个大件垃圾中转站、5个社区垃圾分类驿站。建立厨余垃圾就地化处理驿站，日均处理量2吨。完成马连道5号院和红莲南里10、12号楼等5个老旧小区改造工作。茶马街等18条街巷通过市级精细化管理达标验收。乐城等3个社区开展社区路侧自治停车，新增车位128个；办理路侧电子停车优惠证631户；利用红莲南路30号院西侧待开发用地，为周边居民解决停车位400个。完成荷香园等3处口袋公园及1处小微绿地建设，新增绿化面积6200余平方米。推进灭脏、清障等专项整治工作，清理大件垃圾1.2万吨、废旧非机动车1350辆、僵尸车4辆；拆除地桩、地锁570个、废弃电线杆40根。治理各类扬尘问题40起、裸露地面1.21万平方米；210家餐饮单位完成油烟设备升级改造。

（雷　玥）

【社区建设】年内，推进社区协商自治，开展社区“月协商”活动514次，涉及议题350个，2000余人次参与，解决停车自治、物业管理等热点、难点问题200个。开展社区议事厅建设，打造手帕口南街社区议事厅示范点，指导社区完善议事规则和议事厅章程，围绕小区整治、停车自治等5个议题开展协商活动20次。促进社区、社会组织和社会工作“三社联动”，成立广外街道社会组织联合会，加大对社区公益服务类、居民自治类社区社会组织的培育扶持力度。建立广外街道社会心理服务站（车站东街），委托专业社会心理服务机构开展心理疏导、心理援助等项目，服务老年人、儿童、残疾人、社区工作者等各类人群500余人次。调整社区规模，将荣丰社区拆分为荣丰南社区和荣丰北社区，红居街社区拆分为红居街社区和名苑社区，湾子街社区拆分为湾子街社区和茶源社区，社区数由35个调整为38个。完成荣丰、莲花河等16个社区服务站转型升级，开展全科社工一站式服务，结合社区特点，梳理N项服务事项内容，设置综合受理岗，推进服务站流程再造。以办公区域最小化，活动区域最大化为标准，去除服务站柜台，合理规划“四务”区域，打造开放式的百姓会客厅。加强红居街、红莲中里3个楼门院治理示范点建设。完善社工教育培训体系，采用线上线下相结合的培训模式，分层次、分类别培训普通社工、社工人才储备库人员、社区正职300余人次。坚持做好“街道吹哨、部门报到”工作，全年累计吹哨2435次，解决一批群众烦心事。组建物管会78个，现有业委会（物管会）88个，覆盖率达72%。辖区新增普惠性幼儿园2处，社区办园点1处，提供学位700余个。以社区活动室为基础，试点中新佳园社区托管项目，惠及居民100余人。

（雷　玥）

【民生保障】年内，制定十条接诉即办工作实施意见，采取职能科室科长管业务和包社区领导兜底条块结合的办案方式，实现科级以上领导办案率达到100%。完善《广外街道政府热线月考核细则》，共办理热线诉求1.11万件，其中市直派案件7417件，区转派案件3683件。成立白菜湾社区养老服务驿站，试点物业+养老服务模式，推出居家养老菜单、广外为老服务地图，辐射鸭子桥、椿树馆等周边多个社区。尝试零利润服务项目，推出特惠9.9元长者餐。建立健全高龄、失能老年人长期照护服务体系，34名西城区户籍老年人赴津冀蒙异地康养。成立街道劳动人事争议调解中心，帮助居民解决劳资纠纷问题。开展第七次全国人口普查，有序推进入户登记工作。精准扶贫，助力结对六地区全面实现脱贫。协助开展内蒙古喀喇沁旗美林镇农村生活垃圾收集转运建设项目，解决18个行政村农村生活垃圾问题，带动贫困户就业。全市首个民政系统区块链应用场景落地广外，有效提高行政确认透明度和精准度，方便群众办事。推行“不见面”业务办理模式，疫情期间采取网上办、掌上办等方式，实现14项高频事项“不见面”办理，占窗口业务高频事项的70%，并做到日结日清、问题追踪、办结反馈，确保零差错。截至年底，线上办理业务共计3752件。率先试行延时服务，推行早晚弹性办、中午不间断、周末不打烊全方位、全时段、全覆盖延时服务措施，解决群众班没空办的窘境。创新采用视频连线“云招聘”方式，为退役军人举办线上专场招聘，实现求职者与招聘单位安全高效双向沟通，35名退役军人达成就业意向。向群众报告工作通报情况机制常态化推进，年内共通报1033次。

（雷　玥）

【平安建设】年内，开展社区“红袖标”行动，做好抗击新冠肺炎疫情防控、全国“两会”等重大活动和重点时期服务保障工作。依托综合执法中心和综合执法队协调解决各部门执法中的难点问题，开展联合执法1507次。完成49个封闭式小区智慧平安小区建设工作；为地区800户居民补贴更换门户C级锁芯。广外地区盗销自行车案件发案率同比下降35.5%，入室盗窃案件发案率同比下降41.7%。开展扫黑除恶专项斗争，建立《长效化工作机制手册》。优化应急、专业、特殊三类6支基干民兵力量，精确编组296人。落实安全生产“一岗双责”，坚持四级联动日常检查机制，检查单位5414家，消除隐患14080处。坚持防小火、控大火、保安全，处置火情18起。推进马连道微型消防站建设工作。完成地区食品药品安全监督检查2300余户次。预防信访突出问题和群体性矛盾纠纷，化解区、街级重点矛盾案件4件。建立完善街道联席会议制度，搭建有效化解信访难题工作平台，召开联席会6次、化解案件4件。坚持和发展“枫桥经验”，组织开展矛盾纠纷排查1115次，调解案件185件。

（雷　玥）

【精神文明建设】年内，完成文明城区创建与迎检工作。发放《北京市文明行为促进条例》2000册。举办首届“红莲杯”

冰壶球比赛、第十四届“和谐杯”乒乓球比赛、“广招天下运动一夏”运动会等竞技活动，2500余人参加。举办京津冀联合庆祝申冬奥五周年直播纪念活动、申冬奥成功五周年冰雪知识讲座、暑期冰壶球体验活动等。科技周期间，依托小马厂脑科学科普体验厅等阵地开展脑科学系列科普活动、科学防疫、垃圾分类讲座、专家义诊、全民健康运动等各类线上线下活动200余场，3000余人参与。组织暑期亲子线上体验课程，开设书法、国画、国际象棋、国学知识、家庭教育5门课程，近4000人次参与。组织教师节线上文化体验活动、中秋文化专题体验活动、心理教育等特色活动，惠及近万人。

（雷　玥）

【功能街区建设】年内，做好辖区税源企业走访、交流和服务，协调解决企业发展中的难题和困境。完成税源重点企业综合贡献奖励发放工作。走访宣传西城区惠企政策，引导25户异地经营企业在西城区落户缴税。以《马连道街区加快区域环境优化和产业升级三年行动计划（2018—2020）》为指导，重点疏解茶批发、仓储、物流功能，梳理分析街区存量空间使用情况及未来发展方向，与产权单位对接，推动街区产业转型示范项目落实，由“中国茶叶第一街”向“中国茶文化第一街”转型升级。推进沿马连道路“一轴五点”的马连道文化创意街区一期项目建设，实施空间改造，优化交通、完善设施、绿化景观。建成红莲北里口袋公园、广外滨水绿道（荷香园）。协助做好“两展一节”（北京国际茶业展、北京马连道国际茶文化展、咸阳茶文化节）组织工作，采取线上展览+直播带货方式，开展茶文化传播活动。

（雷　玥）

【党建工作】年内，制定《广外街道工委中心组2020年理论学习安排计划》，采取线上、线下等多种形式，开展中心组集中学习20次。细化《2020年广外街道基层党建工作重点任务清单》，涉及40项重点任务。推进党建服务群众项目化运作，落实文化活动、政策宣传等五类43项资源清单和11个党建项目清单。成立34个新冠肺炎疫情防控临时党支部，筑起社区“红色防线”。动员在职党员3134人参与防疫工作。社区党委带头落实各项疫情防控措施，带领社区居民开展联防联控。成立物业服务企业党支部，覆盖78家物业企业、88个业委会（物管会），党组织覆盖率达100%。制定《广外街道2020年全面从严治党主体责任工作要点》《广外街道工委2020年落实全面从严治党主体责任任务分解》，研究全面从严治党相关工作174次。组织机关、事业单位、社区签订全面从严治党责任清单216份。推进社区纪检工作，7个社区纪检监察监督组实现集中办公，落实纪检专员周例会和社区纪检监察监督组月例会制度。

（雷　玥）

（责任编辑　叶　婷）

人 物

领导干部

中共北京市西城区第十二届委员会

书　记　卢映川（9月免）　孙军民（女，9月任）
副书记　孙　硕　张立新（女）
常　委　喻华锋　姜立光　虞宝才（11月免）
袁海鹏（12月任）　程昌宏　蔺　伟
徐　利　郁　治（女）　朱国栋

北京市西城区第十六届人民代表大会常务委员会

主　任　杜灵欣
副主任　杜黎彬（回族）　李会增　田巨德
张宗禹　魏建明　陈振海
张礼斌
委　员（按姓氏笔画排序）
王玉甫　朱建岳　朱　博
刘立新　刘海涛　安亚荣（女）
许云杰　孙　静（女）　牟善刚
杨维民　张小来　张晓阳
陈子云（女）　陈玉芳（女）　陈金富
陈雅欣（女）　陈　燕（女）　周卫青（女）
郑　实　赵建敏　赵谊江
胡召海　钟祖荣　贾中华
翁乃彤（女）　郭启兴　曹立宏
曹淑琴（女）　蒋远非　韩星桥
演　觉　穆　静（女，回族）

北京市西城区人民政府

区　长　孙　硕
副区长　喻华锋　姜立光（1月免）　朱国栋
李　异　刘国周（4月免）
罗　明（4月任）　缪剑虹
聂杰英（女，1月任）　周金桩（挂职）
鲁　征（挂职，4月任）

中国人民政治协商会议北京市西城区第十四届委员会

主　席　章冬梅（女）
副主席　程　军　姜兆春（1月免）　王　奇
王志忠（1月任）　李建国
荣　洋　刘学增　张培彤
秘书长　王申恒
常　委（按姓氏笔画为序）
马寅生　马　震　王广发
王明明（女）　王晓敏（女）　王景兰（女）
甘力鹰（女）　付建新　白　洁（女）
向公伟　庄文静（女）　刘井坤
刘世春　刘　冰（女）　刘克杰
刘昊扬　刘学俊　刘春春（女）
刘爱中（女）　关振鹏　安少雄
纪　丽（女）　杜凤英（女）　李文义
李占文　李庆保　李征帆
李海潮　李　硕　李　新（女）
杨　秋（女）　吴　江（女）　吴丽光（女）
吴　洁（女）　何悦明　何绪明
宋　坪（女）　张新华　陈光宪
林　耀　孟至岭　赵友新

赵芙蓉（女）　赵　玲（女）　赵娇阳（女）
赵蓬欣　柳　林　施　宏
贾旭辉　高　忻　郭君瑛（女）
陶水龙　常卫国　章树德
程文光　曾小丹（女）　曾加顺
曾昭日　谢苗荣　蒋晓晖
靳　真（女）　褚海燕（女）　戴卫红（女）
魏建新（女）

中共北京市西城区第十二届纪律检查委员会

书　　记　虞宝才（11月免）　袁海鹏（12月任）
副 书 记　田　迪（女）　闫　彬
　　　　　郝　明（6月任）
常务委员　侯　逾　李雪静（女）
　　　　　路朝晖（女）　吴彦胜（5月任）
　　　　　郭　峰（4月免）　高洁琳（4月免）

北京市西城区监察委员会

主　　任　虞宝才（12月免）
副 主 任　田　迪（女）　闫　彬
　　　　　郝　明（6月任）
委　　员　焦长锐（5月免）　郑　军（10月免）
　　　　　吴彦胜（5月任）

中共西城区委员会工作机构主要负责人

办公室主任　徐　利
　常务副主任　李松山
组织部部长　程昌宏
　常务副部长　皮　强（5月免）
　　　　　　　何焕平（5月任）
宣传部部长　郁　治（女）
　常务副部长　靳　真（女，4月免）
　　　　　　　梁　云（女，7月任）
政法委员会书记　王　旭（1月免）
　　　　　　　姜立光（1月任）
　常务副书记　张晓月
统战部部长　王　旭（1月免）
　　　　　　　程昌宏（1月任）
　常务副部长　刘　琪
研究室主任　侯丙振
网信办（互联网信息办公室）
　主任　王希福
机构编制委员会办公室
　主任　关山红（女，满族）
老干部局局长　焦　扬（女，4月任）
区直机关工委书记　徐　利
　常务副书记　梁　云（女，7月免）
　　　　　　　戴卫红（女，7月任）
党校校长　张立新（女，1月任）
　常务副校长　宁　梅（女，7月免）
　　　　　　　马维利（7月任）
党史工作办公室（地方志编纂委员会办公室）
　主任　朱静伟

西城区第十六届人大常委会工作机构主要负责人

办公室主任　曹立宏
研究室主任　许云杰
教科文卫体办公室主任　韩星桥（5月免）
　　　　　　　宁　梅（女，7月任）
城建环保办公室主任　杨维民（5月免）
　　　　　　　孙广俊（7月任）
法制办公室主任　张小来
财政经济办公室主任　郭启兴
预算审查办公室主任　陈　燕（女）
代表联络室主任　孙　静（女）

西城区人民政府工作机构主要负责人

办公室
　党组书记、主任　桑硼飞
发展和改革委员会
　党组书记、主任　王志忠（5月免）
　　　　　　　王其志（5月任）
科学技术和信息化局
　党组书记　刘　倩（女，回族）
　局　　长　杨　秋（女）
财政局
　党组书记、局长　聂杰英（女，5月免）
　　　　　　　马红萍（女，回族，5月任）

人力资源和社会保障局
　　党组书记　　彭随心
　　局　　长　　王效农
住房和城市建设委员会
　　党组书记、主任　　刘成东
城市管理委员会
　　党组书记、主任　　岳　立（11月免）
　　　　张　丁（11月任）
民政局（区委社会工委与民政局合署办公）
　　区委社会工委书记　　李　薇（女）
　　区民政局局长　　张　丁（11月免）
　　　　李　薇（女，11月任）
审计局
　　党组书记、局长　　涂云国（女）
北京金融服务局（区金融办）
　　党组书记　　孙　硕
　　党组成员、副局长（副主任）　　卢五星
生态环境局
　　党组书记、局长　　向　前（土家族）
统计局
　　党组书记　　台　峰（7月免）
　　　　孟红伟（女，7月任）
　　局　　长　　刘爱中（女）
政府外事办公室
　　党组书记、主任　　杜　慧（女）
区信访办
　　党组书记、主任　　邢印良
民族宗教事务办公室
　　党组书记、主任　　韩俊田
人防办
　　党组书记、局长　　赵友新（4月免）
　　　　周杰臣（4月任）
应急管理局（党组设置调整）
　　党组书记　　李　华（4月免）
应急管理局
　　党委书记　　李　华（4月任，7月免）
　　　　魏九红（7月任）
　　局　　长　　李　华（7月免）
　　　　魏九红（7月任）
市场监管局
　　党组书记　　赵　斌（5月免）
　　　　闫学会（女，7月任）
　　局　　长　　闫学会（女）
商务局
　　党组书记、局长　　袁　利（女）
退役军人事务局
　　党组书记、局长　　高　翔
国有资产管理委员会
　　党委书记　　徐　斌
　　主　　任　　佟丽萍（女）
城管监督执法局（机构更名）
　　党组书记、局长　　魏九红（4月免）
城管执法局
　　党组书记、局长　　魏九红（4月任，7月免）
　　　　王书广（7月任）
档案馆
　　馆长　　吕燕裙（女）
园林绿化局
　　党组书记、局长　　吴立军
机关事务服务中心
　　党组书记、主任　　张宇山
城市管理监督指挥中心（机构更名）
　　党组书记、主任　　柴丽敏（女，4月免）
　　　　夏淑敏（女，4月任，4月免）
区全响应服务中心
　　党组书记、主任　　夏淑敏（女，4月任）
对外联络和扶贫协作办公室
　　党组书记、主任　　赵　丽（女）
医疗保障局
　　党组书记、局长　　曾加顺（5月免）
　　　　尹一新（7月任）
政务服务管理局
　　党组书记、局长　　夏淑敏（女）
西城园
　　工委书记、常务副主任　　马红萍（女，回族，5月免）
　　　　袁　文（7月任）
政府投资项目建设中心
　　主任　　刘成东
发展服务中心
　　主任　　岑运东
房屋管理局
　　党组书记　　王连杰
　　局　　长　　孔　勇
房屋征收中心
　　党组书记、主任　　万长宏（5月免）
　　　　施裕忠（7月任）
融媒体中心
　　党组书记、主任　　李雪梅（女，5月免）

周　翔（5月任）

规划西城分局（机构改革）

党组书记、局长　倪　锋

市规划和自然资源委西城分局

党组书记　倪　锋

局　　长　倪　锋（3月任）

烟草专卖局

党组书记、局长　孟庆伟

税务局

党组书记、局长　王忠新（3月免）

吴玉琦（3月任）

政协西城区委员会工作机构主要负责人

党组书记、主席　章冬梅（女）

党组副书记　程昌宏

党组副书记、副主席　程　军

党组成员、副主席　王　奇

党组成员、副主席　王志忠

党组成员　李琳光

副主席　李建国　荣　洋　刘学增　张培彤

党组成员、秘书长　王申恒

办公室主任　贾旭辉

副秘书长、研究室主任　刘春春（女）

专委会工作一室主任　李征帆

专委会工作二室主任　白　洁（女）

专委会工作三室主任　李　鲁

专委会工作四室主任　李占文

专委会工作五室主任　何绪明

专委会工作六室主任　章　卫

西城区各民主党派、工商联负责人

中国国民党革命委员会北京市西城区委员会

主任委员　王　红（女，满族）

中国民主同盟北京市西城区委员会

主任委员　钟祖荣

中国民主建国会北京市西城区委员会

主任委员　李建国

中国民主促进会北京市西城区委员会

主任委员　张礼斌

中国农工民主党北京市西城区委员会

主任委员　张培彤

中国致公党北京市西城区委员会

主任委员　关振鹏

台湾民主同盟北京市西城区委员会

主任委员　陈子云（女）

区工商联主席、区工商联商会会长　司马红

党组书记、副主席　郭君瑛（驻会，女）

西城区政法、军事系统主要负责人

西城公安分局

党委书记、局长　刘国周（3月免）　罗　明（3月任）

政　　委　罗　明（3月免）　陈龙波（7月任）

人民检察院

党组书记、检察长　李卫国

人民法院

党组书记、院长　刘双玉（女）

司法局

党组书记、局长　李　程（女）

人民武装部

部长　蔺　伟

政委　万晓龙

西城区消防救援支队

支队长　李兴华

政　委　刘宪文

西城交通支队

支队长　刘保君

政　委　姜金辉

武警执勤三支队

支队长　梁黔生

政　委　李荣军

武警执勤四支队

支队长　史景军

政　委　樊良柱

西城区人民团体主要负责人

总工会

党组书记　张中喜（5月免）

马光明（7月任）

主　　席　李会增

团区委

副书记（主持工作）　高　健（6月任）

妇女联合会

党组书记、主席　李高霞（女，7月免）
王　丹（女，7月任）

归国华侨联合会
党组书记、主席　安亚荣（女）

科学技术协会
党组书记、常务副主席　戴卫红（女，7月免）
张　玮（女，7月任）

文学艺术界联合会
党组书记　汪帮宏（11月免）
台　峰（11月任）
常务副主席　张云裳（女，5月免）
台　峰（7月任）

社会科学界联合会
党组书记、常务副主席　张新华

残疾人联合会
党组书记、理事长　孟红伟（女，7月免）
贾志新（8月任）

红十字会
党组书记、常务副会长　柴丽敏（女，4月任）

西城区街道工委、办事处主要负责人

德胜街道工委书记　孙广俊（7月免）
李健希（7月任）
办事处主任　张玉魁（11月免）

什刹海街道工委书记　海　峰（回族）
办事处主任　毕军东

西长安街街道工委书记　陈振海（12月免）
邴　浩（12月任）
办事处主任　邴　浩（12月免）

大栅栏街道工委书记　李　婕（女）
办事处主任　王　攀（12月免）

天桥街道工委书记　宫　浩（12月免）
郭海龙（12月任）
办事处主任　董　伟

新街口街道工委书记　何焕平（5月免）
王　波（5月任）
办事处主任　郭海龙（12月免）

金融街街道工委书记　许晓红（女）
办事处主任　徐建生

椿树街道工委书记　高兴春
办事处主任　孙晓临（女）

陶然亭街道工委书记　谢　静（女）
办事处主任　吕世及

展览路街道工委书记　魏建明（4月免）
张宝生（4月任）
办事处主任　刘耀雍

月坛街道工委书记　王乐斌（11月免）
宫　浩（12月任）
办事处主任　王　冰（8月任）
李健希（7月免）

广安门内街道工委书记　彭秀颖（女）
办事处主任　史　锋

牛街街道工委书记　王其志（5月免）
李丽京（女，回族，7月任）
办事处主任　李丽京（女，回族，7月免）
梅慧勇（8月任）

白纸坊街道工委书记　马光明（7月免）
李　华（7月任）
办事处主任　杜春晓（女）

广安门外街道工委书记　王　毅
办事处主任　王书广（7月免）
杜洪悦（女，8月任）

功能区建设指挥部主要负责人

区和谐宜居示范区建设指挥部
总指挥　姜立光
常务副总指挥　左继元

天桥演艺区建设指挥部
总指挥　徐　利
常务副总指挥　王　丹（女，7月免）
陈国红（7月任）

大栅栏琉璃厂建设指挥部
总指挥　朱国栋
常务副总指挥　支文广（1月任）

什刹海阜景街建设指挥部
总指挥　徐　利
常务副总指挥　刘维岩

区城市环境建设委员会
主　　任　朱国栋
常务副主任　岳　立（11月免）
张　丁（11月任）

马连道建设指挥部
总指挥　李　异
常务副总指挥　张　东

北展地区建设指挥部

总指挥　孙　硕

常务副总指挥　李云伟（11月任）

西城区文教卫体系统主要负责人

教育工作委员会

书　记　丁大伟（2月免）

缪剑虹（4月任，12月免）

赵蓬欣（12月任）

教育委员会

主　任　赵蓬欣（12月免）

王　攀（12月任）

区委卫生健康工委

书　记　陈　新

区卫生健康委

主　任　陈　新

文化和旅游局

党组书记　刘　冀（4月免）

靳　真（女，4月任）

局　长　靳　真（女，4月任）

体育局

党组书记、局长　包　川

经科大暨社区学院

党委书记、院长　张建国

教育研修学院

党委书记、院长　刘继忠（10月免）

石玲玲（女，10月任）

北京市第四中学

党委书记　王　红（女）

校　长　马景林

北京市第八中学

党委书记　王俊成（10月免）

唐　挈（10月任）

校　长　王俊成

北京市第一六一中学

党委书记　曹雪莲（女）

校　长　吴伟东（女）

首医大复兴医院

党委书记　李东霞（女）

院　长　李东霞（女，7月免）

刘云军（7月任）

西城区国资委系统企业主要负责人

北京金融街投资（集团）有限公司

党委书记、董事长　牛明奇

总经理　刘世春

华远集团有限公司

党委书记　于锦义（11月免）

王乐斌（11月任）

董事长　杜凤超（11月免）

王乐斌（11月任）

总经理　杜凤超（11月免）

张玉魁（11月任）

北京天恒置业集团

党委书记、董事长　刘海涛

北京华方投资有限公司

党委书记、董事长　王战荣

总经理　张志强

北京世纪金工投资有限公司

党委书记、董事长、总经理　赵　钢

北京市金工投资管理公司

党委副书记、总经理　孙　昌

北京市金正资产投资经营公司

党支部书记、总经理　程嫝琳（女）

金源投资管理有限公司

党委书记　郑全星

董事长　时文生（12月免）

郑全星（12月任）

总经理　郑全星（12月免）

宣大祥（12月任）

金座投资管理有限公司

党委书记　张山树

董事长　薛国强

总经理　袁瑞音

翔达投资管理有限公司

党委书记　董事长　贾　刚

总经理　朱　薇（女，4月免）

北京华天饮食集团公司

党委书记、董事长　贾飞跃

北京金象复星医药股份有限公司

党委书记、总经理　李卫东

董事长　文德镛

菜市口百货股份有限公司
　　党总支书记、董事长　　赵志良
　　总经理　　王春利（女）
北京国华商场有限责任公司
　　董事长　　邹淑珍(女)
　　总经理　　王　祎（女）
　　党支部书记　　张　伟（女）
张一元茶叶有限责任公司
　　党支部书记、董事长　　杨有成
　　总经理　　霍文斌（女）
北京新月联合汽车有限公司
　　党委书记　　庞有利
　　董事长　　刘长青
　　总经理　　刘长江
北京宣房投资管理公司
　　党委书记、董事长　　任　伟（8月免）
　　党委副书记、总经理　　刘志刚
北京宣兴房地产开发股份有限公司
　　党总支书记、董事长、总经理　　陈海鸥
北京德源兴业投资管理集团有限公司
　　总经理　　吴　航
北京环雅丽都投资有限公司
　　党委书记、董事长　　姚尚贵
　　党委副书记、总经理　　周兴新
北京金都绿城投资集团有限公司（企业更名）
　　党委书记、董事长　　高俊宏（4月免）
北京蓟城山水投资管理集团有限公司
　　党委书记、董事长　　高俊宏（4月任）
北京广安控股集团有限公司
　　党委书记、董事长　　申献国（7月免）
　　总经理　　张晓阳
北京天桥盛世投资集团有限责任公司
　　党委书记、董事长　　安朝晖
北京金融街资本运营中心
　　党委书记　　李书兵
　　经　　理　　程瑞琦
北京市西城区国有资产经营公司
　　党总支书记、经理　　石志刚

部分驻区单位主要负责人

北京金泰集团有限公司西城分公司
　　党委书记　　秦有明（7月免）
　　　　王　治（7月任）
　　总经理　　秦有明（7月免）
　　　　张文亚（7月任）
北京首商集团股份有限公司
　　董事长　　李源光(3月免）
　　　　卢长才(3月任）
　　总经理　　张跃进
北京王府井百货集团长安商场有限责任公司
　　总经理　　李春晖(女)
北京汉光百货有限责任公司
　　董事长　　王小雨（女）
国家开发银行股份有限公司北京市分行
　　行长　　马　红（女）
中国工商银行股份有限公司分行
　　行长　　施　刚（7月免）
　　　　黄　力（7月任）
农业银行股份有限公司北京西城支行
　　行长　　柴　援（女）
中国银行股份有限公司北京西城支行
　　行长　　冯　京（女）
中国银行股份有限公司北京宣武支行
　　行长　　马　文(女)
中国建设银行股份有限公司北京西四支行
　　行长　　赵　辉
中国建设银行股份有限公司北京西单支行
　　行长　　张　东
中国建设银行股份有限公司北京宣武支行
　　行长　　霍中广
交通银行股份有限公司北京市分行
　　行长　　刘建军
中国光大银行股份有限公司北京分行
　　行长　　曲　亮
华夏银行股份有限公司北京分行
　　行长　　李大营
广发银行股份有限公司北京分行
　　行长　　徐红霞（女）
招商银行股份有限公司北京分行
　　行长　　熊　开
中国民生银行股份有限公司北京分行
　　行长　　杨　毓
北京银行股份有限公司
　　董事长　　张东宁
中国证券监督管理委员会北京监管局
　　局长　　贾文勤（女）

中国人民财产保险有限公司北京西城支公司
　　总经理　　　　　　乔明琦（8月免）
　　　　　　　　　　　王　峰（8月任）
中国人民财产保险有限公司北京宣武支公司
　　党组书记、总经理　　刘文新
中国平安人寿保险股份有限公司北京分公司
　　总经理　　　　　　徐敏彬
中国太平洋财产保险股份有限公司北京分公司
　　总经理　　　　　　武　博
中国太平洋人寿保险股份有限公司北京分公司
　　总经理　　　　　　于　赟
北京市交通运输综合执法总队
　　总队长　　　　　　黄建军
北京市交通运输综合执法总队四支队
　　支队长　　　　　　王平海（9月免）
　　　　　　　　　　　周新竹（9月任）
北京市交通委员会西城运输管理分局
　　局长　　　　　　　张永安
北京市地铁运营有限公司
　　党委书记、董事长　　谢正光（11月免）
　　总经理　　　　　　徐会杰
北京市重点地区管理委员会北京北站地区管理办公室
　　党总支书记、办公室主任　　袁世良
中国邮政集团有限公司北京市西城区分公司
　　党委书记、经理　　李　勇（11月免）
　　　　　　　　　　　彭虎韬（11月任）
中国联合网络通信有限公司北京市分公司
　　党委书记、总经理　　霍海峰
北京市燃气集团有限责任公司
　　党委书记、董事长　　李雅兰（女）
　　总经理　　　　　　支晓晔
北京市燃气集团有限责任公司第一分公司
　　党委书记、总经理　　华　伟
北京市热力集团有限责任公司西城分公司
　　党委书记　　　　　唐　卫
　　经理　　　　　　　张　博
国网北京市电力公司
　　党委书记、董事长　　李同智
　　总经理　　　　　　万志军
北京市电力公司城区供电公司
　　总经理　　　　　　张铁恒（9月免）
　　　　　　　　　　　陈守军（9月任）
北京市自来水集团有限责任公司
　　党委书记、董事长　　刘锁祥
　　总经理　　　　　　徐锦华（5月任）
北京市自来水集团禹通市政工程有限公司
　　党委书记、董事长　　郑少博
　　总经理　　　　　　张春海
北京华康欣和建筑工程有限责任公司
　　董事长　　　　　　杨玉良
　　总经理　　　　　　吴志刚
　　党委书记　　　　　吕玉民
大观园管理委员会
　　主　任　　　　　　聂　晶

国家级先进集体及先进个人

先进个人

全国抗击新冠肺炎疫情先进个人

　　程子夏

全国劳动模范

　　杨才胜

全国先进工作者

　　王俊成　胡　辛　曹国东

省部级先进集体及先进个人

先进集体

全国双拥模范城

　　北京市西城区

全国文明城区

　　北京市西城区

全国文明单位

　　国网北京市电力公司城区供电公司
　　北京市环丽清扫保洁服务中心
　　北京菜市口百货股份有限公司
　　国家税务总局北京市西城区税务局第六税务所
　　北京市北海幼儿园
　　北京市西城区德胜街道新风中直社区
　　北京市西城区广安门外街道车站西街15号院社区

北京市西城区月坛街道三里河一区社区
北京北海公园
国家广播电视总局无线电台管理局
北京老舍茶馆有限公司
北京市西城区人民检察院
北京市西城区统计局
北京市西城区西长安街街道办事处
北京市西城区广安门内街道报国寺社区
北京市唐杰城市节能环保科技发展有限公司
北京市西城区财政局
北京市西城区新街口街道西四北三条社区
中国工商银行北京地安门支行
中国建设银行股份有限公司北京西四支行

全国文明校园

北京市西城区师范学校附属小学

全国未成年人思想道德建设工作先进单位

北京市西城区委教育工作委员会

全国“扫黄打非”进基层示范标兵

北京市西城区西长安街街道

全国“扫黄打非”先进集体

北京市西城区人民法院民二庭
北京市西城区西长安街街道

全国“扫黄打非”进基层示范点

北京市西城区西长安街街道

集体一等功

北京市公安局西城分局牛街派出所

2019年全国公共法律服务工作先进集体

北京市西城区金融街街道司法所

全国模范人民调解委员会

北京市西城区月坛街道人民调解委员会

全国住房和城乡建设系统抗击新冠肺炎疫情先进集体

北京市自来水集团禹通市政工程有限公司

全国服务农民、服务基层文化建设基层文艺院团先进集体

北京风雷京剧团

北京市抗击新冠肺炎疫情先进集体

北京市西城区德胜街道新外大街北社区党委
北京市西城区委大栅栏街道工委
北京市西城区新街口街道疫情防控专班
北京市西城区金融街街道京畿道社区党委
北京市西城区展览路街道万明园社区党委
北京市西城区广安门内街道疫情防控工作专班
北京市西城区委广安门外街道工委

北京市先进基层党组织

北京市西城区委广安门外街道工委

2020年北京市模范集体

北京市西城区新冠肺炎定点医院医疗队
北京市西城区委政法委员会综治督导科
北京市西城区人力资源和社会保障局疫情防控工作专班
北京市西城区德胜街道保洁队
北京张一元茶叶有限责任公司大栅栏茶庄
金融街物业股份有限公司金融街街道社区物业服务中心
北京市公安局西城分局天桥派出所
北京市西城区人民政府广安门内街道办事处
北京市地铁运营有限公司运营二分公司
北京市地铁运营有限公司机电分公司第二项目部

北京市三八红旗集体

北京市西城区人民政府外事办公室
北京市西城区统计局
北京市西城区房屋征收中心征收补偿一科
北京市西城区广安门外街道市民服务中心
北京市西城区展览路医院支部（农工党）

北京市安全生产先进单位

北京市西城区应急管理局
北京市燃气集团有限责任公司
北京市自来水集团有限责任公司管网管理分公司
北京市西城区德胜街道办事处
北京市西城区大栅栏街道办事处
北京市西城区牛街街道办事处

首都全民义务植树先进单位

北京市西城区月坛街道办事处

北京市水务工作先进集体

北京市自来水集团有限责任公司客户服务部（中心）

北京市科学技术进步奖二等奖

北京市燃气集团有限责任公司

2019年度街道乡镇劳动保障监察工作先进单位

北京市西城区展览路街道民生保障办公室（劳动科）
北京市西城区大栅栏街道办事处

北京市退役军人工作先进集体

北京市燃气集团有限责任公司
北京市自来水集团有限责任公司管网管理分公司
北京市西城区广安门内街道工委办事处

首都拥军优属拥政爱民模范单位

北京市西城区妇女联合会
北京市西城区第一图书馆
北京市西城区德胜街道办事处
北京市西城区新街口街道办事处
北京市西城区陶然亭街道市民服务中心
北京市西城区牛街街道办事处

先进个人

“伟大历程　辉煌成就——庆祝中华人民共和国成立70周年大型成就展”先进个人

李　根

2020年全国抗疫最美家庭

蔡丽君

全国青年岗位能手

孙　琪　赵鑫璐

全国家庭工作先进个人

周惠娟

全国公安系统抗击新冠肺炎疫情先进个人

陈　曦

2019年全国“扫黄打非”先进个人

王元田　张　涛

全国十佳公诉人

魏　雪

全国交通运输系统劳动模范

赵雁飞

全国市场监管系统抗击新冠肺炎疫情先进个人

陈生男

2020年度“最美退役军人”

陈卫华

全国双拥模范个人

赵蓬欣

全国文明家庭

张晋明　芦咏莉　蔡丽君

北京市抗击新冠肺炎疫情先进个人

李红媛　齐　啸　任　英　张志怀　吴　红
高　燕

北京市优秀共产党员

任　英

北京市“人民满意的公务员”

彭秀颖

2020年北京市劳动模范

王长友　王　永　毛雅军　朱金红　任新春
邬锦梅　刘吉桐　闫海岩　关　强　田文建
田　颖　孙　妍　孙　琪　刘　强　李文娟
李京兵　李　雷　李更彧　任振余　邢琳琳
张聪林　杨云春　杨　威　陈　文　范晓岩
周　伟　赵小虎　郝冬妮　姚　希　徐相阳
高建林　赖耀康　解小虎　潘　兵　焦　峰

2020年北京市先进工作者

马振峰　王　宁　王　君　王　震　曲　涛
刘云军　刘　永　刘念一　刘　哲　衣　欣
芦咏莉　李　智　肖存利　吴伟东　吴绍章
张　文　张占军　张　秀　张其慧　张　爽
张谢平　陈卫华　陈冬冬　赵　耀　郭团中
姬鹏鸿　黄晓武　程效辉　焦思强　谢　嫚
裴志飞　魏　雪

2020年“北京青年榜样”

舒　锐

北京青年五四奖章

刘　磊

北京优秀青年工程师

柴家凤

北京市三八红旗奖章

王卫平　王　瑶　刘　辉　戎爱芳　张　宏
张雪艳　赵　虹　赵　莹　曹春梅　谢　嫚

北京市第四次全国经济普查先进个人

白　桦　孙　斌　张　磊　胡璟嵩　滕俊英

2019年度首都绿化美化先进个人

关惠祥　李振东

首都拥军优属拥政爱民模范个人

闫　宽　桂瑶瑶

统计资料

说明：

1. 统计资料中“#”表示其中项。
2. “*”表示数据小于等于2。
3. “—”表示数据不详或没有数据。
4. “…”表示因数据不足最小计算单位而省略。

行政区划与土地面积

表19

地　区	社区居委会（个）	辖区面积（平方公里）
全　区	263	50.70
德胜街道	20	4.14
什刹海街道	22	5.80
西长安街街道	11	4.24
大栅栏街道	9	1.27
天桥街道	9	2.07
新街口街道	21	3.70
金融街街道	20	3.78
椿树街道	7	1.09
陶然亭街道	10	2.14
展览路街道	23	5.87
月坛街道	26	4.13
广安门内街道	18	2.43
牛街街道	10	1.44
白纸坊街道	19	3.11
广安门外街道	38	5.49

（资料来源：北京市西城区民政局）

西城区主要经济社会指标

表 20

项 目	单 位	2020年	2019年	2020年比2019年±（%）
人 口				
常住人口	万人	110.6	115.3	-4.1
户籍人口	万人	148.6	149.9	-0.9
地区生产总值	亿元	5061.1	5007.3	-1.1
第二产业	亿元	252.8	278.8	-9.4
第三产业	亿元	4808.2	4728.5	-0.6
人均地区生产总值	美元/人	64964	61775	5.2
商 业				
社会消费品零售总额	亿元	993.5	1095.5	-9.3
投 资				
固定资产投资额（不含农户）	亿元	–	–	62.0
# 房地产开发投资	亿元	–	–	166.9
财 政				
公共财政预算收入	亿元	413.8	431.1	-4.0
区级税收	亿元	389.2	405.6	-4.0
公共财政预算支出	亿元	418.0	427.8	-2.3
劳 资				
城镇单位在岗职工年平均人数	人	753387	790848	-4.7
城镇单位从业人员工资总额	万元	20320280	20623001	-1.5
城镇单位在岗职工工资总额	万元	18768831	18892145	-0.7
城镇单位在岗职工平均工资	元	249126	238885	4.3
西城园				
总收入	亿元	3481.0	3371.2	3.3
工 业				
工业总产值(现价)	亿元	544.5	575.9	-5.5
建筑业				
建筑业总产值	亿元	799.6	750.7	6.5
人民生活				
居民人均可支配收入	元	90286	88291	2.3
居民人均消费性支出	元	51466	53437	-3.7
恩格尔系数	%	19.7	19.8	下降0.1个百分点
居民消费价格指数（以上年同期价格为100的指数）	%	101.7	102.3	下降0.6个百分点
居民人均住房总建筑面积	平方米	22.2	22.1	0.4
基本单位情况				

表20续1

项　目	单 位	2020年	2019年	2020年比2019年±（%）
法人单位数	个	42353	44524	-4.9
产业活动单位数	个	15679	12510	25.3
企业基本情况				
资产总计	亿元	1323440.7	1181604.0	12.0
收入合计	亿元	28336.7	29423.7	-3.7
利润总额	亿元	9430.8	10711.2	-12.0
对外经济贸易				
“三资”企业实际利用外资额	亿美元	2.2	1.0	118.0
城市建设及环境保护				
城市绿化覆盖率	%	31.80	30.93	上升0.87个百分点
人均公园绿地面积	平方米/人	4.83	4.47	8.1
可吸入颗粒物（PM10）	微克/立方米	58	70	-17.1
细颗粒物（PM2.5）年均浓度值	微克/立方米	40	44	-9.1
降尘量	吨/平方公里·月	5.2	6.6	-21.2
就业与社会保障				
城镇登记失业率	%	0.94	0.86	上升0.08个百分点
城镇登记失业人员就业率	%	65.57	65.51	上升0.06个百分点
养老保险基金征缴率	%	-	99.65	-
基本医疗保险基金征缴率	%	98.56	99.97	下降1.41个百分点
失业保险基金征缴率	%	98.40	99.70	下降1.30个百分点
工伤保险基金征缴率	%	98.90	99.58	下降0.68个百分点
民　政				
抚恤、补助优抚对象人数	人	1547	1525	1.4
全区老龄人口数	人	-	-	-
最低生活保障人数	人	13987	13280	5.3
各种收养性单位个数	个	46	33	39.4
基础教育				
学校个数	个	188	188	0.0
# 小学	个	57	57	0.0
初级中学	个	3	3	0.0
高级中学	个	1	1	0.0
在校生数	人	177544	162811	9.0
# 小学	人	93745	85804	9.3
初级中学	个	6243	5879	6.2
高级中学	人	1726	1603	7.7

表20续2

项 目	单 位	2020年	2019年	2020年比2019年±(%)
毕业生数	人	34102	31854	7.1
# 小学	人	11852	12092	−2.0
初级中学	个	1739	1489	16.8
高级中学	人	531	457	16.2
科 技				
输出技术合同成交项数	个	5312	7212	−26.3
输出技术合同成交总金额	亿元	230.0	225.0	2.2
吸纳技术合同成交项数	个	7420	7521	−1.3
吸纳技术合同成交总金额	亿元	462.9	414.9	11.6
文 化				
公共图书馆	个	24	23	4.3
总藏量	万册	278.4	259.1	7.5
# 图书	万册	265.5	247.0	7.5
文化馆	个	2	2	0.0
文物保护单位	处	191	189	1.1
# 全国重点文物保护单位	处	44	44	0.0
北京市文物保护单位	处	59	59	0.0
卫 生				
卫生机构	个	699	702	−0.4
卫生技术人员	人	39832	39257	1.5
# 执业(助理)医师	人	14205	13966	1.7
注册护士	人	17740	17487	1.4
医疗床位	张	17259	17411	−0.9
平均每千常住人口医院床位数	张	15.6	15.3	1.9
平均每千常住人口拥有职业（助理）医师	人	12.8	12.3	4.6
平均每千常住人口拥有注册护士	人	16.0	15.4	4.3
体 育				
运动员	人	4219	5156	−18.2
教练员	人	66	69	−4.3
裁判员	人	306	313	−2.2
社会体育指导员	人	706	706	0.0
文明建设情况				
文明机关个数	个	253	184	37.5
文明社区个数	个	104	93	11.8

西城区生产总值

表21

年　份	2020年		2019年	
	绝对值（亿元）	比　重（%）	绝对值（亿元）	比　重（%）
合　计	5061.1	100.0	5007.3	100.0
按产业分				
第二产业	252.8	5.0	278.8	5.6
第三产业	4808.2	95.0	4728.5	94.4
按门类分				
工业	177.4	3.5	185.8	3.7
建筑业	75.5	1.5	93.1	1.9
批发和零售业	274.1	5.4	289.6	5.8
交通运输、仓储和邮政业	65.1	1.3	76.6	1.5
住宿和餐饮业	41.6	0.8	59.6	1.2
信息传输、软件和信息技术服务业	198.8	3.9	189.8	3.8
金融业	2653.8	52.4	2500.6	49.9
房地产业	258.1	5.1	234.5	4.7
租赁和商务服务业	270.4	5.3	307.9	6.1
科学研究和技术服务业	274.8	5.4	253.4	5.1
水利、环境和公共设施管理业	47.0	0.9	45.7	0.9
居民服务、修理和其他服务业	16.4	0.3	17.7	0.4
教育	146.2	2.9	113.0	2.3
卫生和社会工作	154.3	3.0	181.2	3.6
文化、体育和娱乐业	131.5	2.6	128.5	2.6
公共管理、社会保障和社会组织	276.1	5.5	330.3	6.6

全部法人、产业活动单位

表22　　单位：个

项　目	法人单位	产业活动单位
合　计	42353	15679
按国民经济产业分		
第二产业	665	622
第三产业	41683	14686
按国民经济行业分		
工业	281	223
建筑业	412	410
批发和零售业	12537	3464
交通运输、仓储和邮政业	387	560
住宿和餐饮业	1967	1541
信息传输、软件和信息技术服务业	2831	713
金融业	984	3405
房地产业	1555	971
租赁和商务服务业	8968	1823
科学研究和技术服务业	4724	1167
水利、环境和公共设施管理业	196	51
居民服务、修理和其他服务业	1471	326
教育	1336	175
卫生和社会工作	432	77
文化、体育和娱乐业	2611	263
公共管理、社会保障和社会组织	1652	130
国际组织	–	–

企业基本情况

表 23

项　目	单位数（个）	收入总计（万元）
合　计	42353	283367371.6
按隶属关系分		
中央	1843	194784883.9
地方	2453	42036847.0
其他	38057	46545640.7
按注册类型分		
内资	41747	271625413.0
国有	2579	27388175.8
集体	745	718248.6
股份合作	809	85588.1
联营	27	15603.9
有限责任公司	4179	121702270.5
股份有限公司	252	114114743.4
私营	31855	7449695.2
其它	1301	151087.5
港澳台商投资	275	8077918.4
与港澳台商合资经营	91	469908.5
与港澳台商合作经营	8	69175.4
港澳台商独资	173	7538834.5
港澳台商投资股份有限公司	*	—
其他港澳台投资	*	—
外商投资	331	3664040.2
中外合资经营	118	1555824.4
中外合作经营	9	10010.5
外资企业	196	2008586.4
外商投资股份有限公司	6	83464.7
其他外商投资	*	6154.2
按国民经济行业分		
农、林、牧、渔业	9	—
采矿业	*	—
制造业	254	1022631.1
电力、燃气及水的生产和供应业	25	56292417.0
建筑业	412	8726377.7
批发和零售业	12537	39846695.5
交通运输、仓储和邮政业	387	6049146.3
住宿和餐饮业	1967	867094.5
信息传输、软件和信息技术服务业	2831	8289006.0
金融业	984	124353686.1
房地产业	1555	3981976.6
租赁和商务服务业	8968	10217372.5
科学研究和技术服务业	4724	13466205.8
水利、环境和公共设施管理业	196	817560.9
居民服务、修理和其他服务业	1471	195053.8
教育	1336	2215016.6
卫生和社会工作	432	4207712.3
文化、体育和娱乐业	2611	2819418.9
公共管理、社会保障和社会组织	1652	—
国际组织	—	—

企业主要财务指标

表 24　　　　单位:万元

项　目	资产总计	负债总计	利润总额
合　计	13234406790.3	11094121645.5	94307761.4
按隶属关系分			
中央	11307398426.2	9624121428.8	71467173.0
地方	1138101175.1	1015322668.6	10843718.9
其他	788907189.0	454677548.1	11996869.5
按注册类型分			
内资	13030342326.6	11017600656.9	86134730.7
国有	3620523059.3	3417866566.9	10376657.7
集体	1075215.2	758674.5	3244.9
股份合作	64331.1	49529.7	1528.8
联营	4585.7	5090.9	-300.6
有限责任公司	1126937712.6	496941885.1	29004360.6
股份有限公司	8270629849.7	7095408148.5	45971296.4
私营	10789544.1	6505035.4	755565.3
其它	318028.9	65725.9	22377.6
港澳台商投资	54441036.9	27507768.3	547366.7
与港澳台商合资经营	9567351.0	7109944.8	201056.7
与港澳台商合作经营	268908.5	228612.9	5298.6
港澳台商独资	44604777.4	20169210.6	341011.4
港澳台商投资股份有限公司	—	—	—
其他港澳台商投资	—	—	—
外商投资	149623426.8	49013220.3	7625664.0
中外合资经营	11010337.4	6959718.3	473025.2
中外合作经营	216220.8	161151.9	14896.8
外资企业	117693049.3	35245024.7	7331164.3
外商投资股份有限公司	20697886.1	6640880.8	-192686.6
其他外商投资	5933.2	6444.6	-735.7
按国民经济行业分			
农、林、牧、渔业	—	—	—
采矿业	—	—	—
制造业	1433705.7	646476.3	18775.9
电力、燃气及水的生产和供应业	245676525.4	75047373.2	3555480.8
建筑业	20328953.1	15830391.1	317566.4
批发和零售业	46691730.4	31113989.2	1170948.3
交通运输、仓储和邮政业	19237389.4	15192797.9	-27724.8
住宿和餐饮业	2124830.5	1550677.4	-104662.1
信息传输、软件和信息技术服务业	264801729.8	82103561.6	13396905.5
金融业	12156564716.7	10681094390.8	56132392.2
房地产业	82742207.0	53912134.8	1476127.7
租赁和商务服务业	307536941.7	102196624.5	15397285.6
科学研究和技术服务业	62916889.7	31115906.7	2631908.9
水利、环境和公共设施管理业	9782230.6	312657.5	7455.9
居民服务、修理和其他服务业	215391.5	106753.5	10779.4
教育	1943067.8	199230.0	14743.5
卫生和社会工作	4915101.1	1945567.0	953.6
文化、体育和娱乐业	7495379.9	1753114.0	308824.6
公共管理、社会保障和社会组织	—	—	—
国际组织	—	—	—

常住人口

表 25

项　目	计量单位	2020年	2019年
合　计	万人	110.6	115.3
常住人口分性别			
男性人口	万人	53.6	55.7
女性人口	万人	57.0	59.6
常住人口分年龄			
0-14岁人口	万人	15.8	15.9
15-64岁人口	万人	74.7	78.9
65岁及以上人口	万人	20.1	20.5
# 60岁及以上人口	万人	28.7	29.0
出生人数	人	6986	8516
出生率	‰	6.19	7.25
死亡人数	人	9495	7090
死亡率	‰	8.41	6.03

（资料来源：常住人口数据由北京市统计局反馈所得）

劳动就业基本情况

表 26

项　目	计量单位	2020年	2019年
西城区人力资源服务机构数	家	121	80
城镇登记失业率	%	0.94	0.86
期末实有城镇登记失业人数	人	6059	5756
# 女性	人	2241	2153
城镇登记失业人员就业人数	人	13337	13892
# 女性	人	5416	5014
城镇登记失业人员就业率	%	65.57	65.51
# 女性	%	67.38	64.96
城镇登记失业人员参加培训人数	人	1839	3239
就业困难人员就业人数	人	9707	10950
就业困难人员就业率	%	74.68	69.62
职业技能培训人员总量	人	55418	73687
辖区公共职介机构求职登记人数	人次	823	972
辖区公共职介机构职业介绍成功人数	人次	265	342
社区岗位安置就业困难人数	人	9288	11827
用人单位招用就业困难人数	人	889	949
最低退休金	元	1714	1714

（资料来源：北京市西城区人力资源和社会保障局）

社会保障基本情况

表 27

项　目	计量单位	2020年	2019年
基本养老保险			
参加单位数	个	45530	46196
参加人数	人	1951735	1981183
基金收入	万元	1826828	2941514
基金支出	万元	2583665	2472388
基金征缴率	%	–	99.65
基本医疗保险			
参加单位数	个	32055	31170
参加人数	人	2132238	2142340
基金（含生育保险）收入	万元	1843397	2028332
基金支出	万元	1501040	1671974
基金征缴率	%	98.56	99.97
工伤保险			
参加单位数	个	48362	47388
参加人数	人	1513151	1489100
基金收入	万元	17336	41562
基金支出	万元	26173	27155
基金征缴率	%	98.90	99.58
失业保险			
参加单位数	个	47760	46369
参加人数	人	1437911	1439739
基金收入	万元	73764	122490
基金支出	万元	136325	80744
基金征缴率	%	98.4	99.7
生育保险			
参加单位数	个	–	–
参加人数	人	–	–
基金收入	万元	–	–
基金支出	万元	104052	107458
基金征缴率	%	–	–
居民基本医疗养老保险参保人数	万人	260780	254130
居民基本医疗保险报销金额	万元	84598	103654

注：生育保险与基本医疗保险合并，2020年开始不再单独统计生育保险。

（资料来源：北京市西城区人力资源和社会保障局提供、北京市西城区医疗保障局）

城镇单位从业人员平均人数

表 28

项　目	年平均人数			
		在岗职工	劳务派遣人员	其他从业人员
合　计	912077	753387	69003	89687
农、林、牧、渔业	0	0	0	0
采矿业	0	0	0	0
制造业	7261	6382	499	380
电力、燃气及水的生产和供应业	59386	51141	8107	139
建筑业	21789	18904	2172	714
批发和零售业	35417	32084	1569	1764
交通运输、仓储和邮政业	72588	65095	7253	240
住宿和餐饮业	26036	22399	1045	2592
信息传输、软件和信息技术服务业	45665	43707	1404	554
金融业	260007	189777	8707	61523
房地产业	62156	49614	7393	5149
租赁和商务服务业	57159	51159	2507	3492
科学研究和技术服务业	63865	55070	4880	3915
水利、环境和公共设施管理业	8802	7634	1043	125
居民服务、修理和其他服务业	4273	3801	297	175
教育	38359	32955	1513	3891
卫生和社会工作	43832	33220	8111	2501
文化、体育和娱乐业	31924	28618	2075	1232
公共管理、社会保障和社会组织	73559	61828	10429	1302

固定资产投资额（2011－2020年）

表 29　　单位：亿元、%

年 份	固定资产投资额		#房地产开发投资额		#建安投资	
	绝对量	比上年增长	绝对量	比上年增长	绝对量	比上年增长
2011年	187.3	8.3	101.2	27.2	69.3	—
2012年	198.4	6.0	129.9	28.3	62.7	-9.6
2013年	213.0	7.3	114.8	-11.6	75.3	20.1
2014年	241.2	13.3	153.8	34.0	86.1	14.4
2015年	246.0	2.0	109.9	-28.6	71.0	-17.6
2016年	252.7	2.7	58.9	-46.3	52.4	-26.1
2017年	228.7	-9.5	132.9	125.5	62.4	19.1
2018年	-	-20.4	-	-67.0	-	30.7
2019年	-	-20.1	-	-2.2	-	0.6
2020年	-	62.0	-	166.9	-	-19.9

注：2018年及以前，固定资产投资数据为全社会口径，2019年起为不含农户口径。

房地产开发投资基本情况

表 30　　单位：平方米、套

项　目	2020 年	2019 年
房地产开发投资同比±（%）		
本年完成投资按构成分同比增减变动		
建筑工程	-17.2	-40.7
安装工程	49.8	98.4
设备购置	–	–
其他费用	237.6	20.5
本年完成投资按用途分同比增减变动		
住宅	214.0	-15.3
办公楼	-80.4	-37.4
商业营业用	-2.7	-9.7
其他	196.1	29.8
土地开发情况		
待开发的土地面积	437269	460662
本年购置土地面积	–	–
商品房销售、出租、待售情况		
商品房期房销售面积	8296	778
住宅	8296	778
办公楼	–	–
商业营业用	–	–
其他	–	–
商品房现房销售面积	7088	9145
住宅	996	5068
办公楼	82	2258
商业营业用	–	–
其他	6010	1819
商品房出租面积	59304	109100
住宅	–	–
办公楼	53028	11688
商业营业用	4404	66337
其他	1872	31075
待售面积	186402	239079
住宅	96147	104510
办公楼	7208	48337
商业营业用	46445	46882
其他	36602	39350
竣工房屋住宅套数	–	402

工业企业基本情况及主要财务指标

表 31

项 目	单位数（个）	收入合计（万元）	资产总计（万元）	负债总计（万元）	利润总额（万元）
合 计	33	57315048.1	247110231.1	75693849.5	3574256.7
按隶属关系分					
中央	11	52060276.9	227657124.2	66995818.8	3197662.1
地方	8	1146746.0	11828512.1	5925627.2	32915.2
其他	14	4108025.2	7624594.8	2772403.5	343679.4
按登记注册类型分					
内资	31	53508139.7	240037246.1	73252737.9	3232027.6
国有	7	6420226.3	11533902.0	7822080.2	−94098.3
集体	*	30407.1	47542.2	9800.8	−4237.8
股份合作	–	–	0.0	0.0	0.0
联营	–	–	0.0	0.0	0.0
有限责任公司	17	46878695.1	228270669.6	65383350.7	3329092.4
股份有限公司	*	164770.3	159911.7	24597.1	1425.5
私营	4	14040.9	25220.6	12909.1	−154.2
其他	–	–	0.0	0.0	0.0
港澳台商投资	*	3804218.3	7064515.1	2434902.7	342201.5
外商投资	*	2690.1	8469.9	6208.9	27.6
按国民经济行业分					
煤炭开采和洗选业	–	–	–	–	–
石油和天然气开采业	–	–	–	–	–
黑色金属矿采选业	–	–	–	–	–
有色金属矿采选业	–	–	–	–	–
非金属矿采选业	–	–	–	–	–
开采辅助活动	–	–	–	–	–
其他采矿业	–	–	–	–	–
农副食品加工业	*	52584.5	40946.7	28189.3	700.9
食品制造业	–	–	–	–	–
酒、饮料和精制茶制造业	–	–	–	–	–
烟草制品业	–	–	–	–	–
纺织业	–	–	–	–	–
纺织服装、服饰业	–	–	–	–	–
皮革、毛皮、羽毛（绒）及其制品和制鞋业	–	–	–	–	–
木材加工和木、竹、藤、棕、草制品业	–	–	–	–	–
家具制造业	–	–	–	–	–
造纸及纸制品业	–	–	–	–	–
印刷业和记录媒介的复制业	7	389525.9	548022.5	124356.2	7508.8
文教、工美、体育和娱乐用品制造业	*	121179.1	160191.3	150549.2	898.2
石油加工、炼焦和核燃料加工业	–	–	–	–	–
化学原料及化学制品制造业	–	–	–	–	–
医药制造业	–	–	–	–	–
化学纤维制造业	–	–	–	–	–
橡胶和塑料制品业	*	37092.0	64386.2	5867.0	7671.6
非金属矿物制品业	*	124280.7	305500.4	210486.2	3814.7

表31续1

项　目	单位数（个）	收入合计（万元）	资产总计（万元）	负债总计（万元）	利润总额（万元）
黑色金属冶炼及压延加工业	–	–	–	–	–
有色金属冶炼及压延加工业	*	149217.6	144944.4	20947.1	23.7
金属制品业	*	5592.5	6372.1	1509.3	110.9
通用设备制造业	*	4714.0	56352.4	45511.1	-4678.7
专用设备制造业	*	2288.8	1660.6	1569.7	-23.4
汽车制造业	–	–	–	–	–
铁路、船舶、航空航天和其他运输设备制造业	–	–	–	–	–
电气机械及器材制造业	*	11437.2	38683.2	13423.5	1646.5
计算机、通信和其他电子设备制造业	3	117069.7	50508.0	32862.3	982.7
仪器仪表制造业	*	7649.1	16137.9	11205.4	120.0
其他制造业	–	–	–	–	–
废弃资源综合利用业	–	–	–	–	–
金属制品、机械和设备修理业	–	–	–	–	–
电力、热力的生产和供应业	5	51439071.0	226946866.2	66773455.4	3187134.6
燃气生产和供应业	*	3804218.3	7064515.1	2434902.7	342201.5
水的生产和供应业	3	1049127.7	11665144.1	5839015.1	26144.7

建筑业企业主要生产指标

表32

项　目	建筑业总产值（万元）	建筑工程产值（万元）	劳动生产率（元/人）	竣工产值（万元）	房屋竣工面积（平方米）	年末自有施工机械设备		
						净值（万元）	总台数（台）	总功率（千瓦）
合　计	7995774.5	7886278.4	600364.5	4115946.1	6949101.0	33650.5	5701	229851.0
按隶属关系分								
中央	1189735.2	1168349.0	413648.3	288838.1	1345268.0	1762.8	2278	136886.0
地方	4683434.0	4681122.3	702111.4	2869243.7	5241734.0	11305.2	973	43091.0
其他	2122605.3	2036807.1	562801.4	957864.3	362099.0	20582.5	2450	49874.0
按登记注册类型分								
内资	7978542.2	7870072.9	601124.3	4099969.1	6949101.0	33644.5	5651	229833.0
国有	27032.2	27032.2	620004.6	20239.4	0.0	0.0	0	0.0
集体	5096.1	5096.1	599541.2	419.9	0.0	0.1	1	2.0
股份合作	11438.4	10878.1	166255.8	3041.8	0.0	1.1	29	171.0
有限责任公司	6889158.7	6813600.6	621821.3		6652505.0	26438.0	4307	206969.0
股份有限公司	695109.8	694602.4	829486.6	340407.4	0.0	5393.5	142	14473.0
私营	350707.0	318863.5	284019.3	194493.8	296596.0	1811.8	1172	8218.0
港澳台商投资	16205.5	16205.5	399150.2	15550.2	0.0	6.0	50	18.0
外商投资	1026.8	0.0	209551.0	426.8	0.0	0.0	0	0.0
按国民经济行业分								
房屋建筑业	4958017.9	4951225.5	614285.1	2828339.8	6888474.0	7660.5	2599	89343.0
土木工程建筑业	2087560.2	2083328.7	740584.7	805853.7	60507.0	22235.7	1398	124211.0
建筑安装业	633506.0	540529.0	410940.6	331337.1	0.0	3295.0	701	12259.0
建筑装饰、装修和其他建筑业	316690.4	311195.2	357196.5	150415.5	120.0	459.3	1003	4038.0

规模以上服务业财务状况

表 33　　　　单位：个、人、亿元

项　目	规模以上单位数	从业人员平均人数	资产总计	收入合计	利润总额
合　计	1810	456215	71261.6	5130.6	3268.9
按国民经济行业分					
交通运输、仓储和邮政业	25	78601	1923.7	604.9	-2.8
铁路运输业	*	4012	177.1	90.7	5.0
道路运输业	6	32407	74.8	121.8	8.0
水上运输业	*	100	3.4	1.8	0.3
航空运输业	*	1421	27.1	22.3	0.0
多式联运和运输代理业	10	305	36.6	12.0	1.6
装卸搬运和仓储业	*	128	1226.7	65.4	1.7
邮政业	3	40228	378.1	290.9	-19.4
信息传输、软件和信息技术服务业	155	50519	26480.2	828.9	1339.7
电信、广播电视和卫星传输服务	22	24697	25569.1	501.7	1307.6
互联网和相关服务	26	5040	195.3	70.8	9.0
软件和信息技术服务业	107	20782	715.7	256.5	23.1
房地产业	257	64940	3377.2	303.0	94.8
租赁和商务服务业	414	73210	30753.7	1021.7	1539.7
租赁业	7	1595	425.3	58.4	18.5
商务服务业	407	71615	30328.4	963.4	1521.2
科学研究和技术服务业	362	66355	6291.7	1346.6	263.2
研究和试验发展	76	9624	297.0	220.3	3.3
专业技术服务业	217	47755	4970.2	1012.7	229.7
科技推广和应用服务业	69	8976	1024.4	113.6	30.1
水利、环境和公共设施管理业	51	9895	978.2	81.8	0.7
水利管理业	*	49	2.7	0.5	0.0
生态保护和环境治理业	7	1212	18.3	6.5	0.1
公共设施管理业	42	8634	957.2	74.8	0.6
土地管理业	—	—	—	—	—
居民服务、修理和其他服务业	46	8638	21.5	19.5	1.1
居民服务业	14	1594	7.0	4.6	0.5
机动车、电子产品和日用产品修理业	9	1386	6.7	6.1	0.2
其他服务业	23	5658	7.8	8.8	0.4
教育	184	29743	194.3	221.5	1.5
卫生和社会工作	80	45935	491.5	420.8	0.1
卫生	69	45553	487.5	417.5	0.1
社会工作	11	382	4.0	3.3	0.0
文化、体育和娱乐业	236	28379	749.5	281.9	30.9
新闻和出版业	139	17901	576.2	220.9	30.2

表33续1

项　目	规模以上单位数	从业人员平均人数	资产总计	收入合计	利润总额
广播、电视、电影和录音制作业	23	2149	28.4	15.3	-0.8
文化艺术业	57	7382	118.6	39.4	1.5
体育	10	362	2.3	1.9	0.0
娱乐业	7	585	24.1	4.4	-0.1
公共管理、社会保障和社会组织	—	—	—	—	—
中国共产党机关	—	—	—	—	—
国家机构	—	—	—	—	—
人民政协、民主党派	—	—	—	—	—
社会保障	—	—	—	—	—
群众团体、社会团体和其他成员组织	—	—	—	—	—
基层群众自治组织	—	—	—	—	—

注：该表房地产业相关指标不包含房地产开发经营（2017年国民经济行业分类，代码7010）数据。

批发零售业财务状况

表34　　　　单位：个、万元、人

项　目	限上企业单位个数	资产总计	负债合计	营业收入	利润总额	从事批发和零售业活动的从业人员平均人数
合　计	549	47827357	31461850	42406302	1285292	48559
批发业	407	43707698	28923731	38482475	1182876	22859
零售业	142	4119659	2538119	3923827	102416	25700
按登记注册类型分						
内资	530	45560587	30054916	39766964	1249777	42539
国有	18	3433951	1799592	3105394	201830	1311
集体	6	9607	4365	16709	105	137
股份合作	*	5106	4255	6820	48	43
联营	*	3056	2642	13511	83	9
有限责任公司	226	34084271	22629810	22977775	895633	20120
股份有限公司	14	5553174	3654434	10598463	116581	8570
私营	263	2471423	1959817	3048293	35498	12349
其他	—	—	—	—	—	—
港澳台商投资	8	306916	238985	426867	9111	3691
外商投资	11	1959854	1167949	2212470	26405	2329

规模以上金融业企业基本情况

表 35　　　　单位：个、万元、人

项　目	单位数	从业人员平均人数	收入合计	资产总计	负债总计	利润总额
合　计	466	248138	124353686	12156564717	10681094391	56132392
按隶属关系分						
中央	132	106060	85937897	10573241028	9374015455	43735094
地方	78	108913	23770418	1016643713	947770416	8781696
其他	256	33165	14645371	566679976	359308520	3615603
按注册类型分						
内资	433	244706	122726374	12135689259	10666459795	55657086
国有	22	9896	3284097	3466085241	3385685914	-465459
集体	—	—	—	—	—	—
股份合作	—	—	—	—	—	
联营	—	—	—	—	—	—
有限责任公司	260	40506	27305083	526881035	277818600	12155382
股份有限公司	77	191474	91277680	8139334098	7002398972	43401575
私营	65	2066	756093	3097192	505910	543211
其他	9	764	103421	291693	50399	22378
港澳台商投资	9	249	297517	1580772	1217052	-14637
外商投资	24	3183	1329795	19294686	13417543	489943
按国民经济行业分						
货币金融服务	111	135614	64303313	11210805858	10191042993	24741710
资本市场服务	195	20851	11563031	341076376	93423267	9258779
保险业	103	82893	48068326	335658474	166489884	24206220
其他金融业	57	8780	419016	269024010	230138247	-2074317

注：非法人非产业单位（证券营业部）只计算经济量指标，不计算单位数。

社会消费品零售额

表 36　　　　单位：万元、%

项　目	2020 年	2019 年	2020 年比 2019 年±
合　计	9935216	10954534	-9.3
一、按限额标准分			
限额以上	6722118	6934057	-3.1
限额以下	3213098	4020477	-20.1
二、按行业分			
批发业	1106943	1211968	-8.7
零售业	7838453	8307345	-5.6
住宿业	90262	172535	-47.7
餐饮业	899558	1262686	-28.8

区地方财政收入

表 37　　　　单位：万元

项　目	2020 年	2019 年
财政收入	4,179,691	4353066
公共财政预算收入	4,138,446	4311129
税收收入	3,891,858	4,055,955
增值税	1,141,794	1481066
企业所得税	1,527,554	1517226
城市维护建设税	246,967	318758
房产税	401,052	470472
印花税	89,391	143577
城镇土地使用税	15,778	8675
土地增值税	291,021	78722
车船税	–	34153
资源税	–	7
环境保护税	908	591
非税收收入	246,588	255,174
专项收入	152,849	150,144
行政性收费收入	13,500	17422
罚没收入	3,381	3258
国有资源有偿使用收入	23,023	44758
政府住房基金收入	574	655
其他收入	53,261	38937
政府性基金预算收入	6,658	5115
国有资本经营预算收入	24,644	25669
社会保险基金预算收入	9,943	11153

（资料来源：北京市西城区财政局）

区地方财政支出

表 38　　　　单位：万元

项　目	2020 年	2019 年
财政支出	4565004	4337475
公共财政预算支出	4179950	4278012
一般公共服务支出	404957	438706
国防支出	3641	7304
公共安全支出	214689	228675
教育支出	733840	686734
科学技术支出	42036	32441
文化体育与传媒支出	99139	103713
社会保障和就业支出	828615	675264
卫生健康支出	360474	330269
节能环保支出	26164	45667
城乡社区支出	1059926	1392375
农林水支出	16205	6176
交通运输支出	1269	90
资源勘探信息等支出	9983	4717
商业服务业等支出	0	0
金融支出	85322	75021
援助其他地区支出	0	40000
自然资源海洋气象等支出	–	0
住房保障支出	243075	158001

表38续1

项　目	2020年	2019年
粮油物资储备支出	2644	2644
灾害防治及应急管理支出	45777	39938
其他支出	2194	10277
政府性基金预算支出	359216	44938
国有资本经营预算支出	15207	14525
社会保险基金预算支出	10631	10616

（资料来源：北京市西城区财政局）

税收收入情况

表39　　单位：万元

项　目	各项税收收入	增值税	房产税	印花税	营业税	企业所得税	个人`所得税	其　他
合计	45442676	6308145	445614	127703	12954	35111057	2210872	1226331
农、林、牧、渔业	4676	110	149	23		2668	1672	54
采矿业	−485446	1917	440	312		−503216	14893	208
制造业	285204	115265	11388	1053		129118	16608	11772
电力、热力、燃气及水生产和供应业	816874	31378	25263	15711	4578	518181	37729	184034
建筑业	526469	318506	6439	8647	293	127341	42720	22523
批发和零售业	995969	345033	16185	25615		478417	71640	59079
交通运输、仓储和邮政业	84979	25405	9213	786		34587	12429	2559
住宿和餐饮业	39811	12185	9798	245		10333	5240	2010
信息传输、软件和信息技术服务业	413240	158960	21466	4825	351	108870	106677	12091
金融业	37957315	4416979	100606	45473	6307	31692740	1243072	452138
房地产业	1012691	162901	168563	2909	77	205010	68034	405197
租赁和商务服务业	2590128	422013	44259	14289	1314	1816625	248250	43378
居民服务、修理和其他服务业	379850	73622	7936	2256		273775	15207	7054
教育	45873	4478	410	144		2992	37375	474
卫生和社会工作	72763	2808	390	120		3892	65054	499
文化、体育和娱乐业	182199	65088	5299	708		46354	59442	5308
其他	520081	151497	17810	4587	34	163370	164830	17953

（资料来源：国家税务总局北京市西城区税务局）

城市园林绿化

表40

项　目	计量单位	2020年	2019年
年末园林绿地面积	公顷	1101.28	1071.28
人均绿地面积	平方米/人	9.69	9.42
绿地率	%	21.79	21.20
年末公园绿地面积	万平方米	549.45	508.49
人均公园绿地面积	平方米/人	4.83	4.47
城市绿化覆盖面积	公顷	1606.96	1563.04
绿化覆盖率	%	31.80	30.93
道路绿地面积	公顷	112.27	111.79
实有树木	万株	247.69	218.26
# 本年新植	万株	29.43	0.73
实有草坪	万平方米	264.56	336.61
# 本年新植	万平方米	−72.05	3.91
公园个数	个	27	27
# 市级以上公园	个	5	5

（资料来源：北京市西城区园林绿化局）

城市环境卫生

表41

项　目	计量单位	2020年	2019年
机扫车	台	114	149
洗地车	台	95	98
冲刷车	台	87	81
垃圾车	台	276	297
真空吸粪车	台	14	19
果皮箱	个	3100	3191
公共、公用厕所	座	1091	1096
密闭式清洁站	座	74	74
环卫作业道路数量	条	246	246
环卫道路作业面积	万平方米/日	814.0	814.3
其中：机扫面积	万平方米/日	553.7	540.9
冲刷面积	万平方米/日	674.5	646.0
生活垃圾产生量	万吨	29.0	49.2
生活垃圾清运量	万吨	29.0	49.2
生活垃圾无害化处理量	万吨	29.0	49.2
生活垃圾无害化处理率	%	100	100
粪便清运量	万吨	18.0	21.8
粪便无害化处理量	万吨	18.0	21.8
粪便无害化处理率	%	100	100

（资料来源：北京环雅丽都投资有限公司）

城市环境保护

表42

项　目	计量单位	2020年	2019年
水环境			
废水排放总量	万吨	62.6	6758.2
# 工业废水排放达标量	万吨	62.6	146.3
生活污水排放量	万吨	-	-
工业废水排放达标率	%	100	100
环境污染治理			
环境污染事故次数	次	0	0
环境污染与破坏事故直接经济损失	万元	0	0
环境污染与破坏事故赔罚款总额	万元	0	0
可吸入颗粒物（PM10)年均浓度值	微克/立方米	58	70
细颗粒物（PM2.5）年均浓度值	微克/立方米	40	44
二氧化硫（SO_2）年均浓度值	毫克/立方米	4	4
二氧化氮（NO_2）年均浓度值	毫克/立方米	32	40
降尘量	吨/平均公里.月	5.2	6.6
区域噪声平均值	分贝	53.8	53.9
交通干线噪声平均值	分贝	67.3	67.4

（资料来源：北京市西城区生态环境局）

基础教育班数、学生数情况

表 43 单位：个、人

项 目	班 数	毕业生数	招生数	在校学生数	#本市生源
合 计	5203	34102	51892	177544	164554
幼儿园	908	6356	9825	23498	22542
义务教育	3607	21317	34050	134002	122443
小学教育	2660	12406	21066	99221	90804
小学	2496	11852	19843	93745	86298
九年一贯制学校(小学部)	32		276	954	805
十二年一贯制学校(小学部)	132	554	947	4522	3701
初中	947	8911	12984	34781	31639
初级中学	162	1739	2190	6243	5945
九年一贯制学校(初中部)	–	–	–	–	–
十二年一贯制学校(初中部)	93	740	1197	3188	2745
完全中学	689	6412	9592	25315	22936
其他学校附设初中班	3	20	5	35	13
高中	632	6329	7930	19689	19271
完全中学	529	5316	6539	16280	15975
高级中学	46	531	638	1726	1661
十二年一贯制学校(高中部)	44	456	579	1350	1320
其他学校附设高中班	13	26	174	333	315
特殊教育	54	97	87	353	298
工读学校	2	3	–	2	–

（资料来源：北京市西城区教育委员会）

居民物质文化生活基本情况

表 44

项 目	计量单位	2020 年	2019 年
一、收入与消费支出			
居民人均可支配收入	元	90286	88291
居民人均消费性支出	元	51466	53437
二、人均现住房总建筑面积	平方米	22.2	22.1
三、耐用消费品			
每百户拥有彩色电视机	台	124	123
每百户拥有电冰箱（柜）	台	103	102
每百户拥有空调器	台	176	175
四、交通、通讯			
每百户拥有家用汽车	辆	43	44
每百户拥有移动电话	部	235	234
五、公用			
经过净化处理的自来水	%	100.0	100.0
人均公园绿地面积	平方米/人	4.83	4.47
六、教育文化娱乐、医疗保健			
居民人均教育文化娱乐	元	4310	6098
居民人均医疗保健	元	4168	4244

附　录

中共北京市西城区委主要文件目录

中共北京市西城区委文件

京西发〔2020〕1号	中共北京市西城区委北京市西城区人民政府关于印发《北京市西城区新型冠状病毒感染的肺炎疫情防控工作方案》的通知
京西发〔2020〕2号	中共北京市西城区委关于印发《区委常委会2020年工作要点》的通知
京西发〔2020〕3号	中共北京市西城区委北京市西城区人民政府关于印发《加强西城区公共卫生应急管理体系建设三年行动计划（2020—2022年）》的通知
京西发〔2020〕5号	中共北京市西城区委北京市西城区人民政府关于印发《深入推进新时代西城区双拥工作创新发展实施意见（试行）》的通知
京西发〔2020〕6号	中共北京市西城区委北京市西城区人民政府印发《北京市西城区关于加强和完善调解工作的意见》的通知
京西发〔2020〕7号	中共北京市西城区委关于印发《加快推动西城区高质量发展人才行动计划（2020—2022年）》的通知
京西发〔2020〕10号	中共北京市西城区委关于同意召开北京市西城区第十六届人民代表大会第八次会议的批复
京西发〔2020〕11号	中共北京市西城区委关于同意召开政协北京市西城区第十四届委员会第五次会议的批复
京西发〔2020〕13号	中共北京市西城区委北京市西城区人民政府关于印发《北京市西城区生态环境保护工作职责分工规定》的通知

中共北京市西城区委办公室文件

京西办发〔2020〕1号　中共北京市西城区委办公室北京市西城区人民政府办公室关于成立西城区新型冠状病毒感染肺炎疫情防控工作领导小组的通知

京西办发〔2020〕2号　中共北京市西城区委办公室北京市西城区人民政府办公室关于完善西城区新型冠状病毒感染肺炎疫情防控工作领导小组的通知

京西办发〔2020〕3号　中共北京市西城区委办公室北京市西城区人民政府办公室关于进一步完善调整西城区新型冠状病毒感染肺炎疫情防控工作领导小组的通知

京西办发〔2020〕4号　中共北京市西城区委办公室关于印发《2020年西城区政党协商计划》的通知

京西办发〔2020〕5号　中共北京市西城区委办公室北京市西城区人民政府办公室关于印发《区委区政府2020年重点工作任务目标分解》的通知

京西办发〔2020〕6号　中共北京市西城区委办公室关于印发《西城区政协2020年协商工作计划》的通知

京西办发〔2020〕7号　中共北京市西城区委办公室北京市西城区政府办公室关于印发《西城区“接诉即办”工作办法（试行）》的通知

京西办发〔2020〕9号　中共北京市西城区委办公室北京市西城区人民政府办公室关于西城区新型冠状病毒肺炎疫情防控工作领导小组增设爱国卫生运动工作组的通知

京西办发〔2020〕11号　中共北京市西城区委办公室北京市西城区人民政府办公室关于印发《西城区贯彻实施北京市物业管理条例三年行动计划（2020—2022年)》的通知

京西办发〔2020〕12号　中共北京市西城区委办公室北京市西城区人民政府办公室印发《西城区关于党建引领物业管理提高“三率”的实施方案》的通知

京西办发〔2020〕13号　中共北京市西城区委办公室印发《关于做好党的十九届五中全会精神学习宣传工作》的通知

京西办发〔2020〕14号　中共北京市西城区委办公室北京市西城区人民政府办公室印发《关于做好西城区社区“两委”换届工作的实施意见》的通知

京西办发〔2020〕15号　中共北京市西城区委办公室印发《西城区关于加强公立医院党的建设工作的实施方案》的通知

京西办字〔2020〕2号　中共北京市西城区委办公室关于区管企业纪检监察机构设置有关事项的通知

京西办字〔2020〕3号　中共北京市西城区委办公室北京市西城区人民政府办公室关于印发《进一步规范提升文稿服务工作》的通知

京西办字〔2020〕4号　中共北京市西城区委办公室北京市西城区人民政府办公室关于印发《北京市西城区住房和城市建设委员会职能配置、内设机构和人员编制规定》的通知

京西办字〔2020〕5号　中共北京市西城区委办公室北京市西城区人民政府办公室关于增设疫苗接种组织协调工作组的通知

北京市西城区人民政府主要文件目录

西城区人民政府文件

西政任〔2020〕1号　北京市西城区人民政府关于刘琪等同志职务任免的通知
西政任〔2020〕2号　北京市西城区人民政府关于周兴运等同志职务任免的通知
西政任〔2020〕3号　北京市西城区人民政府关于郝庆斌等同志职务任免的通知
西政任〔2020〕4号　北京市西城区人民政府关于贾静等同志职务任免的通知
西政任〔2020〕5号　北京市西城区人民政府关于柴丽敏等同志职务任免的通知
西政任〔2020〕6号　北京市西城区人民政府关于刘冀等同志职务任免的通知
西政任〔2020〕7号　北京市西城区人民政府关于陈铮同志任职的通知
西政任〔2020〕8号　北京市西城区人民政府关于万长宏等同志职务任免的通知
西政任〔2020〕9号　北京市西城区人民政府关于周翔等同志职务任免的通知
西政任〔2020〕10号　北京市西城区人民政府关于时磊等同志职务任免的通知
西政任〔2020〕11号　北京市西城区人民政府关于王丹等同志职务任免的通知
西政任〔2020〕12号　北京市西城区人民政府关于李健希等同志职务任免的通知
西政任〔2020〕13号　北京市西城区人民政府关于毕军东等同志免职的通知
西政任〔2020〕14号　北京市西城区人民政府关于台峰等同志职务任免的通知
西政任〔2020〕15号　北京市西城区人民政府关王冰等同志职务任免的通知
西政任〔2020〕16号　北京市西城区人民政府关于马红萍等同志免职的通知
西政任〔2020〕17号　北京市西城区人民政府关于王书广同志免职的通知
西政任〔2020〕18号　北京市西城区人民政府关于唐挈等同志职务任免的通知
西政任〔2020〕19号　北京市西城区人民政府关于张东等同志职务任免的通知
西政发〔2020〕1号　北京市西城区人民政府关于开展第七次全国人口普查的通知
西政发〔2020〕2号　北京市西城区人民政府关于西城区2019年度政府绩效管理年终考评情况的通报
西政发〔2020〕3号　北京市西城区人民政府北京金融街服务局关于印发《西城区关于在金融街落实金融业扩大开放的若干措施》的通知
西政发〔2020〕4号　北京市西城区人民政府关于印发《西城区进一步推动“转作风、强创新、提效能”的若干措施（试行）》的通知
西政发〔2020〕5号　北京市西城区人民政府关于印发《西城区群众身边体育健身设施建设三年行动计划（2020—2022年）》的通知
西政发〔2020〕6号　北京市西城区人民政府关于废止部分区政府文件的通知
西政发〔2020〕7号　北京市西城区人民政府关于印发《西城区生活垃圾分类工作行动方案》的通知
西政发〔2020〕8号　北京市西城区人民政府关于印发《北京市西城区行政规范性文件管理办法（2020年修订版）》的通知

西行规发〔2020〕1号　北京市西城区人民政府办公室关于印发印发《北京市西城区加快推进数字经济发展若干措施（试行）》的通知

西城区政府办公室文件目录

西政办发〔2020〕1号　北京市西城区人民政府办公室关于印发《西城区促防疫稳经济保障中小微企业健康发展若干措施》的通知

西政办发〔2020〕2号　北京市西城区人民政府关于印发《北京市西城区污染防治2020年行动计划》的通知

西政办发〔2020〕3号　北京市西城区人民政府办公室关于印发《北京市西城区2020年为群众拟办重要实事》的通知

西政办发〔2020〕4号　北京市西城区人民政府办公室关于印发《西城区稳经济增活力促发展行动方案》的通知

西政办发〔2020〕5号　北京市西城区人民政府办公室关于印发《西城区加强新装备新技术应用推进精细化治理和高质量发展赋能计划》的通知

西政办发〔2020〕6号　北京市西城区人民政府办公室关于落实北京市人民政府办公厅进一步支持中小微企业应对疫情影响保持平稳发展若干措施的通知

西政办发〔2020〕7号　北京市西城区人民政府办公室关于印发《西城区全面加强困难家庭关爱扶助行动计划》的通知

西政办发〔2020〕8号　北京市西城区人民政府办公室关于印发《西城区关于全力以赴支持中小微企业发展的补充措施》的通知

西政办发〔2020〕9号　北京市西城区人民政府办公室关于印发《北京市西城区法律顾问工作指导意见》的通知

驻区部分中央和国家机关单位

中共中央纪律检查委员会	平安里西大街41号
国家监察委员会	平安里西大街41号
中共中央办公厅	府右街8号
全国人大常委会办公厅	前门西大街1号
国务院办公厅	府右街2号
全国政协办公厅	太平桥大街23号
中共中央组织部	西长安街80号
中共中央宣传部	西长安街5号
中共中央统战部	府右街135号
中共中央政策研究室	府右街8号

中央外事工作委员会办公室	博学胡同1号
中央财经工作委员会办公室	博学胡同1号
中央和国家机关工作委员会	平安里西大街33号
中央军民融合发展委员会办公室	西直门南大街6号国二招宾馆北楼
中央网络安全和信息化委员会办公室	车公庄大街11号
中共中央台湾工作办公室（国务院台湾事务办公室）	广安门南街6-1号
中共中央党史和文献研究院	前毛家湾1号
国家发展和改革委员会	月坛南街38号
教育部	大木仓胡同37号
国家民族事务委员会	复兴门内大街甲49号
财政部	三里河南三巷3号
自然资源部	阜内大街64号
工业和信息化部	西长安街13号
水利部	白广路二条2号
应急管理部	广安门南街70号
国家卫生健康委员会	西直门外南路1号
国家市场监督管理总局	三里河东路8号
国务院港澳事务办公室	月坛南街77号
国务院研究室	府右街2号
国务院国有资产监督管理委员会	宣武门西大街26号
国家广播电视总局	复兴门外大街2号
新华通讯社	宣武门西大街57号
中国工程院	冰窖口胡同2号2层256号
中国科学院	三里河路52号
国家机关事务管理局	西安门大街22号
国家信访局	月坛南街8号
国家粮食和物资储备局	木樨地北里甲11号国宏大厦C座
国家统计局	月坛南街57号
国家烟草专卖局	月坛南街55号
国家邮政局	北礼士路甲8号
国家国际发展合作署	月坛北小街2号
国家医疗保障局	月坛北小街2号
经济日报社	白纸坊东街2号
中国外文出版发行事业局	百万庄大街24号
中央直属机关事务管理局	西黄城根北街9号
中华全国总工会	复兴门外大街10号
中国国际贸易促进委员会	复兴门外大街1号
全国工商业联合会	德胜门内大街70号
中国残疾人联合会	西直门南小街186号

中国商业联合会	月坛北街25号
中国轻工业联合会	月坛北小街1号
中国机械工业联合会	三里河路46号

街道社区居委会

德胜街道

六铺炕北小街社区	六铺炕二区39号楼一层
六铺炕南小街社区	六铺炕二区32号楼前
安德路南社区	德胜门东滨河路3号至7号
安德路北社区	教场口6号院1号楼1门003室
德外大街西社区	冰窖口胡同73号-4
人定湖西里社区	塔院胡同丙2号
新外大街北社区	新外大街甲4号
德胜里社区	德胜里二区3号楼104号
新明家园社区	新明胡同2号楼一层
新康社区	新康街1号院1-1
新风中直社区	新风街1号院10号楼107
北广社区	双旗杆东里甲7号
马甸社区	马甸南村2号楼2-2
双旗杆社区	双旗杆东里12号楼一1
裕中西里社区	裕中西里27楼甲1号
裕中东里社区	裕中西里15楼一层中间
黄寺大街西社区	黄寺大街27号院南侧12、13号
黄寺大街24号社区	人定湖北巷（敬老院北）
阳光丽景社区	黄寺大街23号院3楼东平房
德外大街东社区	教场口9号院5号楼一层

什刹海街道

西四北社区	中毛家湾55号
西什库社区	刘兰塑16号
爱民街社区	爱民二巷1号
大红罗社区	小拐棒胡同18号
西巷社区	护国寺东巷22号

护国寺社区	德内大街251号
前铁社区	德内大街303号
柳荫街社区	柳荫街甲7号
兴华社区	厂桥胡同8号
松树街社区	弘善胡同18号
前海社区	龙头井32号
白米社区	白米斜街10号旁门
景山社区	陟山门街21号
米粮库社区	油漆作胡同21号
旧鼓楼社区	旧鼓楼大街145号
双寺社区	西绦胡同甲15号
鼓西社区	鼓西大街128号
后海社区	后海北沿13号东
后海西沿社区	东明胡同16号
西海社区	水车胡同9号
苇坑社区	苇坑胡同甲53号
四环社区	新街口东街22号

西长安街街道

义达里社区	义达里42号
西单北社区	东斜街53号二楼
黄南社区	灵境胡同1号楼
府南社区	太仆寺街33号院5号楼
钟声社区	南安里7号
太仆寺街社区	横二条2号303
北新华街社区	东安福20号
西交民巷社区	东新帘子胡同2号
六部口社区	小六部口36号
和平门社区	西绒线胡同甲8号
未英社区	西绒线26号院2号楼

大栅栏街道

大安澜营社区	藏家桥19号
前门西河沿社区	前门西河沿224号
大栅栏西街社区	杨梅竹斜街65号
铁树斜街社区	樱桃斜街61号

煤市街东社区	施家胡同28号
延寿街社区	延寿街21号
三井社区	炭儿胡同38号
百顺社区	百顺胡同8、11号
石头社区	培英胡同25号

天桥街道

留学路社区	铺陈市35号
香厂路社区	仁民路甲8号
永安路社区	阡儿胡同71号
天桥小区	东经路6号院内
虎坊路社区	永安路丙104号
禄长街社区	禄长街头条甲2号院3号楼2层
先农坛社区	南纬路2号院5号楼底商东侧房屋4间
太平街社区	太平街8号院23号楼旁
福长街社区	东经路98号

新街口街道

西四北头条社区	小绒线胡同18号
西四北三条社区	赵登禹路140号
西四北六条社区	西四北六条35号
安平巷社区	白塔寺东夹道胡同甲8号
宫门口社区	宫门口三条1号（福绥境大楼内）
北顺社区	青塔胡同43号
官园社区	育强胡同69号
富国里社区	玉郎东园5号楼5-1
前公用社区	后帽胡同1号
育德社区	育德胡同7号院1楼1层
冠英园社区	冠英园西区24号楼4门102
大觉社区	大觉胡同31号
半壁街社区	小后仓胡同1号楼北侧平房
南小街社区	国英园7号楼一层7-4号
中直社区	西直门南大街10号10号楼105
玉桃园社区	前桃园1号楼北侧平房
北草厂社区	东桃园2号楼一层（财政局院）
西里一区社区	西里一区3号楼西侧底商
西里二区社区	西里一区9号楼西侧底商

西里三区社区	西里三区2号楼南小楼2层
西里四区社区	西里三区14号楼1层

金融街街道

民康社区	民康胡同30号2号楼108室
华嘉社区	王府仓胡同10号院金城华庭小区1号楼三单元108室
砖塔社区	太平桥大街西城晶华底商8-5
丰盛社区	太平桥大街西城晶华底商8-7
大院社区	砖塔胡同53号
丰汇园社区	丰汇园13号楼甲1号
丰融园社区	丰融园小区15号楼底商20号
宏汇园社区	宏英园13号楼13-5门
教育部社区	大木仓胡同35号
二龙路社区	二龙路甲41号
京畿道社区	京畿道小区甲1号
中央音乐学院社区	鲍家街43号新7楼1门D101室
西太平街社区	鲍家街甲2号
文昌社区	闹市口中街33号
东太平街社区	新文化街127号楼后院平房
新文化街社区	新文化街36号
手帕社区	东铁匠胡同甲8号
温家街社区	东智义胡同3号
新华社社区	佟麟阁路62号
受水河社区	头发胡同45号

椿树街道

宣武门外东大街社区	宣武门外东大街16号楼东侧
琉璃厂西街社区	前孙公园东夹道4号
香炉营社区	香炉营东巷2号院3-5-103
椿树园社区	椿树园小区4号楼1层
四川营社区	四合上院5号楼底商
梁家园社区	前孙公园胡同56号
永光社区	富卓花园3号楼1层

陶然亭街道

福州馆社区	粉房琉璃街160-10号

粉房琉璃街社区	粉房琉璃街79号
大吉巷社区	果子巷3号院1号楼底商1-1、1-2号
米市社区	菜市口大街甲2号院4-8、4-9号
新兴里社区	南华东街10号
南华里社区	南华里13号
黑窑厂社区	黑窑厂西里一号楼平房1号
红土店社区	四平园小区9号楼一层
壹瓶社区	陶然亭路2号9号楼401
龙泉社区	龙泉胡同甲22号

展览路街道

滨河社区	北滨河路2号院9号楼2层
德宝社区	德宝新园1甲21号楼一层
朝阳庵社区	朝阳庵3号楼前平房
文兴街社区	车公庄中里1号楼下平房
团结社区	西外团结大院7号楼地下室
榆树馆社区	车公庄大街北里甲46号永康写字楼南侧
新华东社区	北礼士路乙56号楼3门地下室
新华里社区	新华里10号院1号楼1门101-102室
车公庄社区	车公庄大街北里36号楼101室
百万庄西社区	百万庄北里甲9号
百万庄东社区	百万庄中里甲6号楼东侧平房
三塔社区	展览馆路34号东侧平房
新华南社区	北礼士路135号23号楼北侧平房
黄瓜园社区	阜成门外大街甲41号楼1层甲41-9
扣钟社区	扣钟北里2号楼106号
露园社区	北露园4号楼楼下平房
北营房西里社区	北营房西里11号楼地下室及南侧平房
北营房东里社区	北营房东里11楼105室、109室
阜外西社区	阜外大街甲40号院3号楼底商一层
洪茂沟社区	月坛北街17号楼院内供暖所煤厂院内平房
阜外东社区	月坛北小街1号院西门
南营房社区	月坛北街5号楼2门103号
万明园社区	万明园小区9号楼一层房屋

月坛街道

南沙沟社区	南沙沟小区18号楼西侧一层

三里河社区	三里河北街5号院西平房
三里河一区社区	三里河一区3号院5号楼半地下一层
社会路社区	月坛南街甲49号
月坛社区	南礼士路46号院一层
铁三社区	月坛西街西里16-2-1
三里河二区社区	三里河二区B区6号楼105室
三区一社区	三里河三区40楼4门3号
三区三社区	复外大街23号楼105
铁二一社区	二七剧场路东里新19楼205室
铁二二社区	二七剧场路东里新9楼2门003号
南礼士路社区	南礼士路三条北里14楼3门3号
甲7号院社区	复兴门外大街甲7号11-2-1
复北社区	复兴门北大街11号楼旁
汽南社区	白云路西里28号楼外1层
汽北社区	白云路西里3号楼1门
木樨地社区	木樨地北里平房2号
公安社区	木樨地南里29楼地下室
白云观社区	白云观南里10-11-103
真武庙社区	真武庙五里6栋西配楼
广一社区	真武家园1号楼2单元西侧
广二社区	西便门外大街四号院4号楼2门地下101室
西便门社区	西便门外大街10号院26门2号
复外社区	复兴门外大街6号楼202室
全总社区	真武庙二里甲10-2
铁四社区	西便门外大街7号院11楼2号

广内街道

西便门内社区	西便门内大街79号
长椿街西社区	槐柏树后街23号
槐柏树街北里社区	槐柏树街11号楼底商
西便门东里社区	西便门东里卫生服务站
西便门西里社区	西便门西里4号楼旁平房
报国寺社区	广义街4号（华星大厦）
核桃园社区	广义街10号
槐柏树街南里社区	槐柏树南里8号楼1门地下室
长椿里社区	长椿里小区甲3号黄楼
上斜街社区	达智桥胡同41号、43号

校场社区	校场小七条15号
宣武门西大街社区	宣西大街4号楼（中门）地下室
三庙街社区	长椿街东里24号楼前平房
老墙根社区	西城区老墙根街63号
长椿街社区	感化胡同3号院北平房
广安东里社区	广安东里50号
大街东社区	广内大街223号
康乐里社区	康乐里小区1号楼地下一层

牛街街道

枫桦社区	西砖胡同2号院8-1
法源寺社区	法源寺西里5号楼2门D01、D3
牛街东里社区	牛街东里一区18号楼1层103号
春风社区	春风小区7号楼旁小寺街6号
牛街西里一区社区	牛街西里一区社区中心广场内
牛街西里二区社区	牛街西里二区6号楼东侧平房
钢院社区	白广路6号院
白广路社区	白广路二条4号院
南线阁社区	南线里4号楼
菜园北里社区	枣林前街147号楼院内

白纸坊街道

平原里北区社区	平原里2号楼西侧一层
平原里南区社区	白纸坊东街3号楼底商
双槐里社区	白纸坊东街甲29号
右北大街社区	益民巷益民大楼一层
樱桃园社区	樱桃三条新安北里1号楼底商
菜园街社区	白纸坊西街17号院7号楼106号
崇效寺社区	白纸坊西街17号院7号楼101号
建功北里社区	南菜园19-1　底商
建功南里社区	南菜园乙35号
新安中里社区	白纸坊西街20号楼底商-3
新安南里社区	白纸坊西街6号院5号楼3门002室或白纸坊东街25院
右内后身社区	右内西街丙1号
右内西街社区	右内西街乙一号
自新路社区	里仁街3号院5号楼地下室
光源里社区	白纸坊东街31号院内西配楼2层

半步桥社区	半步桥街甲48号2层
万博苑社区	半步桥街60号院60-3
里仁街社区	里仁街6号院外西侧平房
清芷园社区	清芷园小区3号楼B座IJ室

广外街道

鸭子桥社区	鸭子桥路47号
青年湖社区	广外南街57号底商3-4
椿树馆社区	车站东街15号院2－1－102
白菜湾社区	广安门外南街甲59号楼底商3号
车站东街社区	广外大街6号楼一层(北京银行后身)
京铁和园社区	广安门车站西街2号院17号楼一层
手帕口南街社区	南新里四巷（红居街11号楼西侧平房）
朗琴园社区	手帕口南街1号院11号楼一层
红居街社区	红居街4号楼A1
名苑社区	红居街4号楼裙房二层南1号商铺
红居南街社区	红居斜街9号楼
车站西街15号院社区	车站西街15号院9号楼西侧平房
车站西街社区	车站西街17号院1号楼南侧平房
乐城社区	红莲南路6号院2号楼110
红莲北里社区	红莲北里12-1
红莲中里社区	红莲中里28号楼东侧平房院
茶马北街社区	马连道路甲10号（更香茶楼一层东）
茶马南街社区	茶马街6号院4号楼西
红莲南里社区	红莲南里8号
三义东里社区	马中街甲三号楼楼下北侧
三义里社区	三义里8号楼南侧
马连道中里社区	马中街甲三号楼一层西侧
马连道社区	马连道路5号院甲7号楼下北侧平房
湾子街社区	马连道南街12号院内
茶源社区	马连道路15号院3-8
中新佳园社区	马连道茶北街中新佳园二区10号楼一层
依莲轩社区	马连道南街1号院依莲轩小区物业公司旁边
小马厂东社区	小马厂路1号院1号楼北侧一层
小马厂西社区	小马厂南里7号楼1层南侧
手帕口北街社区	广外大街201号广华轩会所南侧二层居委会
天宁寺北里社区	天宁寺前街北里5－1－103室
二热社区	天宁寺东里8号楼西侧（北京唱片厂门口）

天宁寺南里社区	新居东里三号楼外西侧平房
莲花河社区	莲花河胡同2号院1号楼1单元
荣丰北社区社区	广外大街305号8区5号楼G层
荣丰南社区社区	广外大街305号8区5号楼G层
蝶翠华庭社区	广外大街305号2区1号楼底商
广源社区	广外大街305号3区2号楼1单元103号

索 引

说明：1. 本索引基本按汉语拼音音序排列，汉字打头的主题词按首字的音序音调依次排列，首字相同时，则以第二字排序，以此类推；以阿拉伯数字、英文字母打头的主题词，排在最前面。
2. 主题词后的阿拉伯数字表示该词所在页码，其后的小写英文字母a、b、c表示正文中的栏别（从左至右）。
3. 部分主题词后面有若干个页码或栏别，则表示该词在这些地方均有出现。
4. 人物、统计资料、附录等栏目内容不在标引范围内。

A

B

C

K

L

M

N

P

Q

R

S

T

W

X

Y

Z